Dietrich-von-Bern-Forum
Verein für Heldensage und Geschichte e. V.
(Herausgeber)

Forschungen zur Thidrekssaga

Untersuchungen zur Völkerwanderungszeit im nördlichen Mitteleuropa

Band 10

AF272193

Siegel von Bonn (oben) und Verona an der Etsch

Dietrich-von-Bern-Forum
Verein für Heldensage und Geschichte e. V.
(Herausgeber)

Rolf Badenhausen
Karl Weinand

BONN - BERN - VERONA

Theoderich der Große
und Dietrich von Bern
in Sage und Geschichte

Bibliografische Information der Deutschen Nationalbibliothek:
Die Deutsche Bibliothek verzeichnet diese Publikation in der
Deutschen Nationalbibliographie.
Detaillierte bibliographische Angaben sind im Internet über
http://dnb.dnb.de abrufbar.

© Dietrich-von-Bern-Forum • Verein für Heldensage und Geschichte e.V.
Bonn 2024
Verantwortlicher Herausgeber von diesem Forschungsband:
Rolf Badenhausen

Verlag: BoD • Books on Demand GmbH, In de Tarpen 42, 22848 Norderstedt
Druck: Libri Plureos GmbH, Friedensallee 273, 22763 Hamburg

ISBN: 978-3-7597-9345-4

Inhalt

Danksagung

Die vorliegende zehnte Ausgabe der Reihe „Forschungen zur Thidrekssaga" hätte nicht ohne meinen Forum-Kollegen Karl Weinand geschrieben werden können. In diesem Sinne erfolgte die Realisierung dieses Bandes in effectu jedoch nicht nur nach seiner Anregung, sondern auch der einhelligen Befürwortung aller anwesenden Mitglieder auf der Siegener Herbsttagung von 2023.

Meine Abfassungen von Beiträgen speziell für diesen Forschungsband, dazu aber auch aktualisierende Überarbeitungen von Aufsätzen, die bereits in unserem Periodikum DER BERNER erschienen waren, wurden von einer stets zeitnah und sachkundig gewährten Unterstützung meines Co-Autors begleitet.

Mein weiterer besonderer Dank gilt Edo W. Oostebrink als Beirat im Vorstand des *Dietrich-von-Bern-Forum*. Und zwar nicht nur für seine Bereitstellung von umfassendem Quellenmaterial über das rheinische Bonn-Verona, sondern auch für seine förderliche Lektorenarbeit an nicht weniger als drei hierüber unterschiedlich thematisierenden Beiträgen.

Zu danken habe ich auch meinem Forum-Kollegen Prof. Peter H. Andersen (Universität Straßburg) für seine freundliche quellenbibliografische Unterstützung; außerdem Prof. Matthias Becher (Universität Bonn) für seine persönliche Freigabe von zwei in diesem Band angeführten Karten aus seiner Forschungsbibliografie.

Mein weiterer ausdrücklicher Dank gebührt meinem Korrespondenzpartner Prof. Theodore M. Andersson (Stanford University, USA, em.) über stauferzeitliche Thidrekssaga-Kontexte.

Rolf Badenhausen

Herausgeber

Vorwort

DIETRICH VON BERN zählt zu den beliebtesten Figuren, die das heldenepische Schrifttum des Mittelalters verewigt hat. Im Vergleich zu ihm lässt sich unter den deutschen Sagenhelden kaum eine andere Gestalt ausmachen, deren Ortstopos so untrennbar mit dem Figurenbegriff verschmolzen worden ist.

Dieser Dietrich gilt noch immer als eher heldenepische denn historische Gestalt, weil er unter seinem Dreiworte-Titel in chronistischen Überlieferungen kaum zu fassen ist. Und wie uns die Textforschung dazu längst aufgezeigt hat, bedeutet jeder Versuch zur Enthüllung seiner historischen Identität – dichterische hat er ohnehin zu genüge – zugleich das sorgfältige Detektieren seiner Lokalität.

Für Dietrichs Herkunft und Sitz BERN tritt aus dem mittelalterlichen Schrifttum aber dennoch ein offenkundig identischer Ort hervor:

VERONA – das für mindestens zwei gleichnamige Orte nördlich und südlich der Alpen wortwörtlich zu nehmende Toponym als Dreh- und Angelpunkt für Dietrichs Lokalisierung.

Auch von diesem „Berner Synonym" ausgehend thematisieren und debattieren wir seit der Gründung unseres Vereins über die Kernfrage, ob oder wie sich ein historischer Dietrich zur Vorbildgestalt für seine heldenepischen Reproduktionen erklären lässt. Seine Identifizierung nach einer einzigen Herrschergestalt – wohl aus der Migrationszeit – setzt überzeugende Kernerzählungsmotive voraus, die im Kontext mit Geschichtschroniken stehen sowie mit diesen und weiteren Quellen abgeklärt werden müssen.

Forschung und Lehre haben mit großer Mehrheit Theoderich den Großen[i] als historische Bezugsfigur für Dietrich von Bern ausgerufen. Doch diese Proklamation hält einem überlieferungstypologischen Abgleich mit Theoderichs Vita nicht stand. Dieser Erkenntnis folgend wurden – übrigens längst vor Heinz Ritter-Schaumburg – andere historische Leitfiguren für Dietrich als jenen traditionsgemäß vertriebenen und zurückerobernden König in Betracht gezogen.

Somit stellt sich auch für uns die Frage:

Für welchen Dietrich aus welcher Überlieferung gilt BERN-VERONA?

---

[i] Er ist ostgotisch-pannonischer Herkunft aus dem Geschlecht der Amaler (* um 455, † 30. August 526). Sein gotischer Name *Thiudareiks* bedeutet „Volksherrscher" oder „Volkskönig".

Dazu könnten vor allem spätantike bis hochmittelalterliche Quellen nähere Aufschlüsse für uns bieten.

In Gelehrtenkreisen schon des 12. Jahrhunderts wurden zur Inanspruchnahme des amalischen Italienkönigs für die Berner Heldengestalt erste und ernste Zweifel angemeldet, auch wenn in deren Plädoyers sein Ortscharakteristikum eher implizierend als explizierend vermerkt wird. So etwa von Otto von Freising und der „Kaiserchronik", die mit ihren Geschichtskenntnissen zur Sagenformung gegen eine ostgotisch-italienische Theoderich-Attila-Verbindung energisch protestiert haben.

Namhafte Vertreter der Textforschung des 19. Jahrhunderts – in der Epoche *Durchbruch der Moderne* – haben selbst ohne Hinweis auf hochmittelalterliche Chronistenkritik an „Theoderichs Heldenepik" ihre Einwände gegen seine Identifikation als Dietrichs Erinnerungsgestalt vorgebracht.

Franz Joseph Mone (1836),[ii] Karl Simrock (1836)[iii] und Laurenz Lersch (1842)[iv] zählen zu den ersten Textforschern dieser Zeit, die aus deutschen Heldensagen – übrigens ohne die Thidrekssaga als Kronzeugin zu erheben[v] – einen ostfränkischen Dietrich in einem schlussfolgenderweise anderen Verona, gleichwohl ohne deziertere Begründung, für plausibler erachteten: im rheinischen Bonn, mit dessen mittelalterlichem Zweitnamen und den Höhepunkten seiner Geschichte wir uns vor allem im ersten Teil von diesem Band näher befassen werden.

Einleitend vorangestellt wird eine geschichtliche Wanderung durch das italienische Verona, nicht nur durch seine vor- bis spätantike, sondern auch seine vom deutsch-italienischen Kaisertum geprägte Vergangenheit. Also die Zeit, in der eine längst bekannte Dietrich-Tradition – von der das im 9. Jahrhundert niedergeschriebene *Hildebrandlied* wissen will – wohl auch dort in den Umlauf gelangen konnte.

Da jedoch dieses fragmentarisch erscheinende Gedicht als älteste greifbare Verschriftlichung Dietrichs Toponym nicht überliefert, interessieren uns umso mehr früheste Attestierungen zu Folgerungen für Dietrich *auf Bern*. Und wie glaubwürdig ist hierzu etwa die Behauptung des Gottfried von Viterbo, einem der ersten namentlich bekannten Literaten, der im 12. Jahrhundert Theoderich hinter der Sagengestalt eines italienischen „Dietrich von Verona" erkannt haben will?

[ii] *Untersuchungen zur Geschichte der teutschen Heldensage.*
[iii] *Das malerische und romantische Rheinland*, S. 323 f. – Mone grundsätzlich zustimmend.
[iv] Erstausgabe der sog. *Bonner Jahrbücher*, 1842.
[v] Hierzu etwa ihr Übersetzer August Raszmann, *Die deutsche Heldensage und ihre Heimat, II* (1858) auf Seite X zu Dietrichs Bern: „...*aus einigen Stellen, von denen hier jedoch eine genügen wird* [...], *ergibt sich aber aufs deutlichste, dass darunter nicht jenes Verona, sondern Bonn zu verstehen ist...*"

Der zweite Teil dieses Forschungsbands widmet sich nicht nur der Beantwortung dieser Frage, da er vor allem die grundsätzliche raumfigürliche Zuordnungsproblematik in den Vordergrund stellt.

Mit dieser 10. Ausgabe der Reihe *Forschungen zur Thidrekssaga* – im Vorjahr zum 25. Jubiläum unseres Periodikums DER BERNER – werden Beiträge vorgelegt, die nun im Besonderen den plakativen Forschungstopos unseres Vereins und Forums treffen.

In summa: eine quellenkritische Rezension der forschungsmehrheitlich abgesegneten Zuschreibung des Italieneroberers Theoderich auf die Titelgestalt der mittelhochdeutschen Heldenepik und insbesondere der Thidrekssaga.

Nicht mehr, aber auch nicht weniger.

Rolf Badenhausen, im Juli 2024

Einleitung

Auf der Jahrestagung des Vereins im Herbst 2023 beschloss die Versammlung des Vereins einen weiteren, den zehnten Band der ‚Forschungen zur Thidrekssaga' mit dem Thema „Verona" herauszugeben unter der Ägide des für diese Aufgaben geschaffenen Vorstandes für Öffentlichkeitsarbeit, mit der Zielsetzung, bei der nächsten Herbsttagung 2024 in Soest den Band zu präsentieren.

Ein solches Projekt kann aber nicht einfach so aus der Hosentasche gezaubert werden, denn dazu sind jahrelange Vorarbeiten (Forschungen) erforderlich. Die Autoren des vorliegenden Bandes forschen denn auch schon seit Jahrzehnten an diesem Thema. Hier zeigt sich der Vorteil, dies in einem organisatorischen Rahmen zu machen, eben dem herausgebenden Verein, der einen intensiven Kontakt und Gedankenaustausch unter seinen Mitgliedern ermöglicht und fördert.

Nicht verschwiegen werden soll, dass diese Forschungen noch immer auf der Basis der Arbeiten von Heinz Ritter-Schaumburg stattfinden, die fortgeführt und erweitert, oder – wo es sinnvoll und notwendig ist – auch korrigiert werden. Nicht zu vergessen die Forschungen des inzwischen verstorbenen, langjährigen Vorsitzenden und Gründer des Vereins Dr. Reinhard Schmoeckel, dessen Anliegen nicht nur die Überlieferungs- und Entwicklungsgeschichte der Thidrekssaga war, sondern auch die Ursprünge und historische Einordnung dieser Sage, und der mit seiner „Sarmatentheorie" ganz neue Wege beschritten hat.

Der Name *Dietrich von Bern* in unserem Forum- und Vereinsnamen besagt schon, was ein wesentlicher Gegenstand unser Forschungsarbeit ist: eben „Dietrich" und „Bern". Nun tritt aber die Mutter aller Verwirrungen und Verirrungen auf den Plan, der Gleichklang von Namen: hie „Verona", hie „Bern", hie Theoderich", hie „Dietrich". Dieser Gleichklang hat die Überlieferungen von beiden in Eines vermischt, und eine ein Jahrtausend lange Verwirrung verursacht, welche zu einem nicht geringen Teil auch das Geschichtsbild im und zum frühen Mittelalter verfälscht hat. Doch die Absicht unserer Forschungsvereinigung ist es, diese Verwirrung zu entwirren, daher dieses Buch als zehnter Forschungsband.

Zum I. Teil des Buches

Der Verfasser des ersten Beitrages legt sich keine Scheuklappen an, und will stets im Ganzen verstehen. Daher unternimmt er mit dem Beitrag „Verona" den Versuch, das Verona an der Etsch in seiner geschichtlichen Entwicklung zu verstehen, um deren Wirksamkeit im Geschichts- und Sagenbild des Mittelalters gleichermaßen zu verstehen: nämlich wie die Anknüpfung der Stadt Verona mit dem großen Gotenkönig vollzogen wurde, und wie dieser König an einem Portal der Veroneser Kirche sichtbar zum Sagenkönig gemacht und verspottet wurde.

Verona – was für ein Wohlklang dieses Namens, denkt man doch sofort an Arena und Opernaufführungen, an Balkon und Shakespeare. Wer denkt schon dabei an Bonn? Und doch – auch dort Verona! Das zeigen mittelalterliche Münzen, die in Bonn-Verona – hier unter dem Namen „Verona" – geprägt wurden. Gleichzeitig aber auch in Verona an der Etsch, geschlagen von denselben Salier-Kaisern, geschlagen unter demselben Stadtnamen. Das macht die Sache für Numismatiker nicht leichter, und zu allem Überfluss können spätmittelalterlich-frühneuzeitliche literarische Fälschungen die Sache noch erschweren. Derselbe wie der zuvor genannte Autor zeigt diese Problematik auf, und gleichzeitig verweist er auf die frühe Benennung Bonns als „Verona" in Münzprägungen. Dies dürfte auch für die Freunde der Bonner Geschichtsforschung und für die dortigen Numismatiker von Interesse sein.

Der folgende Beitrag steigt tiefer die Geschichte vom frühesten Bonn ein, nämlich in die römische, die des römischen Kastells Bonn, und weiter zum mittelalterlichen „Verona" in die Zeit der Wende vom ersten in das zweite Jahrtausend, und zwar bis zu der Zeit, als der Name Verona erlosch und der alte, nie vergessene Name Bonn wieder die Oberhand gewann. Die Zeugnisse zu „Verona" werden systematisch zusammengestellt und unter historischen Gesichtspunkten bewertet. Auch dies ist eine notwendige Voraussetzung zum tieferen Verständnis der geschichtlichen und onomastischen (namenkundlichen) Entwicklung der ‚Doppelstadt' Bonn-Verona.

Nach diesem systematischen Überblick zum Namen „Verona" – von Bonn – wird die Geschichte dieser Stadt aufgegriffen. Beginnend mit dem römischen Kastell *Bonna* dieser Rheinstadt, dabei die geografischen, archäologischen wie auch die geschichtlichen Fakten einbeziehend. So das Schicksal der Stadt während der Überfälle von Franken und Sachsen, die Zeit bis zum Zusammenbruch des westlichen Römerreichs, schließlich die Übernahme der Stadt durch die Franken und weiter mit einem Überblick über die für Bonn folgende ‚dunkle' und zugleich ‚geschichtsarme' Zeit des Merowinger- und Karolingerreiches. Darin das Kastell Bonn als zeitweilige Operationsbasis der fränkischen Hausmeier: der Pippiniden. Doch danach beginnt das alte römische Kastell, die „Bonnburg", zu zerfallen und wird aufgegeben. Vor ihren Toren entwickelt sich der Basilika-Bereich zum ‚neuen' Bonn unter dem Namen „Verona" – gewissermaßen in Einheit aber auch in Konkurrenz, wie denn das ‚neue Bonn' genannt werden soll.

Und in jener mittelalterlichen Zeit erscheint der Name „Bern" in Sagen, verbunden mit der *Dietrich von Bern*-Sage, wobei „Bern" der deutsche Namen des latinisierten „Verona" ist.

Nicht nur in Sagen, sondern auch in Legenden oder legendarischen Überlieferungen erscheint der Name „Verona" für Bonn, früh und vorzüglich in der Legende über die Thebäer-Legion und ihrer Märtyrer, die bis nach „Verona"-Bonn ausstrahlten. Sie fanden ihren Niederschlag in vielen Heiligen-Legenden, so etwa im frühen Geschichtswerk des Gregor von Tours und auch in späteren Chroniken, wie etwa in der sog. „Koelhoffschen". Für „Verona"-Bonn sind insbesondere Mallosus und Cassius von Bedeutung, denn Letzterer erscheint namentlich in unserem Vereins-Signet, dem Stadtsiegel von Bonn. Weiter ist für das vorliegende Thema auch die „Passio Gereonis" von Bedeutung, welche in diesem Zusammenhang „Verona"-Bonn ins ‚Spiel' bringt. Zum substanziellen Niederschlag dieser Legenden erfolgt eine konzise Darstellung über die neusten archäologischen Erkenntnisse.

Der Folgebeitrag behandelt die Sicht der Dietrichsage – der Thidrekssaga – auf ihr „Bern". Es wird danach gefragt, was die Verfasser der Saga vor Augen hatten, als sie die Geschichte oder Geschichten von „Bern" niederschrieben. Denn gerade ihre Sicht aus eigener Feder kann sich mit der Zeit gewandelt haben. Die ursprüngliche Überlieferung herauszufiltern ist allerdings schwierig, und jeder Lösungsvorschlag muss unter Vorbehalt stehen. Die Problematik der Identifikation von Orten, die in der Thidrekssaga genannt werden, wird hier an zwei Beispielen aufgezeigt, zum einen an „Susa" für Soest in Westfalen, zum anderen für „Hof Her", dessen Lage eine gewisse Unbestimmtheit aufweist.

Zum II. Teil des Buches

Der einleitende Beitrag befasst sich mit der Frage nach der raumgeschichtlichen Bedeutung der Sagengestalt *Dietrich von Bern*, der auch in gewisse historische Rollen eingekleidet wurde, insbesondere als Gotenkönig Theoderich der Große in Gestalt einer politischen Größe. Auch für die Reichsidee Karls des Großen, der das Standbild des Gotenkönigs zu Ravenna – wohl gleichgesetzt mit *Dietrich von Bern* – für sich vereinnahmte, und damit quasi als ‚legitimer Nachfolger' des großen Gotenkönigs – gewissermaßen als ideologischer Überbau – das Langobardenreich annektiert hatte. Und wie in diesem Band beispielhaft dargestellt wird, lebte das Herrscherbild des Gotenkönigs Theoderich – vereint mit dem *Dietrichs von Bern* – noch bei den Stauferkaisern fort.

In einem der nachfolgenden Beiträge wird jedoch auch der Frage nachgegangen, warum „Dietrich von Bern" nicht der Gotenkönig Theoderich der Große war. Zur Aufklärung dieses rund 1000 Jahre alten Irrtums werden die Quellen dieses Irrtums, aber auch die eines nahezu gleichzeitig laufenden Protestes gegen diese Gleichsetzung aufgezeigt.

Hierzu wird weiter verdeutlicht, welche – letztendlich vergebliche – Aufklärungsarbeit bereits im Hochmittelalter gegen den „falschen Dietrich von Bern" geleistet wurde. So vor allem im Vergleich mit der Rolle, die *Dietrich von Bern* in der Sage von *Wolfdietrich* spielt, und wie die Sage von den Wölfingen hier hineinspielt, und wo diese Sage vom späteren Literaturbetrieb im historischen und politischen Umfeld verortet wurde.

Dazu liefert dieser Band eine forschungskritische Untersuchung zur „Historizität der Thidrekssaga", dem Herzstück und dem Herzensanliegen des *Dietrich-von Bern-Forum*. Hierzu lautet die zentrale Frage, in welchem Raum und in welcher Zeit die Thidrekssaga zu verorten ist. Aber es wird auch der Frage nachgegangen, wer denn der „Dietrich" auf dem „Runenstein von Rök" gewesen war, sowie in den altenglischen Überlieferungen deren „Dietrich", wie in „Deors Klage" oder dem berühmten „Widsith". Weiter thematisiert werden fränkisch-merowingische Beziehungen zur „Dietrich-Sage", und schließlich zurück zu den „Ursprüngen" der Sage ins Rheinland – vor allem im Sinne von Heinz Ritter-Schaumburg und seiner expliziten Zeitordnung der Thidrekssaga für das ostfränkische und sächsische 5. und 6. Jahrhundert.

Der finale Beitrag befasst sich mit den großpolitischen Auseinandersetzungen und Auswirkungen zwischen Goten und Franken in dieser vom Merowinger Chlodwig I. und Theoderich d. Gr. geprägten Zeit. Dieser Diskurs reklamiert das zum „rheinfränkischen Dietrich" historisch mögliche ‚Flucht- und Exilmotiv' vielmehr in fränkischen, westsächsischen bis thüringischen Bereichen eines ebenda wirkenden „Theodericus".

Diese vorangestellte Übersicht soll nur ein Aufriss sein zu dem, was in diesem Forschungsband erörtert und untersucht wird. Vieles in dieser Darstellung zu „Bonn-Bern-Verona" und zu *Dietrich von Bern* vs „Theoderich dem Großen" ist neu und anders als das alte und wohlbekannte Bild über den Berner Sagenhelden. Denn vieles wird neu gewertet und in neuen Aspekten dargestellt. Diese konzentrierte Masse an Informationen – systematisch dargestellt – mag zum einen beeindruckend, zum anderen teils auch schwierig sein. Aber ich denke, wer sich ernsthaft mit Sagen, insbesondere dem Komplex der „Dietrichs-Sagen", beschäftigt oder dies unternehmen will, wird kaum an diesem Forschungsband vorbeikommen.

Karl Weinand, im Juli 2024

Teil I.

VERONA und BERN-BONN

Stadtwappen Verona, Italien

aus:

Insignia pontificum Romanorum et cardinalium
XI. Insignia nobilium Veronensium, Vicentinorum
1550–1555.

Vor dieser Zeit dominierte das „Leiter-Hund"-Wappen
„della Scala" der Veroneser Skaliger.

Karl Weinand

Verona
die Stadt, ihre Geschichte, ihre ältesten Abbilder und ihre Bedeutung für die Thidrekssaga

Einige Worte zuvor

Verona hat mehr zu bieten als Balkon und Arena. Doch leider war ich noch nie dort. Immer nur vorbeigefahren in Richtung Süden, oder umgekehrt zurück. Nur einmal – da war ich mit einer Busgesellschaft auf der Rückreise von Rom, – kam ich lediglich bis zum AGIP-Hotel bei Verona, aber das ist jetzt schon lange her. Darum hier eine mehr theoretische Abhandlung. Aber sollte ich in meinem Leben einmal nach Verona kommen … Wenn ich also Verona – leider – noch nicht mit eigenen Augen gesehen habe (Theoderich den Großen übrigens auch nicht!) so schreibe ich die folgenden Worte doch stets mit der notwendigen und erforderlichen Ernsthaftigkeit und *„sine irat et studio"* (Tacitus).

Warum überhaupt meine Beschäftigung mit Verona?

Das italienische Verona hat eine besondere Bedeutung für die Erforschung der Thidrekssaga, wird es doch mit dem Bern der deutschen Sagen gleichgesetzt. Gleichgesetzt wird auch der Ostgotenkönig Theoderich der Große mit Dietrich von Bern; der eine hat eine besondere Beziehung zu Welsch-Bern (Verona), der andere zu einem anderen Bern, weiter oben, nördlich der Alpen. Aber dazu an anderer Stelle.

Was also ist Sinn (Ziel) und Zweck (Warum) dieser Abhandlung? Man sollte also wissen, worüber man forscht und schreibt, und um die Thidrekssaga besser zu verstehen, und mögliche Irrtümer (nein: gewisse bestehenden), die als solch vielleicht nicht erkannt sind, zu korrigieren (Zweck).

Incipit - hier beginnt es

Theoderich der Große hatte wohl eine besondere, enge Beziehung zu Verona, er hatte es, nach der spätrömischen Epoche, restauriert, ausgebaut und verschönert. Und er hat ein *„Palatium"* – einen Palast – in Verona errichtet oder einen bestehenden ausgebaut, der heute nicht mehr besteht. Wohl auch darum besteht heute eher die Frage nach dem Wo und dem Wie des Palastes, und wie das alles zusammenhängt – Historie-Architektur-Archäologie –, als die Frage nach den Zusammenhängen zur Thidrekssaga; auch dies letztere will diese Abhandlung darstellen, bei aller Bescheidenheit. Zuerst einmal sind Grundkenntnisse zu Verona gefordert: Die Lage, das Stadtbild und die Geschichte der Stadt.

Zur Lage und Überlieferung von Verona

Verona befindet sich in Norditalien, wenig Kilometer vom südlichen Rand der Alpen, unweit davon, wo die Etsch aus den Alpen in die Po-Ebene eintritt.

Abb. links: Umgebung von Verona, Ausschnitt aus Abraham Ortelius: *„Italia Gallica, Sive Gallia Cisalpina"*, Kupferstich (1612), Pfeil *„Verona colonia"*.

Verona erscheint in überlieferten antiken Kartenwerken, z. B.

a) in der *„Cosmographia"* des Alexandriners Ptolemaeus aus der Zeit um 150 n.Chr; er gibt die Koordinaten an von *„Verona 32½⅓° 44°"*[1] (GPS: 10,98°; 45,43°).

Ausschnitt aus der Karte *„Italia pars"* der *„Cosmographia"* des alexandrinischen Geographen Ptolemaeus', ca. 150 n.Chr., gezeichnet von Nicolaus Germanus (1482) nach byzantinischen Vorlagen. Pfeil: *„uerona"* (*„Verona"*), der See daneben ist der Garda-See.

---

[1] 1. Zahl: geographische Breite, der Null-Meridian des Ptolemaeischen Kartenwerkes liegt westlich von Gibraltar und verläuft durch die Kanarischen Inseln; 2. Zahl: die geographische Höhe Veronas bei Ptolemaeus liegt um 160 km südlicher als bei GPS.

b) Die zweite Karte, eine spätrömische Straßenkarte, in der das antike Verona erscheint, ist die sogenannte *„Tabula Peutingeriana"* (*„Peutinger-Karte"*), diese Nachzeichnung des römischen Originals schildert die Verhältnisse etwa für die Zeit um 330-350 n.Chr.

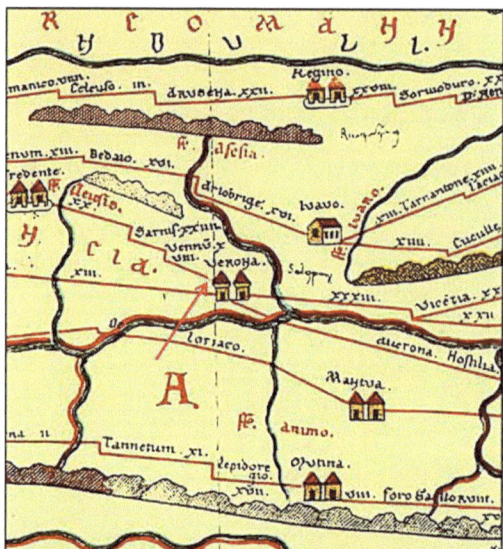

Kartenausschnitt von Norditalien aus der spätrömischen *„Tabula Peutingeriana"*. Pfeil: *„Verona"*; ganz oben wohnen die *„Marcomanni"*, darunter fließt die Donau (*„Danubius"*) mit *„Regino"* (Regensburg), darunter die Alpen, daraus fließt der *„fl. Asesta"* (*„Fluss Etsch"*), der Fluss quer in der Mitte ist der *„Padus"* (Po, ohne Eintrag), das Gebirge darunter sind die Apenninen, der Fluss ganz unten ist der *„fl. Umbro"* (*„Arno"*).

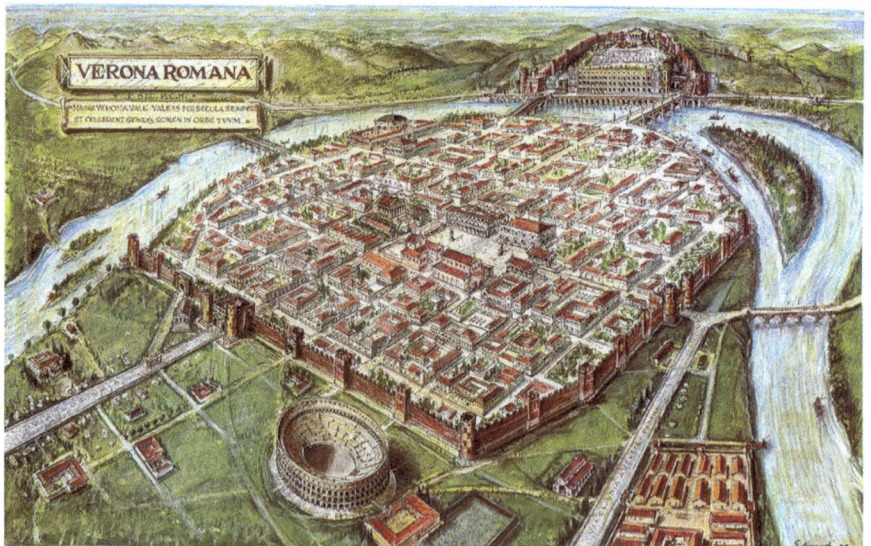

Schaubild: Verona in römischer Zeit.

Moderne Karte und Ansicht von Verona:

Plan von Verona, 1823, im Bild der geschwungene Flusslauf der Etsch von oben (Norden) nach unten (Süden), der Stadtteil Veronetta liegt im Bild rechts oben, links der Etsch.

Abbildung; Blick auf Verona, 1730; links oben im Bild Kastell und Kirche St. Peter.

Kurzer Abriss der Geschichte von Verona

In der vorgeschichtlichen Zeit war der Veroneser Stadtbezirk Veronetta, links der Etsch mit dem *„colle"*, dem *„mons"* (Hügel bzw. Berg), bereits besiedelt. Genannt werden von antiken Autoren die Euganeer, ein halbmythisches Volk, über die man nichts Sicheres weiß. Den ersten Siedlern folgten Raeter aus dem nördlichen und mittleren Alpengebiet, die im heutigen Stadtgebiet siedelten. Als die ersten Kelten von jenseits der Alpen in die Poebene einfielen, gründeten um 550 v. Chr. die gallischen Cenomanen, die aus dem unteren Seine-Loire-Gebiet stammten, die Stadt Verona. Zusammen mit der *„Gallia cisalpina"* *(„Gallien diesseits der Alpen")* wurde Verona von der römischen Stadt-Republik im Zweiten Punischen Krieg (218 v. Chr. - 202 v. Chr.) gegen den karthagischen Feldherrn Hannibal erobert. 203 v. Chr. wurde Verona zur römischen Provinz gemacht; 89 v. Chr. erhielt Verona von Rom, nach dem Bundesgenossenkrieg, auf Vorschlag des Konsuls Pompeus Strabo, den Status als *„Kolonie"* *(„Colonia"*, eigentlich eine Veteranensiedlung) nach lateinischem Recht. 49. v. Chr. erhielt die Stadt auf Veranlassung Julius' Caesars den Rang eines *„Munizipium"* *(„Landstadt")* nach römischen Recht gemäß der *„Lex Roscia"*, und damit die Selbstverwaltung. Regiert wurde die Stadt von vier Bürgermeistern, den *„quatroviri"*, dem Vier-Männer-Gremium. Verona erhielt nun eine Stadtbefestigung, besetzt mit Toren und Türmen; später, nach langer Zeit, wurde sie unter Kaiser Gallienus um 265 n.Chr. erneuert und ausgebaut; die Arena, bisher außerhalb der Stadtmauern, wurde in das Festungswerk eingegliedert; die letzte Erweiterung der Stadtmauern Veronas wurde von dem Gotenkönig Theoderich d. Gr. durchgeführt.

Aufgrund der Eroberung des nördlichen Alpenvorlandes (Raetien und Vindilikien, heute zu Bayern und der Schweiz gehörig) durch Augustus 15 v. Chr. wuchs die Bedeutung Veronas für das Römische Reich. Verona wurde damit ein wichtiger Kreuzungspunkt von Fernstraßen; vom Norden der Alpen führte von Augsburg her die *„via Claudia Augusta"* heran; von Westen, von Genua her, die *„via Postumia"*, die bis nach Aquileia im Osten verlief; in Verona kreuzten sich diese Straßen quasi auf der Brücke über die Etsch; die *„via Postumia"* wurde ab Verona nördlich der Etsch ostwärts geführt.

In der Stadt Verona selbst bildet die Fernstraße *„Via Postumia"* die Hauptverkehrsachse, der sognannte *„Decumanus Maximus"* im schachbrettartig strukturierten Stadtaufbau, die idealerweise in Nord-Süd-Richtung angelegt wurde, in Verona aber davon abwich. Der *„Decumanus"* führte von der *„Ponte Postumia"*, dem Etsch-Übergang, südwestlich in gerader Linie durch die Stadt, der Verlauf ist heute noch sichtbar im Corso Sant'Anastasia; der Beginn der Straße ist heute jedoch durch die gleichnamige Kirche verbaut; die Straße tangiert im weiteren Verlauf die *„Piazza Delle Erbe"*, und läuft weiter über den *„Corsa Porta Bosari"* mit dem Endpunkt des gleichnamigen Tores. Die dazu rechtwinklige Straße *„Cardo Maximus"* bildete die zweite wichtige Achse der Stadt, sie begann im Süden der Stadt mit der *„Porta Leoni"*, im heutigen Stadtbild etwa der Via Leoni folgend, über Via Capello, Piazza Delle Erbe und Via Sant'Egidio. Die beiden Hauptachsen trafen sich in der Mitte der Stadt, heute am *„Torre del Gardello"* an der *„Piazza Delle Erbe"*. In römischer Zeit war am Kreuzungspunkt der Hauptachsen zumeist ein Forum (öffentlicher Platz, ‚Marktplatz') angelegt, in Verona war er auf der heutigen *„Piazza Delle Erbe"*.

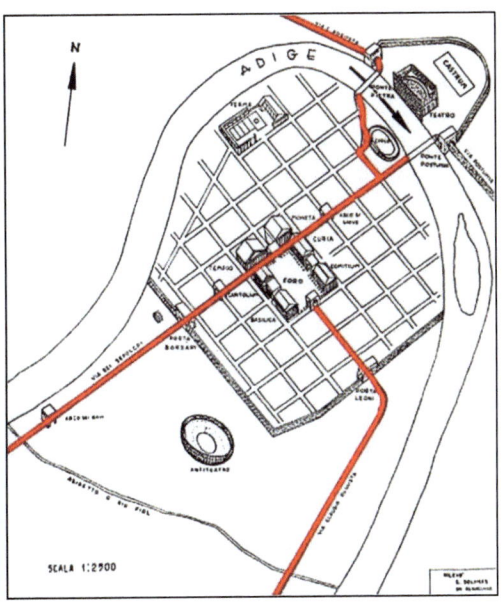

Abb. links: „*Porta Leoni*", der ruinöse Rest, angelehnt an ein Wohnhaus, in der Römerzeit Stadtor des „*Cardo Maximus*"; Abb. rechts: Stadtplan des römischen Verona, die „*Porta Borsari*" ist links, oberhalb der Arena, die „*Porta Leoni*" rechts außen an der abknickenden Straße; in rot die Hauptverkehrsachsen.

Abb. links: „*Porta Borsari*", so im Mittelalterg genannt, weil dort die Zölle, „*Busari*", erhoben wurden; in römischer Zeit „*Porta Iovia*" genannt, da dort vor dem Tor ein dem Jupiter geweihter Tempel stand, Endpunkt des „*Decumanus Maximus*", danach „*Porta di San Zeno*" genannt; Abb. rechts: Rekonstruktion der „*Porta Leoni*", „*Löwentor*", um 1700, so benannt nach einem römischen Grabstein in der Nähe mit zwei Löwen, davor hieß das Tor in der Renaissance „*Arco di Valerio*" *oder* „*Porta San Fermo*" nach der nahebei gelegenen Kirche.

Die berühmte Arena (Amphitheater) in Verona entstand etwa 30 n.Chr., ursprünglich war sie außerhalb, südlich, der römischen Stadtmauer Veronas gelegen. Bereits etwas früher, um 20 v.Chr., wurde unterhalb des „*Castel San Pietro*", vor dem „*colle*", das „*Teatro Romano*" am linken Flussufer der Etsch erbaut.

17

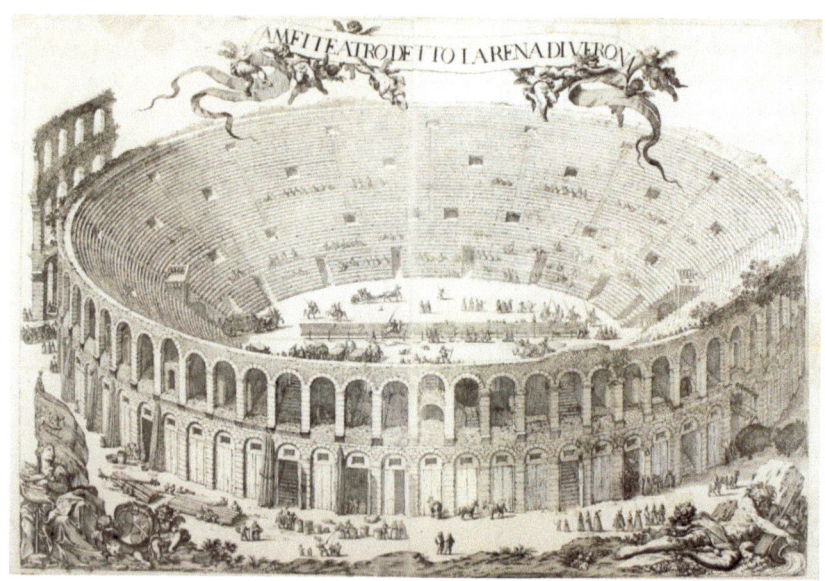

Abb. „*ANFITEATRO DETTO L'ARENA DI VERONA*" (*„Das Amphitheater, genannt die Arena zu Verona"*), Radierung von Louis Dorigny (1654-1742), Verona 1696.

Das „*Teatro Romano*", links mit der Chiesa dei „*Santi Siro e Libera*", gelegen am linken Ufer der Etsch im Stadtteil Veronetta. Die Kirche „*Santi Siro e Libera*" (*„die Heiligen Sirus und Liberata"*) wurde 913 von Giovanni, Bischof von Cremona, unter dem Kanzler König Berengar I. gegründet; 922 schenkte es der Bischof dem nahegelegenen Kloster Santa Maria in Organo; im Hintergrund die ehemalige Chiesa (Kirche) de Redentore.

Anmerkung: Der hl. Sirius soll als erster in Verona im „*Teatro romano*" die Heilige Messe (Abendmahl) gefeiert haben, Sirius soll der Junge geheißen haben, der Jesus die fünf Brote und zwei Fische reichte (Johannes 6, 1-11: „*Es ist ein Knabe hier, der hat fünf Gerstenbrote und zwei Fische*"), später soll San Sirius nach Italien gekommen sein und auf seinem Weg nach Pavia in Verona Halt gemacht haben. Gemäß der Legende floh die hl. Liberata († 580) vor ihrem Vater Johannes, einem Burgherrn am Fuße der Apeninnen, nach Como, wo sie ein Kloster gründete; die Gebeine der hl. Liberata wurden in der Margarethen-Kirche in Como begraben, 1096 erhoben und 1317 im Hochaltar der Domkirche zu Como beigesetzt.

In der frühen Neuzeit beschrieb Alessandro Canobbio[2] die Stadt Verona:

„*Ha cinque bellissime Porte con i Ponti leuatori, due dell quali sono di marauigliosa belleza inuentate da eccellentissimo Architetto. Si veggono gran dissime vestigia del Theatro, che era nel Colle sotto il Castello di S. Pietro, e particolarmente vna Porta della sua Scena tutta intiera, & anco si veggono vestugia di vna Naumachia, vicina all'Adige, & al Theatro insieme. Ha per la maggior parte intiero il più bello, & il più grande Anfitheatro, che sia al Mondo, il quale insieme co'l sudetto Theatro fù fabricato da Veronensi*".*	„*[Verona] hat fünf wunderbae Tore mit Zugbrücken, von denen zwei von äußerster Schönheit sind, die von einem der hervorragendsten Architekten entworfen wurden. Viele großartige Reste sind zu sehen vom Theater, das bei dem Hügel mit dem Kastell San Pietro gelegen, besonders die eine Pforte im gesamten Überbick ist zu sehen, zu sehen sind auch die Überreste der Naumachia, in der Nähe der Etsch, zusammen mit dem Theater, & es [Verona] verfügt über das größte Amphitheater auf der ganzen Welt, das zusammen mit dem oben genannten Theater zu Verona erbaut wurde*".

Machen wir jetzt einen zeitlichen Sprung ins 4. und 5. Jahrhundert n.Chr.

Im Jahr 377 waren vor den Hunnen fliehenden Westgoten über die Donau ins Römische Reich gezogen; in der Schlacht von Adrianopel in Thrakien, heute Erdine in der europäischen Türkei, besiegten die Westgoten das oströmische Heer unter dem Ostkaiser Valens und zogen dann Jahrzehnte lang im Römischen Reich umher. 401 fielen sie in Venetien (nordöstliches Oberitalien) ein, 402 belagerten sie Verona, wurden aber von dem römischen Reichsfeldherrn Stilicho, ein romanisierter Alemanne, bei der Stadt besiegt; die Westgoten mussten sich aus Italien in den Balkan zurückziehen. Goten fielen danach, 405 unter Radagais, wiederum in Italien ein, 406 wurden sie von Stilicho bei Fiesole nahe Florenz besiegt; 408 zogen die Westgoten unter Alarich in der gesamten italischen Halbinsel umher – Stilicho selbst war im selben Jahr auf Befehl Kaiser Honorius' hingerichtet worden –, 410 plünderten die Westgoten Rom und gingen 412 unter ihrem König Athaulf über die West-Alpen nach Gallien. – Dies läutete das 60-jährige Sterben des Weströmischen Reiches ein.

---

[2] „*Breve Compendium. Cavato dalla sua historia di Verona*" („*Kurze Zusammenstellung. Entnommen aus der Geschichte von Verona*" [1598]) p. 6.

Abb. Stilicho, Konsular-Dyptichon zum Jahr 396. n.Chr.; wird auch als das Aëtius vermutet.

452 fielen die Hunnen unter Attila in Oberitalien ein; sie eroberten viele Städte, sie kamen bis vor Verona; der damalige weströmische Reichsfeldherr Aëtius war nicht in der Lage, die Hunnen aufzuhalten, da er sie in Gallien erwartet hatte. Am Mincio bei Mantua, ca. 40 km südöstlich von Verona, traf der Hunnenkönig auf eine Delegation des weströmischen Kaisers Valentinian III. und des römischen Senats unter Leitung des Konsuls Gennadius Avienus, sowie in Begleitung des ehemaligen Prätorianerpräfekts Trigetius und Papst Leo I.[3]; Attila zog anschließend aus Italien ab, angeblich weil eine Seuche in seinem Heer wütete und ein oströmisches Heer sich der unteren Donau näherte. Attila starb im folgenden Jahr 453. Im Jahr wiederum darauf, 454, tötete der Westkaiser Valentinian III. in Ravenna eigenhändig Aëtius, seinen Schwäher in Spe[4]. Ein Jahr darauf töteten zwei Gefolgsmänner des Aëtius Kaiser Valentinian III. bei einer Truppenparade in Rom auf dem Marsfeld. Das war das Ende der fast hundertjährigen Herrschaft der Dynastie der Valentiane – und das letzte Glöcklein für Westrom schlug schon bald, 20 Jahre später.

Das weströmische Reich endete, als Odoaker 476 den letzten Westkaiser, Romulus Augustulus (das Kind, der kleine Augustus), absetzte und sich als König in Italien an dessen Stelle setzte, unter nomineller Oberherrschaft des Ostkaisers. Auch Verona geriet unter seine Herrschaft. Doch als der Ostgotenkönig Theoderich d. Gr. 489 in Italien einfiel, nahmen die Ostgoten im folgenden Jahr die Stadt Verona ein, in deren Nähe sie das Heer Odoakers geschlagen hatten. Theoderich d. Gr. entwickelte in der Folgezeit eine rege Bautätigkeit in Verona, er restaurierte Aquädukte und Thermen, er erneuerte die Stadtmauern und errichtete für sich ein *„palatium"*, einen Palast, darüber unten mehr. Odoaker hatte sich derweil in Ravenna verschanzt, verteidigte sich dort bis zum Jahr 493 und wurde nach Friedensschluss mit Theoderich von diesem zu einem Gastmahl geladen, und

---

[3] *„Prosper Tironis epitoma chronicon"*. In *„Monumena Gemaniae Historica"* (MGH), Bd. 9 (MDCCCLXXXXII [1882]) *„Chronica minora saec. IV. V. VI. VII. (I)"* p. 482: *„Attila ... Italiam ingredi per Pannonias intendit, ... suscepit hoc negotium cum viro consulari Avieno et viro praefectorio Tyrgetio beatissimus papa Leo auxilio dei fretus, ...".* (*„Attila ... beabsichtigte von Pannonien in Italien einzufallen .... Es unternahmen die Aufgabe* [römischen der Gesandtschaft an Attila] *mit dem konsularischen Manne Avienus und dem praefektorischen Manne Tyrgetius der allerseligste Papst Leo im Vertrauen auf die Hilfe Gottes....".*).
[4] Zwar nicht Schwiegervater, aber der Sohn des Aetius, Gaudentius, war mit Placidia, der Tochter des Kaisers Valentinian III., verlobt. Außer dass Aëtius in den Augen des Kaisers ein Hochveräter war, vermutete er, dass sich Aëtius das Reich aneignen wollte.

dabei von Theoderich eigenhändig mit dem Schwert erstochen. Theoderich starb 526 in Ravenna, wo sein Grabmal steht. Er hatte keinen direkten männlichen Erben, und so folgte ihm sein noch minderjähriger Enkelsohn Athalarich (* 516, † 534 n Chr.), unter der Regentschaft seiner Mutter Amalaswintha (Amalsuntha), † 535 ermordet, in der Herrschaft.

Die seit Theoderichs Tod entstandenen Spannungen innerhalb des Gotenreiches nutzte der oströmisch-byzantinische Kaiser Justinian I. (reg. 527-565) mit Sitz in Konstantinopel, um das Gotenreich in Italien anzugreifen; es entwickelte sich der langandauernde *„Gotenkrieg"* (535-354). Verona war in dieser Zeit eine wichtige Festung der Ostgoten. Über diese Stadt spricht Prokop (lat. *„Prokopios"*, gr. *„Προκόπιος"*) von *„Caesarea"*[5] (* ca. 500, † ca. 560) in seinem Geschichtswerk *„Gotenkrieg"*[6] mehrmals.

Als 540 der siegreiche byzantinische Feldherr Belisar aus Italien abberufen wurde, sammelte der Gotenkönig Totila die ihm verbliebenen gotischen Mannschaften, hauptsächlich in Pavia und in der kleineren Garnison in Verona (Prokop, Kap. III, 3[7]). Die in Italien neu eingesetzten byzantinischen Generale, 11 an der Zahl mit 12.000 Soldaten, rückten nun gegen Verona vor. Bevor sie diese erreichten, schlichen 100 Mann unter dem Kommandanten des Armeniers Artabazes des Nachts an die Mauern Veronas, wo ihnen ein bestochener Torwächter ein Tor öffnete. Die gotische Besatzung, völlig überrumpelt, floh aus der Stadt auf den Hügel oben über der Stadt und warteten die Nacht ab. Die byzantinische Armee versäumte es aber, rasch auf die Stadt zuzugreifen. Als morgens die gotischen Soldaten, welche die Stadt vom Hügel gut überblicken konnten, sahen, wie wenige Soldaten die Stadt eingenommen hatten, rückten sie in die Stadt ein und hieben die dortigen feindlichen Besatzer nieder oder trieben sie über die Stadtmauer. Das heranziehende byzantinische Heer kam zu spät. So konnten die Goten die Stadt halten; die Byzantiner zogen sich über den Po zurück. Der Hügel, auf den die Goten sich zurückgezogen hatten, wird wohl der befestigte *„colle San Pietro"* gewesen sein.

Prokop berichtet weiter im Kap. IV, 26 zum Jahr 552: König Totila hatte Teja das Kommando über Verona gegeben; der machte den Byzantinern unter ihrem Kommandanten Narses, der von Norden, von her Istrien anmarschierte, ein Durchkommen über den Po zunächst unmöglich, dem aber dies mit Hilfe von Schiffsbrücken dennoch gelang. Aber nicht gegen Verona ziehen wollte Narses, er hatte andere Pläne; nachdem er Ravenna erreicht hatte, zog er weiter nach Umbrien in Richtung auf Rom.

---

[5] *„Caesarea Maritima"* an der östlichen Mittelmeerküste, zwisch Haifa und Tel Aviv, beide in Israel.
[6] Griechisch: *„Γοτθικόν πόλεμον"*; Lateinisch: *„bellum Gothicum"*.
[7] D. Coste: *„Prokop. Gotenkrieg"* (1903/2011).

Nun kam es 552 in Umbrien zur Schlacht bei „*Busta Gallorum*" (Tadino/Umbrien) zwischen dem gotischen und dem byzantinischen Heer. König Totila verlor beides, Schlacht und Leben, gegen den byzantinischen Feldherrn Narses. Die letzte Schlacht der Ostgoten fand wenige Wochen später, im Jahr 554, am Vesuv statt. Teja war zum König erhoben worden. Als er in der Schlacht gegen die Byzantiner seinen Schild wechselte, traf in angeblich der Speer eines feindlichen Langobarden in die Brust. Der Widerstand der Goten brach endgültig zusammen; Reste der gotischen Herrschaft und des Widerstandes wurden danach beseitigt.

Die gotischen Krieger unter Teja, die sich Narses nicht unterwarfen, erhielten laut Prokop freien Abzug, wenn sie Italien verließen. Ludwig Schmid[8] hierzu:

> „*Die Mitkämpfer Tejas schlossen nach dessen Tode mit ihrem Überwinder Narses einen Vertrag und erhielten freien Abzug, unter der Bedingung, daß sie Italien verlassen und nicht wieder gegen den Kaiser kämpfen sollten (Prokop, b. G. IV, 35). Agathias stellt in unausgesprochener Polemik gegen Prokop, offenbar auf Grund genauerer Kenntnis, diese Angabe dahin richtig, daß den Goten vielmehr freier Abzug nach ihren Gütern in Italien bewilligt worden sei, um dort friedlich als Untertanen des Kaisers zu leben*".

Felix Dahn dichtet in seinem Roman „*Ein Kampf um Rom*" (1876), in dem er die Goten mit dem Leichnam Tejas an dem siegreichen Narses vorbei zu den angelaufenen Wikingerbooten marschieren lässt, folgende Verse:

> „*Gebt Raum, ihr Völker, unserm Schritt: Wir sind die letzten Goten! Wir tragen keine Krone mit – Wir tragen einen Toten. Mit Schild an Schild und Speer an Speer. Wir ziehn nach Nordlands Winden, bis wir im fernsten grauen Meer die Insel Thule finden*".

Die Ostgoten verloren, trotz aller Anstrengungen, den Krieg, weil einerseits die Goten in sich uneins waren, zum anderen hatten sie die katholischen Romanen in Italien gegen sich, welche die arianischen, gotischen Fremdherrscher loswerden wollten.

Die Ostgotenherrschaft, besonders in Verona, dauerte mit Zeitbrüchen von 489 n.Chr. bis 552 n.Chr., als Byzanz ganz Italien zurückerobert hatte, aber auch ganz Italien war schwer verwüstet. Doch bald wurde Byzanz die Herrschaft in Italien streitig gemacht. Die Langobarden zogen von der ungarischen Tiefebene über die Julischen Alpen nach Italien, das war 568 n.Chr.; fast kampflos fiel den Langobarden große Teile Italiens zu. Ein Gebiet bei Ravenna und Teile Süditaliens hielten noch die Byzantiner, in Rom erhob der Papst sein Haupt, in Mittelitalien wurden zwei langobardische Herzogtümer gegründet, in Norditalien aber wurde für etwa zweihundert Jahre das Königreich der Langobarden gegründet.

Verona wurde bei der langobardischen Landnahme Italiens ab 568 bereits 569 eingenommen: die Stadt spielte für die Langobardenkönige eine wichtige, wenn

---

[8] „*Die letzten Ostgoten*", in „*Zeitschrift für schweizerische Geschichte = Revue d'histoire suisse*", Bd. 3, Heft 4 (1923) S. 443-455.

auch nicht immer eine glückliche Rolle. Dem ersten der langobardischen Könige in Italien, dem Eroberer Alboin, bescherte der Ort den Tod. Paulus Diaconus[9] schrieb ca. 785 am Hofe des Frankenkönigs Karl d. Gr.:

„Regnavit Albuin in Italia annos tres, et occisus est in Verona in palatio ab Himilchis et Rosemunda uxore sua per consilium Peritheo",	*„Alboin hatte in Italien drei Jahre geherrscht, dann wurde er im Palast zu Verona von Hilmichis und seinem Eheweib Rosamunde getötet auf Rat* (Anstiften) *des Peredeus",*

was im Jahr 572 n.Chr. geschehen war. Helmichis war *„scilpor"* (*„Schildträger"*) und *„conlactaneus"* (*„Milchbruder"*) Alboins, Peredeus war ein kräftiger, berühmter Krieger. Das genannte *„Palatium"*, wo die Mordtat geschah, dürfte das des Theoderich gewesen sein.

Das Langobardenreich hatte mannigfache Konflikte mit den Päpsten, und bedrohte diese. Diese wandten sich um Hilfe an die – damals noch – fränkischen Hausmeier, die Pippiniden, die selbst Unterstützung von den Päpsten brauchten, denn sie wollten Könige der Franken werden. In Konflikt mit den Päpsten – hier insbesondere Papst Zacharias (741-752) und Stephan II. (reg. 752-757) – brachte dem Langobardenreich das Ende. Denn 755 zog Pippin III., nun Frankenkönig, über die Alpen und besiegte den Langobardenkönig Aistulf. Ein Jahr später, 756, zog Pippin III. ein weiteres Mal über die Alpen. Pippins Sohn Karl d. Gr. setzte in einem Feldzug in 773/774 nach Italien den Langobardenkönig Desiderius – Vater seiner verstoßenen Ehefrau – ab, und eignete sich dessen Reich an. Gleich zu Beginn des Feldzuges wurde Verona besetzt, wohin sich Gerberga – angeblich gleichfalls Tochter des Desiderius – die Witwe von Karls verstorbenem Bruder Karlmann, geflüchtet hatte. Nun herrschten in Italien die fränkisch-karolingischen Könige, ihre Herrschaft endete mit dem Jahr 888 mit dem Karolinger Karl III. (*„der Dicke"* = *„Starke"*), danach begann die Zeit der sog. lombardischen Nationalkönige mit Berengar I. (von 888, wechselhaft bis 924), dieser übrigens fränkischer Abkunft und mit den Karolingern versippt. Unter diesem König fielen 899 die Ungarn in Norditalien ein, sie stießen an Verona vorbei und gelangten bis nach Pavia. König Berengar I. sammelte ein überlegenes Heer von 15.000 Mann, das die Ungarn hart verfolgte, aber an der Brenta in Norditalien erlitt das lombardische Heer am 28. Sept. eine ‚verheerende' Niederlage; die Ungarn verwüsteten nun weiterhin Oberitalien ein Jahr lang. Die Ungareinfälle wiederholen sich in Italien bis 951, damals setzte der deutsche König Otto I. Berengar II. als lombardischen König ab und übernahm selbst das langobardische Königreich als Oberkönig. Dieser König Berengar II. (reg. 950-961, † 966), war ab 951 nur noch ein Vize-, ein Scheinkönig von Otto I. Gnaden. Die Vorgeschichte hierzu sei kurz referiert:

---

[9] *„Monumenta Germaniae Historica", „Scriptores rerum Langobardicarum et Italicarum saec. VI-IX"* (MDCCCLXXVIII [1878]) Paulus Diaconus, *„Origio Gentis Langobardorum"* cap. V, p. 5 seq.: *„Über den Tod des Langobardenkönigs Alboin 572 n.Chr.".*

Der ‚Bosonide‘[10] Lothar II., ein Nachkomme des Grafen Boso von Arles aus fränkischem Adelsgeschlecht, war seit 946 König im italienisch-langobardischen Reich; er verstarb jung im Jahre 950 und hinterließ eine Witwe namens Adelheit. Als neue Könige im lombardischen Reich wurden von den dortigen Adligen Berengar II. gewählt und dessen Sohn Adalbert; dieser sollte aus Gründen der Legitimität die Witwe Lothars II., Adelheit, heiraten. Doch Adelheit wollte nicht und floh 951 zu König Otto I., dieser zog – wie im Märchen – nach Italien, besiegte Berengar II., heiratete Adelheit und rief sich selbst zum dortigen König aus. Berengar II. und sein Sohn akzeptierten dies nicht, sie leisteten Widerstand und zogen sich auf sichere Bergplätze in Norditalien zurück. Konrad der Rote, 944-953 Herzog von Lotharingien, Verbündeter von Otto I. und Liudolf, und der älteste, aber zurückgesetzte Sohn Otto I., waren 952 von diesem nach Italien gesandt worden und hatte Berengar II. und Adalbert dazu gebracht, sich zu Otto I. nach Magdeburg in Deutschland zu begeben, und hatte wohl für diesen Fall Zusagen an Berengar II. gemacht. Denn Herzog Konrad der Rote, Liudolf und andere Große des Reiches anerkannten Berengar II. als König von Italien. Otto I., der das Reich Berengar II. vollständig okkupieren wollte, anerkannte aber nicht die Zusagen von Konrad dem Roten und ließen Berengar II. und Adalbert drei Tage auf eine Audienz warten, und verlangte dann die Unterwerfung Berengars II. und seines Sohnes auf dem Reichstag in Augsburg.

Abb. links: Aus der Weltchronik Ottos von Freising (Mailand, „Biblioteca Ambrosiana“, um 1200).

In der Mitte „Otto I. Thevconicor(um) REX“, rechts von ihm kniend „Beringarius“, der Otto I. als Zeichen der Unterwerfung ein Schwert überreicht; links von Otto I. die Figur mit dem gezogenen Schwert als Zeichen der Richtergewalt Ottos I.

Dort, in Augsburg, mussten Berengar II. und Adalbert auf ihr Königreich verzichten, das Otto I. ihnen als königliches Lehen zurückgab, unter Abzug der Markgrafschaft Verona und des Herzogtums Friaul, eines großen Teils des lombardischen Reiches.

---

[10] „Bosoniden“, ein mächtiges fränkisches Adelsgeschlecht im 9. und 10 Jh., Nachkommen des Grafen Boso von Arles (Südfrankreich); sie spielten in Burgund (Südost-Frankreich) und in Nord-Italien eine bedeutende Rolle, insbesondere in der Zeit der norditalienischen „National-Königen“ im 10. Jh.

Diese schmähliche Behandlung war nicht das, was die beiden Lombarden von Otto I. erwartet hatten. Konrad der Rote aber, auf solche Weise von Otto I. desavouiert und düpiert, wurde zu dessen Feind. Als Otto I. Sohn Liudolf sich 953/54 gegen seinen Vater erhob, und das Reich dadurch geschwächt war, nutzte Berengar II. die Situation, sagte sich von König Otto I. los und eroberte die abgetrennten Gebiete zurück. Liudolf und Konrad der Rote versöhnten sich wieder mit Otto I. und wurden in Gnaden aufgenommen; Konrad verlor jedoch sein Herzogtum, er fiel 955 in der Schlacht gegen die Ungarn auf dem Lechfeld. Otto I. schickte 957 ein starkes Heer unter seinem Sohn Liudolf nach Italien gegen Berengar II.; doch als Liudolf im selben Jahr am Lago Maggiore plötzlich verstarb, blieb Berengar II. in der Herrschaft. 961 rief der Papst Johannes XII. um Hilfe bei Otto I. gegen dem ihm feindlich gesonnenen Berengar II., und Otto I. begab sich selbst nach Italien, – dort wurde er am 2. Februar 962 in Rom zum Kaiser gekrönt – eroberte die norditalienische Königsstadt Pavia und erklärte den geflohenen Berengar II. für abgesetzt. Dieser ergab sich 964, Otto schickte ihn über die Alpen, nach Bamberg, in die Verbannung, wo er 966 starb. Das war aber noch nicht das Ende der lombardischen ‚Querelen'. Berengars II. Sohn Adalbert hatte sich ebenfalls entschieden, Widerstand zu leisten, zog sich aber 962 nach dem südlichen Burgund und auf die Insel Korsika zurück. Adalbert paktierte nun mit dem Papst Johannes XII. gegen Kaiser Otto I., landete wieder in Italien und ging nach Civitavechia in der Landschaft Latium nördlich von Rom, und dann nach Rom. Otto I. zog nun selbst gegen Rom, Papst und Adalbert flohen daraufhin; Adalbert ging wieder nach Korsika. Als Otto zurück über die Alpen gezogen war, versuchte 965 der abermals nach Italien zurückgekehrte Adalbert die Königsstadt Pavia einzunehmen, wurde jedoch von einem schwäbischen Heer unter Burchard III., Herzog von Schwaben, zuerst bei Pavia und dann südlich von Cremona besiegt. Die Opposition in Italien gegen Otto I. brach nun zusammen; Adalbert zog sich nach Burgund zurück und starb dort nach 971.

Während den vorausgegangenen Auseinandersetzungen hatten sich einige Widerstandsnester in Norditalien halten können, die auszuräumen waren. Die Festung Garda am Gardasee, nahe bei Verona gelegen, wurde 963 mit Hilfe des von Otto I. eingesetzten Veroneser Bischofs Rather eingenommen. Im Orta-See, westlich vom Lago Maggiore, liegt die Insel S. Giulio, die stark befestigt war. 962 wurde die Insel durch Otto I. belagert, 964 gestürmt; Willa, die Frau Berengars II., hatte sich dorthin zurückgezogen; sie musste sich ergeben und wurde zu ihrem Mann, der sich in der Burg S. Leo in den Apenninen verschanzt hatte, entlassen[11]. Die Burg San Leo konnte nicht gestürmt werden, sie wurde ausgehungert.

Verona war für die deutschen Könige bzw. Kaiser des Mittelalters eine bedeutende Stadt, kontrollierte sie doch die für die deutschen Könige wichtige Nord-Süd-Achse

---

[11] Ludo Moritz Hartmann: „*Die Ottonische Herrschaft in Italien*", in der Reihe „*Allgemeine Staatengeschichte*". Erste Abteilung: „*Geschichte der europäischen Staaten*" 32. Werk, IV. Band, 1. Hälfte (1915) S. 4 f.

des Wegs vom deutschen Norden in den italischen Süden, an strategisch wichtiger Stelle am Südrand der Alpen. Auf dieser Strecke war kurz – nördlich – vor Verona eine Engstelle – die Etsch-Kluse – zu bewältigen, die *„ Veroneser Klause"*, am Ausgang der Etsch aus den Alpen, die gut zu sperren war. Als König und Kaiser Friedrich I. Barbarossa 1155 auf dem Rückweg von Italien nach Deutschland war, wurde die Klause von dem Veroneser Ritter Alberich gesperrt; dem kaiserlichen Bannerträger Pfalzgraf Otto I. von Wittelsbach gelang es, die feindliche Stellung zu umgehen und zu erobern. König Otto III., Sohn König Otto II., konnte im Mai 983 ungestört einen Reichstag in Verona halten. 1226 wurde die Klause durch ein Heer des Lombardischen Städtebundes blockiert, so dass der von König Friedrich II. einberufene Reichstag in Cremona nicht stattfinden konnte, da Friedrichs II. Sohn Heinrich (VII.) mit der deutschen Delegation nicht anreisen konnte.

Die *Markgrafschaft Verona"* (*„ Mark Verona und Aquileia"*) war, wie bereits gesagt, von Otto I. dem lombardischen König Berengar II. weggenommen worden, sie bestand faktisch etwa bis 1167. Bereits ab 952 gehörte Verona zur dieser *„Markgrafschaft"*, die zum Herzogtum Bayern unter Herzog Heinrich zugeschlagen wurde; ab 976 gehörte sie dem Herzogtum Kärnten, jedoch nicht auf Dauer.

Die deutschen Könige, im frühen und anfangs des Hochmittelalters waren zumeist auch Könige des lombardisch-italienischen Reiches – und waren deshalb ständig in Fehden mit oberitalienischen Städten verwickelt, welche auf Selbstverwaltung ohne Bevormundung durch Könige bestanden. Immer wieder zogen deutsche Könige wegen diesen Angelegenheiten über die Alpen. Die Aufenthalte der deutschen Könige in Verona, und auch ihre kriegerischen Auseinandersetzungen mit dieser Stadt, sind Legion. Getrieben wurden diese Auseinandersetzungen einerseits von dem Unabhängigkeitsstreben der nord- und mittelitalienischen Städte, anderseits von dem Für und Wider zu den deutschen Königen, von dem Gegensatz von Parteigruppierungen dieser Städte, auch innerhalb dieser Städte.

Dies erfuhr auch der deutsche König Lothar III. von Supplinburg. 1132 zog Lothar von Supplinburg über die Alpen, den Brenner-Pass wählend, das Eisack-Tal hinab, weiter entlang der Etsch im Trentiner Tal Richtung Verona. Doch die Veroneser waren Lothar feindlich gesinnt, daher umging Lothar die Etsch-Klause vor Verona. Von den Städten Norditaliens neigten die einen, wie Brescia, dem König Lothar zu, andere standen gegen ihn. Militärisch war die Italienfahrt kein Erfolg für Lothar, der Normanne Roger II. beherrschte Süditalien; 1133 wurde Lothar in Rom von Papst Innozenz II. zum Kaiser gekrönt; anschließend zog er sich über Brescia nach Norden zurück, der Weg über Verona war noch immer versperrt, so wählte er den Weg über das Val Sabbio, dessen Zugang der Fürst Albert auf der Burg Lodrone versperrte, und den Lothar erst freikämpfen musste. Im August 1133 betrat der Kaiser wieder deutschen Boden. Im Jahr 1136 unternahm Kaiser Lothar seinen zweiten Italienzug, auf der Rückreise starb er 1137 am 3. Dezember bei Breitenwang in Tirol nahe Reutte. Sein Nachfoler wurde der Staufer Konrad (König 1137-1152), womit die Epoche der Staufer begann.

Das berühmte San Gemignano in der Toskana, im Mittelalter der Partei der Guelfen zugehörig.

Im Wesentlichen gab es im Hochmittelalter in Norditalien und in der Toskana zwei Gruppierungen, die sich feindlich gegenüberstanden: ‚Ghibellinen' und ‚Guelfen'; erstere waren kaisertreu, insbesondere zu den Stauferkaisern, die anderen standen in Opposition dazu. Erstere leiteten ihren Parteinamen von den „*Waiblingern*"[12] ab, was „*Staufer*" bedeutet, die andere Partei leitete ihren Namen aus dem deutschen Geschlecht der Welfen („*Welfisch*") ab, das mit den Staufern verfeindet war. Der Gegensatz zwischen „*Guelfen*" und „*Ghibellinen*" war, wie gesagt, nicht auf Oberitalien beschränkt, sondern war auch in der Toskana virulent. Florenz z. B. gehörte zu den ‚Guelfen', Pisa und Siena zählten sich zu den ‚Ghibellinen'. Der Hintergrund der Parteiungen war folgender:

Als der Staufer-König Friedrich I. Barbarossa die „*Podestà*", die Organe der kommunalen Selbstverwaltung der italienischen Städte abschaffte, und stattdessen Statthalter einsetzte, organisierten die norditalienischen Städte gegen den König einen Widerstand, die sich zuerst 1164 im „*Veroneser Bund*" zusammenschlossen, mit Verona, Padua und Vicenza unter Leitung Venedigs; 1167 erweiterte sich dieser Bund, in dem der Veroneser Bund sich mit dem Bund von lombardischen Städten unter Führung von Mailand zum „*Lombardischen Städtebund*" (bis 1250) vereinigte. In Folge dessen kam es zu heftigen Parteikämpfen zwischen den „*Ghibellinen*" (Staufer-Partei auf Seiten des Königs) und „*Guelfen*" (Welfen-Partei, Papst-Partei, gegen den König).

Nicht nur als eines der Häupter der kaiserfeindlichen Partei, sondern auch kirchengeschichtlich trat Verona, wenn auch kurzzeitig, hervor. 1184 fand das (Partikular-) Konzil in Verona statt, anwesend waren u. a. Papst Lucius III. (reg. 1181

---

[12] Staufische Stadt bei Stuttgart, heute im Rems-Murr-Kreis.

-1185), und Kaiser Friedrich I. Barbarossa, sowie Arnaud de Toroga, Großmeister des Templerordens, Roger de Moulins vom Johanniterorden und Heraclius von Caesare, der Patriarch von Jerusalem. Beschlossen wurde u. a. ein hartes Vorgehen gegen die ketzerischen Katharer und Waldenser, sowie die Förderung des kaiserlichen Kreuzzugs (der dritte, 1189-1192).

Am 25. November 1185 starb Papst Lucius in Verona; Urban III. wurde dortselbst zum Papst gewählt, er regierte 1185-1187; er stand im Gegensatz zum Staufer-Kaiser Friedrich I. Barbarossa und agierte und lenkte den lombardischen Widerstand von Verona aus; Cremona revoltierte mit Billigung des Papstes gegen den Kaiser, doch die Stadt wurde vom Kaiser unterworfen. Heinrich VI., des Kaisers Sohn und Mitkönig, unterwarf daraufhin fast ganz Norditalien; als der Papst fast nur noch auf Verona beschränkt war, ging er nach Venedig, dort versammelten sich damals die Kreuzfahrer zum 3. Kreuzzug; Urban III. verstarb dort alsbald.

Die Akteure und Aktionen in diesem ‚Spiel' Ghibellinen vs Guelfen hatten oft eine längere Vorgeschichte. Ein gewisser deutschsprachiger „*da Arpone*"[13] hatte einen Sohn Ecelo di Arpone († nach 1091), der kam mit dem Heer des Salier-Kaisers Konrad II. (1027-1039) nach Italien und wurde von diesem Kaiser 1035 mit Onara, nördlich von Padua, und wiederum nördlich davon mit Romano (Romano d'Ezzelina südwestlich des Monte Grappa in den Dolomiten), am Fuße der Alpen, wo die Brenta in die Ebene heraustritt, belehnt. Dieser Ecelo da Romano heiratete Gisela, eine lombardische Adlige; ein Sohn dieser war Alberico di Ecole da Romano, dessen Sohn war Ezzelino I. da Romano († nach 1182), der 1173 ‚Guelfe' und Podestà (Bürgermeister) von Vicenza und Treviso war, und ‚Rector' des „*Lombardischen Städtebundes*"; er hatte einen Sohn Ezzelino II., der ebenfalls Podestà von Treviso 1191-1193 und 1193 von Vicenza war. 1199 wurde der Stammsitz dieser Familie, die Burg zu Onara, von Streitkräften der Stadt Padua zerstört; der Stammsitz der Ezzelini wurde daraufhin Romano. 1200 wurde Ezzelino II. Podestà von Verona, 1211 auch Podestà von Vicenza. 1212 schlug er nahe Verona Truppen aus Teilen lombardischer Städte unter der Führung von Ferrara. Im Folgenden führte Ezzelino II. Krieg gegen das feindliche Padua (1221), gegen den Markgrafen von Este[14] (1214) und gegen Venedig; nach 1221 ging Ezzelino II. ins Kloster von Oliero an der Brenta in einem Alpental, später in sein ‚Haus-Kloster' „*Sant Croce di Campese*" nahe „*Romano d'Ezzelino*", er starb 1235.

Um 1220-1230 herrschte Graf Rizzardo aus San Bonifacio, ca. 25 km östlich von Verona, für ein friedliches Jahrzehnt in Verona, danach erhoben sich wieder Parteikämpfe in der Stadt.

---

[13] „*Aribo*", vermutlich „*von Pflaum*", italienisch Flavone, im Nonstal, einem Nebental des Etschtales, ca. 35 km nördlich von Trient. – Albert Jäger: „*Geschichte der landständischen Verfassung Tirols*", 1. Band (1881) S. 113 ff. „*Die Grafen von Tirol*", S. 187 ff „*Die Grafen von Flavon oder Pflaum*".

[14] Benannt nach der Stadt Este, ca. 63 km südöstlich von Verona.

Ezzelinos II. Nachfolger wurde sein Sohn Ezzelino III. da Romano (* 1194, † 1259), Feudalherr in der Mark Treviso aus väterlichem Erbe; er wechselte politisch die Seite und stand auf Seiten der kaisertreuen Ghibellinen. Er war verbündet mit dem deutschen König Friedrich II.; bekannt geworden ist er als tyrannischer Statthalter Friedrichs II. in der Mark Verona.

In den Auseinandersetzungen König Friedrichs II. mit dem Lombardischen Städtebund gelang es dem bereits genannten Ezzelino III. da Romano 1236 Vincenza und Verona für Friedrich zu erobern und als *„Signore"* (Herr) zu herrschen. 1238 heiratete er in Verona Friedrichs II. uneheliche Tochter Selvaggia († 1244). Ezzelino III. stand im Gegensatz zum Papst, und wurde 1248 vom Papst Innozenz IV. gebannt, der einem Kreuzzug gegen Ezzelino III. ausrief; Ezzelino III. unterlag der päpstlichen Koalition 1259 in der Schlacht von Cassano d'Addia bei Soncino (Provinz Cremona).

Im Juli 1245 hatte König Friedrich II. einen großen Hoftag in Verona abgehalten, bei dem er auf Gertrud von Babenberg wartete, die Nichte des Herzogs von Österreich, um sie zu ehelichen; der Herzog kam, jedoch ohne Gertrud, da sie nicht einen vom Papst Exkommunizierten heiraten wollte.

Konrad IV. war ein Sohn König Friedrichs II. und letzter staufisch-deutscher König, sein Italienzug war ein Zug in den Tod, 1254 starb er im Heerlager bei Lavello in Süditalien. Dessen Sohn Konradin (* 1252, † 1268) war zwar kein deutscher König, aber König von Jerusalem und Sizilien/Unteritalien; 1267 machte er sich von Deutschland nach Italien auf, um sein staufisches Erbe, das ihm vom Papst aberkannt worden war, zu gewinnen und anzutreten; den Winter verbrachte er in Verona, im Frühjahr brach er mit 3000 Reisigen auf, am 24. Juli gelangte er nach Rom, mit fast 5000 Mann zog er weiter auf einem Umweg, um nach Süditalien zu gelangen. Als er in sein süditalisches Königreich kam, wurde er von der Streitmacht Karls von Anjou am 2. August in der Schlacht bei Tagliacozzo, in den Abruzzen östlich von Rom, geschlagen; Konradin floh noch, wurde doch gefangen und an Karl von Anjou ausgeliefert, der sein Königreich okkupiert hatte. Am 19. Oktober 1268 wurde Konradin in Neapel mit dem Schwert öffentlich enthauptet, das war das Ende aller Stauferherrlichkeit. Karl von Anjou († 1285) stammte aus einer Nebenlinie der französischen Kapetinger-Könige, er war seit 1266 König von Sizilien und Süditalien.

Doch zurück nach Verona.

Der Besitz Veronas, die Herrschaft darüber, ging in den Jahrhunderten hin und her, mal hatten die deutschen Könige, mal hatte der Lombardische Städtebund die Oberhand. Schließlich erlahmte nach den Staufern – wegen innerdeutschen Querelen – die ‚Reiselust' der deutschen Könige nach dem Süden und die lombardischen Städte und Rest-Italien lösten sich von der deutsch-römischen, königlich-kaiserlichen Vorherrschaft

Da unternahm Heinrich VII. von Luxemburg, deutscher König 1308-1313, nach fast sechs Jahrzehnten, im Jahre 1310 wieder eine Italienfahrt, um sich 1312 in Rom von den dortigen Kardinälen zum Kaiser krönen zu lassen – der Papst war damals in Avignon im Exil – und die italienischen Angelegenheiten zu ordnen. Er wählte von der Schweiz her, von Bern, den Pass von Monte Cenis um die Alpen zu überwinden, und gelangte in die westliche Poebene. Am 6. Januar 1311 empfing er in Mailand die Krone der Langobarden; im Frühsommer 1311 kam es zu Aufständen von Cremona und Brescia in Norditalien, die von Heinrichs Truppen niedergerungen wurden. Über Verona (unsicher), Cremona und Piacenta zog Heinrich nach Genua, da ihm der Weg über Bologna versperrt war, um von dort weiter nach Rom zu ziehen. Dort angekommen wurde er, obwohl selbst in der Stadt Kämpfe mit feindlich gesinnten Fürsten geführt wurden, am 29. Juni 1312 zum Kaiser gekrönt. Heinrich VII. führte in Mittelitalien zahlreiche Gefechte gegen die kaiserfeindlichen Parteiungen. Da starb er am 24. August 1313 in dem kleinen Ort Buonconvento bei der toskanischen Stadt Siena.

„Coronat a tribus cardinalibus in imp(er)atore".
Heinrich VII. von Luxemburg wird in Rom von drei Kardinälen zum Kaiser gekrönt.

Italien war kein gutes Pflaster für deutsche Könige, und so war Heinrich VII. der letzte deutsche König, der eine Italienfahrt unternahm, um die Kaiserkrone aus Hand des Papstes zu erlangen (ein Heer Kaiser Karls V. zog 1527 nach Rom, plünderten es und brannte es nieder: *„Sacco di Roma"*).

Über die Italienreise Heinrich VII. gibt es einen Bericht mit einem Bilderzyklus im *„Codex balduini trevirensis"*, diese Italienfahrt ist aufgearbeitet von Georg Irmer mit Begleittext:

„Die Romfahrt Kaiser Heinrichs VII. in Bildercyclus des Codex Balduini Trevrensis" (1881),

woraus ich folgendes entnehme:

S. 37, Text: *„VIII, Der Zug über die Alpen; Ankunft in Italien"*.

S. 38, Bilder VII a & b; oben:

„Rex ascendit Montsenys" (*„Der König besteigt den Monte Cenis"*)

Bild unten:

„H. Rex ascendit [descendit] Suse ān(o) X. XIII. die Octobris"

(*„König Heinrich steigt [hinab] bei Susa, im 10. Jahr [1310], am 23. Oktober"*).

Abb. links: Heinrich VII. übersteigt die Alpen über den Pass Monte Cenis und kam in das Val di Susa (Susatal), um von dort in die Po-ebene zugelangen.

Folgende Abb.: Kaiser Heinrich auf der Rückreise von Rom, wo er zum Kaiser gekrönt worden war; dazu hieß es:

„Am folgen Tag, dem 13. September, verließ der Kaiser Arezzo mit seinem Heer und rückte in voller Schlachtordnung, dem Laufe des Arno folgend, gegen die festen Schlösser von Montevarci (Montwark) und S. Giovanni Val d'Arno (Castrum S. Johannis) vor. Bild XXVII a:

31

S. 85 f, Text: *„XVI. Zug nach Tortona. Belagerung von Florenz"*.

Bild S. 86 XXVII a & b; oben:

„Capit Montrū́wark ac castrū(m) S. Joh(ann)is cu(m) Lij bidall(is)[*] *corda in colla diu ductis"* (*„Er nimmt Montwark ein und die Burg St. Johannis mit 52 Mann Besatzung, die längere Zeit mit mutigem Herzen in der Burg sich hielten"*).

[*] *„bidallis"*: Aus dem althochdeutschen *„biðill"* ins Mittellateinische übertragen, das Wort ist abgewandelt in *„Büttel"* und *„Pedell"* enthalten.

Bild unten

„combusit castrū(m) S. Joh(ann)is". (*„Die Burg St. Johannist hat er verbrannt"*).

Der Gekrönte in den Bildern ist Kaiser-König Heinrich VII., die Figur mit dem Käppi ist dessen Bruder Balduin, Erzbischof von Luxemburg.

Folgendes Bild links: Der tote Heinrich VII. wird nach Pisa gebracht und dort feierlich im Dom bestattet:

S. 101 ff *„XVIII. Heinrich's Tod und Bestattung"*.

Bild XXXVI a & b S. 104; oben:

„Reducho. H. Imp(er)atoris Pysis". (*„Überführung des Körpers des Kaisers Heinrich"*).

Bild unten

„Exequie. H. Imp(er)atori. VII".

(*„Begräbnis des Kaisers Heinrich VII."*).

Heinrich VII. wurde am Sonntag, 2. September 1313, im Dom des ghibellinen-freundlichen Pisa bestattet.

Nun, nach der unglücklichen Italienfahrt des Kaisers Heinrich VII. zurück nach Verona.

Die Scaliger in Verona

Das Veroneser Scaliger („*della Scala*") waren ein in Verona ansässiges Geschlecht, das nach dem letzten der Ezzelini, Ezzelino III., als „*Podestà*" („*Bürgermeister*") dieses Amt mit Mastino I. della Scala 1259/60 besetzte. Als Mastino I. 1262 die Wiederwahl als Podestà von Verona verweigert wurde, unternahm er einen Staatsstreich und ernannte sich zum „*Capitano del Popolo*" („*Hauptmann des Volkes*"). Die Truppen Mastino I. wurden hauptsächlich gegen die Guelfen eingesetzt. 1277 wurde Mastino I. von einer feindlichen Adelsfraktion ermordet; ihm folgte 1277-1301 sein Bruder Alberto I. della Scala als „*Capitano*", zugleich war er Podestà von Mantua, er führte Krieg gegen die Adelsfraktion der Grafen von San Bonifacio und den Herrn von Este[15]. Alberto I. hatte drei Söhne, die in Verona regierten: Bartolomeo I. della Scala (1301-1304), Alboino della Scala (1304-1311) und Cangrande I. della Scala (* 1291, † 1329; Mitregent seit 1308, Alleinherrscher 1311-1329).

Die Machthaber Veronas, die ghibellinisch gesinnten Scaliger, nutzten die Situation der kurzzeitigen Anwesenheit eines deutschen Königs Heinrich VII. in Italien, um ihre Herrschaft und Einfluss zu sichern und zu vergrößern. Peter Seiler[16] über den Veroneser Stadtherrn Cangrande I.:

„*Cangrande war einer der führenden Ghibellinen seiner Zeit*",

weiter führt P. Seiler aus: Am 17 März 1311 wurde Cangrande I. zusammen mit seinem Bruder Alboino von Heinrich VII. zum (General-) Reichsvikar von Verona auf Lebenszeit ernannt, von Vincenza war es seit 1312. Als Zeichen seiner Reichszugehörigkeit führte Cangrande das Reichsadlerwappen, wie an seinem Grabmal zu sehen ist; dieses

„*war jedoch nicht nur ein Zeichen ghibellinischer Parteizugehörigkeit*",

wie auch gezeigt ist durch

„*die Reiterfigur des Sarkophags. Es handelt sich um ein Amtsporträt. Cangrande trägt einen langen Mantel mit Pelzkragen sowie ein Barett und hält in seiner rechten Hand ein in der Scheide steckendes Schwert als Zeichen seiner – auf kaiserlichem Recht basierenden – richterlichen Amtsgewalt* (Anm. 63) "*.

In der Anm. 63 verweist P. Seiler darauf, dass das in der Scheide steckende Schwert Cangrandes nicht das Zeichen seiner Ritterwürde war, sondern seiner Richtergewalt.

---

[15] Benannt nach der Stadt Este, ca. 63 km südöstlich von Verona.

[16] „*Untersuchungen zur Entstehungsgeschichte des Grabmals von Cangrande I. della Scala*", in „*Marburger Jahrbuch für Kunstwissenschaft*" Nr. 25 (1998) S. 53-77, hier S. 66 f.

Abb.: Verona, Chiesa S. Maria Antica, Sarkophag Cangrande I.; Details: *„Heinrich VII. überträgt Cangrande das Reichsvikariat von Vicenza"*; rechts oben: Detail mit Reiterdarstellung; rechts unten: Detail Adlerwappen (Reichsadler).

Cangrande I. teilte nach dem Tode seines Bruders Alboino die Macht mit dessen Sohn Alberto II. della Scala (1311-1352), dieser unterwarf viele norditalienische Städte (Belluno, Bassano, Feltre, Padua, Treviso und Vicenza), 1318 wurde er zum Generalkapitän des lombardischen Ghibellinenbundes gewählt. Des Alberto II. Mitregent war sein jüngerer Bruder Mastino II., Brescia wurde von ihm 1332 erobert, er drang südlich über den Po hinaus, gewann Parma (1335) und Lucca in der Toskana (1339).

Castelveccio, rechts der Etsch liegend, und die Scaligerbrücke über die Etsch, von 1354 bis 1356 von Cangrande II. della Scala erbaut.

Das führte 1337 zu einer Gegenkoalition von Florenz und Venedig; die Visconti (Mailand) und die Gonzaga (Mantua) verbündeten sich und drängten in einem dreijährigen Krieg die Scaliger auf Verona und Vicenza zurück.

Mastino II. Sohn und Nachfolger war Cangrande II. della Scala (1351-1359), er erbaute das Scaliger-Kastell und die Scaliger-Brücke in Verona. 1359 wurde er von seinem Bruder Cansignorio della Scala (1359-1375) getötet, als dieser 1375 auch seinen zweiten Bruder Paolo Albino II. della Scala, seit 1359 Podestà der Stadt, ermordete, erlitt ihn wenige Tage später dasselbe Schicksal. Als Cansignorios unehelicher Sohn Antonio (reg. 1375-1387) im Jahr 1381 seinen Mitregenten, Bruder Bartolomeo II. (reg. 1375-1381) tötete, empörte sich das Volk und Gian Galeazzo Visconti von Mailand erklärte ihm den Krieg, damit ging die Herrschaft der Scaliger in Verona zu Ende, die Visconti von Mailand wurden die neuen Herren der Stadt.

Wappenbild der *„herren von der Laitter"* im Scheibler'schen Wappenbuch, um 1450/80. (Bayerische Staatsbibliothek, Cod. Icon. 312c., fol. 605). Nachdem der Scaliger Guglielmo della Scala mit militärischer Hilfe aus Carrara für ganze 8 Tage die Herrschaft über Verona wiedererlangen konnte, aber dann starb, flohen seine Witwe und die Kinder Guglielmos an den Hof des deutschen Kaisers Sigismund I. und ließen sich im nahen Bayern nieder, wo sie hohe Ämter einnahmen.

Wappenbild der Scaliger in Castelvecchio in Verona.

Antonio floh 1387 aus Verona und starb ein Jahr später. Antonios Sohn Canfrancesco versuchte 1390 erfolglos Verona zurückzuerobern.

Guglielmo, Cangrandes II. Sohn, vertrieb zwar die Mailänder aus Verona (1404), starb aber kurz darauf, die Stadt unterwarf sich daraufhin 1405 Venedig.

Die Grabmäler der Scaliger

Die Kirche (Chiesa) Santa Maria Antica in Verona ist die Grabeskirche der Scaliger, Cangrande I. ist als erster in der Art seines Grabmales dargestellt.

Über dem eigens dafür geschaffenen Nordportal der Kirche, hoch aufgerichtet unter einem Baldachin ruhend, darüber turmartig die Pyramide, die sein Reiterstandbild trägt (heute eine Reproduktion); die späteren Scaliger-Herrscher sind in dem umzäunten *„Garten"* vor der Kirche mit noch prächtigeren gotischen Grabmälern verewigt, so das von Mastino II. († 1351, begonnen bereits imJahr 1345) und Casignorio († 1375), die mit Baldachinen und Reiterstandbildern versehen sind (siehe oben Seite 97). Ausführlich besprochen ist dieses Grabmal von Peter Seiler:

„Untersuchungen zur Entstehungsgeschichte des Grabmals von Cangrande I. della Scala"[17].

Theodor Groll: Blick auf die Scaliger-Grabmäler (*„Arche scaligere"*) in Verona (vor 1913), rechts über dem Seitenportal der Kirche das Grabmal Cangrande I.

---

[17] In *„Marburger Jahrbuch für Kunstwissenschaft"* Nr. 25 (1998) S. 53-77.

Abb. links Sarkophag Cangrande I. mit der Liegefigur, unten im Bild zwei Hunde (von vier) als Träger des Sarkophags, die vorne das Wappen der Scaliger mit der Leiter tragen; rechts Detail.

Abb. links: ältere Postkartenansicht Grabmal des Cangrande I. (1329); rechts eine moderne Fotografie.

Verona, Chiesa S. Maria Antica, Grabmal des Cangrande I.; Abb. links aus Panvinio 1647; rechts: Zeichnung von Samuel Prout, 1824/27, gedruckt 1872.

Verona unter den Visconti aus Mailand, Venedig und Habsburg

Von 1387-1405 kam Verona unter die Herrschaft der Mailänder Visconti; Gian Galeazzo Visconti, Herzog von Mailand und Herr von Verona erbaute Ende des 14. Jh.s eine Zitadelle („*Cittadella Viscontea*") im Süden der Stadt, mit separaten Mauern, von der übrigen Stadt getrennt; zudem baute oder erneuerte er das Castel San Pietro auf dem Monte. Bereits im 16 Jh. wurde unter venezianischer Herrschaft ein Teil der Zitadelle in der Stadt niedergelegt. „*Cittadella*" ist heute ein historischer Bezirk von Verona und wird wegen der Visconti-Zitadelle so genannt.

Die Visconti-Zisterne[18]

Bei den jüngeren archäologischen Grabungen wurde auch die sogenannte Visconti-Zisterne auf der Festung auf dem „*colle*" freigelegt, die in der Visconti-Zeit Veronas angelegt und von Venedig fertiggestellt worden war. Im Herbst 2007 begannen archäologische Untersuchungen im Komplex der ehemaligen österreichischen Kaserne, um festzustellen, was von den Überresten der romanischen Kirche San Pietro übriggeblieben war und ob es noch vorrömische und römische

---

[18] Luca Venturini, Giulio Andrade Fajardo, Fedrico Troya „*Castell san Oietro e la grande Cisterna Ipogea*". („*Das Kastell San Pietro und die große unterirdische Zisterne*" [2016-2017]).

Überreste gab. Während der Ausgrabung außerhalb der Kasernen wurde die großen Visconti-Zisterne aufgedeckt, sie war nach venezianischem Vorbild gebaut, nicht sehr tief aber breit. Sie diente dazu, Regenwasser aufzufangen, konnte aber auch von außen Wasser aufnehmen.

Die Visconti-Zisterne war von den Österreichern grundlegend umstrukturiert und funktional geändert worden, sie hat eine zylindrische Form und eine halbkugelförmige Abdeckung (Durchmesser 16 Meter, Tiefe 18 Meter).

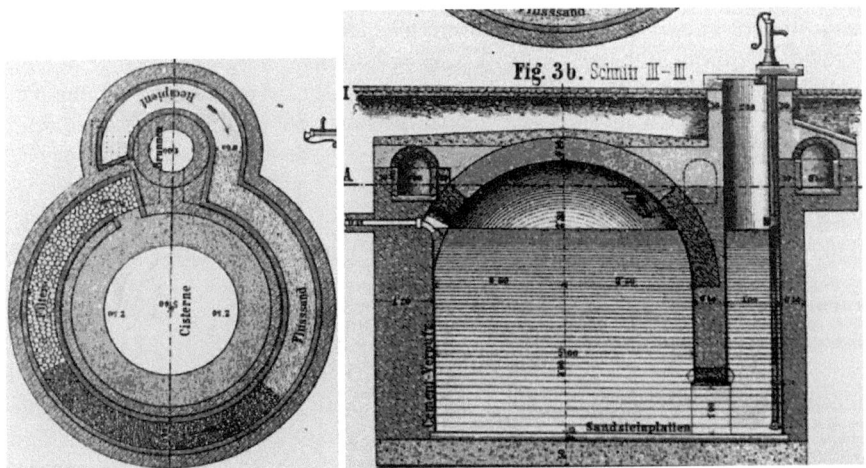

Plan: Schnitt und Aufsicht der Visconti-Zisterne aus österreichischer Zeit

Im Anschluss, nach dem Ende der Visconti-Herrschaft in Verona 1405, wurde die Republik Venedig Stadtherrin von Verona.

Münze Kaiser Maximilians (römisch-deutscher König ab 1486, römisch-deutscher Kaiser v. 1508-1519). Münzstätte Verona, Prägung 1516 Av: Brustbild Kaiser Maximilians im Harnisch, Umschrift: *„MAXIMILIANVS · CAESAR“*; Rv: Doppelköpfiger (österreichischer) Kaiseradler, Umschrift: *„VERONA · CIVITAS · METROPOLIS“*.

Der habsburgische römisch-deutsche Kaiser Maximilian I. eroberte im „*Venizianischen Krieg*" von 1509 bis 1516 die Stadt Verona, sowie Vicenza und Triest. Als die eroberten Gebiete nach dem gescheiterten „*Mailänder Feldzug*" im Friedensvertrag von Brüssel zurückgegeben werden mussten, blieb Venedig Stadtherrin Veronas bis 1796/1797, als Napoleon I. die norditalienischen Stadtstaaten und Herzogtümer mit Kriegsgewalt auflöste.

Verona kam 1797 im Frieden von Campo-Formio an das habsburgische Österreich („*Cisalpine Republik*"). Im Frieden von Lunèville 1801 musste Österreich seine italienischen Besitzungen an Frankreich abtreten, die von 1805-1814 im nordöstlichen Italien in das „*Erste Königreich Italien*" aufgingen, mit Napoleon I. als König. Ab 1815 kam Verona wieder unter die Herrschaft Österreichs und wurde zur wichtigen Festung ausgebaut. Im Jahr 1866 kam Verona dann zum 1861 neu gegründeten „*Zweiten Italienischen Königreich*", das seit 1946 eine Republik ist.

Nach diesem Überblick zur Geschichte Veronas kehren wir zur Gotenzeit zurück.

Verona und die Ostgoten

Verona war gewiss für die Ostgoten in Italien und für ihren großen König Theoderich († 526) von hoher Bedeutung. Lag es doch strategisch günstig in der nördlichen Po-Ebene, gut geschützt durch seine Lage mit dem Etsch-Fluss, welche die Stadt an drei Seiten umfloss; zudem lag es an dem wichtigen Fernweg aus dem Norden über die Alpen („*Via Claudia Augusta*") nach Rom, der in Verona die „*via Postumia*" – von Genua bis Aquileia – querte; diese Fernstraßen wurden in Verona über die Etsch mittels Brücken geführt, sei es „*ponte Postumio*", oder die „*ponte Pietra*"[19].

Über das Verona der Gotenzeit gibt es die verschiedensten Nachrichten. Der

„*Anonymus Valesianus*"

schreibt um 540 über die Tätigkeiten Theoderichs des Großen:

Pars posterior: Chronica Theodericiana, 12"	„*Der nachfolgende [2.] Teil: Theoderische Chronik, 12*".
„*Erat enim amator fabricarum et restaurator civitatum.* *Hic aquae ductum Ravennae restauravit, quem princeps Traianus fecerat, et post multa tempora aquam introduxit. Palatium usque ad*	„*Er war auch ein Liebhaber der Erbauung und Erneuerung der Städte.* *Hier wiedererrichtete er die Wasserleitung Ravennas, die der Kaiser Trajan gemacht hatte, und leitete nach langer Zeit Wasser hindurch. Den Palast brachte er beharrlich zur Vollendung, den er nicht*

---

[19] Die „*ponte Postumio*", die nicht erhalten ist, überspannte die Etsch unterhalb der „*ponte Pietra*".

perfectum fecit, quem non dedicavit[*]. Portica circa palatium perfecit.	*geweiht hat[*]. Und er vollendete den Portikus um den Palast.*
Item Veronae thermas et palatium fecit et a porta usque ad palatium porticum addidit. Aquae ductum, quod per multa tempora destructum fuerat, renovavit et aquam intromisit. Muros alios novos circuit civitatem. Item Ticino palatium, thermas, amphitheatrum, et alios muros civitatis fecit".	„*Außerdem machte er zu Verona Thermen* [Warmwasserbäder] *und einen Palast, und von der Porta bis zum Palast fügte er einen Portikus hinzu. Ein Aquädukt, der für lange Zeit zerstört war, erneuerte er und leitete Wasser hindurch. Die Stadt* [Verona] *umgab er mit anderen neuen Mauern. Ebenso machte er in Ticinum* [Pavia] *einen Palast, Thermen, ein Amphitheater, und andere neue Mauern der Stadt".*
[*] „*non dedicavit*": „*nicht geweiht hat*", unverständlich, vielleicht ist gemeint „*nicht bewohnt hat*", „*nicht die Ehre gegeben hat*".	

Der vorliegende Text wurde erstmals von dem französischen Historiker und Philologen Henri de Valois (Henricus Valesius, * 1603, † 1676) im Jahre 1636 in seiner Ausgabe des Werkes des spätrömischen Historikers Ammianus Marcellinus veröffentlicht.

Der „*Anonymus Valesianus*" sagt nicht, welche Wasserleitung Theoderich der Große wiederhergestellt hat, aber es könnte die gewesen sein, die von „*Montorio Veronese*" nach Verona geführt wurde. „*Montorio Veronese*" ist ein auswärts gelegener Stadtteil von Verona am Fuße der Alpen, ca. 6 km nordöstlich vom Stadtkern, ehemals ein Castrum der Römer, der Erbauer der dortigen mittelalterlichen Burg ist unbekannt. Kaiser Otto I. schenkte sie 955 dem Bischof von Verona, Rather, später hatten die Scaliger die Burg in Besitz.

Abb. Blick auf die Burg auf dem Hügel über dem Ort Montorio (Goldberg)

Theoderich der Große soll das verfallene römische Aquädukt von Montorio her, womit das Wasser nach Verona geleitet wurde, erneuert haben, allerdings hatte Verona mehrere Aquädukte. Über die römischen Aquädukte nach Verona siehe Davide Gangale Risoleo[20]:

„... das Vorhandensein des Aquädukts [wird] *bestätigt, ... definiert als ‚Tunnel oder Untergrund‘, der sich entlang der Straße von Ponte Florio* [ein Ort bei Montorio] *befindet ... und korreliert eher mit einer Verbindung zwischen der Burg von Montorio und Verona als mit einem Wasserversorgungssystem.*

Weiterhin heißt es im *„Anonymus Valesianus"* eindeutig, dass Theoderich *„von der Porta bis zum Palast"* einen *„Porticus"*, also einen Säulengang, errichtete. Die Frage aber ist, was ist mit dem *„Palast"* gemeint.

Lassen wir hierzu den Veroneser Historiker Francesca Zambusi Dal Lago[21], 1874, über das *„Palatium"* und das *„Kastell"* in Verona sprechen (aus dem Italienischen):

„Palast des Theoderich oder Castel S. Pietro. Theoderich König der Goten, der in Verona ansässig war; mit anderen Gebäuden wurde auf dem Hügel von S. Pietro ein königlicher Palast errichtet. Er hatte eine edle Fassade an der Etsch. Er hatte die Form einer Burg mit Bögen, Loggien, Atrium, Aquädukten, Bädern, und einem überdachten Portikus, die zur Porta Organa[22] führte, dem damaligen Stadttor".

Francesca Zambusi Dal Lago lässt hier „Palatium" und „Kastell" auf dem *„Colle"* (*„Hügel"*) in eins fallen, eine strittige Sache, die uns noch beschäftigen wird.

Die Porta Organa befand sich im heutigen südlichen Stadtteil Veronetta, links der Etsch, ca. 700 Meter südlich der Etsch-Brücke Ponte Pietra. Das Tor soll am Kreuzungspunkt der Via Porta Oregano und der Via Seminario, unweit der Kirche Santa Maria in Organo gestanden haben; im Chorgestühl dieser Kirche ist in einer Intarsie die Porta Organa dargestellt (siehe Abb. unten).

---

[20] *„Gli acquedotti romani di Verona"* (*„Die römischen Aquädukte von Verona"*), in *„Atlante Tematico di Topografia Antica"* (*„Thematischer Atlas der antiken Topographie"*), Nr. 27 (2017) p. 229-255, *„in particolare"* p. 230 zu einem Wasserkanal bei Montorio.
[21] *„Storia di Verona"* (1874) p. 59.
[22] Im Stadtteil Veronetta, links der Etsch, südlich der Ponte Pietra.

Darstellung der Porta Organo im Chorgestühl der Chiesa Santa Maria in Organo, um 1500 n.Chr.

Mir scheint, dass der „*Porticus*" nicht von der „*Porta Organa*" zu einer der Brücken unterhalb dem „*colle*" geführt wurde, da diese „*Porta*" zur Zeit Theoderich d. G. damals noch nicht bestand, und die „*Porta Organa*" von den Brücken unterhalb des „*colle*" doch recht weit entfernt ist.

Von dem „*Palatium*", dem „*Palast*" oder „*Schloss*", fehlt in Verona jede Spur. Und so schoss und schießt das Kraut der Spekulationen bis heute in die Höhe, wo denn das „*Palatium*" gestanden habe.

Vielleicht meinte Francesca Zambusi Dal Lago ein früheres, römerzeitliches Tor, zwischen der Chiesa Santa Maria in Organo und dem „*colle*", bzw. der Ponte Pietra, aber das kann ich dem Text nicht entnehmen.

Das älteste Stadtsiegel von Verona

Nun gibt es ein historisches Zeugnis, das ein Gebäude zeigt, das in der Diskussion steht, ob es den einstigen Palast Theoderichs d. Gr. darstellt. Kommen wir also zu

Bildnis des Francesco Scipione, Marchese [Markgraf] di Maffei.

einem wesentlichen Punkt dieser Darstellung, zum ältesten Stadtsiegel von Verona.

Das Rätselraten um das älteste Stadtsiegel Veronas war und ist nicht klein, denn die Frage ist, welches zeitgenössische Gebäude der Stadt darauf abgebildet ist. Ein direkter Vergleich zu bestehenden Gebäuden oder Ansichten aus historischen Abbildungen – bis auf eine, ich komme noch darauf – ist mangels Vorbilder nicht möglich.

Im Grunde genommen hat Francesco Scipione Maffei, ein bedeutender italienischer Veroneser Gelehrter des 18. Jh.s, den Reigen um die Deutung der Abbildung auf dem ältesten Stadtsiegel von Verona als Theoderichs Palast in seiner „*Verona Illustrata*" von

1731/1732 eröffnet, worin er ein Siegel der Stadt Verona zeigt, und wie gesagt, darin das oben genannte „*Palatium*" erkennen wollte. Die Frage also ist, was zeigt das Siegel für ein Gebäude, das von Maffei als „*Palatium*" gedeutet wurde.

Im Museum zu Verona wird eine Bleikopie dieses Siegels aufbewahrt, das zwischen 1882 und 1885 angefertigt wurde, nachdem eine frühere Wachsform in der Flut von 1882 in Verona verloren gegangen war, und die von Francesco Scipione Maffei für seine Veröffentlichung nutzte. Für die Kopie des Siegelabdrucks wurde ein Gipsabdruck eines Siegels verwendet, das sich im Staatsarchiv von Mantua befindet (Sammlung Gonzaga); das weiter unten beschriebene und abgebildete Veroneser Siegel stammt, wie gesagt, noch vom Veroneser Original.

Über die Abhandlung Maffeis zu diesem Thema später.

Zunächst einmal das Abbild des Siegels und Aussagen zu diesem von anderer Seite.

Das Stadtsiegel von Verona; Abbildung bei Francesco Scipione Maffei: „*Verona Illustrata*", parte prima (= Band 1), libro nono (= neuntes Buch; Verona, MDCCXXXII [1732] p. 448). In einer weiteren Ausgabe zum selben Jahr, je Seite nach zwei Spalten geordnet, ist das obige Siegel Sp. 232 abgebildet.

Eduard Melly[23] erläutert 1850 die Siegelinschrift:

> VERONA
> + EST IVSTI LATRIX VRBS HEC LAVDIS AMA-
> TRIX[24]
> Lapidar zwischen einfachen Linien

Übersetzung dieser Inschrift:
„Verona
Diese Stadt ist Dienerin der Gerechtigkeit und
Liebhaberin des Lobes"

Text hierzu bei Melly:

„Eine Quermauer in zwei Stockwerke getheilt: unten quadrierte Arkaden, oben zwischen kurzen Säulen mit Lapidar: VERONA, darüber ein Sims worauf Zinnen. Hinter dieser Mauer erhebt sich hohes gezinntes Gebäude mit Rundbogenpforte, darüber zwei kleine Rundbogenfenster. Zu beiden Seiten ein runder bedachter Thurm mit einem größeren Rundbogenfenster und zwei kleineren gegenüber. Zu oberst ragt über das Mittelgebäude eine Rotunde mit Rundbogenpforte und Rundbogenfenstern, von einer Kuppel geschlossen. Beidseits ein obeliskartiges Thürmchen. – Rund. Größe 2 Z, 5 L[25]. Dieses Siegel hat Maffei in seiner Verona illustrata I. IX. p 232 abgebildet. Er bezeichnet es als das älteste Stadtsiegel und vermuthet in dem Gebäude die Abbildung des Pallastes Theoderichs. Der Abdruck, nach welcher es Maffei beschrieb, befand sich im Museo Moscardo zu Verona. Ein bestimmtes Alter ist nicht angegeben, nach der Schrift dürfte es dem Ende des XIII. Jahrhundert angehören".

C. B. Bock[26], 1844, schrieb noch vor der Veröffentlichung Mellys:

"... das alte Stadtsiegel von Verona, auf welchem Maffei (Verona illustrata. Vol I. L. IX. p. 448) eine Abbildung des von Theoderich in dieser Stadt erbauten Pallastes zu erkennen geglaubt hat. Wir haben eben so wenig Gründe diese Meinung zu unterstützen, noch zu verneinen. Doch können wir nicht umhin ein-

---

[23] *„Beiträge zur Siegelkunde des Mittelalters": Erster Theil* (1850) S. 121, Nr. 279. – Eduard Melly (* 1814, † 1854), österreichischer Kunsthistoriker und Sphargistiker (Siegelkundler).

[24] In Verona auf der Piazza Delle Erbe steht die *„Fontana di Madonna"*, aus der Scaligerzeit (1368), die in den Händen eine Kartusche mit diesem Wahlspruch (in Latein) Veronas hält.

[25] Angabe unklar, nach welchem Maßsystem, 2 Z = 2 Zoll; 5 L = 5 Linien (damals in Österreich 1 Zoll = 26,34 mm, zu 12 Linien je 2,196 mm; gesamt = 63,6 mm; andere Angabe 7,5 cm.

[26] *„Die Reiterstatue des Ostgothenkönigs Theoderich vor dem Pallaste Karl d. Gr. in Aachen"*, in *„Jahrbücher des Vereins von Alterthumsfreunden im Rheinlande"* (=*Bonner Jahrbücher'*), Bände 5-6 (1844) S. 1-160, hier S. 61, Anm. 112.

zugestehen, dass auf dem fraglichen Siegel wirklich die Haupttheile eines älteren Pallastes vereinigt sind, welche dem Beschauer zumeist in die Augen fallen mussten. Der mit Halbsäulen verzierte Bogengang dürfte den Abschluss des Ganzen nach aussen bezeichnen. Das dahinter liegende, von zwei Türmen eingefasste Gebäude könnte als das Vorhaus (das eine Urkunde des Jahres 1109. mit dem Namen Atrium[*] zu benennen scheint) und der Kuppelbau, der den innersten Mittelraum einnimmt, als das Consistorium[**] gedeutet werden. Die neben dem letzteren Gebäude sich erhebenden Obelisken haben freilich etwas sehr Auffallendes".

[*] Anm. K. W.: „Atrium": offener Innenhof. [**] Anm. K. W.: „Consistorium": Versammlungsraum.

Ausführlich ist das Siegel etwas später auch besprochen bei Wilhelm von Metzerich:

„Dietrich von Bern an der Basilika San Zeno zu Verona"[27].

„ ... von dem stolzen Palaste, der sich als thronende Acropolis auf jenem Vorhügel des Mons Gallus über der Etsch erhoben hatte, den einstens das Campidoglio [Kapitol] von Verona nebst seinem Jupitertempel und später das von Napoleon I. (1801) geschleifte Castel San Pietro mit der uralten Kirche gleichen Namens gekrönt, gegenwärtig aber die imposante Franz-Josefs-Kaserne mit ihren drohenden Metallschlünden beherrscht, ist wohl kein Stein mehr an seiner Stelle geblieben, und das alte Stadtsiegel mit den Abbildungen der gewaltigen, von König Pipin[28] *renovierten Königsburg ist das Einzige, was uns die ehemalige Herrlichkeit des Bauwerkes vermuthen läßt.*

Wir finden die letztbemerkte Abbildung in Maffei's ‚Verona Illustrata'. Die aus dem leonischen Verse bestehende Legende: ‚Est justi latrix urbs haec et laudis amatrix' wurde der Stadt nach den ihr im Vertrage zu Konstanz verliehenen Freiheiten Kaiser Friedrich I. Barbarossa als Motto verliehen. Diese Worte finden sich auch in der flatternden Schriftrolle, welche der edlen (um's Jahr 380) aus den Resten des Capitolinus ausgegrabenen und später als Madonna Verona über dem Brunnen der Piazza Erbe aufgestellten Antike [Figur] in die künstlich angefügten Hände gegeben wurde. – Nebst Maffei behauptet auch Dionisi, daß diese dem Museo Moscardo [zu Verona] entlehnte Abbildung [des Siegels] den Palast Theoderich's darstelle; beider Behauptung stützt sich besonders auf ein altes iconographisches Werk über Verona, welches in einem Kloster bei Cambrai aufgefunden worden, wo man eine Zeichnung, ganz ähnlich dem Siegel und entsprechend der Lage, welche wir dem Sitze Theoderich's, Alboin's, Pippin's, Berengar's u. A. anweisen, mit der Aufschrift ‚Palatium'

---

[27] in „*Westermann's Jahrbuch der illustrirten deutschen Monatshefte*", Band 20 (1866) S. 443 f, hier S. 444.

[28] Gemeint ist hier wohl der Sohn Karl des Gr.

vorfand. Ein anderes, nicht minder wichtiges Argument bot ein uraltes Fresco-bild in jener merkwürdigen Grotte San Nazaro[29], welche wir im Aprilheft 1862 geschildert; eine noch ziemlich deutliche Ansicht von Verona mit dem Palaste auf dem Hügel (lange Zeit irrthümlich für Jerusalem gehalten) tritt hier in der-selben Mörtelschichte mit anderen Bildern hervor, deren Entstehen Lanzi in die Zeit der Gotenherrschaft verlegt wissen will. Von dem Palaste Theo-derich's, von welchem ein gedeckter Bogengang (Xystus) bis zum alten Stadt-thor Santa Maria in Organo herablief, sind übrigens durch die Bemühungen des Cav. Guiliari in neuerer Zeit die Grundfesten entdeckt worden. Vieles liegt aber noch gleich dem darunter befindlichen Teatro antico (Ausgrabung des Monga) in Nacht und Schutt begraben".

Die von Metzerich erwähnte Grabkapelle, die „Grotta di San Nazaro e Celso" in Veronetta, befindet sich hinter der heutigen Chiesa San Nazaro e Celso, im südli-chen Stadtteil von Veronetta, ca. 500 Meter südöstlich von der Porta Organa, un-terhalb des Monte Castiglione. Die Grabkapelle enthielt Fresken in mehreren Schichten; das besprochene Fresko entstand um 1100, es befindet sich heute im Veroneser Fresken-Museum.

Die in den Tuffstein geschlagene Grabkapelle „Martyrion di San Michele" (Märtyrer des hl. [Erzengels] Michael, „Grotta di San Nazaro e Celso")

---

[29] Grotte bei der den Heiligen Nazaro und Celso gewidmete Kirche im Stadtteil Veronetta, die Grotta di San Nazaro geht angeblich auf die Zeit der Anfänge des Christentums zurück. – Wil-helm von Metzerich beschreibt „Die Grotte San Nazaro in Veona", nicht das angeführte Fresko darin, in „Westermann's Jahrbuch der illustrierten deutschen Monatsheften", 11, Bd. Nr. 64 (Januar 1862) S. 381-382.

Abb. links: Fresko in der „*Grotta di San Nazaro e Celso*"; rechts: Auszug daraus, oben Darstellung einer Stadtarchitektur.

Abb. links: der heilige SCS NAZARIVS links vom Erzengel Michael; rechts: der heilige „*SCS CELSVS*" rechts vom Erzengel Michael.

Abb.: Die obengenannte „*Fontana di Madonna*", Verona, Piazza Delle Erbe; links: italienische Briefmarke, 1976; rechts: Lithographie, Brunnen mit der Staue auf der Piazza Delle Erbe.

Scipione Maffei

Nun zu Francesco Scipione Maffei selbst. In seinem „*Verona Illustrata*", parte prima (= Band 1), libro nono (neuntes Buch, Verona MDCCXXXII [1732]) Sp. 230 ff, heißt es:

„*Verona e per l'amenità del sito, e per far da questa parte contra la nazioni frontiera, e non meno per esser forte, potè da Teodorico esser prediletta.* *La fortezza delle Città nascea per lo più in que' tempi dall'acque: forte però rendeano Pavia il Tesino, e il Po; forte Ravenna il Po, e le paludi; forte Verona l'Adige, che da tre parti l'assicurava*".*	„*Verona wegen der Vorzüglichkeit des Ortes, und um es stark gegen feindliche Völker zu machen, wurde es von Theoderich bevorzugt.* *Die Festungen der Städte wurden zu dieser Zeit hauptsächlich am Wasser gebaut. Der Ticinus und der Po machten Pavia stark; Ravenna war stark durch den Po und die Sümpfe; das starke Verona durch die Etsch, das es von drei Seiten sichert*".*
„*Che in questa Città assai foggionasse Theodorico, il nostro Anonimo Valesiano insegna, che o visse in quell'istessa età, o fedelmente prese da'Cronici originali, e dalle memorie ancora a suo tempo esistenti.*	„*Dass in dieser Stadt [Verona] Theoderich sehr aktiv war, lehrt unser Anonymus Valesianus, da er entweder in derselben Zeit lebte, oder es getreu den ursprünglichen Chroniken und den zu dieser Zeit noch zuverlässigen Erinnerungen entnahm.*

,In Verona per timor delle genti', vale a dire per minaccia di straniera invasione, dimorava egli, quando certo tumulto nacque in Ravenna tra Christiani, e Giudei, quali però a Verona corsero.

In Verona rilasciò un divieto d'ogni forted'armi a'Romani, col qual nome gl'Italiani tutti intendeansi.

In Verona era, quando fu accusato di congiura Albino, che non dovea sapersi accomodare alla servitù; e parimente quando Boezio validamente difese il Senato Romano, contra del quale, come creduto di tal congiuara partecipe, ...

Qui però e' si costrui regal Palazzo, ...

An che la ,Collezione Istorica', che vien fino a Pippino padre di Carlo Magno, publicata già da Enrico Canisio, dice di Teodorico, che ,fabricò i Palazzi splendidisissimi di Ravenna, di Verona, e di Ticino cognominato Pavia'.

Queste tre Città, e Roma ancora, furon d'insigni fabriche da questo Re onorate, e abbellite: ma Verona sopra l'altre, perchè vi fabricò ,nuove Terme', e secondo l'uso antico ,acqua introdusse con rinovar l'Acquedotto, cb'era da gran tempo distrutto'.

Dal Palazzo alla porta della Città, perchè vi si caminasse a coperto, e comodamente, fabricò un Portico. In qual luogo fosse il Palazzo, molto si disputa, mentre non ne rimane vestigio certo.

In vecchie membrane si trova nominato Palazzo in più d'un luogo, e si

,In Verona aus Angst vor dem Volk', das heißt, wegen der drohenden ausländischen Invasion wohnte er [Theoderich] dort, als in Ravenna ein gewisser Aufruhr zwischen Christen und Juden entstand, die jedoch nach Verona eilten.

In Verona erteilte er ein Waffenverbot den Römern, mit welchem Namen alle Italiener verstanden wurden. In Verona war es, als wegen der Albino-Verschwörung [des Senators Flavius Albinus Junior] Anschuldigung erhoben wurde, da er sich nicht der [gotischen] Knechtschaft unterwerfen wollte; und ebenso gegen Boethius, der sich vor dem römischen Senat verteidigte, ...

Hier [in Verona] wurde jedoch der königliche Palast gebaut, ...

Auch das bereits von Enrico Canisio herausgegebene ,Collezione Istorica' [,Historische Sammlung'], das bis zu Pippin, dem Vater Karls des Großen, reicht, berichtet von Theoderich ,als Erbauer der prächtigen Paläste von Ravenna, Verona und Ticinum, das als Pavia bekannt ist'.

Diese drei Städte, und Rom dazu, waren angesehene Stätte, die von diesem König geehrt und verschönert wurden. Aber Verona überragte die anderen, weil er dort ,eine neue Terme' [öffentliches Bad mit Warmwasser] baute, und nach altem ,Brauch das Wasser auf erneuertem Viadukt heranführte, das schon lange zerstört war'.

Vom Palast bis zum Stadttor baute er einen überdachten Gang, einen bequemen Portikus [überdachter Säulengang]. Wo sich der Palast befand, ist viel umstritten, da keine Überbleibsel erhalten geblieben sind.

trova nominata *Corte Regia* nella parte, ov'ora è l'orto del Capitano.

Ma con tutto ciò abbiasi per indubitato, che alla collina di S. Pietro, e sopra di essa quel Palazzo fu eretto, poichè sappiam di certo, che qui abitarono alcuni Re posteriori, come vedremo a suo tempo, il che non avrebber fatto, se non vi avesser trovato Palazzo.

Aggiungasi, che l'antico Campidoglio avrà prestate alla nuova fabrica più parti da potersene valere.

Raterio Vescovo nel secol decimo, scrive, che in certi tumulti gli fu suggerito, di montare a quel forte luogo, che si chiamava Palazzo': ecco però, che il Palazzo era in alto.

L'istesso autore avvisato, che il ,Portico di S. Pietro' minacciava ruina, ,Salì' a considerarlo: ecco il Portico contiguo al Palazzo, che abbiam veduto pur'ora inalzato da Teodorico.

Nell'Archivio di Santo Stefano rotolo del 993 fa menzion del ,Palazzo antico' in quella vicinanza; uno del 1070 di persona di quella contrada /232/ dice, che abitava ,presso al Palazzo non lungi dal ponte;' altro del 1109 fa menzion quivi del ,luogo cb'era detto Atrio'.

In alten Membranen [i. e. Schriften] *wird an mehr als an einer Stelle der Palast genannt, und es heißt, der ,königliche Hof' sei in dem Teil* [der Stadt] *gewesen, wo jetzt der Garten des Capitanos*[30] *ist.*
Aber bei alledem ist es zweifellos so, dass auf dem Hügel von St. Peter und obenauf, wie wir sicher wissen, ein Palast errichtet wurde, und dass einige spätere Könige hier lebten, wie wir zu gegebener Zeit sehen werden, was nicht gewesen wäre, hätte dort kein Palast gestanden".

Es sollte hinzugefügt werden, dass das alte Kapitol [von Verona] *viele Teile* [als Spolien[31]] *an neue Bauwerke gegeben hat, um sie wiederzuverwenden.*
Bischof Rather [von Verona] *schreibt im zehnten Jahrhundert, dass ihm bei bestimmten Unruhen vorgeschlagen wurde, den starken Ort zu besteigen, der Palazzo genannt wurde: hier also befand sich der Palast auf der Höhe.*
Der Autor [Rather] *selbst wies darauf hin, dass der ,Portikus von S. Peter' einzustürzen drohte. Gehen Sie hinauf, um darüber nachzudenken: Das ist der Portikus neben dem Palast, wie wir gesehen haben, noch von Theoderich errichtet.*
Im Archiv von Santo Stefano erwähnt die Schriftrolle von 993 den ,alten Palast' in dieser Umgebung; 1070 sagt eine Person aus diesem Bezirk, er habe ,in der Nähe des Palastes unweit der Brücke gelebt, ein anderer aus dem Jahr 1109 erwähnt den Ort, der Atrium genannt wurde'.

---

[30] Anmerkung zu dem oben genannten Berengar I. und der *„ corte Regia ".* Berengar I. *„ dotiert die von ihm im königlichen Hof zu Verona am Ufer der Etsch gebaute Salvatorkirche ",* siehe Johann Friedrich Böhmer: *„Die Urkunden sämmtlicher Karolinger in kurzen Auszügen "* in *"Regesta chronologio-diplomatica Karolorum "* (1833), *„Berngar I. ",* S. 127, zum Jahr 915 n.Chr. – Der Garten des Capitanos war innerhalb der Stadt Verona auf der rechten Seite der Etsch, siehe weiter unten.

[31] Wiederverwendete Bauteile anderer Bauten oder Denkmäler.

„In alquante carte dell'istesso Archivio si fa menzione anche di Castello.	*„In einigen Papieren desselben Archivs wird auch ein Kastell erwähnt.*
Una del 1058 contratto ha d'abitante nel 'Castel Veronese presso Regaste', come si chiama ancora il tratto a piè del colle: più altre posteriori di poco al 1100 dicono quella Chiesa ,situata presso Castello'.	*Ein Vertrag von 1058 hat Einwohner im ,Kastell von Verona bei Regaste', wie der Abschnitt am Fuße des Hügels noch genannt wird: Weitere andere nach 1100 sagen, dass sich die Kirche ,nahe beim Kastell befindet'.*
Appar però, come o l'istessa cosa su il Castello, e l Palazzo, com'anche da Raterio traspira; o su l'istesse collina furon prossimi l'uno all'altro, o l'uno fu dentro l'altro compreso.	*Es scheint jedoch, dass das Kastell und der Palast dasselbe ist, wie es auch von Rather hervorgeht; entweder waren sie auf demselben Hügel nahe beieinander, oder der eine war in dem anderen eingeschlossen.*
Or che sarebbe, se del Palazzo di Teodorico facessimo qui vedere il prospetto? e pure non siam *lontani dal crederlo; poichè nel Museo Moscardo improntata molto d'antico si conserva la seguente figura, dalla qual s'impara, come il primo, e più vecchio sigillo della Città rappresentava un Palazzo".*	*Was wäre, wenn wir hier die Ansicht vom Palast des Theoderichs zeigen würden? Da im Moscardo Museum [in Verona] folgende Abbildung nach einem sehr alten Stil erhalten ist, und wie man [darauf] erkennt, stellt das erste und älteste Siegel der Stadt einen Palast dar".*

Es folgt die Abbildung und die Beschreibung des Siegels.

Es ist offensichtlich, dass Maffei die These vertritt, dass das Kastell auf dem *„colle san Pietro"* eins gewesen sei mit dem Palast Theoderich d. Gr., was, wie bereits gesagt, noch Probleme aufwerfen wird.

Noch eine Anmerkung zu der oben genannten *„Corte Regia"* (*„königlicher Hof"*): Östlich der zentralen *„Piazza della Erbe"* liegt die *„Via San Salvatore Corte Regia"* nahe der Etsch. Dort stand einst die Kirche *„San Salvatore Corte Regia"*, zu unterscheiden von der gleichnamigen Kirche mit dem Beinamen *„Vecchio"* (*„die Alte"*), diese in der Stadt schräg gegenüber nahe dem Ufer der Etsch. Peter Seiler[32] zu *„Corte Regia"*:

> *„im Bereich der Contrade* [Stadtbezirk] *S. Salvatore in Corte Regia wurden hinter einer hohen, mit Zinnen befestigten Umfassungsmauer ein großer*

---

[32] *„Residenz, Kirche, Grabgelege – Zur Entstehungsgeschichte des Residenzensembles der Scaliger in Verona"*, in *„Architectural studie in memory of Richard Krauthemer"* (Mainz 1996), S. 151-156, hier S. 154.

Garten [von den Scaligern] *angelegt sowie Wirtschaftsgebäude und Stallungen neu errichtet"*.

Im Vorgriff diese Abb.: *„Palativm"* in der *„Iconografia Rateriana"*, in Verona an der Etsch, links unten ein Bogen der *„Pons marmoreus"* (*„Steinerne Brücke"*), (F): nachträglicher Index. Man beachte links neben *„Palatium"* das torähnliche Gebäude über dem Bogen der *„Pons marmoreus"*.

Der *„Garten des Capitanos"* (*„Capitano"*, ein Scaliger, reg. 1277-1301) war also an dieser Stelle; hier also wäre der Hof / die Residenz Berengar I. gewesen, wäre also nicht mit dem Palatium auf der anderen, linken Seite der Etsch, oder sogar mit dem Gebäude auf dem *„colle"* identisch gewesen.

Es gibt aber auch die Vermutung, dass der *„Corte del Duca"* im heutigen Stadtteil Veronetta, unterhalb des *„colle"* der Palast des Theoderich gewesen sein könnte (siehe die Skizzen weiter unten).

Nun soll hier noch ein jüngere Autorin zu dem Veroneser Siegel zu Wort kommen: Antonella Arzone[33] (aus dem Italienischen):

„Il sigillo di Verona" – *„Das Siegel von Verona"*

„Eines der Gebäude links von der Etsch ist in der ratherischen Iconografia[34] *anhand der Bildunterschrift eindeutig als ‚Palatium' zu identifizieren. Der Komplex, der aus einem Tor besteht, das von Türmen flankiert wird, hinter denen eine kleinere Konstruktion zu sehen ist, hat eine gewisse Affinität zu dem Gebäude, das auf einem Siegel von Verona abgebildet ist, das von einigen als Palast des gotischen Königs Theoderich bezeichnet wird"*.

---

[33] in *„L'Iconografia Rateriana e il sigillo medievale di Verona: appunta per una ricera"* (*„Die Ikonographie Rathers und das mittelalterliche Siegel von Verona: Notizen zu einer Untersuchung"*), veröffentlicht in *„La più antica veduta di Verona. L'Iconografia Rateriana. L'archetipo e l'immagine tramandata"* (*„Die älteste Ansicht von Verona. Die Ikonographie Rathers. Der Archetyp und das überlieferte Bild"* [2012]) p. 183 ff.
[34] Hierzu siehe weiter unten.

Urkunde aus dem Mantueser Archiv mit dem Siegel von Verona, aufgedruckt, nicht angehangen, Abb. nach Ricci.

In der Anmerkung hierzu ist die Geschichte des Bleisiegels von Verona nachgezeichnet. Demnach ist, wie schon gesagt, im Veroneser Museum eine Bleikopie des Siegels von Verona vorhanden (Inventar-Nr. 7001, Ø 7,5 cm), die nach 1882 im Auftrag von Serafino Ricci (1867-1943), einem Archäologen und Numismatiker, unter Mithilfe des Raffele Putelli, des Stadtbibliothekars von Mantua, wo sich die Vorlage für die Bleikopie befand, angefertigt wurde. Denn 1882 war in einer Flut in Verona ein Wachsabdruck des Verona-Siegels verloren gegangen, das Maffei für seine Abbildung genutzt hatte. Die Mantueser Vorlage (siehe die Abbildung) für die Bleikopie ist in gelbem Wachs, wovon ein Gipsabdruck für den Bleiguss genommen wurde. Antonella Arzone bezieht sich hierbei auf Serafinos

"Contributo alla storia dei sigilli antichi di Verona",[35] die Abbildung der Urkunde aus dem *"archivio Gonzaga in Mantova"* mit dem Siegel in Tafel 1, S. 946.

Weiterhin Antonella Arzone:

> *"Die Abbildung des Siegels ... Die Inschrift, wie sie in städtischen Siegeln üblich ist, zeigt einen Leoninischen Vers, der die Verdienste der Stadt erhöht:*
>
> > *"Est iusti latrix urbs hec et laudis amatrix"*
> >
> > *("Diese Stadt ist eine Trägerin der Gerechtigkeit und Liebhaber des Lobes")*

Der Leonische Vers ist ein in der mittellateinischen Dichtung verbreiteter Vers mit einem Hexameter, oft mit anschließendem Pentameter.

(Hexameter: ein aus sechs Versfüßen (Hebungen, meist Daktylen) bestehender Vers, dessen letzter Versfuß um eine Silbe gekürzt ist; Pentameter: aus sechs Versfüßen bestehender epischer Vers, der durch Zäsur in zwei Hälften geteilt ist.)

Soweit die literarischen Stimmen zum Verona-Siegel, nun zu dem

"il colle" – *"der Hügel"* und das Kastell zu Verona:

---

[35] in *"Atti della R. Accademia delle science di Torino"* (*"pubblicati dagli accademici segretari delle due classi"*), Volume trentesimo [30] (Torino 1895) p. 934-946.

Ich denke, es ist zunächst nicht falsch zu fragen, wie das Verhältnis zwischen „*Palatium*" in „*Kastell*" Verona ist, auch im Hinblick auf die engere Zeit Theoderichs d. Gr.

Einen Hinweis für das Kastell ist die Geschichte von der Eroberung Veronas durch eine byzantinische Truppe und deren Zurückeroberung durch die gotische Besatzung im Gotenkrieg 540 n.Chr. (s. o.). Dazu gibt es einige ältere Aussagen. Lassen wir zunächst den bereits genannten Veroneser Historiker Francesca Zambusi Dal Lago[36], 1874, zum Kastell in Verona sprechen.

„*Eccles Sti Petri*" auf dem „*colle*" jenseits der Etsch

Abb. links: Im Vorgriff die Abbildung aus der bereits genannten „*Iconografia Rateriana*" mit der „*Eccles Sti Petri*" („*Kirche des hl. Petrus*"); von einem Kastell ist dort nichts zu erkennen.

| p. 88) „*Forte o Castello S. Pietro, eretto da Teodorico sull'antico Campidoglio. Fu là dove si rifugiarono i Goti sopressi dai Greci, l'anno 542. Brengario diede al Forte la forma di rôcca, che divenne poi famosa, sotto il nome di Castello S. Pietro. Nell'anno 911, vi veniva preso Lodovico III. Berengario vi fu seppellito. Galeazzo Visconti, l'anno 1389, diede al forte nuova forma, per tenere in freno la città. Serviva più tardi di asilo a Francesci e Tedeschi, e finalmente, nel 1801, fu fatto demolire. Restano avanzi della torre, e rovine della vicina chiesa*". | „*Das Fort oder Kastell S. Pietro, errichtet von Theoderich auf dem alten ‚Kapitol'. Dort suchten die von den Griechen unterdrückten Goten im Jahr 542* [sic! andere Angabe: 540] *Zuflucht. Berengar* [I.] *gab dem Fort die Gestalt einer Burg, die dann unter dem Namen Kastell S. Pietro berühmt wurde. Im Jahr 911 wurde Lodovico III.* [Ludwig das Kind] *dorthin gebracht*[*]. *Berengar wurde dort begraben. Galeazzo Visconti gab* [dem Kastell] *im Jahr 1389 die starke neue Ausstattung, um die Stadt in Schach zu halten. Es wurde später von Franzosen und Deutschen als Zuflucht benutzt und schließlich 1801 abgerissen. Überreste des Turms und Ruinen der nahe gelegenen Kirche sind erhalten*". |

[*] Anmerkungen und Berichtigungen hierzu:

- Ludwig III., der Blinde (Bosonides), wurde 887 als König von Niederburgund ausgerufen; 899 unterlag er im Krieg gegen König Berengar I. von Friaul; Ludwig III. war kurz danach, entgegen seinem Berengar gegebenen Eid, in Italien eingefallen und war dort König der Langobarden (= in Italien) von 900 bis 905; Römischer Kaiser war er zudem 901/902 bis 905. Er unterlag 905 wiederum Berengar I. in Verona und

---

[36] „*Storia di Verona*" (1874) p. 88.

wurde wegen Eidbruches geblendet und danach aus der Gefangenschaft entlassen.

- Ludwig III. ‚das Kind‘, deutscher König; 908 römisch-deutscher Kaiser, er starb 911, aber nicht in Verona oder Italien.

<u>Weitere Aussagen</u>

Ferdinand Gregorovius[37], 1875:

> *„In Pavia und Verona zeigen noch die Lombarden Kastelle Theoderichs, und selbst in dem südlichen Terracina[38] trägt eine Bauruine seinen Namen und preist ihn eine alte Inschrift, daß er die Appische Straße wiederhergestellt und die Pontischen Sümpfe ausgetrocknet habe“.*

Albrecht Haupt[39], 1909:

> *„Theoderich baute noch große Paläste in Spoleto, Terracina, Verona. ... Das Kastell [von Verona] ragt hoch und mächtig auch in seinen Trümmern ob Verona. Es scheinen darin noch mächtige Gewölbe von großer Ausdehnung vorhanden, Weingärten aber überziehen völlig den inneren Raum“.*

„Philologus: Zeitschrift für das klassische Altertum“ [40], 1926:

> *„Jenseits der Etsch, der römischen Athesis [Etsch], lag auf beherrschender Höhe das starke Kastell, das den Zugang zu der Stadt von Norden her bewachte. Es ist bekannt daß Theoderich hier oben seine feste Burg errichtete und als ꞌDietrich von Bernꞌ [sic!] weithin das Land beherrschte“.*

Diese vorangegangenen vier Aussagen sind nicht sehr ergiebig, da zu ungenau, bzw. zu allgemein gehalten. Dazu hier die *„halboffizielle“* Haltung der Stadt Verona zum *„Castel San Pietro“* in Verona:[41]

> *„Ursprünglich befand sich auf dem Hügel ein [heidnischer] Tempel, der über die Steinbrücke wachte, später eine romanische Kirche, die San Pietro gewidmet war. Dieser Ort war seit der Antike bewohnt. Das Castel S. Pietro in Verona wurde später von Mauern umschlossen. Auf dem Hügel und in der Nähe davon stand in der Antike die römische Akropolis [Tempelbezirk], der Stadtplan mit einem orthogonalen Schema kann auf 49 v. Chr. datiert werden. Der Hügel San Pietro wurde in der Zeit der Barbaren als Festung genutzt“.*

Auch dies ist nicht besonders erhellend. Aber der *„colle“*, der Hügel, der sich über Verona erhebt, war die Keimzelle Veronas. Dort befindet sich das Gebiet, das unter der Bezeichnung *„Castel San Pietro“* bekannt ist, ein Festungsareal, das von der Kirche St. Peter ihren Namen hat. Bei Ausgrabungen in 2013 ist man dort auf Reste eines römischen Tempels aus der Zeit um 90 v. Chr. gestoßen. Ein

---

[37] *„Geschichte der Stadt Rom im Mittelalter“*, 1. Band, 2. Buch 2. Kap. (1875) S. 313.
[38] Hafenstadt am Tyrrhenischen Meer zwischen Rom und Neapel.
[39] *„Die Baukunst der Germanen“* (1909) S 153.
[40] Supplementband 18 (1926) S. 102.
[41] *„Portale turistico di Verona e dintorni“*, 2013.

paar Meter weiter entfernt befindet sich unter anderem die mittelalterliche *„Visconti-Zisterne"*.

Folgend ein Auszug von Enrico Giardini (*„L'Arena - Giornale di Verona"*, 30. 04. 2013, aus dem Italienischen):

„Ausgrabungen unter Castel San Pietro, ein römischer Tempel wird aufgedeckt":

„... Die ersten vorrömischen Siedlungen stammen aus der Eisenzeit, es gab dort eine Befestigung. In der Römerzeit stand die Burg [Arx, oder Akropolis] auf dem Hügel über dem Theater [Teatro romano], d. h. dem heiligen und befestigten Ort, der die Passage der Via Postumia über die Etsch und der befestigten Stadt an den Hängen bewachte, sowie später zur Verteidigung der Stadt innerhalb der Etsch-Schleife".

Bereits im 8. Jahrhundert n.Chr., vermutlich schon seit dem 6. Jh. n.Chr., stand oben auf dem Hügel, dem auch so genannten *„monte Gallo"*, eine Kirche, die dem Apostel Petrus geweiht war, vermutlich erbaut auf Grundlage eines heidnisch-römischen Tempels des Jupiters. 890 n.Chr. wurde von König Berengar I.[42] ein Castrum auf dem Hügel erbaut, oder renoviert bzw. ausgebaut.

Der Überlieferung nach wurde das Kastell um 1389 von Gian Galeazzo Visconti, Herzog von Mailand, aus- bzw. umgebaut, der älteste Teil wurde dabei fast vollständig zerstört. Nach den Zeichnungen aus dem frühen 17. Jahrhundert bestand die Burg aus zwei Teilen: Der erste, untere, im Süden gelegen, hat einen regelmäßigen viereckigen Grundriss, der sich in einem flachen Bereich befindet, in dem sich die Kirche San Pietro befand; der zweite, obere, im Norden und nahe dem Hang des Hügels gelegen, wo sich ein hoher Turm (Bergfried) erhob. Diese architektonische Struktur ist typisch für die spätmittelalterliche Burg. In der venezianischen Ära Veronas (15. - 18. Jh.) wurde die Festung erweitert, es entstanden neue Innengebäude für die Unterbringung von Soldaten, der Dienstsitz des neuen Militärkommandanten wurde dorthin verlegt. Gegen 1700 wurde die Anlage nochmals vergrößert, um bis zu dreihundert Soldaten unterzubringen. Zwischen dem 7. und 16. Januar 1801 belagerten französische Revolutionstruppen das Kastel San Pietro, Anfang März wurde die Festung zusammengeschossen, wodurch das gesamte Gelände zerstört wurde: die Türme, die inneren Gebäude, der Kommandeurs Palast, die Kasernen und die Kirche von Sankt Peter. Danach (1815) wurde Verona habsburgisch-österreichisch. Ab 1852 bis 1858 wurde die Festung durch Österreich wieder aufgebaut und eine Kaserne darin errichtet, dabei wurde das Gelände der alten Kirche San Pietro überbaut.

Folgend eine Stadtübersicht über das moderne Verona, und eine kurze Bemerkung zu dem *„colle"*, der beherrschend über Verona ‚thront':

---

[42] Berengar I. von Friaul († 924 in Verona), einer der sogenannten italienischen Nationalkönige 888-889, 896-901 und 905-924, römisch-deutscher Kaiser von 915 bis 924.

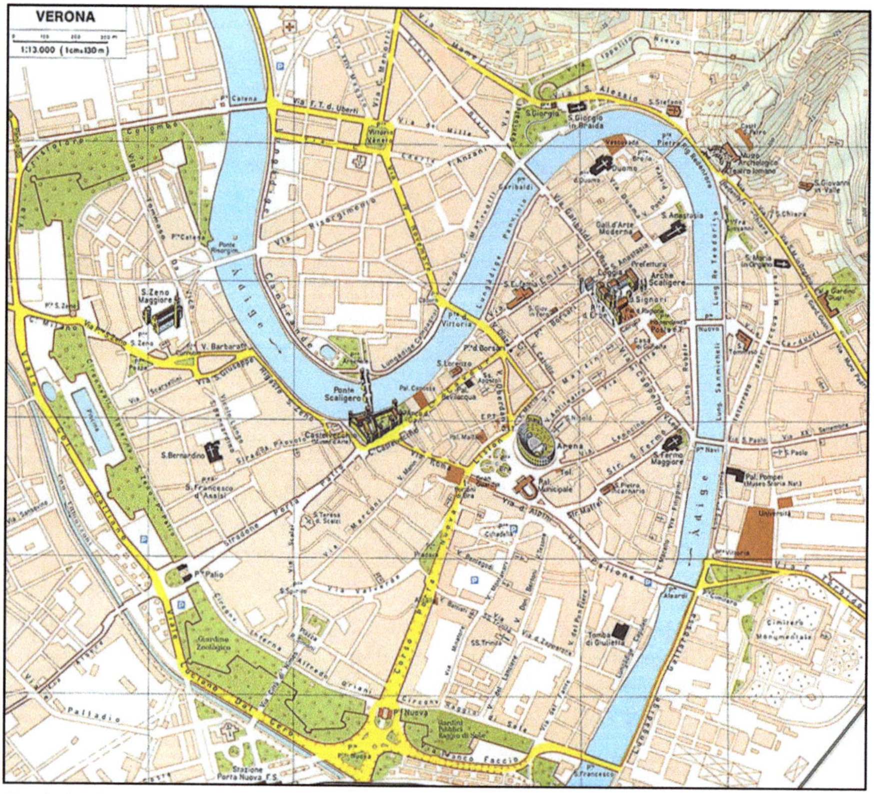

Zur Orientierung eine moderne Karte von Verona, oben rechts im roten Halboval „*Castel San Pietro*" auf dem „*colle*" und das „*Teatro Romano*" davor enthaltend.

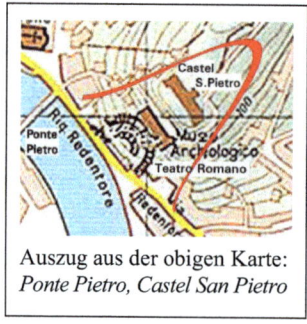

Auszug aus der obigen Karte:
Ponte Pietro, Castel San Pietro

Die Etsch, italienisch Adige, tritt aus den südlichen Alpen heraus und schlägt einen Bogen nach links, durchfließt Verona und dann weiter südöstlich zur Adria. Rechts am Fluss, in einer Schleife der Etsch, liegt die Kernstadt Veronas mit der römerzeitlichen Arena, links der Etsch liegt der Stadtbezirk Veronetta, wo die „*Ponte Pietra*" („*Steinbrücke*") über den Fluss geschlagen ist, 100 m flussabwärts davon befindet sich linksseitig das „*Teatro Romano*", und dahinter erhebt sich der Hügel, auf dem das „*Castel San Pietro*" erbaut ist.

Es folgen einige Impressionen von dem „*Colle*" mit dem „*Castello San Pietro*".

58

Der Hügel, auf dem das Kastell San Pietro erbaut war. Die Kirche rechts im Bild ist die Chiesa dei Santi Siro e Libera, in dem Areal davor und links davon (in Draufsicht) hinter den Zypressen am Uferrand liegt das *„Teatro Romano"*.

Das Castel San Pietro, Gemälde von Antonio Joli (1700-1777), im Hintergrund rechts oben Castel San Felice, ca. 1750.

Ältere Postkarte (um 1920), Blick auf die „*Ponte Pietra*" und das „*Castel S. Pietro*".

Postkarte, Blick auf die „*Ponte Pietra*" und das „*Castel S. Pietro*", 1959.

„Späte Streitsache' Visconti vs Scaliger

Die Scaliger beherrschten Verona bis 1387, ob die Scaliger ihre Hand auf den Hügel über Verona gelegt hatten ist umstritten. Zwei bedeutende Scaliger in diesem Zusammenhang, die dafür in Frage kämen:

- Cangrande I. (* 1291, † 1329), er war Stadtherr von Verona 1308 bis 1329,
- Cangrande II. (*1332, † 1359), er regierte als Stattherr Verona seit 1352 und erbaute 1354-1356 das Castel Vecchio in Verona an der Etsch.

Nachdem die Mailänder Visconti 1387 Verona übernommen hatten, bauten bzw. erneuerten sie das Castel San Pietro auf dem *„colle"*. Der bedeutendste von den Visconti in diesem Zusammenhang:

- Gian Galeazzo (* 1351, † 1402), Mitherrscher in Mailand seit 1378, seit 1385 Alleinherrscher; er eroberte 1387 Verona und Vicenza, 1388 Padua.

Alberto Solinas, ein Kenner der Geschichte Veronas und Privat-Archäologe, bejaht nun obige Frage, nämlich ob die Scaliger eine Burg auf dem Hügel von Verona gehabt hatten, und leitet dies aus der Baugeschichte der Festung ab. Folgend einige Illustrationen zur Festung auf dem *„Colle San Pietro"* in Verona.

„Il Castello di San Piero a Verona", 1775.

Die Abbildung stammt aus Fig. 9 in Adriano Cristofali: *„la zona del teatro romano, particolare"* (da G. Biancolini, *„Dei vescovi e governatori di Verona. Dissertazioni due"*, Verona 1757, p. 86, Fig. 9); davon in Auszügen die drei folgenden Abbildungen.

Abb. links Skizze des Kastells S. Pietro; Text aus Alberto Solinas „*Verona. Castel San Pietro, questo sconosciuto*" („*Verona, das unbekannte Kastell san Pietro*"): „*Scotto al Castello i loggiati sono stati costruiti in opera reticulatum*", („*Scotto zum Kastell, die Loggien* [Räume nach außen ohne Fenster] *wurden in Opera reticulatum* [römerzeitliche Verblendung einer Mauer] *gebaut*".).

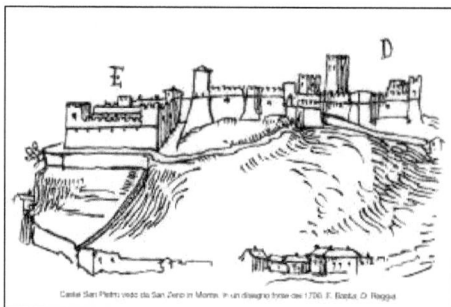

Abb. links Skizze des Kastells S. Pietro; Text aus Alberto Solinas: „*Verona. Castel San Pietro visto da San Zeno in Monte. In un disegno forse del 1700. E. Bastia; D. Reggia*". („*Kastell San Pietro von San Zeno in Monte aus gesehen*"*). *In einer Zeichnung vielleicht aus dem 18. Jahrhundert.* [Legende] *E. Bastion; D. Reggia*" [Palast].)
*) San Zeno in Monte ca. 500 m südöstlich vom Castel San Pietro gelegen.

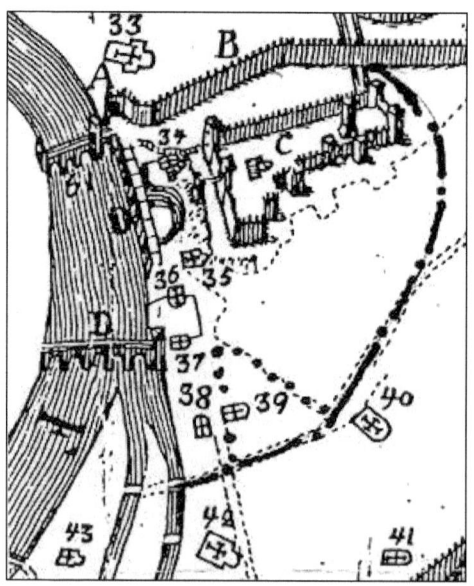

Abb.: Übersichtsplan über das frühe Veronetta. Punktgestrichelt: vermulicher Verlauf der Mauer Theodrichs in Veronetta, welche das Kastell umschließt.

Zwischen dem Kastell (C) und der Etsch liegt das Teatro romano (O, Halbkreis).

Legende:

C   San Pietro in Castello
D   Ponte Postumio
33 Santo Stefano
37 San Faustino
39 Corte del Duca (probabile palazzo di Teodorico) [Herzogspalast, vermutlich Palast des Theoderich]
40 San Giovanni in Valle
61 Ponte della Pietra

Weiter mit zusammenfassenden Auszügen aus den Veröffentlichungen Alberto Solinas[43]:

Rekonstruktion Veronas für die Zeit Theoderichs d. Gr., die offene Umklammerung rechts oben umschließt Veronetta.

„Es wird gesagt, dass Theoderich sein Schloss auf dem Colle di San Pietro gebaut hat. Überreste dieses Herrenhauses könnte in der Tat der Turm des Blitzes [ein Turm des ehemaligen Kastells] *sein, da wir an seiner Basis römische Steine sehen können, die im Allgemeinen für den Bau der Mauern unter Theoderich verwendet wurden".*

Weiterhin führt Alberto Solinas aus, dass in der raterianischen Ikonographie [Rathers, Bischof von Ravenna, 10. Jh.] die Kirche San Pietro auf der Höhe des Kastells erstmalig zu sehen ist, als einzige Kirche mit Namen in der Iconografia. Weiterhin, dass in der Iconografia nicht das Verona des Jahres 900 zu erkennen ist, da Ausgrabungen der Stadt bezüglich der Jahre 589-1000 gezeigt haben, dass damals Gebäude mit Trockenmauern und Strohdächern erbaut wurden.

Im Jahre 589, am 17. Oktober, kam es zu einer Flut und zu einer verheerenden Feuerbrunst, gefolgt von einer schlimmen Pest, danach wurden alle Gebäude aus der Römerzeit aufgegeben. Um 600 wurde beim Bauen kein Mörtel mehr verwandt, es wurde aber römisches Baumaterial verwendet, außer bei kirchlichen Gebäuden, an denen Tuff und Mörtel verwandt wurden. Damit, so ist das Argument Alberto Solinas, kann die Iconografia Verona nicht um 900 abbilden. Weiterhin bestreitet Alberto Solinas, dass die Verse *„De Laudibus Veronae"*, wiedergegeben bei Mabillon, deren konservative Ansatz für deren Entstehung die Jahre 796-806 angesetzt werden, von der Iconografia des Rather inspiriert seien und sicherlich nicht im Verona des neunten Jahrhunderts entstanden. Alberto Solinas zitiert den *„Anonymus Valesianus"* des 5. Jh.s, der gemäß zu Verona dichtete, in etwas freier Übersetzung durch Solinas:

„Es hat eine große und ausgezeichnete Burg und sichere Bollwerke, Steinbrücken, die die Etsch überspannen, deren Enden die Stadt auf der einen Seite und die Burg auf der anderen Seite berühren."

---

[43] In *„Castel San Pietro: il castello di Cangrande da Verona"* (2008) und *„Verona. Castel San Pietro, questo sconosciuto"* (2008) und *„Verona-La Chiesa di San Giovanni Battista in Valle e la sua misteriosa origine ariana"* (2014).

Spuren des Schlosses und der Mauern können noch existieren, so meint A. Solinas, die Steinbrücken gewiss nicht. Die Postumio-Brücke hieß ehemals auch ‚Zerbrochene Brücke' und ‚Stein Brücke', zum Teil aus Holz bestehend. ….

Kurz gesagt: Alberto Solinas schließt aus den Abbildungen und den archäologischen Spuren, dass das Kastell auf dem „*Monte*" nicht zwischen 589 und 900/1000 erbaut sein kann.

Alberto Solinas, der sehr um die Geschichte Veronas, insbesondere um das Kastell San Pietro bemüht ist, ist also von der Frage berührt, ob das Kastell seit der Zeit Theoderichs d. Gr. ohne zeitliche Lücken besetzt war, deren Meinung er wohl ist.

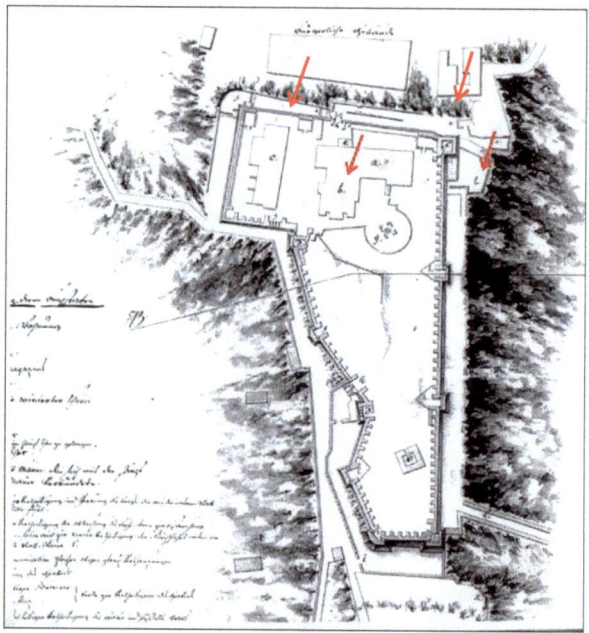

Übersichtsplan aus der Zeit der österreichischen Besetzung Veronas: „*Castel San Pietro: il castello di Cangrande da Verona*".
Legende: „*f. torre del Fulmine*" („*Turm des Blitzes*", Pfeil rechts);
„*b. Chiesa di San Pietro costruita sul Tempio a Giove*" („*Kirche von San Pietro auf dem Tempel des Jupiters erbaut*, Pfeil links).

Nach A. Solinas wurde der 21. Bischof [von Verona] San Felice am 19. Juli 490 in der Kirche San Pietro in Castello beigesetzt. Die erste Nachricht der Kirche stammt, so A. Solinas, vom 24. Juli 531 als die Veroneser Bischöfe S. Valente und sein Nachfolger S. Verecondo dort begraben wurden. Der lombardische König Berengar wurde am 7. April 924 beim Gebet in der Kirche San Pietro in Castello getötet. Der Papst Umberto III. (Crivelli) war vom 25. November 1185 bis zu seinem Tode am 20. Oktober 1187 im päpstlichen Amt, gewählt wurde er in

Verona, in der Kirche San Pietro in der Burg („*Arx*").

A. Solinas bestreitet weiterhin, dass das Kastell San Pietro von Gian Galeazzo Visconti erbaut wurde; er meint eher von den Scaligern, von Can Rabbioso[44] (= Cangrande II.), so genannt wegen der hohen Steuern, die zum Bau de Castelvecchio an der Etsch erhoben wurden; hatten sie (die Scaliger) denn vorher, so fragt A. Solinas, keine Festung in Verona? Und wenn doch, wo dort in Verona? Doch wohl auf dem Hügel oberhalb von Verona, wo die Kirche San Pietro steht. A. Solinas weiterhin:

> „*Weitere Untersuchungen am Schloss von San Pietro brachten gute Ergebnisse. Canobbio[45] schreibt*":

> „*Der Felsen von S. Pietro wurde von Berengar dem Älteren* [I.], *König von Italien, ausgebaut zu einer kleineren Festung, nachdem er für diese Arbeit die Steine („Teatro ruvinato a quella vicino") des alten zerstörten benachbarten* {*Teaters verwendet hatte, um das Jahr 890 des Herrn, wie aus der Geschichte des Schriftstellers Luitprando Pavese jener Zeit hervorgeht, von dessen ersten Erbauer ich keine Erwähnung gefunden habe,*} *und ich schließe darin die Kirche S. Pietro und die alte Festung mit ein, die dort bis zur Herrschaft der Goten in Italien stand ...*".

Vermutlich bezieht sich a. Solinas mit seinem Zitat auf Alessandro Canobbio (* 1532/35, † 1607/08) einen Veroneser Gelehrten; einen fast identischen Text zu dem von A. Solinas herangezogenen finde ich in einer Chronik zu Verona von Biancolini / Zagata[46] aus dem Jahre 1745. Den Text in den geschweiften Klammern {·} oben habe ich dort entnommen.

Unklar ist mir hier, was mit „*Teatro ruvinato a quella vicino*" („*dem alten zerstörten benachbarten Theater*") exakt bedeutet: „benachbart der Festung auf dem Hügel"? Dann wäre mit dem „*Teatro*" das „*Teatro romano*" zu Füßen des Burghügels gemeint, nicht die Arena in der antiken Stadt Verona. Zu dem genannten „*Luitprando Pavese*" (Luitprand von Pavia), er war ein Schriftsteller des 10. Jahrhunderts; von diesem stammte also diese Nachricht.

Weitere Aussagen von A. Solinas:

> *Theoderich* [d. Gr.] *baute auch einen Teil des Flügels der Arena ab, um diese Steine in seinen Mauern zu verwenden, und schloss die Arena über die Via Mazzini in die neue Stadtmauer ein* [was aber schon unter Kaiser Gallienus um 265 n.Chr. geschehen sein soll].

---

[44] „*Großer Räuber*"
[45] Alessandro Canobbio (* 1532/1535, † 1607/1608) ein Veroneser Notar, Jurist und Historiker, er schrieb u. a. „*Breve Compendium. Cavato dalla sua historia di Verona*" („*Kurze Zusammenstellung. Entnommen aus der Geschichte von Verona*" [1598]).
[46] „*Cronica della citta' di Verona descritta da Pier Zagata; ampliata, e supplita da Giambatista Biancolini. Annessovi un trattato della moneta antica veronese ec. Insieme con altre utili cose tratte dagli statuti della citta' medesima*"; parte prima (Verona, MDCCLXLV [1745]) p.188.

Wie gesagt unklar ist, ob auch Steine der Arena zu Verona zum Bau des Kastells auf dem *„monte"* benutzt wurden.

Über die weitere Geschichte berichtet A. Solinas, dass im Jahre 1156 die mächtige Bürgerfamilie in Verona der *„Crescienzi"* einen Aufstand gegen die *Sambonifaci*, damals Grafen von Verona, unternahmen, und deren Festung auf dem nahegelegenen Berg in Brand setzten, wo sich die Burg San Pietro befindet. Die in Brand gesetzte Festung, so A. Solinas, könnte das Kastell San Felice gewesen sein, das sich knapp einen Kilometer nordöstlich von Castel San Pietro befindet.

Soweit Alberto Solinas, dem an dieser Stelle Anerkennung gezollt sei für seine kenntnisreichen Ausführungen.

Zusammenfassung in Kürze:

Veronetta ist ein Stadtteil von Verona, der sich am linken Ufer der Etsch in Bezug auf das historische Zentrum befindet; es war das erste Siedlungsgebiet der Stadt. Es beherbergt die Überreste des römischen Theaters (*„Teatro Romano"*) und die Festung *„Castel San Pietro"* auf dem Hügel von *„San Pietro"*, der die Stadt als herrliche Kulisse dominiert. Über das Kastell San Pietro liegen zur Zeit des Mittelalters nur wenige Nachrichten vor. Der Stadtherr Cangrande I. starb 1329; der mächtige Stadtherr Cangrande II. errichtete das Castel Vecchio 1351-1359 in Verona, das an der Etsch gelegen. Wo war der Sitz des Cangrande I. gewesen fragt A. Solinas. Die Festung von San Pietro soll, so meint A. Solinas, von Giangaleazzo [Visconti] 1389 auf das *heute* bekannte Maß reduziert worden.
Am 14. März 1801 wurden große Teile des Castel San Pietro, insbesondere die Türme, von französischen Truppen gesprengt.

Spätere Baumaßnahmen im 19. Jh. haben viele Zeugnisse des Kastells beseitigt. 1970 wurde eine archäologische Untersuchung auf dem Kastellgelände unternommen, die erbrachte, dass dort Siedlungen aus der Eisenzeit und Bronzezeit bestanden.

„Iconografia Rateriana" – „Ikonographie des Rather"

Nun, nach der Beschreibung des *„colle"* zur *„Iconografia Rateriana"* (*„Ikonographie des Rather"*) und der Geschichte seiner Auffindung.[47]

Wie schon mehrmals angeführt komme ich nun zu einer Darstellung der mittelalterlichen Stadt Verona, die nach dem Bischof Rather von Verona *„Iconografia Rateriana"* oder *„Civitas Veronensis Depicta"* (*„gemaltes Bild der Stadt Verona"*) genannt wird und aus der Mitte des 10. Jh.s überliefert ist.

---

[47] Patrizia Fabbri: *„Verona. Kunst und Geschichte"* (2013, aus dem Italienischen) gibt einen kurzen, aber guten Einblick in die Geschichte Veronas, in der auch die Iconografia Rateriana Gegenstand der Darstellung ist.

Angesichts der Tatsache, dass Literaturgeschichte, Urkundenlehre (Diplomatik), Siegelkunde (Sphragistik), Wappenkunde (Heraldik) und Münzkunde (Numismatik) Teilgebiete der Geschichtskunde (Historie) sind, erlaube ich mir hier, die Suche und Auffindung der *„Iconografia"* nachzuzeichnen, denn das ist – so meine ich – hilfreich zum Verständnis des Ganzen.

Die *„Iconografia"* also wurde vom Benediktinermönch Mabillon im 17. Jahrhundert in der Abtei Lobbes in Belgien in einem mittelalterlichen Codex (sog. *„Lobbes I"*) entdeckt. Dieser Codex gehörte einst dem Bischof von Verona, Rather. Der Codex ist inzwischen verloren, in den Wirren der Französischen Revolution vernichtet. Bevor die *„Iconografia Rateriana"* näher behandelt wird, zunächst zu dem genannten Bischof Rather (italienisch Ratero) selbst und anschließend zum Benediktinermönch Mabillon.

Abb.: Statue des Bischofs Rather aus dem 19. Jahrhundert an der Westfassade des Fürstbischöflichen Palastes in Lüttich.

Bischof Rather[48]

Rather (* um 887 bei Lüttich, † 25. April 974 in Namur) war ein Gelehrter und dreimal Bischof von Verona: 931-934, 946-948, 961-968; zudem war er Abt von Lobbes (953-955), dem ehemaligen *„monasterium Laubacum"*.

Rather, der aus adligem Haus stammen soll, soll schon in jungen Jahren als *„Klosterkind"* (*„puer oblatus"*) zum Benediktinerkloster Lobbes gegeben, und dann dort Mönch geworden sein. Dieses Kloster liegt ca. 25 km südöstlich von Mon in Belgien, an der Sambre, in der Landschaft Hennegau. Gegründet wurde es (650 n.Chr. - 654 n.Chr.) vom hl. Landelin von Crespin. 1794 wurde in der französischen Revolution das Kloster niedergebrannt, die Mönche verjagt, 1796 offiziell aufgelöst, das Kloster als Steinbruch genutzt, heute sind fast keine Überreste des Klosters mehr vorhanden.

Im Jahre 926 folgte Rather dem Hilduin, seinem Abt von Lobbes, nach Italien an den Hof des italienischen ‚Nationalkönigs' Hugo I.; 931wurde Rather zum Bischof von Verona ernannt. Er wurde in die politischen Händel der damaligen Zeit verwickelt; 934 wurde er in Pavia gefangengesetzt; 936 bis 939 lebte er in Ver-

---

[48] Die Literatur zu Bischof Rather ist sehr umfangreich, z. B. Max Manitius: *„Ratherius von Lüttich"*, in *„Geschichte der lateinischen Literatur des Mittellaters"*, 2. Band (1923/1976) S. 34 ff. – (Fritz Wegle, Hrsg.) *„Die Briefe des Bischofs Rather von Verona"* *„Monumenta Germaniae Historica"*, *„Die deutschen Geschichtsquellen des Mittelalters 500-1500"*, *„Die Briefe der deutschen Kaiserzeit"*, 1. Band (1949).

bannung in Como/Norditalien; anschließend ging er in die Provence/Südfrankreich und kehrte 944 ins Kloster Lobbes zurück. 946 erhielt er sein Bistum Verona zurück, musste es aber 948 wiederum verlassen. 952 war er Erzieher Bruns, des jüngeren Bruders König Otto. I., der 953 Erzbischof von Köln wurde. In diesem Jahr erhielt er auch das Bistum Lüttich an der Maas, das er bis 955 inne hatte; er ging danach nach Mainz, war dann kurzzeitig Abt von Aulne (heute ruinös), dem nahe Lobbes gelegenen Schwesterkloster im Hennegau. Der deutsche König Otto I. setzte ihn als seinen Vertrauten 961 bei seinem zweiten Italienzug wieder als Bischof von Verona ein; 968 kehrte Rather als Gescheiterer in seine Heimat zurück, 970/971 war er nochmals Abt von Lobbes und starb im Jahr 974 zu Namur an der Maas im heutigen Belgien.

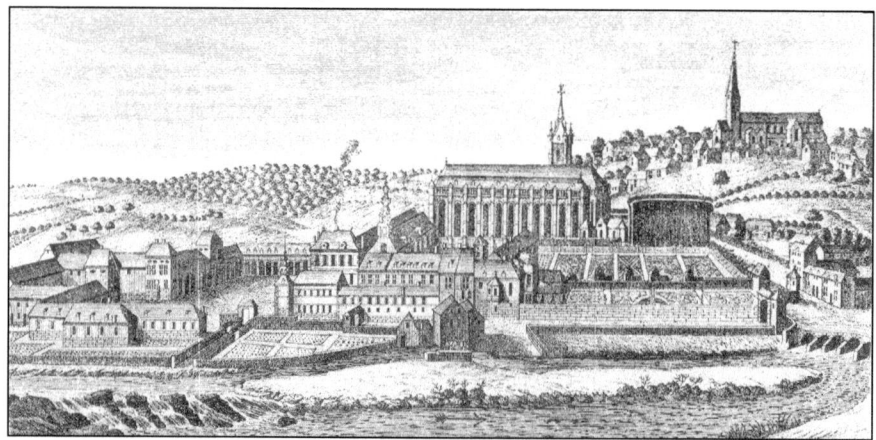

Abtei Lobbes im 18. Jahrhundert, mit der Klosterkirche Saint-Pierre und Grabeskirche Saint-Ursmar rechts oben.

Jean Mabillon

Dieser war ein bedeutender katholischer Gelehrter des 17. Jh.s, geboren 1632 in Saint-Pierremont, einem Dorf in den Ardennen, gestorben 1707 in Paris. 1644 wurde Jean in jungen Jahren an das ,Collège des Bons Enfants' in Reim geschickt. 1650 erhielt er die Zulassung zum Diözesanseminar (Priesterseminar), wo er drei Jahre blieb, im selben Jahr am 29. August legte er das Postulant [Probezeit] in der Abtei von St-Remi in Reims ab. 1654 wurde er, nach dem Noviziat, Mönch bei den Mauristen (Benediktinische Kongregation des heiligen Maurus). 1658 wurde er in die Abtei von Corbie, gelegen an der Somme in Nordfrankreich, versetzt. Zum Priester geweiht wurde er in Amiens in Nordfrankreich, 1663 siedelte er in die Abtei von St-Denis bei Paris über, 1664 wechselte er in die Abtei von St-Germain-des-Prés, ebenfalls in Paris, drei Jahre später wurde er Mönch in der Mauriner-Abtei St. Remi in Reims. 1667 erfolgt die Veröffentlichung der Werke des hl. Bernhard von Clervaux. 1668 erschien von ihm der erste Band der „*Acta*

Sanctorum, O.S.B.", ein zweiter Band erschien im folgenden Jahr, ein dritter 1672, in diesem Jahr war auch die erste seiner ‚literarischen Reisen' nach Flandern. 1675 erschien der erste von vier Bänden der *„ Vetera Analecta"*, *(„ vetra"* = *„alt"*, *„Analecta"* = *"Brockensammler"*, *„ Überbleibsel"*), welche die Ergebnisse seiner Reisen darstellten; sein bedeutendstes Werk *„De re diplomatica"* (*„ Über die Urkunden"*, i. e. Diplomatik) erschien; 1682-1683 unternahm er Forschungsreisen durch Burgund, die Schweiz und Deutschland, um Geschichtsmaterial zu sammeln, 1685 unternahm er eine Reise durch Italien um seltene, wertvolle Bücher und Manuskripte (über 300) zu erwerben. 1703-1707 erschienen die ersten vier Bände der *„Annales ordinis Sancti Benedicti"*, der 5. Band 1713 postum. Mabillon starb 1707 im Alter von 75 Jahren und wurde in der Kirche von Saint-Germain-des-Prés in Paris beigesetzt, wo sein Grabmal heute noch zu finden ist.

Eine Seite (p. 371) aus Johannis Mabillonius (Jean Mabillon): *„ Veterum Analectorum"* (= *„Analecta Vetera"*) Tomus I (MDCLXXV [1675]) p. 371-375: *„Veronae rythmica Discriptio antiqua"*, p. 375-376: *„Adnotatio"* (Anmerkung); zu den Versen s. u.

Abb. links: Jean Mabillon als Schriftsteller; rechts: Grabmal des Jean Mabillon in St. Germain-des-Prés, Paris.

Francesco Scipione Maffei und die Auffindung der *„Iconografia"* [49]

Francesco Scipione Maffei

Scipione Maffei (* 1675 in Verona, † 1755 dortselbst) war ein bedeutender Gelehrter seiner Zeit in Verona, er kannte die Veröffentlichung Mabillons bezüglich Veronas, und hat sich in diesem Zusammenhang, der Geschichte Veronas, sehr verdient gemacht.

Maffei entstammte aus der hochadligen Bologneser Familie der Marchesi (i.e. Markgrafen) Maffei. Er studierte zunächst in Parma, seit 1698 in Rom, dort schloss er sich der *»Accademia dell'Arcadia«* an; in Verona gründet er 1705 dann auch eine *»arkadische Akademie«*. 1704/1705 diente er in der französisch-baierischen Armee im Spanischen Erbfolgekrieg gegen den deutschen Kaiser.

---

[49] Zur Geschichte der Auffindung der *„Iconografia Rateriana"* siehe bei Ettore Napione: *„Breve storia di un'Iconografi a perduta"* (*„Kurze Geschichte einer verlorenen Ikonographie"*) in *„La più antica veduta di Verona. L'Iconographia Rateriana. L'archetipo e l 'immagine tramandata"* (2012) p. 25 ff.

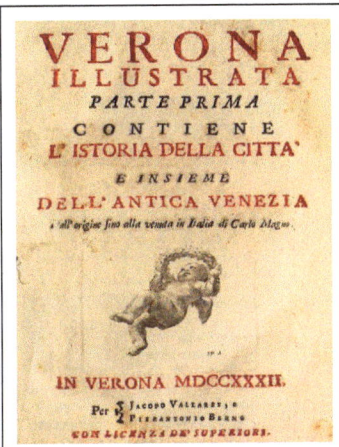

Frontispitz des Buches von Scipione Maffei: *„VERONA IL-LUSTRATA"* Band I, 1732 n.Chr.

Seit Maffei sich 1710 in Turin aufhielt, war er als Kunstsammler tätig und betrieb archäologische Studien zu Verona. 1716 initiierte er das *»Museo Lapidario«* (Museum der Steindenkmäler), das heutige *»Museo Lapidario Maffeiano«*. 1720 verließ er Verona für 2 Jahre und ging nach Florenz, wo er Literaturstudien betrieb und das toskanische (etruskische) Altertum studierte, nach seiner Rückkehr nach Verona ging er 1723 für ein Jahr nach Turin. Maffei gründete die Zeitschrift *»Giornale de' letterati d'Italia«* (*Literarisches Journal für Italien*) die 1704-1740 erschien; er war als Literaturforscher nach alten verschollenen Codices tätig. Zwischen 1728 und 1732 arbeitete Maffei an seinem berühmtesten Werk, dem *»Verona Illustrata«* (*„ruhmreichen Verona"*). Von 1732 bis 1736 bereiste Maffei zu Studienzwecken und zur Kunstsammlung Frankreich, England, die Niederlande und Deutschland. Maffei war ein vielseitiger Gelehrter, er verfasste viele Schriften zur Kunst, zum Altertum, zum Mittelalter und zur Kirchengeschichte; letzteres trug ihm die Gegnerschaft der Kirche ein; er war ein aufgeklärter Geist des 18. Jh.s.

Wie schon oben geschrieben befand sich die *„Iconografia Rateriana"* als Abbildung in einem Codex (*„Lobbes I"*) des 10. Jh.s in der Abtei Lobbes. Dieser Codex gehörte, wie schon gesagt, dem Bischof Rather. Der gelehrte Benediktinermönch Jean Mabillon veröffentlichte 1675 die Schrift *„Vetera analecta"* (*„Alte Überbleibsel"*) s. o., darin die sog. *„Versus de Verona"*, die er aus Rathers Codex' *„Lobbes I"* abgeschrieben hatte, wobei er im Kommentar auch die *„Iconografia"* erwähnt (Lit. s. o.).

Francesco Scipione Maffei, dem als Gelehrter, wie gesagt, die Schriften Mabillons bekannt waren, ging dieser Nachricht 1732 nach; er ließ in Lobbes in schriftlicher Anfrage nach der *„Iconografia"* forschen, doch die Antwort aus dem Kloster war zunächst entmutigend, nämlich, dass das Gesuchte (der Codex) nicht mehr vorhanden sei, da es an Mabillon gegeben wurde, der 1707 gestorben war, doch könnte sie in der letzten Lebensstation Mabillons noch vorhanden sein. Doch Maffei ließ sich nicht entmutigen; 1736 ging er selbst nach Lobbes. Doch der Abt, damals Teodolfo Bernabé (Theodulph II. Barnabas, 1728-1752) war zu der Zeit in Brüssel. Nachdem Maffei den Abt getroffen hatte, versprach dieser nach dem Objekt zu suchen und gegebenenfalls eine Kopie anzufertigen. Tatsächlich kam das Gewünschte drei Jahre später, 1739 unter dem Siegel des Abtes Teodolfo Bernabé in Verona an; in dem Begleitschreiben heißt es (ins Deutsche frei übersetzt):

„ ... testor hanc tabulam topographi-	„ ... ich bezeuge, dass ich befohlen habe,
cam delineari et pingi simulque ver-	diese topographische Abbildung zu
sus excribi iussisse, e veteri codice in	zeichnen und zu malen, zugleich die
Archiviis nostris conservato et ab il-	Verse abzuschreiben, aus einem alten
lustrissimo reverendissimoque	Codex, bewahrt in unserem Archiv, aus
Ratherio quondam Lobbiensi mona-	dem Manuskript von dem berühmten
cho, postea veronensi episcopo ma-	ehrwürdigen Rather, einst Mönch in
nuscripto ... “.	Lobbes, später Bischof von Verona ... “.

Die Sendung enthielt auch die „Versus de Verona“ (siehe oben) und das Verzeichnis des Inhaltes von Rathers Manuskript. Und was geschah nun mit der „Iconografia“? Nichts! Maffei vererbte die erhaltene Kopie der Kapitell-Bibliothek
der Kathedrale von Verona, wo sie in Codex CXIV [114] eingefügt wurde, das ist
eine Manuskriptsammlung (zumeist Kopien) der Schriften Rathers selbst und anderen unterschiedlicher Herkunft. Maffei unterließ also die Bekanntmachung
bzw. Veröffentlichung der ‚heißersehnten‘ Kopie und starb 1755.

Maffei hatte seine Schrift „Verona Illustrata“ bereits 1732 veröffentlicht, die er-
haltene Kopie der „Iconografia Rateriana“ von 1739 hätte seine vorhergehende
Veröffentlichung vermutlich in wesentlichen Teilen in Frage gestellt. F. Scipione
Maffei schrieb in seiner „Verona Illustrata“, S. 445, neben der Randglosse

„a porta usque ad Palatium porticum reddidit“
(„vom Tor bis zum Palatium stellte er einen Portikus wieder her“)

folgende Textpassage:

„Dal Palazzo allo pota della Cittá,	„Vom Palast bis zum Stadttor baute er ei-
perchè vi si caminasse a coperto, e	nen Portikus, damit man bequem und be-
comodamente, fabricò un Portico.	deckt dorthin gehen konnte. An welchem
In qual luogo fosse ei Pallazzo,	Ort sich der Palast befand, ist viel umstrit-
molto si disputa, mentre non ne	ten, derweil keine sicheren Spuren davon
rimane vestigio certo. In veccie	übrig geblieben sind. Gemäß alten Men-
membrane si trova nominata Corte	branen [Schriften] befindet sich der könig-
Regia nella parte, ov'ora è l'orto	liche Hof an der Stelle, an der sich heute
del Capitano. Ma con tutto ciò ab-	der Garten des Capitano befindet. Bei al-
biasi per indubiato, che alla col-	lem besteht kein Zweifel daran, dass auf
lina di S. Pietro, e sopra di essa	dem Colle von St. Peter, oben der Palast
quel Palazzo fu eretto, poichè	errichtet war, da wir mit Sicherheit wis-
sappiam di certo, che qui abi-	sen, dass einige spätere Könige hier leb-
tarono alcuni Re posteriori, come	ten, wie wir zu gegebener Zeit sehen wer-
vedremo a suo tempo, il che non	den, was nicht der Fall gewesen wäre,
avrebber fatto, se non vi avester	wenn sich dort nicht der Palast befunden
trovato Palazzo“.	hatte“.

Mit seiner Vermutung zum Palatium (Palast Theoderichs d. Gr.) lag er ‚daneben‘,
in der „Iconografia“ wird ein „Palativm“ (Palast) ausgewiesen, wo ihn Maffei

nicht vermutet hatte. Vermutlich irritierte ihn auch, das auf dem „colle" lediglich die Kirche S. Pietro verzeichnet war, kein Kastell, kein Palatium. Maffei war seiner Zeit der wohl beste Kenner von Veronas Geschichte, so unterließ er, um sich nicht angreifbar zu machen, die Veröffentlichung.

Hier folgt zunächst „Das Lob Veronas" aus Mabillons „Analectae", anschließend die Abbildung der „Iconografia", wie sie Maffei erhalten hatte.

Im Codex „Veterum Analectorum" (a. 1675) sind, wie gesagt, auch die „Versus de Verona"[50], von Bischof Rather verzeichnet, siehe die Abb. oben, die ich hier im Auszug, die Verse der Strophen 1-3 u. 7 wiedergebe:

„De laudibus Veronae" – „VERONÆ. RYTHMICA DESCRIPTIO ANTIQUA" („Über das rühmenswerte Verona. – Zu Verona. Alte rhythmische Beschreibung").

Strophe 1	
Magna & preclara pollet urbs haec in Italia in partibus Venetiarum, ut docet Isidorus, que Verona vocatatur olim ab antiquitus	Groß und prächtig blüht diese Stadt in Italien in Venezischem Gebiet, wie Isidor lehrt, der einst Verona von hohem Alter genannt.
Strophe 2	
Per quadrum est compaginata, murificata firmiter; Quadraginta et octo turres fulgent per circuitum, ex quibus octo sunt excelsae, quae eminent omnibus.	Im Quadrat ist sie zusammengefügt, fest um mauert; vierzig und acht Türme glänzen im Kreise, von denen acht hervorragen, die größten von allen.
Strophe 3	
Habet altum laberintum, magnum per circuitum, in quo nescius ingressus non valet egredere, nisi igne cum lucerne vel a filo glomere.	Es gibt ein hohes Labyrinth [die Arena], gewaltig im Kreis, in welches man nicht weiß einzutreten, noch wie heraus zu kommen, wenn nicht durch Feuer der Laterne oder durch einen zusammengerollten Faden [Knäuel]
Strophe 7	
Castro magno et excelso et firma pugnacula, pontes lapideos firmatos super flumen Atesis, quorum capita pertingunt in orbem ad oppidum.	Durch ein großes Kastell, hochragend, ein starkes Bollwerk, feste steinerne Brücken über den Fluss Etsch, deren Häupter sich im Bogen zur Stadt erstrecken.

---

[50] Aufgenommen in den „Monumenta Germaniae Historica", „Poetae Latini medii aevi (Poetae)", „1: Poetae Latini aevi Carolini (I)" Tomus I (MDCCCLXXXI [1881]) p. 118 seqq., hic p. 119 seq.; kleine Abweichungen zum Text von Mabillon.

In der Anmerkung zur Kommentierung der Verse führte Mabillon Seite 376 aus (die Wiedergabe in Deutsch nicht wörtlich, etwa):

„Hanc Verona descriptionem, que rythmicis numeris inconcinne frabricata est regnante apud Langobardos Pippino[*] *Caroli Magni filio, ex Italia retulit Ratherius Veronensis Episcopus, eamque in Laubiensi autografo, ex quo eam erui, apponi curavit cum iconographia eiusdem civitatis minio depicta".*	*„Diese Beschreibung von Verona, die ungereimten Rhythmen* (Verse)*, wurden gemacht als Pippin*[*]*, Karl des Großen Sohn, die Herrschaft über die Langobarden hatte, und Bischof Rather sie aus Italien mitbrachte, diese in der Lobbeser Urschrift, in der ich sie ausfindig gemacht habe, habe ich die Iconographia derselben Stadt* [Verona] *in Farbe beigefügt".*

[*] Anm. K. W.: daher auch die Bezeichnung „*Pipinische Rhythmen*"; hier also ist eindeutig gesagt, dass Bischof Rather die Icongraphia besessen hat. Pippin (* 777, † 810 in Mailand) war ein Sohn Karl d. Gr. und seiner Ehefrau Hildegard, von 781 bis 810 König von Italien; ursprünglich hieß er Karlmann, er darf nicht verwechselt werden mit dem jüngeren Pippin dem Buckligen, dem in Ungnade gefallenen Sohn Karls d. Gr.

Die Abbildung der „*Iconografia*", die im Auftrag des Scipione Maffei erstellt wurde, ist hier folgend wiedergeben, mit der Inschrift am Rande der Zeichnung.

Abb.: Die „*Iconografia Rateriana*": „*Iconografia a rateriana dal manoscritto di Scipione Maffei della Biblioteca Capitolare di Verona, CXIV (114)*". („*Iconografiae Ratheriana, aus Scipione Maffeis Manuskript der Kapitular-Bibliothek von Verona, CXIV (114)*"), Kopie aus dem 18. Jh. im Auftrag von Scipione Maffei.

Auf der „*Iconografia*" ist an drei äußeren Seiten des Bildes in Umschrift ein Lobgedicht auf Verona angebracht, angefangen oben links mit „*de summo ...*", forgesetzt links der Abbildung, zum Schluss unten am Bilde:

De summo montis Castrum prospectat in Urbem	„Von der Höhe des Berges blickt das Castrum [Kastell] zur Stadt
daedalea factum arte viisque tetris	mit der Kunst des Daedalus[51] gemacht, mit dunklen Galerien
nobile, praecipuum, memorabile, grande theatrum,	edel, vornehm, denkwürdig, das großartige Theater,
ad decus extructum, sacra Verona, tuum.	dir, heiliges Verona, aufgerichtet zum Ruhm
Magna Verona, vale, valeas per secula semper	Großartiges Verona, lebe, mögest du leben durch ewige Zeiten
et celebrent gentes nomen in orbe tuum".	die Völker mögen den Namen feiern im ganzen Erdkreis".

Anmerkung: Von dem „Castrum" ist in der „Iconografia" nichts zu sehen.

Mit dieser Abbildung sind viele Fragen verknüpft: Wer hat – oder in wessen Auftrag – wurde die Abbildung erschaffen? Wann wurde sie erschaffen? Aus welcher Zeit stammen die abgebildeten Objekte? Hatte die Abbildung eine Vorlage (Gemälde, Mosaik)? Wie ist sie in den Besitz Rathers gelangt – das sind Fragen, die kaum noch zu beantworten sind, fahren wir aber trotzdem fort mit der „Iconografia Rateriana".

Probleme zur „Iconografia Rateriana"

Die „Iconografia Rateriana" wirft viele Fragen auf:

- Stammt sie wirklich von Bischof Rather oder aus der Zeit Rathers?
  Zur Zeitstellung äußern sich Antonella Arzone & Ettore Napione[52] in der bereits genannten Veröffentlichung; demnach stehen zur Chronologie der „Iconografia" zur Debatte aus der Zeit:
  - des 6. Jh.s,
  - des Königs Berengars I. (Anf. 10. Jh.),
  - Rathers (nach der Mitte 10 Jh).
- Gab es Vorbilder der „Iconografia", Mosaiken, Fresken?
- Ist die Zeichnung original oder wurde sie später verändert?
- Sind die Verse rundum der Zeichnung original, i. e. sind sie zeitgleich angefertigt worden?

Hierzu hat Ettore Napione zu dem oben genannten Aufsatz folgendes zusammengefasst:

„Die Verse [rundum der „Iconografia"] *könnten tatsächlich eingefügt worden sein, um die Ikonographie zu kommentieren, unabhängig von ihrem Alter und ihrem Ursprung. .... Wenn die Verse, die sich um die Iconographie befinden, nicht sicher dem Bischof* [Rather] *zugeschrieben werden können, erscheint es doch äußerst wahrscheinlich, dass Rather zumindest ihr Veranlasser und ihr Inspirator gewesen war".*

---

[51] Ein Baumeister der griechischen Mythologie.

[52] „*Quello che l'Iconografia rateriana non rappresenta. Qualche riflessione a margine*" (*„Was die raterianische Ikonographie nicht darstellt. Einige Überlegungen am Rande*" [2012], p. 199-203.

- Welche Gebäulichkeiten in der „*Iconografia*" können mit Lokalitäten in Verona identifiziert werden? Einige der abgebildeten Kirchen weisen m. E. auf das späte Frühmittelalter (bis ca. 950 n.Chr.).

Diese sind die wesentlichsten aus einem ganzen Katalog von Fragen.

Auffällig ist, dass die „*Iconografia*" auf dem „*mons*" keine Festung oder Befestigung verzeichnet, sondern nur die Kirche „*S. Pietro*"; das kann sowohl an dem Vorzug des Zeichners der „*Iconografia*" – vielleicht ein Kleriker – liegen, als auch der Tatsache geschuldet sein, dass die Festung auf dem „*mons*" in solch einem desolaten Zustand war, dass sie gar nicht mehr als Festung galt.

Da nun zweifellos die „*Iconografia*" im Besitz Bischof Rathers war, so sei gefragt, welches Interesse Rather an den aufgeführten Denkmälern in der „*Iconografia*" gehabt haben kann? Nun – als Bischof der Stadt Verona wohl jedes. Ich vermute, die „*Iconografia*" war für Rather ein dokumentarisches Zeugnis seiner Wirkungsstätte; wer die „*Iconografia*" letztendlich gemalt hat, in wessen Auftrag, wie sie in die Hände des Bischofs gelangte, das alles lässt kaum noch beantworten, und Antworten danach bleiben daher in der Schwebe.

Der Konkurrent

Es gibt (besser gab) eine zweite Kopie der „*Iconografia Rateriana*". Giovanni Battista (Giambatista) Biancolini (* 1697 ,† 1780), ein Veroneser Amateur, der sich leidenschaftlich für die Geschichte Veronas interessierte und erforschte, erhielt die Vorlage zu dieser Kopie nicht etwa von Maffei (die beiden konnten sich wohl nicht leiden); Biancolini wandte sich wegen einer Kopie 1752, also noch zu Maffeis Lebzeiten, an den Aachener Tuchhändler Bartolomeus Vanleuvevigh, um über ihn vom damaligen Abt von Lobbes, Paolo du Bois (Paul Dubois, 1753-1778.), eine Kopie zu erhalten. Dieser beauftragte einen unbekannten Maler aus Cambrai (in NO-Frankeich), die Kopie anzufertigen (die nun verloren ist). Die von Lobbes erhaltene Kopie der „*Iconografia Rateriana*" wurde von Giovanni Battista Biancolini als Farbholzschnitt in „*Dei vescovi e governatori di Verona*" („*Über die Bischöfe und Gouverneure von Verona*") von 1757, zwei Jahre nach Maffeis Tod, in Verona veröffentlicht.

Biancolini beschreibt die Umstände, wie er zu der Kopie der „*Iconografia*" gekommen ist, Seite 55:

„*DISSERTATIONE SECONDA.*"	„*ZWEITE ABHANDLUNG.*"
„*Avendo noi, da qualche tempo, saputo ritrovarsi in mano del fu Sig. Marcese Maffei Copia di un'antica Icnografia di Verona, curiosità ci prese di vederla, e di averne anche la Copia se possibil ci fosse. Essendo noi poscia stati fatti certi che appresso i R.*	„*Nachdem sich seit einiger Zeit eine Kopie einer alten Ikonografia von Verona in den Händen des* [nun] *verstorbenen Mr. Marcese Maffei befand, waren wir neugierig, sie zu sehen und wenn möglich auch eine Kopie zu haben. Nachdem wir*

R. Monaci Benedettini del celebre Monistero di Lobia vicino alla Città di Cambrai l'Originale di detta Icnografia si conservava in un Codice scritto di mano del Vescovo nostro Raterio, ci entrò in cuore di tentarne da essila bramata Copia: lo che nell'anno 1752. fortunamente ci riuscì per mezzo del Sig. Bartolomeo Vanleuvevigh onorato Mercante di Borcetto d' Aquiagrana nostro intimo corrispondente; il quale, per soddisfare al tale nostro desiderio, tanto si adoperò, che il M. R. Padre D. Paulo du Bois, Priore allora di quel Monistero, a un Dipincore della Città di Cambrai, che per tale affare a quel Monistero apposta si trasferì, permise trarne clarrissima Copia, la quale dal detto nostro amorevolissimo corrispondente ci fu tosto fatta capitare alle mani".

sichergestellt hatten, dass bei den Benediktinermönchen des berühmten Klosters Lobbes in der Nähe der Stadt Cambrai das Original dieser Ikonografia in einem von unserem Bischof Rather verfassten Codex aufbewahrt wurde, war es unser Herzenswunsch, eine Kopie zu erhalten: das war im Jahr 1752. Glücklicherweise ist es durch Herrn Bartolomeo Vanleuvevigh, dem ehrenwerten Tuchhändler [von Brokat] aus Aachen, unserem intimen Korrespondenten, dies gelungen; der, um diesen Wunsch von uns zu erfüllen, so viel getan hat, so dass Herr Pater D. Paulo du Bois, damals Prior des Klosters, zu einem Maler der Stadt Cambrai ging, der für diese Angelegenheit freiwillig in dieses Kloster zog und erlaubte, für uns eine sehr klare Kopie zu zeichnen, die bald von unserem sehr liebevollen Korrespondenten zu unseren Händen kam".

Abb. links: Frontispiz „Dei vescovi e governatori di Verona. Disserzationi due. Di Giambatista Biancolini" („Über Bischöfe und Gouverneure von Verona. Zwei Abhandlungen. Von Giambatista Biancolini", Verona MDCCLII [1757]); rechts: Auszug aus p. 55, Übersetzung auszugsweise folgend.

Ettore Napione[53] äußert sich zum persönlichen Verhältnis von Maffei zu Biancolini (aus dem Italienischen):

„Als der Kaufmann Giovanni Battista Biancolini (1697-1780), ein leidenschaftlicher Liebhaber der veronesischen Geschichte, 1752 eine ‚Kopie‘ der Ikonographie und des ‚Versus de Verona‘ erhalten wollte, wandte er sich nicht an Maffei (und wenn doch, hätte er eine scharfe Abfuhr erhalten)“.

Scipione Maffei verachtet nämlich Giambatista Biancolini als Amateur bzw. Dilettant und ‚Schreiberling‘. In einem Schreiben vom 24. Mai 1751 nannte er Biancolini ohne literarische Bildung, der in Verona nur Lächerlichkeit verbreite.

Giambatista Biancolini (* 1697 in Verona, † 1780 dortselbst), aus einer Kaufmanns-Familie (Tuchhändler) stammend, war ebenfalls beruflich Tuchhändler; seine Ausbildung erhielt er in der örtlichen Jesuitenschule, ansonsten war er Autodidakt und betrieb Archäologie seiner Vaterstadt im Wortsinne. Zahlreiche Veröffentlichungen zur Geschichte Veronas stammen von ihm, obwohl das für Kaufleute seiner Zeit verpönt war, da es das Vorrecht der Adligen war. Eines seiner bedeutendsten Werke war

»*Notizie storiche delle chiese di Verona*«

(»*Nachrichten zur Geschichte der Kirchen von Verona*«)

in neun Bänden zwischen 1749 und 1771. Allerdings war er auch ein Plagiator, der die Arbeiten eines anderen Lokalforschers, Ludovico Perini († 1731), nach dessen Tod in seinem Geschichtswerk über die Kirchen Veronas verwendete; ein anderes bedeutendes Werk war das bereits oben genannte

»*Dei vescovi e governatori di Verona*«

(»*Über Bischöfe und Gouverneure von Verona*«)

von 1757, in derer auch die *„Iconografia Rateriana“* veröffentlichte. Biancolini war, trotz seiner fehlenden wissenschaftlichen Bildung, ein leidenschaftlicher und bedeutender Historiker, auch wenn es ihm wohl nicht an Eitelkeit fehlte. Folgend das Gemälde der *„Iconografia“*, das Biancolini aus Lobbes erhielt, sie befindet sich S. 54 und S. 55 in Biacolinis *„Dei vescovi e dei governatori di Verona“*.

---

[53] *„Breve storia di un’Iconografi a perduta“* in *„La più antica veduta di Verona. L’Iconographia Rateriana. L’archetipo e l ’immagine tramandata“* (2012) (*„Eine kurze Geschichte einer verlorenen Ikonografia. Die älteste Ansicht von Verona. Die Rateriana Iconografia. Der Archetyp und das übertragene Bild“* [2012]) p. 27.

Abb. aus: *„Biancolini"* (s. o.); die Legende am rechten Rand stammt von Biancolini: Tavolo I.
A Chiesa di S. Stefano; **B** Porta Rofio Iana; **C** Porta in capo al Ponte della Pietra; **D** Palazzo della Ragione; **E** Archi del Foro, o della Piazza de Mercato; **F** Mura che circonda vano l'Anfitetro; **G** Recinto I; **H** Recinto II della Città; **I** Loggia dell'Antfiteatro; **K** Cranajo antico; **L** Chiesa Cattedrale; **M** Porta della Braida; **N** Porta III. di S. Zeno; **O** Altra Potra del Ponte della Pietra; **P** Chiesa di S. Vitale; **Q** Chiesa di S. Nazaro; **R** Chiesa del S. Sepolcro; **S** Chiesa di S. Giovanni in Valle; **T** Chiesa di S. Zenone in Oratorio; **V** Residenzi Vescovile; **X** Chiesa di S. Barolomeo in Monte; **Y** Chiesa di S. Fermo Maggiore; **Z** Chiesa di S. Fermo Minore.

Beide Kopien, die Maffeis und die Biancolinis, stimmen im Wesentlichen überein, man findet keine schwerwiegenden Unterschiede; Biancolini hatte seiner Kopie noch eine Legende hinzugefügt (s. o.).

Zusammenfassung

Der ratheriansche Codex (*„Lobbes I"*) ging, wie bereits gesagt, mit der *„Iconografia Rateriana"* in der französischen Revolution verloren. Doch zuvor, im 18. Jh. wurden zwei Duplikate der *„Iconographie Rateriana"* angefertigt. Die eine 1739 auf Wunsch des Veroneser Gelehrten Scipione Maffei, die 1901 von Carlo Cipolla in dessen Abhandlung

„Reale Accademia dei Lincei"
(*„Königliche Akademie der Luchse"*)

mit dem Titel

„L'antichissima iconografi a di Verona secondo una copia inedita"
(*„Die sehr alte Ikonographie in Verona nach einer unveröffentlichten Kopie"*)

79

veröffentlicht wurde, offensichtlich aus dem CXIV-Codex der Kapitelbibliothek zu Verona, die nun doch noch, wenn auch verspätet, bekannt gemacht wurde; die andere Kopie war zuvor, 1757, von Giovanni Battista Biancolini veröffentlicht in

„Dei vescovi e governatori di Verona"
(*„Von den Bischöfen und Gouverneuren von Verona"*),

ein handkolorierter Holzschnitt (Xylographie), versehen mit einer Legende zur Identifizierung der abgebildeten Gebäude.

Aussagen und Bewertungen zur *„Iconografia Rateriana"*

Zunächst eine Aussage aus der italienischen Wikipedia:

„ 'Die raterianische Ikonographie oder Civitas Veronensis Depicta' ist die älteste bekannte Darstellung der Stadt Verona. Sie stammt aus der ersten Hälfte des 10. Jahrhunderts und wurde von einem Benediktinermönch [i. e. Mabillon] in der Abtei Lobbes (Belgien) in einem mittelalterlichen Codex gefunden, der auch den „pipinianischen Rhythmus" enthielt. Dieser Codex gehörte 'Raterio di Verona', dem Bischof der Stadt zwischen 932 und 968. Da der Codex verloren ging, haben wir heute eine Kopie von Scipione Maffei, einem veronesischen Gelehrten aus dem 18. Jahrhundert".

Damit ist die *„Iconografia"* ohne wenn und aber ins 10. Jh. gesetzt. Carlo Bertelli scheibt 1999[54] etwas differenzierter (ins Deutsche übertragen):

„Auch Verona wurde ungefähr zum gleichen Zeitpunkt [gemeint ist 1739, sic!] in einem Panegyrikus [Lobgedicht] gefeiert. Für diese Stadt haben wir auch eine Kopie einer Panorama-Darstellung aus dem 18. Jahrhundert, die möglicherweise bis in die Karolingerzeit zurückreicht (die 'Iconografia Rateriana'), die auf der romantischen Annahme beruht, dass sie 968 von Bischof Raterius veranlasst worden war, als er aus seiner Stadt [Verona] verbannt wurde. Sie ist durch eine Kopie von 1739 in MS CXIV (Folios 187v - 188r in der Bibliotheca Capitolare von Verona) bekannt".

Die hier genannte karolingische Zeit reicht, je nach Definition, bis um 900; im norditalischen lombardischen Königreich war Karl III., der Dicke, der letzte ‚echte' Karolinger-König von 879 bis 887, die ihm nachfolgenden Könige waren keine Karolinger, aber Abkömmlinge fränkischen Adels.

Ettore Napione fragt in: *„Kurze Geschichte einer verlorenen Iconografie"* [55]:

„Was könnte dann der Archetyp der raterianischen Iconographen gewesen sein? Die Idee, die vor einigen Jahren von Silvia Lusuardi Siena ins Leben

---

[54] *„Visual Images of the Town in Late Antiquity and the Early Middle Ages",* in *„The Idea and Ideal of the Town Between Late Antiquity and the Early Middle Ages"* (1999), Hgg. Gian Pietro Brogiolo, Bryan Ward Perkins (1999) S. 127 ff, hier S. 143.
[55] *„Breve storia di un'Iconografia perduta",* in *„L'iconografia rateriana. La più antica veduta di Verona ...".* (2011) pp. 25-31, là p. 23.

gerufen wurde (und in diesen Akten mit größeren Argumenten bekräftigt wurde), die in die gotische Zeit zu setzen, findet starke Unterstützung in dem Aufsatz von Giuliana Cavalieri Manasse und Dario Gallina, die das Modell [der Entstehung der Iconografia] *als zwischen dem Zeitalter von Gallienus* [röm. Kaiser, 260 - 268 n.Chr.] *und dem von Theoderich* [d. Gr., 489 – 526 n.Chr.] *entstehend betrachten ".*

Die Argumente der zitierten Verfasser, so Ettore Napione, stützen sich auf archäologische Quellen, deren Hauptargumente sind:

- *„Die Arena wird* [in der Iconografia] *als intakt gezeigt, ohne die Zerstörungen zu Beginn des sechsten Jahrhunderts;*
- *das Kapitol* [auf dem *„ colle "* in der Iconografia] *fehlt, was mit seinem Abriss innerhalb ‚der ersten Jahrzehnte des 6. Jahrhunderts' übereinstimmt.*

Die Datierung erfolge somit zwischen dem Ende des 5. und dem Beginn des 6. Jahrhunderts; die Kirche San Pietro sei möglicherweise ein christianisierter heidnischer [römischer] Tempel. Silvia Lusuardi Siena glaube auch, ursprünglich gehe die *„Iconografia "* auf Theoderich d. Gr. zurück, in Gestalt eines Mosaiks oder eines gemalten Bildes im königlichen Palast zu Verona.

Dazu gibt es auch Gegenstimmen, die auf Unstimmigkeiten bezgl. der theoderischen Stadtmauer verweisen und auf die abgebildeten Gebäude, die nicht in die Zeit Theoderich d. Gr. gehörten. Insbesondere auf die Kirche der Heiligen Siro und Libera [am Theatro Romano]. Die Identifizierung dieser Kirche in der *„Iconografia "*, die zwischen 913 und 926 gegründet wurde, sei in entscheidendes Kriterium für die Datierung der *„Iconografia "* für eine spätere Zeit.

Zur modernen Bewertung der *„Iconografia Rateriana"*

Die Fragen zur *„Iconografia Rateriana "* wurden 2011 in einem Seminar zu Verona erörtert und wie bereits angegeben, mit einer ausgiebigen Veröffentlichung versehen: in *„La più antica veduta di Verona. "* Hieraus sei zitiert Marco Petoletti:

„L'Iconografi a rateriana: le didascalie e i versi celebrativi " (*„Die Iconografia Rateriana: Die Bildunterschriften und die feierlichen Verse")* p. 33 ff (hier ins Deutsche übersetzt):

„Die Ikonographie wird von zehn Bildunterschriften in Prosa begleitet, die topografischen Elemente und einige der abgebildeten Denkmäler werden identifiziert. Nach dem Apograph [Kopie des Originals] *Maffeis von 1739 müssen diese Bildunterschriften in der ms* [Handschrift] *von Lobbes I. in Kleinbuchstaben geschrieben worden sein, mit Ausnahme die dem Theater* [Arena] *gewidmeten in Großbuchstaben (Biancolinis präsentiert die Texte in normalen typografischen Zeichen). Zwei (der Bildunterschriften) sind geographischen Gegenstandes vorbehalten "* [nämlich (1) u. (2); im Folgenden auszugsweise zitiert unter (1–10)].

(1) „*ATHESIS*" [die Etsch], deren Name in beiden Exemplaren des 18. Jahrhunderts falsch gelesen wurde („*Atiesis*" B; „*Ahesis*" V)

(2) „*MONS*", für den Hügel mit Blick auf die Stadt

(3) „*ECCLESIA S(ANCTI) PETRI*" [Kirche S(ankt) Peter]. Nur eines der christlichen Gebäude wird schriftlich bezeichnet, die anderen Bildunterschriften sind römerzeitlichen Denkmälern gewidmet, beginnend von oben links:

(4) „*GRADUS*" [Treppe, Aufgang]

(5) „*ARENA MINOR*" [kleine Arena]

(6) „*PALATIUM*" [Palast]

(7) „*ORGANUM*" [Waisenhaus], beide Kopien haben die Form ‚Orfanum', die in ‚Oganum' verbessert werden sollte, die Kirche St. Maria in Organo besteht etwa seit Mitte des 7. Jh.s.

Die folgenden Gebäude sind mit Großbuchstaben gekennzeichnet:

(8) „*PONS MARMOREUS*" [marmorne Brücke], in zentraler Stelle des Bildes

(9) „*THEATRUM*" [Theater, Arena]

(10) „*HORREUM*" [Speicher]

Hinweis K. W. zu (7) „*Organum*": König Berengar I.

„*schenkt dem Kloster Sta. Maria ad Organum zu Verona die* königlichen *Einkünfte zu Gajo, und dasjenige, was bisher in Rusviscello zur Grafschaft Verona gezahlt wurde*"[56].

Seite 205 ff. aus derselben Veröffentlichung:

„*Repertorio delle identificationi degli edifici reppresentati nell'Iconografi Rateriana*"[57].

(„*Repertitorium der Identifikation von Gebäuden, die in der Iconografia Rateriana vertreten sind*")

Abb. oben rechts Nr. 37: In der „*Iconografia*" soll der rechts oben abgebildete Kirchenbau „*San Giovanni in Valle*" sein.

Die Identifizierung der Gebäulichkeiten in der „*Iconografia*" ist nicht bei allen Schriftstellern, die sich mit dieser Frage auseinandersetzen, identisch. Alberto Solinas fragt z. B. wo Theoderich die arianische Kirche in oder bei Verona gebaut hat und vermutet sie in „*San Giovanni in Valle*" außerhalb der Mauern von Verona, in Veronetta an der Via gleichen Namens, in der „*Iconografia*" lokalisiert er sie im Bild rechts oben (siehe die Nr. 37 und die Abb. links oben).

Folgend die Abbildung aus S. 206, Text S. 207 seqq. mit der Nummerierung der identifizierten Gebäude:

---

[56] Johann Friedrich Böhmer: „*Die Urkunden sämmtlicher Karolinger in kurzen Auszügen*" in „*Regesta chronologio-diplomatica Karolorum*" (1833), „*Berngar I.*", S. 126 zum Jahr 915.

[57] Aus „*La più antica veduta di Verona. L'Iconographia Rateriana. L'archetipo e l'immagine tramandata. Atti del Seminario di studi 6 maggio 2011 Museo di Castell-Vecchio*" (Verona 2012).

Abbildung zu „*Repertorio*" S. 206 mit der Nummerierung der Objekte der „*Iconografia Rateriana*". Die Legende zur „*Iconografia Rateriana*" *nach* Carlo Guido Mor., 1964, zunächst separatim die Nrn. A-D:

(A) „*ATHESIS*" [die Etsch], deren Name in beiden Exemplaren des 18. Jahrhunderts falsch gelesen wurde („*Atiesis*" B; „*Ahesis*" V); (B)) „*MONS*", Hügel mit Blick auf die Stadt.
(C) „*ECCLESIA S(ANCTI) PETRI*", Kirche S(ankt) Peter, nur eines der christlichen Gebäude wird schriftlich bezeichnet; (D) „*GRADUS*" (Treppe, Aufgang).

1 Arena, „*THEATRUM*" (Theater); **2**. Santi Apostoli (Sankt Aposteln); **3**. Edificio di incerta attribuzione (unsicheres Gebäude); **4**. San Michele alla Porta; **5**. Edificio di incerta attribuzione (unsicheren Zuschreibung); **6**. Porta San Zenone; **7**. Sant'Eufemia; **8**. Cortealta; **9**. San Matteo con cortine (verdeckt); **10**. Santi Fermo e Rustico (oder Domturm); **11**. Cattedrale di Santa Maria Matricolare; **12**. San Giovanni in Foro; **13**. Horreum di corte Farina (Getreidespeicher); **14**. San Marco alle carceri (am Gefängnis); **15**. Santi Quirico e Giulitta; **16**. Porticato forense (forensischer Bogengang); **17**. Capitolium? (o edifi cio antico con cupole – oder altes Gebäude mit Kuppeln); **18**. Pusterla (Porta la Gallieno – Tor des Gallienus); **19**. Una delle torri delle mura (ein Turm der Stadtmauer); **20**. Santa Maria Antica; **21**. Horreum (Speicher, in der Nähe von San Pietro in Carnario); **22**. Corte regia (Königshof); **23**. San Salvatore in corte regia; **24**. Sant'Andrea; **25**. Edifi cio con finestra campita a croce (Gebäude mit kreuzförmigem Fenster); **26**. Porta Leoni; **27**. Edifi cio in destra d'Adige, limitrofo a Porta Leoni (Gebäude rechts von Etsch, neben der Porta Leoni); **28**. Costruzione dotata di loggiato, in destra (Gebäude mit einer Loggia rechts von Etsch); **29**. forse nei pressi di ponte Navi, vicino alla Corte Regia (vielleicht in der Nähe von Ponte Navi, in der Nähe der Corte Regia); **30**. Pons Mamorus, Ponte Pietra (Steinbrücke), „*PONS MARMOREUS*" [marmorne Brücke], in zentraler Stelle des Bildes; **31**. Edifi cio non riconosciuto, forse alla testa del pons marmoreus (nicht erkanntes Gebäude, vielleicht am Kopf des Pons Marmoreus); **32**. Porta nelle mura in sinistra d'Adige, presso la chiesa di Santo Stefano (Tor links von der Etsch, nahe der Kirche von Santo Stefano); **33**. Santo Stefano; **34**. - **35**. Torri nelle mura che recingevano la collina in sinistra d'Adige (Tore in den Mauern, die den Hügel links von Etsch umgaben); **36**. Porta Organa (Organa-Tor, oder ein altes

Gebäude mit Zinnen); **37.** San Giovanni in Valle; **38.** Organum (Waisenhaus); **39.** Santa Maria in Organo (Kirche bzw. Kloster); **40.** San Tommaso al ponte Pignolo (an der Pignolo-Brücke); **41.** Palatium: Palazzo di re Teodorico (Palast des Theoderich, an der Via Redentore?, ca. 350 m. nördlich von 39.); **42.** San Faustino (oder ein Gebäude des Palastes); **43.** Santi Siro e Libera (oder Sant'Angelo in Monte); **44.** Teatro Romano an der Via Regaste Redentore, *„ARENA MINOR"* (kleine Arena); **45.** San Bartolomeo in Monte; **46.** Gradinata per la chiesa di San Pietro (Aufstieg (Stiege) zur Kirche San Pietro, vielleicht teilweise entsprechend der heutigen Treppe nach Castel San Pietro); **47.** »Ecclesia S. Petri«, San Pietro in Castello (im Bereich des Kastells San Pietro, Nachweis: Grabsteine der Bischöfe Valente (522-531) und Verecondo (531-533) aus dem 6. Jahrhundert); **48.** Sopraelevazione delle mura (aufgesetzte Mauern von Gallienus oder Theoderich?); **49.** Addizione gallileiana alle mura urbane (Ergänzung der Stadtmauern unter Kaiser Gallienus, ca. 260-268 n.Chr.); **50. - 51.** Mura urbane (Stadtmauer).

Das Palatium

Das *„Palativm"* und halblinks darunter die vermutete *„corte regia"* (Pfeil, Nr. 22) auf der rechten Seite der Etsch. A. Solinas vermutet sie in Veronetta.

Die ‚große' Frage aber ist die nach dem bereits öfters genannten *„Palatium"*, dem Palast Theoderichs d. Gr. In der *„Iconografia"* ist das zweitürmige Gebäude rechts neben der *„Pons Marmoreus"* mit *„Palativm"* abgegeben. Biancolini gibt mit C, neben dem *„Palativm"*, an: *„porta in capo al Ponte delle Pietra"* (*„Tor am Kopf der steinernen Brücke"*), C in obiger Abb. Nr. 32:

„Porta nelle mura in sinistra d'Adige, presso la chiesa di Santo Stefano"

(*„Tor links von der Etsch, nahe der Kirche von Santo Stefano"*).

Dieses Tor scheint dasjenige zu sein, von dem gesagt ist, dass ein überdachter Bogengang (*„Xystus"*) von dem Tor zum Palast des Theoderich d. Gr. hinführte. Das Palatium könnte also die spätere *„Corte del Duc"* gewesen sein, allerdings mit einiger Unsicherheit. Zum Palatium und anderen Gebäulichkeiten gibt es eine interessante Ausführung von Silvia Lusuardi Siena in derselben oben angegebenen Veröffentlichung[58]:

„Le legende identificano (non a caso) solo alcuni poli topografici cittadini"

---

[58] *„L'origine dell'archetipo e il problema del palatium: una cronologia di VI secolo?"*, p. 62 (*„Der Ursprung des Archetyps und das Problem des Palatiums: eine Chronologie des 6. Jahrhunderts?"* S. 62.)

(*„Die Legende* [der Iconografia Rateriana] *identifiziert (nicht überraschend) nur einige topografische Punkte der Stadt"*)

und führt aus (ins Deutsche übertragen):

„»Theatrum«, »Athesis«, »ecclesia Sancti Petri«, »Gradus«, »Pons marmoreus«, »Arena minor«, »Palatium«, »Orfanum« (»Organum«), »Horreum«. Die Auswahl der identifizierbaren Gebäude – alle innerhalb der Mauern mit Ausnahme des »Orfanum« / »Organum« – zeigt den Wunsch, die klassische und spätantike Stadt in einigen ihrer charakteristischen Elemente darzustellen, wobei spezifische Hinweise jedoch auf das Zeitalter von Theoderich weisen".

Abb.: Eine Illustration von Verona in der *„Schedelschen Weltchronik"*, 1493, Folium LXVIII (68), einen möglichen Palast sucht man hier vergebens.

Von Interesse sind hier besonders der *„mons"* und das *„palatium"*. Auf dem *„mons"* stand demnach – wie bereits angeführt – einst ein heidnischer Tempel, der evenuell bereits in der Zeit des Theoderich durch eine christliche Kirche, San Pietro, ersetzt worden war; die Verfasserin hebt besonders den *„gradus"* hervor, der angeblich schon beim Anonymus Valesianus genannt sei, der von der *„porta"* bis zum *„palatium"* führte (Anm. KW: dazu gibt es auch eine andere Meinung, s.o.). Das Palatium in der *„Iconografia"* will die Verfasserin im römerzeitlichen Tor der *„via Redentore"* an der via Postumia wiedererkennen, ersichtlich durch die beiden Türme des Palatiums (zweifelhaft). Das Stück Straße der *„Rigaste Redentore"* verläuft von der Stelle, wo die Via Redentore auf das linksseitige Ufer der Etsch stößt, bis hin zur Ponte Pietra (steinerne Brücke; ca. 150 Meter), der ehemaligen *„pons marmoreus"* der *„Iconografia"*, nahe des Römischen Theaters (nicht Arena); das Palatium wäre demnach quasi ein Brückenkopf (Anm. KW: dazu gibt es auch andere Meinungen). Die Verfasserin sieht also in der *„Iconografia"* einen Rückgriff auf die römische und theoderische Zeit. Zur Unterstützung ihrer These bringt die Verfasserin das Abbild einer Silbermünze des römischen Kaisers Diocletian (reg. 284-305 n.Chr.); auf der Vorderseite der Münze ist die Büste des Kaisers gezeigt, auf der Rückseite ist angeblich ein Tor mit vier Türmen abgebildet (ob wirklich *„Türme"* ist mir unklar).

Hier die Lage des Palatiums nochmals besonders hervorgehoben.

Abb.: Münze des Kaisers Diocletian (reg. 284-305 n.Chr.) Av: *„DIOCLETI ANVS AVG"* (*„Diocletian Augustus"*); Rev: *„VICTORIAE SARMATICE"* (*„Sarmatische Siege"*), unter dem Tor *„SMN T"* (*„Sacra Moneta Nicomedia"* = Prägeort); darüber ein Tor mit vier Türmen. Prägezeit 295/296 n.Chr.

Da die Münze zu Ehren des Sieges Diocletians über Sarmaten geprägt wurde, ist es mir allerdings unklar, ob auf der Münze ein Stadt- oder ein Siegestor (Prunk-Tor) dargestellt ist, oder beides in einem, oder gar etwas Anderes. Auffällig ist das geöffnete Tor. In Rom, auf dem Forum Romanum, stand der Tempel des Gottes Janus, dessen Türen im Krieg geöffnet, im Frieden geschlossen waren. Dies also könnte bedeuten, dass das ‚Tor' auf der Münze auch einen Tempel darstellen könnte, mit der Bedeutung *„Kriegszustand"*, der auf den Krieg mit Sarmaten weist. Auffällig sind die vier Türmchen auf dem Gebäude. – Diocletian siegte 289 und 292 n.Chr. über Sarmaten; er war bestrebt die altrömische Religion wieder-zubeleben. Zum Vergleich folgende Münzbilder:

Abb. links: (A) Münze aus der Zeit Neros; Abb. mitte: (B1) Münze Constantinus I.; Abb. rechts: (B2) Constantinus II.

Erläuterungen:

(A) Münze aus der Zeit von Kaiser Nero, reg. 54-68 n.Chr.
Janustempel mit geschlossener Tür, Inschrift: PACE P R TERRA MARIQ PARTA IANVM CLVSIT / S-C cfvx. (*„Friede dem Römischen Volk in Landge-biete und auf dem Meer, der Janus* (Tempel) *ist geschlossen“*) / S-C (*„Senatus Consulto“* [*„auf Senatsbeschluss“*]);

(B1) Münzbilder auf einer Münze Constantinus I., reg. 306-337 n.Chr.
Inschrift: PROVIDENTIA AVGG (*„Fürsorge der Augusti“*);

(B2) Constantinus II. (Caesar seit 317, Augustus 337-340):
Inschrift: „VIRTVS CAESaris“ (*„Tapferkeit des Caesars“*).

(B1) und (B2) ähneln Münzen von Diocletian.

Um was es sich bei den Abbildungen der obig gezeigten Münzen handelt, vermag ich nicht zu sagen – doch ich vermute einen Tempel –, und überlasse diese Frage kundigen Numismatikern. Ob die ‚Zinnen‘ auf dem *„Palatium“* der Iconografia den ‚Türmchen‘ auf den Münzbildern entsprechen, vermag ich ebenfalls nicht zu beurteilen, da mir auch die Funktion dieser ‚Türme‘ nicht einsichtig ist.

Falls aber Silvia Lusuardi Siena mit ihrer Vermutung Recht hat, dann ist das *„Pa-latium“* in der *„Iconografia“* ein Relikt aus der spätrömisch-theoderischen Zeit.

Das Kastell

Eine andere ‚große‘ Frage ist die nach dem Kastell auf dem *„colle“*. In der Um-schrift der *„Iconografia“* heißt es:

„De summo montis Castrum prospectat in Urbem“

(*„Von der Höhe des Berges blickt das Castrum zur Stadt“*)

„*Eccles. Sti Petri*" auf dem „*colle*" in dem „*gradus*".

Von einem „*Castrum*", also „*Kastell*" ist aber in der „*Iconografia*" nichts zu sehen. Stattdessen wird dort die „*Eccles. Sti Petri*" („*Kirche St. Peter*") angegeben. Dieser Fakt ist vermutlich dem Zeichner der „*Iconografia*" zuzuschreiben, der die Kirche hoch über der Stadt besonders hervorgehoben haben wollte; auffällig auch die Inschrift „*Gradus*" für den Treppenaufgang hinauf zum „*colle*". Vermutlich hatte der Zeichner eine besondere Bindung zu der Kirche, vielleicht sogar jener Diakon Johannes, der sich Sorgen um den Portikus von Sankt Peter machte, und deswegen bei dem Bischof Rather vorstellig wurde (s. u.).

Zu dem „*Palatium*" gibt es allerdings eine Unstimmigkeit: in den Schriften des Rathers (s. u.) weist er das „*Palatium*" oben hinauf auf den „*colle*", nicht unterhalb des Berges bzw. Hügels, siehe dazu weiter unten.

Die Frage nach der Zeitstellung der „*Iconografia*"

Die Frage nach der Identifizierung der Gebäude in der „*Iconografia*" ist das eine, die Wertung, wann und von wem gezeichnet/veranlasst eine andere. Als Zeitstellung stimme ich damit überein, dass die „*Iconografia*" nach den Jahren 913 angefertigt wurde, da in der „*Iconografia*" die Kirche „*Santi Siro e Libera*" angezeigt, die 913 gestiftet wurde, sie ist in obiger Abb. unter Nr. 43. mit „*Santi Siro e Libera*", angegeben; bei Biancolini jedoch unter S „*Chiesa di S Giovanni in Valle*".

Unter dieser Voraussetzung also könnte die „*Iconografia*" unter Bischof Rather gezeichnet worden sein, dies umso mehr, da er sie in seinem Codex von Verona nach Lobbes brachte.

Ein Gegenargument lautet jedoch, dass die „*Arena*" noch im ungestörten Zustand abgebildet sein soll, was eher auf spätrömische/frühe theoretische Zeit weisen würde. Allerdings bin ich der Ansicht, dass die „*Iconografia*" ein Idealbild der Stadt Verona zeigt, und als solche auch die „*Arena*" ideal gezeichnet sein könnte.

Allerdings besteht dazu noch weiterer Klärungsbedarf. Daher nachfolgend mehr auch aus zeitgeschichtlichen Quellen.

Bischof Rather und Verona

Nach dieser Besprechung der *„Iconografia Rateriana"* soll der Bischof Rather selbst sprechen[59]. Sein Bericht aus seiner Veroneser Zeit ist in den *„Patrologia Latina"* (*„Die lateinischen Schriften der Väter"*) von Jacques-Paul Migne veröffentlicht im 136. Band[60]; verfasst ist der Bericht Rathers etwa um 965/966 unter dem Titel *„Qualitatis coniectura cuiusdam"*, in etwa *„Erklärung dieser Art eines Gewissen"* (i. e. Rathers selbst). Der Hintergrund seiner Schrift ist, dass Rather von seinen Veroneser Feinden bei Kaiser Otto I. angeklagt und beschuldigt worden war. Die Schrift Rathers diente seiner Verteidigung und Rechtfertigung aus seiner Sicht, dabei verzeichnet er z. B. wie er die Einkünfte der Veroneser Kirche zurückgewinnen wollte, um sie zu verwalten, und die Ereignisse der vergangenen Aufstände in Verona gegen ihn. Vergebens versuchte damals während der Unruhen zu Verona der Graf Bucco (*„conte di Verona"*, ca. 964-967), ein ‚Höfling' König Otto I., dass Rather in das Palatium jenseits der Etsch Zuflucht suche; erst als wieder Ruhe eingekehrt war, zog er dorthin, doch das Gebäude war in einem erbärmlichen Zustand; es wieder herzustellen war seine Sorge. Auch die Frau und Kinder des Grafen zogen dort ein; Graf Bucco verteidigte indes Verona mit seinen Streitkräften von der Arena aus. Zudem bat der Diakon mit Namen Johannes den Bischof Rather um finanzielle Hilfe für den Portikus der Kirche S. Pietro, der dem Zusammenbruch nahe war.

In der oben genannten *„Qualitatis coniectura"*, in der das alles niedergeschrieben ist, werden Denkmäler erwähnt, welche u. a. auch die *„Iconografia"* aufweist: das *„Palatium"*, die *„Arena"* und die *„Kirche S. Pietro"*.

Ich lasse nun Bischof Rather selbst zu Wort kommen; zur Vollständigkeit bringe ich das gesamte Kapitel 14 der *„coniectura"* in Latein und in meiner Übertragung ins Deutsche. Im veröffentlichten Text sind zahlreich und z. T. umfängliche Noten vom Herausgeber eingeschaltet, die ich, ebenfalls der Vollständigkeit wegen, im Anschluss anhänge.

Kapitel 14 der *„coniectura"*	
Text von Rather in Latein	Textübersetzung in Deutsch
„Quid enim, si tales intriora mea pernossent, et cur cujusmodi sint animreni scissent?	*„Was wäre denn, wenn sie* [z. B. die Gegner] *mein Innerstes kennen gelernt, und darum*

[59] Zu Bischof Rather gibt es eine reichhaltige Literatur, ich nenne stellvertretend Adolf Ebert: *„Allgemeine Geschichte der Literatur im Abendlande"*, 3. Band (1887*)*, dort *„8. Buch: Die Literatur im Zeitalter der Ottonen"*, 10. Kapitel *„... Rater"*, S. 373 ff, insbes. S. 381 f.

[60] J.-P. Migne: *„Patrologiæ Latinæ"*, Tomus CXXXVI [136] (1853) *„Saeculum X. Ratherii Veronensis Episcopiopera omnia"*, accedunt Liutprandi Cremonensis. col. 521 seqq.: *„Ratherii opusculum ab eo inscriptum. Qualitatis conjectura cujusdam"*, cap 14 col. 541 seqq.

*Suspectos vero eosdem de istius montis ne linquam (896) concensu, diutinoque in eo moratu, unde scilicet modo amplius cruciari verisono eos percepi relatu, adsint rogo, et dico. Hujuscemodi in me dux (897) inclyta comperiens mores, indeque mihi inimicos perplures, destitutumque amicorum præsidio (898), utpote advenam, omnium: verita ne pejus etiam mihi quam contigit, eveniret, commendavit me tuitioni comitis non ignoti (899). Quid magis? Neminem accuso, neminem excuso; vitupero neminem, etiam laudo non aliquem: captus sum (900), abductus, reductus. Dixit comes iam tactus, mea mihi id improvidentia contigisse: siquidem illum præsidium (901), quod **Palatium** vocatur, conscendere mandavisse, me noluisse. Monuit ne domui (902) ultra me crederem illi, in qua alia pertuli, sed **curtem altam** (903), quæ munitior esset, utique inhabitarem. Credidi, egi, et ex munita munitissimam feci. Mandavit iterum, si ea relicta **palatium** ascenderem, tutius fore; obtemperavi; vastissimum erat; recuperari (904) illud ocius feci. Peracto mandavit rursum, ut uxorem suam cum infantibus mecum habitare sinerem ibi; ipse in Circum (905), quod **Arena** dicitur, ob custodiam mansitaret, ut et incœpit facere, urbis. visum est perabsurdum, uti et nemo ignor-*

*die Art der Seele verstanden hätten? Dieselben Verdächtigungen aber von desselben Berges lasse ich nicht (896) in Eintracht zurück, auf dem ich seit langem verweile, und woher nämlich auf vielfältige Weise die Qualen kommen, die wahrlich im Ton jener ich im Bericht wahrgenommen habe, zu diesen Stellen frage ich, und spreche ich. Dieser Art an Verhalten von mir zu erfahren, die gerühmte Herzogin (897), wie sie mich der vielen Feinde ausgesetzt, verlassen vom Schutz der Freunde (898), nämlich bei der [meiner] Ankunft, allesamt: nicht Schlimmeres konnte mir zustoßen als das, da es geschah, und mich einem nicht unbekannten Grafen empfahl (899). Was noch mehr? Ich beschuldige niemanden, ich entschuldige niemanden; ich tadle niemanden, und ich lobe auch niemanden. Ich wurde gefangen (900), abgeführt, zurückgebracht. Es sagte der schon angeführte Graf [Bucco], daß mir diese Unvorsichtigkeit zuteilgeworden, insofern, dass ich nicht die [seine] Anordnung habe befolgen wollen, jene Befestigung (901) zu ersteigen, die **Palatium** genannt wird. Er warnte, dass ich nicht jenem Haus (902) länger vertraue, in dem ich anderes erduldet habe, sondern dem **Hohen Hof** (903), welcher besser befestigt sei, den ich bewohnen sollte. Ich hab's vertraut, ich hab's betrieben, aus der Festung habe ich eine äußerst starke Festung gemacht. Wiederum hat er [der Graf] empfohlen, wenn ich jenes verlasse, dass ich das **Palatium** ersteige; ich habe mich daran gehalten; es war äußerst ausgedehnt; schnell habe ich es unternommen, dieses einzunehmen (904). Nachdem das vollendet, empfahl er weiter, dass ich erlaube, dass seine Ehefrau mit den Kindern mit mir dortselbst wohnen; er selbst bliebe im Circus (905), der **Arena** genannt wird, zum Schutz der Stadt, wie er auszuführen begann. Das schien so absurd, wie es von niemandem geleugnet ward, außer*

*abat, nisi stultissimus quivis illorum. Nullius istic iterum vel accuso vel excuso [reprehendet] ingenium [redisse][*]: descendi tamen (906), domumque, formidolosam licet, repetii[**]. Non ausus in ea diu morari, Gardam (907) pergere inchoavi; cosilium sed demutavi reverentia quæ imminebat paschali. Elegi quendam civitatis angulum; petii ipsius [id est comitis] consensum, dedit etiam auxilium. Construxi in eo ædificium: fuit illico concrematum. Quis vero fecerit, est a nullo quæsitum. Restruxi melius: sum, ne facerem, ab eo prohibitus. Est iterum restruendi data licentia, prosperiore scilicet lyra (908), laudes canente post probra. Suspectum me incipiunt reddere talia. Meditatur iterum Gardam confugere timiditas mea; interque meditantum, venit domnus Joannes diaconus, cepit coram me deplangere porti-cum[***] sancti **Petri** (909); quod ruinam utique minaretur sui, nisi subveniretur ocius illi. Promisi auxilium, quod et impendere non distuli. Ascendi, consideravi, humeros ad succurrendum paravi. Prævalescente desiderio juvandi, cons-pexi multa magis inesse ad emendandum necessaria, quæ non confido impleri posse in vita mea. Non habeo fidum cui hoc committam ministrum: siquidem illum, cui unam libram argenti pro trabibus emendis commiseram anno præterito, immaniter mihi*

*von den allerdümmsten von all diesen. Keiner dieser wiederum wird, sei es mit Beschuldigung oder sei es mit Entschuldigung, es tadeln, [dass ich] den Verstand [zurück erhalten zu haben][*]: denn ich bevorzugte, hinabzusteigen (906), das Haus, und die Schrecklichkeiten, haben sich wiederholt[**]. [Denn] Ich wagte es nicht in diesem länger zu verweilen, ich beabsichtigte nach Garda (907) zu ziehen, aber ich habe den Plan geändert aus Respekt vor dem nahen Osterfest. Ich habe einen Winkel der Stadt erwählt; ich bat um Rat desselben [das ist der Graf], und er gewährte auch Hilfe. Dort habe ich ein Gebäude errichtet; sogleich brannte es nieder. Wer es aber getan hat, ist von niemanden erfragt. Ich habe es besser wieder aufgebaut: Damit ich es nicht tue [wiederaufzubauen], ist es von ihm untersagt worden. Wiederum wurde die Erlaubnis gegeben, aufzubauen, glücklich nämlich mit der Lyra (908), Lobgesänge nach dem Schimpf. Das war mir verdächtig und ich begann solches gleichermaßen zurückzugeben. Wiederum kam mir die Furcht, um nach Garda zu flüchten; darüber nachsinnend kam der Herr Diakon Johannes, und begann mir ins Angesicht den Portikus[***] von Sankt **Peter** zu bejammern (909); dass und wie sein Ruin drohe, wenn nicht jenem schnell Hilfe geleistet wird. Ich habe Hilfe versprochen, dies – und ich habe nicht gezögert aufzuwenden [oder „zu unterstützen", wohl die Kosten]. Ich bin hinaufgestiegen, ich habe es angesehen, ich habe um zu helfen die Schultern bereitet. Mit dem beherrschenden Wunsch zu helfen, habe ich erkannt, dass noch viel mehr zum Verbessern darin notwendig sei, so dass ich nicht glaube, es in meinem Leben vollenden zu können. Ich habe keine Zuversicht, wem diese Aufgabe anzuvertrauen: wie etwa jenem, dem ich eine Libra [ein Pfund Silbergeld] im vergangenen Jahr, um Balken zu kaufen, anvertraut hatte,*

inde bausiasse percepi (910). *Facio pro me ipse quod possum: cum habuero factum (911), revertar, si præcipis, inimicissime, qui sollicitaris exinde, domum: tu si libet et quando libet intra in tuum, non prohibeo, furnum".*	*und ich habe wahrgenommen, wie schrecklich er mich damit betrogen hatte (910). Ich selbst mache was mir möglich ist: wenn ich es vollendet haben werde (911), werde ich umkehren, wenn du es so anordnest, zu den Allerfeindlichsten, der du es sodann herausforderst, in das Haus: wenn es dir gefällt und wann es dir gefällt, hinein in deinen Glutofen, ich verweigere es nicht".*

[*] unvollständiger Satz, ich habe sinngemäß die fehlenden Worte eingesetzt und den Satz demgemäß übersetzt.

[**] *„repetii"*: Verbum hier unklar, vielleicht *„repetivit"*: *„es hat sich wiederholt"* (3. Person Singular Perfekt Indikativ Aktiv von *„repetere"*)

[***] *„Porticum"*: Porticus, Säulenhalle, Säulengang.

Es folgen nun die angegebenen Noten in Latein und in deutscher Übertragung.

nota (896), col. 541 zu *„montis"*:

„... Castrum autem vocabatur totum illud spatium, quod trans Athesim mœnibus cingebatur, et in quo adhuc est S. Petris ecclesia; ...".	*„... wird auch Burg genannt, der durch den ganzen Raum, der auf den Bergen über der Etsch, umfasst wurde, und wo dort die Kirche S. Petri ist. ..."*.

nota (897), col. 541 zu *„dux"*:

„Dux, id est Juditha, Henrici II ducis Bajoariorum et Marchionis Veronensis mater".	*„Die Herzogin, das ist Juditha, Mutter Herzog Heinrichs II., des Herzogs von Baiern und Markgraf von Verona".*

Gemeint ist der Sohn der Juditha, Heinrich der Zänker (*951, † 995) aus Ottonischem Haus, er war zu dem berichteten Ereignis – wohl noch minderjähriger – Herzog von Baiern und Markgraf von Verona.

nota (898), col 541 zu Rather

„Similiter imperator Otto I. in diploma anni 967, de Ratheri ait: »Quia ipse egenus et advena et omni carens nisi Dei et nostro auxilio, multa jam est perpessus incommoda«, etc. ".	*„Ähnlich sagt Kaiser Otto I. in einem Diplom [Urkunde] vom Jahre 967 über Rather: »Weil er selbst in Not und ein Fremdling ist, an aller Hilfe bar, außer die Gottes und unserer Hilfe, hat er schon viele Unterdrückungen zu erdulden«, usw. ".*

nota (899), col 541 zu *„comes Bucco"*

„Hic comes Bucco vocabatur, sub qua ea conjuratio contingit, de qua Ratherius in epist, 12 ad Ambrosium num. 3 ait: »Buccunis in præsentia conjurationem super eum meque fecerunt«: eam scilicet, quam in sequentibus indicat. Num	*„Dieser Graf wurde Bucco genannt, unter welchem jene Verschwörung sich ereignete, über die Rather im Brief 12 an [den Kanzler für Italien] Ambrosius Nummer 3 sagt: »in Gegenwart des Bucco haben sie die Verschwörung gegen ihn und mich gemacht«, nämlich jenen, den er im Folgenden bekannt macht. Dieser mag derselbe*

hic idem ille sit Bucco, qui comitatum imperatori secutus inter mortuos in Calabria infelici prælio sub Ottone II anno 983 recensetur in Chronica regia S. Pantaleonis apud Eccardum tom. I. Scriptorum medii ævi pag. 896, ignotum est".	*jener Bucco sein, der als Begleiter dem Kaiser folgte und unter den Toten in Kalabrien in der unglücklichen Schlacht unter Otto II. im Jahre 983 aufgeführt wird in der königlichen Chronik von S. Pantaleon bei Eccard Band I der Schriften des Mittelalters, S. 896, was unbekannt ist [ob er es ist]".*

„Bucco": Burkhard, von Otto I. eingesetzter Graf in Verona von 964 bis 967; das Verhältnis von Rather und Bucco war gespannt; Ambrosius war der Kanzler Otto I. in Italien. Die Schlacht gegen Sarazenen und Byzanz, die Otto II. unter großen Verlusten am Kap Colonna an der Mittelmeerküste in Kalabrien/Süditalien verlor, fand am 15. Juli 982 statt.

nota (900), col 541 zur Gefangenschaft Rathers

„Huius facti auctor, quem hic non nominat, scit Milo Ratheri antagonista, uti tradit in epist. 8 ad eumdem paulo post initium: »Utique« inquit »me comprehendisti, abduxisti, spoliasti, exsulasti«. Confer etiam »Itinerarium« num 4".	*Der Verfasser von diesem führt an, den er hier nicht nennt, wie man weiß, war Milo der Gegner des Rather, wie in Brief 8 an demselben wenig später danach, eingangs, überliefert ist: »Wie« sagt er »du mich ergriffen hast, abgeführt, beraubt und verbannt hast«. Vergleiche auch »die Reise« Nummer 4".*

Milo von Verona (ca. 955) unterstützte anfangs Rather, als er aber ein Vasall des lombardischen Markgrafen und späteren lombardischen Königs Berengar II. wurde, stellte er sich gegen die aus Deutschland stammenden Geistliche und Königsbeauftragten, sowie gegen wie Bischöfe, Grafen und Markgrafen.

nota ((901), col. 541 seq. zum „Palatium"

„Præsidium hic pro loco munito accipitur, in quem ut sese Ratherius tute reciperet, comes mandaverat. Vocabatur autem »Palatium«. Hoc »Palatium« trans Athesim situm ostendit ichnographia tabula civitatis Veronæ laudata not. 896. In eadem quidem hoc »palatium« in monte Veronæ proximo. in quo erat S. Petri ecclesia, collocatum haud quaquam dignoscitur. Verum antiquus ejusdem tabulæ delineator minus peritus ejus artis, quæ rerum distantiam et altidudinem delineando ostendit, sicut amphitheatrum, quod ibidem »theatrum« appellatur, extra propriu locum descipsit,	*„Als Praesidium wird hier der befestigte Ort angenommen, in den Rather sich zum Schutze zurückziehen sollte, wie der Graf empfohlen hatte, das aber »Palatium« genannt wird. Dieses »Palatium« über der Etsch gelegen weist die ikonografische Tafel im Lob der Stadt Verona aus, siehe Note 896. In derselben gewiss ist dieses »Palatium« auf dem nahen Berg Veronas, worauf die Kirche St. Peter stand, überhaupt nicht zu erkennen, dass es dort platziert ist. Wahr ist wohl, dass der alte Zeichner der Tafel wenig geschickt war in dieser Kunst, was in Bezug von Abstand und Höhe in der Zeichnung offensichtlich ist, wie er das Amphitheater, das dort »theatrum« [Theater] genannt wird, weil die Figur [als Symbol] desselben eher als*

quia scilicet figuram ipsius potius quam situm exhibere eidem consilium fuit; ita idipsem palatio accidit. Hoc certe in laudato monte fuisse constructum palam fit ex verbis »conscenderem, palatium ascenderem«, et »descendi«, quæ monti conveniunt: unde etiam paulo ante »de istius montis conscensu« scripsit. Idem palatium »vastissumum« traditur. »Ingens palatium« vocat etiam Joannes Veronensis Ecclesiæ mansionarius, qui ineunte sæculo xiv, »historiam imperialem« lucubravit, nunc custoditam inter codices capituli cathedralis, ac de ipsius situ ait: »Hujus palatii adhuc apparent vestigia juxta ecclesiam sancti Syri in loco qui dicitur« Castellus. Sancti Syri ecclesia in laudato monte locata est. Vulgata autem tunc temporis denominatio »castellus« cum voce »præsidium« a Ratherio ursupata maxime congruit".

die Lage darzustellen die Absicht desselben war; auf die gleiche Weise geschieht es dem Palatium. Dies war gewiss zum Lobpreis für den Bau auf dem Berge gemacht, wie sich aus den Worten »ich stieg hinauf, ich bestieg das Palatium« und »ich bin hinabgestiegen« erweist, was den Berg erweist: und sogar wenig zuvor schrieb er »von desselben Berges Besteigung«. Dasselbe palatium wird als »ausgedehnt« überliefert. »Einen riesigen Palast« nennt es auch Johannes von Verona, ein Bewohner der Kirche, die er zu Beginn des 14. Jahrhunderts die nächtens »Geschichte des Reiches« erstellte, jetzt aufbewahrt unter den Kodizes des Kathedral-Kapitels, und von derselben Lage sagt er »Spuren dieses Palatiums sind noch immer sichtbar bei der Kirche des heiligen Syrus, in dem Ort der genannt wird« Kastell. Die Kirche Sankt Syrus wird auf dem gepriesenen Berg lokalisiert. In der Volkssprache aber bis auf den heutigen Tag als »Kastell« benannt, das mit dem von Rather gebrauchten Ausdruck »Praesidium« wohl am meisten übereinstimmt".

Kommentar K. W: Hier zeigt der Bearbeiter der Schriften Rathers die ganze Problematik im Zusammenhang der Iconografia und der dort genannten Örtlichkeit des fehlenden Kastells auf dem Berg, an deren Stelle die Kirche S. Peter genannt ist, das „*Palatium*" aber wörtlich unten an der Etsch genannt wird.

nota (902), col. 542 zu „*Domus*" – „*Haus des Bischofs*"

„*Domus epicopii intelligitur. Antequam nimirum Ratherius caperetur, comes Bucco mandaverat, ut ex domo episcopali, quæ minus tuta erat, palatium ascendertet. Cum autem noluisset eam domum deserere, in eadem captu fuit, et alia multa pertulit, uti ex epist. 12 ad Ambrosium n. 4, aperte colligitur. Cum iatque e carcere fuisset ereptus, ne eidem domui amplius crederet, comes momuit*".

„*Es ist das Haus des Bischofs gemeint. Wo zuvor allerdings Rather gefangengenommen wurde, der Graf Bucco hatte empfohlen, dass er vom Haus des Bischofs, das weniger sicher war, das Palatium zu ersteigen, in demselben war er gefangen genommen worden, und viel anderes hatte er erlitten, wie aus dem veröffentlichten Brief 12 an Ambrosius Nr. 4 zu entnehmen ist. Als er aus der Gefangenschaft errettet worden war, mahnte, der Graf, dass er nicht demselben Haus weiterhin vertraue*".

nota (903), col. 542 zu „Curtis alta"

„»Curtis alta« ædificium erat publicum, atque munitum prope ecclesiam. S. Firmi, quæ nuncquoque »de Curte alta« vocatur. Hujus ædificii antiqui reliquiæ adhuc nonullæ supersunt; et novissime in palatio comitum Miniscalorum quædam loca subterranea ejusdem ædifici detecta, quorum delineationem comes Aloysius faciendam curavit. Hæc autem »Curtis alta« cum »munitior« esset quam domus episcopii, ab ecclesia vero chathedrali non multum distaret, comes Ratherio auctor fuit, ut si a cathedrali non multum vellet abesse, Curtem alteam potius, quam domum episcopalem inhabitaret".	„»Der Hohe Hof« war ein öffentliches und befestigtes Gebäude nahe der Kirche S. Firmus, das auch jetzt noch »vom Hohen Hof« genannt wird. Überreste dieses antiken Gebäudes sind bis jetzt noch einige vorhanden; und jüngst wurden im Palast der Grafen von Missal gewisse unterirdische Orte desselben Gebäudes entdeckt, deren Aufzeichnung zu machen Graf Aloysius besorgt hat. Dieser »Hohe Hof« aber, da er »befestigter« gewesen sei als das Haus des Bischofs, kann nicht weit ab entfernt gewesen sein von der Kirche, nämlich der Kathedrale, die der Graf als Urheber dem Rather anwies, so als wenn er nicht weitab von der Kathedrale entfernt sein wollte, und er eher den Hohen Hof als das bischöfliche Haus bewohnte".

„Miniscalchi": in Verona ansässiges Kaufmanns- u. Grafengeschlecht („Conte di Miniscalchi").

nota (904), col. 542 zu „Palatium"

„»Recuperare« pro »restaurare« sumitur. Vide exempla apud Cangium[*]".	„»Wiedererlangen« statt »wiederherstellen« wurde verwendet. Siehe das Beispiel bei Cangius[*]".

[*] Gemeint ist: Domino du Cange (Charles du Fresne, * 1610, † 1688): „Glossarium mediæ et infimæ latinitatis" (1678).

nota (905), col. 542 seq. zu „Arena"

„»Arena«, quo monine vel nunc amphitheatrum vocamus, »circus« apellabatur, propterea quod tanquam circus orbicularis sit. longioris tamen aliquanto figuræ. id est elipticæ, sicuti nostrum theatrum medium orbem conficiens, »medius circus« nominatur in docu-mento Berengarii I anni 895, quod Panvinius edidit. Mox in vulgatis legebatur. »ut et incœpis faere urbem, visum est«, nullo sensu. Emendationem, quam exigente sensu induximus, nemo improbabit. Amphitheatrum autem in ichnographia tabula autea [sic! recte	„»Arena«, das wir jetzt mit dem Namen Amphitheater rufen, wurde »Circus« genannt, deswegen weil es gleichwie ein Kreis kreisförmig sei, aber mit längerer Gestalt, das ist elliptisch, so wie unser Theater in der Mitte der Stadt angelegt ist, »Circus in der Mitte« wird es im Jahre 895 in einem Dokument Berengars I. genannt, das von Panvinius herausgegeben ist. Bald darauf wurde in Vulgärschriften gelesen »da man begann, eine Stadt zu errichten, wie zu sehen ist«, das macht keinen Sinn. Die Verbesserung, die ich mit besserem Sinn eingeführt habe, wurde von niemanden getadelt. Das Amphitheater aber in

95

„antea"] laudata, in qua »the-atrum« vocatur, muris cir-cumcinetum exhibetur. Ita enim medio ævio ædificia hujusmodi in munitionum usum converti sole-bant, nt [sic! recte „ut"] ex amphi-theatris Capuano atquo Nemau-sensi liquet. Vide Cangium verbo »Arenæ«. Hinc comes Bucco »ob custodiam urbis«, quæ magnis tur-bis exagitabatur, in Arenæ muni-tione manebat; cum præsertim turbæ non solum contra Raterium, verum etiam contra ipsum Bu-conem comitem, qui Ratherio fave-bat, excitatæ fuissent, uti dicimus ex epist. 12 ad Ambrosium num. 3 cujus testimonium dedemus paulo ante not. 899".

der zuvor gerühmten iconografischen Ta-fel, in der es »Theater« genannt, wird dar-gestellt mit rundum gegürtelten Mauern. Also im Mittelalter pflegte man nämlich derartige Gebäude zur Nutzung von Befes-tigungen umzuwandeln, wie bei den Am-phitheatern von Capua und Nims deutlich wird, siehe bei Cangius unter dem Wort »Arene«. Hier erlitt [erlebte] Graf Bucco »wegen der Verteidigung der Stadt« jene großen Aufrührereien, er blieb [aber] in der Befestigung der Arena, zumal als die Aufrührereien nicht alleine gegen Rather, sondern wahrlich selbst gegen den Graf Bucco, der dem Rather gewogen war, an-gefacht wurden, wie wir zitiert haben aus dem Brief 12 an [Kanzler] Ambrosius, Nr. 3, dessen Zeugnis wir gegeben ha-ben wie zuvor in der Note 899".

Onofrio Panvinio, latinisiert Onuphrius Panvinius (*1530 in Verona, † 1568) war Theologe, Kirchenhistoriker und Altertumsforscher („*Antiquar"*).

nota (906), col. 543 Rather steigt wieder von Berg herab.

„Ne Ratherius cum uxore et in-fantibus comitis in palatio habi-taret, quod ejusmodi cohabitatio perabsurda videtur, »descendit« de palatio, quod in monte situm vidimus, et »domum« episcopa-lem, »licet formidolosam, repe-tiit«. Formidolosam autem appel-lat, quia in ea antea captus fue-rat, ac ibidem degens multis fue-rat periculis obnoxius".

„Damit Rather nicht mit der Ehefrau und den Kindern des Grafen im Palast [Pala-tium] wohnten sollten, da diese Art des Zu-sammenwohnens absurd erscheint, »stieg er« vom Palast hinunter, der auf dem Berg gelegen, wie wir gesehen haben, und dem bischöflichen Haus »gefiel es, die Schreck-lichkeiten zu wiederholen«. Schrecklichkei-ten aber nennt er es, weil er in diesem zuvor gefangen gehalten war, und als er sich dort aufhielt, war er vielen Gefahren ausge-setzt".

nota (907), col. 543 zu „Garda"

„Garda erat munitissimum cast-rum diœcesis Veronensis, eoque petere volebat Ratherius, ut tutiori in loco esset".

„Garda war eine äußerst befestigte Burg der Diözese Verona, und dorthin wollte Rather eilen, um in dem Ort in Sicherheit zu sein".

Garda am gleichnamigen Ort war eine Höhenburg („*Rocca di Garda"*) am Ostufer des Gardasees, ca. 20 km nordwestlich von Verona, die Rather im Auftrag Otto I. eroberte bzw. erobern ließ.

nota (908), col. 543 zum Hausbau Rathers

„Hunc locum explicant illa epistolæ 11 ad Nannonem comitem, qui Buccon successerat; ubi huc respiciens auctor scribit num 3: »Tolerabilis nam fuerat vestrum sic ferre dominium, ut, quem timerem, eumdem diligerem ipsum, ut facere inchoaveram illum«, id est bucconem. »de quo mihi congruere illud feci Nasonicum«.

Probra Therapneæ qui dixerant
maritæ,
Mox cæpit laudes prosperiore
lyra.
Prius scilicet Bucco ratherio infensus, postea eidem, quem dux inclyta comitis tuitioni commendavert, favere cæpit unde subdit: »Postquam enim de illo dixeram: Qui liberavit Israelem de manu Pharaouis, liberet Rather-ium de manu Bucconis; dum ille abiturus meliori cæpisset, cæpi et ego ei taliter aggarrire«, relatis scilicet Ovidii versibus".

„Diese Stelle erklären jene 11 Briefe an Graf Nanno, der Bucco nachgefolgt war; wo er Verfasser zurückschauend schreibt in Nummer 3: »denn erträglicher war es eure Herrschaft solcherweise zu ertragen, als den, den ich fürchtete, und denselben ich selbst liebte, wie ich jenes begonnen hatte zu tun«, das [gemeint] ist Bucco. »von dem mir jener Nasonische [Ovidische Verse] zu machen einfiel«.

Schimpf den Therapeuten, die es der
Gattin gesagt haben,
Bald darauf er begann ersprießlich auf
der Lyra zu loben.
Zuerst nämlich war Bucco wütend auf Rather, nachdem er demselben, welchen die gerühmte Herzogin dem Graf zum Schutz anvertraut hatte, günstiger gewogen war, setzte er darunter hinzu: »Nachdem nämlich ich darüber gesprochen hatte: »Derjenige, der Israel aus der Hand der Pharaonen befreit hatte, wird den Rather aus der Hand des Bucco befreien; während jener abtrat [davon absah], hat es begonnen besser zu werden, und es begann, ihm derart entgegenzutreten«, nämlich entsprechend den Versen des Ovid".

nota 909, col. 543 zur „ecclesie sancti Petri"

„Ecclesiæ scilicet sancti Petri in monte, ac propterea dein addit: »Ascensdi«. Ad episcopum nimirum pertinebat restauratio ecclesiarum. Confer not. 892. Porticus ejusdem ecclesiæ, qui nunc superest, ille esse creditur, quem Ratherius refecit. Mox cum novissimo Spicilegii editore correximus, »Promisi, non distuli«, cum antea legeretur, »promisit, non distulit«; sicut et infra »emendis« pro »emendandis« cum eodem recepimus".

„Die Kirche nämlich Sankt Peter auf dem Berg, und deswegen setzt er danach hinzu »Ich bin hinaufgestiegen«. Die Erneuerung der Kirchen oblag gewiss dem Bischof, Vergleiche die Note 892. Der Portikus derselben Kirche [St. Peter], der noch jetzt besteht, von dem geglaubt wird, dass er jener sei, den Rather erneuerte. Doch gerade haben wir es mit der neuesten Ausgabe von Spicelegium berichtigt, »er hat versprochen, nicht er hat aufgeschoben«; so und unten »um zu kaufen« statt »um wieder gutzumachen«, daher haben wir mit demselben es zurückgenommen".

Anm. KW zu „spicilegii": Spicilegium, gemeint ist wohl „Spicilegium romanum" („Römische Nachlese"), eine zu Rom von Kardinal Angelo Mai (* 1782, † 1854, Kardinal seit 1838) herausgegebene Schriftenreihe (10 Bände, 1839-1844).

nota (910), col. 544 zum ‚Holzbetrug'	
„»Bausiasse«, id est decepisse. Vide not 65 in primam partem »De contemptu canonum«".	„»Bausiasse«, das bedeutet täuschen [betrügen]. Siehe die Note 65 im ersten Teil »Über die Verachtung der Kanoniker«".

nota (911), col. 544 zum bischöflichen Haus	
„Id est, cum restaurationem memoratæ S. Petri ecclesiæ perfecero, »revertar domum« episcolarem, ad quam ut rediret, inimicissimus cavillator[*] incitabat. Eamdem vero episcopalem domum nondum adierat anno 968, cum ad Ambrosium scripsit. Mox verba, »intra in tuum furnum«, explicare posse videntur illo rustico proverbio, quod ab ipso auctore profertur in »Discordia« num 1 in fine: »Qui fuit in furno, pares suos inibi quærit«".	„Das heißt, wenn er die Reparatur der erwähnten Kirchen vollendet haben wird, »werde ich ins Haus zurückkehren« das bischöfliche, zu dem er also zurückkehren sollte, wozu der feindseligste Spötter[*] aufforderte. Dasselbe bischöfliche Haus hatte er aber bis zum Jahr 968 nicht betreten, wie er am Ambrosius schrieb. Bald danach die Worte »hinein in deinen Glutofen«, sie scheinen es erklären zu können mit jenem ländlichen Sprichwort, das vom selben Verfasser vorgebracht in »Discordia« [Zwietracht] Nummer 1 am Ende: »Wer im Glutofen war, der sucht dort drinnen Seinesgleichen«".
[*] unklar, was genau der Kommentator meint, „cavillator" bedeutet „Spötter", „Verhöhner", kann aber auch „Scheinheiliger" bedeuten, ist i. A. aber ungebräuchlich; „cavillatum dicare": „spöttisch" – „spitzfindig" – „gehässig" – „reden".	

Soweit das Kapitel 14 aus der „coniectura".

Über die Lage des „Präsidiums" (Befestigung), das Bischof Rather „Palatium" nennt, geben die von ihm gesetzten Sentenzen ausgiebig Auskunft:

- „præsidium, quod **Palatium** vocatur, conscendere":
  („Das Präsidium, das Palatium genannt wird, zu ersteigen")
- „palatium ascenderem"
  („ich erstieg das Palatium")
- „descendi"
  (von oben „hinabgestiegen")

Dieses „Palatium" ist oben auf dem „colle" oder „mons", und ist nichts anderes als das „castrum" oder „castellum", wo auch die Kirche St. Peter steht, zu welchen Bischof Rather über den „gradus" hinauf- und hinabstieg.

Anmerkung: Der im Text oben angeführte schlechte Zustand des „Palatiums" war wohl der Grund, dass König Berengar I. um 900 dieses Gebäude nicht bewohnte (s.o.); Bischof Rather versuchte es wieder zu restaurieren, wohl ohne nennenswerten Erfolg; und auch die Kirche St. Peter war in einem ruinösen Zustand.

Das „Palatium", unten nahe der Etsch in der „Iconografia", ist wohl der ehemalige Palast des Ostgoten-Königs Theoderichs d. Gr., der zum „corte del duca", zum Herzogspalast wurde.

Der „curtis alta“ – „Hohe Hof“ – befand nach Aussage der „Partologia“ bei oder nahe „ecclesiam. S. Firmi“.

Bianancolini gibt in der Legende seiner „Iconographia“ an

a)„Y Chiesa di S. Fermo Maggiore“
b)„Z Chiesa de S. Fermo Minore“

Zu a) „San Fermo Maggiore“ („Santi Fermo e Rustico“) liegt an der Via Dogana, nahe dem rechten Ufer der Etsch, an der Ponte Navi, fast 100 Meter südlich der Steinernen Brücke, („pons marmoreus“), in der „Iconographia“ ist sie am rechten unten Rand der Stadt zu suchen. In der obigen Auflistung heißt es unter Nr. 10, siehe die Abb.: „Santi Fermo e Rustico (o torre della cattedrale)“ („Sankt Firmus und Rusticus [oder der Domturm]“), die „cattedrale“ befindet sich in Verona unweit der „Ponte Pietra“.

Abb: links aus Biancolini „L. Chiesa catthedrale“ (Domkirche, mit dem Turm); dies scheint mir aber Biancolini nicht zu meinen, rechts Nr. 10: der Domturm.

Zu b) „S. Fermo Minore“, die Lage ist mir unklar; eine „Chiesa di San Fermo Minore di Brà“ gibt es ca. 300 Meter südlich der „Chiesa di San Fermo Maggiore“ nahe der Etsch, ob Biancolini diese Kirche meinte, ist mir unklar, auch ob die Vorgänger dieser Kirche bereits im Hohen Mittelalter bestand; dies können wohl die Veroneser Stadthistoriker besser bewerten als ich.

Zusammenfassung

Diese vorliegende Untersuchung bzw. Darstellung der ältesten Abbildungen von Verona – Siegel und „Iconografia Raterina“ – ist auch in Bezug zu Theoderich dem Großen dargestellt. Dieser wird fälschlich mit der – unten folgenden – Thidrekssaga in Verbindung gebracht. Dies gilt es zu verstehen und in einem zweiten Schritt zu bewerten.

Die Geschichte Theoderichs d. Gr. und der Ostgoten in Italien und Verona, so kurz sie auch gewesen sein mag – kein Vergleich zur römischen Geschichte –, hat dennoch dauerhafte Spuren, sichtbare und unsichtbare hinterlassen – und Fragen zum: „Palatium“, zum „Colle San Pietro“, zum „sigillo della Città“ („Stadtsiegel“), zur Stadtbefestigung, zur ramponierten Arena, und natürlich zu Sagen und Legenden.

Was wissen wir nun? Verona war neben der gotischen Hauptstadt Ravenna, weiterhin der „Königsstadt“ Ticinum/Pavia, und Rom als Sitz des römischen Senats, die bedeutendste Stadt des kurzzeitigen ostgotischen Reiches, verursacht durch ihre geostrategische und örtliche Lage, als Eingangstor zum nördlichen Voralpenland – Rätien – das zum ostgotischen Reich gehörte, als Teil der von Theoderich beherrschten ‚italischen Präfektur‘[61].

Theoderich und seine Goten waren in Italien landfremde Eroberer und wurden als solche wahrgenommen und wohl auch gehasst. Theoderich war auf Ausgleich der verschiedenen Volkgruppen bedacht, auf Rechtssicherheit und auf Wohlstand des Landes, und auf seine Restauration der Schäden, die es im Laufe der letzten Jahrhunderte der Völkerwanderung erlitten hatte. Aber, Theoderich und seine Goten, waren Arianer, und wurden von der katholischen Papst-Kirche und den katholischen Romanen als verdammenswerte Ketzer verurteilt.

Das Ende der Herrschaft Theoderichs wird überschattet von den Affären um den (katholischen) Papst Johannes und dem ehemaligen römischen Konsul Boethius, Theoderichs *„ Magister officiorum "* (i. e. höchstes Reichsamt). Johannes war 525 von Theoderich zu Verhandlungen mit dem oströmischen Kaiser Justinian I. nach Konstantinopel gesandt worden, nach seiner Rückkehr wurde ihm Verschwörung (Hochverrat) gegen den König vorgeworfen, der Papst wurde ins Gefängnis geworfen und starb dort alsbald; dem Boethius wurde das gleiche vorgeworfen, 523 in Verona verhaftet und 524/525 hingerichtet. Dies, und der verlustreiche Gotenkrieg mit seinen Verwüstungen, lassen Theoderich und seine Goten in den historischen und legendarischen Überlieferungen seiner Zeit nicht gut aussehen. Theoderich wurde schließlich als *„törichter König "* verspottet, der in der Hölle für seine Sünden gebraten wird.

„finis regni Gotorum! "

Und so auch das Ende des *„ Gewaltrittes "* durch Veronas Geschichte und deren Erforschung – doch können wir Theoderich d. Gr. noch immer nicht in Frieden ruhen lassen.

---

[61] Italien mit Sizilien, Rätien, Noricum, Pannonien und Dalmatien.

Theoderich der Große und Verona

Wie schon gesagt war Verona für Theoderich d. Gr. und die Ostgoten eine wichtige Stadt, da gut befestigt mit einem Kastell auf dem nahen Berg jenseits der Etsch, doch wurde Verona in der Bedeutung von schon bald von Mailand und Padua überflügelt. Eine Hauptstadt Theoderichs d. G., wie einige gern glauben mögen, die Dietrich von Bern als Theoderich den Großen ansehen, war Verona nie. Aber es war quasi das Einfallstor einerseits von Norden her nach Italien, anderseits eine Verbindung in den Norden, in die mittleren Alpengebiete und nach Rätien am Nordrand der Alpen.

Theoderich beherrschte quasi als Statthalter des Römischen Kaisers in Konstantinopel (Byzanz) die Italische Präfektur, ohne Afrika und die Inseln im westlichen Mittelmeer. Inwieweit die Herrschaft Theoderichs jenseits der Alpen faktisch, nicht nur nominell, bis an die Donau reichte, also Rätien und Noricum umfasste, ist eine offene Frage. Vermutlich hatte Theoderich dort Volksstämme aus dem südosteuropäischen Raum angesiedelt, darunter jene – aber nicht nur diese – die ab 550 als Bajuwaren fassbar werden, aber das ist ein anderes Thema.

Theoderich der Große war ein Freund, Gönner und Förderer der Stadt Verona – und diese hat dem großen Gotenkönig ein Denkmal ‚besonderer' Art gesetzt.

Abb. links: Theoderich d. Gr., Medaillon, Fundort: Senegallia Morro d'Alba an der italienischen Adria; Av: Umschrift *„REX THEODERICVS PIVS PRINC*(eps) *I*(nvictus) *s*(emper)" (*„König Theoderich frommer Fürst unbesiegt für immer"*), Brustbild, mit der Hand Victoria mit Siegeskranz und -palme haltend, ganz in spätrömischem Stil gehalten.

Theoderich wurde mit Dietrich von Bern gleichgesetzt, ein alter Irrtum, wie ich dafürhalte, und zwar schon seit dem frühen Mittelalter, wie z. B. in den *„Quedlinburger Annalen"* aus der Zeit um 1000 n.Chr. bereits vollzogen[62]. Aber nicht nur nördlich der Alpen fand diese mittelalterliche gelehrte Gleichsetzung statt, sondern auch südlich der Alpen findet man Einflüsse dieser Gleichsetzung, die wiederum in den Norden ausstrahlten. Und wohl nicht durch Zufall erscheint gerade in Verona der sagenhafte Dietrich von Bern als Theoderich der Große, beide verschmolzen zu einer Person.

Dies hat sich besonders in Verona niedergeschlagen. Dort gibt es die Chiesa San Zeno Maggiore an der Piazza gleichen Namens, benannt nach dem achten Bischof von Verona. Die romanische Kirche gehörte zur Abtei San Zeno, die Ursprünge

---

[62] Nachzulesen in *„Dietrich von Bern war nicht Theoderich der Große!"*, erstmals in DER BERNER Heft 58, 14. Jg. (Nov. 2014) S. 34-41 sowie mit Nachträgen in diesem Band.

der Kirche selbst liegen im 9. Jh., in den Jahren um 1130 wurde sie umgebaut, später noch erweitert.

Abb. St. Zeno, Verona: links, moderne Fotografie; rechts kolorierte Stahlätzung, 1850.

Portal von St. Zeno in Verona, die Theoderich-Tafeln unterste Reihe rechts und links.

Auf der Vorderseite der Kirche wird die Fassade von einer mächtigen Rosette beherrscht, darunter befindet sich das Hauptportal, und rechts und links von der Eingangstür befinden sich die berühmten 16 Marmortafeln; die untersten vier (2 je rechts und links), bekannt unter dem Namen *„Theoderich-Tafeln"*, sind für die vorliegende Untersuchung relevant und von besonderem Interesse[63].

Abb.: Szenen am Portal links von St. Zeno in Verona. Deutung Abb. links: Duell zwischen Theoderich und Odoaker; rechts: Theoderich tötet Odoaker; Deutungen sind umstritten.

A: Szenen am Portal rechts von St. Zeno in Verona; Deutung: der *„rex stultus"* ist Theoderich d. Gr./„Dietrich von Bern" auf der Jagd nach dem Hirsch, die in die Hölle führt, ganz rechts der Teufel am Eingang zur Hölle. Auch diese Deutung ist umstritten.

Zur obigen Abbildung auf den Theoderich-Tafeln:

Die Jagdszene (Tafeln rechts unten am Portal): der *„rex stultus"* („törichter König") jagt zu Pferd mit seinen Hunden hinter dem Hirsch her, ganz rechts wartet der Teufel. Auf diesen Tafeln ist inschriftlich eine Erklärung eingemeißelt; auf der linken Tafel:

> *„O regem stultum! Petit infernale tributum / moxque paratur equus quem misit demon iniquus / exit aquam nudus, petit infera non rediturus"*
>
> („Oh törichter König, er jagt hinter dem höllischen Gewinn her.
>
> *Und bald steht das Ross bereit, den der böse Dämon [Teufel] gesandt hat. Nackt steigt er aus dem Wasser, rast in die Hölle, ohne Wiederkehr.)*

---

[63] Dieses Thema, einschließlich Andlau (s. u.), habe ich behandelt in *„Kunstgeschichtliche Aspekte zur Thidekssaga"*, in DER BERNER Heft 58 (2014) S. 17 ff, und in *„Kunstgeschichte und Thidrekssaga – Eine Auswahl"*. Vortrag bei der Herbsttagung des Dietrich-von-Bern-Forums in Heimbach, Herbst 2014.

die zweite Inschrift auf der rechten Tafel:

„Nisus, equus, cervus, canis huic datur: Hos dat avernus".
(„Der Falke, das Pferd, der Hirsch sind ihm beigegeben; diese gab der Avernus".)

Anmerkung: *„Avernus"*, als Vulkankrater bei Cuma nahe Neapel als Höllenschlund gedacht.
Zu Wien in Österreich, so die Überlieferung, gab es 1239 ein *„domus Diterici ex inferno"* (*„Haus
des Dietrich aus der Hölle"*), so genannt nach dem Gemälde an diesem Haus.

Die Theoderich-Tafeln am Portal von St. Zeno werden ins 12. Jh. (um 1137) datiert. Eine vergleichbare Abbildung (Flachrelief) findet sich am Fries[64] der Kirche
von Andlau im Elsass. Die Äbtissin Hadewig ließ 1130 den Fries der Klosterkirche St. Richardis (heute St. Peter und Paul) in Andlau (Elsass) anfertigen.

Teilansicht der Westfassade der Kirche zu Andlau; die gezeigte Szene ist unterhalb der Öffnung über dem Fries
zwischen den 2. u. 3. Pilaster von links (siehe den Pfeil).

Bild oben und links: Jagdszene, Detail am Fries der
Abteikirche Sankt Peter
und Paul zu Andlau/El-
sass, entstanden 1130-
1140. Man vergleiche
diese Szene mit der obigen
auf den Theoderich-Tafeln
von Sankt Zeno in Verona,
die Ähnlichkeit ist frappierend. Die Reliefs sind
möglicherweise von der-
selben Steinmetz-Hütte
angefertigt worden (aus
Como, Modena?).

---

[64] Fries: Ein waagerechtes Schmuckband, flach, kann bemalt oder plastisch herausgearbeitet
sein.

Zwei Ritter im Kampf mit Lanzen, dargestellt am Fries der Kirche zu Andlau/Elsass. Man vergleiche diese Szene mit der obigen auf den Theoderich-Tafeln von Sankt Zeno in Verona.

Über den Zeitpunkt der Entstehung des Frieses am Westbau der Kirche von Andlau gibt es unterschiedliche Meinungen. Von Kunstgeschichtlern wird der Fries an der Kirche von Andlau zeitlich nach den Theoderich-Tafeln in Verona gesetzt, mit einiger Unsicherheit. Doch scheint mir dieser Ansatz zutreffend zu sein und das Zeitfenster etwa in das 2. Viertel des 12. Jh.s zu setzen; nicht falsch dürfte es m. E. also sein, die Entstehung des Andlauer Frieses in die Jahre nach 1130 zu setzen. Vermutlich haben norditalienische Steinmetze diesen Fries an der Andlauer Kirche geschaffen, eventuell unter Vorbild der Theoderich-Tafeln in Verona, vielleicht sogar von denselben Steinmetzen geschaffen aus den Bauhütten von Como oder Modena.

Die oben dargestellten Jagdmotive finden sich auch in der Thidrekssaga, der entsprechende Text ist am Ende der Svava Kap. 38 angefügt, wo die Sage von Dietrich von Bern berichtet (hier zitiert nach Heinz Ritter-Schaumburg[65]):

„Didriks Ende Didriks Fortritt":

„Als Herr Dietrik alt war, da ritt er zu einem Bad, das noch ‚Didriks Bad‘ heißt. Da sagte ein Knappe zu ihm: »Hier läuft der schönste Hirsch, den ich sah alle meine Tage«. – Herr Dietrich sprang heraus aus dem Bad und nahm seinen Bademantel um und hieß seinen Hengst und seine Hunde holen. .... Da sah er, wie da ein schwarzes Roß stand mit Sattel und Zaum. Er sprang schnell darauf und jagte dem Tiere nach ...Das Roß lief so schnell mit ihm – kein Vogel konnte schneller fliegen.

Herr Didrik fand da, daß dies kein Roß war, auf der er saß, und wollte gerne sich von ihm trennen. Da saßen die Schenkel so fest am Sattel, er mußte bleiben, wohin er gekommen. Da riefen die [ihm folgenden] Knappen »Herr, du reitest

---

[65] *„Die Didriks-Chronik oder die Svava. Das Leben König Didriks von Bern und die Niflungen"* (1981) S. 353.

allzu schnell, mir scheint rätlich, die wendest zurück!« – Herr Didrik antwortete: »Mir scheint, ich reite übel und nicht gut! Da ist ein Deubel (fänyn), auf dem ich sitze. Doch mag ich wiederkommen, wenn Gott will und Jungfrau Maria«. – Darauf kam er schnell von den Knappen weg, so daß er nicht wußte, wo er bliebe. Seitdem kann keiner mit Wahrheit sagen, wo hinaus er gekommen war".

Danach also wurde Dietrich von Bern nicht mehr gesehen.

Dieser Text, am Ende der Sage, gehört der Schlussredaktion der sogenannten „Svava", der altschwedischen „Didrikskrönikan"[66] an, deren überlieferte Schriftfassung ca. ins 15. Jahrhundert fällt. Mit Heinz Ritter-Schaumburg bin ich der Ansicht, dass diese Version der Thidrekssaga eine dänische Vorlage hatte, und den originalsten Text (durchaus mit textlichen Eingriffen) der Thidrekssaga darstellt; allerdings gibt es dazu kontroverse Ansichten[67].

Für mich stellt sich die Frage, ob die Verona-Tafeln den Text der Thidrekssaga beeinflusst haben, oder ob eine Sagenüberlieferung zu Dietrich von Bern den Weg nach Italien gefunden hatte, und so die Darstellungen auf den Tafeln beeinflusst hat. Beides scheint mir möglich, ja sogar eine gegenseitige Beeinflussung.

Der Jagdritt zu Pferde mag der Sage vom „Wütenden Heer" entnommen sein. Der „Teufel", auf dem Dietrich von Bern – in die Hölle – ritt, ist wohl aus italienischer Überlieferung entnommen, in welcher der Arianer Theoderich der Großen (und daher ein Ketzer) verdammte wurde.

Theoderich der Große hatte, wie bereits gesagt, in einer Hochverratsache, wenige Jahre vor seinem Tod 526, den Boethius[68] eingekerkert und schließlich hinrichten lassen; den Papst Johannes[69] ließ er ebenfalls in den Kerker werfen, in dem er alsbald verstarb. Theoderich galt damit als Papstmörder. Die kirchliche Überlieferung ließ ihn im Feuerschlund des Avernus[70] schmoren. Papst Gregor der Große berichte in seinen „Dialogi" aus der 2. Hälfte des 6. Jh.s, die von Theoderich dem Großen zu Tode gebrachten Boethius und Papst Johannes hätte denselben in den Vulkan auf den Liparischen Inseln gestürzt.

Der Name des „rex stultus" in den Theoderich-Tafeln wird zwar dort nicht genannt, diese beziehen sich aber zweifellos auf ihn. Als diese Tafeln für St. Zeno geschaffen wurden, muss die Sage vom Höllenritt Theoderichs / Dietrichs bekannt gewesen sein.

---

[66] In ‚unseren Kreisen' beinhaltet die Thidrekssaga auch die sog. „Svava" oder „Didrikskrönikan".
[67] Z. B. bei dem Germanisten Dr. Peter H. Andersen; veröffentlicht im Internet auf seiner Quelleninformationsseite „Gottfried-Portal" unter „Didrikskrönikan".
[68] Der Gelehrte Boethius entstammte der spätrömischen Senatsaristokratie, er war ein enger Mitarbeiter Theoderichs und bekleidete das Amt „magister officiorum", das höchste Verwaltungsamt.
[69] Papst Johannes I., reg. 523-526, † 8. Mai 526 in Ravenna.
[70] Avernus: Vulkankrater bei Cuma in Süditalien, in der Region Kampanien westlich von Neapel.

Nun gibt es zwei Möglichkeiten:

a) Die Tafeln meinen ursprünglich Theoderich d. Gr.; die Geschichte wurde von Italienfahrern aufgenommen und in die Ths zum Ende nachträglich eingeführt.

b) oder wie ich meine: Die Tafeln meinen zwar Theoderich d. Gr., aber ursprünglich ist Dietrich von Bern der nordischen Sagen gemeint, der zu Theoderich d. Gr. umgeformt wurde.

Otto von Freising[71] berichtet nämlich bereits um 1145 in seiner Chronik von einer Volkssage (*„vulgo dicitur"*), dass

„Theodericus vivus equo sedens ad infernos descendisse".

(*„Theoderich lebend auf einem Pferd sitzend in die Hölle entschwand"*).

Die Sage von Dietrichs von Bern Höllenritt muss also schon vor der Erschaffung der Veroneser Theoderich-Tafeln nördlich der Alpen bekannt gewesen sein; südlich der Alpen, dass der Gotenkönig Theoderich in die Höllenschlund gestoßen wurde. Beides wurde m. E. miteinander verbunden.

Weitere Zeugnisse mit Anklängen zu Thidrekssaga – Drachensagen

Wappen der Visconti, 1277 n.Chr. Eine Schlange (‚Wurm') hat einen halbverschlungenen Menschen im Schlund; wird auch als Geburt eines Menschen gedeutet.

Kapitell, im Basler Münster, Dietrich von Bern befreit den Sintram aus dem Maul des Drachen, 2. Hälfte 12. Jh., man beachte den Löwen im Wappenschild.

Im Mailänder Visconti-Wappen ist eine Schlange (i. e. Wurm, Drache) abgebildet, die einen Menschen verschlingt, das erinnert an die Sage der Thidrekssaga vom Ritter Sintram, der halbverschlungen aus dem Maul eines Drachen befreit

---

[71] *„Ottonis episcopi Frisingensis Chronica sive Historia de duabus civitatibus"* Lib. V., cap. III. p. 232, in *„Monumenta Germaniae Historica"* (MGH), Reihe *„Scriptores rerum Germanicarum in usum scholarum separatim editi"* (SS rer. Germ.) Nr. 45 (1912).

wird. Dieses Motiv erscheint auch an einem Kapitell des Basler Münsters, entstanden ca. 2. Hälfte 12. Jh. ?

Abb. links: Torre del Filarete am Castello Sforzesco in Mailand, Postkartenansicht 1970; unten mitte: Emblem auf der Rückseite des Turms; rechts: Logo von Alfa Romeo von 1910, in Anlehnung des Wappens der Visconti-Sforza. Folgende Abbildung unten: Ausschnitt aus dem Torre del Filarete, Vorderseite, mit dem hl. Ambrosius und beidseitig davon Wappenbilder der Sforza von Mailand, mit dem „Schlangenmann".

Um die Sache hier zum Abschluss zu bringen, die Thidrekssaga hat ihre Erzählung mit der Geschichte von Riesen- und Drachenkämpfen Dietrichs von Bern beendet; dies hat sich auch in anderen Sagen niedergeschlagen. Oskar Jänicke[72] führt 1873 auf Seite 321 an:

---

[72] Oskar Jänicke: „Zeugnisse und excurse zur deutschen heldensage (zweite nachlese)", in „Zeitschrift für deutsches Alterthum" („Haupts Zeitschrift") 15. Band / NF 3. Band (1873) S. 310-332.

„3. Auch zwei andere zeugnisse aus der Mörin[73] *... man spricht ‚her Dieterich von Bern‘*

> *der lebt in wiester rumeney*
> *vnd fecht allen tag mit würmern drey.*

So wird auch in Etzels Hofhaltung Dietrich in die wüste Rumenei versetzt

> *dor auf (auf dem rosse) do muster reiden*
> *in die wust Rumeney:*
> *mit wurmen mus er streiten,*
> *pis vns der jungstag wont pey.*

aber erst in späterer zeit ist sie ein fabelland [die Romaney] *geworden, das der dichte Mörin in die gegend von Babylon setzt*

> *ich sprach ‚wer sie zů babylon*
> *dort in der wüsten rumeney‘.*

früher, zur zeit der kreuzüge wußte man besser bescheid. Romania bezeichnet einmal das land neben Bulgarei, s. Neidhart 102,24, aldurch der Unger lant, wider durch die Bulgerie, her wider ûz und durch die Romanie‘“.

„*wiester rumeney ... würmern drey*" ist zweifellos ein Sprachspiel, warum man die „*rumeney*" in die Wüste versetzte, bleibt mir unklar; die „*Romaney*" wurde hier und da verortet (s. o.). Ich denke nicht, dass hier ein bestimmtes Land gemeint war, wo „*her Dietrich von Bern*" fechten musste. Die „*Romaney*" spielte in der Dichtung, wie zu sehen ist, jedoch eine gewisse Rolle, wie z. B. bei dem fabulierten Priester Johannes aus Indien, der dort ein großes christliches Reich beherrscht haben soll; er schrieb angeblich einen Brief, der Mitte 12. Jh. auftauchte, und zwar war er an den realen oströmisch-byzantinischen Kaiser Manuel I. Komnenos (reg. 1143-1180) gerichtet:

„*epistola domini Iohannis presbyteri Indiani ad Emanuelem Romanorum imperatorem de mirabilibus Indiae*".

(„*Brief des Herrn Presbyters Johannes von Indien an den Römischen Kaiser Manuel über das wunderbare Indien*".)

Es heißt u. a. darin, er [der Priester Johannes] im Anmarsch sei, um die christlichen Kreuzzügler im Heiligen Land zu unterstützen. Der Verfasser des Briefes ist unbekannt. Manuel ist also Kaiser in der „*Romaney*", so nannte man damals das oströmisch-byzantinische Reich, insbesondere den europäischen Teil; hierzu

„*IV. Der Text der Münchner Handschrift*",

darin heißt es nach Friedrich Zarncke zum „*Priester Johannes*"[74]:

---

[73] Hermann von Sachsenheim (* ca. 1365, †1458): „*Die Mörin*", Erzählung, Dichtwerk der Minnedichtung zugehörig, mit ca. 6000 Versen, 1453 vollendet.
[74] Friedrich Zarncke: „*Der Priester Johannes. Erste Abhandlung. Enthaltend Capitel I. II. und III.*", in „*Abhandlungen der Königlich Sächsischen Gesellschaft der Wissenschaften*", siebzehnter Band (1879) S. 827-1028, hier S. 993.

„ ... Manuel, König der Romanei, hat von der Herrlichkeit des Priesters Johannes, ... gehört und hat Sehnsucht, in seinen Dienst zu treten. Manuel zieht zum Priester Johannes...Manuel bleibt nunmehr mit den Seinen dort, und seitdem heisst sein früheres, jetzt von ihm verlassenes Land »die wüste Romanei«. Ob sich der Dichter die Romanei in Europa (Rumelien) oder in Kleinasien (Romania Deserta), oder in der Weise der späteren Zeit nach den Kreuzzügen bereits als ein ganz fernes Land dachte, ist nicht mit Sicherheit zu sagen, Letzteres aber das Wahrscheinlichere".

Zu den Drachensagen: Ich zweifele nicht daran, dass diese von jenseits, also nördlich, der Alpen stammen, wo sie eine beeindruckende Ausprägung haben.

Nochmals zur Thidrekssaga (Ths)

Die Thidrekssage bietet noch weitere Aspekte, die nach dem Süden, nach Italien weisen. Kommen wir also nochmals zum *„ Schmerzenskind"* der Sagenforschung. Die Thidrekssaga hat in ihrer langjährigen – jahrhundertelangen – Entwicklungsgeschichte manches aus dem Süden, besonders aus Italien, aufgenommen. Mittelalterliche Gelehrsamkeit verführte dazu, die gesamte Sage vom skandinavischen Norden bis zum südlichen Bosporus – von Schweden bis Byzanz – zu verlegen. Das Bern der Sage verlegten sie – verlockt durch den Namenanklang – nach dem italienischen Verona – nach Welsch-Bern; Dietrich von Bern wurde zu Theoderich d. Gr. gemacht, usw. Ich will das hier nicht weiter ausbauen, wer sich näher informieren will, kann das tun auf der Internetseite des

„Dietrich von Bern-Forum. Verein für Heldensage und Geschichte e. V.":

https://www.dietrich-von-bern-forum.de/downloads.html

-*„Aufsätze und Beiträge von Mitgliedern und Gastautoren unseres Forums"*
-*„Dietrich von Bern war nicht Theoderich der Große!"*

Gehen wir nun in *„ medias res!"*:

Die <u>überlieferten</u> Handschriften der Ths, die älteste ist die sogen. *„ Membrane"*, (Mb) in Altnorwegisch geschrieben um 1260, haben Textverluste, ganze Blätter und Lücken (*Lakunen*) in ihrem Schriftbestand erlitten; aber auch die für uns Privatforscher wichtige Handschrift (Hs), die altschwedische *„Didrikskrönikan"*, kurz *„Svava"* (*„Sv „die Schwedische"*) genannt, geschrieben in der Zeit um 1450-1500, ist nicht vollständig. Aber es gibt isländische Abschriften der Ths, die der *„ Membrane"* nahestehen, die aus dem 17. Jh. stammen, Is Hs A und Is Hs B genannt, diese beiden haben Erweiterungen bzw. Ergänzungen erfahren, und beide stimmen auch nicht gänzlich überein; sie sind deshalb so wertvoll, da sie die Lücken der anderen Handschriften füllen oder zusätzliche Textbeiträge haben. Die Is Hs A & B und Sv haben am Ende eine Passage, die hier von Interesse ist.

Nach der Heimkehr Dietrich von Bern nach Bern aus seinem Exil in Susat/Soest und nach dem er in *„Rom"* (gemeint ist hier fälschlich jenes in Italien) eingezogen war, heißt es gemäß Sv Kap. 356:

> *„han loth stöpa et liknilse aff kopor äpther sik ok sin hesth falka thz stodh länge j rom epther hans döödh".*

(*„ließ* [er] *aus Kupfer ein Ebenbild gießen von sich und seinem Hengst Falke: und das stand in Rom noch lange nach seinem Tode"*).

Das (Reiter) Standbild

Bevor wir uns wieder nach Verona wenden, müssen wir zuerst einen Umweg nach Rom machen. Die Hss A und B (nach Friedrich Heinrich von der Hagen[75] und hier August Raszmann[76]) schreiben zu Dietrich von Bern:

- *„in Romaburg liesz er ein Bildnis gießen nach seinem Hengst Falka und nach ihm selber und oben auf die Burgmauer setzen, das war von Kupfer gemacht".*
- (Sv sagt, dass es dort lange stand (Vergangenheit, dort ohne Burgmauer)).
- Hss A und B sagen: *„Dieses Bild müssen fast alle gesehen haben, die nach Rom gekommen sind".*
- *„Ein anderes Bildnis ließ er noch setzen im Norden auf die Burg* (Zusatz von Is Hs B: *„in Bern"*) *auch von Kupfer. Da steht er auf dem Turm und schwingt sein Schwert Ekkensax an dem Steinbogen, der über den Strom liegt".*
- (Zusatz Is Hs B) *„Auch weiterhin wird er gemalt und werden nach ihm Bildnisse gemacht".*

Hier hat Hs B also zur Hs A weitere Ergänzungen; Sv. Kap. 382 ff (Dietrichs Ende) berichtet nichts über *„Bilder"* und *„Denkmale"* Dietrichs von Bern in Rom und anderswo.

Fragen hierzu:

- Wo stand Dietrichs Ebenbild aus Kupfer mit seinem Hengst Falka in Rom?
- Wo und was ist die Burgmauer?
- Was und wo ist mit *„im Norden auf der Burg"* – (Zusatz B:) *„in Bern"* – gemeint?
- Wo schwingt Dietrich sein Schwert *„Ekkensax"*?
- Was und wo ist *„Turm"* und der *„Steinbogen"*?

Bevor die Nennung von *„Bern"* untersucht werden kann, muss, wie oben angedeutet, die *„Rom-Frage"* geklärt sein. Interpretationsmöglichkeiten hierfür gibt es mehrere. Zu beachten ist, dass die Bearbeiter der isländischen Hs A & B aus

---

[75] *„Die Thidrekssaga oder Dietrich von Bern und die Niflungen"* übersetzt durch Friedrich Heinrich von der Hagen (1814), neu herausgegeben von Heinz Ritter-Schaumburg 1989, 2 Bände, hier Bd. 2, S. 688 & 734 ff.
[76] *„Die deutsche Heldensage und ihre Heimat"*, zweiter Band, zweite Auflage *„Die Sagen von den Wölsungen und Niflungen, den Wilcinen und König Thidrek von Bern in der Thidrekssaga"* (1863) S.655 f. & 684 f.

einer italienischen (Drauf-) Sicht herausschrieben. Nichtsdestotrotz steht oder stand auch der „*Norden*" hier im Fokus. Interpretation von

„*im Norden auf der Burg*":

- im Norden von Trier?
- im Norden von Rom?
- nördlich von Rom?
- oder im Norden (von Rom aus gesehen) = Bern = Verona / Bonn?

Ritter-Schaumburg, schreibt in der Anmerkung 117 in

„*Dietrich von Bern. König zu Bonn*" (1982) S. 303:
„*Der Ort, wo das kupferne Bildnis auf dem Turm in der Burg nahe der Steinbrücke kann kaum Bern/Bonn sein wie die Handschrift B hinzusetzt*". *Oder gab es in Bonn eine frühzeitliche Steinbrücke?*" [wohl nicht über den Rhein, vielleicht nördlich der Bonnburg über die Gumme, vgl. Michael Gechter, 2001). *Es kann auch kaum ,Rom/Trier' meinen, da die Steinbrücke dort nicht nördlich der Kaiserthermen* [als Burg=Herrschersitz DvBs gedacht] *steht, sondern östlich*" [sic! ,recte': west-lich!]. *Vielleicht gehört diese Angabe schon in den Bereich der Verwechslungen mit Theoderich dem Großen?*".

Ritter nimmt Aussagen der Thidrekssaga immer sehr genau und wörtlich.

Das Reiterstandbild steht, zusammengefasst:

- „*in Rom*", „*in Romaburg*"
- „*oben auf der Burg*" bzw. „*Burgmauer*"
- „*am Steinbogen*" (Brücke)
- „*im Norden auf der Burg*"
- „*in Bern*"

Es gibt ein berühmtes Reiterstandbild in Rom, das den römischen Kaisers Mark Aurel (reg. 161-180 n.Chr.) darstellt, 1538 auf dem Kapitol zu Rom, auf dem Piazza del Campidoglio aufgestellt. Heute steht dort eine Kopie, das Original im Hof des Konservatoren-Palastes der Kapitolinischen Museen; zuvor stand die Reiterstatue aber am Lateran zu Rom, wo es seit 1000 n.Chr. nachweisbar ist; der ursprüngliche Standort ist unbekannt.

Abb. rechts: Das bronzene Reiterstandbild des römischen Kaisers Mark Aurel (161-180 n.Chr.). Seit 1538 steht es (heute als Kopie) auf der Piazza del Campidoglio (Kapitol) in Rom; das Reiterstandbild
- ist etwa seit etwa dem Jahr 1000 n.Chr. vor der Lateranbasilika nachweisbar,
- wurde 1538 unter Papst Paul III. zum Kapitol verbracht.

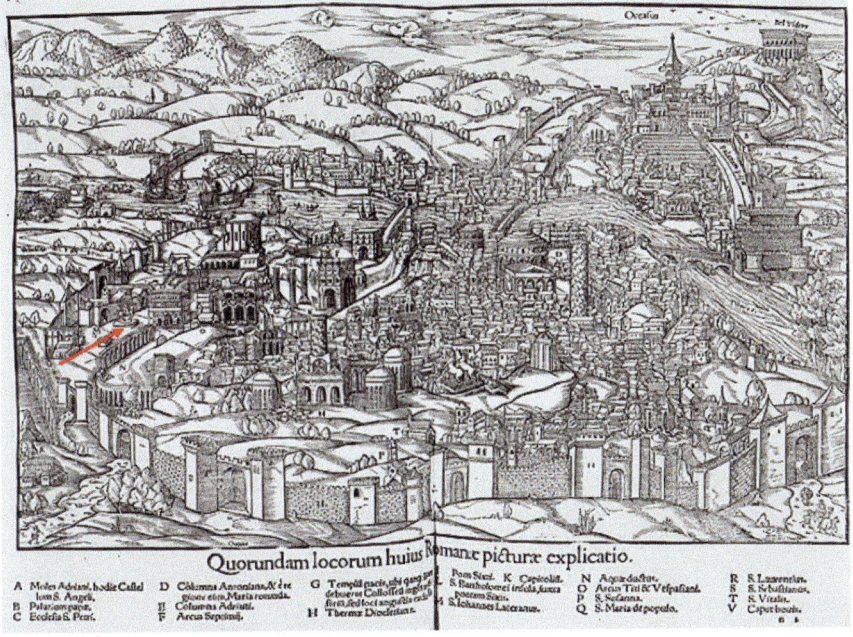

Sebastian Münster (1550), Kosmographie, Doppelseite 150 & 151: *„Romae urbis situs, quem hoc Christi anno 1549 habet"* (*„Lage der Stadt Rom, wie sie im Jahr Christe 1549 ist"*).

Ausschnitt aus Sebastian Münster Karte *„Rom"*, links kolorierte Karte, das Reiterstandbild rechts oberhalb von M (roter Pfeil); rechts: reine Schwarz-weiß-Grafik, es stand dort etwa ab 1000 n.Chr.

Das Rom-Bild Sebastian Münsters

1544 erschien die erste Ausgabe der „*Cosmographia*" von Sebastian Münster, es folgten danach viele Ausgaben, unten folgend eine Illustration des Stadtbildes von Rom. In der „*Cosmographia*" ist das Standbild des Kaisers Mark Aurel in der Stadt Rom angegeben als in der Nähe des Laterans stehend, daher kann es nicht das in der Thidrekssaga genannte Reiterstandbild sein, da das Standbild dort mindestens seit 1.000 n.Chr. stand, also weder

- „*oben auf der Burg*" bzw. „*Burgmauer*", noch
- „*am Steinbogen*" (Brücke).

Ekkensaxschwingender Dietrich – in Rom?

Welcher Standort für das „*Standbild*", angeblich das Dietrichs von Bern, könnte gemeint gewesen sein? Wenden wir uns zu der Angabe

„*im Norden auf der Burg*".

In Rom steht das „*Hadrianeum*", die sogenannte Engelsburg („*Mausoleo di Adriano*", „*Castel Sant'Angelo*") am rechten Tiber-Ufer; ursprünglich war es das Grabmal für den römischen Kaiser Hadrian (117 n.Chr. - 138 n.Chr.) und für seine Nachfolger erbaut, später als Festung genutzt, hauptsächlich der Päpste. Der Genfer Reformator Théodore de Bèze (* 1519, † 1605) dichtete diesbezüglich folgende – wenig schmeichelhafte – Verse:

„*Caesareos cineres quae moles clauserat olim*
Arx est Romano nunc sacra pontifici
Quam bene qui mortis nun est mortalibus auctor
Morti sacratas obtinet ist domos".

(„*Einst enthielt der Bau die Asche der Caesaren,*
Jetzt ist es die heilige Burg des Römischen Pontifex [Papst]
Wie passend, daß er, jetzt den Sterblichen Urheber des Todes,
dies, dem Tode geweihten Haus, besitzt [bewohnt]").

Von dem weströmischen Heermeister Stilicho († 408 n.Chr.) wurde das „*Hadrianeum*" in den Befestigungsring der Stadt integriert. Als der byzantinische Feldherr Belisar im Krieg gegen die Ostgoten im Jahr 537 Rom eingenommen hatte und es unter dem gotischen König Witichis belagert wurde, wurden die anstürmenden Goten von den Verteidigern, als sie die Engelsburg stürmen wollten, durch herabgeschleuderte Statuen, mit denen das Mausoleum geschmückt war, abgewehrt. Der Ostgotenkönig Totila konnte 546 die fast menschenleere Stadt Rom einnehmen, er besetzte auch die Engelsburg, konnte die Stadt aber nicht halten; Totila nahm Rom erneut 549 ein, bis 553 der byzantinische Feldherr Narses die Goten entscheidend schlug.

Die Engelsburg wurde im 11./12. Jh. „*Dietrichs Haus*" genannt, offensichtlich wurde das Gebäude mit dem Sagenkönig Dietrich von Bern, resp. Theoderich d. Gr. in Verbindung gebracht. Dazu zunächst die:

„Chronica regia Coloniensis" (*„Annales maximi Colonienses"* = *„Große Kölner Annalen")*[77], darin ist verzeichnet:

„A.D. 1001. Nam Crescentius quidam, strangulato Bendicto papa[78], *sedis apostolice assumpta tyrannide, oppressit Romam, invasit Ytaliam, arbitratus facile universum imperium sue postestati cedere, quippe qui cum suis omnibus se munierat in validissima Adriani imperatoris, quae et Theoderici tyranni opinatur fuisse, fabrica, que sine ulla lesionis iniuria contra omnem impulsionis machinam durare videtur in secula".*	*„Zum Jahr 1001. Ein gewisser Crescentius, nachdem Papst Benedikt erdrosselt, bemächtigte sich tyrannisch des apostolischen Stuhles, unterdrückte Rom, fiel in Italien ein, glaubte leichtfertig, dass das ganze Reich seiner Herrschaft zufalle, der sich dann mit allen Seinen in der äußerst starken Festung des* [römischen] *Kaisers Hadrian verschanzte, von der geglaubt wird, es sei ein Bauwerk des Tyrannen Theoderich gewesen, welches ohne jede Beschädigung gegen alle Angriffe mit Kriegsmaschinen, wie offenbar ist, die Zeiten* [Jahrhunderte] *überdauerte".*

Theoderich der Große also soll gemäß den *„Kölner Annalen"* die Engelsburg erbaut haben. – Worüber also berichten die *„Kölner Annalen"*? Im Jahre 998 eroberte der junge Kaiser-König Otto III., seit 983 deutscher König, römisch-deutscher Kaiser von 996-1002, die Engelsburg zu Rom, wo der Stadtpräfekt Crescentius sich verschanzt hatte, und ließ ihn auf den Zinnen der Engelsburg enthaupten und seine Leiche von dort hinabwerfen. Was war vorausgegangen? Crescentius hatte seine Vaterstadt aus der Herrschaft der Päpste und Kaiser befreien wollen. Otto III. hatte seinen Neffen, den deutschen Bruno von Kärnten als Gregor V. auf den Papstthron verholfen, er regierte als Papst 996 bis 999. Crescentius war damals erstmals zum Tode verurteilt, war aber auf Bitten Gregor V. von Otto III. begnadigt worden und hatte Otto III. den Treueeid geleistet; diesen Eid aber brach er nach der Abreise des Kaisers 997 und ließ Johannes Philagathos zum Gegenpapst Johannes XVI. wählen. Papst Gregor V. floh ins mittelitalienische Spoleto. 998 führte Otto III. den Papst zurück nach Rom. Der geflohene Gegenpapst Johannes, einst Lehrer von Kaiser Otto III. (!), und Crescentius wurden nahe Rom gefangen und auf grausamste und schändlichste Weise gefoltert und verstümmelt; Johannes als Papst abgesetzt, verkehrt herum auf einen Esel gesetzt und im Papstgewand, und mit einem Kuheuter als Krone auf dem Kopf, durch Rom geführt und anschließend in ein Kloster gesperrt. Crescentius' Schicksal wurde bereits beschrieben.

---

[77] *„Monumenta Germaniae Historica"* (MGH), *„Scriptores rerum Germanicarum in usum scholarum separatim editi"* (SS rer. Germ.) Band 18 (1880) p. 1-299, hic p. 32.
[78] *„strangulato"* = *„erdrosselt"*, *„erwürgt"*, entspricht nicht den historischen Fakten in Bezug auf Gregor V.

Nun aber zum Bildnis Dietrichs von Bern zu Rom.

August Raszmann[79], 1863, schreibt zu den Bildnis Dietrichs von Bern:

„Das Bildnis auf dem Thurme (nach A in Romaburg, nach B in Bern), ... ist das des Erzengels Michael mit dem Schwerte auf der Engelsburg an den Steinbögen der Tiberbrücke, welche Burg im 11. u. 12. Jh. Dietrichs Haus*)* genannt wurde ".*

* Zu dem *„Wunderhaus"* siehe unten.

Die isländische *„Nikulás saga leikara "*[80] (*„ Gesang der Nikulás-Saga "*) berichtet von der Geschichte König Nikulás von Ungarn; diese isländische Sage ist in einem schwedischen Manuskript aus dem 15. Jh. überliefert, sie besagt in etwa:

Der Pflegevater von Nikulás, Earl Svívari, rät Nikulás, die Prinzessin Dorma von Konstantinopel als Braut zu gewinnen. Nikulás reist inkognito nach Konstantinopel, wo er Dorma heimlich trifft; gemeinsam fliehen sie aus Konstantinopel. Es gibt daraufhin Auseinandersetzungen mit Valdimar, dem Vater Dormas, der letztendlich Nikulás akzeptiert, und der nach dem Tode Valdimars König von Konstantinopel wird.

Dorma wohnte in einem unzugänglichen Turm in Konstantinopel, von dem heißt es in der genannten *„Nikulass saga leikara "*:

„hami sier og ad jnnan vm turninn eru vpp kastadar allra handa søgur af jmsum kongum. first þidreks kongz og hanz køppum, jsung konge, sigurdi sueÿne og jsungisonum, älfi konge og hinreckum, alexander magno, ector og accilas troiumønmum, og gønguhrölfe er hann vann normandi, eru hier fäer vpp talder ".	*„In dem Thurme waren allerhand Sagaen von verschiedenen Königen ausgearbeitet, zuerst von König Thidrek und seinen Kriegern, König Isung und Sigurd Svend und Isungs Söhnen, König Half und seinen Kriegern, Alexander Magnus, Hector, Achilles, den Trojanern, und Gange Rolf, welcher die Normandie eroberte, das sind einige, von denen hier berichtet wird.*

Diese Saga in Romanform hat eine Brautwerbungsgeschichte zum Gegenstand, wie sie in der Thidrekssaga häufig erzählt wird, die Saga ist auch sonst von der Thidrekssaga beeinflusst, was die Nennung von *„König Thidrek"* und von *„König Isung"* zeigt. Der Turm aber scheint sein Vorbild in der Engelsburg von Rom – um dorthin zurückzukehren – gehabt zu haben.

---

[79] *„Die deutsche Heldensage und ihre Heimat"*, 2. Band (1863) § 88, S. 655 f.
[80] Keren H. Wick: *„An edition and study of Nikulás Saga Leikara "* (Dissertation) 1996, bringt Text und Einführung der Saga, hier insbes. S. 124.
Siehe auch die Übersetzung von Georg Lange: *„Untersuchungen über die Geschichte und das Verhältniß der nordischen und deutschen Heldensage "* (1832) S. 391, Anm. **).

Die Frage ist, ob zu den Statuen auf der Engelsburg auch die eines Berittenen gehörte, die damals im Gotenkrieg verschont wurde – man weiß es nicht. Aber noch 1160 wurden Gruppen von Menschen und Pferden erwähnt, die auf den vom zylindrischen Mittelbau freigelassen Ecken des quadratischen Sockels angebracht waren.

Weiter mit der Angabe aus der Ths:
- *„oben auf der Burg"* bzw. *„Burgmauer"*
- *„am Steinbogen"* (Brücke).

Der oben genannte *„Steinbogen"* könnte die Engels(burg)brücke über dem Tiber, die auf die Engelsburg zuläuft, gemeint sein, die mit 10 Engelsfiguren geschmückt ist; früher hieß sie *„Pons Aelius Hadrianus"* und ist im Jahre 133 n.Chr. erbaut worden. August Raszmann (s. o.) meinte also, die Engelsfigur auf der Engelsburg sei für Dietrich gehalten worden. Die jetzige Figur steht seit Mitte des 18. Jh.s dort oben auf der Engelsburg und kommt aus zeitlichen Gründen für die Thidrekssaga nicht in Betracht. Die Vorgängerfigur stand seit etwa 1530/50 (unsicher) oben auf der Engelsburg. Da die isländischen Handschriften der Thidrekssaga erst im 17. Jh. niedergeschrieben (nicht verfasst) wurden, ist es möglich, dass Bearbeiter der Thidrekssaga ihr Wissen und ihre Erfahrung einfließen ließen. Pilger und Romreisende fuhren aus dem hohen Norden, auch aus Island, gen Süden, über Verona, nach Rom zu den Gräbern der Apostel, und manche weiter ins Heilige Land.

Abb. links: Der marmorne Engel auf der Engelsburg (seit 1752 Barock/Rokoko); rechts: Engel aus Marmor im Innenhof der Engelsburg (1530/50-1752, Renaissance), hier ohne das Schwert in der rechten Hand.

Dort, in Italien, sahen sie staunenswerte Dinge, und sie kannten ‚ihre' Sagen, die sie, wenn auch irrtümlich, nach Süden, nach Italien, verlegten, und dort trafen sie Sagenelemente vermeintlich wieder an, denn sie glaubten, sie hätten eben dort stattgefunden: und sie trafen dort in Italien zudem auf Sagen von Dietrich als Theoderich den Großen – beide Figuren waren vereinigt – und brachten das alles wieder zurück in den Norden und bereicherten damit die Sagen. Ob man die ältere der beiden Figuren auf dem Hadrianeum als ekkensaxschwingenden Dietrich interpretiert hat – es ist schwer vorstellbar, ist sie doch als Engel kenntlich, und ein Engel war Dietrich, der Sohn des Teufels, als vermeintlicher Theoderich als Papstmörder – das weiß man nicht.

Denkbar ist alles, zumal wir nicht wissen, welche Figur wirklich im Hochmittelalter auf der Engelsburg stand. – Denn was haben die Pilger oder Besucher von unten, dem Tiber-Ufer, gesehen, was und wie gedeutet? Und zudem war man wohl der Meinung, die Engelsburg sei von Theoderich dem Großen erbaut worden, und wer sollte dann die Figur mit dem gezückten Schwert sein?

Abb.: links: Engelsburg, vorne Engels(burg)brücke („*pons Aelius* "), oben auf die Engelsfigur: rechts: Grundriss der Engelsburg am Tiberufer

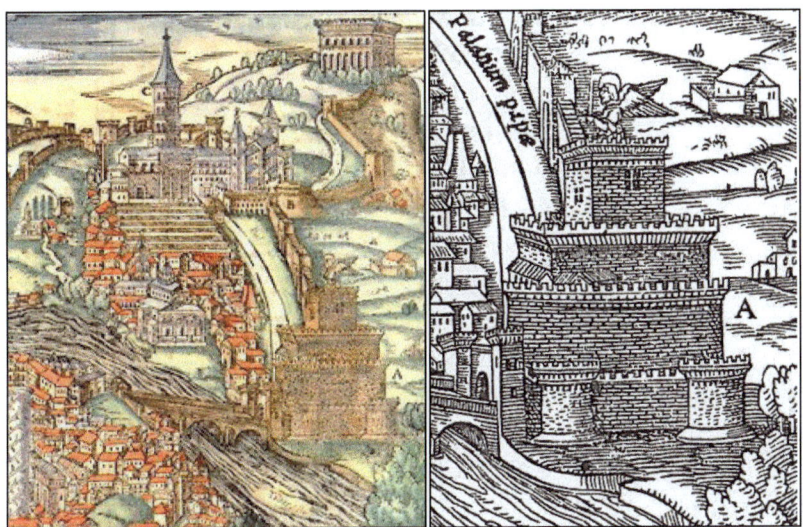

Ausschnitt aus Sebastian Münsters (1550) Karte „*Rom*" nach einer älteren Darstellung; Abb. links: die Engelsburg im Bild unten rechts mit der Engelsburgbrücke, darüber St. Peter (Vatikan) vor dem Neubau ab 1506, dazwischen der Fluchtgang zur Engelburg, der „*Passetto di Borgo*"; rechts: die Engelsburg im Auszug mit dem Renaissance-Engel oben auf.

Eine Bemerkung zum Namen „*Engelsburg*". Als in Rom im Jahre 490 n.Chr. die Pest wütete und Papst Gregor I. zu deren Abwendung eine Prozession veranstaltete, sah er in einer Vision, so die Legende, wie der Erzengel St. Michael – auf der Engelsburg – sein gezücktes Schwert in die Scheide steckte; darauf hin schwächte sich die Pest ab und erlosch; daher soll der Name „*Engelsburg*" herrühren. Dies war auch der Anlass, auf der Engelsburg einen Engel mit Schwert zu platzieren. Ob in früherer, frühmittelalterlicher Zeit, dort oben schon ein Engel, oder eine andere Figur mit gezücktem Schwert stand, entzieht sich meiner Kenntnis.

Bilder zur Engelsburg und der Engels(burg)brücke

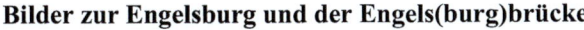

Engelsburg mit Engels(burg)brücke (pons Aelius), im Hintergrund St. Peter (Vatikan)

Engelsburg und „Passetto di Borgo"
Fluchtgang der Päpste aus dem Vatikan zur Engelsburg

Der Verlauf des „Pasetto di Borgo" in rot vom Vatikan (links) zur Engelsburg (rechts)

Abb. links: Engelsburg mit Zulauf des „*Pasetto di Borgo*". Radierung von Giovanni Battista Piranesi, ca. 1748-1766; rechts fotografische Aufnahme des „*Pasetto di Borgo*" von der Engelsburg aus gesehen.

Verona, „Dietrichs Wunderhaus"

Nun, nach dem Ausflug nach Rom, zurück nach Verona. Im Mittelalter hatte sich zu dem „*Wunderhaus*" in Verona eine Meinung herausgebildet, welche dieses Bauwerk mit Theoderich d. Gr. und, abgeleitet hiervon, mit Dietrich von Bern in Verbindung brachte. Gelehrte Kleriker, die Verona besucht hatten und Geschichtskenntnisse mittelalterlicher Art besaßen, und die Chroniken und Annalen verfassten, ließen ihr Wissen dort einfließen. August Raszmann[81] schreibt 1863:

> „*Nach dem Gedicht von der Flucht 2493-95 hat nicht der Teufel, sondern Dietmar [der Vater Dietrichs] Bern erbaut, was aber ebenfalls der Saga widerspricht. Nach Heinrich von München, der im 14. Jh. Rudolfs Weltchronik fortsetzte, erbaute Dietmar zu Bern das Wunderhaus (v. 324). Worin man die Theodorici domus zu Verona sieht, von der schon die Sage des 12. Jh.s sowie die des 15. und 16. Jh.s spricht (s. § 88)*".

Weiterhin August Raszmann[82], S. 656, Anm.*:

> „*Das Wunderhaus, welches Dietmar zu Bern gebaut haben soll (s. S. 359), war entweder Dietrichs Pallast zu Verona bei dem noch heute stehenden alten Amphitheater [sic!], oder dieses selbst. Im 12. Jh. wird es in der Schrift de fundatione monasterii Gossensis[83] (W. Grim, Hlds. 40) 'Dietrichs Haus' genannt, im 15 Jh. nennt es Hans von Mergenthal in seiner Reise nach dem gelobten Lande: 'Herrn Dietrichs von Bern Schloss' ... und im 16. Jh. nennen es die epistola virorum obscuror [dunkel]. ... 'Diethers Haus', womit aber ohne Zweifel Dietrich gemeint ist, da zugleich von seinen Riesenkämpfen die Rede ist*".

---

[81] „*Die deutsche Heldensage und ihre Heimat*", 2. Band (1863) S. 359.

[82] „*Die deutsche Heldensage und ihre Heimat*", 2. Band (1863) § 88, S. 656, Anm *).

[83] Benediktinerinnen-Kloster Gössen (Göss) an der Murr in der Steiermark, eine Stiftung von 1004 n.Chr. durch Adula von Leoben, Gemahlin des baierischen Pfalzgraf Aribos I., und ihrem Sohn Aribo, dem späteren Erzbischof von Mainz; unter Kaiser Heinrich II. 1020 Reichsabtei.

Die von Raszmann genannte Schrift „*de fundatione monasterii Gossensis*" ist das „*Chronicon Gozecense*"[84] („*Chronik von Goseck*"), auch „*Libellus de fundatione monasterii Gozecensis*" („*Büchlein über die Gründung des Klosters Goseck*") genannt; geschrieben wurde es im Kloster Goseck in Sachsen-Anhalt, entstanden in der Zeit 1135-1160 n.Chr., es berichtet aus der Zeit 1041-1135 n.Chr. Selbstverständlich hat der Verfasser der Chronik aus anderen Quellen geschöpft. Das „*Chronicon*" schreibt zu den Ereignissen zum Jahr 1090. Damals, im Frühjahr, hielt sich Kaiser Heinrich IV. in Verona auf. Im Abschnitt 23 der Chronik also ist geschrieben in Lateinisch, deren Text ich sinngemäß auf Deutsch wiedergebe:

„*23. ... Regem Henricum quartum .... Hic eo tempore apud civitatem Bavariam et Longobardiam dividentem morabatur, quae a Latinis Verona, a Teutonici Berne nuncupatur. Hanc civitatem transmontanam Theodericus quondam rex Hunorum (alia manu corr. Gottorum), ut ab indigenis accepimus, primum condidit, et a situ natura loci Veronam, scilicet a vere, vernali vocabulo iocundavit. Est enim locus aere salubris, flumine iocundus, civium innumerositate refertus. A meridie, occidente et aquilone planicies spaciosissima per tres fere dietas extenditur; ab oriente montana caelo contigua aspiciuntur. In eadem civitate domum pergrandem extruit, quae Rumuleo theatro mire assimilator*[(Anm. 73)]. *Haec per ostium unum intratur et exitur, et per gradus circumductus, cum sit mirae altitudinis, facile ascenditur. In qua dum multa milia hominum conti-*	„*...König Heinrich der Vierte .... Dieser hielt sich zu jener Zeit in einer baierischen und longobardischen Stadt auf, die unterschiedlich auf Lateinisch Verona, auf Teutonisch Bern genannt wird. Diese Stadt jenseits der Berge [Alpen] hat Theoderich, einst König der Hunnen (von anderer Hand korrigiert zu Goten), wie wir von Einheimischen vernommen haben, zuerst gegründet, und aufgrund der natürlichen Lage des Ortes Verona, wohlgemerkt nach dem Frühjahr, nach dem Frühlingswort, benannt*[85]*. Der Ort ist von sauberer Luft, mit einem angenehmen Fluss, angefüllt mit einer gewaltigen Zahl an Menschen. Von Süden, Westen und Norden dehnt es sich mit weiten Flächen fast drei Tagesreisen aus; vom Osten erblickt man Berge, die bis in den Himmel reichen*[86]*. In derselben Stadt ist ein großes Haus erbaut, ähnlich dem bewunderungswürdigen Theater des Romulus*[(Anm. 73)] [,87]*. Dieses kann nur durch einen Ausgang betreten und verlassen werden, mit Stiegen [Ränge für Zuschauer] rundum, mit wunderbarer Höhe, leicht besteigbar. Damals nahm es viele tausend Menschen auf, in der jeder einzelne von jedem anderen gehört und gesehen werden konnte. Da niemandem*

---

[84] „*Monumenta Germaniae Historica*" (MGH) „*Scriptores*" (SS) , Tom. X: „*Annales et chronica aevi Salici. Vitae aevi Carolini et Saxonici*"(MDCCCLII [1852]) „*Chronicon Goszense.*" Lib. I., p. 149.
[85] Lateinisch „*verum*" = „*der Frühling*".
[86] Die geografischen Richtungsangeben sind hier etwas verschoben.
[87] Wohl das Collosseum zu Rom.

neantur, singuli a singulis au-diuntur et videntur. Ne quisquam conditoris huius incertus habeatur, usque hodie Theoderici domus appellatur. Huc a civitate Augusta per vallem Tridentinam labore nimio, grandio periculo, vix die octava pervenit, ut dictum est, regem Heinricum reperit (Anm. 73*) ".	*des Gründers dieses* [Bauwerkes] *unbe-kannt ist* [also allen bekannt ist], *wird es bis heute Haus des Theoderich genannt. Hier von dieser Stadt gelangt man nach Augs-burg durch das Tridentinische Tal, mit gro-ßer Mühe und Gefahr nach kaum acht Ta-gen, wie gesagt wird, nahm es* [das Triden-tinische Tal] *den König Heinrich auf* (Anm. 73*) ".
Anm. 73) *„Romam est amphitheatrum, opus celerberrimum".* Anm. 73*) *„Veronae commarabatur im-perator mense Aprili 1090".*	Anm. 73) *„Das Amphitheater ist römisch* [aus rö-mischer Zeit], *ein hochberühmtes Bauwerk".* Anm. 73*) *„Zu Verona verweilte der Kaiser im Monat April 1090".*

Also, um 1150 war für Verona die Sage von Theoderich d. Gr. bzw. Dietrich von Bern bereits ausgebildet; dass hier eine Verwechslung Veronas mit dem Bern der Sage vorliegt, braucht nicht besonders betont zu werden.

Das Reiterstandbild zu Verona

Abb. links: Reiter-Skulptur, Nachbildung, Cangrande I. zu Pferd auf der Spitze seines Grab-mals; rechts: das Original von Cangrande I. im Museo di Castelvecchio, Verona, auf den Schultern den Helm tragend.

Wie schon angeführt sind sich die isländischen Handschriften Is A & B nicht ei-nig, wo das *„Bildnis auf dem Thurme"* (nach A in *„Romaburg"*, nach B in

„Bern") *„an den Steinbögen"* stand. In Verona kämen als *„Steinbögen"* die Brücken *„pons Postumius"* und die *„pons Marmoreus"* in Betracht. In Verona weiß man aber weder davon etwas, noch von einem Standbild auf einem *„Turm"* an einer dieser oder einer anderen Brücke, wie etwa die Scaligerbrücke zur Zeit des späten Mittelalters. Aber was hatte der Schreiber der Handschrift Is B vor Augen, als er *„Bern"* nannte, immerhin besteht die Möglichkeit, dass er eben nur *„Bern"*, unabhängig von dem *„Turm"*, einfügte. Was hatte also jener Bearbeiter von Is B in Verona vielleicht gesehen? Vielleicht hatte er das Reiterstandbild von Cangrande I. auf dessen Grabmal oder eines der späteren Herrscher Veronas *„im Auge"*? Über die Scaliger Grabmäler habe ich schon oben abgehandelt. Hier noch einmal das Reiterstandbild Cangrane I. dargestellt.

Falls der Schreiber der Handschrift Is B das Grabmal von Cangrande I. *„im Auge"* hatte, wie will er dieses Grabmal mit Dietrich von Bern in Verbindung gebracht haben, es sei denn, er deutete das Reiterstandbild unabhängig von dem, was sich darunter befindet, dessen Grabmal. Wenn es denn so war, kann die Stelle in Handschrift Is B erst nach 1329, darin Eingang gefunden haben; zu beachten ist nämlich, dass das Grabmal Cangrande I. erst nach seinem Tode geschaffen wurde. Was aber der Schreiber von Hs Is B sich mit *„Bern"* gedacht hat, das weiß ich nicht.

Hier nun endet mein Beitrag über die Stadtgeschichte Veronas und seine Bedeutung für die Thidrekssaga. Zweifellos hat die vorliegende Darstellung manche Lücken, die man füllen könnte, doch will ich es hiermit belassen.

Karl Weinand

Münzen und Siegel mit Verona[1]

Welche Münzen hatten Verona als Prägeort?

Ob Verona in Italien oder Verona am Rhein – in beiden Städten wurden Münzen geprägt. F. Scipione Maffei bespricht in seiner Veröffentlichung *„Verona Illustrata"* von 1731/1732 (S. 181 f.) eine römische Münze, deren Wortlaut ich hier einfüge mit meiner Übertragung ins Deutsche:

„Nel passar per Verona, ordinò chesi si ergesse una porta, qual nella fretta, con cui abbiam veduto eransi poco avanti fabricate la mura, o dovvea essersi tralasciata, o esser rimasa imperfetta.	*„Als er* [Maximian] *durch Verona reiste, befahl er, ein Tor zu errichten, das in der Eile, mit der wir sahen, dass die Mauern kurz zuvor errichtet worden waren, entweder weggelassen oder unvollkommen belassen worden sein musste.*
„Ricavasi questa bella notizia da un'insigne, e non più osservata Medaglia d'argento, che tien la testa di »Massimiano Cesare« nel diritto, e un recinto dimura con torri, e con porta in mezo nel riverso, e con quattro figure sagrificanti, il qual tipocon inscriptioni diverse, e in Costanzo, e in Galerio s'incontra: ma singolare si rende la nostra per le parole: »Verona. Nuova Porta«, come de noi s'interpreta, »secondo il rito fabricata«,	*Diese gute Nachricht stammt von einer berühmten und nicht mehr beachteten Silbermedaille, die auf der Vorderseite den Kopf von »Maximian Cäsar« und auf der Rückseite eine ummauerte Einfriedung mit Türmen und in der Mitte eine Tür und auf der Rückseite vier Opferfiguren zeigt, deren Typus mit unterschiedlichen Inschriften sowohl bei Constantius als auch bei Galerius anzutreffen ist; unsere wird jedoch durch die Worte »Verona Nuova Porta« einzigartig gemacht, wie wir es interpretieren, »Weihe nach der erfolgten Fertigstellung«.*
NPRITE COND	[Randglosse:] *„NPRITE COND"*
Questa Medaglia conservata ora nel nostro Studio per grazia d'un'amico, cui piacque di privarne il suo, èdi sincerità indubitata, essendosene poco fa scoperta un'altra nel famoso	*Diese Medaille, die jetzt in unserem Arbeitszimmer durch die Gunst eines Freundes aufbewahrt wird, der sie gerne von ihm erhalten hat, ist von zweifelloser Lauterkeit, eine andere wurde kürzlich im be-*

---

[1] Teilweise ein Auszug aus dem Vortrag gehalten auf der wissenschaftlichen Herbsttagung des *Dietrich-von-Bern-Forum. Verein für Heldensage und Geschichte e. V.* am 01. Oktober 2022 in Bonn.

Abb. aus „*Verona Illustrata"*
Av: „*MAXIMIA NVS CAES" („Maximinianus Caesar")*
Rev: „*UERONA NPRITE" / „COND" („Verona NPRITE" / „Cond")*

Münze des Caesars Maximinan (ohne Prägeort)
Av: „*MAXIMIA NVS CAESAR" („Maximinianus Caesar")*
Rev: „*VIRTVS MILITVM" („Tapferkeit der Soldaten")*

Ich habe zum Vergleich die Abbildung einer Münze des Caesar Maximinianus beigefügt. Auf der Rückseite beider oben abgebildeter Münzen ist ein Militärlager (castrum) symbolisch abgebildet, mit Umfassungsmauer, Türmen, und Zinnen, und ein Tor mit Türmen, vor dem vier Figuren eine Weihehandlung (wohl Brandopfer) auf einem Altärchen vollziehen.

Diese vier Figuren stellen die Tetrarchen dar, zwei Augusti (Diokletian und Maximianus) und zwei Caesaren (Galerius und Constantius Chlorus.). Maximian (†

310 n.Chr. wurde von Diocletian 285 n.Chr. zum Caesar ernannt, 286 zum Augustus, der Amtsbereich Maximinians war der Westteil des Römischen Reiches. Das abgebildete Lager bzw. Tor auf der Münze, stellt nicht Verona, oder ein Stadttor von Verona dar. Die Inschrift

"*NPRITE COND*" interpretiert Maffei etwa als

"*N. P. RITE. COND*": *Nova Porta Rite Condita*" ("*Dem meu erbauten Tor geweiht*")

Bei Schlickeysen[2] ist diese Abkürzung in seiner Deutung genau so angegeben, aber ich vermute, sie ist von Maffei beeinflusst. Es gibt auch eine andere, ebenfalls ältere Deutung, z. B.[3]:

"*M. Morin-Pons lit: VERONA N(u)P(e)R ITE(rum) Cond(ita): Verone réccemment reconstruite, quant à ses remparts, sous Galère, explication qu'autorise la face de ce César, d'une prt, et, d'autre part, la généralité du type de la dédicace de fortresse sur les monnaies des quatre associés à l'empire. Cette version est tout á fait compatible avec l'histoire*".	"*M. Morin-Pons liest: VERONA N(u)P(e)R ite(RUM) Cond(ita): Verona wurde kürzlich, was seine Stadtmauern betrifft, unter Galerius wiederaufgebaut, eine Erklärung, die durch das Gesicht dieses Cäsaren autorisiert wurde einerseits und andererseits durch die Allgemeinheit der Art der Festungswidmung auf den Münzen der vier, die in der Herrschaft vereinigt. Diese Version ist vollständig mit der Geschichte vereinbar*".

Anzumerken:

a) Mit Morin-Pons ist vermutlich der Lyoner Numismatiker gemeint.

b) "*VERONA N(u)P(e)R ITE(rum) Cond(ita)*": = "*Verona aufs Neue wiederum gegründet*".

c) Morin-Pons nennt "*Galerius*" als den auf der Münze abgebildeten.

Der Einschlag "*COND*" auf der Rückseite der Münze in Spiegelschrift – wohl ein Stempelfehler – durch einen Strich vom Übrigen abgetrennt, steht an der Stelle, an welcher gemeinhin der Prägeort oder eine andere Information angegeben wird. "*COND*" als Prägeort ist mir aber nicht einsichtig, da Constantinopel als Prägeort – abgekürzt "*CON*" – zur Zeit der Prägung dieser Münze noch nicht existierte. "*CONS*" z.B. bedeutet "*Consecratio*" = "*Weihe*". "*COND*" könnte "*condonatio*" = "*Überlassung*", "*Teilhabe*" bedeuten, nämlich bezüglich der Tetrarchen, im Sinne des Mittellateinischen "*Condominium*".

---

[2] F. W. A. Schlickeysen: "*Erklärung der Abkürzungen auf Münzen des Alterthums, des Mittelalters und der neueren Zeit, sowie auf Denkmünzen und münzartigen Zeichen*" (1855) S. 28.
[3] Im "*Bulletin des commissions royales d'art et d'archéologie*". vingt-neuviéme Année (29. Jahrgang, 1890) p. 25 ss: "*Remparts romains d'Arlon et de Tongres*" ("*Die römischen Mauern von Arlon und Tongeren*"), la p. 73.

Die Tetrarchen in Venedig am Markus-Dom.

Worauf bezieht sich dann „*VERONA NPRITE*", vermutlich doch auf Verona, falls Maffei die Inschrift korrekt gelesen hat.

Es besteht meinerseits noch ein Problem. Auf der Münze heißt es „*MAXIMIANUS CAESar*". Maximianus war seit 286 n.Chr. Augustus, die Titulierung als Caesar wäre eine Herabstufung gewesen, darum wird angenommen, dass es sich um Galerius Maximianus handelt, er war von 293-305 Caesar in der Osthälfte des Reiches, danach dort bis 311. Augustus. Die Münzen mit dem Militärlager und den Tetrarchen wurden von 294-312 geschlagen, so dass es sich sehr wohl bei der von Maffei abgebildeten Münze um Galerius handeln kann. „*Verona*" darf dann aber nicht in Bezug auf Galerius gewertet werden, sondern als eine davon unabhängige Aussage.

Zum Vergleich: Münze des Maximianus, 286-305 n.Chr. (?), geschlagen um 295 n.Chr.
Av: „*MAXIMIANVS AVG*";
Rev: „*VICTORIA SARMAT*" („*Sieg über die Sarmaten*"), Maximinian ist hier als „*Augustus*" bezeichnet.

Über die beiden Münzen, wie von Maffei angeführt, habe ich nichts in Erfahrung gebracht; über ihre Bewertung vermag ich daher nichts zu sagen; das wäre eine Aufgabe für kundige Numismatiker.

Mittelalterliche Münzen mit Verona

Abb. links. Denar, Av: „*S·ZENO·PROTC·VERONAE 1516*" der („*hl. Zeno, Schutzherr Veronas*") mit Mitra und Nimbus nach links; Rev: „*DVX·AVSTRIAE*" („*Herzog von Österreich*"), gekrönter Doppeladler mit (erzherzoglichem) Bindeschild auf der Brust; rechts: Münze Kaiser Maximilians (römisch-deutscher König ab 1486, römisch-deutscher Kaiser v. 1508-1519), Münzstätte Verona, Prägung 1516, Av: Brustbild Kaiser Maximilians im Harnisch, Umschrift: „*MAXIMILIANVS · CAESAR*", Rev: Im kreis gekrönter Doppeladler mit Bindeschild auf der Brust, Umschrift „*VERONA·CIVITAS·METROPOLIS*" (im vorausgegangenen Beitrag S. 39).

Münzen deutsch-lombardischer Könige geprägt in oder auf Verona

Wie schon gesagt wurde Verona bereits im 10. Jh. n.Chr. unter dem lombardischen und deutschen Kaiser-König Otto I. mit einer Münzstätte ausgestattet, später „*Veroneser Währungsraum*" genannt.

Abb.: Denar, Otto I. (962-973)
Av: „*OTTO IMPERATOR*" Kreuz im Kreis in der Mitte;
Rev: „*VE-RO-N-A*" Kreuz im Kreis in der Mitte.

Bereits 1786 hat Antonio Zanetti Abbildungen in seinem monumentalen Werk „*Nuova raccolta delle monete ...*"[4] Veroneser Münzen abgebildet.

Für diese hier vorliegende Abhandlung von Interesse sind weiterhin Veroneser Münzen von Heinrich II., siehe die folgenden Abbildungen.

---

[4] „*Nuova raccolta delle monete e zecche d'Italia di Guid'Antonio Zanetti*". Tomo IV (MDCCLXXXVI [1786]) Tav. IV. „*Monete di Verona*".

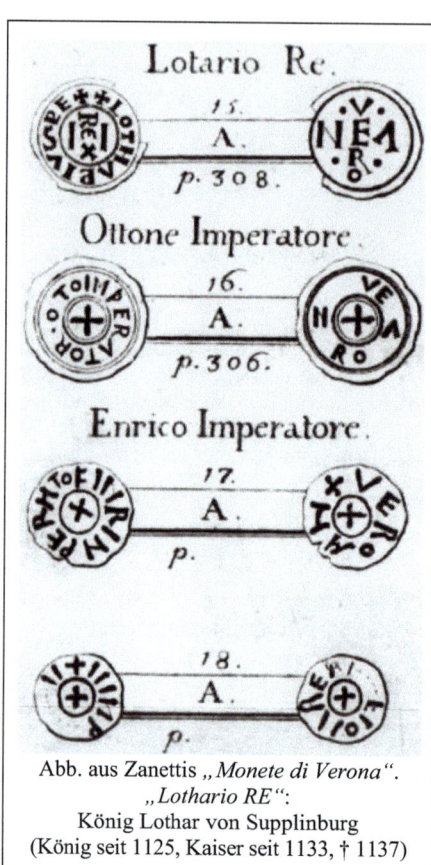

Veroneser Münzen, die Kaiser-König Heinrich II. († 1024) zugeschrieben werden.

Abb. aus Zanettis „*Monete di Verona*".
„*Lothario RE*":
König Lothar von Supplinburg
(König seit 1125, Kaiser seit 1133, † 1137)

Verona-Bonn am Rhein

Jenseits – nördlich – der Alpen wurden ebenfalls Münzen mit dem Prägeort „*Verona*" – also Bonn am Rhein – geschlagen, wenn auch zeitlich etwas später.

Münzen und Siegel mit der Prägung „*Verona*" waren und sind in der Forschung zur Frage „*Bonn-Verona*" von erheblicher Bedeutung – auch für die Erforschung der Thidrekssaga.

Doch ist die Frage: was bedeutet „*Verona*" auf rheinischen Siegeln und Münzen? Von der Numismatik (Münzkunde) und von der Sphragistik (Siegelkunde) ist das nicht abschließend geklärt worden. Trotzdem ist das Thema nicht zu vernachlässigen. Dazu sei hier zunächst die Frage gestellt: Seit wann wurden in Bonn Münzen geprägt?

130

Als früheste bekannte Prägung in Bonn gilt die von dem fränkisch-austrasischen König Theudebert I. (533 -547 n.Chr.).

Abb.: Ein Solidus (Gold) von Theudebert I., Prägeort unklar.

Av: *„DN THEODEBERTUS"* (*„Dominus Theodebertus"* – *„Herr Theodebert"*);
Rev: *„VICTOR* [I] *··· A ACV CCC CONOB"* (*„Sieg Aug/// BONOC"*), rechts unten *„ * M"*.
Stil: Oströmisch/Byzantinisch; *„BONOC"*: Prägeort in Spiegelschrift.

E. Cartier und L. de la Saussaye [5] denken an die Prägestätte Bononia (Bologna) in Italien aus der Zeit des Krieges Theudeberts dort:

> *„un peu plus haut, les deux lettres Bo., placées á droite et á gauche des pieds du personnage principal du revers. Ces intiales sont-elles celles de Bononia?"*
> (*„Ein wenig größer, die beiden Buchstaben Bo. [B u. N], rechts und links von den Füßen der Hauptfigur der Rückseite platziert. Sind diese Initialen die von Bononia?"*).

Dagegen: Edith Ennen, Dietrich Höroldt aus

> *„Kleine Geschichte der Stadt Bonn"* (1985) S. 331:
> *„In Bonn geprägte Münzen: a) Solidus des Königs Theudebert I."*.

Hinweis aus: Philip Grierson und Mark Blackborn[6]:

> *„Unsicher ist wo die Münzen geprägt wurden. .... [das Prägezeichen] M ist Mainz ... oder Metz ... BO ist Bonn (Bona) ... Aufgrund des Stils der Solidi haben einige Gelehrte an einen italienischen Ursprung für die Münzen denken lassen. ... aber sie ähneln überhaupt nicht den ostgotischen Münzen, und es wurden auch keine in Italien gefunden ... die stilistische Uniformität der Solidi ... macht den Eindruck eines Stempelschneiders, der für einen umherziehenden Hof arbeitet und Stempel mit Münzzeichen produziert, die der augenblicklichen königlichen Residenz entspricht, mit einer möglichen Konzentration im Rheinland (Köln, Bonn, Mainz) ...".*

---

[5] In *„Revue Numismatique"*, Année 1841, S. 118, Tafel IV, 3.
[6] *„Medieval European Coinage"* Volume 1, *„The Early Middle Ages (5th-10th Centuries)"* (1986/91) cap. *„Royal Issues"* p. 117.

Josef Niessen[7] weist darauf hin, dass Bonn eine der wenigen königlichen Münzstätten im Osten des Merowingerreiches war. Er führt den oben beschriebenen Solidus (Schilling) König Theudeberts an, sowie zwei kleine Goldmünzen („*Triens*"; Drittelschillinge). Der einen Münze ist der Kopf eines Königs, der Name des Münzmeisters „*CHADOALDOMAR*" und „*BONA FITVR*"[8] eingeprägt; der anderen Münze der Name des Münzmeisters „*WIDICVNVS*" und „*BONNA CASTRO*" als Prägeort. Die erste der Münzen ist beschrieben bei de Ponto d'Amécourt[9] unter „*Chadoaldus, monétaire*", Abbildung und Text unter Nr. 13:

Nr. 13, Av: Umschrift „*BONA FITVR*" – behelmter Kopf nach rechts; Rev: „*CHADOALDOM*" mit einem halbverdeckten „*M*" (ein Markenzeichen oder eventuell „*Monetarius*": „*Münzmeister*").

Die beiden Münzen gehören nach Aussage von Numismatikern dem 7. Jahrhundert an, sie sind bei E. A. Wuerst: „*Die Münzen und Medaillen Bonn's*" (1868) S. 5, Nrn. 1&2 als Gold-Triens[10] aufgeführt mit der Anmerkung „*Sammlung d. Fürsten v. Fürstenberg, Paris*".

Karl der Große ließ ebenfalls Münzen in Bonn, und zwar Denare, schlagen. Hierzu E. Sonnenburg: „*Bonn als frühmittelalterliche Münzstätte*"[11]:

> „*... die Münzen Karls des Grossen, die vor dem ersten italienischen Zuge (774-775) geprägt sind. ... 5 Bonner Denare Karls des Großen. ... ein sechstes Exemplar hat der Verein Alt-Bonn für 200 Mark kürzlich erworben. Es trägt auf der Vorderseite die Aufschrift CATOLVS, die Rückseite zeigt zwischen einer Axt und einem Krummstab den Namen BONA. Die Axt ist ein regelmässiges Emblem auf Denaren der nördlichen Reichshälfte, der Stab deutet vielleicht auf Zusammenhang mit dem Erzbistum Köln*".

---

[7] „*Die Geschichte der Stadt Bonn*" I (1956): *Die fränkischen Siedlungen - Castrum Bonna*" S. 43.
[8] „*BONA FITVR*": „*zu Bonn entstanden*"; „*FITVR*" erscheint öfter auf merowingischen Münzen.
[9] „*Recherches des Monnaises Mérovingiennes du Cenomannicum*" (1883) p. 118-119.
[10] Eine irrtümliche Bezeichnung, „*Triens*" ist ein Drittel eines „*Asses*", eine römische Bronzemünze, die korrekte Bezeichnung wäre „*Tremissis*": „*Drittel-Solidus*".
[11] in „*Rheinische Geschichtsblätter*", 2. Jg. (1895-96, Bonn 1896) S. 263 ff, hier S. 267.

Die folgend abgebildeten Münzen sind vermutlich vor seinem Sachsenfeldzug 775 in Bonn geschlagen:

Av: „*CAROLVS*"; Rev: „*BONA*" („[König] *Karl. Bonn*")

Abb. links: Joseph Mader: „*Kritische Beyträge zur Münzkunde des Mittelalters*", I., Band 1 (1803); Abb. rechts: Christ. Jac. Götz: „*Deutschlands Kayser-Münzen des Mittel Alters*".

Literatur: Hermann Grote: „*Münzstudien*", Bd. 1 (1857) S. 89 zu „*3. Bonn*" (1827) S. 2, Nr. 4. – Edith Ennen, Dietrich Höroldt: „*In Bonn geprägte Münzen: b) Denar Karls des Großen*", aus „*Kleine Geschichte der Stadt Bonn*" (1985) S. 331.

Großer Fund an Denaren in Bonn 1890

Bonn, 1890, Giergasse, Fund eines Münzschatzes in einem irdenen Gefäß, vergraben etwa um 1042, darunter Verona-Denare von Kaiser Heinrich II. (1002-1024).

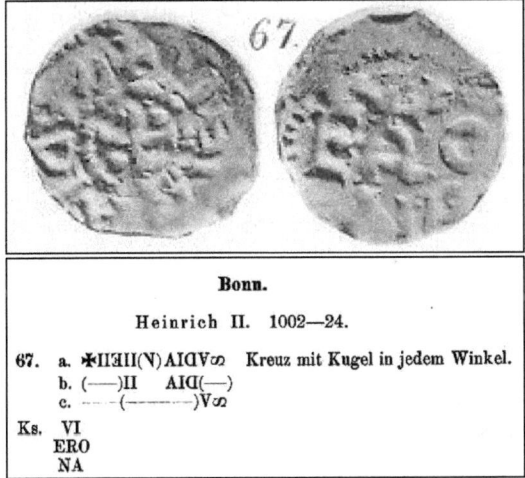

Bonn.

Heinrich II. 1002—24.

67. a. ✠IIƎII(Ʌ)AIꟼVᴙ   Kreuz mit Kugel in jedem Winkel.
    b. (——)II AIꟼ(——)
    c. ·—·(——·—)Vᴙ

Ks. VI
ERO
NA

Denar/Pfennig mit Prägeort „*VIERONA*" („*VI-ERO-NA*"),

aus Paul Joseph: „*Der Bonner Denarfund von 1890*", in „*Bonner Jahrbücher*", Bd. 90 (1891) S. 103 ff, hier S. 144; typisch für jene Zeit das Kreuz im Kreis auf dem Münzbildern.

Hermann Dannenberg[12] bespricht die VIERONA-Münzen aus dem Bonner Münzfund:

„*Bonn. Heinrich II. Taf. LXXII, 1533.*"

---

[12] „*Die Deutschen Münzen der sächsischen und fränkischen Kaiserzeit*", 2. Bd. (1894) S. 592.

+ IIEII. RICUS Kreuz mit 4 Kugeln in den Winkeln. Rs. VI-ERO-NA in drei Zeilen. Gew. 1,52 Gr. 1,28 Gr. Bonn. Joseph, Bonn Nr. 67.

Auf den bekannten gleichzeitigen Münzen des italienischen Verona ist der Stadtname allerdings bisweilen ähnlich angeordnet, dennoch ist jeder Gedanke an diese Stadt ausgeschlossen durch die ächtdeutsche Fabrik dieses Denars".

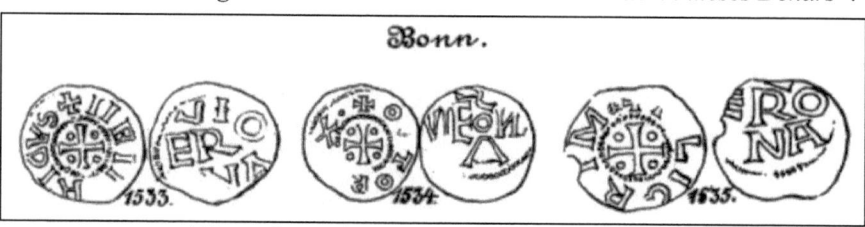

Abb. aus Dannenberg, Taf. LXXII, VIERONA-Münzen

Weiterhin bei Dannenbeg Taf. LX. 1384:

„... die sehr deutlichen Buchstaben ERN, ... können wohl nicht anders erklärt werden als so, dass sie einen Theil von VERONA bilden..." [13].

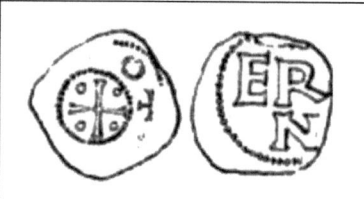

Abb. aus Dannenberg, Taf. LX, Nr. 1384. vi-ERoN-a-Münze

Falls hier mit dem Prägeort „*VIERONA*" Verona bei Bonn gemeint ist – und nicht Verona in Norditalien, wo gleichfalls Denare von Heinrich II. geschlagen wurden – dürfte das vermutlich der erste zeitliche Nachweis sein für den Ortsnamen „*Verona*" bei Bonn am Rhein[14]. Diese Annahme wird durch eine Aussage Josef Niessens[15] gestützt:

„Der einzige Erzbischof, der die früher königliche Münzstätte in Bonn benutzte, ist Pilgrim (1021-1036). Von ihm sind vier verschiedene Denare (=Silberpfennige) auf und gekommen, die außer dem Namen des Erzbischof PILGRIME als Münzort in der Umschrift FERONA tragen. Besonders bemerkenswert ist eine Prägung, die häufiger aufgefunden wurde: auf der Vorderseite steht der Name des Kaisers + CHVONRAD IMP, ein Kreuz im Perlkreis und in den Ecken der auseinandergezogene Name PI - LI - GRI - ME.

---

[13] Bejahender Kommentar hierzu bei Klaus Petry: *„Der Münzschatz von Idesheim",* in *„Landesgeschichte als multidisziplinäre Wissenschaft"* (2001) S. 5: *„.... Rekonstruktion der Buchstabenreste » ... ERN ... « zu VERONA ... [Dannenberg] wies die fragliche Münze dann folgerichtig der Münzstätte Bonn zu.*

[14] Etwa in dieselbe Zeit, in das Jahr 1043, fällt eine Urkunde, verzeichnet bei Th. Jos. Lacomblet: *„ Urkundenbuch für die Geschichte des Niederrheins",* Bd. I (1840) Nr. 179, S. 111: Erzbischof Hermann von Köln schenkt dem Severin-Kloster zu Köln *„de thelonio ciuitatis Verone libram I."* (*„aus dem Zoll der Stadt Verona 1 libram"*); libra: ein Pfund Silber.

[15] *„Die Geschichte der Stadt Bonn"* Teil I (1956) S. 75. *„Bonn als Marktort im 11. und 12. Jahrhundert. Münze und Markt".*

Die Rückseite bringt im Bild eine Kirche mit großem Portal und spitzem Giebel, auf dem ein Kreuz und zwei Stangen mit Kugeln angebracht sind, darüber steht der Name FER–ONA. Ob es sich hier *um ein Bildnis der alten karolingischen Basilika handelt, ist nicht sicher, weil nach sonstigen Beispielen unter Erzbischof Pilgrim die Bonner Münzbilder nicht neu geschaffen, sondern von anderen gleichzeitigen rheinischen Münzen übernommen wurden"* [16].

Vergleiche hierzu die Pilgrim-Münze, die unten bei den Rodorff-Fälschungen aufgeführt ist.

Folgend eine weitere Abbildung, die für die vorliegende Darstellung von Belang ist:

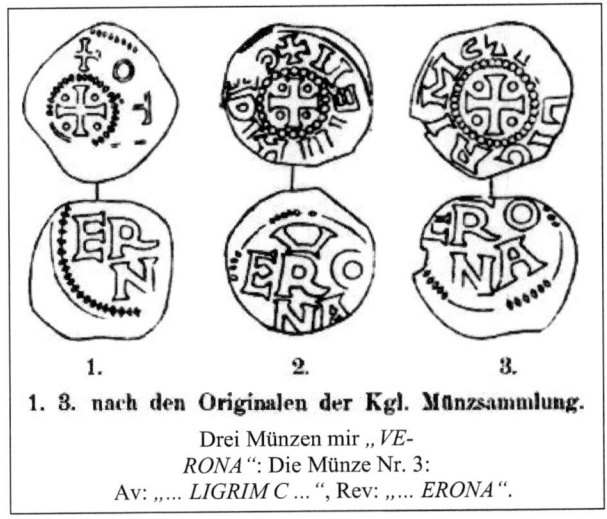

1.   2.   3.

1. 3. nach den Originalen der Kgl. Münzsammlung.

Drei Münzen mir „*VE-RONA*": Die Münze Nr. 3:
Av: „*... LIGRIM C ...*", Rev: „*„... ERONA*".

Julius Menadier[17] bringt die obigen Abbildungen in einem Aufsatz über Bonner ‚Verona-Münzen'. In dem Artikel äußert er sich u. a. auch zu den Rodorffschen Fälschungen und zur Frage ‚Bonn = Verona', die er positiv bejahend beantwortet.

Laurenz Lerch[18] meinte 1842, eine noch ältere Münze für „*Verona*" nachweisen zu können als die oben angeführten:

„ Wir finden in der That von Erzbischof Bruno I. von Cöln (953-965) bei Harzheim in historia rei numm. Colon. Coloniae 1754. Tab II. Nr. VI. und bei Hamm Moneta Ubio-Agrippin. Coloniae s. a. p.135. Nr. XXVII. eine Münze auf dem Avers den

---

[16] Zu denken wäre etwa an einen benutzten Stempel, der eine Kölnische Kirche zeigt; vorsichtig äußern sich hierzu Karl Gutzmer & Max Braubach in „*Chronik der Stadt Bonn*" (1988) S. 23: „*Eine dieser Münzen zeigt das Bild einer Kirche mit großem Portal und spitzem Giebel. Es könnte sich hier um eine Darstellung der karolingischen St. Cassius - Basilika handeln*".
[17] „*XV. „Ein Bonner Pfennig des Erzbischofs Pilgrim von Köln*", in „*Deutsche Münzen*", 3. Bd. (1895) S. 160 ff.
[18] Laurenz Lerch: „*Verona*", in „*Jahrbücher des Vereins von Althertumsfreunden im Rheinland*" („*Bonner Jahrbücher*"), Heft I (1842) S. 1 ff, hier S. 10:

Erzbischof mit Tiara, Pallium, Stab und Buch darstellend sammt der Umschrift
+PRVNO (oder BRVNO) EPISCOPVS : COLONIEN: auf dem Revers ein von
einem Kreis umzogenes Kreuz, in dessen vier Winkeln die Buchstaben D V S A
(dux Saxoniae) sich vorfinden mit der Umschrift: + MONETA : CVS : IN : VE-
RONA, ferner bei Harzheim ebendas. Nr. VIII. um das Bischofsbild + PRVNO.
EPISCO. CO., in den Winkeln des Kreuzes D S A X und als Umschrift + VERONA.
P.P., welche zwei letzteren Buchstaben wohl propugnaculum[*] *bedeuten".*

[*] zu „P.P.": „propugnaculum", „Bollwerk", „Verteidigungsanlage", wohl eher „pater patriae" (K.W).

Um es vorweg zu sagen, der gute Laurenz Lersch ist einer Fälschung aufgesessen, darüber unten mehr.

Als Prägestätte ist bei den oben angegebenen Münzen „Verona" angegeben und meint zweifellos den Ort bei Bonn, das Münster-Areal. Das ist umso bemerkenswerter, da Köln der Amtssitz der genannten Bischöfe, zunächst als „Semi-Münzherren", war, in dem auch unter Bruno Münzen geschlagen wurden (wenn auch nicht in „Verona"). Daher sei zunächst die Frage gestellt:

Seit wann besaß das Erzstift (Erzbistum) Köln das Münz-Regal?

Erzbischof Bruno I. von Köln,
Herzog von Lotharingien.

Ein gewisses Interesse haben die Münzprägungen der Erzbischöfe von Köln auch für die Ths-Forschung, später ging dies nach Bonn über. Köln war Münzstätte der Karolinger von 793 bis ca. 925. Mitte des 10. Jh.s kam Bonn unter die Herrschaft der Erzbischöfe von Köln, was auf Erzbischof Bruno I., den Kaiserbruder Otto I. zurückgeht. Geprägt wurde aber zunächst in Köln. Das Münzregal (Prägerecht von Münzen) war, wie der Zoll, ein königliches Vorrecht, das vom König verliehen werden konnte. Auf diesem Wege ging auch das Münzregal schon früh, zu Beginn des Hochmittelalters, an das Bistum Köln über. Jedoch wurde es nicht für alle Münzsorten verliehen, Goldmünzen zu prägen blieb lange (bis ins 14. Jh.) das Vorrecht der Kaiser. Das Münzrecht konnte als an einen Ort gebunden verliehen werden, oder ganz allgemein.

Unter dem König und Kaiser Otto I. (936 bis 973) war Köln eine der bedeutendsten Münzstätten im Reich. Eine Urkunde, die dieses Recht dem Erzbistum Köln zumaß ist allerdings nicht bekannt. Erste Kölner Münzen entstanden unter Erzbischof Bruno I., dem Jüngern Bruder von Otto I., um das Jahr 960. Zunächst prägten Erzbischof Bruno I. und Otto I. gemeinsam.

Münze. Av: „ + *OTTO IMP AVG*" („*Otto Imperator* [Kaiser] *Augustus*). Kreuz im Kreis mit Kugeln in den Winkeln; Rev: „*BRVNO / ARCHIEPS*" („*Bruno Archiepiscopus* [„Erzbischof"]), zweizeilige Inschrift.

Erzbischof Pilgrim von Köln (1021-1036) prägte gemeinsam mit Kaiser-König Konrad II. (1024-1039).

Abb. links: Abbildung Erzbischof Pilgrim; rechts: Münze, Pilgrim-Denar mit Kaiser-König Konrad II. Av: Bildnis Konrads II., Umschrift „ + *CHVONRADVS IMP*" („*Konrad Kaiser*"); Rev: Umschrift: „*SANCTA COLONIA*" („*Heiliges Köln*"), Innen: Tempel mit „*PLI/GRII*" („*Pilgrim*").

> „*Seit 1027 erlangten sie* [Erzb. v. Köln] *das Recht, Münzen zu schlagen und zu vertreiben, was seit karolingischer Zeit nur für den König reserviert war*". *)
>
> *) Helmut Binkowski: „*Auf den Spuren des Mittelalters im Köln der Neuzeit*" (2008) S. 35.

Erzbischof von Köln war damals, 1127, Pilgrim (1021-1036), Erzkanzler für Italien unter den Königen Heinrich II. und Konrad II. Eine formelle Verleihung des Münzrechtes an den Erzbischof von Köln ist nicht überliefert.

Da die obige von Lerch herangezogene Münze den Erzbischof Bruno I. allein, ohne den Kaiser-König Otto I. nennt, macht sie allerdings verdächtig.

Aber es wurden auch, wie schon angeführt, Münzen mit Prägeort „*Verona*" von dem Erzbistum Köln geschlagen; allerdings gibt es diesbezüglich eine Menge an Fälschungen. Mit „*Verona*" wird in diesem Zusammenhang, wie bereits gesagt, der Bereich der Basilika St. Cassius, heute St. Martin in Bonn-Mitte, bezeichnet, der sich südlich, vor der alten „*Bonnburg*", im Laufe der Zeit als Siedlung etabliert und das alte Bonn ablöste hatte. Die Frage also ist:

Seit wann und warum Prägung mit „*Verona*"?

> „*Aus der Stiftssiedlung »Villa Basilica« ist die befestigte »Civitas Verona« geworden. ... Bonner Münzstätte. Zwischen 1024 und 1039. Die königlichen Münzrechte in Bonn gehen unter Konrad II. an die Erzbischöfe von Köln über*" [19].

Aber wo wurden die Münzen geschlagen? „*Verona*" deutet an, dass diese Münzen nicht in der „*Bonnburg*", dem römischen und frühmittelalterlichen Kastell geschlagen wurden, sondern eben in „*Verona*", in der „*villa Basilica*". Und wo dort? In der Diskussion sind der Meerhauser Hof an der Gumme und der engere Basilika-Bereich, aber das ist, so meine ich, hier nicht so wichtig.

Und warum überhaupt in „*Verona*"? Bestimmend für die spätere, spätmittelalterliche Prägestätte Verona war die Schlacht von Worringen 1288, die u. a. Siegfried von Westerburg, Erzbischof von Köln, gegen Brabant und die Stadt Köln verlor, und infolge dessen seine Kölner Residenz aufgeben musste, und nach Bonn-Verona verlegt wurde.

Auf dieser Tatsache wurden später, gegen Ende des 16. Jahrhunderts, Fälschungen von angeblichen Münzen fabriziert, die in „*Verona*" geschlagen wurden. Die Frage also ist: Welche Münzen mit „*Verona*" sind gefälscht?

Die Kölnischen Münzmeister[20] Johann Rodorff und der Münz-Wardein[21] (Münzbeamter) Hans Friedrich Rodorff, Vater und Sohn, schrieben Ende 16. Jh. den

> „*Codex numismaticus zygostaticus*" *)

> *) „*Zygosaticus*": hier das Amt des Münz-Wardeins betreffend

darin sind beschrieben Münzen mit „*Verona*" als Prägestätte der Kölner Erzbischöfen Bruno, Pilgrim und Arnold; Exemplare davon sind nicht enthalten – sind dieses also literarische Fälschungen?

Der schon oben genannte Harzheim gibt die Münzen des Kölner Erzbischofs Bruno I. wieder in „*Historia rei nummariae Coloniensis, et dissertationes de eadem*", Band 2 (1754) und bespricht sie dort; diese sind aus dem Werk der obengenannten Rodorff/Rodorff entnommen.

---

[19] Karl Gutzmer, Max Braubach: „*Chronik der Stadt Bonn*" (1988) S. 23.

[20] Der „*Münzmeister*", lat. „*magister monetae*" oder „*monetarius*", war für die Prägung der Münzen zuständig.

[21] Der „*Wardein*" war ein Aufsichtsbeamter der Münz-Prägestätte.

Aus Harzheim Münzen EB Bruno von Köln (953-965). Abb. links. Av: „ +
PRVNO · EPISCOPVS · COLONIENSI", Rev: Umschrift: „ + *MONETA · CVS
· IN · VERONA*"; Kreuz im Kreis mit „*D V S A*" = „*Dux Saxonia*"?, dieses
Münzbild gibt L. Lerch (s. o.) an; Abb.: rechts, Av: „ + *PRVNO · EPISCO ·
CO*", Rev: Umschrift „ + *VERONA · P · P*", Kreuz im Kreis mit „*D S A X*" =
„*Dux Saxonia*"?

Die folgenden Abbildungen sind entnommen aus Geraldum Ernestum Hamm:

„*MONETA UBIO-AGRIPPINENSIS AB URBE CONDITA*" (1770)

teils mit Bezug auf Rodorff.

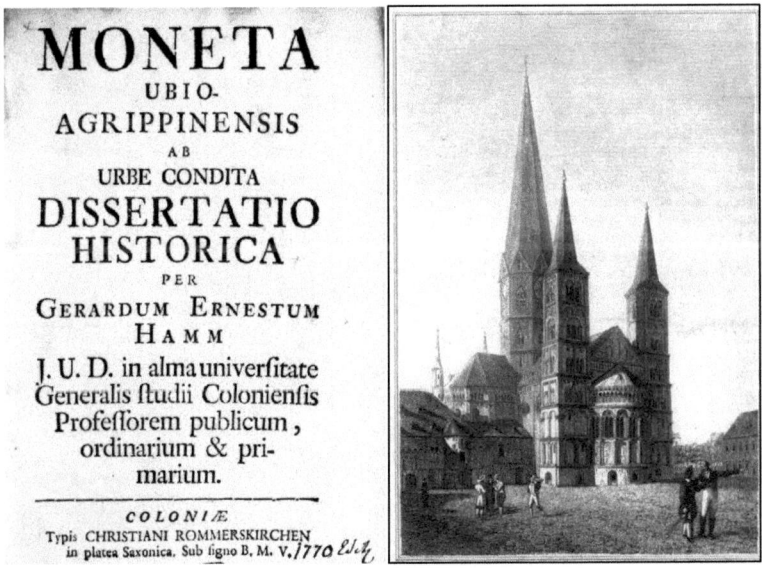

Abb. links: Frontispitz des Buches von G. E. Hamm; rechts Münsterkirche St. Martin in Bonn, Kreidelithographie 1839.

139

Münzen EB Bruno von Köln (953-965), p. 135, Nr. 27 u. p. 136, Nr. 28. Abb. links, Rev: „+ MONETA : CVS : IN : VERONA"; rechts, Rev: „+ MONETA : VERONENSIS".

Abb. links; Münze EB Bruno v. Köln (953-965), p. 137, Nr. 29., Rev: „ + MONETA · VE-RONENSIS"; rechts: Münze EB Pellegrinus/Pilgrim (1021-1036) p. 141, Nr. 34; Av: „ .: PELLEGRINVS :: EPIS :: COLO" , Rev: Umschrift „ VERONA" , in der Mitte ein Ge-bäude mit Kuppel.

Abb. links: Münze EB Arnold I. (1137-1151) p. 143, Nr. 37, Rev: Umschrift „ VERONA : P : P", Kreuz im Kreis mit „+ D V S A" („Dux Saxonia" ?).

Diese Prägungen mit „ VERONA" gelten in der Numismatik als unecht bzw. ge-fälscht.

„ ... Münzen Erzbischof Brunos, Pilgrims und Arnolds mit demselben Namen Verona sind plumpe Erfindungen, obwohl sie aus den Aufzeichnungen des Kölner Münzmeisters Rodorff genommen sein sollen" [22].

So ist der Erzbischof Bruno († 953) zwar ein Bruder des sächsischen Kaisers Otto I., aber er war kein *Dux*-Herzog von Sachsen, wohl aber von Lotharingien; es gab allerdings mehrere Herzoge Brun von Sachsen, z. B. 866-880.

Von den gefälschten Münzen von Hamm/Rodorff auf Bonn seien hier zwei wiedergegeben.

Münzen auf EB Anno (1056-1075) p. 140, Nr. 32 u. p. 141, Nr. 33: Abb. links: Rev: „+ *MONETA BONNENS*"; rechts, Rev: „ + *INSIC :: CIVI :: BONN*" (*„Insignium der Stadt Bonn"*).

Als echte kölnisch-erzbischöfliche Münzen mit *„ Verona"* gelten folgende zwei Münzprägungen/Großpfennige:

Abb. links: Münze Siegfried I. von Westerburg (1275-1297), Erzbischof von Köln, Rev: Umschrift *„BEATA VERONA VINCES"* (*„Heiliges Verona du wirst siegen"*), Ansicht des Bonner Münsters von Norden, Prägung um 1290;
Rechts: Münze Heinrich II. von Virneburg (1304-1332) Erzbischof von Köln, Rev: Umschrift: *„BEATA VERONA VINCES"* (*„Heiliges Verona du wirst siegen"*), Ansicht des Bonner Münsters von Südost, Prägung 1314-1318.

---

[22] Paul Joseph: *„Der Bonner Denarfund von 1890",* S. 145.

Das große Stadtsiegel von Bonn[23]

Das große Bonner Stadtsiegel, Durchmesser 7,8 cm.[24] Dieses Siegelbild ist das Emblem des

Dietrich-von-Bern-Forum. Verein für Heldensage und Geschichte e. V.

Das Siegel ist aus der ersten Hälfte des 13. Jahrhunderts, ca. ab 1244. Es zeigt im Mittelfeld den hl. Cassius unter einem Baldachin, rechts von ihm ist der Schriftzug *„PIVS"* *(„der Fromme")*, links davon *„CASSIVS"*, unter seinen Füßen ist ein ‚Untier‘ abgebildet, in der linken Hand hält der Heilige einen Schild mit einem Adler darauf, in der rechten Hand eine Lanze oder das Gonfanon (Kriegsfahne der Kirche, Papstfahne), im Hintergrund befindet sich die fünftürmige Bonner Münsterkirche (eine Basilika Minor), ehemals St. Cassius und St. Florentius geweiht, später St. Martin. Am Rand des Bildfeldes sind Mauerzinnen abgebildet, die Stadtmauer symbolisierend. Die Umschrift am äußeren Rand lautet:

„+ SIGILLVM· ANTIQUE· VERONE· NVNC· OPPIDI· BVNNENSIS"

(„Siegel des antiken Veronas, jetzt der Stadt Bonn" [Verona = Bern])

Städtesiegel deutscher Städte kamen in den 40er Jahren des 12. Jahrhunderts in Gebrauch; nach Hermann Jacobs für *„Aachen (1134), Rom (1148), Trier (1149,* nach Toni Diederichs in *„Rheinische Städtesiegel"* jedoch 1143), *Köln (1149 ?)*

---

[23] Das Siegel der Stadt Verona/Italien ist in diesem Band von in mir in *„ Verona ... "* beschrieben und kann hier unterbleiben.

[24] Abb. aus Clemen: *„Die Kunstdenkmäler des Kreises und der Stadt Bonn"* (1905) S. 51 (347) Fig. 14.

und Mainz (1143/51, wahrscheinlich 1148)" [25].

Im Zuge des Privilegs des Mauerbaues von 1244 befahl der damalige Erzbischof von Köln Konrad von Hochstaden die Befestigung der Marktsiedlung Bonn um den Basilika-Bezirk. Dies gilt als Gründungsurkunde dafür, dass die Siedlung um den Basilika-Bereich zur Stadt geworden ist. Ab diesem Zeitpunkt wird die Nutzung des Stadtsiegels angenommen.

Abb. links: 5-DM-Gedenkmünze 1952, *„GEMANISCHES MUSEUM EIGENTUM DER DEUTCHEN NATION ·NÜRNBERG / 1852-1952"*; Abb. rechts: Ostgotische Adlerfibel, Vorlage für die 5 DM-Gedenkmünze ca. 500 n.Chr., Fundort Domagnano (San Marino, Italien), verwendete Materialien: Gold, Silber, Bronze, Almandine, Lapis Lazuli, Elfenbein. Germanisches Nationalmuseum Nürnberg Inv. Nr. FG1608.

Auf der ‚5 DM-Gedenkmünze' ist zweimal ein Adler abgebildet, auf der einen Seite eine ‚Adlerfibel', auf der anderen Seite der ‚Bundes-Adler' in der Tradition des ‚Reichs-Adlers', der auf dem Herrschaftssymbol des Römischen Reiches, u. a. dem römischen ‚Legionsadler-Adler' beruht. – Auf einer deutschen Münze zweimal Italien!

---

[25] Literatur: Toni Diederichs: *„Rheinische Städtesiegel"* (1984) S. 124, 195, Abb. 22, S. 402. – Ernst Termeer: *„Bonn und seine Siegel"* (1987). – Hermann Jacobs: *„Rom und Trier 1147. Der Adventus Papae als Ursprungszeugnis der rheinischen Stadtsiegel"*, in *„Köln. Stadt und Bistum in Kirche und Reich des Mittelalters. Festschrift für Odilo Engels zum 65. Geburtstag"* (1993) S. 349.

Italienische Silbermünze
Rev: Monogramm von Theoderich d. Gr.
Durchmesser ca. 10 mm
Inschrift: INVI[C-TA R]OMA

Av: Panzerbüste von Kaiser Anastasius

Wahrscheinlichster Prägeort: Pavia

Bildlizenz: Public Domain Mark @ Münzkabinett
Staatliche Museen zu Berlin, Karsten Dahmen

Rolf Badenhausen

Bonner Siegel „Verona" aus Veroneser Sicht

Auf der Fachtagung des *Dietrich-von-Bern-Forum* in Bonn 2022 präsentierte Karl Weinand – ohne Vorankündigung und daher umso überraschender für alle Teilnehmer – einen im italienischen Verona erschienenen Zeitungsartikel über das Bonner *Verona*-Siegel aus dem 13. Jahrhundert. Sein Verfasser Pierantonio Braggio, als Historiker, Literaturwissenschaftler und Numismatiker selbst in Verona ansässig, schrieb diesen Beitrag für das Journal *VERONA SETTE*. Hierzu reichten seine Recherchen zurück bis zu unserer Bonner Jahrestagung 2018, auf der K. Weinand einen Vortrag auch über dieses Siegel gehalten hatte. Dr. Braggio berief sich dazu auf den Tagungsbericht von Beate Weiler-Pranter im Online-Magazin EIFELON.

Sein Beitrag erschien am 27. August 2022 in der Veroneser Tagespresse.[1] Im BERNER 93 (S. 3–7) erfolgte meine Bezugnahme auf diesen Artikel und einen weiteren von ihm verfassten Ergänzungsbeitrag, deren deutsche Übersetzungen wir aus thematisch gegebenem Anlass hier nochmals anführen:

Ein Siegel von Bonn lautet „Verone" – das heißt „von Verona"

Kürzlich stellte uns ein gut dokumentierter deutscher Freund, Reinhold Jordan aus Schweinfurt, die Frage: „Wussten Sie, dass Bonn – die ehemalige provisorische deutsche Hauptstadt von 1945 bis 1990 – im Mittelalter ‚Verona' genannt wurde?" Diese Nachricht hat uns natürlich sofort interessiert und auch verblüfft und uns dazu veranlasst, der Sache so weit wie möglich nachzugehen und nach Angaben zu suchen, die diese wichtige Vermutung klären würden. Der Computer ermöglichte es uns, Kontakt mit der Online-Zeitung „Eifelon" bzw. „Eifel online" aufzunehmen: „Wir informieren die Eifel, unabhängig, überparteilich, unbezahlbar", was uns zu dem Hinweis veranlasst, dass die Eifel der Name der westdeutschen Hochebene nördlich der Mosel ist, etwa zwischen Trier, Koblenz und Aachen. Mit einer durchschnittlichen Höhe von 500 Metern über dem Meeresspiegel verläuft sie im Osten bis zum Rhein und geht im Westen in die Ardennen über, schreibt die Enzyklopädie Treccani. Wenn also Eifelon in seinem Artikel mit der Überschrift „Bonn? Bern? Oder doch Verona? – Ein ‹ bundesweiter › Geschichtsverein geht auf Spurensuche" schreibt, so waren

---

[1] P. Braggios Artikel erschien auch am 14. Sept. 2022 unter https://benakusradio.it/nel-medio-evo-verona-era-anche-il-nome-latino-di-bonn-germania-e-di-berna-svizzera/
Der Scan des Zeitungsartikels, den Karl Weinand auf der Bonner Jahrestagung 2022 präsentierte, ist nachfolgend abgedruckt.

es die Mitglieder des „Vereins für Heldensage und Geschichte", die durch Recherchen in Bibliotheken und Archiven „ad hoc"-Daten und Unterlagen sammelten, nachdem die Angehörigen des „Dietrich von Bern-Forums" diese Frage zum ersten Mal gestellt hatten. Auf einer kürzlich abgehaltenen Jahrestagung des Forums stellten die selbstständig arbeitenden Forscher die Ergebnisse ihrer Jahrestätigkeit vor. Zu unserem Thema verweist Eifelon auf die unterschiedlich angestellten Forschungen und deren Ergebnisse: „Absolut spannend waren die von Karl Weinand zusammengetragenen und vorgetragenen Ergebnisse zur Namensgebung des mittelalterlichen Bonn: Bis zum späten 14. Jahrhundert hieß die heutige Stadt Bonn „Verona". Dann einigten sich die damaligen Historiker/Historiographen – heute würden wir sagen: Journalisten – auf den Namen „Bonn". Der oft vergessene Name „Verona" ist auf dem alten Siegel der Stadt Bonn aus dem Jahr 1244 dokumentiert. Der geduldige und genaue Forscher Karl Weinand (München) schreibt zu dem oben erwähnten Siegel: „Auf diesem ‚Propagandamittel' der Vergangenheit – also dem Siegel selbst – erscheint in der Mitte der Heilige Cassius unter einem Baldachin. Zu seinen Füßen liegt ein ‚Tiermonster'. In der linken Hand hält der Heilige ein mit einem Adler geschmücktes Schild. In seiner rechten Hand hält der Heilige Cassius eine Lanze. Im Hintergrund erkennt man die fünf Türme des Bonner Münsters (Basilica minor), das zunächst dem Heiligen Cassius, später dem Heiligen Cassius und dem Heiligen Florentius und heute dem Heiligen Martin geweiht ist. Die lateinische Inschrift am äußeren Rand der Medaille lautet: SIGILLVM- ANTIQVE- VERONE- NVNC- OPPIDI- BVNNENSIS, was so viel bedeutet wie ‚Siegel des alten Verona, jetzt Stadt Bonn' " — „Verona = Bern", fügt Weinand hinzu – und damit ‚Berna', die Glänzende. „Was lernen wir daraus?", fragt sich Weinand und kommt zu dem Schluss: Verona ist eine Latinisierung des Namens von Bern am Rhein. Der Name Verona ist in den alten Sagen überliefert. Die Verschmelzung von „Bonn" und „Verona" führt zu „Bern", also dem heutigen Bonn. „Ziehen wir den Vorhang zu... Alle Fragen bleiben unbeantwortet", schrieb Bertolt Brecht in dem Stück „Die gute Seele von Sezuan"..., erinnert uns Weinand, dem wir unseren Dank schulden, auch für die Bereitstellung der Quelle des Fotos des interessanten Siegels. Unser herzlicher Dank geht auch an Frau Beate Weiler-Pranter, die Chefredakteurin von Eifelon (Heimbach, Deutschland), die uns verschiedene Kontakte vermittelt hat.

Aus meiner Anfrage für eine Abdruckgenehmigung ergab sich eine fruchtbare Korrespondenz über weitere historische und dazu auch vereinsgeschichtliche Zusammenhänge, woraus er einen in *adige.tv* und in der *VERONA SETTE* am 19.11.2022 erschienenen Ergänzungsbeitrag machte, siehe die übernächste Seite.

UN SIGILLO DI BONN PORTA LA VOCE "VERONE", OSSIA: "DI VERONA"

Nel Medioevo, "Verona" era anche il nome latino di Bonn, Germania, e di Berna, Svizzera...?

Recentemente, un documentatissimo amico tedesco, Reinhold Jordan, Schweinfurt, ci pose la domanda: "Sapevi che Bonn - l'ex provvisoria capitale tedesca, dal 1945 al 1990, nel Medioevo, veniva denominata "Verona"? La notizia, ovviamente, ci interessò subito e, al tempo, ci incuriosì, spingendoci a esaminare il più possibile la cosa e a ricercare qualche dato, che chiarisse l'importante assunto. Il computer ci ha permesso di contattare il giornale telematico "Eifelon" - che significa "Eifel on line" - Wir informieren die Eifel, unabhängig, überparteilich, unbezahlbar", ossia: "Eifelon Informiamo l'Eifel, indipendentemente, al di sopra dei partiti e gratuitamente", cosa, che ci fa segnalare, dovutamente, che Eifel è il nome dell'altipiano della Germania occidentale, sito a Nord della Mosella, e compreso, pressappoco, fra Treviri, Coblenza e Aquisgrana. Alto in media 500 m s.l.m., esso volge Est, fino al Reno, e a Ovest, continua,

nelle Ardenne - scrive l'Enciclopedia Treccani. Se, dunque Eifelon, riporta la notizia, che c'interessa e ci riguarda, nell'articolo, dal titolo: "Bonn? Bern? Oder Verona? ein Geschichtsverein geht auf Spurensuche, ossia, "Bonn?, Berna? O Verona?, un'Associazione per la Storia, va alla ricerca di impronte", a dare luce, per la prima volta, al nostro argomento, sono stati i soci del "Verein für Heldensage auf Geschichte", o Associazione per lo studio della Saga delle Genti e della Storia, che ricercando in biblioteche ed in archivi, hanno raccolto dati e documentazione ad hoc - Informa Eifelon - dopo che i soci del "Dietrich von Bern-Forum", o, Forum di Teodorico di Verona, se n'erano posto il quesito. Fu, durante un recente incontro annuale del citato Forum, che i volontari ricercatori hanno presentato i risultati del proprio annuale

impegno. Riguardo al nostro tema, segnalando le varie ricerche eseguite e quanto da esse rilevato, scrive Eifelon: "Assolutamente emozionanti sono stati i risultati

raccolti e presentati da Karl Weinand, circa l'attribuzione della denominazione della medievale Bonn: sino all'inoltrato quattordicesimo secolo, l'attuale città di Bonn era denominata "Vero-

na". Poi, gli allora storiografi - oggi, diremmo "giornalisti" - s'accordarono, sulla denominazione "Bonn". Lo, spesso, dimenticato nome "Verona" è documentato, sull'antico sigillo della città di Bonn, risalente all'anno 1244". Quanto al citato sigillo, che, sopra, riproduciamo, scrive il paziente e preciso ricercatore Karl Weinand, Monaco di Baviera: "Su questo pubblicitario 'mezzo di propaganda' del passato - ossia, il sigillo stesso- appare, nella parte centrale, San Cassio, sotto un baldacchino. Ai suoi piedi è un "animale-mostro". Nella mano sinistra, il Santo sostiene uno scudo, ornato, con un'aquila. Nella mano destra, San Cassio sostiene una lancia. Nello sfondo, si possono riconoscere le cinque torri della Cattedrale (Basilica minor) di Bonn, inizialmente, dedicata a San Cassio, poi, a San Cassio e a San Fiorenzo, e, oggi, a San Martino. La scritta

latina, sul margine esterno della medaglia, recita: "SIGILLVM ANTIQVE VERONE: NVNC. OPPIDI: BVNNENSIS", che significa: sigillo dell'antica Verona, ora, città di Bonn". "Verona = Berna", aggiunge Weinand - e, quindi - Berna", la Splendente", "Cosa stiamo apprendendo"?, si chiede, quindi, Weinand, che conclude: Verona, è latinizzazione del nome Berna sul Reno. Testimoniano la voce Verona antiche saghe. La fusione fra "Bonn" e "Verona" conduce a "Bern", ossia, oggi, Bonn. "Tiriamo la tenda... Tutti gli interrogativi restano aperti" - scrive Bertolt Brecht, nell'opera teatrale "La buona anima di Sezuan"..., ci ritorna Weinand, cui dobbiamo il nostro grazie, anche per averci provveduto la fonte di provenienza della foto dell'interessante sigillo. Un sentito grazie, anche alla signora Beate Weiler-Pranter, direttore responsabile di Eifelon, Heimbach, Germania, che ci ha facilitato, diversi contatti.

Pierantonio Braggio

Nochmals zum Thema:
Bonn, Deutschland, hatte im Mittelalter den lateinischen Namen „Verona"

So lautet die Überschrift vom ergänzenden Beitrag über *Bonn-Verona* von P. Braggio vom 09.11.22 in *Adige.TV*, unter der er schreibt:[2]

Es gibt weitere wesentliche Hinweise von Rolf Badenhausen, Vorstandsmitglied ‹ consigliere › im „Dietrich von Bern-Forum", Bonn. Nach unseren bescheidenen, sicherlich nicht vollständigen Erwägungen, die in dieser Zeitung – Adige TV – am 25. August, 2. September und 4. November 2022 veröffentlicht wurden, nun zu der Frage, ob die deutsche Stadt Bonn im Mittelalter in Deutschland selbst lateinisch

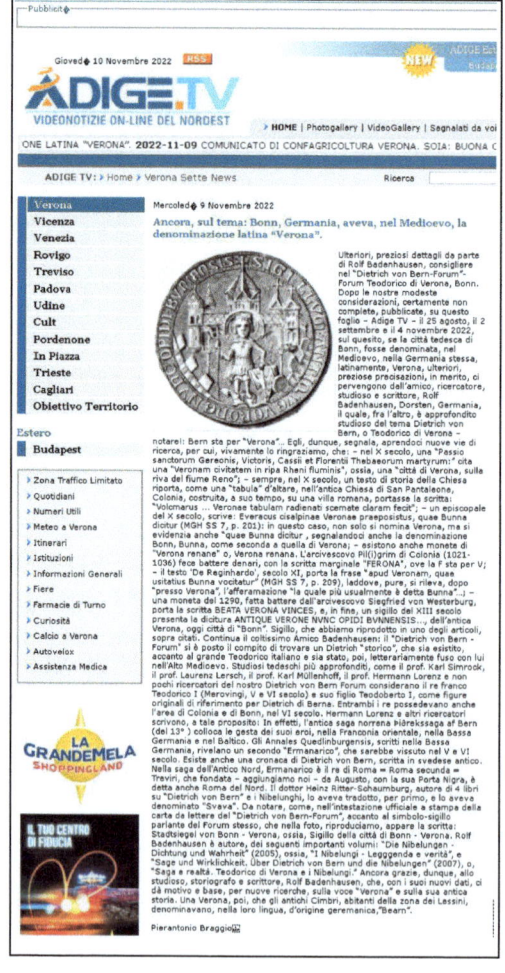

Verona genannt wurde. Weitere wertvolle Aufklärungen dazu erhalten wir von unserem Freund und Forscher Rolf Badenhausen, Dorsten in Deutschland, der u.a. ein profunder Kenner des Themas Dietrich von Bern oder Theoderich von Verona ist. Man bemerke (!): Bern steht für „Verona"... – er setzt damit Zeichen und eröffnet neue Wege der Forschung, wofür wir ihm aufrichtig danken. Für das 10. Jahrhundert verweist er auf eine Passio sanctorum Gereonis, Victoris, Cassii et Florentii Thebaeorum martyrum: „Veronam civitatem in ripa Rheni fluminis", d.h. „eine Stadt Verona am Ufer des Rheins". Auch schreibt ein kirchengeschichtlicher Text aus dem 10. Jahrhundert, dass eine Altar-Tabula in der alten Kirche St. Pantaleon in Köln, die seinerzeit auf einer römischen Villa errichtet wurde, die Inschrift trug: „Volcmarus ... Veronae tabulam radienati scemate claram fecit". Ein bischöfliches Schreiben aus dem 10. Jahrhundert besagt „Everacus cisalpinae Veronae praeposistus, quae Bunna dicitur" (MGH SS 7, S.

---

[2] Anmerkungen des Originalvokabulars zur deutschen Übersetzung in eckigen Klammern.

201): In diesem Fall wird nicht nur Verona genannt, sondern auch „quae Bunna dicitur" hervorgehoben, was auf den Namen Bonn-Bunna als Zweitname auf Verona hinweist. Es gibt auch Münzen von „Verona renane" oder „Verona renana". Erzbischof Pil(i)grim von Köln (1021–1036) ließ Denare prägen mit der Randinschrift „FERONA", wobei das F für V steht. Im Text bei „de Reginhardo" aus dem 11. Jahrhundert heißt es „apud Veronam, quae usitatius Bunna vocitatur" (MGH SS 7, S. 209). Auch hier findet sich für „bei Verona" die Bekräftigung, dass es „gewöhnlich Bunna genannt wird". Eine Münze von 1290, geprägt von Erzbischof Siegfried von Westerburg, trägt die Inschrift BEATA VERONA VINCES, und schließlich trägt ein Siegel aus dem 13. Jahrhundert die Inschrift ANTIQUE VERONE NVNC OPIDI BVNNENSIS..., des antiken Verona, heute der Stadt Bonn. Es ist das Siegel, das wir in einem der vorgenannten Artikel wiedergegeben haben. Unser Freund Badenhausen fährt fort: „Das ‚Dietrich von Bern – Forum' hat es sich zur Aufgabe gemacht, einen ‚historischen' Dietrich zu finden, der neben dem großen Italiener Theoderich existierte und später im Frühmittelalter mit ihm literarisch verschmolzen wurde. Thematisch vertiefende deutsche Gelehrte wie Prof. Karl Simrock, Prof. Laurenz Lersch, Prof. Karl Müllenhoff, Prof. Hermann Lorenz und nicht wenige Forscher unseres ‚Dietrich von Bern-Forums' betrachten den fränkischen König Theoderich I. (Merowinger, 5. und 6. Jahrhundert) und seinen Sohn Theudebert I. als ursprüngliche Bezugsfiguren für Dietrich von Bern. Beide Könige besaßen im 6. Jahrhundert auch das Gebiet von Köln und Bonn. Hermann Lorenz und andere Forscher schreiben zu diesem Thema, dass die altnordische Saga Þiðrekssaga af Bern (13. Jh.) die Taten ihrer Helden in Ostfranken, Niederdeutschland und an der Ostsee verortet. In den Annales Quedlinburgensis, die in Niederdeutschland geschrieben wurden, wird ein zweiter ‚Ermanarich' des 5. und 6 Jahrhunderts erwähnt. Es gibt auch eine Chronik über Dietrich von Bern, die in Altschwedisch verfasst ist. In der altnordischen Sage ist Ermanarich der König von Rom = Roma secunda = Trier, das – wir fügen hinzu – mit seiner Porta Nigra von Augustus gegründet wurde und das auch „Rom des Nordens" ‹ Roma del Nord › genannt wird. Dr. Heinz Ritter-Schaumburg, der vier Bücher über Dietrich von Bern und die Nibelungen verfasste, hat diese ‹ altschw. Chronik › zuerst übersetzt und ‚Svava' genannt. Zu beachten ist, dass im offiziellen Signet des „Dietrich- von-Bern-Forum", dem besagten Siegel, das wir auf dem Foto wiedergehen, die Umschrift Stadtsiegel von Bonn – Verona erscheint, d.h. „Siegel der Stadt Bonn-Verona". Rolf Badenhausen verfasste folgende wichtige Bücher: „Die Nibelungen - Dichtung und Wahrheit" (2005) und „Sage und Wirklichkeit. Über Dietrich von Bern und die Nibelungen" (2007). Daher nochmals unser Dank an den Geschichtsforscher Rolf Badenhausen, der uns mit seinen neuen Angaben Anlass und Grundlage für neue Forschungen über „Verona" und seine alte Geschichte gibt. Ein Verona also, das die alten Zimbern, die Bewohner des Lessinischen Gebiets, in ihrer Sprache „Bearn" – so von germanischer Herkunft – nannten.

Aus einem spätmittelalterlichen Kupferstich vom rheinischen
Bonn von Georg Braun und Frans Hogenberg

Rolf Badenhausen

Gleichsetzungen und Datierungen Bonn-Verona

Eine Zusammenstellung von mittelalterlichen Quellen

Eine namengeschichtlich fundierte Inanspruchnahme eines ‚rheinischen Verona'
bedarf sorgfältigen Recherchen zu Überlieferungen, die – angeblich – den ‚gelehrten Zweitnamen' anstelle von oder für Bonn anführen.[1]

Sofern sich solche Nennungen bereits in Geschichtsbänden wie etwa in den sog.
MGH-Ausgaben finden lassen,[2] so wird man dazu fachwissenschaftliche Rezen-
sionen zur kontextuellen historischen Verlässlichkeit erwarten wollen. Andernfalls haben wir zu unserer folgenden Bestandsaufnahme, die keinen Anspruch auf
Vollständigkeit erheben soll, die Plausibilität inhaltlicher Angaben hinsichtlich eines glaubwürdigen Überlieferungsrahmens noch textkritisch abzuwägen.

Ein Beispiel für eine hierzu berechtigte Indizierung liefert die Koelhoffsche Chronik, die im Anschluss an ihre Einträge zum Jahr 94 n.Chr. missverständlich suggeriert, dass zur Zeit des Kölner Bischofs Maternus, der hier um 313/4 bestätigt ist,
bereits das rheinische Verona geläufig war. Ihr Verfasser Johann Koelhoff d. J.
schrieb diesen Eintrag zwischen 1494 und 1499. Damit lässt sich voraussetzen, dass
er die Namengleichsetzung aus einer Quelle übernommen haben konnte, die wohl
auch zu seiner Zeit nicht vor dem 10. Jahrhundert verfügbar war.[3]

Ein postuliertes rheinisches Verona aus röm. Quelle im 4. Jahrhundert

Einen Hinweis auf ein „gallisches Verona", das rund 50 Jahre nach dem in Köln
wirkenden Maternus als Bonn identifiziert werden könnte, hat Laurenz Lersch in
den *Bonner Jahrbüchern* angeregt. Er bezieht sich dabei auf Kaiser Valentinians
Zug nach Gallien in 365–366, wohin er von Mailand (noch in 365) gegen dort
eingedrungene Alemannen und Burgunder gezogen war.

Gegenüber Koelhoff referenziert Lersch seine Argumentation mit offensichtlich
chronologisch und chronistisch kreditierbaren Textzeugnissen. Er führt im ersten
Band der *Bonner Jahrbücher* (S. 16 f.) dieses noch zu erläuternde Plädoyer an:[4]

---

[1] Dazu mein Dank an Edo Oostebrink; siehe bereits Karl Simrock, *Bonna Verona in Bonn. Beiträge zu seiner Geschichte und seinen Denkmälern,* Festschrift 1868, S. 3 ff. Zu weiteren, jedoch
hier ausgeklammerten Gleichsetzungen auch der Beitrag *Bonn-Verona und die Thebäerlegende.*
[2] *Monumenta Germaniae Historica*: Editionsreihe vor allem zu westgermanischen, römisch-go-
tischen, gallorömischen, fränkischen und deutschen Geschichtsüberlieferungen.
[3] siehe zu Koelhoff in diesem Band den Beitrag *Bonn-Verona und die Thebäerlegende*
[4] zitiert in neuer deutscher Rechtschreibung; https://books.google.de/books?id=EkDbSJ8ydQYC

Wir werden also notgedrungen auf eine ältere Zeit, auf die römische selbst, als jene Periode verwiesen, wo neben der alten Bonna noch eine zweite jenes Namens bestand. An diese Tatsache knüpfe ich die Unterschrift eines Erlasses von Valentinian, Valens und Gratian aus Cod‹ex›. Theodos‹ianus›. I. 9. de veteran. Dieser ist gegeben „ad Dagalaiphum, magistrum militum" und datiert: „Dat. VIII. Id. Decemb. Veronae Gratiano NB. P. et Dagalaipho Coss." Schon Gothofredus und viele andere, unter denen ich nur Maffei Verona illust‹rata›. I. p. 25 nenne, sahen ein, dass an Verona in Italien nicht zu denken sei, sondern dass die hier gemeinte Stadt in Gallien liegen müsse. Denn Valentinian, auf den allein diese Constitution bezogen werden kann, hielt sich im Jahr 366 gar nicht, auch nur vorübergehend, in Italien auf. Wir wissen nämlich aus Ammianus Marcellinus XXV, 5. §.4., dass Valens im Jahr 365 nach Konstantinopel, Valentinian nach Mailand abreiste, wir wissen ferner aus §. 8., dass Letzterer Anfang November in Paris ankommen sollte. Dass er im December dort war, bestätigen Cod. Theod. 1. 3. de metallis, I. 11. de numerariis. Wir wissen weiter aus Ammian §. 11., dass er nach Illyrien gegen Procopius zurückwollte, wir hören aber §. 12., dass dieser Entschluss rückgängig gemacht wurde durch die Ratschläge seiner Freunde, welche ihn baten, er möge Gallien nicht der Gefahr der eindringenden Barbaren, der Alamannen, preisgeben, zu welchen Gesandtschaften bedeutender Städte, die in ähnlichem Sinne ihn bestürmten, hinzutraten. Entschieden wurde sein Entschluss, in Gallien zu bleiben, durch den Gedanken, dass Procopius bloß sein und seines Bruders Gegner, die Alamannen Feinde des ganzen römischen Reiches seien (,,statuitque nusquam interim extra confinia moveri Gallorum." §. 13.). Bis Reims vorschreitend sendet er nach Afrika den Neotherius, Masautio und Gaudentius. Valens aber hält sich während des Winters im Orient auf. Im Verlaufe des Jahres 366 sind die Constitutionen der drei Kaiser datiert, wie folgt: eine vom vierten April aus Trier (woran mir Gothofredus ohne Not Anstoß zu nehmen scheint: ,,Hanc subscriptionem (sic) stare non posse videtur, quandoquidem Valentinianus hoc anno Treviris non constitit ‹ „Diese Einschreibung scheint keinen Bestand zu haben, da Valentinian in diesem Jahr nicht in Trier Halt machte" › "; denn wir können gar nicht wissen, ob er nicht von Paris oder Reims aus einmal bis dahin vorgedrungen war), vom 7. April aus Reims, vom 17., 19. und 25. Mai eben daher, vom 17. Sept. aus Mantebrum, vom 17. und 20. November wieder aus Reims, vom 6. November ‹ **Dezember!** ,Mantebrum' nach Godefroy das röm. ,Mantoy' – wohl eher Montbré? › aber aus Verona. Im folgenden Jahr sind die Constitutionen aus dem Januar und Februar ebenfalls noch aus Reims datiert. Vgl. über alles dieses Gothofred, Chronologia Cod. Theod. Tom. I. p. LXXVII. sqq. Valentinian hielt sich also noch in Gallien auf, wie wir denn auch aus Ammian XXVII, 2. §. 1. sehen, dass Dagalaipbus von Paris aus gegen die Alamannen gesandt wird, und aus §. 10., dass ihm bei seiner Rückkehr nach Paris der Kaiser von dort entgegenkommt: Da also die höchste Wahrscheinlichkeit, ja wir dürfen sagen, eine historische Gewissheit vorliegt, dass Valentinian im Jahre 366 nicht nach Italien gekommen, so hat man verschiedene Änderungen des Namens Verona versucht. Einige wollten Viroduni

(Verdun) an die Stelle setzen, schon den Zügen nach sehr unwahrscheinlich, Got-
hofredus Vironi. Aber diese diplomatisch leichte Änderung ist sehr bedenklich.
Freilich lautet auf der Peutinger'schen Tafel das heutige Vervins, nicht weit von
Reims (Remi oder Durocortorum), wirklich Vironum. Allein wer die jetzige Form
des Namens ansieht, würde eher den Sprachgesetzen gemäß Vervinum oder Ver-
binum verlangen. Bedenken wir nun, wie unzuverlässig die Namen auf der Peu-
tinger'schen Tafel sind, so werden wir gewiss jene Form Vironum, wenn sich in
einer genaueren Quelle eine richtigere Form vorfindet, aufgeben müssen. Wirk-
lich steht im s. g. Itinerarium Antonini das einzige wahre Verbinum, und — damit
muss die Änderung von Gothofredus fallen. Wir behalten also ein Verona in Gal-
lien. Ich zweifle nicht daran, Gothofredus würde, wenn ihm jener Name eines bei
Bonn liegenden Verona eingefallen wäre, denselben nicht unberücksichtigt gelas-
sen haben; und in der Tat, wenn man bedenkt, wie gerade die Grenze zwischen
Germanien und Gallien auf dem linken Rheinufer schwankt, wie Bonn selbst in
der Legende von der thebanischen Legion bei Otto Freising rer. gest. III, 45. op-
pidum Galliae genannt wird, man kann sich, wenn man einen kühnen Gedanken
auszusprechen wagt, leicht in die Ansicht hineinspinnen, jenes Verona, woher die
Constitution des Valentinian lautet, sei eben kein anderes als unser hiesiges, und
ein klassisches Zeugnis sei somit für dasselbe vorhanden. Liegt denn eine Unmög-
lichkeit darin, dass Valentinian von Reims, von dem aus auf der Peutinger'schen
Tafel sich eine Straße nach Köln hinzieht, bis an den Rhein einmal gekommen?
Allein ich will die Zweifel nicht verhehlen, die einmal aus dem Stillschweigen des
Ammianus über eine solche Reise bis an den Rhein, andererseits aus dem Aus-
druck XXVI, 5. §. 14: „Et adusque Remos progressus" bei mir selbst aufsteigen,
obgleich auch dagegen wieder zu erinnern, dass er von Reims aus den Neotherius
absenden kann und ja selbst nach einer Constitution in Trier gewesen sein muss.
Indessen: „Quaerere distuli, nec scire fas est omnia." [5]

Der Erlass mit der Ortsangabe *Veronae* wurde, wie Lersch zutreffend angibt, im Dezember 366 unterzeichnet. Gothofredus schreibt immerhin wörtlich:[6]

[...] quomodo igitur Veronæ hæc *lex* a Valentiniano data dici possit? certe ut iam indicaui, non in Italia ca quærenda, verum in Galliis, ubi alioquin prope urbem *Remos* reperio urbem quæ dicitur *Vrigny:* Sed *Vironum* hic in Veromanduis coniicio: cuis mentio quoque in *Itinerario Peutingeriano,* quod ad Remos utique proximum est: quod & nobis hodie *Vervins,* in *Itinerario Antonii Verbinum:* oppidum nobile pace inita inter Regem Henricum M. & Philippum II. Hispaniarum Regem. Et vero in hac sententia hæreo: Non vero Virodunum, *Verdun,* quod credidit Petitus *in leges Attic. p. 39.* [...]

---

[5] *„Ich habe die Frage aufgeschoben und weiß nicht, ob alles richtig ist."*
[6] *Codex Theodosioanus Iacobus Gothofredus,* Bd. 2; Hgg. Jacques Godefroy, Johann Daniel Ritter. Zitiert nach der Ausgabe von Georg Weidmann (1737), S. 442. Netzzugriff unter https://books.google.de/books?hl=de&id=PehJAAAAcAAJ

[...] wie kann man dann sagen, dass dieser Erlass zu Veronae von Valentinian stammte? Sicherlich ist es, wie ich indiziere, nicht in Italien zu finden, sondern in Gallien, wo ich in der Nähe der Stadt Reims eine Stadt namens Vrigny finde: Aber ich vermute, Vironum ist dieses Veromandus, das auch in der Peutingerschen Tafel erwähnt wird; das sonst an Reims nächstgelegene ist: das heutige Vervins, im Itinerarium Antonini das Verbinum: eine vornehme Stadt, wo der Frieden zwischen König Heinrich M. und König Philipp II. von Spanien geschlossen wurde. Und tatsächlich halte ich mich an diesen Satz: Wahrlich ist es nicht Virodunum, Verdun, an das Petitus ‹ Samuel Petit, 17. Jh. › glaubte, s. leges atticae S. 39. [...]

Theodor Mommsen und Paulus M. Meyer bestätigen den von Gustav F. Haenel angegebenen Wortlaut von Valentinians Erlass in ihrer Textausgabe der *Theodosiani libri XVI*.[7] Sie annotieren jedoch zum handschriftlich überlieferten *veronae*: *„locus prope Remo quarendus ignotus est et fortasse corruptus; viroduni Reinesius"* – „ein aufzufindender Ort bei Reims ist nicht bekannt und möglicherweise verschrieben; s. ‹ Thomas › Reinesius *Virudun*." – Verdun ist unwahrscheinlich.

Allerdings ist nach Gothofredus näher zu unterscheiden zwischen *Vervins* und *Veromandorum*, dem *Viromandensim oppidum* nach Gregor von Tours. Beide Orte liegen ca. 45 km entfernt. *Vervins* erscheint als *Verbinum* im oben genannten Itinerarium Antonini (Verzeichnis römischer Heerwege, 3. Jh.), das die Peutingersche Tafel als *Vironum* überliefert. In diesem Ort wurden im Gegensatz zu dem römisch gegründeten *Augustus Veromandorum* – offenbar um 400 eine *civitas* (ohne nachweisbare Wehrbefestigung) nach der *Notitia Galliarum* – starke Befestigungsanlagen aus Wällen und Palisaden gefunden. Außerdem wurde hier, neben Mauerresten und Relikten von zehn Türmen, auch ein Theater ergraben.

Zu Valentinian steht fest, dass er im September 365 von Mailand nach Gallien aufgebrochen war und im Oktober in Paris datiert wurde. Wir wissen ferner, dass er bis zum Sommer des Jahres 367 in Reims weilte und im August des gleichen Jahres Amiens aufgesucht hatte, wo er seinen Sohn Gratian zum Mitkaiser erhob. Im Winter 367 begab er sich zu seiner neuen und letzten Residenz Trier. In 368 bekämpfte er erfolgreich plündernde Alemannen bei *Solicinium* (bei Rottenburg/Neckar). Zurück in Trier zog er umgehend nach Köln und schlug in der *Germania II* und deren Nordseegebiete eingedrungene Sachsen und Franken nieder, in 369 galt er als *Alamannicus maximus* und *Francicus maximus*. Er verließ Trier im Juni 374 zur Niederlegung von massiven Quaden- und Sarmateneinfällen über die Donau in Pannonien. Dort, im Legionslager Brigetio (heute Komárom-Szőny), erlag er im November des folgenden Jahres einer Erkrankung.

---

[7] *Theodosiani libri XVI cum Constivtionibvs Sirmondianis et Leges novellae ad Theodosianvm pertinentes* (1905) S. 353; unter https://archive.org/details/theodosianilibr01sirmgoog/page/353/ Vgl. *Codices Gregorianus, Hermogenianus; Theodosianus. Ed. Gustavus Haenel*, Bd. 1, Sp. 678. Er macht dazu mit Anm. q aufmerksam auf „*Vlront in Veromanduis*", das er anhand Ptolemäus' Angabe parallelisiert mit Saint-Quentin, Aisne, Hauts-de-France.

Zu Valentinians Vita ab September des Jahres 365 ist die Einbeziehung des italienischen Verona also nicht plausibel zu machen. Über dessen 4. Jahrhundert ist lediglich eine dortige Belagerung und Schlacht von 312 unter Konstantin d. Gr. bekannt. Wird man noch von einem weiteren für „Verona" stehenden Ort als Valentinians Zugziel ausgehen dürfen? Von einer Militärbasis mit den Ressourcen, die das *castra Bonnensia* als größtes Einzellegionslager des Imperiums für ihn bieten konnte?

Die Tabula des Folkmar von Köln

Auf einer Altartafel, die der Metropolit des Kölner Erzbistums für die Kirche St-Pantaleon gestiftet haben soll, befindet sich in einer Lobpreisung für ihn und seinen Amtsvorgänger Bruno I. die Ortsangabe *Verona*:

> *Praesul[8] Volcmarus nulli pietate secundus*
> *magni Brunonis et commendatio dulcis*
> *Veronae tabulamradiante scemate claram*
> *Fecit ut esset honorcui tellus servit et aequor*

> ‹ Bischof › *Folkmar, in Ergebenheit wie kein zweiter,*
> *des großen Brunolieblicher Konsultant,*
> *zu Verona eine Tafel– hell erstrahlend –*
> *machte, dass sie dienezu Ehren von Erde und Meer.*

Der Wortlaut der zwischen 1150 und 1250 kopierten Inschrift taucht in einem Pergamentkodex mit der heraldischen Inschrift *TERRET. ET. ALLICIT* aus der Benediktinerabtei Pantaleon auf.[9] Allerdings sind zu dieser Widmung sowohl ihre Erstdatierung als auch die Lokalisation für „Verona" umstritten. Denn zum einen wird davon ausgegangen, dass Folkmar sich nicht selbst loben wollte und daher die Inschrift erst nach seinem Tod formuliert worden sein konnte. Und zum anderen sollen die zeitweise recht angespannten Beziehungen der episkopal-geistlichen mit der säkularen Führung des italienischen Verona im Kaiserreich von Otto I. die eindeutige Identifizierung mit dem rheinischen Bonn erschweren.

Mit dieser Inschrift wird von Teilen der Textforschung eine Dankesschuld des für das Episkopat im oberitalienischen Verona berufenen, jedoch hier zweimal abgesetzten Geistlichen Rather erwogen. Er war in Lüttich geboren, wirkte zwischenzeitlich auch dort als Bischof und wurde von Otto, dem Vater des vorgenannten Bruno, zur Wiedererlangung seines zweiten Veroneser Episkopates entscheidend protegiert. Doch Rather verließ wegen erneuter Auseinandersetzungen mit den norditalienischen Machthabern schließlich endgültig Verona im Herbst 968,[10]

---

[8] Gemeint ist natürlich „praesul *ecclesiae*" = Bischof.
[9] Theodor Joseph Lacomblet: *Archiv für die Geschichte des Niederrheins II*, S. 81; hier die posthume Ausgabe *VII*, S. 148 f. Der Kodex wurde 1658 von Abt Aegidius von St-Pantaleon abgeschlossen.
[10] Näheres über Rathers Wirken in diesem Band von K. Weinand: *Verona → Bischof Rather.*

ging zurück in seine heute belgische Heimat und starb dort im Jahr 974 (Folkmar † 969, Bruno † 965).

Nach den chronistischen Überlieferungen lassen sich gute bzw. einvernehmliche Beziehungen zwischen Kaiser Otto I., Rather und seinem Schüler Bruno voraussetzen, jedoch keinesfalls die Verhältnisse zwischen Rather und seinen Widersachern an der Etsch. Wollte er für den rheinischen Metropoliten, einst seinen Schüler, den er im italienischen Verona unterrichtet hatte, den bedeutendsten Nachbarort von Köln aus vorangegangener Enttäuschung in das „zweite Verona" umbenannt wissen? Oder scheint es nicht viel wahrscheinlicher, dass nicht zuletzt aus kaiserlicher Sicht ein mit macht- und kirchenpolitischen Enttäuschungen verbundener Ortsname wohl kaum für dessen Transferierung in Frage kommen konnte?

Aus der *Vita Brunonis archiepiscopi Colonienis*, verfasst von einem Mönch Ruotger zwischen 965 und 969 im Auftrag von Brunos Nachfolger Folkmar, könnte man die gebotene Unterscheidung zwischen beiden gleichnamigen Orten entnehmen. So bezieht sich Ruotger zur angemessenen Unterscheidung in *c. 38* von Brunos Vita auf Rathers Episkopat(e) im italienischen Verona:

Siquidem Ratherus, Veronae — quae civitas est Italiae — ordinatus praesul [...][11]

Weitere Schriftzeugnisse aus dem 10. und 11. Jahrhundert

Das Bonner Cassiusstift besaß noch im 16. Jahrhundert ein Kopialbuch mit Urkunden des 7. bis 10. Jahrhunderts. Mit seinem Anfangsjahr 643 soll es zu den am weitesten zurückreichenden Abschriftensammlungen im Deutschen Kaiserreich gehört haben. Leider fiel dieses Konvolut den Zerstörungen des Cassiusstift-Archivs in den Kölnischen Kriegen zum Opfer. Jedoch wurde noch ein *Codex traditionum* von diesem Stift aufgefunden, das in den Besitz des Kölner Patriziers und Ratsherrn „Lic. iuris" Johann Helman († 1579) gelangen sollte und später von dem Bibliothekar und Historiker Max Perlbach († 1921) auszugsweise herausgegeben wurde.[12] Wilhelm Levison hatte seine Zusammenstellung gesichtet und mit chronologischen, ortsgeografischen sowie auch einigen personenspezifischen Anmerkungen als *Die Bonner Urkunden des frühen Mittelalters* neu herausgegeben.[13] Er zitiert daraus (Seite 252) diese Schenkung:

Donatio servorum Dei. Lutfridus donavit fratribus Veronensibus vineam I in Ruzindorp, Weizil I in Winteren, Reginwar de Lenginstorp 5 donavit I in Enizveldi, Wichswindi de Willepe I in Lucelen Winteren, et Menger I in eodem loco, et Gisela I in Bliteresdorpf, et Luto I iuxta villa Keistenich foris. p. 23.

---

[11] *MGH SS 4*, S. 269.
[12] Perlbach in: *Neues Archiv der Gesellschaft für ältere deutsche Geschichtskunde, Band 13* (1888) S. 145–170.
[13] *Bonner Jahrbücher 136/137* (1932) auf S. 15–270.

Diese Annotation datiert Levison zwischen 911 und 918. Sie bezeichnet die Lutfrid'sche Schenkung von Weingütern (in den genannten Orten) an die Geistliche Brüderschaft von *Verona*. Levison merkt an, dass neben der *Passio Gereonis* „et socciorum"[14], die Bonn mit dieser Bezeichnung lokalisiert, dieser Name sonst nicht vor dem 10. Jahrhundert begegnet. Über historische Authentizität dieses Vermerks kann hier nicht befunden werden, auch wenn sich dieser Eintrag mit einem Seitenverweis wohl auf eine andere Schriftquelle bezieht.

Die Chronik des Anselm von Lüttich

Eine weitere frühe Bezugnahme auf das rheinische Verona zu Bonn finden wir in Anselms Aufzeichnungen über das Cassiusstift, die zum Jahr 942 über eine Synode ebenda berichten. Auf einem anderen Konvent vom 20. April des Jahres 959 wurde, so schreibt Anselm wiederum rückblickend, ein Everacrus

Propst von Verona diesseits der Alpen, das gewöhnlich Bonn genannt wird

— *cisalpinae Veronae praepositus, quae vulgo Bunna dicitur* —

zum Bischof von Lüttich gewählt.[15]

Anselm überliefert diese Angabe nicht vor der Jahrtausendwende, sondern erst einige Jahrzehnte danach (spätestens 1048). Wie auch über Everacrus gesagt wird stammte er aus dem Kölner Raum (* um 1008) und betätigte sich als Chronist und Hagiograf des Hochstifts Lüttich. Um 1050 schreibt er erneut *Verona* für Bonn

...a quo et praelatus canonicae apud Veronam, quae usitatius Bunna vocicatur...[16]

Der Abt Lambert von Lüttich,

auch zeitweilig im Kloster Deutz tätig (um 1040), vermerkt in seinem Werk über die Wunder des heiligen Heribert:

Convertitur in luctum et lamentum laetitia; aptantur extincti corporis exequiae pro instante penuria; advehuntur Veronam, et ibi cum infinito honore cadaver excipitur...[17]

Freude verwandelt sich in Trauer und Klage; die Bestattungen der Toten sind dem gegenwärtigen Mangel an Mitteln unterworfen; sie werden nach Verona gebracht, und dort werden die Leichname mit unendlicher Ehre aufgenommen...

---

[14] *Passio sanctorum Gereonis, Victoris, Cassi et Florentii Thebaeorum martyrum.*
Über weitere Gleichsetzungen insb. zur Bonner Märtyrertradition in diesem Band der Beitrag *Bonn-Verona und die Thebäerlegende.*
[15] *MGH SS 7*, S. 201: *Anselmi gesta episcoporum Leodiensium.*
[16] *MGH SS 7*, S. 209.
[17] *Miracula S. Heriberti, c. 7* in: *MGH SS 15.2*, S. 1250.

Unter den Bonner Zolleinkünften von 1043

wurde in der Amtszeit von Erzbischof Hermann II. ein Silberpfund („*libram I.*")
aus der Zollkasse der *civitas Verona* an den von ihm neubaulich vergrößerten Kölner Severinstift übertragen:

> ...*atque thelonio civitatis verone libram I.*[18]

Schriftzeugnisse aus dem 12. Jahrhundert

Eine weitere Gleichsetzung von Bonn mit Verona finden wir in der Vita über Erzbischof Anno II. von Köln, die von einem namentlich nicht überlieferten Siegburger Mönch um 1105 verfasst wurde. Er schreibt:

> *I, c. 21: Duobus quoque peregrinis ex Graecia per idem tempus apud Veronam quae et Bunna hospitantibus, apparuit in visu magnae claritatis scala a vertice montis in coelum usque subrecta, per quam miri candoris agniculi laetis gestibus ascendentes aetheris alta penetrabant.* [19]

> *Zwei Pilger aus Griechenland, die sich gleichzeitig bei Verona, so Bonn, aufhielten, vernahmen die Vision einer Leiter in großem Glanz, die von der Spitze des Berges ‹ Venusberg ? › zum Himmel hinaufführte und auf der wundervolle weiße Lämmer mit freudigen Gesten aufstiegen und in die Tiefe des Raumes drangen.*

Noch eine weitere Anmerkung folgt später:

> *II, c. 23: Fuit in Verona, quae dicitur et Bunna, homo praeter solam oculorum fidem nulli prorsus exponendae calamitatis, homo miserrimus, omniumque miseratione dignissimus.*[20]

> *In Verona war ein erbarmungswürdiger und unser aller Mitleid verdienender Mann, der nur noch seinen Augen vertrauen konnte und dem daher nichts zustoßen durfte.*

Anfang des 12. Jahrhunderts schreibt der Verfasser der *Ekkehardi chronicon universale* über den Vater-Sohn-Streit zwischen Heinrich IV. und V.:

> *Revertentes quoque, tam pauperes quam divites, non sine proprio singuli dampno, regem nostrum Heinricum quiddam infortunii perpessum a rebellantibus sibi nonnullis per Alsaciam seditiosis, fama sinistra percepimus; in Lotharingia quoque Heinricum ducem et episcopum Leodiensem Otbertum contra*

---

[18] T. J. Lacomblet, *Urkundenbuch für die Geschichte des Niederrheins...* Band I – Jahre 779 bis einschl. 1200 – Urk. Nr. 179, S. 111 (Düsseldorf 1840).
[19] *Vita S. Annonis archiepiscopi Coloniensis maior* in: *MGH SS 11*, S. 476.
[20] a.a.O. Seite 510.

regem se armare, Coloniamque, Iuliacum atque Bunnam, quae et Verona, cae-
teraque cis ac citra Rhenum oppida ad resistendum se preparare.[21]

> *Als wir zurückkehrten, Arme wie reiche, nicht mit ohne eigenen Schaden da-*
> *vongekommen, vernahmen wir übles Gerücht, dass unser König Heinrich von*
> *Aufrührern im Elsass, die sich gegen ihn erhoben, habe Schlimmes erleiden*
> *müssen; in Lothringen sich Bischof Otbert von Lüttich und Herzog Heinrich*
> *gegen den König rüsteten, und Köln, Jülich und Bonn, genannt Verona, sowie*
> *die übrigen Orte dies- und jenseits des Rheins sich zum Widerstand vorbereite-*
> *ten.*

Die Kölner Königschronik *Chronica regia Coloniensis* berichtet über das Jahr
1114:

> *... sequenti die versus Veronam et Iuliacum, presidia Coloniensum, cum exer-*
> *citu properat, preda, flammis et rapinis omnia vastat.*[22]

> ...‹ Das Heer von Kaiser Heinrich V. › *wandte sich am folgenden Tag gegen*
> *Verona und Jülich, die präsidialen Kölner Festungen, zerstörte alles durch*
> *Plündern, Sengen und Rauben.*

Auch der Annalista Saxo erinnert um die Mitte des 12. Jahrhunders an diese Verschwörung unter den Beteiligungen von Jülich, Bonn und weiteren kleineren Orten:

> *Preterea oppida Iuliacum et Bunna, que et Verona, cum eo conspiraverant,*
> *ceteraque parcium illarum oppida.*[23]

Aus dem nordwestlich von Köln liegenden Kloster Brauweiler liegt uns dieser
Passus nach dessen *Annales Brunwilarenses* über das Jahr 1143 vor:

> *Apud Veronam presidente Ottone comite igne consumpti sunt tres, malentes*
> *mori quam cedere sacrosancte catholice fidei.*[24]

> *In Verona wurden unter dem Vorsitzenden Graf Otto drei Leute* ‹ gemeint
> sind Häretiker › *verbrannt, die lieber sterben als den unantastbaren katholi-*
> *schen Glauben annehmen wollten.*

Otto von Freising, der zu den seinerzeit führenden Gelehrten zählt, zitiert nach
seiner chronistischen Aufassung sinngemäß aus der *Passio Gereonis* [„et sociorum"]:

> *Elapse sunt de collegio illo plures, quos insequentes Romani VIIII in oppido*

---

[21] *MGH SS 6,* S. 234–235.
[22] Georg Waitz, 1880: *Chronica regia Coloniensis, MGH SS rer. Germ. 18,* S. 54.
[23] *MGH SS 6,* S. 742.
[24] Berichtzeit von 1000 bis 1179, u.a. in *MGH SS 16,* S. 727 (späteste MGH-Ausgabe).

Galliae Bunna, quae et Verona, occiderunt, Gereonem vero cum sociis suis CCCXXX in suburbio Coloniae Agrippinae urbis interfecerunt.[25]

Otto, der seine *chronica* spätestens 1157 abschlossen haben soll, gibt demnach ohne einen geringsten Zweifel an, dass

> *in der gallischen Siedlung Bunna, dem sogenannten Verona, jene dem Verband entflohene 9 Männer von nachsetzenden Römern umgebracht und Gereon mit seinen 330 Gefährten in den Vororten der Stadt Colonia Agrippina getötet wurden.*

Josef Niessen kommentiert für uns weitere urkundliche Überlieferungen:

> *Unter den zahlreichen Erwähnungen des Grafen Konrad von Bonn (1125–1147) kommt, um nur ein Beispiel zu nennen, ein einziges Mal „Cunradus comes Veronensis"*[26,30] *vor. Dieses Beispiel sagt aber noch mehr; gerade die Bezeichnung „comes Veronensis"*[26] *widerlegt die Möglichkeit der von Lersch*[26] *versuchten Unterscheidung und beweist, daß Bonna und Verona in völlig gleicher Bedeutung gebraucht wurden; der in der gleichen Urkunde von 1138 in der Zeugenliste auftretende Gerardus prepositus Veronensis*

ist der Stiftspropst Gerhard von Ahr, der sich gewöhnlich *prepositus Bonnensis* nennt. Wir dürfen nicht anfangen, Haare zu spalten, wenn der auch unter den ritterlichen Ministerialen des Cassiusstiftes auftretende Bonner Bürger Roinc oder Roingus, einmal als „*laicus et civis Bunnensis*" (1139)[31] und in einer anderen Urkunde als „*Veronensis concivis*" (1142)[32] erscheint und dabei in der letzten Urkunde als Ausstellungsort „*Bunna*" genannt wird.[27]

Aus dieser Urkunde von 1142 der Wortlaut als Auszug:

> *ego Roingus Veronensis concivis … traditi siquidem ad honorem et commodum prefatis sanctis domum in proprio allodio Bunne… Acta et confirmata est haec mea dispositio Bunna.*

> *Ich Roing, Bürger von Verona … habe somit übergeben zu Ehren und Behagen an das heilige Haus ‹ Kloster › aus eigenem Besitz zu Bonn… Verhandelt und bestätigt ist meine Disposition zu Bonn.*

---

[25] *Ottonis episcopi Frisingensis chronica sive Historia de duabus civitatibus, 3, 43* in *MGH SS rer. Germ. 45,* S. 176.

[26] Hier Anm. 30 von Niessen (siehe nachfolgende Seite). Er weist Lerschs Folgerung auf „Verona" nur für die unmittelbare Umgebung des Bonner Münsters zurück, vgl. Lersch 1842, a.a.O. Seite 7 f. Zur verbindenden ‚Bonngasse' zwischen dem *castra* und bürgerlichem Siedlungsbereich (von „*vicus*" zur „Stadt") gibt es ähnliche Auffassungen, vgl. Ritter, *Dietrich von Bern* (1982) S. 289.
Siehe auch in diesem Band *Das antike, fränkische und mittelalterliche BONN-BERN-VERONA → Bonngasse und Verona.*

[27] Niessen a.a.O. Seite 71, größtenteils schon erwähnt von Lersch.

Weiter mit Niessen:

Eine ähnliche Doppelverwendung von Bonn und Verona weist eine Urkunde von 1149 auf, in der Erzbischof Arnold I. von Köln ein von ihm in Hersel erbautes und ausgestattetes Oratorium dem Bonner Stift unterstellte.

„ Verhandelt wurde das Rechtsgeschäft in der Stadt Verona "

„Acta sunt hec civitate Verona",

und als Zeugen waren u. a. zugegen: Gerhardus Bunnensis prepositus und Albertus comes de Bunna[33].

---

[30] *Urkunde Eb. Arnolds I. für Brauweiler; Reg. Eb. Köln Nr. 360 zu 1138*

[31] *Günther, CDRM I Nr. 124*

[32] *Günther,CDRM I Nr. 129, Reg. Eb. Köln II,409*

[→ Wilhelm Günther, *Codex Diplomaticus Rheno-Mosellanus I. Theil, Urkunden vom VIII. bis zum Ende des XII. Jahrhunderts* (1822) S. 262]

[33] *Reg. Eb. Köln II, 465. Günther, CDRM I 322 Nr. 149*

Im ältesten Totenbuch vom Xantener Stift finden wir in einem handschriftlichen Vermerk nach dem Jahr 1154 einen

Everwinus diac. de Verona civitate[28]

In der *Vita Everacli*, der Lebensbeschreibung des bereits oben genannten Bischofs Everacrus von Lüttich (959–971), hier aus der Feder des im dortigen Kloster St-Laurentius schreibenden Reiner („Reinerus S. Laurentii", † nicht vor 1182), lesen wir über Bonn als Schulungsort:

c. 2: Veronae autem Cisalpinae, quam vulgo Bunnam dicunt, magisterio preditus scolarum, mira benignitate tam suos scolares quam universos studii ad se causa confluentes erudiebat...[29]

In Verona, diesseits der Alpen, gemeinhin Bunna genannt, verfügte das Magistrat über eine Schule, in der mit wunderbarer Zuvorkommenheit sowohl ihre Schüler als auch alle, die sich ihr anschlossen, gelehrt wurden...

Reiner weiter über das Bonner Stift in der Biografie über den Lütticher Bischof Reginhard, der *Vita Reginardi*:

c. 2: Quem et Veronensi canonicae prefecit prepositum, per singula aecclesiasticorum ordinum officia iam provectum...[30]

Den Vorsitz über die Kanoniker von Verona führte der Prepositus ‹ Stiftprobst

---

[28] Friedrich Wilhelm Oediger (Hg.), *Das älteste Totenbuch des Stiftes Xanten* (Kevelaer 1958) Bd. 2, Teil 5, S. 82.

[29] *MGH SS 20*, S. 562.

[30] a.a.O. Seite 571.

oder Dekan ›, *nachdem er jedes der einzelnen kirchlichen Ämter durchlaufen hatte...*

Im Urkundenbestand der Stadt Andernach finden wir diesen zwischen 1171 und 1191 vorgenommenen Eintrag in einem Register von Schöffenurkunden:

[6.] Notum sit omnibus iura legum scientibus, quod Ilyas et uxor eius Alverat de Verona civitate, qui idem Ilyas fuit filius Wolberonis, vendidit domum suam Cristiano et uxori suae Gerbern, in presentia urbanorum, et confirmatam banno Teoderici comitis de Wida et advocati.[31]

Allen in Kenntnis von Gesetzesrecht sei bekannt, dass Ilyas und seine Frau Alverat aus der Stadt Verona, derselbe Ilyas, Sohn des Wolberon, ihr Haus an die anwesenden Stadtbewohner Cristiano und seine Frau Gerbern verkauften; bestätigt durch Herrenrecht von Theoderich, Graf von Wida, und des Advokaten.

Zum Jahr 1197 finden wir in zwei Kodizes der Kölner Königschronik eine offenbar inspirative Memoria an Dietrich von Bern an der Mosel[32] als weitere Gleichsetzung von Bonn mit Verona: Nach Kodex A stammt er aus Bern, während Kodex B ihn als König von Verona angibt:

Theodericum quondam regem Verone se nominat.[33]

Schriftzeugnisse aus dem 13. Jahrhundert

In der Kölner Königschronik finden sich weitere Einträge „Verona" über die Jahre zwischen 1204 und 1206. Sie beziehen sich auf den Angriffskrieg von Philipp von Schwaben gegen Erzbischof Adolfus und den Gegenkönig Otto IV. Die Auszüge mit expliziter Nennung von Verona:

1205:

Eodem tempore naves et currus, quibus victualia regis ferebantur, a Walravio apud Veronam diripiuntur.[34] ...

...Philippum regem cum multitudine copiosa fluvium Mosellam transisse atque in confinio Veronensis civitatis iam consedisse, retulerunt.[35] ...

---

[31] Robert Hoeninger, *Der Rotulus der Stadt Andernach 1173–1256* in: *Annalen des Historischen Vereins für den Niederrhein insbesondere die alte Erzdiöcese Köln, 42* (1884) S. 10, Nr. 6.
[32] Dietrich von Bern erschien auch nach der Thidrekssaga an der Mosel, dessen weitläufiger Raum zum Großreich der rheinfränkischen Könige Theuderich I. und schließlich dessen Sohn Theudebert I. zählte.
[33] *MGH SS rer. Germ. 18*, S. 159.
[34] *Annales Colonienses minimi* in *MGH SS 17*, S. 851–852;
Chronicae regiae Coloniensis Continuatio prima in *MGH SS 24*, S. 8.
[35] *MGH SS XXIV*, S. 9.

Transito igitur fluvio Mosella, nullo sibi obstinente, Andernacum venit, inde predium regium Sinzeche Regiomagnumque preteriens, Veronam applicuit, quam et Coloniam ad duo fere miliaria protendens tabernacula, illic cum suis transposuit[36] ...

... rex et optimates sui nimia animi commotione exacerbati, versus Veronam divertentes, ipsam civitatem in furore et in ira cum inhabitantibus igni, cede, rapinis funditus evertere moliebantur. Veronenses territi, comitem de Liningen et de Spanheim solicitant.[37]

Zu dieser Zeit wurden Schiffe und Wagen, welche die Lebensmittel für den König lieferten, von Walrav ‹ von Limburg › bei Verona geplündert. ...

... ‹ und dass › König Philipp mit viel Gefolgschaft den Fluss Mosel überquerte und sich im Gebiet von Verona niedergelassen habe ...

Nachdem er somit die Mosel ohne Widerstand überquert hatte, kam er nach Andernach, und vorbei an den Königshöfen Sinzig und Remagen legte er bei Verona an, zwischen diesem und Köln sich fast über zwei Meilen seine Zelte erstreckten und er selbst mit den seinigen lagerte ...

... der König und seine Edlen, erregt durch die übermäßige Erbitterung, kamen nach Verona, wollten diese Stadt ‹ civitatem ! › in Wut und Erbitterung mit samt ihren Einwohnern mit Feuer, Mord und Raub von Grund auf vernichten. Die entsetzten Veroneser und baten die Grafen von Liningen und Spanheim um Hilfe.

1206:

Sicque reversus via qua venerat, inter Veronam et Coloniam in eo quo et preterito anno aliquantis diebus loco consedit.[38]

So begab sich ‹ Philipp › auf den Weg zurück auf dem er gekommen war: zwischen Verona und Köln, dorthin, wo er im vorausgegangenen Jahr über Tage gelagert hatte.

Aegidius von Orval schreibt um die Mitte des 13. Jahrhunderts in seiner *Gesta episcoporum Leodiensium* – den „Taten der Lütticher Bischöfe":

Liber 2, c. 47: Baldrico post paucos annos defuncto, Eraclius, Cisalpine Verone, que alio nomine Bonna vocatur, prepositus, quadragesimus quintus episcopus substituitur.[39]

---

[36] Waitz a.a.O. S. 176; vgl. auch *MGH SS 24*, S. 10.
[37] Waitz a.a.O. S. 178; vgl. auch *MGH SS 24*, S. 11.
[38] Waitz a.a.O. S. 180; vgl. auch *MGH SS 24*, S. 12.
[39] *MGH SS 25*, S. 53.

Einige Jahre nach dem Tod von Balderich wurde Eraclius ‹ gemeint: Everaclus = Everacrus = (dt.) Ebrachar › , *Prepositus* ‹ Probst oder Dekan › *von Verona diesseits der Alpen, das unter anderem Namen Bonna heißt, durch den fünfundvierzigsten Bischof ersetzt.*

Zum Jahr 1242 lesen wir in der *Chronici Rythmici Colonienses Fragmenta*:[40]

> *Tandem conveniunt vir ut unus cesareani,*
> *Perdere concipiunt terram metropolitani*
> *Agrippinensis, opidi sevi Veronensis*

> *So kamen sie zusammen, der Mann und einer der kaiserlichen,*
> *in der Absicht zu verderben das Gebiet des Metropoliten*
> *von Köln, die Stadt Verona.*

Dieser Passus in der Kölner Reimchronik bezieht sich auf die Schlacht von Badua (Badorf bei Brühl), in der Erzbischof Konrad von Köln durch den Grafen Wilhelm von Jülich, in Diensten von König Conrad IV., gefangen genommen wurde.[41]

Hagens *Boich van der stede Colne*

Eine andere und wesentlich bekanntere „Reimchronik" über Köln schrieb deren Stadtschreiber und Urkundenspezialist Godefrit Hagen. Er fasste dieses Werk in seinem moralisierenden und belehrenden „Buch von der Stadt Köln" im Jahr 1270 und schloss es im folgenden Jahr mit einer Hinzufügung ab.

Mit dem Auftritt vor allem von Konstantin d. Gr. und der Heiligen Ursula (angeblich † 383) und schließlich auch Dietrich von Bern amalgamierte Gottfried historische Ereignisse mit legendären Überlieferungen auf insgesamt 6289 Verszeilen.[42]

Er schreibt bereits an früher Stelle in den Versen 59–61:

> *ind dat her laichte sich neder / mit dem gueden sente Materne / by Bunna, dat heis man do Berne.*

> *Und dort legte er* ‹ ein Gefolgsmann des hl. Maternus › *sich nieder / mit dem guten Sankt Maternus / bei Bonn, das heißt man dort Bern.*

Damit stellte bereits Lersch *Bern* als *Verona* in den zweifellos textkritisch zu verfolgenden Zusammenhang zur frühzeitlichen Gleichsetzung mit Bonn – wie ja

---

[40] Waitz a.a.O. S. 307.

[41] vgl. *Bonner Jahrbücher 23*, unter *IV. Miscellen*, S. 184 f.

[42] abschriftlich n. Eberhard von Groote, *Des Meisters Godefrit Hagen, der Zeit Stadtschreibers, Reimchronik der Stadt Cöln aus dem dreizehnten Jahrhundert, Cöln am Rhein 1834.*

schon Koelhoff d.J. in seiner Chronik mit einer Bezugnahme auf den Kölner Bischof Maternus. Gottfried zitiert Dietrich ohne Hinzufügung von dessen *Bern* in den Versen 3684, 4754, 5004, 5685.

Alexander von Roes

In der *Memoriale de prerogativa imperii Romani* des Kölner Kanonikers († vor 1300) lesen wir zum legendären Zug des angeblich aus Troja ausgezogenen Priamus:

> *c. 16: Priamus vero transiens in Galliam illos Gallicos, qui supra Reni litus morabantur, de terminis illis expulit et versus occidentem retrocedere coegit, ibique munitiones et castra instituens, Troiam videlicet minorem, que nunc Xanctum dicitur, et Veronam, que nunc Bonna nuncupatur, per diocesim Coloniensem, conjuges accepit cum suo exercitu de mulieribus Theutonicis, eo quod essent corpulente et habiles ad prolem fortiorem propagandam.*[43]

> *Als Priamos dann aber nach Gallien vordrang, vertrieb er jene Gallier, die ‚oben' an der Küste des Rheins wohnten und zwang sie, sich nach Westen zurückzuziehen; und er errichtete dort Befestigungen und Lager, nämlich das kleine Troja, zu dem man jetzt Xanten sagt, und Verona, das man nun Bonna nennt, in der Diözese von Köln. Er nahm in seinem Heer germanische Frauen auf, deswegen, weil sie korpulent und fähig waren, käftige Nachkommen hervorzubringen.*

In Alexanders *Noticia seculi* lesen wir schließlich von drei Orten *Verona*, die Priamus gegründet haben soll:

> *c. 11: Sed Priamus cum suis per mare Adriaticum velificans applicuit in inferiori Lombardia ibique relictis trieribus pedes transiens per Pannoniam super fluvium, qui nunc Attasis dicitur, civitatem fundavit, quam Veronam appellans, inde per ardua Alpium contra aquilonem iter dirigens in superiori Alemania aliam civitatem constituit, quam eodem nomine Veronam nuncupavit. Sed ibi cell intemperiem sustinere non valens, per dufluxum Reni descendens venit ad districtum Treverorum, in quo super ripam Reni tertiam civitatem construxit, quam Veronam vocavit.*[44]

> *Doch Priamos segelte mit seinem Volk über die Adria und ging in der unteren Lombardei an Land. Er durchzog Pannonien; an dem Fluss, der heute Etsch heißt, gründete er eine Stadt, die er Verona nannte. Von dort leitete er seinen Zug über die steilen Alpen nach Norden und gründete eine Stadt im ⟨,⟩oberen*

---

[43] Herbert Grundmann, Hermann Heimpel, *Die Schriften des Alexander von Roes* (Weimar 1949) in: *MGH Dt. MA 4*, S. 36. Darin eine deutsche Übersetzung der Herausgeber.
[44] a.a.O. Seite 80.

Alemannien⁽ ⁹⁾, *die er mit demselben Namen Verona nannte. Doch da er hier das widrige Wetter nicht ertragen konnte, stieß er den Rhein hinunter und gelangte in die Gegend von Trier, wo er noch am Rheinufer eine dritte Stadt errichtete, die er Verona nannte.*

Noch im 13. Jahrhundert kolportiert Alexander die Trojanische Herkunftslegende zur „gallorheinischen Zugehörigkeit".[45]

Seine Geschichtsauffassung gründet sich zweifellos auf fränkischer Geschichtsschreibung des 7. Jahrhunderts, also vor allem auf die Chroniken des sog. *Fredegar* und dem *Liber historiae Francorum.*

Wie bereits der seinerzeit exponierte Geschichtsschreiber Otto von Freising hatte man die Erzählungen der fränkischen Autorenschaft nicht nur kritiklos hingenommen, sondern – mit welchen Quellen oder eigenen Vorstellungen auch immer – weiter ergänzt.

Wenn nun Alexander oder sein Skriptor daran anknüpft und im Trierer Gebiet die Mosel mit dem Rhein wechselt haben sollte, dann dürfte er Bernkastel gemeint haben. Und falls er sich auf die kartografisch gängige Orientierung „Norden ist oben" beziehen sollte, könnte er sich aus dem raueren Klima des „nordischen Alemannien" – hier ein unterstelltes Bonn allerdings in einer „Germania" – ins moselländische „Bern-Verona"[46] begeben haben.

---

[45] Siehe zum Trojanischen Herkunftsmythos R. Badenhausen, *Origo gentis Francorum und die Thidrekssaga* im BERNER 89, S. 39–56.

[46] Wolfgang Jungandreas, *Historisches Lexikon der Siedlungs- und Flurnamen des Mosellandes* (Trier 1962–1963), fand hier noch drei Lokalitäten namens „Bern":

- in einem Stadtviertel von Trier „Am Palastgarten",
- einen Hof bei Engers,
- ein Flurstück bei Andernach.

Jungandreas nennt zwei moselländische Urkundeneinträge mit *Theoderico militi dicto de Berne* von 1285 und *Theodericus filius Berne* von 1324. Daneben haben wir aus diesem Raum Urkundeneinträge mit einem Zeugen *Th. de Berne* (1265, Streitsache Abtei Himmerod), einen *Sewardus armiger filius quondam Teodorici militis in Kocheme dictus de Berne* von 1297. Die Möglichkeit, dass einerseits ein namengebendes „Bern" als Memoria zu diesen Örtlichkeiten migrieren konnte, andererseits eingewanderte Personen nach ihrem Herkunftsort benannt sein können, soweit aus Urkunden erschließbar, sollte daher nicht außer Acht gelassen werden. Hierzu Edo Oostebrink (Lektorat):

Die Belege aus dem Codex diplomaticus Rheno-Mosellanus *für* ,Th. de Berne' *und* ,Sewardus armiger filius quondam Teodorici militis in Kocheme dictus de Berne', *gehören zweifellos zur selben Familie, wie sie merkwürdigerweise auch bei Jungandreas fehlen. Ihr Name bezieht sich wohl auf keines der drei Berne im Moselland, die Jungandreas nennt, weil diese nur Flurnamen sind. Auch aus Bernkastel können sie nicht stammen, wie die Belegeliste für diesen Ortsnamen bei Jungandreas ganz klar macht. Ich meine also, dass hier, weil es ein einigermaßen bekannter Ort sein muss, wahrscheinlich doch Bonn gemeint wird. (Jungandreas*

Eine Grabinschrift aus dem 13. und – fortgesetzt – 14./16. Jahrhundert

Eine Memoria auf dem Grabmal von Engelbert II. von Falkenburg († 1274), der wegen fortwährender Streitigkeiten mit den Stadtfürsten von Köln seinen Sitz von Köln nach Bonn zeitweilig verlegt hatte, trägt auf der Randinschrift diese Widmung:[47]

Engelbertus de Falkenburg Archiepis‹copis› Col‹oniensis› •
Floreat in coelis tua laus Verona fidelis •
Filia tu matris Engelbertique Patris •
Quem tua metropolis non habet, ossa colis

Engelbert von Falkenburg, Erzbischof von Köln •
Dein Lob, treues Verona, möge in den Himmel erstrahlen •
Du Tochter der Mutter ‹ Kirche › und des Vaters Engelbert •
bewahrst seine Gebeine, welche die (Erz-) Bischofsstadt nicht besitzt.

Die Randinschrift stammt frühestens aus der 2. Hälfte des 14. Jahrhunderts, jedoch deuten einige text- und gestaltungsstilistische Merkmale auf das 16. Jahrhundert.

Bildquelle: Wikimedia Commons CC BY-SA 2.0 de

Im 14. Jahrhundert und später

hatte die „Rheinkölnische Hagiografie" den norditalienischen Raum erreicht. Zu dieser Zeit bezog sich der venezianische Bischof Petrus de Natalibus in seinem *Catalogus Sanctorum et gestorum eorum*[48] auf die in der *Passio Gereonis* enthaltenen Angaben über die Bonner Märtyrer.

Bischof Petrus führt ohne Äußerung jeglichen Zweifels an:

Cassius et Florentius martyres cum sociis. VII. passi sunt sub Maximiano imperatore apud Beronam urbem Galliarum circa Rhenum fluvium.

Cassius und Florentius starben als Märtyrer zusammen mit ihren sieben Gefährten unter Kaiser Maximian in Berona, einer Stadt in Gallien am Rhein.

---

nennt das Trierer Viertel übrigens noch ‚An der Basilika'. Erst 1958 wurde diese Straße in ‚Am Palastgarten' umbenannt, wie ich im Internet gefunden habe.)
Anm. Verf.: „Verona" findet sich nicht in den von Jungandreas erfassten moselländischen Urkunden.
[47] zitiert aus: https://www.inschriften.net/bonn/inschrift/nr/di050-0039.html
[48] *Katalog der Heiligen und ihrer Taten*, verfasst zwischen 1369 und 1372, Auszug *liber 9, c. 46.*

Über ihren wesentlich früher verstorbenen Mitstreiter Apollinaris von Ravenna, seine Lebenszeit wird vom 1. bis ins 2. Jahrhundert datiert, berichtet auch die im 18. Jahrhundert gedruckte *Historia Translationum S. Apollinaris Episcopi et Martyrius*.

Dieses Werk vermerkt zur Überführung seiner Gebeine ins Kölner Erzbistum:

> *c. 1,12: Vir quidam dives et habitans in Verona cc, quae nunc vocatur Bonna, Coloniensis dioecesis, Henricus Gratel, qui elephantino percussus morbo, demum a communi hominum habitatione sequestratus morabatur...*[49]

Genannt wird in diesem Passus ein wohlhabender Mann namens Heinrich Gratel *in Verona cc, das nun genannte Bonn,* der von der Elefantenkrankheit befallen war und deswegen von der Ortsgemeinde verstoßen wurde.

Zusammenfassung

Für das rheinische Verona gesichert ist die Zuschreibung jener zweifellos gelehrten Bezeichnung auf die rheinische Stadt gegenüber der Siegmündung spätestens im 10. oder 11. Jahrhundert. Die Möglichkeit eines bereits antiken oder spätantiken Zweitnamens wie *Bern* oder *Verona* sollte nach den hier vorgestellten Ableitungsvoraussetzungen nicht voreilig verworfen werden.

Die vom „hochmittelalterlichen Volksmund" verbreitete Gleichsetzung *Bonn-Verona-Bern* aus offensichtlich lokalem Traditionsbewusstsein – noch dazu in Kenntnis einer im Kloster Wedinghausen verfassten Vita über Dietrich? – überliefert uns der Kölner Geistliche, Stadtschreiber und Urkundenspezialist Gottfried Hagen spätestens um 1270.[50] Zeitlich dazu korrespondiert die literarische Abfassung des *Dietrich von Bern* nach der historiografisch ausgerichteten Thidrekssaga für diesen provinzialrheinisch vorauszusetzenden Sitz der Heldengestalt.

Für die Historizitätsforschung ihrer Überlieferung und der altschwedischen Handschriften bedarf die Aufhellung der etymologischen Grundlage und Verbindung zwischen *Bern* und *Verona* vor dem Hintergrund rheinrömischer und nachfolgend ostfränkischer Macht- und Raumverhältnisse sicherlich noch weiterer Untersuchungen.

Halten wir demnach bis auf Weiteres fest:[51]

- Die gesicherte früheste Gleichsetzung von Bonn mit Verona finden wir in der Ernennungsurkunde für den Propst Everacus vom 20. April 959 mit

Verona ..., quae vulgo Bunna dicitur.

---

[49] Joanne Pinio in: *Acta Sanctorum, Julius* V (Antwerpen 1727) S. 379.
[50] Soest und dessen Wedinghausener Stift unterstanden seinerzeit dem Kölner Erzstuhl.
[51] Ergänzungen zum stadt- und sagengeschichtlichen Überlieferungskontext im bereits genannten Beitrag *Das antike, fränkische und mittelalterliche BONN-BERN-VERONA*.

- Nach den vorliegenden Quellen wurden *Bonn* und *Verona* wechselweise vor allem zwischen ca. 1000 und 1350 verwendet, letztlich setzte sich *Bonn* durch.

- Sowohl seit dem 14. Jahrhundert als auch nachfolgend ist der Gebrauch von *Verona* für Bonn nicht regulär, sondern eher vereinzelt auszumachen. Dieser Name erscheint in bemerkenswerter Häufigkeit auf den in Bonn geprägten Münzen der Erzbischöfe von Köln.[52]

- Es gibt keine Anhaltspunkte für eine mit dem römischen Militärwesen zusammenhängende Namenherkunft zum Gedenken an das italienische Verona.

- Dieser Ort an der Etsch lässt sich weder nach historischen noch literarchronologischen Kontexten als originärer Namenspender für Dietrichs = Thidreks rheinisches Bern reklamieren.

---

[52] Dazu in diesem Band der Beitrag von K. Weinand: *Münzen und Siegel mit Verona → Verona-Bonn am Rhein.*

Merowinger-Kreuz von Moselkern
aus Mayener Basaltlava,
Ende 7. Jahrhundert

LVR-LandesMuseum Bonn

Bildquelle: Wikimedia Commons
CC BY-SA 4.0

Rolf Badenhausen

Das antike, fränkische und mittelalterliche
BONN-BERN-VERONA

Eine Zeitreise durch römische, rheinfränkische, deutsche Geschichte zur Thidrekssaga

VERONA, heute die Gemeinde Bonn, Stadt oberhalb von Köln am Rhein, so bekannt im Jahr 1575.[1]

Wie gelangte *VERONA* an den Rhein? Schon ein Blick in die ältere deutsche Quellenforschung verdeutlicht den Stellenwert dieser Frage mit der ersten Ausgabe und dem ersten Artikel (!) in den *Jahrbüchern des Vereins von Alterthumsfreunden im Rheinlande* – den seit 1842 herausgegebenen „Bonner Jahrbüchern". Darin liefert Laurenz Lersch unter dem Titel *Verona*[2] bereits einige kritische Betrachtungen und Darstellungen nicht nur vom Bonner Münz- und Siegelwesen,[3] sondern auch grundsätzliche Anmerkungen zum geografischen Stellenwert in Sage und Geschichte.[4]

Die hierzu von der Textforschung jedoch unterschiedlich behandelten Gleichset-zungen von *Verona* mit *Dietrichs Bern*, der als heldenepisch verewigte historische Gestalt im 5./6. Jahrhundert entweder in Italien oder / „und" am Rhein residiert haben soll, sind für uns von elementarer Bedeutung.

Als die Rheinfranken in der zweiten Hälfte des 5. Jahrhunderts den strategisch exponierten Ort an der Siegmündung endgültig zu ihrem Herrschaftsgebiet zählen

---

[1] Kupferstich von Georg Braun und Frans Hogenberg aus: *Civitates orbis terrarvm II: De Prae-cipvis, Totivs Vniversi Vrbibvs Liber*
[2] darin S. 1–39, Netzzugriff unter https://books.google.de/books?id=EkDbSJ8ydQYC
[3] dazu in diesem Band der Beitrag von K. Weinand: *Münzen und Siegel mit Verona*
[4] siehe in diesem Band den Beitrag *Gleichsetzungen und Datierungen von Bonn-Verona*

konnten, hatte dieser im römischen Fernwegenetz verankerte Stützpunkt der *Germania inferior* eine durch vehemente Eroberungszüge geprägte Vorzeit bereits hinter sich.

Von welcher Größe, Architektur und Bebauungsdichte war diese zweifellos bedeutende Militärbasis nur wenig südlich der Kölner *colonia*, deren Herrschaftsraum von überwiegend salfränkischen, davor z. T. auch sächsischen Völkerschaften sowohl als Immigranten als auch gefürchteten Invasoren aufgesucht wurde? Und wie haben sie „Bonn" zu der Zeit genannt, als der Frankenkönig Theuderich I. († 533) oder dessen „Avatar" *Dietrich von Bern* diesen Raum zu seinem Reich zählte? Nannte man diese rheinische Stätte schon vor mehr als 1500 Jahren *Bunna, Bunn* oder *Bonn* – so nach ihrem Legionslager *castra Bonnensia* ?[5] Oder war den regionalen germanischen oder fränkischen Machthabern der spätere Name dieser „Bonnburg" gar als „Bern" oder gar „Verona" geläufig, wie die letztere Bezeichnung schon während des Feldzugs von Kaiser Valentinian nach und in Gallien im Jahr 366 protokolliert und ebenda verortet worden sein soll?

Als Valentinians Zeitzeuge und Biograf bezeichnete der bedeutende Historiker und hochrangige römische Offizier Ammianus Marcellinus, der in politischer Mission selbst an den mittleren und unteren Rhein gelangte, Bonn als *civitas*.[6] Immerhin war diese Bebauungsgröße in diesem Gebiet lediglich seiner Nachbarstadt Köln und der *colonia Ulpia Traiana* von Xanten vorbehalten. Bonns Besiedlungsdichte ist in diesem Fall umso bemerkenswerter, als der Ort im 4. Jahrhundert seine Blütezeit längst hinter sich gehabt haben soll.

Leider verfügen wir lediglich über lückenhafte Zeitzeugnisse und dazu einige archäologische Erkenntnisse über Bonns antike bis mittelalterliche Geschichte.[7] Zu den stummen Zeitzeugen zählen eigentlich nur die Mauern seines Legionslagers. Abgesehen von seiner Zerstörung um 357 und dem Wiederaufbau nach 360 haben sich hier über fast ein Jahrtausend die politischen sowie ethnischen Umbrüche abgespielt. Seine Vorgeschichte – besser gesagt sein Vorläufer – beginnt mit der Errichtung eines Auxiliarkastells zwischen der Altstadt und heutigen Kennedybrücke. Seine Befestigung mit einem vorgelagerten doppelten Spitzgraben bestand in der Zeit von ca. 17–43 n.Chr. aus einer Holz-Erde-Mauer.

Nur wenig östlich befand sich bereits eine ubische Siedlung im Bonner Zentrum. Sie lag nahe oder schon am heutigen Markt, etwa längs der Oxfordstraße bis zur Berliner Freiheit. Man geht davon aus, dass die vor allem von M. Vipsanius Agrippa unter Kaiser Augustus von der rechtsrheinischen Seite herübergeholten Ubier

---

[5] Bereits dazu mit einleitenden Überlegungen K. Weinand, *Kontrovers diskutiert: Wo lag Bern? Das spätrömische Bonn?* im BERNER 20, S. 27–34.

[6] Beseitigung des Usurpators Silvanus, † 355 in Köln, wo Ammianus noch einige Zeit verbrachte.

[7] Man siehe die zeitgeschichtlich prägnante Übersicht von Joachim H. Babendreyer, *Von „ Castra Bonnensia" zur Bonnburg und von dort nach Bern / Verona* bereits im BERNER 6, S. 23–31.

sich noch vor den hier stationierten ersten Römern ansiedelten. Ihre wirkliche Migrationsgeschichte scheint jedoch unklar. Es fehlt außerdem an Quellen, wonach der Name *Bonn* auf lateinischer Herkunft bzw. römischer Namengebung beruhen soll.

Jedenfalls diente das für zwei Auxiliareinheiten bemessene Lager zur Aufnahme des in Köln aufgegebenen Militärstützpunkts – so wurde zunächst die *legio I Germanica* in spättiberischer Zeit (Mitte der 30-er Jahre) hierher verlegt.

Bald danach wurde es weiter nördlich auf einer Fläche von 27 ha neu errichtet, jedoch in der Bataverrevolte (69/70) zerstört. Innerhalb von ca. 9 Jahren erfolgte sein Wiederaufbau mit der *legio XXI Rapax* auf einer ummauerten Fläche von 528 x 524 m.[8] Mit dieser Dimensionierung sollte es zum größten Einzellegionslager des Imperiums werden, das bis zu 7000 Soldaten fassen konnte.[9]

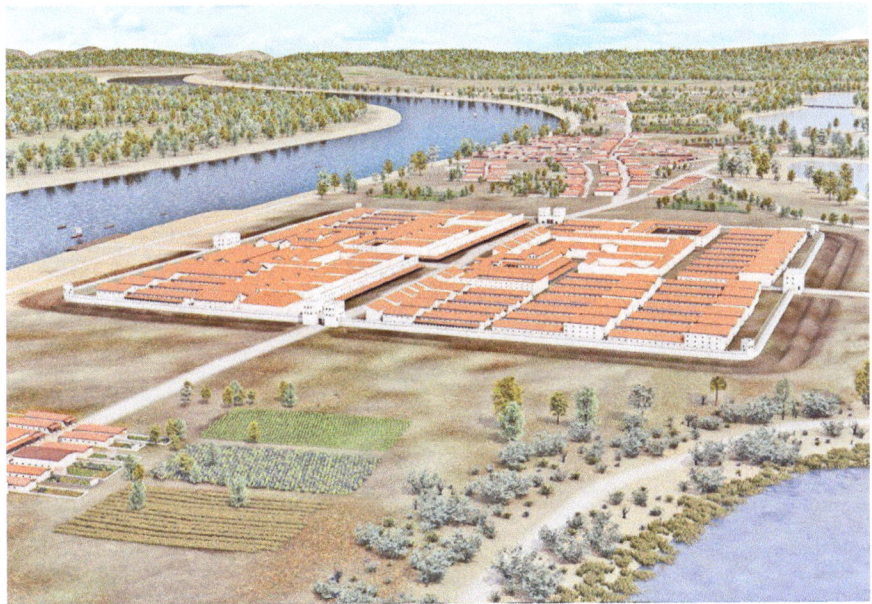

Ein Rekonstruktionsmodell vom antiken Bonn, umflossen von Rhein (links) und Gumme (rechts). Hinter dem Lager die Legionssiedlung *canabae*, nach etwa 1–2 km folgt an der Rheinbiegung im Süden der *vicus* (ziviler Siedlungsbereich). Dieses Bild soll die Bebauungslage um etwa 100 n.Chr. darstellen, dürfte jedoch eher ‚Impression‘ als historisch verifizierbar sein. Im Vordergrund links die militärischen *fabricae* (Fertigungsstätten) mit deren Lager.

---

[8] Quelle Rekonstruktionsbild: LVR-LandesMuseum Bonn, 2018 – entnommen aus https://www.na-verlag.de/wp-content/uploads/book-content/9783961760466_leseprobe_01.pdf (Netzadresse einzeilig).
Die Verfügbarkeit und inhaltliche Vollständigkeit von allen hier zitierten Netzlinks (abgerufen im November 2023) kann nicht garantiert werden.

[9] vgl. das größere Doppel-Legionslager *castra vetera* bei Xanten-Birten mit einer ummauerten Fläche von 902 x 621 m.

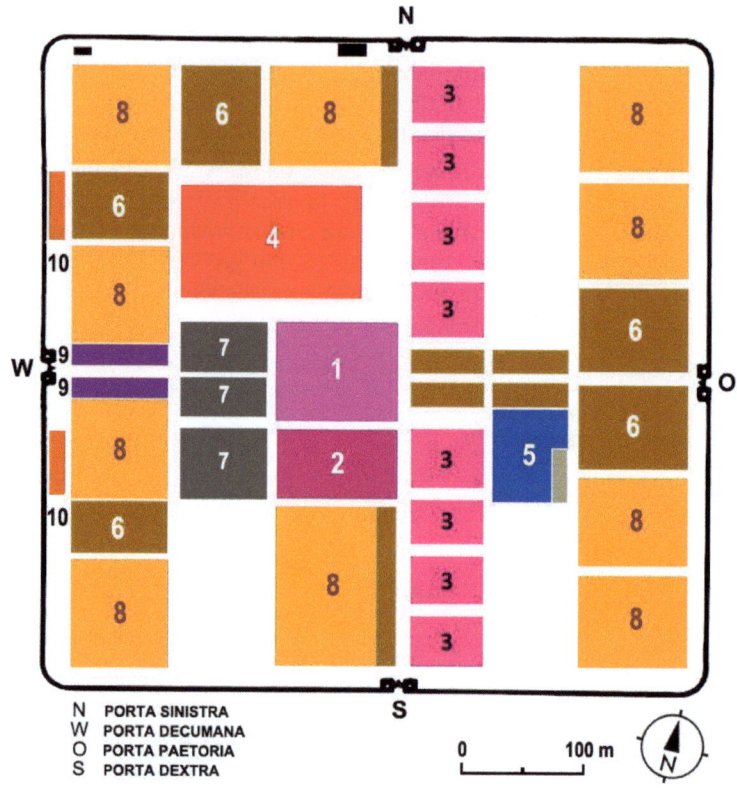

Der Nutzungsplan des Legionslagers nach einer Tafel im Bonner Stadtmuseum

1 Lagerforum *(principia)*	6 Wirtschaftsgebäude
2 Palast des Legionskommandeurs *(praetorium)*	7 Unterkünfte
3 Wohnhäuser	8 Kasernen
4 Lazarett *(valetudinarium)*	9 Standort der Legionsreiter
5 Bad (Ende des 4. Jahrhunderts einplaniert)	10 Latrinen

Planfoto Reinhard Haase, April 2018

Grafikumsetzung Rolf Badenhausen

Bei dieser Darstellung handelt es sich um einen der vollständigen Lagerbebauung und Nutzung geschuldeten Entwurf. Im gleichen Jahr (2018) erschien eine weitere Veröffentlichung des Lagerplans mit geringeren Bebauungsangaben:

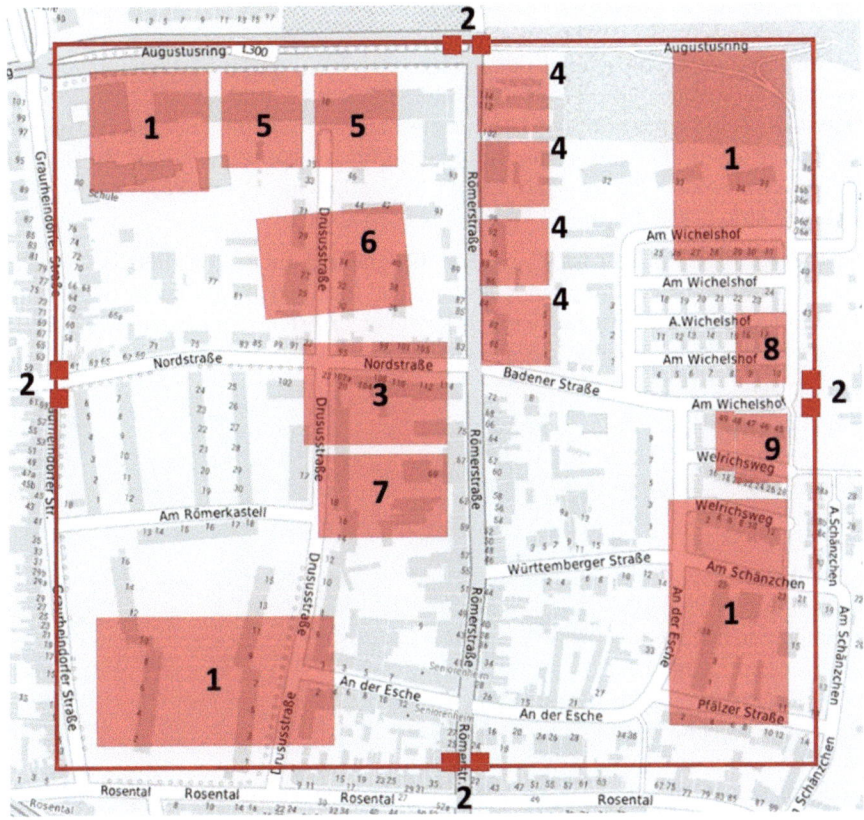

Aktueller *Masterplan Castra Bonnensia**

1 Kohortenquartiere	4 Tribunenhäuser	7 Prätorium
2 Tore	5 Lagergebäude	8 Magazingebäude
3 *principia*	6 Hospital	9 Magazingebäude

Das Lagerforum (Verwaltungsgebäude) *principia* verfügte über ein Bad. Zwischen der Badener und Württemberger Straße soll sich ein weiteres Bad (siehe Plangrafik oben) befunden haben. Die Schieflage von Nr. 6 (Hospitalgebäude) entspricht den Grabungsergebnissen.

*Quellen: LVR-LandesMuseum, 2018; Konrad Vössing, 2018.

https://www.geoportal.nrw (Karte)

Grafikumsetzung Rolf Badenhausen

Im 2. Jahrhundert hatte Bonn auf einer militärisch und zivil genutzten Fläche von min. 80 ha, die aus einer Nord-Süd-Länge von mindestens 2 km zu Breitenverläufen zwischen 200 und 1000 m folgen sollen, seine größte Ausdehnung erreicht.[10] Sie war nach archäologischen Erkenntnissen sowie auf dieser Flächennutzung basierenden Folgerungen mit bis zu 17000 Einwohnern (vollständige Lagerbelegung eingeschlossen) flächenmäßig größer als die Xantener *colonia*,[11] der um 100 n.Chr. von Kaiser Ulpius Traianus römisches Stadtrecht zugesprochen wurde. Zu Beginn des Domitianischen Chattenkriegs (83 n.Chr.) verließ die *legio XXI Rapax* das Lager und wurde durch die *legio I Flavia Minervia* ersetzt.

Die oben gezeigte Ansicht von Bonn lässt die Grabungsfunde von 2006 leider nicht erkennen: so die Darstellung einer am heutigen Bundeshaus gefundenen Therme, eines gallorömischen Umgangstempels sowie eines offensichtlich repräsentativen Bauwerks, des „Monuments" mit seiner zum Rhein gerichteten Front.

Der sakrale Umgangstempel erhob sich auf einem Geländesporn. Und auch er hatte in römischer Zeit freie Sicht auf den Rhein – beide Bauwerke konnten von den Besatzungen der vorbeifahrenden Schiffe gesehen werden.[12] Die beiden Repräsentativbauten, das römische Bad wie auch die unmittelbar anliegenden Gebäude, darunter Wohn- und Gewerbehäuser, lassen für das 2. und ausgehende 3. Jahrhundert auf einen längst urbanen Bebauungszustand schließen.[13]

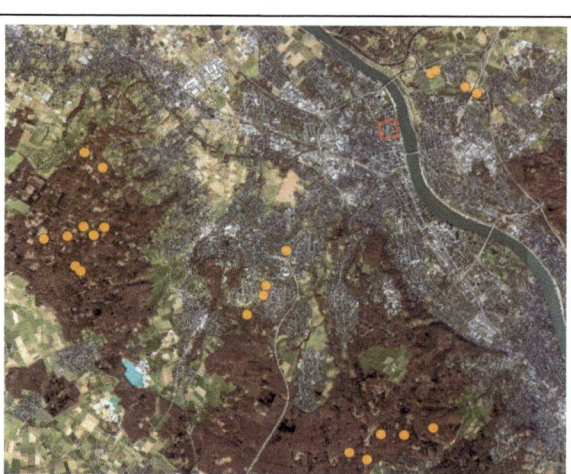

Übungslager im Umkreis von 10 km vom Legionslager (rot)
Satellitenfoto: www.geoportal.nrw
Positionsangaben u.a. nach Veröffentlichungen des
LVR-LandesMuseum Bonn und beitragenden Autor(inn)en
Grafikumsetzung Rolf Badenhausen

---

[10] Michael Gechter, *Das römische Bonn - Ein historischer Überblick* in: M. van Rey (Hg.), *Geschichte der Stadt Bonn. Band 1.* (2001) S. 93; Köln kam auf ca. 97 ha ummauerte Fläche. Die Nordsüd-Ausdehnung ohne Lager beträgt nach Andrikopoulou-Strack min. 3 km (s. unten)!
[11] kurz CUT, die Militärlager *vetera I* und *II* und die *canabae* von *I* hierzu nicht miteinbezogen. Die CUT wurde nach den massiven Einfällen um das Jahr 274 n.Chr. 16 ha verkleinert.
[12] https://web.archive.org/web/20070210015924/http://www.bodendenkmal-
pflege.lvr.de:80/ausgrabung+ikbb+(uncc)+bonn.htm (Netzadresse einzeilig!)
[13] vgl. LVR-Pressemitteilung zitiert in vorausgehender Anmerkung

Die üblicherweise zum Lager gehörende Legionssiedlung (*canabae legionis*) war mit Handwerksbetrieben, Werkstätten (*fabricae*), Geschäften, Tavernen sowie Vergnügungsetablissements (z.B. Spielkasinos) dem Lager südlich angegliedert.

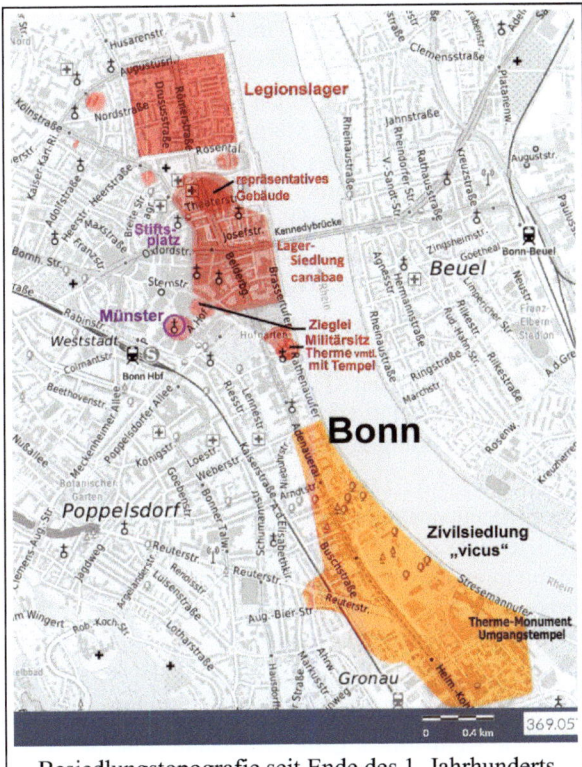

Besiedlungstopografie seit Ende des 1. Jahrhunderts

Karte nach Renate Gerlach u. Jeanne N. Andrikopoulou-Strack In: *Geschichte der Stadt Bonn. Band 1.* (Bonn 2001) S. 28, 200. https://www.geoportal.nrw (Straßenkarte)

Grafikumsetzung Rolf Badenhausen

Wie oben im *Masterplan* angegeben verlief die nördliche Mauer des Lagers nahezu parallel zum Augustusring, die westliche an der Graurheindorfer Straße bis etwa zum Rosental. Hier schloss sich die Südmauer an, die sich in Richtung des „Schänzchens" hinzog. Der Militärhafen lag an der Ostmauer. Das Lagerdorf dürfte sich bis zu dem am Collegium Albertinum ergrabenen Römerbad erstreckt haben. Im zivilen Siedlungsbereich – im heutigen Stadtteil Gronau – wurde am Bundeshaus noch ein weiteres Bad an einem Umgangstempel und anliegendem Monument gefunden. Diese wohl öffentliche Therme umfasste rund 200 m² und hatte ein Heiß- und Laubad („*caldarium* und *tepidarium*").

Der Überfall von „Franken" im 3. Jahrhundert

begann hier im Jahr 274 mit einem massiven Angriff von germanisch-frühfränkischen Völkern. Hierzu wird von einer wohl maßgeblich salfränkischen Beteiligung und Führung ausgegangen, die das Lager noch nicht unter ihrer Kontrolle bringen konnte.[14]

---

[14] Michael Gechter, *Das spätantike Bonn* in: M. van Rey (Hg.), *Geschichte der Stadt Bonn. Band 1.* (Bonn 2001) S. 171–180, siehe S. 171.

Diesem Einfall vorausgegangen waren Auseinandersetzungen zwischen dem regulären Kaiser Aurelian (270–275) und Tetricus I. (271–274), dem letzten Kaiser des *Imperium Galliarum* (260–274).[15] Beide bewirkten einen wohl zu gravierenden Abzug des militärischen Kontingents vom Rhein und hatten somit dessen Grenze entblößt – eine Einladung für die beute- und landhungrigen Völker aus hauptsächlich frühfränkischen, friesischen und sächsischen Stämmesverbänden.

Nach dem heutigen archäologischen Kenntnisstand sollen infolge ihrer massiven Überfälle der *vicus,* die Tempelanlagen am späteren Münster und Stiftsplatz nach 274 aufgegeben worden sein.[16] Somit dürfte bei einer Besatzung von ca. 1000 geschätzten Soldaten das Bonner *castra* mit der sich nun auch dort niederlassenden Zivilbevölkerung schon im Wandel zu einer spätantiken Festungsstadt gewesen sein.[17] Bis oder ab der Regierungszeit Konstantins d. Gr. (306 bis 337) wird seine Belegung auf insgesamt 3000 bis 4000 Menschen geschätzt.

In seiner Amtszeit erfolgte eine Konsolidierung der römischen Vorherrschaft, die zu weiteren Grenzbefestigungen und Legionslagern führte – auch durch Anwerbungen von elbgermanischen Söldnern. Köln verfügte seit 315 auf seiner rechten Rheinseite über das mit einer Brücke verbundene Kastell DIVITIA. Es sollte die rechtsrheinische Uferregion gegen von dort mögliche Eroberungszüge absichern.

Das regionale Militärpotenzial mit der *legio I Minervia* ging seitdem von Bonn aus, während das politische Provinzoberhaupt *praeses* (Präfekt) mit Sitz in Köln die zivile Verwaltung der Rheinprovinz befehligte. Seit dem 4. Jahrhundert drängten zunehmend elbgermanische Milizen mit ihren Familien an den Rhein und fügten sich hier – mit den Bevölkerungsanteilen von ursprünglich eher westgermanischer, keltischer und romanischer Herkunft – in den gemeinsamen Lebensraum.

Weitere Eroberungswellen von Franken und Sachsen im 4. Jahrhundert

Die zunächst relativ stabile Lage im weitläufigen gallischen Raum verschlechterte sich durch die zunehmende Unzufriedenheit der Führungsoffiziere mit der reformistischen Neuausrichtung des Römischen Reiches von Kaiser Constans (Christianisierungspolitik bzw. „Konstantinische Wende" mit Verlegung der Befehlsgewalt nach Konstantinopel). Sie unterstützten daher die Erhebung des *comes rei militaris* Magnentius in Autun als Gegenkaiser (350). Jedoch auch, mit nachfolgend abgezogenen Militärverbänden aus Gallien, die Auseinandersetzungen mit seinem zuletzt schärfsten Gegner und Bezwinger Constantius II. im Jahr 353.

---

[15] Die Vorgeschichte begann mit einem Streit römischer Befehlshaber über die Aufteilung einer germanischen bzw. (sal-) fränkischen Plünderern entrissenen Beute, die an einen Offizier namens Postumus ging. Er übernahm daraufhin Köln, tötete den provinzialrheinischen Machthaber und ließ sich als den „ersten gallischen Augustus" ausrufen. Nach seiner Ermordung folgten die Kurzzeit-Kaiser Marius (269), Victorinus (269/270) und schließlich Tetricus I.

[16] Gechter wie oben; vgl. u.a. Jeanne-Nora Andrikopoulou-Strack, *Der römische Vicus von Bonn. Bonner Jahrbücher 196* (1996) S. 421–467, siehe S. 446.

[17] Gechter, *Das römische Bonn – Ein historischer Überblick,* a.a.O. Seite 107.

Bereits zu Beginn dieser Neuausrichtung nutzten Alemannen und Franken die Gelegenheit, zahlreiche Militärstandorte wegen ihrer erheblich reduzierten Mannschaftstärken zu überfallen. Köln konnte, trotz erheblicher Verluste, von den Aggressoren nicht dauerhaft belegt werden. Die hierzu datierten archäologischen Befunde sprechen mit berichtenden römischen Quellen dafür, dass wegen des hier abberufenen Militärkontingents den Invasoren so gut wie kein Widerstand entgegengesetzt werden konnte und sie daher umso mehr barbarisch gnadenlos selbst gegen Frauen und Kinder vorgegangen sein sollen.[18] Bis auf Remagen wurden alle römischen Befestigungen zwischen Nimwegen und Mainz überrannt.[19]

Nach diesen verlustreichen Einfällen beauftragte Constantius seinen Neffen Julian als Unterkaiser („Caesar") im Jahr 358 mit der infrastrukturellen und somit auch militärischen Wiederherstellung der römischen Oberherrschaft in den Rheinprovinzen. Zwar bewältigte er diese Herausforderung, jedoch unterstellt ihm hierzu die Quellenforschung auch die Einräumung von Konzessionen. Sie dürften verbindliche Zusagen zu ihrer längst eingesetzten und somit weiterhin zu duldenden Einwanderung in die Zentren des Mittel- und Niederrheins enthalten haben. Wie bereits einleitend gesagt vermerkt unser Zeitzeuge Ammianus über den von Julian organisierten Wiederaufbau – zugleich der letztmalige zur Wiederherstellung der römischen Vorherrschaft – die „civitas Bonna" als (Groß-) Stadt.[20]

Im Jahr 368 zog Valentinian, der schon unter Julian in Gallien gedient hatte, von Trier nach Köln, von wo aus er die in nordrheinische Bereiche und Küstengebiete einfallenden Sachsen und Franken niederschlug.

Imperiale Führungswechsel boten den nahezu regulären Anlass für Aufstände: Als der Westkaiser Maximus im August 388 in Aquileia seiner Hinrichtung entgegensah, brachen die Frankenfürsten Genobaudes, Marcomeres und Sunno in die *Germania II* ein, plünderten Siedlungen und verwüsteten die Kölner Börde.

Die finale fränkische Übernahme im 5. Jahrhundert

Die dazu „beispielhafte Schlacht" aus der 2. Hälfte des 5. Jahrhunderts wird uns aus einer chronistischen Feder über oder für die *Agripina, civitas Colonia* überliefert.[21] Die immigrationsgeschichtliche Erklärung, dass der Übergang zur Alleinherrschaft in der nördlichen Rheinprovinz hauptsächlich unblutig auf die Franken überging, wird jedoch von Teilen der jüngeren Textkritik vorgezogen. Anders die ältere Quellenforschung unter Hinweis auf den Feldzug des Aegidius, der das römische Verwaltungsgebiet der rheinischen Nordprovinz, wohl mit der Kölner *civitas,* im Auftrag von Kaiser Majorian räumen sollte. Übrigens wurden nur wenige Jahre zuvor, zwischen 440 und 450, Chlodios Franken unter dem Heeresmeister

---

[18] Zeitgenössisch zum provinzialrheinischen Raum: Libanus (*314–†393), *Orationes* 18,34.
[19] Gechter wie oben Seite 111.
[20] ‚Römische Geschichte': *Res gestae* 18,2,4: „civitas".
[21] *Liber Historiae Francorum, c. 8.*

Flavius Aëtius im salfränkischen Gebiet von Arras zurückgeschlagen.

Dass fränkische Teilreichoberhäupter zu dieser Zeit als prorömische Foederaten-kommandeure eingesetzt werden konnten, zeigte sich in der Zurückschlagung von Attilas Gallieneinfall in 451 unter dem weströmischen Oberbefehl von Aëtius mit militärischer Unterstützung eines fränkischen Königssohns.[22] Doch nur wenige Jahre später, nach Aëtius' Ermordung in 454, spricht nichts gegen die Annahme, dass durch Majorians militärische Order an Aegidius der Kölner Raum von Kampfhandlungen betroffen gewesen sein könnte. Die Franken, vielleicht noch im Bündnis mit Westsachsen, konnten zuletzt auch Aëtius' Sturz als Schwächung des römischen Machtpotenzials aufgefasst haben.

Der *Liber historiae Francorum* widerspricht dem nicht und nennt uns die hierauf übertragbare Angabe über die gewaltsame Vertreibung von Aegidius explizit aus der „*Agripina civitas*" durch die Franken:

> *c.8: In illis diebus coeperunt Franci Agripinam civitatem super Renum vocaveruntque eam Coloniam, quasi coloni inhabitarent in eam. Multo populo Romanorum a parte Egidii illic interfecerunt; ipse Egidius fugiens evasit.*
>
> *In jenen Tagen begannen die Franken mit ‹ der Eroberung › der Stadt Agrippina am Rhein; sie nannten sie Colonia wegen der ebenda niedergelassenen Kolonisten. Ein großer Teil des römischen Volkes wurde dort auf Seiten von Aegidius getötet; Aegidius selbst entkam durch seine Flucht.*[23]

Es ist demnach schwer vorstellbar, dass sich zum gleichen Zeitpunkt die Ereignisse im benachbarten Bonn wesentlich anders abgespielt haben sollen. Nichtsdestoweniger lässt sich aber auch ein längst vorausgegangenes multikulturelles und wirtschaftliches Mit- und Nebeneinander von römischstämmigen sowie bereits angesiedelten germanischen und (sal-) fränkischen Bevölkerungsteilen im Köln-Bonner Raum fordern.

Aegidius könnte – etwa aus der Kölner *principia* – tatsächlich die Flucht gelungen sein. Jedenfalls nennt uns Gregor v. Tours im ersten Drittel des 6. Jahrhunderts eine dort bestehende *aula regia*, wo der Frankenkönig Theuderich I. nach der Vernichtung eines heidnischen Tempels eine aufgebrachte Volksmenge beruhigt haben soll.

6. und 7. Jahrhundert

Noch im 5. Jahrhundert überliefert uns Gregor von Tours einen König Sigibert als Oberhaupt des Kölner Herrschaftsbereichs. Auf intrigantem Betreiben des westfränkischen Königs Chlodwig I. wurde er um 508 bei einem Jagdausritt zu seinem Schatzhort hinterhältig ermordet. Jedoch konnte Chlodwig diesen wirtschaftlich bedeutenden Zugewinn für sein Großreich kaum mehr als 4 Jahre wertschätzen.

---

[22] So überliefert vom zeitgenössischen Historiker und oströmischen Diplomat Priskos. Zugleich verdeutlicht er die konträre Position des anderen Königssohns, der Attila unterstützt haben soll.
[23] Dieser Eintrag folgt nach der Nennung der Geburt von Childerichs Sohn Chlodwig I. in *c. 7.*

Nach seinem baldigen Tod um das Jahr 511 – durch eine nicht unproblematische Erbreichteilung unter seinen Nachfolgern – hier wohl um Jahre später, fiel das rheinische Reich an Theuderich I. und seinen ihn auch hier (im Niederrheinischen) vertretenen Sohn Theudebert I. Er herrschte bis zu seinem wahrscheinlichen Jagdunfall im Jahr 547 oder 548. Sein Sohn und Nachfolger Theudebald regierte bis zu seinem vermutlichen Erkrankungstod im Jahr 555, wo er keinen leiblichen Thronfolger hinterlassen hatte. In diese Zeit wird der Bau des Kirchensaals von St-Cassius datiert.

Theuderichs Halbbruder Chlotar I. übernahm diesen rheinischen Raum bis zu seinem Tod in 561. Er war in 555 gegen aufständische Sachsen bis zur Weser, Elbe und der Nordseeküste vorgegangen und wohl dadurch konterten die Sachsen noch um 557 mit Einfällen in heute rheinisch-westfälische Gebiete. Gregor von Tours überliefert uns hierzu einen Angriff auf das unweit gelegene Deutzer Lager DIVITIA.[24] Er schreibt wenig später in *c. 23* und *c. 29*, dass unter Chlotars Sohn Sigibert I. die „Hunnen" (es können zu dieser Zeit wohl nur Awaren gewesen sein) erneut in Gallien einfielen. Allerdings liefert er zu dieser vor oder um 570 zu datierenden Meldung keine Ortsangabe.

Dietkirche

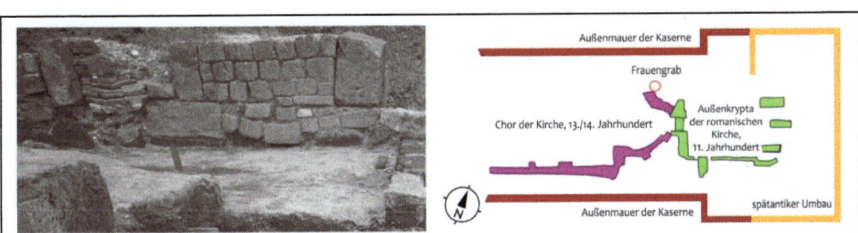

Die zwischen den Mauern eines Kasernengebäudes errichtete Dietkirche
Quelle: LVR-LandesMuseum Bonn, 2018. Grafikumsetzung Rolf Badenhausen.
Grabungsfoto: Teilansicht von der Ostmauer im Baustil *opus africanum*.
Archivbild LVR-Amt für Bodendenkmalpflege im Rheinland

Als ein nicht zu unterschätzendes soziokulturelles Merkmal für die römisch-fränkische Kontinuität am und im Bonner Lager wird die darin befindliche und spätestens im 6. Jahrhundert fertiggestellte „Dietkirche" angenommen.[25] Unter dem Patrozinium des hl. Petrus war sie nach einer Urkunde von 795 als *thietkirichia* der „Cassius-Basilika" übergeordnet. Ihre Weihung, übrigens an der Stelle eines Merkurtempels, schreibt die Legende dem ersten Kölner Bischof Maternus (4.

---

[24] im vierten Buch (c. 16) seiner zehnbändigen Frankengeschichte.
[25] vgl. Konrad Vössing, *Bonn in der Spätantike* in: (Hgg.) Gabriele Uelsberg, Sabine Schrenk, Konrad Vössing, *Spätantike und frühes Christentum* (LVR-LandesMuseum Bonn, 2018), siehe S. 44 f. Hierzu konnte Theodor Joseph Lacomblet keine ältere Urkunde als aus dem 8. Jahrhundert auffinden.

Jh.) zu und nennt dazu das zu weit vordatierte Jahr 96 n.Chr.[26] Sie soll von einem (heidnischen!) *rex Dedo* errichtet worden sein, wie dies im Jahr 1656 auf einer Tafel in der weiter südlich neu errichteten Petrus-Stiftskirche zu lesen stand.

Der Ortsmittelpunkt „Bonn" dürfte sich noch bis in die Karolingerzeit beim Legionslager befunden haben. Hier ist im 5. Jahrhundert ein noch nicht christianisierter fränkischer Oberkommandeur jedoch vorstellbar. In Urkunden des 7. und noch des 10. Jahrhunderts wird Bonn häufig mit den Beinamen *castellum* und *castrum* angeführt. Im Volksprachlichen dürfte, wie auch *Colnaburg* für Köln, die Bezeichnung *Bonnburg* geläufig gewesen sein. An der St-Cassius-Kirche wurden noch im 7. Jahrhundert mehrere Seitenkapellen und Räume angebaut.[27]

8. und 9. Jahrhundert

Unmittelbar vor dem Lager wurden nach und nach auch Höfe angesiedelt, so etwa der Wichelshof gleich vor seinem Osttor und der 795 urkundlich genannte Isidorhof. Er besaß eine kleine Kirche (jedoch ohne Pfarramt) oder Kapelle, die der gleichnamigen Heiligengestalt gewidmet worden war.

Die zentrale Bedeutung des noch ummauerten Lagers als „Bonnburg" oder dazu *civitas Bonnenis* erscheint gesichert. Urkunden bis 832 bezeichnen die *basilica ss. Casii et Florentii* als *sub oppido castro Bonna* – zum Beispiel:

> 788: *ecclesia sanctorum martyrum Cassii et Florentii, qua sub oppido castro Bonnense* – als Kirche der hl. Märtyrer Cassius und Florentinus, die dem *oppidum* („Stadt") Bonn untergeordnet ist, in gleichem Sinn auch die Urkunde von

> 804: *ecclesia [...] quae et constructa sub oppido castro Bonnense in villa, quae vocatur Basilica.*

Mit weiteren Urkunden aus dem 8. und 9. Jahrhundert folgert Josef Niessen:[28]

> *Auf das Weiterbestehen der Befestigung in Bonnburg deuten die Lagebezeichnungen hin, nach denen die Märtyrerkirche von St. Cassius und Florentius und die Pfarrkirchen St. Martin und St. Remigius nach wie vor „sub oppido castro Bonna", das heißt in der Vorstadt der Bonnburg (787/8, 801/2, 804, 832), „foras muros Bonnensis civitatis" (832), „foras muro castro Bunnense" (848, ca. 870), liegen. Das castrum Bonn wird auch civitas genannt, so 832. Daß mit*

---

[26] Adolf Sigismund von Burman, *Historia universalis de Ubiorum ara seu Bonna*, überliefert: *Anno domini 96 S. Maternus primus episcopus Coloniensis hoc templum consecravit et a Dedone rege gentili antea erectum, nunc anno 1653 renovatum.* Vgl. Manfred Peter Koch (Text – Übersetzung – Kommentar), *Die älteste Geschichte der Stadt Bonn aus dem Jahre 1656* (2011).
[27] vgl. Christoph Keller, *Legende auf dem Prüfstand* in: *Archäologie in Deutschland* 5/2006, S. 34.
[28] Niessen, *Die Geschichte der Stadt Bonn I*. Dümmlers Verlag Bonn 1956, S. 45–46. Zitiert nach den Angaben von Wilhelm Levison, *Die Bonner Urkunden des frühen Mittelalters* in: *Bonner Jahrbücher 136/137* (1932) S. 217 ff. und Lacomblet, *Archiv für die Geschichte des Niederrheins 1–7* (1832–1870), auf die auch nachfolgend ohne explizite Verweise zu ihnen urkundlichen Angaben verwiesen wird.

dieser civitas Bonnensis das Lager gemeint ist, geht klar aus der Stelle hervor: Die Münsterkirche liegt außerhalb (foras muros Bonnensis civitatis). Allerdings ist der Name civitas nicht so eindeutig wie der castrum Bonna, womit in jener Zeit immer nur das Römerlager bezeichnet wird. 842 wird die Münsterkirche als „in confinibus ipsius civitatis" gelegen erwähnt [24, 29]. Zwei Begriffsinhalte hat civitas in frühmittelalterlicher Zeit: es bezeichnet eine befestigte Siedlung und zweitens einen bedeutenden kirchlichen Mittelpunkt.

Niessen weiter zu einem karolingerzeitlichen „Bonngau":

Die politische Vorrangstellung des Ortes, nach dem ein Gau seinen Namen trägt, war wenig ausgeprägt. Es ist durchaus nicht gesagt, daß die karolingischen Grafen sich ständig oder auch nur öfters in Bonn aufhielten; sie können ebensogut auf ihren ländlichen Gutshöfen gewohnt haben.
Die karolingischen Könige selbst wohnten in unbefestigten Pfalzen, großen ländlichen Herrensitzen. Das schließt nicht aus, daß sie sich der aus römischer Zeit vorhandenen Befestigungen gelegentlich bedienten. Im Jahre 753 kam König Pippin zum castrum Bonn. Eine unverbürgte Nachricht besagt, daß Karl der Große im Jahre 775 bei seinem zweiten Sachsenfeldzug in Bonn über den Rhein setzte und hier Münzen prägen ließ. Tatsächlich gibt es einen Golddenar aus der ersten Münzperiode Karls des Großen mit der Umschrift CAROLVS und dem Münzort BONA, der in mehreren Stücken auf uns gekommen ist. Die Münze ist aber immer ein wichtiges Attribut der Hoheitsverwaltung.

Bereits zu Beginn des 8. Jahrhunderts befand sich Bonn unter den 8 Gauen des fränkischen Herzogtums Ripuarien. Der sog. Bonn- oder Ahrgau erstreckte sich auf der linken Rheinseite in Nord-Süd-Richtung von Wesseling bis zum Vinxtbach bei Brohl. Der *vicus Bonnense* hatte sich längst von seiner römerzeitlichen Rheinnähe in und um den Bereich des heutigen Marktplatzes verlagert.

In der zweiten Hälfte des 8. Jahrhunderts wurden die letzten Anbauten an St-Cassius fertiggestellt.[30] Die *villa Basilica* wird nach den klerikalen Überlieferungen, so etwa im Jahr 804, zum Vorstadtgebiet *suburbium* gerechnet, wo sich auch die Cassius-Kirche und bereits zwei weitere und nachfolgend genannte Basilikas befanden. Der noch zentrale Bereich um der Dietkirche, die ihnen bald das Pfarrrecht überlassen musste, erscheint dann zunehmend dezentralisiert, auch wenn in ihrem Pfarrsprengel eine Niederlassung der Augustinerinnen[31] gegründet wird.

Aus den Urkundenbeständen geht hervor, dass noch im 9. Jahrhundert das Cassiusstift der Kölner Geistlichkeit untergeordnet war.

---

[29] Wilhelm Levison a.a.O. S. 245, Nr. 20.
[30] Christoph Keller, Ulrike Müssemeier, *Die merowinger- und karolingerzeitlichen Bauten unter der Münsterkirche in Bonn* in: (Hgg.) Ernst Pohl, Udo Recker, Claudia Theune: *Archäologisches Zellwerk. Beiträge zur Kulturgeschichte in Europa und Asien. Festschrift für Helmuth Roth zum 60. Geburtstag* (= Studia Honoraria 16), Rahden 2001.
[31] Regesten des Erzbistums Köln, IV Nr. 746; IV Nr. 1506. Noch im 12. Jahrhundert wird Me(e)rhusen bzw. explizit dessen „palus" (Fischteich) im Besitz des Klosters genannt.

Zu den hl. Cassius und Florentius hatten sich bald zwei weitere Patrone bzw. Pfarrpatronate hinzugesellt: Zu Ehren des *hl. Martin und anderer Heiligen* wurde eine Rundkirche südlich der Cassiuskirche errichtet, die in den Urkunden als *basilica quae constructa est in honorem s. Martini seu coeterorumque sanctorum* beschrieben wird. Sie wurde 804 urkundlich erwähnt als Spende eines offenbar vermögenden Grundbesitzers „Rungus".[32]

Die ehemalige Martinskirche nach Édouard Levé, 1809. Am linken Bildrand die Apsis der Münsterkirche.

Vier Jahre zuvor wird die Schenkung einer bereits bestehenden Kirche bestätigt, gelegen *in vico Bennense* bzw. schon am Rand des *campis Bonnensis*. Sie ist dem hl. Remigius geweiht und wird zwischen der „Hl. Petruskirche" (gemeint ist die Dietkirche) und dem Anwesen (Hofgut) eines Otbert angegeben.[33] Der *campus* deutet auf eine Bonner Feldmark mit landwirtschaftlicher Nutzung, wo ihre Stifter Gerbert und Reginar, die Betreiber vom Meerhauser- oder Maarhof (so nach anderen Urkunden) ihren Sitz gehabt haben dürften. Nach den späteren Überlieferungen wurde das Gut verlegt und erscheint dann auch als erzbischöflicher Fronhof. Dieser konnte Geschworene zur Rechtsprechung stellen, übriges in Streitsachen auch gegen den Bonner *praepositus* (Probst).[34]

Anfang des 9. Jahrhunderts war der Kirche zu Ehren der hl. Cassius und Florentius bereits dem „Stift" oder „Kloster" zugeordnet.[35] Genannt wird zu diesem ein *atrium* (Vorhalle oder ummauerter Bereich), ein *coenobium* (Gemeinschaftsunterkunft) und *refectorium* (Speisesaal) für die *clerici qui ibidem die noctuque deserviunt,* „den Klerikern, die Tag und Nacht hier dienten". Zu dieser Zeit taucht erstmals ein Probst über das Cassiusstift auf, das bis dahin dem Kölner Erzstuhl unterstand. Spätestens Ende des 9. Jahrhunderts konnten die Bonner Pröbste weitestgehend selbständig das Stift als die geistliche Säule der *villa Basilica* führen.

---

[32] Levison a.a.O. S. 240 und 255.
[33] Levison a.a.O. S. 249 mit Anm. 6 liest *Remidius,* Datierung 795 n.Chr.
[34] Theodor Ilgen, *Bonn und seine Umgebung in der ältesten schriftlichen Überlieferung* in: *Westdeutsche Zeitschrift für Geschichte und Kunst 32* (1913) S. 23 Anm. 39.
[35] Die Urkunden nennen „monasterium" und „abbas" (Abtei).
Die Existenz als claustrum = Kloster ist umstritten, zumindest darf von einem Kollegialstift ausgegangen werden.

Wir unterscheiden bislang grundsätzlich zwischen der im *vicus Bonnensis* befindlichen *villa Basilica*[36] und der sog. *campi Bonnenses*, die sich noch ins Umland als „Bonner Feldmark" erstreckt haben dürfte. Hier befanden sich bereits Höfe, die teilweise in Eigenbesitz oder sonst als Fronhöfe (überlieferte Lehensverhältnisse z.B. auch mit dem Kloster Dietkirchen) betrieben wurden. Im *vicus* wurde im 9. Jahrhundert nicht nur das Marktgewerbe, sondern auch der Fernhandel abgewickelt.[37]

Münster mit Cassiusstift nach Merian

Nach den Berichten über die verheerenden Züge des ‚Normannensturms" über den Köln-Bonner Raum in 881/882 war nach den Angaben der Fuldaer Annalen kaum eine Kirche oder größeres Bauwerk vor Brandschatzungen verschont geblieben. Über das genauere Ausmaß der Zerstörungen in Bonn liegen keine näheren Angaben vor, doch in einem weiteren Wikingerzug an den Rhein in 893 wurde der Ort nochmals von dessen Kriegerhorden heimgesucht und hier die Mauern der „Bonnburg" – des einst römisch erbauten *castra* – erheblich zerstört. Im folgenden Jahr erfolgte wiederum ein Einfall. Offenbar blieb die Saalkirche des Cassiusstifts weitgehend verschont. Bei den Ausgrabungen am späteren Münster, ihrem Nachfolger, fand man im karolingischen Fußbodenbereich weder Brandschutt noch aufgeschwemmte Erdmasse.

10. bis 12. Jahrhundert

Der urkundliche Stellenwert der Dietkirche und insoweit auch der Bonnburg wandelte sich – soweit man aus den Quellen folgert – Ende des 9. Jahrhunderts zum sekundären Ortsbegriff. Das nun zeitgemäße Bild der „urbs Bonnensis" zeigt sich beispielhaft in einer Urkunde von Heinrich II. aus dem Jahr 1021 – einer der wenigen Urkunden über das 11. Bonner Jahrhundert – in der nun *Dietkirchen* in *suburbio Bonnae* genannt wird.

Die Neuordnung und der weitere Aufbau der Stadt orientierte sich nachfolgend um den *vicus bonnensis*, darin die frühmittelalterlich langst durch einen Wallgraben aufwändig eingefriedeten Kirchen St-Cassius, St-Martin, St-Remigius und St-Gangolph. Diese schließlich um das Jahr 1000 mit einer Mauer befestigte „Stiftsburg" wurde wegen ihrer Türme gerühmt mit den Worten von z.B. *splendor et decora facies dicti muri cum suis turribus*.[38]

---

[36] Zum bildlichen Eindruck dürfte auch die anliegende St-Martinskirche beigetragen haben.
[37] Siehe *MGH SS 15,1 c. 18* (S. 375) zu einem in Bonn bekannten reichen Händler Freosbaldus.
[38] Niessen nennt S. 63 eine ummauerte Fläche von 8 ha, die den „*Vergleich mit anderen ähnlichen Anlagen, zum Beispiel in Trier, Xanten oder auch St. Gereon in Köln, wohl aushält.*"

Nach den fränkischen Teilungen, hervorgerufen durch den Tod des letzten karolingischen Ostreichkönigs Ludwig IV.,[39] befand sich Bonn – wie leider schon in seiner römischen Vergangenheit – erneut in einer raumpolitischen Grenzsituation, die einige Jahre später zur Streitsache zwischen dem Westfrankenkönig Karl *dem Einfältigen* und Heinrich I. *dem Sachsen* eskalieren sollte. Im November 921 trafen sich schließlich beide Herrscher zur Beilegung dieser bislang ohne größere Kampfhandlungen verlaufenden Auseinandersetzung auf einem Schiff in der Mitte des Rheins. Faktisch zukünftig bedeutete diese hier geschlossene Vereinbarung jedoch die Abtretung des westfränkischen Anspruchs an das Rheinland.

König Otto II. durchquerte es im Jahr 975 und legte dazu in der *civitas Bonna* einen Zwischenaufenthalt ein. Hier erschien auch Kaiser Heinrich II. im Jahr 1015 und schenkte dem Kloster des hl. Petrus, zu der Zeit den Benediktinerinnen des Klosters Dietkirchen, ein Gut in Königswinter.

In Bonns Blütezeit des 11. Jahrhundert fiel schließlich der Bau des im romanischen Stil errichteten Münsters. Es wurde an der Stelle des merowingerzeitlich errichteten Saalbaus, der St-Cassius-Stiftskirche, zwischen 1060 und 1070 hochgezogen und eingeweiht. Bonns Stellung als Marktkort und Umschlagplatz für den Fernhandel wurde in bedeutendem Umfang weiter ausgebaut. Noch im 13. Jahrhundert (urkundlich z. B. 1211) hat man die Marktsiedlung als *oppidum Bonnense* bezeichnet.

Im machtpolitischen Streit Kaiser Heinrichs IV. mit seinem Sohn Heinrich V. standen Bonn, Jülich und eine einflussreiche Bürgerschaft von Köln auf der Seite seines offiziell am 31.12.1105 abgedankten Vaters. Der bereits vor dieser Zeit seinen Sohn favorisierende Erzbischof von Köln, Friedrich I. von Schwarzenburg, wurde jedoch von einer resoluten Bürgerbewegung aus der Stadt vertrieben, die aber noch im Sommer 1106 einer mehrwöchigen Belagerung durch die Truppen von Heinrich V. standhalten konnte. Zwar hatte er einige Monate zuvor in Bonn das Osterfest gefeiert, übte jedoch bald nach seiner Kaiserkrönung (im Jahr 1111) Vergeltung an den Städten, die seinen Vater unterstützt hatten. Die Kölner Königschronik schreibt über das Jahr 1114, dass der neue Kaiser in Verona und Jülich *alles durch Plündern, Sengen und Rauben zerstörte*.[40]

Offenbar wurde Bonns Urkundenbestand weitgehend vernichtet. Kaum anders lassen sich die nur wenig später dem Heiligen Stuhl vorgelegten und von ihm beglaubigten Sammelurkunden über die Bonner Besitztümer nicht erklären.

Im Jahr 1149 erwarb Gerhard von Ahr, Probst des Cassiusstifts, die wegen finanzieller Mängel nicht fertiggestellte Burg Drachenfels für „100 Mark gemünzten Silbers". Er sorgte eine vorteilhafte Regelung und Kompetenz des Archidiakonats für Bonn, das bislang dem Kölner Probst des St-Gereonstifts unterstellt war

---

[39] „das Kind", † 911.
[40] siehe in diesem Band den Beitrag *Gleichsetzungen und Datierungen von Bonn-Verona*

und erhielt nun das unabhängig auszuübende Jurisdiktions- und Visitationsrecht für die Bonner Kirchensprengel. Um die Mitte des 12. Jahrhunderts reichte der „Bonngau" bis zur alten römischen Provinzgrenze am Vinxtbach bei Niederbreisig, dem einst römischen *Brisiacum*.[41] Der hierzu mit Köln verdienstvoll agierende Gerhard von Ahr wurde 1156 von den Pröbsten und Äbten von Köln zum Erzbischof gewählt. Allerdings wurde seinem Gegenkandidaten Friedrich II. von Berg († 1158), der von den ebenfalls wahlberechtigten Domkapitularen favorisiert wurde, die kaiserliche Ernennung zuteil.

Der rührige Bonner Probst sorgte zugleich für einen Ausbau des Münsters, dem vor allem die Erweiterung des Ostchors zu Gute kam. Am Höhepunkt seines Wirkens hatte er am 2. Mai 1166 zusammen mit Erzbischof Rainald von Dassel die Sarkophage in der „Cassisusgruft" geöffnet und die Translation der drei heiligen Märtyrer Cassius, Florentius und Mallosus zum Altar des Münsters zelebriert.

Ihre Erhebungen kamen allerdings nicht von ungefähr, sondern entsprachen dem damaligen kirchenpolitischen Aktionismus: Bereits im Vorjahr wurden auf Beschluss des Kölner Erzbistums (!) die Gebeine Karls des Großen erhoben und deren Heiligsprechung im Aachener Dom zeremoniert. Und noch im Jahr davor (1164) hatte man mit dem zweifellos politischen Rückhalt und vielleicht auch dem Nachdruck der höchst kaiserlichen Großmacht deutscher Nation dafür gesorgt, dass die Gebeine der *Hl. Drei Könige* aus Mailand nach Köln überführt und hier höchst feierlich an ihrer nunmehr allerletzten Ruhestätte gewürdigt wurden.

Bonngasse und Verona

Die Bonngasse als „strada publica" geht urkundlich aus den Jahren 879/80 oder 903/4 hervor,[42] im 13. und 14. Jahrhundert wird sie als *Bunegasse* genannt.[43]

Da sie aus der Stiftstadt zum Lager mit der Dietkirche führt, hier auf dem Fernweg nach Köln, wollte auch Ritter zwei unterschiedliche Ortsnamenrelikte andeuten: nämlich „Bonn" als vormals umgangssprachlicher Legionsstandort und der aus seinem *vicus Bonnensis* hervorgegangenen *villa Basilica* als *Verona*.

---

[41] Die östliche Diözesegrenze lag übrigens zwischen Eckenhagen und Drolshagen, die westliche erstreckte sich über Zülpich und Konzen bis in den belgischen Raum um Malmedy. Vgl. Wilhelm Neuss u. Friedrich Wilhem Oedinger, *Geschichte des Erzbistums Köln I* (Köln 1964) S. 38–43.
[42] Levison a.a.O., siehe S. 254 Urkunde Nr. 26 sowie dazu Anm. *6)*.
[43] *Bunegazzen* findet sich in einer Urkunde von 1211 – ausgestellt in Bonn – im Urkundenbuch der Abtei Heisterbach.
Es fällt auf, dass – umgekehrt – sich im Überlieferungsbestand für „Verona" keine lokale Memoria finden lässt. Josef Dietz, *Stadtraum und Stadtbild* in: *Bonner Geschichtsblätter* 6 (1952) erwägt S. 13 für *Bunegasse* einen gleichlautenden Namenspaten; so als Stiftungsname u.a. auch Michael Gechter, jedoch ohne weitere Erklärungsalternative (2001).

Lageplan Bonn-Verona
Stadtmuseum Bonn 2018
Foto: Reinhard Haase

Wir haben in diesem Zusammenhang gesehen, dass sich in ihrem Bereich das geistige Zentrum des Ortes befand, wo Kleriker am oder im Cassiusstift nach dem Abzug der Römer und sodann vorangeschrittener Christianisierung den Schriftverkehr abwickelten, Urkunden und Besitzbeglaubigungen ausstellten.

Die *civitas Verona* wurde um das Jahr 1000 mit einer Wehrmauer befestigt. Die nachfolgend gebaute Mauer (Mitte 13. Jh.) um weite Teile des früheren *vicus* näherte sich dem inzwischen nahezu obsoleten *castra* als anzunehmendem Materialspender.

Das älteste Zeugnis „in Stein" mit dem Namen *BONNA* ist 221 n.Chr. datiert:

[CONSISTENTES]
[B]ONNA ET CANABIS
[P]RO SE ET SUIS V‹OTUM› S‹OLVERUNT› L‹IBENTES› M‹ERITO›
[G]RATO ET SELEUCO CO‹N›S‹ULIBUS›

> *Die sich in Bonn und den canabae Aufhaltenden haben ihr Gelöbnis für sich und ihre Angehörigen gerne verdienstvoll abgelegt. Unter den Konsuln Gratus und Seleucus.*[44]

Falls mit den schwierig zu deutenden *consistentes* nicht die Lagersoldaten gemeint sein sollten, dann wäre unter dem *vicus* als zivile Siedlung *Bonna*[45] zu verstehen. Doch aus welchem Grund hätten nicht im Militärdienst Stehende ein „achtbares Gelöbnis" ablegen können oder müssen – doch eine Rekrutierung von Zivilbediensteten? Man wird sehr wahrscheinlich davon ausgehen können, dass der „*vicus*" im ersten Viertel des 3. Jahrhunderts als *Bonna* bezeichnet wurde.

Lersch hat bereits ,VERONA' für das 4. Jahrhundert angeregt[46] und will das urkundlich gesicherte spätere *Verona* jedoch nur auf die unmittelbare Umgebung des Münsters, der *villa Basilica*, zulassen. Dem widerspricht aber Josef Niessen mit Beispielen

---

[44] Die Inschrift auf Kalkstandstein, ergänzt durch z.T. gleichlautende Widmungen auf Parallelfunden, stammt von der Immunitätsmauer der Doppelkirche in Schwarzrheindorf; LVR-Landes-Museum Bonn, Inventarnr. D 24226,0–1. Zum römischen Schreiber Florus (2. Jh.) später.
[45] Nach den archäologischen Erkenntnissen darf eher ein urbaner Charakter unterstellt werden.
[46] siehe in diesem Band S. 151 f.

in Urkundennennungen. So wird in diesen Zeugnissen der Stiftprobst Gerhard/Gerardus von Ahr sowohl als *prepositus Veronensis* als auch *prepositus Bonnensis* tituliert; so der unter den ritterlichen Ministerialien aufgeführte Roingus einmal als *civis Bunnensis* (in 1139) und ein anderes Mal als *Veronensis concivis* (1142) ausgewiesen. In 1149 wird eine kirchliche Übereignung mit der Formel „*Acta sunt hec civitate Verona*" gezeichnet und dazu urkundlich die Gegenwart der Zeugen *Gerhardus Bunnensis prepositus* und *Albertus comes de Bunna* angegeben.[47]

Ein weiteres Beispiel hat Niessen aus seinen Urkundenrecherchen angeführt. Die von ihm selektierte Urkunde von 1138[48] gibt sehr wohl zu bedenken, dass sich das gräfliche Gut des *Cunradus comes Veronensis* wohl nicht in der *villa Basilica*, sondern außerhalb ihrer „Stiftsburg" – höchstwahrscheinlich wohl eher auf dem *campus Bonnensis* (oder weiter im Umland) – befunden haben dürfte.

Auch der Hauptsitz des oben genannten Roingus, soweit er aus den Überlieferungen wohl als Großgrundbesitzer und Bauherr hervorgeht, lag sicher nicht in der Stiftsburg, wie aus den 1139 und 1142 ausgestellten Urkunden hervorgeht.[49]

---

[47] Siehe ferner in diesem Band *Gleichsetzungen und Datierungen von Bonn-Verona*.
Mit den hier in geführten Quellenzitaten geht es um eine evtl. zu erschließende Ortsdifferenzierung für VERONA – nicht „als", sondern „wo" im damaligen BONNA (hs: handschriftlich).
[48] Deutsche Fassung als Inhaltsangabe im Landesarchiv NRW, Abteilung Rheinland AA 0170/ Brauweiler, Urkunden AA 0170, Nr. 11, aus dem Jahr **1138** (hier mit Hervorhebung):
Erzbischof Arnold I. verleiht der Abtei Brauweiler auf Bitten des Abtes Emilius den Zehnten der in den Waldungen des Brauweiler Landbezirks entstehenden Rottungen womit er sich ein Anniversar stiftet. Zeugen: Domprobst Arnold, Domdechant Walter; Gerhard Probst von Bonn (hs: **prepositus Veronensis**)*; die Pröbste Thiegold von St. Severin, Benno von St. Kunibert, Theoderich von St. Aposteln, Berengar von St. Andreas, Wilhelm von St. Mariengraden Godefrid Domsubdechant, die Dechanten Rupert von St. Gereon, Folcold von St. Kunibert, Theoderich von St. Georg, Herzog Wallaram [von Limburg], Adolf Graf von Savenberch, Luther Graf von Ara, Konrad Graf von Bonn* (hs: **Comes Veronensis**)*, Gozwin von Falkenburch, Godefrid von Jülich, Theoderich von Hengenbach, Wilhelm von Hemmensbach, Reginhard von Kenten, Rether und Heinrich von Dik, Rudolf von Hart, Freie; Vogt Konrad, Herimann von Heppendorf, Gozwie von Alyntre, Amelrich von Wurmestorph, Amelrich von Köln, Ministerialen. Mit Arnolds Siegel.*
[49] (Landesarchiv NRW:) Bonn, St. Cassius, Urk. AA 0147, Nr. 11, aus **1139**:
Roingus und sein Sohn Godefridus, Laien‹brüder› und Bonner Bürger, übertragen der Kirche der heiligen Märtyrer Cassius und Florentius von ihrem Gut 4 Morgen Ackerland samt einem Hof im Dorf gen. Kürrighoven (Curengouen) zu ihrem u. Roingus verstorbenen Sohnes Albero Seelenheil [...]
AA 0147 / Bonn, St. Cassius, Urkunden AA 0147, Nr. 13, aus **1142** (hier mit Hervorhebung):
Roingus, Bonner Bürger (hs: **Veronensis concivis**)*, bekundet, dass er im Verlangen, die heiligen Märtyrer Cassius und Florentius und die ebenda dienenden Kanoniker an seinem Erbe zu beteiligen, diesen Heiligen ein Haus im Allod Bonn, das er jüngst erbaut hat, und einen Morgen Weingarten zu Roisdorf (Rvligestorph) sowie einen Hof im Dorf gen. Bachem (Bacheim ‹ wohl an der Ahr ›), gelegen vor der Kirche, mit 40 bzw. 9 Morgen zugehörigen Ackerlandes bzw. Waldes übertragen hat, wobei er sich indes vorbehalten hat, darüber nach Gutdünken zu bestimmen* [...]

Altes Foto der Stadtmauer von 1244
Bildquelle: Stadtarchiv Bonn / Internet

Die Dietkirche nach Braun und Hogenberg
1575

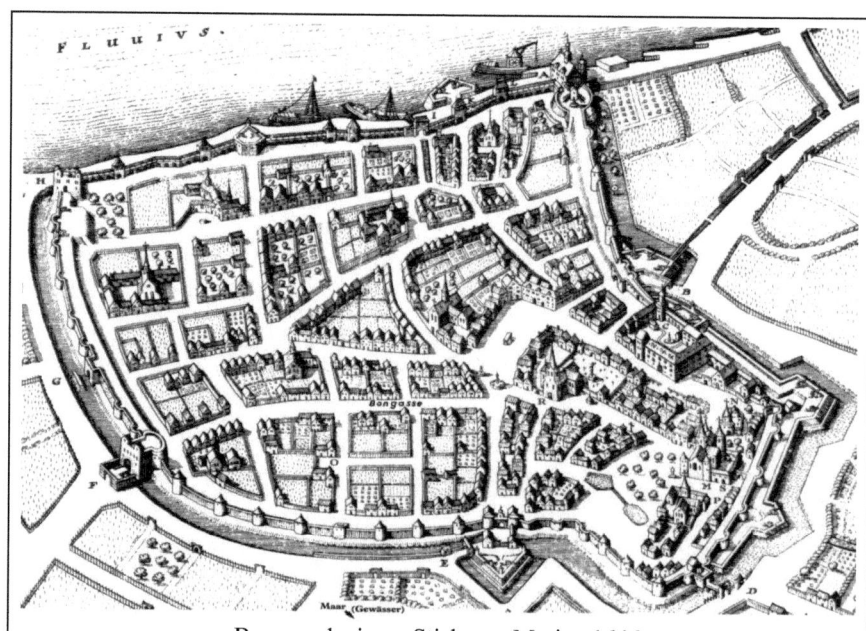

Bonn nach einem Stich von Merian 1646

A Zollhaus	F Kölntor	L Kran(en)tor	R St. Remigius
B Stockentor	G Wenzeltor	M Münsterkirche	S Stift am Münster
C kurfürstlicher Hof	H Neuer Turm	N St. Martin	
D Mühlheimer Tor	I Rheintor	O Maarhof	
E Sterntor	K Giertor	P St. Gangolf	

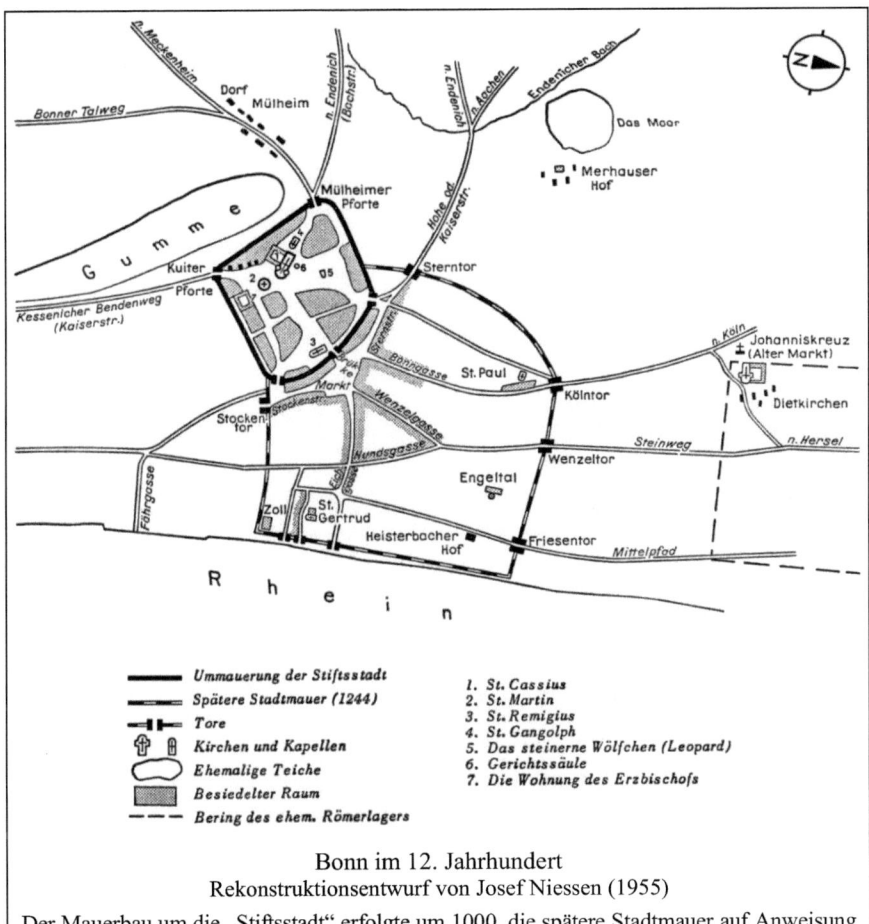

Bonn im 12. Jahrhundert
Rekonstruktionsentwurf von Josef Niessen (1955)

Der Mauerbau um die „Stiftsstadt" erfolgte um 1000, die spätere Stadtmauer auf Anweisung von Erzbischof Konrad von Hochstaden. *Das Moor* liegt im ehemaligen Verlauf *der Gummen*.

Bonn im Licht seiner Blütezeit

Die Südspitze von Bonn wurde nach jüngsten archäologischen Ergebnissen von einer römerzeitlichen Architektur geprägt, die im südlichen Bereich des „vicus" eine Thermenanlage, einen Umgangstempel sowie ein zur Rheinfront gerichtetes Monument umfasste. Das eingangs gezeigte Rekonstruktionsmodell bedarf somit weiterer und keineswegs unerheblicher baulicher Ergänzungen, die sich für das blühende Bonn wohl kaum mit der baulichen Größenordnung eines *„vicus"* vereinbaren lassen:

- Archäologische Vorerkenntnisse deuten auf eine Kultstätte, auf der später die Martinkirche errichtet wurde. Zu dieser Lokalität erwähnt der Bonner Kirchenhistoriker Wilhelm Neuss die Entdeckung eines dekagonalen Bauwerks unter ihrem Fundament.[50] Das bekannteste italienische Bauwerk mit zehneckiger Gestaltung ist das Mausoleum Theoderichs des Großen. Unter den spätantiken römischen Zentralbauten ist sonst nur noch das große Nymphäum in der Via Giolitti in Rom bekannt, an der sog. Tempio di Minerva Medica aus dem späten 3. oder frühen 4. Jahrhundert.[51] Stammt dieser Grundriss von einem römischen Baumeister als Memoria an Theoderich, oder hatte man hier am Rhein das architektonische Muster des römischen Pantheon zum Vorbild? Der Bonner Volksmund wollte noch im 19. Jahrhundert von einem Heidentempel an der Martinbasilika wissen und nannte das nächstgelegene Stadttor „Heidenpörzche".[52]

- Der Bereich sowohl um die spätere *civitas Verona* als auch der 600 m nördlich von der *villa Basilica* liegende Stiftplatz an der Limes-Fernstraße verfügten als Kult(ur)zentren – sofern nicht ohnehin als einheitlicher Bezirk aufzufassen – über bemerkenswerte Bebauungen. Im 2. Jahrhundert entstand hier ein luxuriöses Atriumgebäude, in dessen Innenhof ein Wasserbecken angelegt wurde und mit diesem eine Fläche von ca. 150 m² ausfüllte. Es fiel dann gegen Ende des Jahrhunderts einem neuen Bauprojekt zum Opfer, das an gleicher Stelle ein quadratisches Bauwerk entstehen ließ. Die archäologischen Bewertungen legen uns dazu eine Tempelanlage zu Ehren der kapitolinischen Trias Jupiter, Juno und Minerva nahe. Die Funddatierung fällt in die Regierungszeit von Kaiser Septimius Severus. In derselben Zeit entstanden mit deutlich zunehmender Anzahl in unmittelbarer Umgebung Weihemale an die römischen Gottheiten und zum Wohle des Kaiserhauses.[53]

- Durch eine Reihe von Inschriften belegt ist die überregionale Beliebtheit des Tempelbezirks als Pilgerstätte, die nicht nur von einheimischen Größen, sondern auch von auswärtiger Prominenz (Führungskräften, Großkaufleuten), so aus der Kölner CCAA und (z.B.) aus Straßburg, aufgesucht wurde.[54]

- Ein monumentales Risalit-Bauwerk befand sich nur wenige hundert Meter entfernt an der heutigen Oralchirurgie vom Universitätsklinikum. Noch ein weiteres repräsentatives Gebäude lag gleich dort, wo sich heute der Parkplatz der

---

[50] Neuss, *Ausgrabungen in und bei dem Bonner Münster* in: Ders. (Hrg.), *Rheinische Kirchen im Wiederaufbau* (Mönchengladbach 1951) S. 77.

[51] Sabine Schrenk, *Das Theoderichmausoleum in Ravenna* in: (Hgg.) D. Boschung, A. Schäfer, M. Trier, *Erinnerte Macht* (2021) S. 215.

[52] Hermann Hüffer, *Die alte St. Martinskirche und ihre Zerstörung* in: *Annalen des historischen Vereins für den Niederrhein 13/14* (1868) S. 149.

[53] Michael Gechter, *Canabae legionis, 43 bis 274 n.Chr.* in: M. van Rey (Hg.), *Geschichte der Stadt Bonn Band I.* (Bonn 2001) S. 156–170, siehe S. 157–158.

[54] Gechter, *Das römische Bonn ...* (wie oben) S. 98 mit Quellenhinweis.

Beethovenhalle befindet. In der Nähe der heutigen Stiftskirche wird das in einer Diane-Weiheschrift explizit genannte Bonner Amphitheater vermutet.[55]

- Bereits vor dem Ausgrabungsprojekt von 2006 (Auswertungen in 2007) fand man in den am „vicus" grenzenden *canabae* nicht nur eine Thermenanlage am heutigen Collegium Albertinum, die nach ihren zwischenzeitlichen Umbauphasen mit einem *Caldarium* (Heißbad), *Sudatorium* (Sauna), *Tepidarium* (Laubad) und *Frigidarium* (Kaltbad) ausgestattet worden war. Denn man erschloss hier am Rheinufer auch eine komplexe Gebäudeanlage mit insgesamt sieben Bauwerken, von denen die meisten beheizt wurden. In diesem Bezirk befand sich eine großzügig bemessene Anlage, deren Innenhof (ca. 35 x mindestens 20 m), umgeben von ca. 15 m breiten Raumreihen mit einem Arkadengang zu diesem „Hofgarten", für einen als „Ressort" erscheinenden Verwaltungssitz spricht. Zu diesem passen nicht nur zwei nachgewiesene Statuenfundamente, sondern auch danebenliegende Gebäude, die sich als Mannschaftsunterkünfte und Lagerhäuser deuten lassen. Zu dieser Lokalität gehörte aber auch ein *Balineum* (Hygiene- oder Kurbad) auf einer Fläche von mindestens 1000 m²! Der südlichste Grabungsfund in diesem Bezirk („Erste Fährgasse") deutet auf eine Tempelanlage mit einem Bauwerk von rund 210 m² Fläche (ca.14 x15 m).

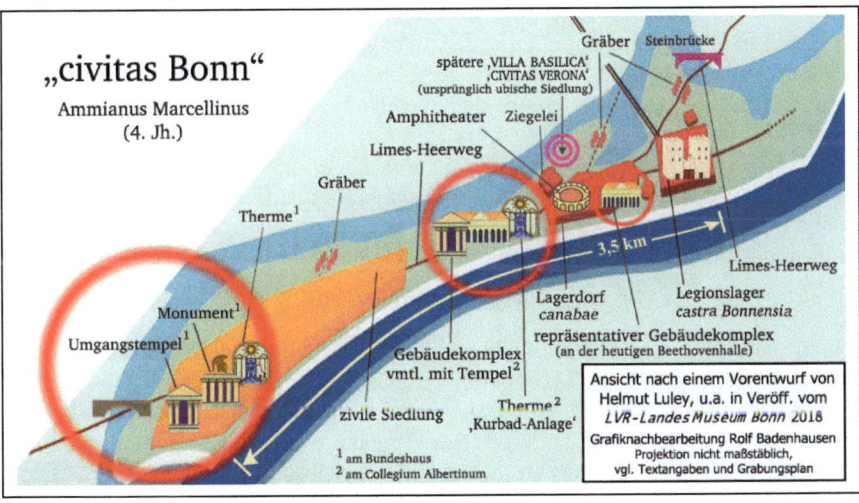

Nicht nur für alle Reisenden auf dem Heerweg, sondern auch für Flussfahrende dürfte das architektonische Gesamtbild ein besonderer Anblick gewesen sein. Es

---

[55] Gechter, *Das römische Bonn ...* (wie oben) Seite 96.
Siehe insb. zu den Inschriften Gerhard Bauchhenß, *In Inschriften und der antiken Literatur genannte Personen, die sich in Bonn aufgehalten haben* in: Manfred van Rey (Hg.), *Geschichte der Stadt Bonn. Band 1.* (2001) S. 338–354; a.a.O. ders. *Götter im römischen Bonn*, S. 265–311.

begrüßte auf dem Wasserweg alle, die stromabwärts fahrend, so aus der *Germania prima* kommend, einen willkommenen Eindruck von der ‚*sekundären Germania*‘ bekommen sollten. Zusammenfassend gesagt folgt mit den teilweise ergrabenen Tempelanlagen bis zum Münster und den Grabungserkenntnissen von 2007 (die Gechter erst später vorlagen) eine auf min. 110 ha zu beziffernde Bonner Besiedlungstopografie[56] für eine „*urbs*“ oder „*civitas*“, die insoweit die beringte Größe von Köln (ca. 97 ha im 1. Jh.) überbieten konnte.

Grabungsfotos von der Therme und dem Monument am Bundeshaus
Bildquelle: LVR-Pressemitteilung (Internet)

Der Standort Bonn repräsentierte in dieser Provinz das *erste Legionslager* und zugleich *das* militärische und logistische Kräftezentrum auch für die Versorgung der kleineren umliegenden Kastelle. Aus dem wenig nördlich gelegenen Kölner Standort waren längst die *Legio I Germanica* um 35 n.Chr. nach hier und die seinerzeit noch im *oppidum Ubiorum* (Köln) stationierte *Legio XX* in spättiberischer oder frühclaudischer Zeit nach *Novaesium* (Neuss) verlegt. Vermutlich wurde das Kölner Legionslager danach aufgelassen. Das an einem der wichtigsten römischen Wasserstraßen liegende Bonner Legionslager an der Siegmündung wurde hier so zum

prin[*ceps*] *castra legionis*.

Folgen wir damit dem Erklärungsmuster, das bereits Teile der Namenforschung aus der *Cosmographia* des Ravennater Geografen angeführt haben.[57] Dies betrifft somit die phonetisch basierte Wandlung des von ihm an der Mosel kartierten *Princastellum* zu Bernkastel als strategisch wichtigster römischer Stützpunkt von der *Confluentes* (Moselmündung) stromaufwärts der Mosel bis zum Kaisersitz Trier. Damit war die Namenherkunft für Dietrichs Bern über den umgangssprachlichen Wandel **Prin → Perin → Ber(i)n* als griffige Kurzbezeichnung – vor und seit der Bonner Spätantike – als längst möglich anzunehmen.[58] Auch nicht nur römische, sondern vor allem hier angestammte Volksgruppen, so ihre Nachkommen im „vicus“

---

[56] ohne das *castra* und nicht lokalisierte Amphitheater: ca. 90 ha; vgl. Andrikopoulou-Strack.
[57] ein von mir aufgegriffener Ansatz von Karl Weinand.
[58] vgl. eine dazu mögliche Vokal-Konsonanten-Umkehrung anhand Anm. 78 b.

und in der Lagersiedlung, könnten diese Kurzbezeichnung bis zum Aufblühen der Kölner Geistlichkeit und des Bonner Stifts transportiert haben.

Demnach wäre von der frühzeitlichen Entwicklungsrichtung von *Berin* → *Verin* → *Veron* oder vielmehr *Berin* → Bonn auszugehen. Mit dieser Erklärungsalternative liegt für das ortspezifische Zusammentreffen mit jenem anderen Traditionsmodell, das *Verona* → *Bonn* → *Bern* generisch mit einer hagiografischen Kirchenlegende aufzeigt[59] – allerdings kein zwingend erkennbarer Gegensatz vor.

Eine weitere Erklärungsmöglichkeit könnte längst der römische Schreiber Florus hinterlassen haben. Er überliefert um 115 n.Chr. in *Epitome rerum Romanorum*, *II,30,2*, dass Drusus 50 Kastelle am Rhein errichtete, und nennt dazu zuerst „Bonn“:

In Rheni quidem ripa quinquaginta amplius castella direxit. Bormam et Caesoriacum pontibus iunxit classibusque firmavit.

Am Rhein befehligte er mehr als fünfzig Kastelle. Borm‹a› ‹ = ‚Bonnam‘ ? › und Gesoriacum verband er mit Brücken und sicherte sie durch Flotten.

Dieser Passus, oft verbunden mit einer unergiebigen Thematisierung von zwei zu unterscheidenden Autoren „Florus“, der eine als Dichter, der andere als mit ihm zeitgenössischer Historiker, hat der Textforschung größte Probleme bereitet.

So verlegte man den im ersten Viertel des 2. Jahrhunderts von „Florus“ genannten Rhein an die Seestadt Boulogne-sur-mer (= *Bonen* = *Bononia* = [!] *Gessoriacum / Gesoriacum*). Mit der Umbenennung der lediglich dort fließenden Liane – der in sie einfließende Ruisseau de Pont Pitendal scheidet aus – erschien zugleich das nur wenig nördlich von der *porta sinsistra* des Bonner Lagers liegende Gensem als rechtsrheinischer Übergangspunkt überzeugend widerlegt. Die Möglichkeit, dass (oder ob) seinerzeit im Norden von Beuel eine Brücke zu dieser Wüstung geschlagen werden konnte, hatte man mit der archäologischen Erkenntnis entkräftet, wonach bislang keine Tragpfeilerspuren in dessen Rheingrund gefunden wurden. In oder sonst nahe Gensem, somit zumindest als Anlegestelle längst erklärbar, lagen die rechtsrheinischen Übungslager der Bonner Legion (siehe Karte weiter oben).

Und schließlich widersprach man mit der Translozierung der von Drusus befehligten rheinischen Lager der sonst plausiblen Geschichtsschreibung über ihn, weil er sein provinzialrheinisches Machtsicherungs- und Erweiterungskonzept vielmehr zum Ärmelkanal verschoben haben sollte, um von dort – da er offenbar keine Ahnung von geografisch sinnvoller Militärlogistik gehabt haben darf – zu seinen rechtsrheinischen und hier bis zur Elbe reichenden Zügen aufzubrechen.

Gaius Julius Cäsar überliefert Brückenschläge über den Rhein in den Jahren 55 und 53 v. Chr.

Michael Gechter plädierte in seinen Veröffentlichungen zuletzt dafür, die Brücken

---

[59] Unter anderem die Quellen der *Passio sanctorum Gereonis, Victoris, Cassi et Florentii Thebaeorum martyrum*. Siehe dazu in diesem Band *Bonn-Verona und die Thebäerlegende*.

im Raum Bonn zu suchen, von wo aus Naturwegtrassen eine Durchquerung des Bergischen Landes bis in die westfälische Bucht hinein ermöglichten.[60]

Mit *Borm‹a›* wird Bonn gemeint sein. Ein Übergang von **Berma* nach Bern scheint naheliegend, auch wenn sich diese spekulative Entwicklungsrichtung zur wesentlich später tradierten Gleichsetzung anhand verfügbarer antiker und spätantiker Quellen nicht belegen lässt.

Aus der Vorgeschichte von *Bonn–BERN* zur ‚Thidrekssaga ins 5. Jh.'

Zum Städtebild zwischen *urbs* und *civitas*

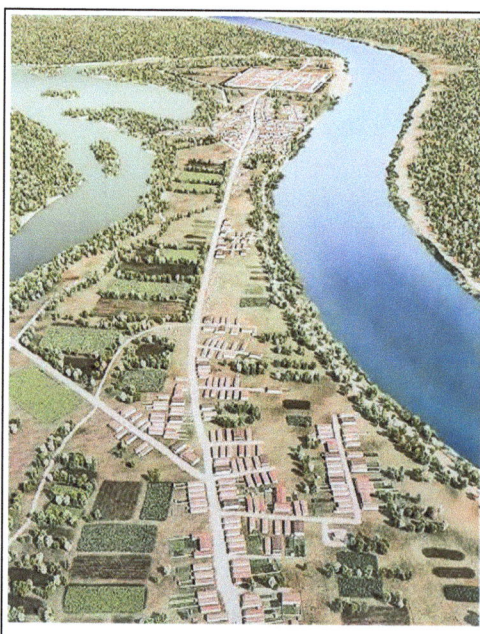

Das antike Bonn
Rekonstruktionsmodell, Ansicht von Süden
Archivbild LVR-LandesMuseum Bonn

Die spätere *villa Basilica* bzw. *civitas Verona* liegt auf der von ‚*den Gummen*' gebildeten Halbinsel. Diese Darstellung entbehrt das bislang nicht gefundene Amphitheater. Nicht ausgewiesen sind die Gebäudezüge insbesondere für das südliche Monument, den Umgangstempel und die Therme.

Ammianus Marcellinus veranschlagt nach Wiederherstellung der kaiserlichen Vorherrschaft nach den Frankeneinfällen im dritten Viertel des 4. Jahrhunderts den Ort Bonn in der Größenordnung einer „civitas". Nach seinen Worten klingt die forschungsgeschichtliche Konjektur, dass nach den Überfällen romfeindlicher Völker der „vicus" im 3. Jahrhundert eher final aufgegeben als weiterhin belegt wurde, mangels dazu erschöpfender archäologischer Nachweise nicht so recht überzeugend. Grundsätzlich bestand hier wie natürlich auch anderswo die Möglichkeit, auf den älteren Fundamenten der Repräsentationsgebäude deren Wiederherstellung zu veranlassen. Daneben scheint noch fraglich, dass sich die hier niederlassenden, zuletzt fränkischen Statthalter ihrer neuen Residenzstätten durch konsequente Zerstörung berauben wollten. Nichts spricht gegen die Annahme, dass die „Bonnburg", wie die Franken das Legionslager zu dieser Zeit genannt haben könn-

---

[60] Gechter, *Caesars erster Rheinübergang* in: *Krieg und Frieden* (Bonn 2007) S. 200 ff. (Abb. 151).

ten, infrastrukturell erhalten und somit nochmals zur entscheidenden militärischen Schutzmachtgröße der offenbar eher weiträumig zu begreifenden Köln-Bonner *civitas* bestimmt wurde.

Zur politisch-militärischen Vorgeschichte

Aus der frühfränkischen Zeit nach ca. 280 sind keine Belegungen vom Neusser Legionslager und der Xantener *Vetera II* nachweisbar. Deren nördlich anliegende Xantener *colonia* mag sich längst in der Hand von zuwandernden Franken und Sachsen (nach deren Oberbegriff hier insbesondere Chamaven) befunden haben.

Die Hauptlast für die Verteidigung der rheinischen *Germania II*, der im 5. Jahrhundert hier entstehenden *Francia Rinensis*,[61] dürfte seitdem das noch weiter belegte Bonner Lager getragen haben. Wir wissen jedoch, dass der Kölner Raum mit dem in 312 oder 315 fertiggestellten Kastell DIVITIA *(castrum Divitium)* noch weiter abgesichert werden sollte. Schon wegen seiner Größe mit einer Innenfläche von ca. 1,8 ha gegenüber rund 27 ha des Bonner Lagers, obwohl es allenfalls nur noch in eher bescheidener militärischer Größenordnung belegt sein konnte, dürfte es im Fall einer größeren Offensive weitere Unterstützung benötigt haben.

Die „BONNENSIA" und DIVITIA sollen oder könnten noch in der zweiten Hälfte bzw. Mitte des 4. Jahrhunderts zu den letzten belegten Lagern im Köln-Bonner Raum gehört haben. Die militärischen Planungsziele der nachfolgend einfallenden Franken waren die *civitas Agripina* und, sofern von (südwest-) fränkischen Geschichtsschreibern inbegriffen und noch militärisch wehrfähig, die „Bonnborg".

Wie uns der *Liber historiae Francorum* hierzu überliefert – wie bereits oben zitiert – soll das erste Angriffsziel der Franken die *Agripina civitas* gewesen sein.

Nach der im 13. Jahrhundert verfassten Thidrekssaga...

soll Dietrichs Großvater *Samson* das als „Bonnburg" gedeutete *Bern* im 5. Jahrhundert erobert und dafür gesorgt haben, dass sich einer von seinen Söhnen hier dauerhaft niederlässt.[62] Der von *Samson* überwundene Statthalter *Elsung* verfügte bereits über Katapulte *(valslonghum)*,[63] wird aber weder römischer noch anderer Herkunft bezeichnet. Wie die Saga und die im chronistischen Genre abgefassten altschwedischen Handschriften weiter überliefern, fiel das von Samsons Sohn

---

[61] die früheste verfügbare Quelle nach den Aufzeichnungen des *Geografen von Ravenna*.
[62] so datiert von Ritter-Schaumburg. Der Name Samson tritt übrigens auch als Taufname in einem merowingischen Dynastiezweig des 6. Jahrhunderts auf. Zur Übernahme von Bern nach Mb 11–13 vgl. bereits Ritter-Schaumburg (et al.) zur raumzeitlichen Projektion der Thidrekssaga.
[63] Mb 11; im Kontext sind diese Kriegsmaschinen wohl nur aus (rhein-)römischer Hand zu folgern!

Thetmar[64] regierte *Bern* nach kurzer Herrschaftszeit an seinen Sohn, den hier geborenen und heldenepisch verewigten *Dietrich von Bern*.

Zu seiner nach einigen Jahrzehnten erfolgten Übernahme von *Roma*[65], die mit den politischen Ambitionen und strategischen Bewegungsmustern von Theuderich I. raumzeitlich übereinstimmt, notiert die Thidrekssaga:

> Nu hefer Þidrek kongur gert morg werk þav or enn mæ siá. badet ær kallad ær Þidreks bad. ok j Roma borg liet hann steypa eitt likneski epter sinumm hesti Faelka. og sialfumm sier. þat er gert af kopar. annad likneski liet hann enn giera nordur j borginne Bern efter sier af kopar. þar stenndur hann j turn og reidor sitt sverd Ekkisax wid steinboga þann er ifer ana liggur.[66]

> *Nun ließ König Dietrich manches große Werk machen, das man noch sehen mag, als: das Bad, welches Dietrichs Bad genannt wird; und in Rom ‹ Roma secunda: Trier ›* [67] *ließ er ein Bild gießen nach seinem Hengst Falke und nach ihm selber und auf die Burgmauer setzen, dasselbe war aus Kupfer gemacht. Dieses Bild müssen fast alle die gesehen haben, die nach Rom gekommen sind.*

Und schließlich im Wortlaut mit **Bern** nach der isländischen Handschrift B:

> *Ein anderes Bildnis ließ er noch setzen gegen Norden auf die Burg Bern,* [68] *auch von Kupfer: da steht er auf dem Turm und schwingt sein Schwert Eckensachs an dem Steinbogen, der über dem Strome* [69] *liegt.*

Die Voraussetzungen zur baulichen Beschreibung von Bonn als *Dietrichs Bern* in der Definitionsbandbreite für mehrsprachige Überlieferungen sind damit verfügbar:

---

[64] Von der Nennung eines *Þetmar* als Dietrichs Vater ist evtl. interpolativ auszugehen, jedoch begegnet uns ein weiterer und vorausgehend erfasster westfränkischer „Theudemer de Thérouanne" in der gallorömischen Frankengeschichtsschreibung über das 4./5. Jahrhundert.

[65] *Roma secunda*, vermutlich auch weiträumig im Moselraum um dessen Metropole Trier.

[66] Mb 414 nach der ältesten Handschrift zitiert in der Übers. v. Friedrich Heinrich von der Hagen; vgl. Henrik Bertelsen, *Þiðriks saga af Bern* (1905–11) Bd. II, 357 — Erichsen übersetzt: *König Thidrek hat große Bauten aufgeführt, die man noch heute sehen kann: ein Bad, das Thidreks Bad heißt, und in Romaburg ließ er ein Standbild gießen von seinem Roß Falke und sich selbst und oben auf die Stadtmauer setzen. Es war aus Kupfer gemacht. Ein zweites Bild von sich ließ er in Bern errichten. Dort steht er auf dem Turm und reckt sein Schwert Eckesachs über die Steinbrücke, die über den Fluß führt. Auch weit und breit anderswo wurde er gemalt und Standbilder von ihm gemacht. Er war so berühmt und mächtig, daß keiner sich mit ihm zu vergleichen wagte, weder ein König noch ein Herzog noch irgendein Kämpe.* Fine Erichsen, *Die Geschichte Thidreks von Bern* (1924, Neuausgabe 1967) S. 434. Sie übergeht jedoch die Übersetzung der Richtungsangabe *nordur j borginne*.

[67] Theuderichs Sitz nach ca. 525. Zur Datierung insbesondere Ian N. Wood und Edward James. Dazu mehr an anderer Stelle in diesem Band.

[68] An der („gegen die") N o r d s t r a ß e lag einst die *principia*, Verwaltungssitz der „Bonnburg".

[69] *ana* (bzw. korrekt *ána*) steht im isländischen Sprachgebrauch eher in der Bedeutung eines kleineren Flusses („Flüsschen"), vgl. auch *ánni* für Fluss), jedoch können für Bonn weder der Rhein noch die Mosel gemeint sein. Friedrich H. von der Hagen, Erichsen sowie die alt(west)nordischen Skriptoren denken womöglich an eine Raumimpression von Verona an der Etsch.

Für einen „Turm" als schlankes wie symbolträchtiges Säulenbauwerk gibt es mindestens seit der Antike den Begriff *Monument*, das keineswegs selten von einer Statue gekrönt wird. Die Realisation mit einer integrierten oder umzogenen Maueranlage nach den vorliegenden Grabungserkenntnissen – in diesem Fall für ein anzubringendes Kupferbildnis von Dietrich mit seinem Schwert

Römische Steinbrücke über den Hérault
Archivbild: *Midi Libre* (Internet)

Eckesachs – hätte man bereits hier als Voranlage einer „Burg" auffassen können.[70]

Nach den Quelltextangaben stimmen jedoch umso mehr die topografischen Bebauungsverhältnisse zu dem „gen Norden" liegenden Legionslager – die hier in unserem Interpretationszusammenhang aufzufassende *Bernburg* als die spätantike Bonner Befestigung.

Römische Pontonbrücke (Archivbild Internet)

Die südliche Uferseite der Steinbrücke westlich vom Lager wird dort lokalisiert, wo heute die Nordstraße in die Kölnstraße mündet. Die Fernwege nach Trier und Koblenz könnten mit Pontonbrücken befestigt worden sein. Das Lager war im 4./5. Jahrhundert nur noch militärisch teilbelegt, seine auch zivile Nutzung scheint voraussetzbar – soweit für Deutungen nach den quelltextlichen Angaben „Burg Bern" und „Stadt Bern". Karte (Ausschnitt) nach Michael Gechter a.a.O. S.108.

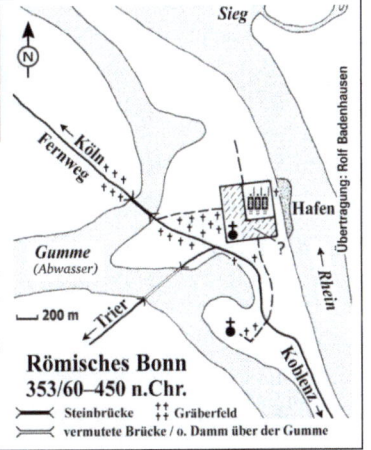

Römisches Bonn
353/60–450 n.Chr.
⟩⟨ Steinbrücke ⫶ Gräberfeld
⟩⟨ vermutete Brücke / o. Damm über der Gumme

Gechter geht von einer über der Gumme bereits im 1. Jahrhundert errichteten Steinbrücke aus[71] – die altskandinavischen Texte nennen uns leider nicht den Namen des überbrückten Gewässers.

---

[70] Wie es in den archäologischen Auswertungen heißt, besaß das Monument „eine lange Mauer mit vorgelagerten quadratischen Elementen, die vermutlich zu einer Säulenhalle gehörten."

[71] Gechter, *Das römische Bonn - Ein historischer Überblick* in: M. van Rey (Hg.), *Geschichte der Stadt Bonn. Band 1* (Bonn 2001) S. 92, 94, 101, 106, 108. Gechter weist darauf hin, dass in einigen Überlieferungskontexten die Gumme(n) mit dem Rhein gleichgesetzt oder verwechselt wurden. Er gibt ferner an, dass der Bonner Weilername *Steinbrüggen* mittelalterlich belegt ist: Nordrhein-Westfälisches Hauptstaatsarchiv Düsseldorf, Urkunde Dietkirchen A 17a, S. 2, 5.

Berichtimplizite Lokalisationen nach der Thidrekssaga

Sowohl ihre Überlieferung als auch die jüngeren altschwedischen Texte machen keine explizite Angabe über die genaue geografische Lage bzw. den Ortsnamen von Dietrichs Sitz. Dass sie diese Angabe auslassen konnten und nur ein ostfränkisches bzw. westrheinisches Gebiet für das Bern von Dietrich in Frage kommt, verdeutlicht auch der Passus über die *Bertanga*-Heimfahrt seiner Edelleute:[72]

> Nachdem bereits erwähnt wurde, dass Heimes familiärer Sitz im (nördlichen) Sueben liegt, sich Fasolds Heimat im *Osning* (Bereich des Teutoburger Walds) befindet, Wildiver aus dem Amelgebiet (Ahr- und Eifelregion) stammt, Vidga aus Seeland und Detleif aus dem südskandinavischen Schonen angereist waren, Hornboge und sein Sohn Amlung wieder nach Wendland ziehen sowie auch der Bannerführer Herbrand (vgl. im *Widsith*: Widfarne) heimwärts zieht und sich Sintram zurück nach Wenden begibt, heißt es nun anschließend in Mb 225–226:

> *Danach ritt König Dietrich, und mit ihm alle seine Helden, die noch bei ihm waren* ‹ Hildebrand, Sigurð/Siegfried {und Hǫgni/Hagen} › *mit König Gunter heim nach Niflungenland* ‹ dessen Sitz „*Vernica*", heute Groß-Vernich u./o. Virnich bei Zülpich ist, dem römischen Tolbiacum/Tulbiacum ›.[73]

Hildebrand ist auch hier Dietrichs ständiger Begleiter, während Siegfried (= Sigurðr) der Niflungenprinzessin Grimhild in einer Vernicher Vorburg[74] zur Vermählung vorgestellt werden soll. Übereinstimmend mit dieser Lokalisierung zwischen der Voreifel und einem rheinnahen Residenzort ist Dietrichs Ausritt von *Bern* zum *Osning* in 7 Tagen (Mb 96).

Noch genauere Angaben zur Lage von Dietrichs Sitz können wir aus den Berichten der Thidrekssaga über den Zug einiger seiner zukünftigen Gefolgsleute nach *Bern* entnehmen. In Mb 84–90 reiten Viðga, Heimir, Hornbogi und Sintram in Begleitung Hildebrands von Norden kommend über *Brictan*[75] weiter zur *Visar*, die jedoch weder die Emscher noch Weser sein kann, sondern in nur die Wisser.[76]

Der Sitz *Her*, die nächste Station wo Hildebrands Frau residieren und die einst Dietrichs Vater gehört haben soll, spricht in namengebender Beziehung für die später errichtete Burg Herrnstein oder (vielmehr) Herchen. Dieser Ort liegt keine 40 km Wegstrecke vom Bonner Rheinufer entfernt, das nach Mb 90 nach einem

---

[72] Zitiert aus dem später folgenden Beitrag *Zur Historizität der Thidrekssaga*.
[73] Mb 226 in der Übersetzung von F. H. von der Hagen. Der Niflunge „Hagen" = Hǫgni wird in diesem Passus (auch in den altschwedischen Texten) nicht erwähnt.
[74] *Vernica*; vgl. das Glossar der Thidrekssaga nach William J. Pfaff und H. Ritter-Schaumburg unter https://www.badenhausen.net/harz/svava/ThsGlossary.pdf
[75] Brechten an der Lippe, das schon William J. Pfaff vor Ritter-Schaumburg erkannt hatte.
[76] dazu übereinstimmend (u.a.) Harry Böseke, Edo Oostebrink und Jochen Ackermann.

Tagesritt erreicht wird.[77] Hier, an oder in der rheinischen „Bernburg", dem fluss-logistisch prädestinierten *castra Bonnensia,* wird Dietrich seine Gefolgsmänner empfangen haben.

Wir sehen, dass die explizite Nennung von Bonn für *Bern* oder „Verona", auf das sich in diesem Kontext ein zweifellos niederdeutscher Skriptor für die Thidreks-saga, aber wohl kaum ein berichtoriginärer altnorwegischer Sagamann retrospektiv beziehen konnte, für ihn und uns also nicht notwendig war.

Auf eine heraldische Identifikation von Bonn mit Dietrichs Bern, soweit sich hierzu signifikante Ähnlichkeiten reklamieren lassen, weist Laurenz Lersch in den *Bonner Jahrbüchern I* (1842) und *III* (1843) hin.

Sein Forscherkollege Karl Simrock stellt dazu fest:

Was bei Lersch a.a.O. S. 29 und III. 19 über den roten Löwen im Bonner Wap-pen und seine Übereinstimmung mit den Wappen Dietrichs von Bern gesagt ist, halte ich für hinreichend, sofern daraus hervorgeht, dass Dietrich in den Lie-dern den goldenen oder roten Löwen im weißen oder silbernen Felde trug, wel-chen auch das untere Feld des Bonner Stadtwappens zeigt, wie es Lersch noch auf dem hiesigen Sterntor sah, wo es aber seitdem durch einen Steinwurf fast unkennbar geworden ist, so dass wir uns nun auf sein Zeugnis S. 31 berufen müssen. Den roten Löwen im silbernen Feld bezeugt aber auch der Rheinische Antiquarius vom Jahr 1739 mit den Worten: „Das Wappen der Stadt Bonn ist geteilt, in dessen unterem Teil ein roter Löwe im silbernen Felde, und im oberen Teil ein schwarzes Kreuz im silbernen Feld steht." Dass das untere Feld jetzt blau erscheint, werden die bayerischen Kurfürsten durchgesetzt haben.[78]

---

[77] K. Weinand plädiert für eine Verortungsvariante im Eifelraum, auf die sich das sogenannte *Deutsche Heldenbuch* etwa mit „*Her Garda"* (vgl. in den Epen *Laurin* und *Sigenot*) bezogen haben könnte. Siehe dazu in diesem Band den Beitrag *Bern aus Sicht der Thidrekssaga:* → *Hof Her.*

[78] a. Simrock, *Bonna Verona in Bonn. Beiträge zu seiner Geschichte und seinen Denkmälern,* Festschrift 1868, S. 20 zitiert in neuer deutscher Rechtschreibung.
Zwar führt das italienische Ravenna gleich zwei Löwen in seinem Wappen, jedoch keinen das Wappen von Verona an der Etsch, dem Sitz Dietrichs nach angeblich volkssprachli-cher Überlieferung in der vorherrschenden Auslegung von Forschung und Lehre.
Nach der Thidrekssaga (Mb 6, Mb 172) ist Dietrichs Schild koloriert in Gold und Rot.
b. Im Wertungszusammenhang mit der geografischen Sagenoriginalität folgt Simrock Franz Joseph Mone mit seiner Erkenntnis, dass
Bern in den meisten Fällen, wo es mit der Nibelungensage in Verbindung steht, eine Verfälschung hochdeutscher Dichter ist und die niederrheinische Sage von Bonn ver-drängt und ersetzt hat.
Zum Überlieferungskontext der Thidrekssaga, hier nur beispielhaft als ein weiteres Re-zeptionsmerkmal angeführt, bemerkt Mone noch die Erwähnung eines *Sigestapp cella-rius, der „um 1280 in einer Urkunde des Erzbischofs von Köln auftritt",* wie er aus den Aufzeichnungen des Kirchenhistorikers Anton Joseph Binterim zitiert. Andere in diesem Raum auftretende Namen, so Mone weiter, lauten auf *Zegestappus, Sygestappus,* womit

Die Skulptur vom Bonner Löwen, des volkssprachlichen „steinernen Wölfchens", stand – soweit insbesondere numismatisch bekannt seit dem Hochmittelalter und noch bis zum Ende der kurfürstlichen Regierungszeit – an der Münsterkirche.

Zusammenfassung

Seit der Spätantike gehen Bonn und Neuss als die mit Abstand bedeutendsten rheinischen Militärstandorte südlich der Lippe und nördlich Mosel hervor. Für das von ihrer Mündung aus der *Germania superior* hochfahrende Schiffsvolk präsentierte sich der Ort vor allem im 2. Jahrhundert als kulturelles Prestigeobjekt mit nicht weniger als einem überregional beliebten Tempelbezirk, zwei Bädern, einem dort inschriftlich genannten Amphitheater sowie weiteren Repräsentativbauten vor seinem Legionslager, dem *PRIMUM CASTRA* unter den erheblich kleineren rheinischen Kastellen.

Für dessen damalige Kurzbezeichnung durch Lautverschiebung, vgl. auch **Prin → Perin → Ber(i)n*, lässt sich *PERN* als *BERN* als volkssprachlich übernommener Kurz- und Spitzname zu einer frühestmöglichen Erklärungsalternative anführen. Die andere ebenfalls römisch antike, in diesem Fall auf der lautlichen Übertragung von *BORMA → BORM → BERN* basierend, könnte über den römischen Schreiber Florus von einer verschollenen Tradition aufgenommen worden sein.

Eine andere auf Bonn-*BERN* mögliche Namenübertragung haben Hanswilhelm Haefs[79] und Otto Klaus Schmich angeregt. Sie nannten hierzu den großzügig angelegten Tempelbezirk VARNENUM bei Aachen, dessen Gründung in die augusteische Zeit (30 v.Chr. bis 14 n.Chr.) datiert worden ist. Schmich schreibt:

Varnenum ließe sich über Bereniacum (Bareniacum, Varneniacum) in Richtung Breinig[80] entwickeln und es wäre zwischen 350 und 1363 ‹ möglicher Überlieferungszeitraum nach Schmich › auch genügend Zeit dafür gewesen, die aber stumm bleibt.[81]

---

er eine geografische und namentliche Beziehung zur Thidrekssaga und vor allem zu ihrer Vorlage andeuten will. Vgl. *Sigstaf* bei Henrik Bertelsen, Band I (a.a.O.) S. 147.

[79] Haefs, *Thidrekssaga und Nibelungenlied. Vergleichende Studien* (2004) S. 91, 136. Erschienen als Band 2 in der Reihe *Forschungen zur Thidrekssaga* (Hrsg. *Dietrich-von-Bern-Forum*).

[80] a. Mit Trassenanbindung zu dem nur wenig westlich liegenden Tempelareal.

b. Die Entwicklungsrichtung von **Var, *Bar* nach **Bra, *Bre* lässt sich mit einem nahe an der Maas gelegenen *Perniciacum* wahrscheinlich machen, da die Lage dieses römischen Standorts nach archäologischen Erkenntnissen mit dem Raum um das heutige Braives zusammenfällt. *Perniciacum* (genannt *Pernaco* auf der Peutingerschen Tafel) ist im römischen Fernstraßenverzeichnis *Itinerarium provinciarum Antonini Augusti* verzeichnet.

[81] Schmich, *Hünen* (1999) S. 306.

Nach alledem steht außer Frage, dass der Nimbus von Bonn im Glanz einer ehemaligen „römischen Stadt" für nachfolgende und insoweit das Mittelalter einschließende Generationen erhalten blieb. Anhand einer (unserer) dazu historisch sowie archäologisch belastbaren Quellenlage für die migrationszeitlich folgenden Umbrüche dürfen wir weiter davon ausgehen, dass neben der überwiegend zivilen Großmetropole Köln auch Bonn das wesentliche Hauptziel für die im 5. Jahrhundert erfolgte endgültige Ablösung der römischen Herrschaft über die nördlichen Rheinprovinzen bildete. Und wir dürfen außerdem postulieren, dass die Thidrekssaga diesen Umbruch im heldenepischen Darstellungsmilieu überliefert.

Wir wissen allerdings nicht, ob dem Kölner Historiker, Urkundenspezialisten und Legendenschreiber Gottfried Hagen – *Bunna, dat heis man do Berne* – um das Jahr 1270 eine uns nicht verfügbare Quelle vorgelegen hatte, die mehr als nur einen sagenhaften, sondern auch historischen Nenner für seinen Ausruf *Bern meint Bonn* lieferte.

Sollte er diese unbedingt zu postulierende Überlieferung gekannt und daraus die Gleichsetzung entnommen haben, dann begegnet uns nach den raumstrategischen Angaben in nicht wenigen Berichten der Thidrekssaga zumindest *ein* und dieses Bonner Bern. Für migrationszeitliche Verhältnisse erscheinen Auffassungen oder quelltextliche Angaben als „Stadt Bern" zwar anachronistisch, jedoch vergleiche man dazu die sinngleiche Entsprechung in der Größenordnung einer *civitas*.

Zum Quellenkomplex „Sage, Legende und historiografische Überlieferung" lässt die Thidrekssaga zur geostrategischen Schlüssigkeit ihrer Berichte über rhein- und moselfränkische, niederdeutsche und altnordische Protagonisten die Verortung von Dietrichs Residenz im italienischen Verona nicht zu. Insoweit konnte die von wesentlichen Teilen der Forschung gegenüber Ritter-Schaumburg eher voreilig als sachlich begründete „pseudochronikalische Translozierung" der Saga aus einem italienischen Theoderich-Dichtungsmilieu bislang nirgends plausibel gemacht werden.

Der Thebäersoldat Mauritius zu Pferd.

Schmalseite des Schreins der Söhne des hl. Sigismund in der Abtei St-Maurice.

Rolf Badenhausen

Bonn-Verona und die Thebäerlegende

Der erste chronologische Nachweis für *Dietrichs Bern* ?

Einen herausragenden Dreh- und Angelpunkt für die implizit sagengeschichtliche und explizit frühmittelalterliche Identifizierung von oder für Dietrichs Sitz und Reich bildet die *Passio sanctorum Gereonis, Victoris, Cassi et Florentii Thebaeorum martyrum.* Sie will von einem märtyrerzeitlichen Geschehen in den Rheinprovinzen nördlich der Mosel wissen und nennt uns auch – anscheinend chronologisch zuerst – den Namen *Verona* auch für ein *Berona* [1], wo die Thebäischen Legionäre Cassius und Florentius ihr Leiden vollendet haben sollen. Obwohl diese Passio nach vorherrschender Auffassung von Forschung und Lehre ungefähr ebenso wenig historisch verlässlich sein soll wie die altnordische Thidrekssaga und mittelhochdeutsche Dietrichepik, werden wir hier die anonyme Abfassung über beide Bonner Protagonisten im Licht von *Entstehung und Motiv* kritisch aufzuhellen haben.

Zu ihrem historischen Hintergrund liegen uns Werke von Autoren vor, die sich relativ zeitnah auf das christlich missionierende Wirken und Leiden von Soldaten der legendären Thebäischen Legion berufen. Ihr bekanntester Verfechter ist der Lyoner Bischof Eucherius, der zwischen ca. 440 und 450 die *Passio Acaunensium martyrum* verfasste. Sie bildet für das frühere 3. und 4. Jahrhundert die wohl entscheidende Orientierungsgrundlage für unsere rheinische Passio über Gereon und seine beiden *Veroneser* Leidensgenossen. Begeben wir uns dazu auch auf Antwortsuche, ob sie wirklich hier – im Köln-Bonner Raum – begraben und wieder erhoben worden sein konnten!

Daneben verfügen wir jedoch keineswegs über nur einen Beleg für die urkundliche und insoweit zumindest kirchenchronistische Verwendung des Namens *Verona* für Bonn, was anhand anderer Untersuchungen ebenfalls in diesem Band dargestellt werden soll.

Koelhoffsche Chronik

Zu der Frage wie Verona an den Rhein gelangen konnte verweist der Historiker Josef Niessen in seiner Monografie über die *Geschichte der Stadt Bonn* zunächst auf die Koelhoffsche Chronik,[2] die gleich im Anschluss an ihre Nachrichten über das Jahr 94 n.Chr. anführt:

---

[1] siehe im vorausgegehenden Beitrag Seite 167.
[2] Niessen, *Die Geschichte der Stadt Bonn I*. Dümmlers Vlg. Bonn 1956, S. 37.

Da nu der hillige bischoff sant Matern die stat van Trier mit den landen dabi-
liggende in ein rechten weg der wairheit und des cristengelouvens bracht
hadde, so woulde he ouch andere lande bekeren ind treckt uis . . . ind als he
gink predigen dat hillige evangelium, so quam he van Trier zo Verona, nu
Bonna genant, und machte die (Bewohner zu) *cristen; und dairnae so quam he*
zu Agrippinen (Köln).

Johann Koelhoff d. J. verfasste diesen Berichteintrag zwischen 1494 und 1499.
Jedoch war zu seiner Zeit der Name *Verona* für Bonn längst aus früheren Quellen
bekannt. Weiter ist zu diesem Eintrag anzumerken, dass chronistisch belastbare
Zeugnisse über Christengemeinden in Trier und Bonn erst wesentlich später datieren. Allerdings wird der von Koelhoff genannte Maternus von anderen Textzeugnissen als Bischof von Köln für die Jahre 313/314 bestätigt.[3] In seiner südlichen Diözese *Bonna* wurden bereits in dieser Zeit Gräberfelder mit z. T. christli-
cher Bestattungssymbolik belegt. In diesen sollen auch Märtyrer bestattet worden
sein, die nach offenbar legendärer Überlieferung – auf die wir aus chronologischen Gründen noch näher zurückkommen müssen – im *rheinischen Verona* ihr
Leiden vollendet haben sollen.

Das erste Quellenfundament für ein rheinisches Verona?

Thebäische Legionen spezifiziert die *Notitia dignitatum*, eine Art römisches Staats-
handbuch aus der Zeit nach 425 n.Chr. Allerdings legen die Textauswertungen dieses mehrmals edierten Katalogs ihren Abfassungsschwerpunkt für den östlichen
Teil des Imperiums bereits um 395 n.Chr. nahe. Hier soll gegen Ende des 4. Jahrhunderts ein *Dux Thebaidos*, der dem *Comes rei militaris Aegypti* unterstand, bereits über 12.500 Soldaten verfügt haben. Des Weiteren befand sich unter den *Le-
giones commitatenses* der *Notitia* auch eine *Tertia diocletiana thebaeorum*.[4]

Für die Frühzeit von Bonn als *Verona* verdienen die angeblichen Märtyrer einer
Thebäischen Legion vor allem deswegen besondere Beachtung, weil sie die aus-
gesprochen dürftige Quellenlage im Kontext mit schriftlicher, archäologischer
und architektonischer Überlieferung bereichern könnten. Dies betrifft die Abfassungen sowie textkritisch zu untersuchenden „weiteren Ausgestaltungen" als ha-
giografische (heiligengeschichtliche) Überlieferungen für den metropolitanischen
Nachweis einer forschungskritisch unterstellten *eigenen verehrungs- und ruhmreichen Heiligengeschichte.*

Die zur rheinischen Frühgeschichte in Anspruch genommene Thebäische Legion
bildet das Bezugspotenzial für die vorherrschend als unglaubwürdig klassifizierte
Passio Acaunensium martyrum des Eucherius von Lyon († um 450). Nach seiner

---

[3] Friedrich Wilhelm Oedinger, *Die Regesten der Erzbischöfe von Köln im Mittelalter, I. 313–
1099*, Bonn 1954–1961, S. 1–16. Vgl. Niessen S. 36 mit leicht abweichender Datierung.
[4] vgl. die Auswertung von Ingo G. Maier (University of Melbourne), *The Compilation 'notitia
dignitatum' (Cnd)* unter https://www.notitiadignitatum.org unter Indexes *Military Units*.

Überlieferung[5] ist *Agaunum*, im Wallis mit der Abtei Saint-Maurice unfern vom Genfer See, der maßgebliche Thebäerstützpunkt.[6] Doch bereits vor ihm, im ersten Viertel des 4. Jahrhunderts, lobte der zur Geschichtstreue weitaus weniger gescholtene Eusebius von Caesarea († 339 o. 340) Soldaten einer Thebäischen Legion wegen ihrer Tapferkeit als christliche Märtyrer – eine Quelle, die Eucherius für seine emphatischen Darstellungen gekannt und verwendet haben dürfte.[7]

Nach seinen Angaben sollen diese Männer aus dem heute ägyptischen Teil des Römischen Reiches nach Agaunum verlegt worden sein. Er bezieht sich dazu auf ihre Niederschlagung durch den römische Götterverehrung und -opferung erbarmungslos fordernden Kaiser Maximian – er regierte zeitweilig mit Diokletian – in der Zeit der Christenverfolgung von 303–305.[8] Als historisch abgesichert gilt jedenfalls Maximians Massaker an christlichen Soldaten einer Thebäerlegion gegen Bagauden im westlichen Gallien um 285/286. Nicht sicher, aber auch historisch keineswegs unmöglich erscheint eine Gebirgsregion am Genfer See als Zuflucht für geflohene, möglicherweise überlebende und sich für die Verbreitung des Christentums weiter hingegebene Soldaten. Hier haben wir eine nicht unbedingt auszuschließende Grundlage für seine süd-nördliche Ausbreitung und damit auch für die niederrheinische Passio, auf die wir später näher eingehen werden. Anhand von weiteren historischen Quellen lässt sich auch unter dem vorgenannten Diokletian das Standlager von mindestens zwei Legionen, der *legio II Flavia Constantia Thebaeorum* und der *legio I Maximiana Thebaeorum* in Theben nicht ausschließen. Nicht auszuschließen ist aber auch die Stationierung zahlreicher Soldaten und Offiziere der *legio III Diocletiana* an mehreren Orten in der Thebäis bereits gegen 300 n.Chr. Ein Einsatz dieser Legion und der *II Traiana* in den ersten Jahren des 4. Jahrhunderts in der Thebäis gilt als historisches Faktum. Über ihre nachfolgende Verwendung liegen keine Angaben vor, so dass ihre Verlegung in den Westen bzw. in einen hier südgallischen Raum mit einer nicht näher überlieferten Legionsstärke wiederum nicht ausgeschlossen werden kann.[9]

Die weitere Kritik an Eucherius' Darstellungen bezieht sich nichtsdestoweniger auf seinen offenbar anachronistischen Bezug auf das römische Militärwesen, wonach seine Angabe von 6.600 Soldaten als Legionsgröße nur auf die (zu) weit

---

[5] siehe *MGH SS rer. Merov. 3*, S. 32–39; Einleitung von Bruno Krusch (S. 20–32).

[6] Man bedenke in den Amtszeiten von Mark Aurel und seinem Sohn Commodus die regionale Christenverfolgung um 177 in Südgallien, historisch kreditiert insb. bei Lyon – darüber Eusebius und Gregor von Tours; später 311/12 die Verfolgungen unter Galerius und Maximinus.

[7] *Historia ecclesiae 8,9* des Eusebius.

[8] Im Auftrag von Diocletian führte Maximianus selbst einen in der *Passio secunda Thebaeorum* (*Passio anonymus*) aufgegriffenen Bagaudenfeldzug im Jahr 285, der für eine glaubwürdige(re) Interpretation von Eucherius' Passio überwiegend abgelehnt wird.

[9] Michael Alexander Speidel, *Die Thebäische Legion und das spätrömische Heer* in: (Hgg.) O. Wermelinger, P. Bruggisser, B. Näf, J.-M. Roessli, *Mauritius und die Thebäische Legion. Akten des internationalen Kolloquiums Freiburg, Saint-Maurice, Martigny 17.–20. Sept. 2003* (Academic Press Fribourg 2005), siehe S. 669 ff.

zurückliegende Hohe Kaiserzeit übertragbar erscheint.[10]

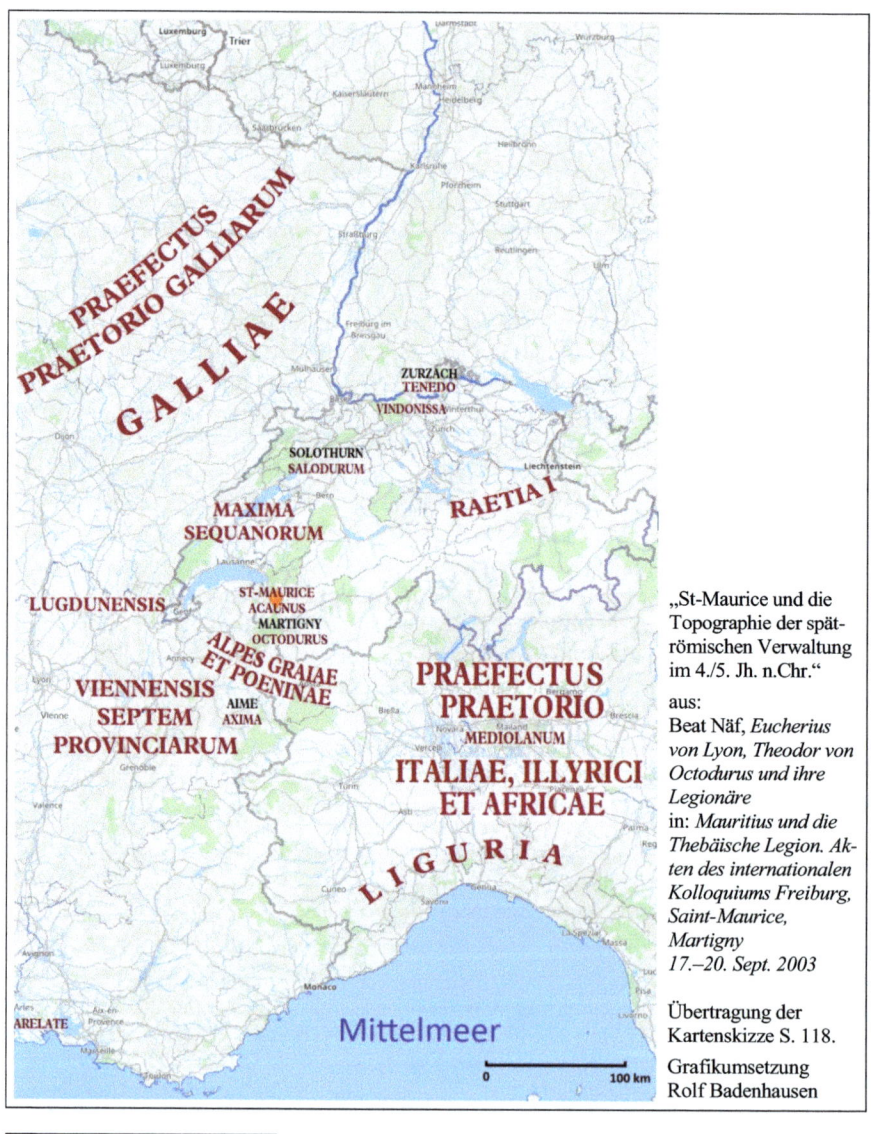

„St-Maurice und die Topographie der spätrömischen Verwaltung im 4./5. Jh. n.Chr."

aus:

Beat Näf, *Eucherius von Lyon, Theodor von Octodurus und ihre Legionäre* in: *Mauritius und die Thebäische Legion. Akten des internationalen Kolloquiums Freiburg, Saint-Maurice, Martigny 17.–20. Sept. 2003*

Übertragung der Kartenskizze S. 118.

Grafikumsetzung Rolf Badenhausen

---

[10] Die Angaben 6.666 (Hs. X1) und 6.600 (Hs. X2) in der zu Eucherius erzählungsrelevanten *passio anonymus* (ohne Entstehungsdatierung).
Eine Sondereinheit in dieser Größe darf Ende des 4. Jh.s also nicht existiert haben (?). Zu diesen beiden Überlieferungen mit deutschen Übersetzungen: Verena Grafinger, *Die Heilige Verena und die Thebäische Legion*, Diplomarbeit Universität Wien 2007.

Gehen wir mit seiner wohl leidenschaftlich intendierten Wirkungsgeschichte weiter davon aus, dass für den aus der heutigen Schweiz nach Bonn führenden Legenden-kontext die Thebäer-Passio des Lyoner Bischofs das Fundament für die rheinische Verschriftlichung eines dortigen Verona bilden soll. Der im Wesentlichen als chro-nistische Quelle betrachtete *Liber historiae Francorum* beziffert übrigens die Ge-folgsmänner des Legionsführers und Märtyrers Mauritius auf 6600 Soldaten.[11]

Nach den Angaben der später datierten und gegenüber Eucherius mindestens ebenso historisch unglaubwürdig beurteilten *Passio sanctorum Gereonis, Victoris, Cassi et Florentii Thebaeorum martyrum*[12] sollen einige Soldaten der Thebäischen Legion vom Walliser Agaunum noch bis in das heutige Rheinland gelangt sein. Cassius und Florentius sollen dann in Bonn – dem explizit genannten *Verona* – mit ihren 7 Gefährten gefangen genommen und dort getötet worden sein. Wir werden auf beide Gestalten *und* ihr raumzeitliches Umfeld noch später zurückkommen.

Wie es weiter heißt (*c. 14*), starb ihr Mitstreiter Gereon mit seinen 318 Begleitern *(socios)* bei den Lagern in der *Agrippina magna civitatis* (Köln). In den Sümpfen bei Xanten sollen Viktor und seine 330 Märtyrer versenkt worden sein (*c. 15*). Immerhin erfahren wir auch aus dieser Passio, dass nicht alle Märtyrer gar inner-halb eines Tages ihr Leben verloren haben sollen und ihre Hinrichtungen nicht an nur einem Ort vollstreckt wurden, siehe *c. 2* und *c. 23*.

Ein in Bonn-*Verona* später feierlich bestatteter Märtyrer Mallosus wird vom *Mar-tyrologium Hieronymianum* als in/bei Köln getöteter Heiliger angegeben. Der fränkische Geschichtsschreiber Gregor von Tours (6. Jh.) nannte bereits einen gleichlautenden Soldaten, der in Birten (bei Xanten) hingerichtet worden sein soll.

Lesen wir zunächst in der vorausgehenden Passio des Eucherius, der uns nament-lich nur diese Thebäischen Legionäre nennt und schildert:

(12) *Victor autem martyr nec legionis eiusdem fuit neque miles, sed emeritae iam militiae veteranus. Hic cum iter agens subito incidisset in hos, qui passim epulaban-tur laeti martyrum spoliis, adque ab his ad convescendum invitatus, prolatam ab ex-ultantibus per ordinem causam cognovisset, detestatus convivas detestatusque con-vivium refugiebat. Requirentibusque, ne et ipse forsitan christianus esset, christia-num se et semper futurum esse respondit ac statim ab irruentibus interfectus est ce-terisque martyribus in eodem loco sicut morte, ita etiam honore coniunctus est.*

Doch der Märtyrer Viktor war weder Angehöriger derselben Legion noch Soldat, son-dern ein aus dem Militär ausgetretener Veteran. Hier, als er unterwegs war, traf er plötz-lich auf diejenigen, die sich weit ringsum schmausend über die Märtyrer-Beute freuten; und als er von ihnen zur Zusammenkunft eingeladen wurde, erfuhr er darüber deren Grund – somit die Zecher und das Festgelage verabscheuend floh er davon. Und denen, die ihn fragten, ob er vielleicht selbst ein Christ sei, antwortete er, dass er ein Christ sei

---

[11] siehe *c. 20*; vgl. *MGH SS rer. Merov. 2*, S. 275.
[12] Im Weiteren kurz „Passio Gereonis et. al.", datiert zwischen der 2. Hälfte des 10. und Anfang des 11. Jahrhunderts. Abschrift von Helinandus von Froidmond (†1227).

und immer bleiben werde; und so wurde er von den Herbeistürmenden sofort getötet –
und hier mit den übrigen Märtyrern nicht nur im Tod, sondern auch ehrenvoll vereint.

(13) *Haec nobis tantum de numero illo martyrum conperta sunt nomina, id est bea-*
tissimorum Maurici, Exuperi, Candidi adque Victoris; cetera vero nobis quidem in-
cognita, sed in libro vitae scripta sunt.

Von dieser Zahl an Märtyrern sind uns nur die Namen der allerseligsten Mauritius,
Exuperus (Expeditus), Candidus und Victor genannt; die Übrigen sind uns zwar unbe-
kannt, aber in den Vita-Büchern aufgeschrieben.

(14) *Ex hac eadem legione fuisse dicuntur etiam illi martyres Ursus et Victor, quos*
Salodorum passos fama confirmat. Salodorum vero castrum est supra Arulam flumen
neque longe a Rheno positum.

Aus derselben Legion sollen auch die Märtyrer Ursus und Victor stammen, die die Pas-
sio Salodorum ‹ als Hingerichtete › bestätigt. Das Militärlager Salodorum ‹ Solothurn›
liegt aber oberhalb des Flusses Arula ‹ Aare › und nicht weit vom Rhein entfernt.

In Anlehnung wohl auch an Gregors Heiligenberichte verbindet die Xantener
Märtyrerlegende ihren Viktor mit der Thebäischen Legion. Hätte Eucherius über
ihn und das dortige *castra vetera* wissen können? Jedenfalls soll *sein Viktor* bei
Solothurn aufgegriffen und getötet worden sein. Nach der Passio Gereonis et al.
entkam ein gleichnamiger Legionär mit einigen Gefährten dem Massaker und
wurde bei Xanten getötet.[13] Außerdem gibt es eine Verbindung zwischen jenem
oder vielmehr *einem hl. Viktor* und der *hl. Verena* (!), seiner angeblichen Verlob-
ten, von der die im späten 9. Jahrhundert verfasste *Vita prior* berichtet.[14] Als Ere-
mitin aus Theben soll sie in der ersten Hälfte des 4. Jahrhunderts in Solothurn und
Zurzach gewirkt haben, wo sie faktisch noch heute verehrt wird.

Die im Predigtstil abgefasste Passio über Gereon und seine Leidensgenossen unterstellt die mehrheitliche Textforschung als missions- und kirchengeschichtliche
Schöpfung im Ghostwriter-Auftrag eines hohen Kölner Geistlichen. Während in
der von Eucherius geschriebenen Passio vom Westkaiser Maximianus (286–305
n.Chr.) die Rede ist, lesen wir in der nordrheinischen Passio über Gereon und
seine Leidenskameraden von deren Zeitgenossen Diokletain (284–305 n.Chr.),
der den östlichen Reichsteil regierte und die Tetrarchie einführte (Ost- und Westkaiser zuzüglich einem Unterkaiser).

Zur Möglichkeit einer Quellentransmission in die *Germania secunda*

Ein nennenswerter Teil der Forschung geht von einer Überlieferung der vermutlich

---

[13] Mit einem Deutungsplädoyer auch Stephan Beissel, *Die Bauführung des Mittelalters. Studie*
über die Kirche des hl. Victor zu Xanten. Freiburg 1889 – hier sein Kap. 2: *Das Martyrthum*
des hl. Victor und seiner Genossen. Reprint unter:
https://de.wikisource.org/wiki/Das_Martyrthum_des_hl._Victor_und_seiner_Genossen
[14] Ihr Verfasser ist der Abt von Reichenau und spätere Erzkanzlers Hatto III. vom Ostfränkischen Reich. Die andere Hauptquelle ist die *Vita posterior* (11. Jh.).

nicht nur von Eucherius gelieferten Thebäerlegende(n) zum Mittel- und Niederrhein durch christianisierte Ost-Merowinger aus. Als sehr wahrscheinliche Transferperiode gelten die beiden Amtszeiten von Theuderich I. und Theudebert I. Denn der Erstgenannte war mit der Tochter Suavegotta des Stifters der „Thebäer-Abtei" Saint-Maurice, König Sigismund von Burgund, verheiratet.[15] Außerdem verfügte Theuderichs Sohn Theudebert, dem eine besondere Beziehung zu Köln nachgesagt wird (vgl. u.a. Eugen Ewig), auch über die *civitas Octodurum* mit deren Kloster St-Maurice.

Jedenfalls sind rund 1½ Jahrhunderte nach Theudeberts Tod die Legionäre Cassius – den das größte bekannte Bonner Verona-Siegel (13. Jh.) gedenkt – und sein Leidensgefährte Florentius in der 691/692 verfassten *Donatio Helmgarii* längst namentlich nachweisbar:

> *...cedimus ad basilicam sanctorum Cassii et Florentii sociorum eorum sub oppido castro Bonna...*[16]

Mit dieser Angabe wird als markantes Ortsmerkmal das ehemalige *castra* hervorgehoben. Ende des 7. Jahrhunderts bestand also längst eine Basilika für das Heiligenduo. Die explizite Nennung des einst von den Römern errichteten Lagers spricht für seine noch karolingerzeitliche Bedeutung.

Jedenfalls ist damit – kontra vorschnellen Auffassungen der Textforschung – eine sowohl ottonenzeitliche als auch spätestens hochmittelalterliche Genesis für die Erdichtung bzw. Positionierung beider Legionäre *bei Bonn* ausgeschlossen!

Gregor von Tours

Gehen wir noch ein Jahrhundert weiter zurück in die Zeit unseres fränkischen Geschichtsschreibers, eines Zeitgenossen von Theuderichs Sohn Theudebert I. und dem Kölner Bischof Everigisil („Eberigisilus"). Gregor schreibt in seinem *Liber in gloria martyrum I,61*:

> *Est apud Agripinensim urbem basilica, in qua dicuntur quinquaginta viri ex illa legione sacra Theorum pro Christi nomine martyrium consummasse. Et quia admirabili opere ex musivo quodam modo deaurata resplendet, Sanctos Aureos ipsam basilicam incolae vocitare voluerunt. Quodam autem tempore Eberigisili episcopi, qui tunc huius urbis erat antistis, capitis medietas validis doloribus quatiebatur, —*

---

[15] Flodoardus, *Historia Remensis ecclesiae II,1* in: *MGH SS 13*, 1881, S. 447.
Beat Näf sieht den Thebäer-Heiligenkult von Sigismund nachhaltig inititiiert – in diesem Sinne von dem Schweizer Althistoriker vorgetragen auf der Tagung „*Auf den Spuren des heiligen Mauritius*" am 7. und 8. September in Solothurn und Saint-Maurice.
[16] Zitiert (u.a.) von Wilhelm Levison, *Die Bonner Urkunden des frühen Mittelalters* in: *Bonner Jahrbücher 5* (1932) S. 236 f. Levison ergänzt den Textwortlaut im Passus in der Schenkungsurkunde vom Braubacher Weingut des Helmgar an die Cassius-Basilika mit „*sociorum*[que]". Der bürgerliche bzw. auch wirtschaftliche Einzugsbereich des Bonner Stifts für einen Ort noch südlich von Koblenz scheint bemerkenswert.

erat tunc temporis in villa oppido proxima. Quo dolore, ut diximus, valde attenu-
atus, misit diaconem suum ad sanctorum basilicam. Et quia in ipsius templi medio
puteus esse dicitur, in quo sancti post martyrium pariter sunt coniecti, collectum
exinde pulverem detulit sacerdoti. Verum ubi exinde caput attigit, extemplo dolor
omnis exemptus est.[17]

> *Zu Köln ist eine Basilika, wo, wie man sagt, fünfzig Männer der heiligen Thebäischen*
> *Legion ihr Martyrium im Namen Christi vollbracht haben. Und weil sie mit ihren be-*
> *wundernswerten Werken und Mosaiken wie vergoldet glänzt, wollen die Einwohner sie*
> *lieber 'Kirche der goldenen Heiligen' nennen. Einst wurde Bischof Eberigisilus, der*
> *damals dieser Stadt voranstand, von starken Schmerzen inmitten seines Kopfes geplagt*
> *– er befand sich damals in einer Villa eines nächst gelegenen Dorfes. Durch diese*
> *Schmerzen stark geschwächt schickte er, wie gesagt, seinen Diakon zu der heiligen Kir-*
> *che. Weil in der Mitte dieser Kirche von einer Grube gesagt wird, in die die Heiligen*
> *nach ihrem Martyrium gemeinsam geworfen wurden, sammelte der Diakon davon*
> *Staub, den er dem Priester ‹ Bischof › brachte. Doch sobald dieser seinen Kopf be-*
> *rührte, war er sofort von allen Schmerzen befreit.*

Gregor dazu weiter (c. 62):

> *Ab hoc enim sacerdote sancti martyris Mallosi corpus repertum est hoc modo.*
> *Cum fama ferret, hunc apud Bertunensim oppidum martyrium consummasse, oc-*
> *cultum erat hominibus illis, quo in loco quiesceret; erat tamen oratorium inibi, in*
> *quo nomen eius invocabatur. Supradictus vero pontifex in honore eius basilicam*
> *aedificavit, ut scilicet, cum aliquid revelationis de martyre acciperet, in ea beatos*
> *artus, Domino annuente, transferret. Denique in latere basilicae, id est in pariete,*
> *qui a parte erat oratorii, in absida collegit, praestolans Domini misericordiam,*
> *quid iuberet de martyre revelari. Post haec diaconus quidam Mettensis per visum*
> *ductus, ubi martyr quiesceret, est edoctus. Post paucum autem tempus veniens ad*
> *episcopum, et quasi certa signa, quae per visum viderat, relegens, cum prius*
> *ibidem non fuisset, ait episcopo: 'Hic effode, et invenies corpus sancti', id est in*
> *medio absidae. At ille cum fodisset quasi in septem pedes, attigit nares eius odor*
> *inmensi aromatis, et ait: 'Credo in Christo, quod ostendit mihi martyrem suum,*
> *quando haec me suavitas circumdedit'; et fodiens, repperit sanctum corpus inlae-*
> *sum, et emittens voce magna, 'Gloria in excelsis Deo' omnem clerum pariter*
> *psallere fecit. Dicto quoque hymno, corpus sanctum in basilica transtulit, cum*
> *laude debita sepelivit. Ferunt ibidem et Victorem martyrem esse sepultum, sed non*
> *eum adhuc cognovimus revelatum.*

> *Der Priester ‹ Bischof › entdeckte auf diese Weise den Leichnam des heiligen Märtyrers*
> *Mallosus. Obwohl berichtet wurde, dass Mallosus sein Martyrium bei der Siedlung Bir-*
> *ten vollendet hatte, war es diesen Menschen verborgen, an welcher Stelle er ruhte. Es*
> *gab dort jedoch ein Oratorium, in dem sein Name angerufen wurde. Der besagte Pon-*
> *tifex errichtete zu Ehren von Mallosus eine Basilika, sodass er, wann er eine Offenba-*
> *rung über den Märtyrer erhielt, mit der Zustimmung des Herrn dessen heiligen Leib in*
> *deren Schönheit überführen konnte. Schließlich fasste er an der Seite der Kirche, d.h.*

---

[17] *MGH SS rer. Merov. 1,2*, S. 80.

in der Mauer neben dem Oratorium, eine Apsis ein[18]: in Erwartung der Barmherzigkeit des Herrn, ihm alles zu offenbaren, was er für den Märtyrer anordnen wolle. Später wurde ein Diakon in Metz von einer Vision geleitet und fand heraus, wo der Märtyrer ruhte. Kurze Zeit später kam er zu dem Bischof; und, als würde er sich an bestimmte Zeichen erinnern, die er schon gesehen hatte, als er noch nie dort gewesen war, sagte er zu dem Bischof: „Grabt hier, und ihr werdet den Leichnam des Heiligen treffen", so in der Mitte der Apsis. Als der Bischof etwa sieben Fuß tief gegraben hatte, stieg ihm ein immenser wohlriechender Duft in die Nase und er sagte: „Da mich diese Lieblichkeit umgibt, glaube ich an Christus, denn er hat mir seinen Märtyrer offenbart." Als er weiter grub, stellte er fest, dass der heilige Körper unversehrt war und rief laut: „Ehre sei Gott im Himmel" und ließ den gesamten Klerus zugleich Psalmen singen. Nach einer Hymne überführte er den heiligen Leichnam in die Kirche und setzte ihn mit gebührendem Lobgesang bei. Einige sagen, dass auch der Märtyrer Victor dort begraben sei, aber wir wissen noch nichts über seine Voraussage.

Hier wird längst nicht gesagt, dass sich der Kölner Bischof de facto im Xantener Dorf Birten[19] mit Kopfschmerzen herumplagen musste. Gregor sagt lediglich, dass in Birten bzw. *Bertunense*, das er in dieser Ortsbezeichnung hier wie einmalig in allen seinen Überlieferungen zitiert, das Martyrium des Mallosus geschehen sein soll. Jedoch ist strenggenommen fraglich, ob sich damit eine Gleichsetzung mit seinem Begräbnisort oder der angeblich in Birten zu positionierenden Basilika folgern lässt. Ein mit Gregors Angabe konformer rundförmiger Saalbau mit aufwändig ausgeführten Mosaiken und Apsiden stand in Everigisils Amtszeit an der Stelle der späteren oder längst erbauten St-Gereonskirche.

In Bonn war im 6. Jahrhundert, also zu Everigisils Zeit, an der Stelle einer früher errichteten und forschungsarchäologisch im 4. Jahrhundert aufgegebenen Totengedenkstätte ein Saalgebäude mit den Abmessungen von 13,77 x 8,88 m bekannt. Die Textforschung bevorzugt aber letztlich die Identifizierung der von Gregor genannten Basilika als Vorläuferin der Kölner Stiftskirche des Gereon.[20]

Im nachfolgend angegebenen Martyriumkalender des Hieronymus wird der Sterbeort des Mallosus jedoch zu Köln angegeben – oder ist darin mit dessen *Agripine* die *civitas* als rheinischer Großgau zusammen mit Bonn-*Verona* gemeint? Jedenfalls hatten die Kirchenfürsten im 12. Jahrhundert entschieden, die Translation des Mallosus zusammen mit Cassius und Florentius in Bonn abzuhalten.

---

[18] Mit der Schaffung eines Mauerbogens integriert er die alte Basilika in die Apsis der neuen Stiftskirche.

[19] „oppidum" als die „Stadt Birten"? Gregor, der durchaus mit Everigisils persönlichen Informationen verfasst haben mag, könnte die einst bedeutende „colonia" ihres Gründers Traian in seine ostrheinisch wohl lückenhafte Raumterminologie einbezogen haben.

[20] zuletzt u.a. Sabine Schrenk, *Die Ausbreitung des Christentums zwischen Mainz und Xanten* in: (Hgg.) Gabriele Uelsberg, Sabine Schrenk, Konrad Vössing, *Spätantike und frühes Christentum* (LVR-LandesMuseum Bonn, 2018), S. 66 f.

Immerhin lässt uns Gregor wissen, dass man gegen Ende des 6. Jahrhunderts auch an der Mosel von diesem/*einem* „Viktor bei Köln" Kenntnis hatte. Die Passio Gereonis et al. schreibt übrigens zu Viktors Martyrium nirgends *Bertunense,* sondern *Troiam sive Xantum.*

Nun nennt Gregor in seinem Märtyrer-Memorandum explizit nicht nur mit Mallosus diese zwei Namen, die er der Thebäischen Legion zurechnet, sondern in seinem *Liber* nicht weniger als 18 historisch kreditierte Märtyrer, die weder zu den bekannten biblischen Heiligengestalten noch zu den Päpsten und Apostolischen Vätern zu zählen sind.[21] Außerdem listet er in *c. 48* weitere „48 Märtyrer von Lyon" namentlich auf, deren Erstüberlieferung sich zweifelsohne nicht abhängig von Eucherius' Passio fordern lässt. Denn bereits Eusebius von Caesarea († 339 o. 340) nennt in seiner *Historia ecclesiastica* zum Jahr 177 jene Märtyrer von Lyon, die uns Gregor – woher auch immer – längst auszugsweise mitteilt.[22]

Gregor ist demnach nicht abhängig von Eucherius und es liegt klar auf der Hand, dass er mit seinen beiden letztgenannten Legionären Mallosus und „Viktor" sowie seinen „48 Männern" (c. 48) auf die von ihm proklamierten *50 Thebäer* kommt.[23]

Schon demnach ist unter anderen voreiligen Konjekturen auch die Einschätzung von Ingo Runde, dass

> *„es somit den Anschein hat, als handele es sich bei der Verbindung einer Xantener Viktortradition mit der Thebäerlegende um ein Konstrukt aus ottonischer Zeit, das bei der Suche nach den Wurzeln der Xantener Heiligentradition(en) kaum hilfreich sein dürfte..."*

zurückzuweisen, denn in *c. 62* (siehe oben) hat Gregor es mit seinem *Victor* nicht unterlassen, den namentlich summenrelevanten Zusammenhang zu den nur ein Kapitel zuvor in Köln lokalisierten Thebäern herzustellen.[24]

---

[21] Gregor liefert uns sowohl antike als auch spätantike Märtyrernamen: Chrysanthus († 283/284), Pankratius († um 304 in Rom), Laurentius von Rom († 258), Cassianus von Imola († 258), Vitalis und Agricola von Bologna († um 300), Victor von Mailand († 303), Gervasius und Protasius von Mailand († um 300), Nazarius von Mailand († um 304), Saturninus von Toulouse († vor 300), Benignus von Dijon († 2./3. Jh.), Symphorianus von Autun († um 178), Marcellus von Chalon-sur-Saône († 178), Valerianus von Tournus († 178), Timotheus von Reims († 3. Jh.), Apollinaris von Reims († 3. Jh.), Amaranth von Albi († um 250). Diese Angaben mit z.T. geschätzten Todesjahren.

[22] Gregor nennt ebenfalls: Vettius Epagatus, Alcipiadis, Biblis, Sanctus, Maturus, Alexander, Ponticus, Blandina und Bischof Photinus. Diese Namen werden auszugsweise Eusebius' fragmentarischer *Antiquorum martyriorum collectio* zugeschrieben. Dazu u.a. Satosha Ohtani, *The Persecution in Lugdunum and the Marytyrdom of Irenaeus in the Eyes of Gregory of Tours*, SCRINIUM 13 (2017), S. 213–226 unter https://brill.com/downloadpdf/journals/scri/13/1/article-p213_17.xml

[23] *c. 61.* Die von Gregor ausgelassenen drei Namen in *c. 48* werden hier beiseitegelassen. Über die Abhängigkeit des Xantener Viktor (ein nicht nur einmalig vergebener Name!) von den Überlieferungen des Victor von Agaunum (bzw. Solothurn) kann hier nicht befunden werden.

[24] Hier ist natürlich längst zu differenzieren und zu relativieren *apud Agripinensim:* „bei Köln"; vgl. Runde, *Xanten im frühen und hohen Mittelalter*, Köln 2003, S. 182.

Auch für die im 10. oder 11. Jahrhundert verfasste Passio Gereonis et al., auf die wir aus chronologischen Gründen bald kommen werden, müssen daher Quellenabhängigkeiten und deren historische Kerne bis auf Weiteres offenbleiben.

Martyrologium Hieronymianum (8. Jahrhundert)

In dem Sophronius Eusebius *Hieronymus* († 420) zugeschriebenen Märtyrerverzeichnis – einer Art Heiligenkalender ohne Jahresangaben – finden wir Eintragungen, womit sich die namentlichen Erstauftritte von Cassius, Florentius, Mallosus und einem *Victor* in der Passio Gereonis et al. zurückweisen lassen.[25] Für die Ausgabe dieses Matyrologiums erfassten Giovanni Battista de Rossi und Louis Duchesne 156 Folioseiten mit den *Codices Bernensis* (Schweiz), *Epternacensis* (Echternach), *Wissenburgensis* (Weissenburg/Elsass) und einem Fragment von Lorsch, so die trefflichere Bezeichnung „Pseudo- Hieronymus".[26] Die Sterbedatierungen und -orte der genannten Heiligen (hier hervorgehoben) lauten:

1. *Codex Bernensis* (Ende 8. Jh.):
   30. April [=**PRID·KL·MAIAS**]: *IN ALEXANDR[IA]* **Cassi. Florenti.**

2. *Codex Epternacensis* (frühestens 700 n.Chr.):
   09. Oktober [=VII. ID· OCT]: *et alibi^a* **Cassi** *eusebi florenti iocundi*[1] | *agripinae depos[...] s[an]c[t]or[um] mar[tyrum] maurorum cum alis cccxxx*

   ---

   ^a et alibi...: † „anderswo" für die ersten vier Genannten
   [1] *iocundi in margine. m. 1. ‹ iocundi vermutl. für Victor ›*

3. *Codex Bernensis:*
   10. Oktober[=VI ID• OCT]: *et alibi .***Cassi . Eusebi . Florenti . Victoris .*** *Agripine.* **Mallusi** *. cum aliis tricentos . xxx*

4. *Codex Wissenburgensis* (772 n.Chr.):
   10. Oktober[=VI ID· OCT]: *et alibi carti … cassi eusebi florenti victoris agripinae mallus cu[m] aliis CCCXXX*

   Gegenüber diesen Nennungen entnehmen wir **Gereon** mit Alleinstellungsmerkmal sowohl im *Codex Epternacensis:*

5. 08. Oktober [=VIII id oct]: *Gall[iae] civi[tate] coloni[ae] | agrippin[ae] s[an]c[t]i* **Gereon** *et alioru[m] CCCXCII*

---

[25] Einen z.B. mit Cassius gleichnamigen Glaubensverfechter finden wir in anderen Überlieferungen sowohl in Tanger (Cassianus Tingis, † 298) als auch in Imola († 303/4 o. 363). Über diesen schreibt übrigens Gregor in *c. 42* seines Märtyrerbuchs.
[26] *Acta Sanctorum Novembris, Tomi secundi pars prior: MARTYROLOGIUM HIERONYMIANUM*, Brüssel 1894. Unter https://books.google.de/books?id=uRbePL3cwJMC

als auch im *Codex Bernensis:*

6. 09. Oktober [=VII. ID· OCTUB·]: *IN GALL[iae] CIVIT[ate] colonie . Agripini_. NATAL S[an]c[t]orum.* **Gereon** *cu[m] sociis suis tricentorum decim et VIII martyrum quorum* NOMINA *d[omninu]s scit.*

Der Berner Kodex gibt als Sterbeort Alexandria für zwei gleichnamige Märtyrer Cassius und Florentius an. Im Echternacher als auch Weißenburger Kodex wird jedoch der Sterbeort beider gleichnamiger Legionäre offen gelassen.[27]

Wie übereinstimmend angegeben wird, soll Mallosus *mit anderen 330 Männern bei Köln* umgekommen sein. Die Angabe zu *Gereon* in 5. beruht offensichtlich auf einer Missdeutung des älteren *VI* ins irreguläre (!) *C*, was nichtsdestoweniger auf eine gemeinsame schriftliche Vorlage hindeutet, vgl. Gereon in der mit ihm betitelten jüngeren Passio. Gregor gibt nur an, dass Mallosus sein Märtyrium bei „Birten" erlitten haben soll, wo sich aber die von ihm „bei oder in *Agripina*" verortete Basilika bestreiten lässt. Dies dürfte die Annahme für *apud* in der Bedeutung von „nahe bei" – also wohl eher Everigisils Sitz und Kirche in Köln – weiter erhärten.

Verona = Bonn in der *Passio Gereonis et al.*[28]

Kommen wir schließlich zur raumzeitlichen Verbindung des bereits zu dieser Zeit nicht auszuschließenden rheinischen Verona mit Xanten.

Wie im nachfolgend zitierten lateinischen Wortlaut überliefert die Passio zunächst, dass die Anführer Cassius, Florentius und sieben weitere Männer von ‚ähnlicher Standhaftigkeit' von (Saint-Maurice) d'Agaune – wo sich der größte Teil der Thebäischen Legion befunden haben soll – nach den Spuren von Vorausgehenden bis nahe Verona am Rhein verfolgt werden konnten, wo sie sich niederließen:

(13) *Haec primum apud Agauni oppidum, ubi maxima multitudo sancti residit exercitus, agebantur. Inde praecedentium secuti vestigia repererunt primarios milites Cassium et Florentium cum septem aliis similibus constantiae viris, juxta Veronam civitatem in ripa Rheni fluminis consedentes...*

Es folgt dann einige Kapitel später die Entfernungsangabe vom Märtyrerort Verona zur „herrlichsten [‚feinsten'] St-Viktor-Basilika", die nicht weniger als 26 Meilen betragen soll:

(23) *Verona, supremus memorati martyrii locus, non minus viginti sex milibus ab elegantissima sancti Victoris basilica distans...*[29]

---

[27] vgl. S. 130–131 in der oben zitierten Brüsseler Ausgabe von 1894.

[28] In: Jacques Paul Migne, *PL CCXII: Acta Sanctorum Octobris V* (1786) S. 36–40.

[29] Die Entfernungsangabe beruht wohl auf dem kontemporären kartografischen Maßstab des anonymen Verfassers. Wahrscheinlich meint er den Landweg und nicht die Entfernung über Luftlinie. 26 mittelalterliche Meilen lassen sich auf ca. 195 km umrechnen. Für die Rheinroute kommt man immerhin auf 175 km für Xanten – Bonn.

Zum möglichen Quellenwert der *Passio*

Nach der eindeutig überwiegenden Auffassung der Textforschung passt sie überhaupt nicht in einen kreditierbaren Rahmen von antiken und/oder spätantiken Geschichtsdarstellungen. Lesen wir dazu die Auffassung von Ingo Runde über ihr Verhältnis zu einem möglichen Legendenkern in der Passio des Eucherius:[30]

Legt man diesen Erkenntnissen folgend einen Legendenkern zugrunde, nach dem der christliche Teil einer aus der Thebais stammenden Einheit bei einer Befehlsverweigerung unweit von Agaunum dezimiert wurde, lassen sich die stark relativierten Angaben durchaus mit dem bei Eucherius angegebenen Zeitpunkt des Martyriums während der großen Christenverfolgung 303-305 und dem Schweigen der zeitgenössischen Quellen in Einklang bringen. Demgegenüber passen die rheinischen Thebäerabteilungen nun endgültig nicht mehr ins Bild. Tatsächlich scheinen die nördlichen Märtyrerstätten erst im Nachhinein mit der agaunischen Tradition in Verbindung gebracht worden zu sein.

Aber der Schein darf trügen, denn anhand der für uns ohnehin fragmentarischen Quellenlage kann der Nachweis, dass maßgeblich lediglich Eucherius sowie nur der Zeitbereich von 303–305 die angeblich inspirative Bezugsgrundlage für die rheinische Passio bilden sollen, nicht geführt werden. Doch Runde gleich weiter zu potenziellen historischen Hintergründen:

Als „einleuchtendste Erklärung des Zusammenhanges" ging bereits W. Neuss ‹„Die Anfänge des Christentums", 1933 [1923] S. 27 › für die rheinischen Orte von der Verbindung alter, fast vergessener Märtyrertraditionen mit dem bekannteren Thebäerkult aus, der die vergangenen Mythen neu begründen sollte. Im Falle von Bonn und Xanten ist dies wohl in Rivalität zu Köln geschehen, wobei sich die Pröpste und Archidiakone auf die allen gemeinsame Stiftungssage der hl. Helena beriefen, welche wiederum auf die Erhebung der Märtyrer verweist. Denn folgt man der Passio Gereonis, soll die Kaisermutter (*248/260, † 328/337) von ihrem Sohn, Konstantin dem Großen, den Auftrag erhalten haben, Gräber von Märtyrern zu erheben und zu ehren. Der Legende nach tat sie dies unter anderem in Köln, Bonn und Xanten, wo sie anschließend auch den Bau von Kirchen über den Fundorten angeordnet haben soll.[31]

---

[30] Runde, *Xanten im frühen und hohen Mittelalter*, Köln 2003, S. 176–177.

[31] Helena Augusta, Konstantins d. Gr. Mutter als weibliche Patronin von Bonn, soll die am Fuße des Kreuzbergs hingerichteten Soldaten Cassius und Florentius (am Ort der heutigen Marterkapelle) geborgen und in einer für sie bestimmten *cella memoriae* (Martyrion) begraben haben. Man hält diese *cella* auch für den Baugrund der Basilika, die im 7. und 8. Jh. mit Anbauten vergrößert wurde und später dem Münster weichen musste. Unter seiner alten Krypta wurden drei schräg zur Kirchenachse liegende „spätrömische" Sarkophage von den Archäologen Hans Lehner und Wilhelm Bader freigelegt, die sie in eine *cella memoriae* der 2. Hälfte des 3. Jh.s datiert haben. Zu dieser Zeit bestand bereits ein nur wenig nördlich gelegenes Gräberfeld. Ende des 4. Jh.s soll nach ihren jedoch zu frühen Datierungen zunächst das Saalgebäude entstanden sein, dort also heute die Krypta und der Langchor vom Münster. (Hierzu mehr auf Seite 220 f.)

Zur Nachwirkung der *Passio*: die Heiligenerhebungen zu Bonn–Verona

Der Kölner Erzbischof Rainald von Dassel hat am 2. Mai 1166 in Gegenwart von Gerhard von Are, dem Probst „Prepositus" des Cassius-Stifts, die Translation der Bonner Heiligengestalten Cassius, Florentius und Mallosus feierlich abgehalten. Die von der Grabungsforschung der sog. „Cassiusgruft" zugeschriebenen Gebeine sollen in kostbare Schreine umgebettet und zu ihrem neuen und zweifellos exponierten Standort, dem Hauptaltar des Bonner Münsters, überführt worden sein. Die Kölner Königschronik hält sich zum Herkunftsort der Gebeine jedoch zurück und berichtet nur: [32]

> *Eodem anno ‹ 1166 › Reinoldus archiepiscopus et Gerhardus prepositus Bunnensis beatissimos martires Cassium, Florentinum et Mallusium 6. Non. Mai. cum inenarrabili cleri devotione et multitudine populi transtulerunt, invento sicco quidem, sed evidenti sanguine ipsorum, cum annis 973 passio ipsorum transacta fuerit.*

> *Im selben Jahr ‹ 1166 › transferierten der Erzbischof Reinold und der Praepositus Gerhard von Bonn mit der unbeschreiblichen Hingabe des Klerus und von vielem Volk die glücklichsten Märtyrer Cassius, Florentinus und Mallusius ‹ 2. Mai › – an ihnen zwar etwas Eingetrocknetes gefunden, aber gewiss mit deren Blut sie ihre Passio seit ‹ vor › 973 Jahren ‹ Codex A1: 773 Jahren › vollbracht hatten.*

Diese Translation soll nach der Angabe in dem ältesten verfügbaren Totenbuch des Stiftes Xanten jedoch nicht an Dassels Metropolitensitz zu Köln, sondern in *Verona* zelebriert worden sein:

> *Et translacio ss. Cassii, Florentii et Mallusii mrm. in Verona* [33]

Die Datierung der Passio dieser drei Märtyrer, wie sie sich nach den beiden D-Codices der Kölner Chronik vor 973 Jahren ereignet haben soll, bezieht sich auf ihre Verfolgung gegen Ende des 2. Jahrhunderts, dagegen nach Codex A1 gegen Ende des 4. Jahrhunderts. Doch diese Zeitmarke ist für missionierende christliche Einzelkämpfer im niederrheinischen Raum des 5. Jahrhunderts keineswegs so abwegig, sondern geradezu „verfolgenswert". Die niederrheinische Passio legt uns u.a. und vor allem mit *c.* 2 und *c.* 23 diesen Deutungsspielraum nahe. Wer hatte für diese Passio – und vor allem aus welchem Grund – nicht weniger als drei Märtyrer gegenüber nur einem für Köln schlussendlich in/für Bonn definiert?

---

[32] Georg Waitz, 1880, *Chronica regia Coloniensis, MGH SS rer. Germ. 18*, S. 116; ferner Georg Heinrich Pertz, 1861, *Annales Colonienses Maximi, MGH SS 17*, S. 780, hier jedoch mit der Jahresangabe für die Passio nach Codex A1 (773).

[33] So auch Runde anhand von Friedrich Wilhelm Oediger (Hg.), *Das älteste Totenbuch des Stiftes Xanten* (Kevelaer 1958) Bd. 2, Teil 5, S. 37.
Die drei Schreine (und jener der angeblichen hl. Helena) wurden im Kölnischen Krieg unter Gebhard I. von Waldburg zwischen 1583 und 1587 vom Münster geplündert und aus deren Edelmetall (Gold, etc.) vorwiegend Münzen geschlagen; vgl. anhand der erzbischöflichen Regesten von Köln insb. Richard Pick, *Zur Geschichte der Münsterkirche in Bonn* in: *Annalen des historischen Vereins für den Niederrhein 42*, S. 71–72, hier S. 88.

Bertunense – Berunense – „Veronense" oder Vetera – Bitera – Birten?

Man möchte annehmen, dass mit einer erweiterten räumlichen Ausdeutung von Gregors Angabe *est apud Agripinensim urbem basilica* (siehe oben *c. 61–62*) der Kölner Erzbischof Rainald den vom fränkischen Geschichtsschreiber gewürdigten Märtyrer Mallosus im Köln-Bonner Raum erkannt hatte.

Aus etymologischer Perspektive haben Teile der Textforschung Gregors *Bertunense* mit einem originären „Berunense" bzw. „Verunense" in Verbindung bringen wollen. Dazu besonders aufmerksam gelesen wurde auch das Reichenauer Manuskript *5a* insbesondere zu Gregors *c. 62*, dessen übertragender Skriptor im 11. Jahrhundert *Viridunense* schreibt.[34] Sollte er damit die Emendation zu Bonn-*Verona* angeregt haben, so hätte er implizit Mallosus schließlich dort verortet, wo ihm 1166 seine Translationsbestimmung zuteil werden sollte.

Auch nach Gregors Überlieferung darf davon ausgegangen werden, dass sein besagtes Gebäude (Basilika) sich nicht unbedingt in Xanten-Birten befunden haben muss. So meint auch Levison anhand des Reichenauer Textes:

„Denique in latere basilicae, id est in pariete, qui a parte erat oratorii, [arcum volvit ipsumque Oratorium] in absida collegit"

— Eberigisil zieht die alte Kapelle mit Hilfe eines Bogens in die Apsis der neuen Basilika hinein — die Kunsthistoriker werden sich mit dieser baugeschichtlich wichtigen Nachricht noch zu beschäftigen haben. Hier bietet sich nun vielleicht auch die Lösung der Verona-Frage [...] Ist da die Vermutung zu kühn, daß es andere, ältere deutsche Abschriften gab, die nur mit Ausfall des T „Berunense" und weiter in der Richtung auf „Veredunense" hin mit der häufigen Vertauschung von B und V „Verunense" darboten? Ein rheinischer Leser Gregors sah, daß es sich um einen Ort des Kölner Sprengels handeln müsse; er wußte, daß Mallusius neben Cassius und Florentius zu den Bonner Patronen gerechnet wurde, und so nahm er „Verunense oppidum" und Verona für Bonn.[35]

Levison schließt damit Aegidius Gelenius ein, den Abt von St-Pantaleon und publizistisch herausragenden Historiker des Erzbistums Köln im 17. Jahrhundert. Dieser setzte in seinen Schriften „Berunense" mit „Veronense" für *Verona* gleich.[36] Die onomastisch-etymologische Beziehung zwischen *Vetera – Betera* für das Xantener Birten wird als weitere Möglichkeit eher ungerne erwogen.

---

[34] Diese mit Gregors Bezeichnungen für Verdun zitierten Formen sind nicht relevant für den auslassenden Übergang von „rt" nach „r" aus *Bertunense*.
Vgl. Runde a.a.O. Seite 197 f. mit Hinweisen auf Levison und Oediger, dieser jedoch ablehnend zu Herleitungsvoraussetzungen.
[35] *Bonn – Verona* (1948) S. 356.
[36] Hinweis von Niessen a.a.O. S. 73; kontextuell auch von Runde aufgegriffen.

Zu gegenwärtigen archäologischen Erkenntnissen

Nun ist überall dort, wo über Jahrhunderte römische Legionslager bestanden haben, mit ehrenvollen Bestattungen von hier (oder zuvor woanders) verdienstvoll gewirkten römischen Offizieren zu rechnen.

In den archäologisch-historischen Veröffentlichungen von rheinischen Märtyrergräbern und deren Sarkophagen findet sich jedoch nicht eine einzige namentliche Identifizierung für die erhobenen wie entsprechend passio-literarisch zugewiesenen Leichname. Wir wissen, dass neben anderen Gräberstellen in dem Areal des Bonner Münsters jene spätantike Totenkultstätte *cella memoriae* zuletzt in das 4. Jahrhundert datiert wurde. Sie wurde in einem seit dem späten 3. oder andernfalls frühen 4. Jahrhundert belegten römischen Gräberfeld errichtet.

Nach „archäologischen Fundmerkmalen" gehen insbesondere die Einschätzungen der Forschung des 20. Jahrhunderts davon aus, dass

> *hier in den Christenverfolgungen Mitte des 3. Jahrhunderts „christliche Märtyrer" beigesetzt wurden.*[37]

Die frühen archäologischen Untersuchungen konzentrierten sich hierzu auf den Bezirk, wo man ein Saalgebäude als „Basilika" über die Gräber der angeblichen Bonner Märtyrer errichtet hatte.

Historische Zeugnisse für Märtyrerverehrung am unteren Mittel- und Niederrhein, um an Lehner, Bader und Niessen anzuknüpfen, bieten mindestens zwei Überlieferungen:

- Die eine ist die Inschrift auf einem Grabstein eines fast 5 Jahre alten Kindes *Rudu[f]ula*, der bei der „Thebäerkirche St-Gereon" gefunden wurde. Dieser Stein befand sich laut letzter Inschriftzeile[38] bei einem Märtyrergrab.

- Das andere Zeugnis, soweit historisch nicht widerlegt, liefert uns Gregor von Tours (wie oben) mit seinem Bericht über die Märtyrer im Raum Köln–Xanten.

Wie bereits aufgezeigt wurde ist Gregor ohne eindeutige Belege nicht abhängig von Eucherius und es lässt sich für den fränkischen Geschichtsschreiber nicht einmal folgern, dass er Eusebius unkritisch übernommen haben konnte. Vielmehr dürften beide Autoren über märtyrergeschichtliche Berichte in einer uns unbekannten Quelle verfügt haben.

---

[37] so etwa Niessens Angabe S. 47 mit Hinweis auf Wilhelm Bader, *Die christliche Archäologie in Deutschland nach den jüngsten Entdeckungen an Rhein und Mosel* in: *Annalen des historischen Vereins für den Niederrhein 144/145 (1946/1947)* S. 12 ff.
[38] *SOCIATA M[artyribu] S.*
Exponat / Bestand: Römisch-Germanisches Museum Köln.
Vgl. u.a, Joseph Klinkenberg, *Die römischen Grabdenkmäler Kölns* in: *Bonner Jahrbücher 108/109*, S. 158.

Die Thebaische Schaar
Lithografie Johann Jacob Honegger nach Hans Jakob Oeri (Teilansicht)

Die Auffindung der *Cassisus, Florentius* und *Mallosus* zugeschriebenen Sarkophage liegt ca. 100 Jahre vor der von Rainald v. Dassel zelebrierten Translation. Man entdeckte – vermutlich diese – im 3. Viertel des 11. Jahrhundert beim Neubau des im romanischen Stil errichteten Münsters im Grund des alten Saalbaus. Der Weg von dessen Souterrain, der *cella memoriae*, zum neuen Altar scheint für diese „Märtyrersärge" sehr kurz. Nach den Angaben des Kanonikers Burman (17. Jh.) sollen sie „*prope* ‹,bei'› *Bonnam*" erhoben worden sein. Wir wissen aber nicht, wo welche Gebeine von welchen Särgen in die zu diesem Anlass prachtvoll hergestellten Schreine umgebettet wurden. Die in der „Cassiusgruft" des Saalbaus aufgefundenen Steinsarkophage wurden mit den niedrigsten Nummern 1–3 von immerhin mehr als 100 Gräberfunden archäologisch katalogisiert.

Keineswegs auszuschließen sind ihre Verortungen bereits in der Zeit der urkundlichen Cassius-Nennung im Jahr 691/692 in der *Donatio Helmgarii*. Leider wissen wir auch nicht, wie sich im Verlauf des nächsten halben Jahrtausends die längst in Bonn gepflegte Märtyrertradition „in actio et reactio" weiterentwickelt hatte.

Mit den nachfolgend zitierten Kartierungen von Bonner Grabungsfunden kann natürlich kein Anspruch auf vollständige Erschließung erhoben werden.[39]

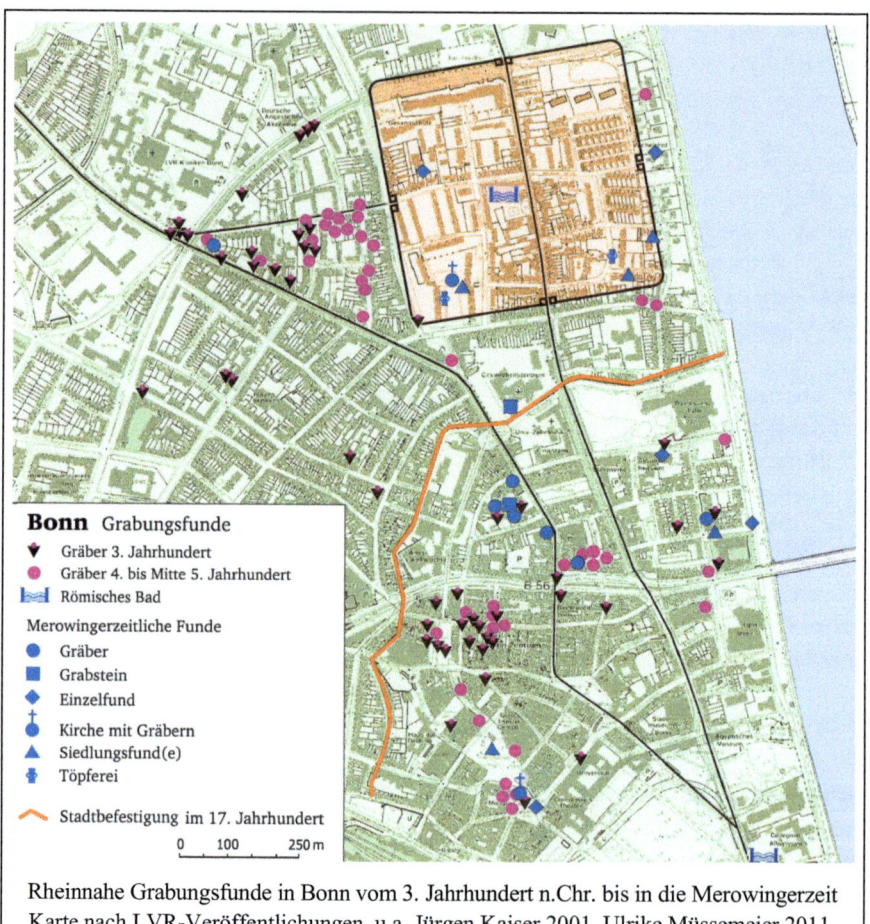

Rheinnahe Grabungsfunde in Bonn vom 3. Jahrhundert n.Chr. bis in die Merowingerzeit
Karte nach LVR-Veröffentlichungen, u.a. Jürgen Kaiser 2001, Ulrike Müssemeier 2011.
Kartenumzeichnung Rolf Badenhausen

Die folgenden Fotos und Planzeichnungen stammen aus den Archivierungen und Veröffentlichungen über die Grabungen am Bonner Münster, die in den Jahren 1927–1928 von Hans Lehner und Wilhelm Bader durchgeführt wurden.

---

[39] aus: Konrad Vössing, *An Ort und Stelle – Ein Spaziergang durch das spätantike Bonn* in: (Hgg.) Gabriele Uelsberg, Sabine Schrenk, Konrad Vössing, *Spätantike und frühes Christentum* (LVR-LandesMuseum Bonn, 2018) S. 72.

Freilegung eines Sarkophags im Fundamentbereich des Bonner
Münsters unter baustatisch riskanten Grabungsverhältnissen
(Archivbild: LVR-LandesMuseum Bonn)

Cassiusgruft nach Westen (Archivbild: LVR-LandesMuseum Bonn)

Cassiusgruft nach Osten (Archivbild: LVR-LandesMuseum Bonn)

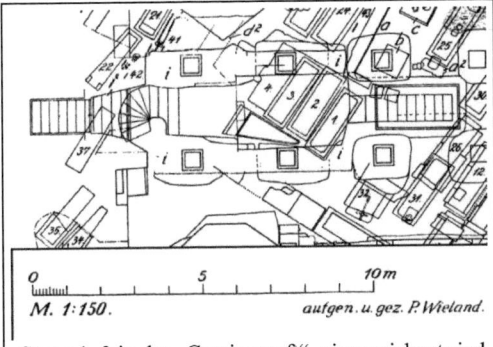

Särge 1–3 in der „Cassiusgruft", eingezeichnet sind Säulenfundamente und Treppengänge vom Münster.

Im archäologischen Bericht von Lehner und Bader ist von den am „ältesten befundenen Steinsärgen" (Nr. 1–3, Nr. 4 gilt nur als Sarggrube) in gelblichem Sandstein mit Deckeln aus weißgeädertem Schwarzmarmor sowie ihren detailliert bezifferten Abmessungen die Rede:

...geöffnet bei Anlage der ‚Cassiusgruft' (um 1060/70), Gebeine wahrscheinlich 1166 erhoben. "[40]

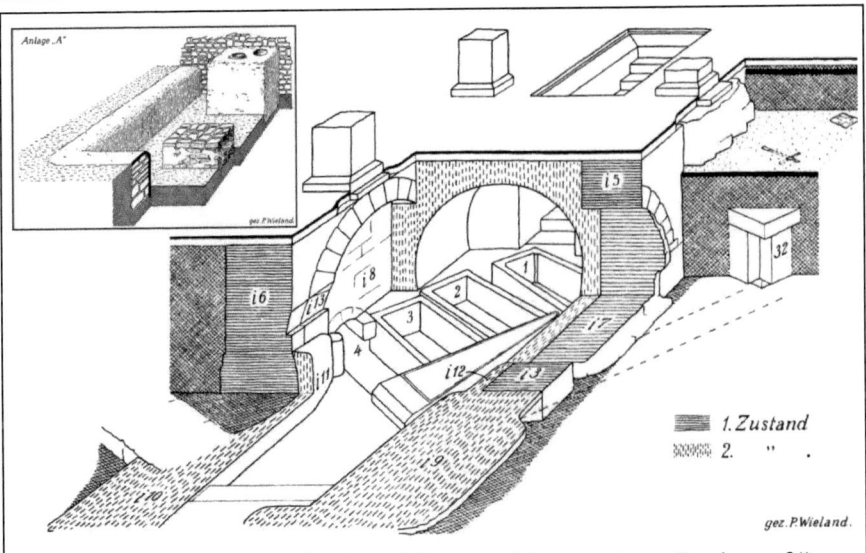

Die von Lehner und Bader in Anführungszeichen gesetzte „Cassiusgruft"
Die *mensae „A"*, im „Röntgenbild" oben a, b, c, sowie auch im Grabungsplan auf der folgenden Seite, befindet sich hinter der nachträglich gezogenen Wand (i 8).

---

[40] Hans Lehner, Walter Bader, *Baugeschichtliche Untersuchungen am Bonner Münster* in: *Bonner Jahrbücher des Vereins von Altertumsfreunden im Rheinlande und des Rheinischen Provinzialmuseums*, Bd. 136/137 (1932) S. 1–216. hier Seite 11. Zur *Cassiusgruft* S. 71 ff, unter deren Osttreppe römische Ziegel mit Stempelungen IMPF und EGIM gefunden wurden.
https://journals.ub.uni-heidelberg.de/index.php/bjb/article/view/32356/26076 Tafeln unter
https://journals.ub.uni-heidelberg.de/index.php/bjb/article/view/32370/26090

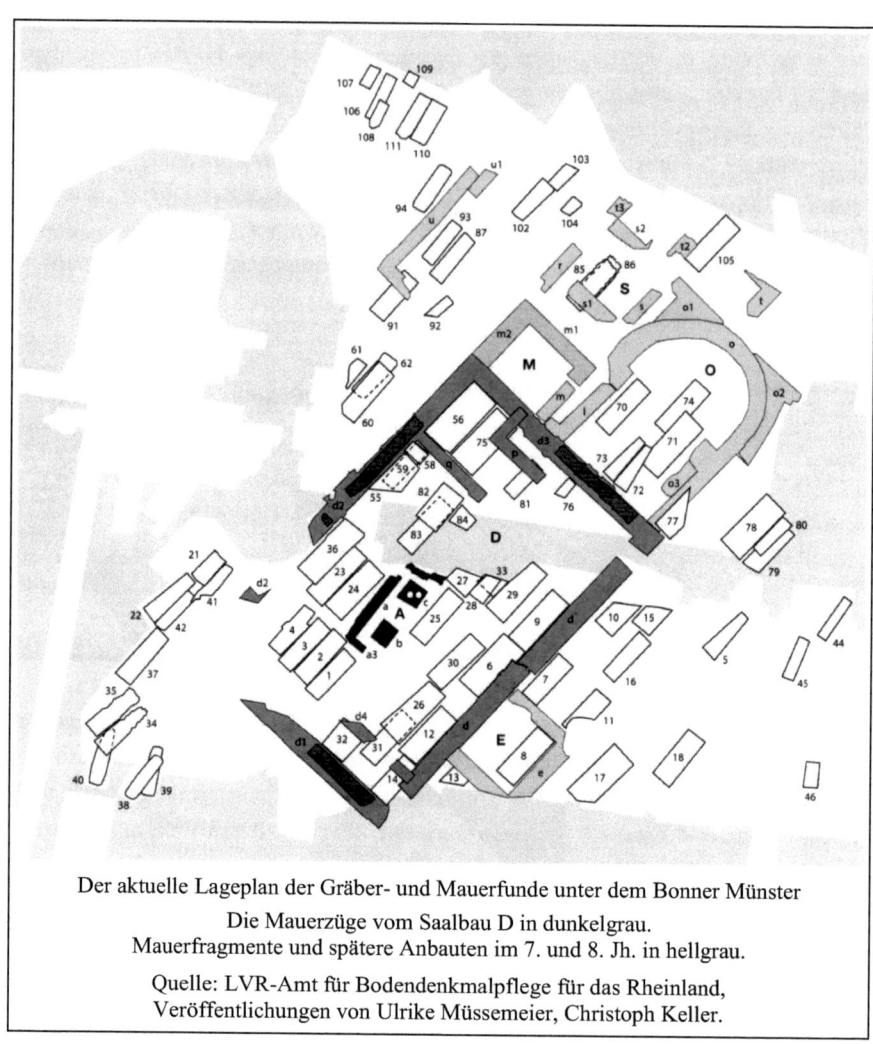

Der aktuelle Lageplan der Gräber- und Mauerfunde unter dem Bonner Münster
Die Mauerzüge vom Saalbau D in dunkelgrau.
Mauerfragmente und spätere Anbauten im 7. und 8. Jh. in hellgrau.

Quelle: LVR-Amt für Bodendenkmalpflege für das Rheinland,
Veröffentlichungen von Ulrike Müssemeier, Christoph Keller.

Die letzten von LVR-Archäologen vorgenommenen Altersbestimmungen datieren die Sarkophage 1–3 der „Cassiusgruft" merowingerzeitlich, also später als die im Laufe des 4. Jahrhunderts eingerichtete Totengedenkstätte. Die näheren Untersuchungen der sog. *mensae* deuten auf ihren einst umschlossenen oder geschlossenen Bezirk. Sie bestand aus einer verputzten Sitzbank aus Bruchsteinen u./o. Ziegeln (a), einem Ablageblock (b) und einem „Tisch mit zwei Gefäßmulden" (c).

Harald von Petrikovits, der Märtyrerbestattungen am Rhein nicht zur Unmöglichkeit erklärt hat, ordnete den Saalbau *frühestens dem 7. Jahrzehnt des 4. Jahrhunderts* zu.[41] In dessen Mörtel gefundene (als Zeitstempel intendierte?) Münzen datieren zwischen 330 bis 350 n.Chr. Jüngere Prägungen wurden hier nicht gefunden. Nach derzeitigen Erkenntnissen soll der Saalbau jedoch nicht vor der zweiten Hälfte des 6. Jahrhunderts errichtet worden sein.[42] In einem Radius von 250 m von diesem Ort fanden sich übrigens zwei Gräber aus dem 3. Jahrhundert, kontemporär noch ein weiteres Grab im zentraleren Bereich.

Nach dem Stand verfügbarer Grabungsberichte war in keinem der in Bonn und Köln untersuchten Gräber ein anthropologisch eindeutiges oder sonst anderweitig typisierendes Merkmal einer faktischen Märtyrerbestattung festzustellen. Noch im Jahr 754 oder 755, um nur ein relativ belastbares historisches Beispiel zu nennen, wurde der angelsächsische Mönch Wynfreth („Bonifatius") von Gegnern christlich-fränkischer Missionierung auf friesischem Boden erschlagen.

Verona als Sarkophag-Memoria – spätmittelalterliche Nachträge

Nach Angaben von Bonner Kanonikern, darunter Simon de Arwillre (um 1450), befanden sich auf zwei anderen Sarkophagen Inschriften, die angeblich übernommen worden sein sollen. Der eine Steinsarg (A) soll sich am Eingang zur Barbarakapelle im nördlichen Querarm befunden haben, der andere (B) an der Kirchenmauer nahe dem Magdalenenaltar. Ihre Inschriften wurden so zitiert:[43]

A: *Legio pro Christo mortem subit alma crudelem*
Huic sociatus ego claudor in hoc tumulo.

Die Legion im Namen Christi erleidet grausamen Tod.
Als ihr Angehöriger bin ich in dieser Gruft eingeschlossen.

B: *Haec socium sacrae me clausit petra cohortis*
Quam tibi Veronae vasta Thebaea dedit.

Dieser Stein hält mich, den Angehörigen der heiligen Kohorte, eingeschlossen,
die die vernichtete Thebäische dir, Verona, gab.

---

[41] H. von Petrikovits, *Rheinische Geschichte 1.1* (1978) S. 261.

[42] Christoph Keller, Ulrike Müssemeier, *Die merowinger- und karolingerzeitlichen Bauten unter der Münsterkirche in Bonn* in: (Hgg.) Ernst Pohl, Udo Recker, Claudia Theune: *Archäologisches Zellwerk. Beiträge zur Kulturgeschichte in Europa und Asien. Festschrift für Helmuth Roth zum 60. Geburtstag* (= Studia Honoraria 16), Rahden 2001; siehe auch: Sabine Schrenk und Frank Albert, *Die Ursprünge des Bonner Münsters in spätantiker und frühmittelalterlicher Zeit* in: (Hgg.) Gabriele Uelsberg, Sabine Schrenk, Konrad Vössing, *Spätantike und frühes Christentum* (LVR-LandesMuseum Bonn, 2018), siehe S. 98 f. (u.a.) mit dem Hinweis, dass in der Fundamentgrube des Saalbaus eine in diesen Zeitbereich datierbare Wölbwandtopfscherbe gefunden wurde.

[43] vgl. Paul Clemen (Hg.), *Die Kunstdenkmäler der Rheinprovinz. Band 5: Stadt Bonn* 1905, S. 376 (80); siehe auch *Bonner Jahrbücher* (= *Jahrbücher des Vereins von Alterthumsfreunden im Rheinlande*) *I* (1842) S. 12.

Im Jahr 1707, somit 6 Jahre nach Burmans Tod, sollen diese beiden Sarkophage durch neue Ausführungen mit gleichlautenden Inschriften ersetzt worden sein.[44] Johann Wilhelm Carl Adolph Frhr. von Hüpsch zitiert sie in seiner *Epigrammatographia II,5,6.* Die wiederholten Inschriften für diese als „*tumba Ss. Cassii et Soc. M. Prope altare S. Magdalenae*" ausgewiesenen Särge gibt er wie folgt an:

D.O.M. / IN HONOREM SS. CASSII ET SOCIORVM THEBAEORVM MARTYRVM.
HAEC SOCIVM SACRAE ME CLAVSIT PETRA COHORTIS
QVAM VERONA TIBI TVRBA THEBAEA DEDIT.
LEGIO PRO CHRISTO MORTEM SVBIT ILLA CRVDELEM.
HVIC SOCIATVS EGO CLAVDOR IN HOC TVMVLO.

Der Bonner Dekan Johannes Hartmann († 1624) schließt auf zehn Thebäersoldaten, die hier als Märtyrer beigesetzt wurden; unter ihnen sollen sich vier Männer mit bekannten Namen befunden haben.[45]

Das Bonner Münster wurde in den Kölnischen Kriegen des 16. Jahrhunderts ausgebeutet. Wir wissen nicht, ob nach den überlieferten Plünderungen der seit 1166 den Hochaltar zierenden Schreine noch deren Gebeine – von welchen Namensträgern sie auch immer stammten – mit den eventuell verbliebenen Reliquien noch sorgfältig gerettet und schließlich in neue Schreine umgebettet werden konnten.[46] Der Begriff *tumba*, wie er auf den oben zitierten Inschriften (vgl. auch *tumvlo* = *tumblo*) erscheint, wird traditionell (auch) für Särge verwendet, die nicht die Gebeine des oder der Toten enthalten.

Zum Christianisierungsverlauf in der rheinischen *Germania II.*

Es steht zumindest fest, dass schon einige Dekaden vor der signifikanten Zeitmarke *um 300 n.Chr.* Menschen auch mit zweifellos römischen Militärmerkmalen – soweit wir dies aus ihren Grabbeigaben folgern dürfen – als Anhänger des Christentums im Bonner Raum bestattet wurden.

Zum Verständnis der Ausbreitung des Christentums zum Ober- und Niederrhein – insoweit zur „Konnektivität" von Märtyrerlegenden – geht man nicht nur vom päpstlich institutionalisierten und forcierten Kirchenaufbau, sondern auch von missionierenden Militärangehörigen als „Einzelkämpfer" aus. Zu den verlässlichsten Berichtgebern über einen ungefähren raumzeitlichen Maßstab zählt Irenäus v. Lyon († um 200). In seinen *Adversus haereses (I,10,2)* zählt er die *beiden* römischen Provinzen *Germaniae* (!) zu den Gebieten, wo bereits bekehrte Christen lebten.

---

[44] Clemen wie oben.

[45] nach Manfred Peter Koch (Text – Übersetzung – Kommentar), *Die älteste Geschichte der Stadt Bonn aus dem Jahre 1656* (nach Adolph Sigismund Burman), Bonn 2011, siehe S. 196.

[46] siehe auch die *Regesten der Erzbischöfe von Köln II, 834* auf S. 245.
Ein Schädel und eine Blutampulle aus dem Schrein der Märtyrer Cassius und Florentius wurde noch vor einiger Zeit auf dem ehemaligen Altar der Münsterkrypta präsentiert; vgl. Manfred Peter Koch (wie oben) mit einem Altarfoto S. 193.

Somit erscheint die ältere Datierung für den Todeszeitpunkt der Märtyrer nach der Kölner Königschronik keineswegs absurd, ein handschriftlicher Übertragungsfehler bereits mit arabischen Ziffern (7↔9) war seinerzeit wenig wahrscheinlich.

Auf keinen Fall abwegig, sondern historisch kreditiert wird nicht nur die unter den Bischöfen Damasus I. (Rom) und Ambrosius von Mailand geförderte Ausbreitung des Christentums im 4. Jahrhundert. Das Wirken des Letztgenannten (als Bischof von 374–397) war geradezu programmatisch geprägt von Märtyrerenthüllungen („*revelationes*"), zu denen wir selbstständig missionierte Soldaten wohl nicht ausschließen können.

Aber auch die jüngere Sterbedatierung der Bonner Märtyrer in der Kölner Königschronik (773 Jahre vor der Translation in 1166) deutet auf ein entscheidendes Zeitfenster innerhalb des 4. Jahrhunderts: Kaiser Galerius erlässt nach vorausgegangenen Debatten zunächst das sog. „Toleranzedikt" im Jahr 311, womit als *religio licita* das Christentum zu tolerieren ist. Um 313 wirkt Maternus als Bischof von Köln und wohl auch über Bonn. Drei Generationen später, zwischen 380 und *393*, verankert Theodosius I. endlich das Christentum als einzige Staatsreligion.

Wir wissen aber auch, dass die Christianisierung von weiten Bereichen nördlich der Alpen nur schleppend vorankommen und noch bis in und über die Zeit Karls des Großen reichen sollte. Als ein Beispiel für unseren rheinischen Raum datiert uns Gregor von Tours noch im 6. Jahrhundert die heimliche und nach ihrem Verlauf keineswegs ungefährliche Zerstörung eines weiträumig beliebten Heidentempels im rheinkölnischen Herrschaftsbereich von Theuderich I.

Siegelring eines römischen Soldaten, † Bonn

Soweit das hier thematisch mögliche Resümee über „Christentum und Gräber" um das *castra Bonnensia* und dessen zivilen Siedlungsbereich.

Ohne erkennbare Hinweise auf Märtyrerbestattungen, aber dazu historisch aufschlussreich erscheinen besonders zwei in das 4. Jahrhundert datierte Funde: Der hier gezeigte Siegelring wurde in einem römischen Gräberfeld an der Nordstraße 42 gefunden, also etwa 120 Meter vor dem einstigen Westtor des Lagers. Der auf spätrömische Grabungsfunde spezialisierte Archäologe Raymund Gottschalk interpretiert die Symbolik des Rings wie folgt:

Aus einem Felsen schlägt der Prophet Moses mit seinem Stab Wasser und rettet so das Volk Israel vor dem Verdursten (Exod. 171-7; Num. 20,7-11). Auf der Platte dieses Siegelringes ist eine stehende Figur eingeschnitten, die mit einem gebogenen Stab einen Felsen berührt: Es ist genau dieses Quellwunder des Mose. Für das Bildmotiv sind zahlreiche Vergleiche bekannt, auch aus dem Rheinland (...). Es handelt sich um die früheste derzeit bekannte Bestattung mit einer christlich verzierten Beigabe aus Bonn. Begraben war hier ein junger Mann, der etwa im Alter von 18 bis 25 Jahren gestorben war. Dass er in der römischen Armee diente, lässt sich aufgrund der Zwiebelknopffibel vermuten, die ebenfalls beigegeben war. Sie ist ein typischer Bestandteil der spätantiken Amtstracht und diente als Verschluss des Mantels (Kat. 3). Entstanden ist sie zwischen 330 und 350 n.Chr. Zu Lebzeiten des Besitzers von Ring und Fibel breiteten sich Kenntnisse über das Christentum und seine Bildsprache in der Armee und auch in der Provinz Niedergermanien aus. Anders als bei weniger persönlichen Objekten ([...]) hat der junge Mann das Motiv des Quellwunders absichtlich ausgewählt, vielleicht, weil er hoffte, durch den christlichen Glauben errettet zu werden. Der Besitzer signalisierte mit der Verwendung als Siegel auch der Umwelt seine Verbundenheit mit dem Christentum.[47]

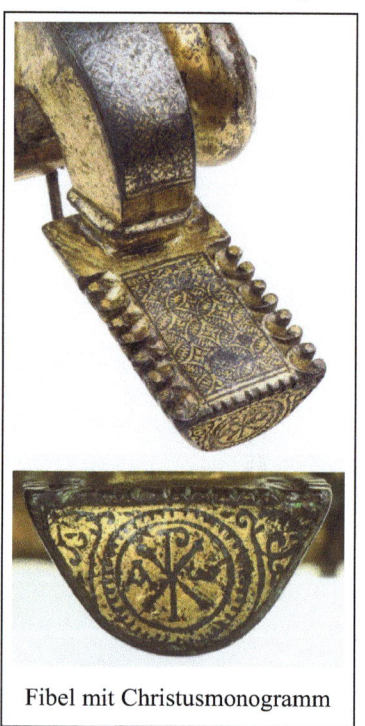

Der Siegelring ist von Gebrauchs- und Verwitterungsspuren gekennzeichnet. Außerdem wird man – wie unschwer an den Gestaltenkonturen erkennbar – auch folgern müssen, dass Moses als behelmter römischer Soldat versinnbildlicht wird.

Im Jahr 1972 wurde in der Bonner Kesselgasse (früher *Jakobstraße 1*, ca. 400 Meter nördlich vom Münster) das Grab eines „von weit her gekommenen römischen Offiziers" freigelegt, dessen Bewaffnung „wohl aus donauländischen Werkstätten stammte". Der Sandsteinsarkophag war so ausgerichtet, dass der Bestattete mit Blick nach Osten lag. Das Christogramm mit den Zeichen *X* (Chi) und *P* (Rho) sowie *A* für *alpha* und ω für *Omega* deuten zweifellos auf die Bekennung zum Christentum. Diese zu den Grabbeigaben zählende (in diesem Fall vergoldete) Zwiebelkopffibel ist mit diesen vier Zeichen fundcharakteristisch für definitiv christliche Symbolzeugnisse nach

Fibel mit Christusmonogramm

[47] Raymund Gottschalk, *Zwiebelkopffibel und Siegelring mit biblischer Szene* in: *Spätantike und frühes Christentum* (LVR-LandesMuseum Bonn, 2018) S. 192 f.
Der Siegelring und die Fibel zählen zum Bestand des LVR-LandesMuseum Bonn.

ca. 350 n.Chr. bestätigt.[48]

Halten wir also zu den Personen- und Ortsbeständen in den Überlieferungen von Gregor, „Pseudo-Hieronymus" und der anonymen Passio des Gereon fest, dass – längst wegen der Datierung und geschichtlichen Bezugsquelle der *Donatio Helmgaris* – man der rheinischen Passio auch für unseren Kontext die dubiose Inanspruchnahme von Verona für Bonn zum Vorwurf gemacht hat. Über ihren historischen Quellenwert kann jedoch nicht voreilig befunden werden. Auch über die Hintergründe ihrer Abfassung lassen sich nur Vermutungen anstellen. So wusste der Kölner Mönch Ruotger, der im Auftrag von Brunos Nachfolger Folkmar zwischen 965 und 969 die *Vita Brunonis archiepiscopi Colonienis* niederschrieb, von der längst gebotenen Unterscheidung zwischen den beiden gleichnamigen Orten. So bezieht er sich in diesem Schriftwerk (c. 38) auf Rathers Episkopate von Verona an der Etsch mit diesen Worten:

Siquidem Ratherus, Veronae — quae civitas est Italiae — ordinatus praesul, [...][49]

Wurde Ruotger, der im Kloster St-Pantaleon schrieb und zweifellos Reimprosa in gehobener lateinischer Stilistik beherrschte, auch mit der Abfassung der Passio beauftragt? Wenn er 969 oder nur wenig später Brunos Vita abgeschlossen hatte, dann stand er in Diensten von Folkmars Nachfolger, des

Geronis Coloniensis archiepiscopi,

der unter anderem die Translation der Gebeine des spätantiken Märtyrers Pantaleon nach Köln ermöglicht hatte. Dieser bis 976 wirkende Gero soll sich besonders um Märtyrer-Memoria gekümmert haben.[50] Er wird auch daher von Teilen der Textkritik als Initiator der Passio verdächtigt. Einen anonymen und von Gero unabhängig zu unterstellenden Schreiber, der somit einen gleichnamigen Metropoliten zum „Märtyrer von Köln" erhoben haben könnte, wird man ebenfalls nicht ausschließen können. Das Patrozinium des Gereon ist jedoch nicht wesentlich früher als vor dem 9. Jahrhundert urkundlich nachweisbar.

Niessen geht aber auch von einem Wetteifern der drei rheinischen Märtyrerorte um historische Reputation und Prestige aus, wenn er schreibt:

Mithin verlangte es das Ansehen des Bonner Stifts, das als das vornehmste nach dem Domstift galt, daß es seinen Anspruch auf alte Abstammung wie die anderen auch mit einem alten Namen äußerlich kenntlich machen konnte. Ob man dabei

---

[48] Sabrina Tatz, *Ein reiches Offiziersgrab aus der Jakobstraße* in: *Spätantike und frühes Christentum* (LVR-LandesMuseum Bonn, 2018) S. 132 f.

[49] *MGH SS 4*, S. 269.

[50] Über die Gründung der Abtei Gladbach schreibt im 11./12. Jh. die sog. „Brüsseler Handschrift" (Société des Bollandistes et sa bibliothèque): ... *wurde ihm göttlicherseits offenbart, er solle auf einem waldigen Hügel in der Nähe eines Bächleins Gott und dem hochgeschätzten Märtyrer Vitus ein Kloster erbauen und es den Regeln entsprechend zur Übung klösterlicher Frömmigkeit einrichten.*

altes Sagengut, was nicht unwahrscheinlich klingt, oder die Fehlschreibung in al-
ten Heiligenlegenden als willkommene Quelle ansah, ist nicht auszumachen. Je-
denfalls bildete sich damals die Überzeugung, daß Bonn vor Zeiten („antiqua")
Verona genannt worden war. So wurde der harmonische Dreiklang möglich, den
ein lateinischer Hymnus des Mittelalters einprägsam kurz überliefert hat:

   „In Verona, Agrippina – Et in Troja, loca trina – consecrant martyria".[51]

Ob sich vielmehr die Kölner Kirchenfürsten gegenüber mindestens zwei heiligen
Märtyrern im Zugzwang zur Schaffung einer eigenen Geschichte für Gereon und
dessen Leidensgenossen sehen konnten oder mussten, sei hier dahingestellt.

Zusammenfassung

- Zu den gesicherten frühesten schriftlichen Gleichsetzungen von Bonn mit *Ve-*
  rona zählt die Passio Gereonis et al. im unverkennbaren Quellenzusammen-
  hang mit der um 435 verfassten *Passio Acaunensium martyrum*. Ihr Autor Eucherius, seinerzeit Bischof von Lyon, hatte Kenntnis von mehr oder weniger
  weit zurückreichenden historischen Christenverfolgungen, die sich in seinem
  Diözesegebiet und dem anliegenden südgallischen Raum abliefen. Bereits
  während der Christenverfolgungen unter Mark Aurelius erlitt Pothinus, der zu
  seinen Amtsvorgängern zählt, im Jahr 177 hier sein Martyrium. Zur Glaubwür-
  digkeit von Eucherius wird man ihm auf einer märtyrerperiodischen Zeitachse
  von rund drei Jahrhunderten – auch unter Einbezug von teilweise unzeitgemäß
  zitiertem römischen Militärwesen – wohl kaum mehr als einige Umpositionie-
  rungen von historischen Ereignissen anlasten können.

- Das Auftreten von Märtyrern im Köln-Bonner Raum weist mindestens eine
  Grabinschrift eines frühen Bestattungsareals an der St-Gereon-Kirche aus.

- Angesichts der zweifellos lückenhaften Quellenlage scheinen die protagonisti-
  schen Passio-Beziehungen *Victor-*(Xanten)-***Verona*** zu *Victor–Verena* (vgl.
  Vita prior) durchaus verlockend für diese möglicherweise weibliche Stifterin
  des Zweitnamens von Bonn.[52]

- Die eine als historisch abgesichert zu sehende Verwendung des gelehrten Namens *Verona* für *Bonn* in der (Spät-) Antike muss bis auf Weiteres offenbleiben.

---

[51] a.a.O. S. 74, vgl. Hermann Adalbert Daniel, *Thesaurus Hymnologicus, Lipsiae 1841-1856,*
II, S. 199. Vgl. Franz J. Mone (Hg.), *Lateinische Hymnen des Mittelalters* (1853), III, S. 321–
322, Nr. 950; Mone weiter S. 439:
Inde vestigia praecedentium secuti apud Veronam civitatem Cassium et Florentium cum aliis
septem ejusdem constantiae viris simili sententia damnaverunt.
— *„Sie folgten den Spuren ihrer Vorgänger, verurteilten in der Stadt Verona Cassius und Flo-*
rentius mit 7 anderen Männern derselben Standhaftigkeit in ähnlicher Schuldigsprechung."
[52] Oder vom italienischen Verona an der Etsch? Die Vokalwandlung ließe sich durch das beabsichtigte Neutrum für das Ort-Genus erklären.

Karl Weinand

Bern aus Sicht der Thidrekssaga

Vorbemerkung: Folgend benutzter Text der Svava: *„Sagan om Didrik av Bern"* (Hand A, Sko 115) nach Birgitta Hedbäck und Lars-Olof Delsing *institutionen för nordiska språk i Lund.* Übersetzung ins Deutsche in Anlehnung an Heinz Ritter-Schaumburg: *„Die Didriks-Chronik. Dietrich von Bern und die Nibelungen"* (1989).

Ferner sind zu Rate gezogen:
- August Raszmann: *„Die deutsche Heldensage und ihre Heimat"* 2. Ausgabe, 2. Band (1863).
- Heinz Ritter-Schaumburg: *„Dietrich von Bern, König zu Bonn"* (1982).
- Edo Oostebrink: *„Die Anfänge der Merowingerherrschaft am Niederrhein"* (Delft 2017).

Bern

Das *„Bern"* der Sage, das latinisiert Verona genannt wird – in Umkehrung wird das italienische Verona an der Etsch auf Deutsch *„Bern"* genannt – wird in der Thidrekssaga[1] mit diesem Namen erstmalig in der sog *„Membran"*[2] erwähnt, und zwar in der Mitte des 13. Jh.s. In Verschriftungen ist dies durchaus nicht erstmalig, die Überlieferungen zu *„Bern"* sind älter. Im Nibelungenlied, Handschrift C[3], heißt es z. B. in der *„28 Auenture"* Vers 01766₃:

> *„von Berne der herre Dieterich".*

Die Nibelungen-Handschriften (Hss A, B, C) sind aber selbst Abschriften aus einer *„Urschrift"* oder *„Urlied"*, die in der Zeit um 1200 entstanden ist; jedenfalls wurde die Hs C zeitlich vor der ältesten erhaltenen Niederschrift der *„Membran"*, wie gesagt eine Version der Th, verfasst. Sehr viel älter müssen mündliche Überlieferungen zu *„Bern"* sein. Die Fragen nach dem Alter der Überlieferungen sind für die Erforschung des Ths zwar von Belang, sind aber nicht Gegenstand dieses vorliegenden Beitrages; hier gehe ich der Frage nach, wie in der Ths die Sicht auf das genannte *„Bern"* ist.

Erstmalig genannt wird also in der Ths *„Bern"* bei dem Auszug des Ritters und Königs Samson, des Großvaters des Dietrich von Bern aus *„salerna"*, gelegen in *„yspania"*, zu eben diesem Ort *„Bern"* (*„Savava"*[4] Kap. 5-10). Wo dieses *„salerna"* und *„yspania"* gelegen war, sagt die Ths nicht. Jedoch hat Heinz Ritter-Schaumburg in *„Dietrich von Bern"* mit triftiger Begründung dargelegt, dass mit *„salerna"* das heutige belgisch-wallonische Städtchen Sauvenière bei Gembloux in der Landschaft Haspengau gemeint ist, und dieses das genannte *„yspania"* war,

---

[1] Ich summiere alle entsprechenden Handschriften (Membran, Svava, isländische Handschriften) unter *„Thidrekssaga"*, abgekürzt *„Ths"*.
[2] So benannt nach dem Material der Blätter des Codex' in Pergament.
[3] In der Reichert-Edition v. 21.03.2006.
[4] *„Svava"* (*„Sv"*), abgeleitet von *„svensk"*: *„schwedisch"*, gemeint sind die altschwedischen Papier-Handschriften der Ths (*„Didrikskrönikan"*).

die Landschaft westlich von Tongeren hin zur Maas, wo die alte Römerstraße *„via Belgica"* von Köln nach Bavay (im heutigen Frankreich) hindurchführte. In der Ths wird also in Svava Kap. 8 gesagt, dass Samson

*„han loot sidan scriffue et breff till en **jarll som elsung** het / oc tha radde for bern oc sende ther mz vj riddara oc screff sa i breffuit / wit **Elsung jarll** at thw haffuer lenge sitit i **berne** oc iak fik än aldre skat aff tik".*

("lies dann einen Brief schreiben an einen Jarl, der Elsung hieß / und damals über Bern herrschte und mit diesen sandte er 6 Ritter. Er schrieb also in dem Brief. / »Wisse, Elsung Jarl, lange hast du in Bern gesessen, und ich kriegte nie Schatzung von dir.«")

Das war eine Kriegserklärung. Jarl Elsung unterwarf sich nicht und so zog König Samson aus Hesbanien nach *„Bern"*, wo es zur Schlacht kam, und Jarl Elsung sein Reich und sein Leben verlor, und dann

„Sampson red in i staden bern" – *„Samson ritt in die Stadt Bern"* (Kap. 10).

Die Ths sagt weder, wo diese Stadt *„Bern"* gelegen war, noch in welcher Richtung Samson nach *„Bern"* zog, nennt weder Zwischenstationen, noch wie lange der Zug nach *„Bern"* dauerte, noch was er in dieser Zeit erlebte.

„Bern" / Berneau in unteren Bildfeld, Ausschnitt aus *„Limburgensis Ducatus Tabula Nova"* von Aegidius Martin, 1603.

Zunächst einmal ist es völlig unklar, was mit *„Bern"* gemeint ist und wo dieser Ort gelegen war. Erschwert wird die Suche dadurch, dass es eine Vielzahl von Orten gibt, welche ähnlich lauten oder das *„Bern"* im Namen haben, wie etwa Bernkastel an der Mosel, Berndorf in der Eifel, oder Bern unweit der Maas, das heutige Berneau bei Dalhem in Belgien am Flüsschen Berwijn, ca. 15 km südlich von Maastricht an der Maas. Die hier genannten Orte liegen östlich bzw. südöstlich von Haspengau.

Ein anderer Ort der einen ähnlichen Namen hat wie *„Bern"* ist die merowingisch/karolingische Pfalz *„Bernacum"*, das heutige Berny-Rivière an der Aisne, ca. 15 km nordöstlich von Soissons in Nordfrankreich. Erstmals genannt in Gregor v. Tours *„Frankengeschichte"*[5] zum Jahr 561 n.Chr.:

---

[5] *„Libri historiarum X"*, Liber IV, Cap. 22.

„Chilpericus vero post patris funera thesaurus, qui in villa Brannacum erant congregati, accepit et ad francos utiliores petiit ipsusque muneribus mollitus sibi subdidit".

(„Chilprich aber nahm nach der Beerdigung des Vaters die Schätze, die sich im Hof Bernacum angesammelt hatten, an sich und eilte zu den einflussreichen Franken, und derselbe unterwarf sich demütig mit Geschenken".)

Eine andere Überlieferung stammt von dem spätlateinischen Dichter Venantius Fortunatus in *„carmen"* IX, 1 zum Jahr 580 n.Chr.

„Ad chilpericus regem qvando[6] synodus Brinnaco habita est".

(„Bei König Chileprich fand eine große Synode zu Brinnacus statt".)

Das Bernacum nahegelegene Soissons wurde von König Chlodwig um 486 n.Chr. eingenommen, wo damals der spätrömische ‚Heermeister' Syagrius ein kleines Restreich im nördlichen Gallien, des einstigen Römischen Reiches, beherrschte. Wäre also Samson dorthin gezogen, müsste das irgendwann vor dieser Zeit geschehen sein. Der nächste geographische Hinweis ist in Svava Kap. 10, nachdem *„Bern"* erobert ist:

„Sampson red täden oc till rom".

(„Samson ritt von dort [Bern] auf Rom zu".)

Auch hier ohne Richtungsangabe, oder einer anderen Information, was dieses Rom ist, und wo es liegt. Im Membran-Text Kap. 13 heißt es nach der Einnahme von *„Bern"*:

„Hierauf fuhr Ermenrich mit seinem Vater König Samson gegen Süden auf Rom zu".

Das ist eine Information, die in der Svava fehlt. *„Rom"* wird in der Ths noch des Öfteren genannt. Weiter heißt es zur Herkunft von Dietrichs von Bern Waffenmeister Hildbrand, Svava Kap. 12:

„En stadh lag östan for bern som kallas venedi".

(„eine Stadt lag östlich von Bern die Venedi genannt wird".)

Was dieses *„Venedi"* sein könnte wird später erörtert. Als Wideke von Dänemark zu König Dietrich zog, trifft er unterwegs auf Meister Hildebrand, Heim und Jarl Hornboge; gemeinsam ziehen sie weiter, bestehen manche Abenteuer. Sie waren unterwegs, so Svava Kap. 82:

„tha the komo ouer ana / ther skildis two wägä att / tha sade hillebrand / thessa wäga ligge bada till bern / then ena är lang oc ond. then annan han är stackut oc god. vpa then stäkre är ont ath framkomma. wij skulä ther ouer ena stenbro / oc ther star et slot mit vpa brona / oc ther liggie xij kämpar vpa. ther warda wij at tolla wapn oc hästa. oc thakka gud at wij beholda liiff oc limer".

(„da kamen sie zu einem Fluss, dort schieden sich die Wege. Da sagte Hildebrand, diese Wege führen beide nach Bern, der eine ist lang und schlecht, der

---

[6] *„quando" – „da", „weil", „einmal":* eher ist *„quanto" – „groß"* gemeint.

andere ist geradeaus und gut; auf dem ist schwerlich voranzukommen, weil man dort über eine Steinbrücke muss, und dort steht ein Schloss mitten auf der Brücke, und dort sind 12 Kämpfer darauf, und dort werden wir zollen Waffen und Hengste, und danken Gott, wenn wir Leib und Leben behalten".)

Hildebrand sagt:

„ mit rad är at wij rida then lengre wägen".

(„ Mein Rat ist, wir reiten den längeren Weg".)

Daraufhin Svava Kap. 83:

„ Tha swarade wideke / wij wilia rida then stäkkare wägen / the lata wäll wtlendzskä men fara hwart the wilia / the rido tha then stekkare wäg. som wideke bad. wtouer en skog som lyrawoll heter. tha fingo the see thz samma slot".
(„Da sprach Wideke, wir wollen geraderen Weg wagen, sie lassen wohl ausländische Männer fahren wohin sie wollen. Sie ritten dann den geraden Weg, wie Wideke empfahl, durch einen Wald, der Lyra-Wald hieß. Da bekamen sie das Schloss zu sehen.")

Das Schloss wird erobert und verbrannt, die Besatzung flieht. Dann über Wideke und Hildebrand, Svava Kap. 88:

„ Sidan rido the tädhan oc komo till ene älff som wisar het / ther war bron vpkastad".
(„ Sodann ritten sie davon und kamen zu einem Fluss der Wisar heißt, dort war die Brücke abgerissen".)

Wideke und seine Genossen springen über den Bach (mehr oder weniger erfolgreich), erschlagen die Fünf, welche die Brücke abgerissen hatten, danach Svava Kap. 90:

„ Then andra dalippeg komo the till berne som konungen sat ouer sit bord".
(„Andern Tags kamen sie nach Bern, als der König [Dietrich] am Tische saß".)

Die Svava sagt nicht, wie der Fluss heißt, auf deren Brücke das Schloss stand, Ritter identifizierte ihn als die Lippe. Die „ Wisar " kann nicht die Weser sein, da die Reisegesellschaft durch den Lrya-Wald fuhr, und die Weser bereits überquert worden war; Ritter identifizierte die „ Wisar " mit der Emscher. Als Detzlef von dem skandinavischen Schonen zu Dietrich von Bern zog, um ihm zu dienen, da war (Svava Kap. 122):

„Didrik är ekke hema han red til rom. som hans frände hanum budit haffde. konung ermentrik. Detzleff sporde wägin thiit. Mannen swarade. Didrik red till venedi oc sidan till rom. "
(„Dietrich nicht daheim, er ritt nach Rom, wohin ihn sein Verwandter König Ermenrich eingeladen hatte. Detzlef fragte den Weg dorthin. Der Mann antwortete, dass Dietrich nach Wenden und dann nach Rom ritt ".)

„ Wenden " liegt, wie oben gesagt, östlich von „ Bern "; und es liegt zwischen „ Bern " und „ Rom ". Ist hier mit „ Wenden " Venedig gemeint? Ritter, veranlasst durch die

Angabe „*östlich*" verortete „*venedi*" mit Wenden im südlichen Sauerland, ca. 80 km nordöstlich von Bonn. Und was hatte der Sagamann im ‚Auge'?

(Den Zug gegen Jarl Rimstein, Kap. Svava 144, übergehe ich hier).

In Kap. 227 heißt es:

> „*konung Ermentrik bödh manga konunga till sik till rom till hans högtiid / tit skulde komma Attilia konung. ... the komo till et slot som fritalea heter / ... ... konung attilia. red till rom*".

> („*König Ermenrich bat viele Könige zu sich zu seinem Hoffest* [Hoftag] */ dorthin sollte Attila König kommen. ... sie* [Attila etc.] *kamen zu einem Schloss das Fritila hieß. ... ... König Attala ritt nach Rom*".)

Attala/Attila war König der Hunen in Susa/Susat, zwischen diesem und „*Rom*" also lag „*Fritila*", aber was ist Susa/Susat, und was und wo ist „*Fritila*", das zwischen Susa und Rom liegt. Ist es Feltre in den norditalienischen Alpen, wie Ferdinand Holthausen[7] angab? Fritila lag an einem Fluss oder See (Feltre liegt an dem Flüsschen „*Torrente*" (Sturzbach) *Sonna*"). Eine weitere Information gibt Svava Kap 235: der Warnbote reitet nach „*Fritila*", um die Harlungen-Söhne vor dem anmarschierenden Heer Königs Samson zu warnen:

> „*tha han kom till slottit tha war ther engen färia athan kunde koma offuer meth. han bant sin häst i skogen. oc saam offuer ana*".

> („*da kam er zu dem Schloss, da war keine Fähre, um damit hinüber zu kommen. Er band seinen Hengst im Wald an und schwamm hinüber*".)

Nachdem König Ermenrich die Harlungen-Söhne hat hängen lassen, will er auch seinen Neffen Dietrich von Bern hängen. König Ermenrich schickt von „*Rom*" aus ein Heer gegen Dietrich von Bern, jedoch zuvor reitet Wideke Wielandssohn im Galopp dorthin, Svava Kap. 240:

> „*wideke lop strax till sin hest oc rende at bern alt thz han kunde. om midia nat. klappade han vpa porten*".

> („*Wideke lief schnurstraks zu seinem Hengst und ritt nach Bern, so gut er konnte. Um Mitternacht klopfte er an das Tor*".)

Und bringt die Nachricht vom anrückenden Heer König Ermenrichs. Angesichts der Gefahr entscheiden sich Dietrich von Bern und sein Waffenmeister Hildebrand zu fliehen, doch zuvor Svava Kap. 241:

> „*hillebrand red vt mz mwndia fiäll oc ater bak i Ermentriks rike oc skinnade oc brende. xjM. torp. slot oc städer*".

> („*Hillebrand ritt aus zum Mundia-Gebirge und wieder zurück in Ermenrichs Reich, und er schindete* [zerstörte] *11 tausend Dörfer, Schösser und Städte*".)

anschließend Svava Kap 244:

---

[7] „*Studien zur Thidrekssaga*" (1884) S. 22.

„Sidan didrik konung haffde giort then skada. tha red han norder i mwndia land. till et feste som het. becculär hart wid riin. thz hafde margreffuen rodgerd. hans hustrv het godelinda".

(„Sodann, als König Dietrich den Schaden angerichtet hatte, da ritt er nordwärts nach Mundia-Land zu einer Burg, die hiess Bakalar, nahe am Rhein, diese hatte der Markgraf Rodger [Rüdiger], seine Hausfrau hieß Godelinde".)

Was ist hier das *„Mundia-Gebirge"* (*„mundia"* von *„montes"* = *„Berge"*?), die Alpen. Und was ist die Burg *„becculär"/„Bakalar"* ? Hier wird, in diesem Zusammenhang, nun erstmals eine geographische Information gegeben: *„Bakalar"* lag unweit des Rheins, und Dietrich von Bern ritt nordwärts dorthin. Nachdem Dietrich und sein Gefolge eine Nacht dort in *„Bakalar"* zugebracht hatten, Svava. Kap. 245:

„om morgon rider Didrik konung oc rodgerd. till attilia konung. till et fäste som het susa".

(„Am Morgen ritten König Dietrich und Rodger zu König Attila, dort hatte er eine Burg, die hieß Susa".)

Wer ist hier Attila? Etwa der Hunnenkönig Attila († 453 n.Chr.) aus der Ungarischen Tiefebene, und was ist dann Susa?

Als Dietrich von Bern 20 Jahre lang bei König Attila und dessen Frau Ercha weilte, ging Dietrich zu dieser, und sie frage, was ihn bedrücke, er sagte, Svava Kap. 268:

„myk komber nw j hogh hwro jac rympde mith tike, ok misthe myna godha borgh bärn, ok manga andrä sloth ok städher".

(„mir kommt es, wie ich mein Reich verließ und meine gute Stadt Bern [und das reiche Ravenna, Raszmann II, S. 592] und viele andere Schlösser und Städte".)

Nun wird von König Attila ein Heer gerüstet, um das Reich König Dietrichs zurückzugewinnen. Dieses zieht aus, und auch das Heer Königs Ermenrich zieht von *„Rom"* aus diesem entgegen, und die Krieger Dietrichs von Bern, Svava Kap. 274:

„ok ey vändhe the för en the komo för gransport ther var her didrik mz sin här nordan for ana, ok bliffua ligiandhe om nattäne".

(„und rasteten nicht eher bis sie nach Gransport kamen. Dort wartete Herr Dietrich mit seinem Heer nördlich des Flusses, und sie blieben (beide) dort liegen in der Nacht".)

Was ist *„Gränsport"*? Was ist das für ein Fluss, wo die Heere lagerten? Bedeutet -*„port"*, dass dort eine Furt über den Fluss war? Am nächsten Tag tobt die Schlacht. Der Sohn Dietrichs von Bern und die zwei jungen Söhne von König Attila und Ercha-Königin, die mitgezogen waren, werden von Wideke erschlagen. Dietrich will seinen Sohn und die Knaben an Wideke rächen, doch, Svava Kap. 286:

„vidheke velanson han flyddhe hwadh han konne ... han rdndhe nid mz aana
som musala elff hether "[*].

(*„ Wideke Welandsohn, er floh was er konnte ... er jagte hinunter zum Fluss der*
Musula hieß ")

[*] Anm. K. W.: Der Fluss wird also Mosel genannt, der Zusatz *„elff"* ist mir nicht
klar, könnte aber *„Elfe"* bedeuten, die Wideke nach seinem Sprung in den See auf-
nahm und rettete. Dietrich von Bern kehrte nach Susa zurück und wartete 12 Jahre
lang, bis König Ermenrich gestorben war; da verlässt er Susa mit seinem Waffenmeister Hildebrand, und sie reiten in Richtung *„Bern"*, Svava Kap. 342:

Svava Kap. 342: *„taa the ridho om päclar"*
(*„da ritten sie bei Bakalar"*)

vorbei, in umgekehrter Richtung wie bei der Flucht Dietrichs von Bern vor König
Ermenrich. Nun werden sie von einem Jarl Elsung angegriffen, Svava Kap 343:

„han war faren wtöffuer riin mz xxx men honum varth sacth ath her didrik redh
oppo skoghen lyrowal".

(*„er war über den Rhein gefahren mit 30 Mann. Ihm war gesagt worden, Herr*
Dietrich reite in einem Wald Lyrwald".)

Hier wird eine zweite geographische Information gegeben: der Rhein, unweit von
Bakalar, und der *„lyrowal"-„Lyrwald"*, das muss ein Waldgebiet sein zwischen
Susa und dem Rhein. – Nun folgt Svava. Kap. 351:

„hillebrandh redh til bärna tha mötthe honum alabrandh mz en hwitan hesth".
(*„Hillebrand ritt auf Bern zu. Da traf er Alebrand auf einem weißen Hengst".*)

Alebrand war der Sohn Hildebrands, er hatte inzwischen *„Bern"* in Besitz genommen. Nachdem Hillebrand und Alebrand einen gegenseitigen Zweikampf bestanden hatten, Svava Kap. 351:

„stigo a sina hesta ok rida til bärna".
(*„stiegen sie auf ihre Hengste und ritten nach Bern".*)

Nun sammelten beide ein Heer und Alebrand sprach zu diesem, Svava Kap. 353:

„konung didrik är komin j hwmlunga landh, ok wil haffua sith rike j ghen".
(*„König Dietrich ist ins Humlungen-Land gekommen, und er will sein Reich*
wieder bekommen".)

Die Heeresversammlung stimmt zu. Das Humlungen-Land ist das ‚Aumlungen-
Land', in dem König Dietrichs Reich liegt. Nun ritten sie zu dem Wald, in dem
Dietrich von Bern wartete, und Alebrand sprach, Svava Kap. 354, indem er Diet-
rich seinen Goldring übergab:

„här mz antwardher jach tik berna ok alth hwmlunga landh"
(*„hiermit überantworte ich dir Bern und das ganze Humlungen-Land".*)

Hierauf:

„mesther hillebrandh ok Alabrandh leddo her didrik in oppa berna ok satthe

*honum j sith högsäthe sidhan warth han hyllat öffuer alth hwmlungha landh
mäctogh badhe öffuer sloth ok städher"*

(*„Meister Hildebrand und Alebrand führten Dietrich nach Bern und setzten
ihn auf dem Hochsitz. Sodann wurde ihm gehuldigt überall im Humlungen-
land und mächtig und es öffneten sich Schlösser und Städte".*)

Bald darauf zogen sie von *„Bern"* aus nach Rom, Svava Kap. 355:

*„Tha redh han wth aff stadhen mz viiiM riddare ok annat folk tho han kom före
en stadh som hether grächenborg ther mötthe honum **jonkar sewekin** mz xiiiM.
... ther böriadis en stor stridh Tha kom en aff sewekins män bak oppa her
didriks här mz viiM riddare the woro alle aff rom".*

(*„Da ritten sie hinaus aus der Stadt [Bern] mit 8.000 Rittern und anderem Volk,
da kamen sie zu einer Stadt die hieß Grächenborg, und sie trafen auf **Junker
Sevekin** mit 13.000 [Rittern] ... dort entstand ein großer Kampf. Da kamen von
hinten Sevekins Männer auf Dietrichs Heer mit 7.000, die kamen alle aus
Rom".*)

König Dietrich gewann trotz allem die Schlacht, anschließend Svava Kap. 356:

„Tha drogh her didrik then genesthe vegh thil rom".

(*„Dann zog Herr Dietrich den nächsten Weg nach Rom".*)

Die Svava – und auch die anderen Versionen der Ths sagen nicht, wo *„Bern"*
gelegen war oder zu suchen ist. Das Bild, das die Ths hierzu gibt, ist diffus, sie
gibt wenige geographische Orientierungshilfen, aber *„Bern"* lag im nahen Umkreis von Rom.

Zusammengefasst aus Sicht der Ths:

- Venedi liegt westlich von *„Bern"*.
- Venedi ist eine Zwischenstation zwischen *„Bern"* und *„Rom"*.
- *„Bern"* liegt unweit *„Rom"*, nicht weiter als einen Tagesritt.
- Gränzport liegt zwischen Susa und *„Rom"*, an einem Fluss Musula.
- Grächenburg liegt zwischen *„Bern"* und Rom.
- Fritila liegt zwischen Susa und Rom, unweit davon, nicht weiter als einen
  Tagesritt.
- *„Bern"* liegt unweit von Bakalar und unweit des Rheins.

Diese Angaben lassen eine sichere Identifikation von *„Bern"* nicht zu. Die traditionelle Betrachtung weist *„Bern"* der Stadt Verona an der Etsch in Norditalien
zu, und *„Rom"* eben mit Rom, der Ewigen Stadt.

Heinz Ritter-Schaumburg, der sich mit der Ths intensiv auseinandergesetzt hatte,
und sie möglichst wörtlich verstand, gelangte zu einer anderen Einschätzung. Vor
allem die Stelle in der Ths, wo Rhein und Donau zusammenfließen, fand er merkwürdig, Kap. 307: die Niflungen ziehen nach Susa zu König Attila, doch zuvor,
bevor sie zu Rüdiger von Bakalar einkehren:

„Saa ridha the til rin ther dwna ok tin koma til hopa thz var breth öffuer ok war ther inthe skeph, ty dwaldis the ther the nath j thera tiäl."
(*„Sie ritten zum Rhein, dort wo er mit der Duna zuhauf kommt. Es war dort breit hinüber und es war dort kein Schiff. Sie weilten dort in der Nacht in ihren Zelten".*)

Ritter ließ diese Stelle keine Ruhe (so dumm kann doch kein Sagamann sein, der die Donau in den Rhein münden lässt!) und fand die Dhünn, ein Flüsschen aus dem Bergischen Land, das im heutigen Leverkusen (bei Rheindorf) in den Rhein fließt. So also hatte der Sagamann doch kein dummes Zeug geschwätzt. Mit dieser Entdeckung fielen ihm anderes zu. „Bern" muss, so folgerte Ritter, Bonn gewesen sei, das im Mittelalter latinisiert Verona genannt wurde. – Und Rom war Trier usw.

Folgend eine kurze Übersicht über die genannten Orte:

Ort nach Ths	Konventionelle Identifizierung	Identifizierung nach Ritter	Identifizierung nach K.W.
Bakalar	Bechelaren/Pöchlarn an der Sonau	Bei Altenburg im Bergischen Land	Bei Altenburg im Bergischen Land
„Bern"	Verona in Italien	Bonn am Rhein	Bonn am Rhein
Fritila	Fertila in Norditalien / Aleen	*„Fritigiso villa"*, Friesdorf, südlich von Bonn/Bad Godesberg	Bad Breisig am Rhein (Brisiacum)
Grächenborg	Griechenland	Graach an der Mosel	Kretz in der Pellenz bei Mayen/Eifel
Gränzport	Als Grenz-, Zoll-Ort verstanden (ein Modernismus)	Gänsefürtchen über die Mosel bei Koblenz	Bei Waldorf im Vinxtbachtal nahe Bad Breisig/Rhein
Humlunga-Land	Italien	Umland von Bonn	Umland von Bonn
Mundia	Alpen	Kölner Bucht	Eifel
„Rom"	Rom in Italien	Trier an der Mosel	Ort im Maifeld, Ochtendung?
Susa/Susat	Ofen oder Buda (Budapest) in Ungarn	Soest in Westfalen	Soest in Westfalen
Venedi	Venedig an der Adria	Wenden im Saueland	Haus Vehn südlich von Bad Neuenahr
Lyra-Wald		*„Lur-Wald"*: Sauerland u. Bergisches Land	*„Lur-Wald"*: Sauerland u. Begrisches Land

Ich unterlasse es hier, die einzelnen Orte zu besprechen[8] und beschränke mich zum einen auf *„Susa"*, zum anderen, um die Problematik von Orts-Identifikationen deutlich zu machen, auf den Ort *„Her"*.

Susa

Zunächst zu Susa, es wird in der Sava erstmals in Kap. 33 erwähnt. Attila führt Krieg gegen König Melias von Hunenland:

„Melias römde till en stad ther wilcina het/ aktilius wan hanum alt hans land aff/ oc lagde thz op vnder sik/ oc satte sik i en stad som susa heter/ oc lot hanum kosteliga mura. tha war aktilius hyllad for en konung ouer alt hunaland. som för atte melias".

(*„Melias zog sich zurück zu einer Stadt die Wilkina hieß. Attila gewann all sein Land, und unterwarf es sich, und setzte sich in eine Stadt die Susa hieß, und ließ sie kostspielig ummauern. Da wurde Attila gehuldigt als König über ganz Hunenland, wie zuvor an Melias statt".*)

Sowohl die Niflungen als auch Dietrich von Bern zogen über den Rhein nach Bakalar zu König Attila nach Susa/Suat. Heinz Ritter-Schaumburg identifizierte Susa aufgrund der Reisewege mit Soest in Westfalen, gelegen am alten Hellweg. Die Namensähnlichkeit *„Susa"* mit Soest ist frappierend, und die Identifizierung von Susa als Soest widerspricht nach jüngeren archäologischen Erkenntnissen nicht der historischen Möglichkeit. Nachgewiesen sind:

- im Westen von Soest ein frühmittelalterliches Gräberfeld am Lübecker Ring, ca. 1.200 Meter südöstlich der Soester Altstadt, Zeit: ca. 2. Hälfte 6. Jh. bis ca. 800 n.Chr.,
- zunächst kulturell merowingisch geprägte Grabinventare, danach sächsisch ab ca. 700,
- frühmittelalterliche Funde in Soest in *„Rüenstert"*, *„Am Brinkenkamp"* und *„Am Ardey"* im Westen von Soest,
- dort Bleifunde aus dem 1./2. Jh., Keramik vom 1. bis 5. Jh.

Es wurden über 200 römische Münzen gefunden aus der ersten Hälfte des 2. und dem 4. Jahrhundert. War Ardey ein Handelsumschlagplatz mit römischen Händlern?

Susudata-Soest

Ich halte ebenfalls dafür, dass Susa der Sage für Soest in Westfalen zu setzen ist, zusätzlich aber auch als das *„Susudata"/„Susudana"* im Kartenwerk (Karte

---

[8] Dies habe ich unternommen im Aufsatz *„Fritila und benachbarte Orte in der Thidrekssaga"*, in: DER BERNER Heft 26 (2006) S. 17 ff; die zeitliche und historische Einordnung in *„Ermenrich kämpfte mit den Römern"*, in: DER BERNER Heft 40 (2010) S. 3 ff.

„*Magna Germania*") des antiken alexandrinischen Kosmographen (oder Geographen) Ptolemaeus[9].

Die Identifizierung dieses ptolemaeischen Ortes ist jedoch umstritten. Um die Problematik zu verstehen zunächst einiges zu Ptolemaeus und seinen geographischen Angaben. Diese, bzgl. der „*Magna Germania*", stammen vermutlich aus der Zeit, als das Römerreich die Provinz „*Magna Germania*" einrichtete, also unter Kaiser Augustus ab 12 v.Chr. bis 9 n.Chr.; die Karten und geographischen Angaben wurden um 150 n.Chr. zusammengestellt.

Ptolemaeus gibt die Lage von „Σουσουδάτα" („*Susudata*") mit den geografischen Koordinaten (siehe auch die Karte mit dem Kreis am Elbefluss):

- Längengrad 38½° Breitengrad 53 ½ ⅓°
- Von den Längengraden sind ca. 15° (mit bis zu weiteren ±5° Unsicherheit) gegenüber modernen Koordinaten abzuziehen.
- Die Angaben der Breitengrade entsprechen dem modernen geographischen System, aber Abweichungen um 2° zum Realen sind ‚normal'.

Zum Vergleich die GPS-Daten für Soest:

Längengrad ca. 8°5', Breitengrad ca. 51°34'

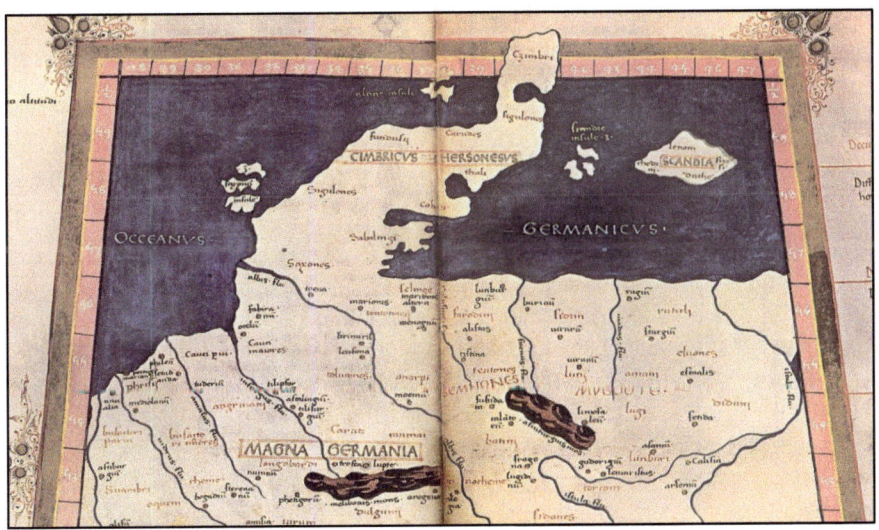

---

[9] Benutzte Ausgaben: „*Cosmographia*", mit Widmungsvorrede an Papst Paulus II., nach Nicolaus Germanus (1486). – „*Claudii Ptolemaei Geographia*" (Editor: Carolus Fridericus Augustus Nobbe) Tom I (1843, in Altgriechisch); cap. 2.11 (13) mit „*Tabula quarta europe*".

Abb. Ausschnitt aus der Karte „*MAGNA GERMANIA*" der Ptolemaeus-Karte. „Susudata" sollte im angezeigten Kreis liegen; in der Karte ist es rechts oberhalb davon eingetragen, westl. vom Gebirge „*asciburgos mons*".

Überträgt man den Breitengradwert des Ptolemaeus auf moderne GPS-Daten, dann läge „*Susudata*" östlich der Elbe, aber: die Werte bei Ptolemaeus eignen sich wegen grober Fehler und Schätzwerte nicht zur exakten Lokalisierung eines Ortes, den Ptolemaeus angibt.

Ausschnitt aus obiger Karte, Pfeil: „*Susudata*".

Unter „*Montium*" (Gebirge) verzeichnet Ptolemaeus in seiner Karte u. a. den:

„*mons melibocus*" („*Μηλίβοκον*"),

ein ausgedehntes Gebirge

„*cuius fines 33 52½ ac 37 52½*" („*dessen Grenzen 33°, 52,5° und 37°, 52,5° [sic!] betragen*"),

man versteht auch den Harz als Teil davon. „*Susudata*" liegt gemäß Ptolemaeus also nordöstlich vom Harz. In der Realität liegt Soest westlich davon, um 200 km. Der Brocken, der höchste Berg des Harzes, hat die modernen geographischen Daten: Länge 10,62°, Breite 51,8°. Der „*mons Melibocus*" ist bei Ptolemaeus also zu weit in den Norden gerückt; falls die Daten der umgebenden Orte untereinander abgestimmt sind, muss auch „*Susudata*" weiter südlich angesetzt werden, von mir geschätzt um ca. 1°.

In der jüngeren Forschung wird „*Susudata*" eher mit Fürstenwalde an der Spree, 50 km südöstlich von Berlin identifiziert aufgrund der angegeben Daten; die modernen geographischen Daten für Fürstenwalde sind: Länge 14,06°, Breite 52,36°. Da aber die Angaben bei Ptolemaeus sehr ungenau und fehlerhaft sind, spielt das keine große Rolle.

Im Anschluss zum „*Melibocus*" heißt es bei Ptolemaeus:

„*Sub his semana est silua et ab sicurgius* [sic!] *mons cuius fines 39 54 et 40¼ 43½*".

(„*Unterhalb diesem ist der Semana-Wald und die Asciburgios Berge, deren Grenzen bei 39°54° und 40,25° 43,5°*".)

Dieses Gebirge – „*Asciburgios*" - „*Ἀσκίβυριον*" – ist in der Karte rechts oberhalb (nordöstlich) des „*Melibocus*"-Gebirges gesetzt; völlig deplatziert, da der Harz real das nördlichste Mittelgebirge in der „*Magna Germania*" (vom Rhein bis Weichsel) ist. Man weiß auch nicht so recht, was damit anzufangen ist und setzt dafür gerne das Riesengebirge.

„*Der höchste Gipfel* [vom Jeschengebirge[10]] *aber ist der Jeschken, Capo de Monte der ganzen Landschaft, ursprünglich Asciburgius Mons oder Eschenberg genannt. ... Der jetzt gebräuchliche czechische Name Jeschken ist also nur die Übersetzung des deutschen Namens Eschenberg; die altdeutsche Form von Esche, Aesche lautet Asc, daher Asciburgius im Latein.*"[11]

Ich denke, das ist eine vertretbare Lösung, wieso aber das „*Asciburgios*"-Gebirge in der Karte so weit nach Norden gerückt ist, ist mir allerdings schleierhaft.

Es stellt sich die Frage, wie überhaupt die Koordinaten von so vielen Orten, wie sie Ptolemaeus angibt, ermittelt wurden. Am einfachsten und sichersten war das für die Koordinaten der geographischen Breiten. Die Sonne hat im Jahresverlauf den Höchststand zu Sommeranfang um den 20./21 Juni, dann steht die Sonne senkrecht über dem Äquator. Steckt man also auf der nördlichen Hemisphäre einen Stab senkrecht in die Erde, und beobachtet zur Mittagszeit bei Höchststand der Sonne den Schatten, den der Stab wirft, dann entspricht der Winkel zwischen dem Stab und der Verbindungslinie von Stab- und Schattenende der geographischen Breite des Standortes. Dies hat den Nachteil, dass nur um die Zeit des Sommerbeginns eine verlässliche Messung möglich war; man konnte sich natürlich mit Tabellen für andere Jahreszeiten behelfen.

Genauere Werte liefert die Peilung des Nordpolarsterns. Dieser steht am Himmel immer im Norden[12], das ganze Jahr über. Peilt man den Polarstern mit einem Stab an, so entspricht der Winkel zwischen dem Stab und der Erd-Horizontalen der geographischen Breite des Standortes.

---

[10] Jeschenken-Gebirge in Nordost Böhmen, Sudetenland, dem Gebirgszug von Isergebirge und Riesengebirge vorgelagert, höchster Berg ist der Jeschken mit 1012 Meter.

[11] Schönwälder: „*Das Quellgebiet der Görlitzer Neiße oder der Zagost und seine Bevölkerung*", in „*Neues Lausitzisches Magazin*", 63. Band (1888) S. 175-250, hier S. 177.

[12] Für längere Zeiten, innerhalb einer Generation, ist keine Veränderung per Augenschein merkbar. Die verlängerte Nord-Südachse der Erde durchstößt im gedachten Himmelsgewölbe den Zenit, dort steht zur Zeit der Nordpolarstern im Sternbild „*Kleiner Bär*"; die gedachte verlängerte Erdachse beschreibt jedoch am Himmelgewölbe einen Keis, den der Zenit in ca. 26.000 Jahren („*Platonisches Jahr*") durchläuft; die verlängerte Erdachse beschreibt dabei einen Kegel mit dem Öffnungswinkel von ca. 47°. Man spricht in diesem Zusammenhang von Präzession, daher bewegt sich der Nordpolarstern mit der Zeit weg von Zenit, und es kommen andere Sterne an seine Stelle; der Grieche Hipparchos von Nicäa (* ca. 190 v.Chr., † ca. 120 v.Chr.) hatte die Präzession entdeckt.

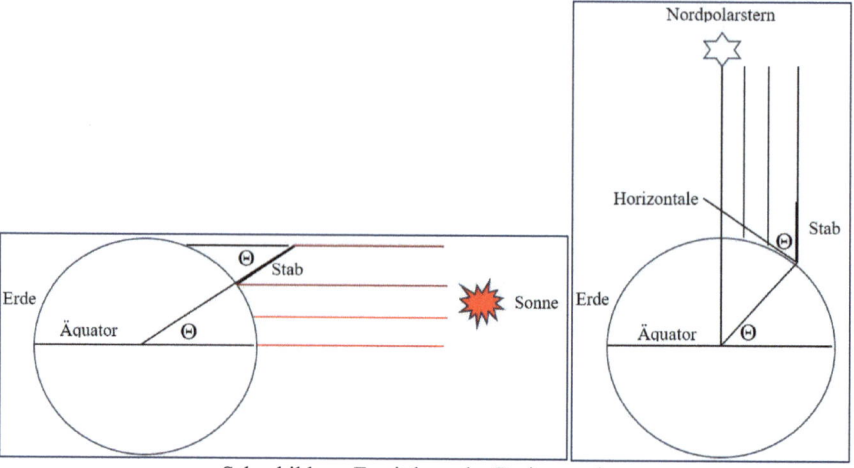

Schaubild zur Ermittlung des Breitengrades

Es bestanden in alter Zeit Schwierigkeiten darin, den Längengrad zu bestimmen, was mit einer zufriedenstellenden Genauigkeit erst im 18. Jahrhundert mit Hilfe der Präzisions-Schiffsuhren des Briten Harris gelang. – Solches hatten die alten Griechen nicht. Die alten Geographen behalfen sich mit einer anderen Methode. Ptolemaeus legte seinen Null-Meridian durch die *„Inseln am Rande der Welt"*, den *„fortunatae insulae"*, die Kanarischen Inseln also, und zählte dann nach Osten die Längengrade.

Aus der Ptolemaeus-Karte, *„fortunate insule"* am Rande der bekannten Welt.

Die Kanaren liegen westlich vom Greenwich-Meridian (Null-Meridian) mit Längengrad-Werten ca. von 13°-18° (West), Breiten ca. zwischen 28° und 30°. Die Längengrade bestimmte Ptolemaeus nun, indem er Reisewege in Richtung Ost (oder je nachdem West) in Gradzahlen umrechnete. Dazu müssten die Kugelgestalt der Erde, der Umfang der Erde und die Breitengrade zwischen den Reiseorten A und B bekannt sein. Den Umfang der Erde hatte der Grieche Eratosthenes mit der Annahme der Kugelgestalt der Erde bereits um 200 v.Chr. fast exakt berechnet.

Ptolemaeus legt zur Darstellung seiner Karten die Kegel-Projektion zugrunde und wusste demnach, dass dieselbe West-Ost Strecke zwischen zwei Längengraden, je höher man sich nördlich befindet, umso mehr Längengrade die Strecke schneiden. Die falsche oder fehlerhafte Anwendung dieses Prinzips führt sie Fehler in der Längengrad-Berechnung.

Die Länge der Reisewege zu bestimmen war äußerst schwierig und fehlerbehaftet. Die Reise von Gibraltar nach den Kanaren dauerte einige Tage – welche Strecke wurde zurückgelegt? Um die 1.500 km. Die Koordinaten nach Ptolemaeus für Gibraltar („*Calpe mons*") sind: Länge 7,5°, Breite 36,4°; moderne Daten: Länge -5,35 ° (West), Breite 36,14° (Nord). Setzt man für die Kanaren einen Mittelwert von ca. -15° (West, Greenwich) an, dann ist der Breitenabstand von den Kanaren nach Gibraltar (modern) gerundet ca. 10° gegenüber 7, 5° bei Ptolemaeus. Wenn Ptolemaeus die östlichste der Kanarischen Inseln zugrunde legte, stimmt die Angabe sogar ungefähr (vermutlich hatte Ptolemaeus auf gut Glück geraten).

Fazit: Wenn Ptolemaeus eine Länge x° angibt, dann sind – umgerechnet auf moderne Werte – von x° (13°-18°) abzuziehen. Für „*Susudata*" also nach Ptolemaeus:

Längengrad 38½° minus (13°-18°) $\triangleq$ (24,5°-20,5°), Mittelwert ca. 22,5°, gegenüber dem modernen Längengrad von 8° 5' ist das ein Überschuss bei Ptolemaeus um 14°, wohl die Folge von Fehlern in der Berechnung von Distanzen.

Ptolemaeus (oder seine Informanten) rechneten nämlich Reisezeiten zu Pferd, mit Reisewagen, zu Schiff, oder zu Fuß in zurückgelegten Strecken („*Stadien*", ca. 185 Meter) um. Am genauesten waren „*Schrittmacher*", welche die zurückgelegten Doppelschritte zählten, und diese umrechneten (1 Doppelschritt ca. 1,5 Meter, 1000 Doppelschritte [„*milia passuum*"] eine römische Meile).

Man musste auch gar nicht alle Orte vermessen, um die Breiten zu ermitteln, man konnte sie durch Referenz-Orte berechnen, wenn man von diesen die Breite und die Länge bestimmt hatte, und wenn man die Strecke und die Richtung zu einem anderen Ort kannte. Wie anfällig solch ein System für Fehler ist, braucht nicht betont zu werden. Daher ist es verwegen, von geographischen Koordinaten des Ptolemaeus auf einen modernen Ort zu schließen. Das gilt natürlich nicht für die angegebenen Ortsnamen!

Hof Her

Die Svava berichtet (ab Kap. 76), wie Wideke nach „Bern" zieht, unterwegs auf Hildebrand, Heim und Jarl Hornboge trifft und mit diesen weiter nach „Bern" zieht (hier ab Kap. 79). Eine Merkwürdigkeit will ich hier gleich anfügen. In der Svava Kap. 82 sagt bei der gegenseitigen Namensnennung Hildebrand zu Wideke:

> „*Ich heiße Boltram, Sohn des Jarls von Wenden*[*]. *Der zweite heißt Sintram, Hillebrands Sohn. Der dritte heißt Hornboge Jarl.*".

[*] In der Membran ist hinzugefügt: „*Sohn des Reginbalds*".

Das sind andere Namen als die zuvor in der Svava genannten. Das ist mir unverständlich. Ist diese Stelle mit den anderen Namen original, so dass im Text die Namen auf Hildebrand und Heim umgeschrieben wurden?

Die Svava sagt auch nicht, woher sie kamen, und warum sie dort reisten. Ritter hat den Reiseweg Widekes und der anderen m. E. im Großen und Ganzen gut recherchiert, Edo Oostebrink[13] bringt dazu einige Korrekturen.

Ich setze nun an, als die Reisegesellschaft zu dem Fluss mit der Brücke und dem Schloss kommt. Die Svava spricht lediglich von einem Fluss, über den eine Brücke führt mit einem Kastell/Burg/Schloss, sie nennt nicht den Fluss mit Namen, auch nicht die Membran. Dies tun die Isländischen Handschriften A und B, und nennen ihn *„Lippa"/„Luppa"*, was Ritter mit der Lippe übersetzt – jenen Fluss, der bei Bad Lippspringe entspringt und bei Wesel, gegenüber von Xanten, in den Rhein mündet. Warum nennen Svava und Membran nicht den Namen des Flusses? Der Ort der Brücke wird in den Hss Is A & B *„Brictan"* genannt, nach Ritter ist das Brechten nördlich von Dortmund, unweit der Lippe. Warum nennen nur die Isländischen Handschriften diesen Ort mit Namen?

Den nächsten Fluss, den sie danach überwinden ist die *„Wisar"*, diesen Namen haben die Svava, der Membran-Text und die Isländischen Handschriften. Die *„Wisar"* ist nach Ritter selbstverständlich nicht die Weser, die ja bereits überwunden war, sondern er hält dies für einen Fehler oder Verschreibung, gemeint sei die Emscher, die nach der Lippe auf dem Reiseweg der nächste zu überwindende Fluss sei[14]. Die Emscher entspringt bei Holzwickede am Haarstrang, fließt südlich von Dortmund und mündet bei Dinslaken in den Rhein.

Danach lässt die Svava die Reisegesellschaft am nächsten Tage in „Bern" ankommen. Nicht so die Membran und die Isländischen Handschriften. Ich zitiere August Raszmann[15]:

> *„Sie ritten nun ihres Weges und kamen am Abend zu einem Hof, der Her heiszt; dieser Hof gehörte König Thetmar, Thidreks Vater, dort wohnte Hildebrands Gemahlin*[Anm. 3]*. Sie blieben über Nacht; am Morgen aber ritten sie von dannen und kamen den Tag nicht spät*[Anm. 4] *nach Bern".*

> Anm.3): *„und dort wohnte seine Gemahlin Oda*; Hs A; fehlt in B. – Anm. 4): *„frühzeitig".*

Nur die Membran-Handschrift nennt den Hof *„Her"* (*„hęr"*), warum nur diese?

Hof Her identifizierte Ritter mit *„Am Heerhof"*, dem heutigen Ortsbezirk nördlich der Stadt Meinerzhagen im Sauerland, m. E. zu Recht. Die Stelle war Kreuzungspunkt von zwei Altwegen, einen Nord-Süd-gerichteten, nach Siegen, Frankfurt

---

[13] *„Die Anfänge der Merowingerherrschaft am Niederrhein"* (Delft 2017).
[14] Edo Oostebrink (S. 68) setzt für *„Wisar"* die *„Wisser"* (Wiesserbach). Die Wisser ist ein kleineres Fließgewässer, sie entspringt in Friesenhagen (H. 343 m NN), fließt NO-SW, hat eine Länge von 26 km, und mündet bei Wissen von rechts her in die Sieg (147 m NN). Wissen liegt ca. 60 km südlich von Hof Her. Her setzt Oostebrink (S. 68 f) nach Herchen, ca. 20 km östlich von Wissen, ebenfalls an der Sieg, bis nach Bonn sind es ebenfalls östlich ca. 35 km. M. E. ist das zu weit ab, wenn man vom Norden herkommt, um nach Bern-Bonn zu reisen; und: müsste die Wisser dann nicht zweimal überquert werden, oder zusätzlich die Sieg?
[15] Band 2, S. 390.

und Mainz, und einem quer dazu verlaufenden von Kassel, Paderborn her nach Köln; diesen letzteren in Richtung Westen schlug die Reisegesellschaft dann wohl ein, um nach „Bern" zu kommen.

Setzt man nach Ritter „*Bern*" gleich Bonn, so sind es bis dorthin knapp 70 km; eigentlich für einen Reisetag zu groß, so dass eher zwei anzusetzen sind.

Diese letzte Etappe hat mich einigermaßen irritiert. Ich fragte mich

a) Wieso hat Hildebrand, bzw. seine Frau Oda, einen Hof verliehen bekommen von Thetmar, des Vaters Dietrichs von Bern, weitab von deren Herrschaftsgebiet im Linksrheinischen um „*Bern*"-Bonn? Der Hof Her liegt doch viel eher im Machtbereich des Hunenherrschers Attila/Attala.

b) Wieso hat Hildebrand seine Ehefrau Oda und seinen Sohn Alebrand seit seiner Flucht aus „*Bern*", vor 32 resp. 30 Jahren, nicht gesehen? Der Hof Her wäre von Susa doch leicht zu erreichen gewesen. Und als Hildebrand ins Humlungenland kommt, trifft er Ehefrau und Sohn dort, wo er sie vor langer Zeit verlassen hatte.

c) Als Herkunftsort Hildebrands gibt die Ths „*Venedi*" an, den Ritter mit Wenden im Sauerland identifizierte (zu Recht oder zu Unrecht), und auch dieses wäre während der Exilzeit Hildbrands leicht zu erreichen gewesen. Seine Wölfinge-Verwandten trifft Hildebrand jedoch in Humlungenland, als er den Rhein überschritten hatte.

Das sind eklatante Widersprüche und Ungereimtheiten! Kommen die Widersprüche daher, dass die Ths umgeschrieben wurde? Es gibt nämlich noch ein anderes „*Her*" im Bereich der „*Sagen-Geographie*": „*Hergarten*" in der Eifel, ca. 46 km West-Südwest von Bonn, an der ehemaligen Römerstraße Köln-Reims[16]. Von Hildebrand heißt es in anderen Sagen, er sei „*von Garten*" (z. B. im „*Laurin*" oder im „*Sigenot*"), man versteht i. A. Garda am Garda See darunter. Aber in „*Hergarten*" ist sowohl „*Her*" als auch „*Garten*" vorhanden. Und Hergarten fügt sich sehr gut in die Rittersche *Sagen-Geographie*". Liegt also eine Verwechslung von Hof „*Her*" und „*Hergarten*" vor?

Urkundlich ist Hergarten als „*Herigarda*" in einer Tauschurkunde Kaiser Lothars II. (855-869) aus dem Jahre 864 nachgewiesen[17]. Hergarten ist jedoch älter als die

---

[16] Ich habe die „*Die Römerstraße Köln-Reims*" besprochen in den Heften „*Zwischen Venn und Schneifel*" Nr. 7 (Juli 2018) S. 147 f; Nr. 8 (August 2018) S. 180 f; Nr. 9 (September 2018) S. 202 f: Nr. 10 (Oktober 2018) S. 229-231; Nr. 11 (November 2018) S. 251-253. – ferner in www.dietrich-von-bern-forum.de, in „*Arbeitsgruppen*", dort unter „*Altwege*"; zur Deutung des Ortsnamens Hergarten siehe dort.

[17] Urkunde gedruckt in „*Monumenta Germaniae Historica, Diplomatvm Karolingorum, Tomus III: Lotharii I. et Lotharii II. Diplomata*" (MCMLXVI) p. 419 und in Heinrich Beyer: „*Urkundenbuch zur Geschichte der jetzt die preußischen Regierungsbezirke Koblenz und Trier bildenden mittelrheinischen Territorien*", Band 1 (1860) Nr. 100, S. 104.

Urkunde. Die *„Aachener Zeitung"* v. 03. September 2014 berichtet unter dem Titel: *„Hergarten ist einer der ältesten Orte der Eifel",* von

„einem römischen Gutshof, der einer Feuersbrunst zum Opfer gefallen ist, [dort] fanden sich Reste hinter dem Haus der Gebrüder Berbuir. – Die Römerstraße Reims-Zülpich-Köln führte unmittelbar an der militärischen Lagerstätte vorbei, ... ".

Wolfgarten liegt wenige Kilometer südwestlich von Hergarten, ebenfalls an der Römerstraße Köln-Reims, gelegen im Kermeter. Hildebrand war vom Geschlecht der *„Wölfinge"*, und *„Garten"* im Ortsnamen könnte darauf deuten, dass jenes Gebiet ehemals *„Garten"* genannt wurde. Vielleicht war Hergarten eine Wachoder Grenzstation des Reichs um *„Bern".*

Nach all den Zweifeln und Widersprüchen fragte ich mich, ob die Reise Widekes, Hildebrands und seiner Gesellen, überhaupt dort stattgefunden hat, wie in der Ths beschrieben ist. Die beschriebene Route ist nämlich Teil eines mittelalterlichen Pilgerweges vom Norden nach Rom und noch weiter für diejenigen, die nach Jerusalem reisten. Viele sind diesen Weg begangen und kamen auch an Orten vorbei, die sie mit der bekannten Sage verbinden konnten. Und was ich merkwürdig finde ist, dass der *„Sagamann"* oder Bearbeiter der Ths wusste, dass man bei Hof Her nach „Bern" -Bonn abbiegen musste? Wo doch diese eher einen ‚italienischen Blick' auf die Sage hatten. Oder wusste er das gar nicht, sondern die Sage hatte vielleicht vorgegeben, dass die Reisgesellschaft über Hof Her – Hergarten? – nach *„Bern"* zu verlaufen hatte? Und der Verwechslung wäre Tür und Tor geöffnet gewesen.

Und es kommt ein Weiteres hinzu. Mit Ritter bin ich der Ansicht, dass die Ths über Dänemark einerseits nach Norwegen und andererseits nach Schweden verlief (andere meinen anderes); ich halte aber zusätzlich dafür, dass die Ths in Dänemark teilweise umgeschrieben wurde, was insb. durch das Herausstellen Dänemarks in der Ths sichtbar ist, wie in der Geschichte um Wilkinus, Wate, Wieland, Wideke und die anderen dänischen Helden; und eben im Reiseweg von Dänemark nach *„Bern".*

Und noch etwas Anderes ist mir aufgefallen. Hornboge wird in der Svava nur einmal in Kap. 209 als „von Wendland" genannt:

„Konung didrik oc hans men. haffua sik rönt i manga strider. sa at engen tor biuda sin skioll mote them. tha for hwardere hem i sit rike. Hornboge iarll for hem i winland. ... "

(*„König Diedrich und seine Mannen hatten sich bewährt in manchem Streite, so dass keiner es wagte, seinen Schild gegen sie zu erheben. Daher zogen sie heim in ihre Reiche. Honboge Jarl fuhr heim nach Winland. ... "*)

Im Membran-Text (Mb 82) heißt es in der Stelle (vgl. Sava Kap. 82), in der sich Hildebrand, Heime und Jarl Hornboge namentlich zu erkennen geben, ergänzend:

„Diese beiden Ritter (Hildebrand und Heime) *hatte Dietrich nach dem Jarl gen Winnland gesendet".*

Dieses „*Vinland*" („*Wendland*") wird als das ostelbische Wendland, im Wesentlichen das heutige Mecklenburg und Vorpommern verstanden, das mit dem Land der wendischen Obotriten an die Länder Sachsen und Jütland / Dänemark anstieß. Nicht gemeint sein kann das „*Hannoversche Wendland*", dieser Begriff kam erst um 1700 n.Chr. auf. Nun gibt es ein neues Problem. In die Zeit, in die ich die Entstehung der Ths einordne, ins 5. Jh. n.Chr., gab es dieses „*Wendland*" noch gar nicht, da um 450-500 n.Chr die Wenden noch nicht so weit, so bis zur Elbe etc. gekommen waren.

Prokop von Caesarea, der um 550 n.Chr. schrieb, berichtet in „*de bello Gotthico*"[18], dass (im Jahr 512 n.Chr) eine Schlacht zwischen Langobarden und Heruler in der Ungarischen Tiefebene stattfand:

„*Cum Eruli, acie victi a Langobardis, migrassent e patri; pars, uti supra narravi, in Illyrico consederunt: caeteri Istrum fluvium noluerunt traiicere; sed in extremis Orbis partibus fixere sedes. Hos ducentibus multis, qui regio sanguine creti erant, cuncti Sclavenorum populi per fines suos transmisere. Inde vastam solitudinem permensi, ad Varnos veniunt: poste transcurrunt Danos, ...*"	„*Als die Heruler, in der Schlacht von den Langobarden besiegt, aus ihrem Vaterland ausgewandert waren, ließ sich ein Teil, von dem ich oben berichtet habe, in Illyrien nieder, die übrigen wollten den Fluss Ister [Donau] nicht überschreiten, sondern Sitze in Gebieten des äußersten Erdkreises ergreifen. Diese, von vielen geführt, die aus königlichem Geschlecht erwachsen waren, durchzogen die Gebiete aller Völker der Sclavenen, daraufhin durchwanderten sie eine verlassene Einöde und kamen zu den Warnen, danach setzten sie zu den Dänen über. ...*".*

D. h. die besagte Schlacht fand östlich der Donau statt; der eine Teil der Heruler zog westlich über die Donau nach Illyrien, grob gesagt das heutige Slowenien, Kroatien und Serbien; der andere Teil zog entlang östlich der Karpaten durch die Gebiet der Slawen/Wenden, um dann durch ein von germanischen Stämmen verlassenes Gebiet zu ziehen, um schließlich so an der südlichen Ostsee auf den germanischen Stamm der Warnen (westliches Mecklenburg) zu stoßen, von wo sie nach Dänemark übersetzten um nach „*Thule*" („*Θούλη*") zu gelangen, also nach Schweden/Norwegen.

Aus diesem Grund kann Jarl Hornboge gar nicht „*Jarl in Wenden*" gewesen sein. Wenn aber die Ths, wie ich meine, um 1200/1300 auf „*dänische Verhältnisse*" umgeschrieben wurde, insbesondere der „*Wilkinen-Teil*", dann mag es durchaus so gewesen sein, dass der Bearbeiter der Ths das „*wendische Wendland*" unter „*Vinland*" verstanden und nach diesem Jarl Hornboge benannt hatte.

Nun gibt zwei Möglichkeiten:

a) Entweder, der Bearbeiter hat zu Jarl Hornboge „*Vinland*" dazugeschrieben, um das geographische Bild abzurunden, oder

b) „*Vinland*" ist falsch verstanden worden.

---

[18] Zitiert in lateinischer Übertragung nach E. Weber in der Reihe „*Corpus scriptorum historiae Byzantinae*", Pars II, „*Procopius*" Vol. II (MDCCCXXXIII [1833]) cap. 15, p. 209.

Was dann? Ist dann die in der Ths beschriebene Reisestrecke Widekes original? Und fand die Reise anderswo statt? Und ist Wideke dann überhaupt ein Däne? Aber was wäre dann „Vinland" gewesen?

Wisar im Hohen Venn

Ich kehre noch einmal zur „Wisar" zurück. Dieser Fließgewässername kommt häufiger vor. Ich gebe hierzu ein Beispiel aus dem heutigen belgischen Raum. Ein gewisser Johann Gerhard Heinen[19] hat vor langer Zeit über Eupen geschrieben, ein Städtchen am Rande des Hohen Venns:

> „Nordwestlich der Eifel, nordöstlich der Ardennen erhebt sich fast 700 m über Meer das Hohe Venn. ... nördlich von Mützenich (Kr. Montjoie [Monschau]) fließt aus den Torfmooren an den Nordabhängen der Steinlei,... die Weser, ab. Diese, 915 Vesere, 1311 Vesdur, ... 1153 Wisera, ... tritt aber bald in ein tiefes Waldtal und wendet sich bei Petergesfeld nach Westen, um durch ein größeres Thal ... ihren Lauf zu nehmen. ... umfließt dann die Höhe des durch seine Lage wie durch seine geschichtliche Beedutung merkwürdigen Limburg und vereinigt sich, noch durch die Hoegne verstärkt, endlich bei Cghenee mit de Ourte, Urta, welche sih bei Lüttich durch mehrerArme in die Maas ergießt. ... Dort wo die mit starkem Gefälle herniedereilende Hill sich bei einer Meereshöhe von 256 m mit der Weser vereinigt, dehnt sich der untere Stadttheil Eupen aus."

Diese Weser entspringt ca. 2 km nördlich von Mützenich, zwischen Monschau und Röttgen am Rande des Hohen Venns. Sie fließt zunächst nördlich bis Röttgen, umfließt den Ort linksherum südlich, dann südöstlich bis zur Wesertalsperre, weiter östlich nach Eupen, das es südlich umfließt, weiter südöstlich nach Limburg, nach Verviers, in einem nach Süden gebogen Lauf wendet sie sich wieder nordwärts und mündet nach 70 km in die Ourthe.

Das nördlich der Weser fließende größere Gewässer ist die Inde, die am nordöstlichen Rande des Hohen Venns bei Raeren entspringt, fließt hauptsächlich in nördliche Richtung und durch Kornelimünster; und weiter westlich fließt der Iterbach, der bei Kornelimünster in die Inde mündet.

Wenn schon hier so intensiv die Weser besprochen wird, könnte diese „Wisar" die der Ths sein? Der Reiseweg der oben genannten Reisegesellschaft also durchs Hohe Venn und Nordeifel verlaufen sein? Das zu behaupten wäre vermessen! Welchen Weg sollte die Reisegesellschaft Wideke und Hildebrand durchs Hohe Venn genommen haben? Vielleicht die sog. Caesar-Straße[20], die aus der Gegend von Eupen her durch das Hohe Venn über den Punkt Botrange (Höchster Punkt des Hohen Venns, 674 m NN) lief, bis hinter Elsenborn (Rocherather Baracken); dann dort

---

[19] „Pfarrgeschichte Eupens mit besonderer Berücksichtigung der Ortsgeschichte" (1896) „Zur Ortskunde" S. 1 f.

[20] Besprochen von mir in: „Die Römerstraße Köln-Reims" in: „Zwischen Venn und Schneifel", BERNER 10, S. 22, ferner: www.dietrich-von-bern-forum.de in „Arbeitsgruppen" → „Altwege".

links herum über die Römerstraße Reims-Köln bis nach Hergarten. Gut gangbare Wege, was aber auch ein erheblicher Umweg gewesen wäre, siehe die Skizzen.

Ungefährer Verlauf der Caesar-Straße (rot) sowie der Römerstraßen Köln-Reims (blau) und Köln-Trier (blau), beide von Zülpich her; Quadrat: ungefähr Hergarten (Skizze: K. D. Kauser).

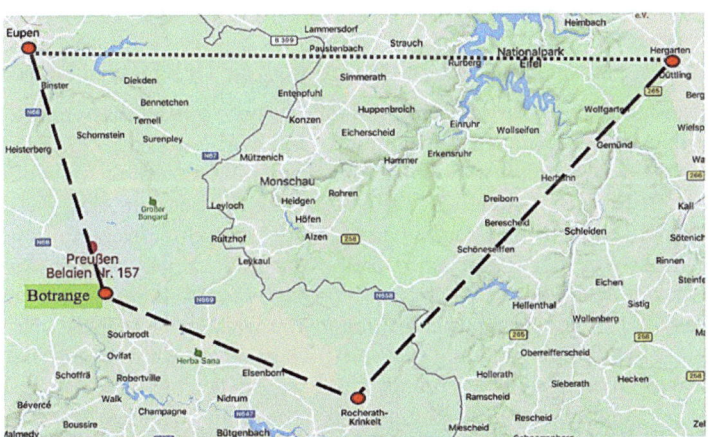

Die Punkte Eupen, Botrange (Hohes Venn), Rocherath und Hergarten

Und was bedeutete dann „*Vinland*"? Etwa „*Venn*"? Dazu fehlt mir das Verständnis; ist und war das Hohe Venn doch ein unwirtliches, unbewohntes Stück Erde (wobei mir unklar ist, wie das Hohe Venn um 500 n.Chr. benannt wurde[21], und welches Gebiet es damals umfasste). Allerdings war das Hohe Venn ein nicht unbedeutendes Transit-Gebiet, und nördlich vom Hohen Venn wurde Erzbergbau und Erzverhüttung betrieben, deren Produkte teilweise über das Hohe Venn transportiert wurden.

Überhaupt ist hier diese „Weser" und das Hohe Venn nur ins Spiel wegen „Hof Her" gekommen, den ich für Hergarten halte.

Noch ein Wort zu Reiserouten, die in der Ths beschrieben werden. Sie sind mit aller Vorsicht aufzunehmen! Aufgrund der italienischen Sicht in der Ths (meine Meinung), beziehen sich Ortsangaben in dieser Beziehung, auch singuläre, auf Italien, wenn gesagt wird: „Venedi liegt östlich von Bern". Dann sind damit Venedig und Verona in Italien gemeint, welche diese geographische Ost-West-Orientierung haben. Wenn gesagt ist, dass „Rom" südlich von „„Bern" " liegt, dann ist desgleichen Rom und Verona in Italien gemeint; noch ärger, wenn „Grächenborg" als Griechenland und „yspania" als Spanien verstanden wird, oder „Smaland", worunter wohl Smolensk in Russland verstanden werden sollte, hinzugedichtet wird, usw.

Das sind Ausflüsse späterer, hochmittelalterlicher Bearbeiter der Ths, original sind sie m. E. nicht. Die ursprüngliche Ths, so meine Ansicht, hatte nicht die Absicht, historisch-geographische Unterrichtung zu leisten, sondern die „Sänger" (Skalden, Skops, Barden, Hijrandis) trugen Heldensang vor, und schicksalhafte Ereignisse, wie der Untergang der Niflungen, etc. Die ersten Hörer wussten ‚natürlich' was gemeint war, wenn „Rom", „Bern", „Bakalar", „Venedi" etc. gesagt wurde – dieses Wissen ging mit der Zeit verloren, die Geschichten blieben.

Bei der Beurteilung von Reiserouten ist auch Vorsicht hinsichtlich ihres Zweckes zu walten. So gibt es zwar ein menschliches Bedürfnis, stets die kürzeste Strecke zwischen zwei Orten nehmen, doch zuweilen nimmt man einen Umweg in Kauf, das ist auch in der Ths nicht anders. Gründe hierfür können sein, dass die kürzeste Strecke schwer gangbar und zeitraubend ist, oder aus klimatischen Gründen unbegehbar, oder weil der Zwischenbereich von feindlich gesonnenen Menschen besetzt war; und weil man vielleicht ein Ziel abseits der kürzeren Strecke anstrebt. Um ein Beispiel zu geben: Als die Niflungen von Bakalar nach Susat zogen, nahmen sie nicht die direkte Richtung (was möglich gewesen wäre), sondern machten einen Umweg über Thorta-Dortmund, wohl wegen der besseren Wege; und als zuvor die Niflungen von ihrer Königsburg „Verniza" (wo auch immer sie lag) nach Bakalar zogen, war das nicht unbedingt die kürzeste Strecke, man wollte dorthin, um Giselher, den niflungischen Königssprößling, mit der Tochter Rüdigers von Bakalar zu verloben (i. e: verheiraten).

---

[21] „Venn": Im Gotischen ist „fani" = „Schlamm"; im Keltischen ist „pen"-, „pen-ko" = „Schlamm", „Sumpf"; nach Julius Pokorny; „Indogermanisches etymologisches Wörterbuch", Band III (1959) S. 807.

Ich verlasse nun Widekes Reiseroute in der Ths, diese ist durchaus nicht so klar und verständlich, wie es den Anschein haben mag. Und – diese Reise ist noch nicht zu Ende (gedacht), sie geht munter weiter, zumindest was mich betrifft.

Die auf den nachfolgenden Seiten abgebildeten Ornament-Umzeichnungen stammen von einer Bügelfibel aus Grab 106 vom frühmittelalterlichen Gräberfeld am Lübecker Ring in Soest, Dietrichs Exilort *Susat* nach den nordischen Überlieferungen.

Teil II.

Dietrich von Bern und Theoderich der Große

Rolf Badenhausen

Thidreks Bern lag nicht in Theoderichs Italien

Zur ostgotisch-italienischen Heldenbiografie und Raumordnung

Hans-Ulrich Wiemer schreibt unter „Metamorphosen des Theoderich":

Theoderich gehört nicht zu den Herrschern, die durch ihr Handeln das Leben vieler Menschen über Jahrhunderte hinweg beeinflussen. Sein italienisches Reich dauerte nur zwei Generationen. Er stiftete keine politische Tradition, die das Ende seines Reiches lange überdauert hätte. Dietrich von Bern fesselte das germanische Mittelalter, aber dieser sagenhafte Held hat nur wenig Ähnlichkeit mit dem gotischen König, der sein historisches Vorbild ist. An Constantin den Großen oder Karl den Großen reicht Theoderich der Große darum nicht heran. Das gilt freilich für alle Herrscher des 6. Jahrhunderts.[1]

Weiter zu Dietrichs mittelalterlicher Ausstrahlungskraft:

Der Dietrich der volkssprachlichen Überlieferung ist ein heimatloser, kämpfender und duldender Held, der Achtung gebietet und Mitleid verdient. In dieser Tradition hat der König jede Bindung an Volk oder Familie abgestreift und wird darum auch niemals als Gote bezeichnet. Man empfand Dietrich von Bern als eine Gestalt der fernen Vergangenheit, konnte oder wollte diese jedoch keiner bestimmten Völkerschaft zuordnen. Dietrich von Bern war im Mittelalter überall dort, wo man in einer germanischen Sprache Geschichten erzählte, eine exemplarische Figur, aber er war kein Gote mehr.[2]

Befassen wir uns anhand von Theoderichs Vita zunächst mit Wiemers Auffassung, dass Dietrich nur wenig Ähnlichkeit mit dem Gotenkönig haben, aber trotzdem sein historisches Vorbild sein soll.[3]

Theoderich der große Ostgote
— seine herausragenden Höhepunkte und Taten

Über seinen Geburtsort, sicher auf dem Balkan, und seine frühe Kindheit ist nichts Näheres überliefert. Um das Jahr 470 kehrte er im Alter zwischen 16 und 18 Jahren aus Konstantinopel, wo er seine Jugendzeit als Friedensgeisel verbracht hatte, zurück in sein väterliches Gebiet am Plattensee. Er übernahm das anliegende Territorium seines im Kampf gegen Skiren um 468/469 gefallenen Onkels Valamir.

---

[1] Wiemer, *Theoderich der Große. König der Goten – Herrscher der Römer* (2018), S. 634.
[2] S. 640. Dazu die Anm. mit František Graus, *Lebendige Vergangenheit. Überlieferung im Mittelalter und in den Vorstellungen vom Mittelalter → Dietrich von Bern als Erinnerungsfigur*, S. 39 f.
[3] Soweit die von Forschung und Lehre nirgends plausibilisierte Auffassung, der Graus folgt und die Elisabeth Lienert näher zu begründen versuchte. Dazu mehr in anderen Beiträgen dieses Bands.

Theoderichs Vater Thiu-
dimir und Valamir hat-
ten seinerzeit (um 459),
nach der Abschaffung
von üblicherweise jähr-
lich fixierten Subventi-
onszahlungen[4] durch
Leo I. zu Beginn seines
Kaisertums, als Anfüh-
rer gotischer Foederaten
mit Plünderungszügen
aufbegehrt. Unter dem
militärischen Oberkom-
mando von Anthemius,
dem späteren weströmi-
schen Kaiser, wurden
beide Ostgotenführer zu
einem Abkommen ge-
drängt, für dessen Ein-
haltung Theoderich an
den oströmischen Kai-
serhof überstellt werden
musste.

Bereits zur Zeit von Theoderichs Entlassung aus Konstantinopel hatte der von der
Theiß eingefallene Sarmatenanführer Babai bei Singidunum (Belgrad) seine
Macht auf Kosten Konstantinopels ausgebaut. Wohl vor allem um seine
Befähigung als Krieger zu legitimieren, überquerte Theoderich mit sechstausend
Kriegern die Donau und tötete Babai eigenhändig.

Bald danach verließen er und sein Vater Thiudimir, mit seinem jüngeren Sohn
Thiudimund und seiner Tochter Amalafrid, ihr nördlich bis zum Donauknie
reichendes pannonisches Gebiet. Ihr Ziel war die mit Kaiser Leon vereinbarte
mazedonische Eordaia, wo Thiudimir im Jahr 474 in Kyrrhos verstarb. Theoderich
übernahm seinen Kriegerverband, dem Frauen und Kinder angeschlossen waren.

Im Jahr 476, nur etwa zwei Jahre nach dem vermuteten Alters- oder Krankheitstod
des Vaters, wird Theoderichs neuer Sitz einige hundert Kilometer weiter
nordöstlich im Gebiet von Novae (Svištov) lokalisiert, wo er auch in späterer Zeit
bis zu seinem Italienzug residiert haben soll.

Einer seiner Hauptkonkurrenten auf dem Balkan sollte ein anderer Theoderich,

---

[4] *consueta dona*: Subsidien, die von kaiserlich bestätigten Foederaten als „existenzielle Grund-
sicherung" gegenüber oder anstelle von Abgaben an die Staatskasse beansprucht wurden.
Karte oben: Verfasser nach Angaben von Hans-Ulrich Wiemer und Herwig Wolfram (a.a.O.).

genannt ‚Strabo' (der ‚Schieler') werden, das amalische Oberhaupt oder „rex" („König") der thrakischen Ostgoten.[5] Er hatte schon einige Jahre zuvor einen Aufstand gegen Kaiser Leon in Konstantinopel angezettelt, wurde dort zwar zurückgeschlagen, verwüstete aber auf seinem Rückmarsch bedeutende Orte in Thrakien. Schließlich hatte Leon seiner Forderung entsprochen und ernannte ihn 473 zum Heeresmeister bei Hofe (*magister militum praesentalis*) mit einer Unterhaltszahlung von jährlich 2000 Pfund Gold als faktischer „Alleinherrscher der Goten" – übrigens nicht viel weniger als Attila im Zenit seiner Macht erhalten hatte.[6]

Aus den vom Ursupator und Gegenkaiser Basiliskus vorangetriebenen Intrigen und Machtkämpfen am und um den Kaiserhof war Zenon zuletzt gestärkt hervorgegangen, misstraute aber Strabo und machte Theoderich zum obersten Heeresmeister. Doch sollte seine Position ins Wanken geraten, als Zenon beide Gotenführer gegeneinander ausspielte. So gab es mit der von ihm initiierten Täuschung Theoderichs im Jahr 478 zwar Gefechte zwischen ihren Kampfverbänden, so etwa 150 km südlich von Marcrianopolis, jedoch folgte weder hier noch anderenorts eine Entscheidungsschlacht, sondern die Vereinbarung zwischen den beiden, nicht weiter gegeneinander zu kämpfen. Nachdem sich Theoderich gegenüber Zenon weigerte, ein weiteres Mal gegen Strabo vorzugehen, erklärte er ihm den Krieg und ernannte ein weiteres Mal Strabo zum obersten Heeresmeister bei Hofe.

Theoderichs Reaktion auf dieses Vorgehen, das die Streichung von Unterhaltsleistung für seine Untertanen bedeutete, war sein Plünderungs- und Zerstörungszug im Jahr 479 zu seinem neuen Niederlassungsziel Eprius, den er von Thrakien gegen Stobi, die Bischofstadt Herakleia Lynkestis (schon 473 von ihm ausgebeutet) und seine einstweilige Zwischenstation bei Dyyrhachium führte. Nach den hier gescheiterten Verhandlungen mit Zenons Unterhändler, dem *patricius* Adamantius, sollte sein Kooperationswille mit Konstantinopel wiederum zerschlagen werden: Der römische Heeresmeister Sabinianus, gewiss bereits vorgeplant stationiert in der Festung Lychnidus am Ohridsee, kassierte im Frühjahr 480 die von Theoderichs Bruder Thiudimund geführte Nachhut des Gotenzugs im Epirus-Gebirge durch viele Gefangennahmen, darunter Theoderichs Schwester, deren Mutter jedoch mit Thiudimund dem Angriff entkommen konnte.

Doch schon im Jahr 482 überfielen Theoderichs Goten wieder mazedonische

---

[5] Herwig Wolfram, *Die Goten* (2001) zu Theoderichs Zug nach Niedermösien, S. 270:
Was Theoderich zur Verlegung seines ‚Wanderzirkus' bewog, kann wohl aus der allgemeinen Reichsgeschichte erschlossen werden: Im Jänner ‹ Januar › 475 war Kaiser Zenon vom Usurpator Basiliscus aus Konstantinopel vertrieben worden; Theoderich Strabo hatte dabei mehr als nur eine Hand im Spiel. Spätestens damals wurde der „Schieler" dafür präsentalischer Heermeister, oberster Befehlshaber der Reichsarmee und damit auch Vorgesetzter des Gotenkönigs Theoderich an der makedonischen Via Egnatia. Strabo könnte daher seinem „armen Vetter" den Befehl gegeben haben, nach Thrakien zu kommen und ihm von der Donau her den Rücken zu decken. Von dieser Abhängigkeit befreite sich der Thiudimirsohn erst dann, als er sich mit Zenon verbündete.

[6] vgl. Wolfram Seite 268.

Städte, plünderten unter anderen Larissa in Thessalien. Offensichtlich sollte der Unfalltod von Strabo, der im Jahr davor von seinem Pferd in die Spitze einer zeltseitig aufgestellten Lanze gepresst wurde, den Ausschlag für die erneute Wende in den intriganten Schachzügen Zenons liefern.

So folgte in 483, als Theoderich nach Novae zurückgekehrt war, schließlich seine Ernennung zum Heeresmeister Ostroms. Im folgenden Jahr, nun im Status eines Konsuls, tötete er eigenhändig Strabos unfähigen Sohn und Nachfolger Rekitach. Da der Großteil der thrakischen Goten zu ihm überging, zum Jahr 481 auf insgesamt 30.000 Krieger geschätzt, verfügte er von nun an über den größten Heeresverband im oströmischen Kaiserreich. So bediente sich Zenon Theoderichs Gotenkrieger in seinem Feldzug gegen seinen größten Gegenspieler Illus, der als *magister militum Orientis* (oström. Heeresmeister) mit Basiliskus zwei Gegenkaiser gegen ihn aufgestellt hatte. Schließlich soll, wie berichtet wurde, die historisch erste Reiterstatue Theoderichs vor dem Kaiserpalast aufgestellt worden sein.

Doch von 484 bis 487 gab es erneute Spannungen zwischen ihm und Zenon, der noch immer seine Schwester Amalafrida als Geisel hielt. Schließlich musste Theoderich seinen kaiserlich abgesegneten Machtstatus an keinem anderen als ausgerechnet Strabos Neffen Ermanarich, dem Sohn des höchsten oströmischen Heerführers und *patricius* Aspar, abtreten.[7] Erst nachdem Theoderich mit seinem Plünderungszug durch Thrakien die Kaiserstadt belagerte, deren Wasserzufuhr blockierte, die von Zenon um Hilfe gebetenen Bulgaren zurückschlug, vereinbarte er mit ihm in 488 die Niederwerfung des Italieneroberers Odoaker.

Der Karrieresoldat, zumindest mütterlicherseits ein Skire, hatte durch Eroberungen und Verträge längst Dalmatien übernommen und Sizilien von den Vandalen gepachtet. Als von „barbarischen Soldatenhorden" ausgerufener König über das Westreich hatte er im Jahr 476 den letzten weströmischen Kaiser Romulus Austulus abgesetzt und von Zenon den Titel eines *patricius* – des obersten weströmischen Heeresmeisters – unter Anerkennung der oströmischen Kaiserherrschaft gefordert.

Schließlich war der von Zenon an den Rugier Feletheus (Fewa) erteilte Auftrag zur Entmachtung von Odoaker endgültig zum Scheitern verurteilt, als er mit seinem Bruder Onoulf (Hunulf) im Herbst/Winter 487/488 das an der Donau liegende Rugierreich entmachtet hatte. Feletheus und seine Gemahlin Giso, als Gotin möglicherweise eine Cousine von Theoderich, wurden auf Odoakers Anordnung hingerichtet.

---

[7] Sollte dieser Ermanarich, mütterlicherseits ein Amaler mit leider nicht überlieferten weiteren Lebensdaten, in 507/508 für Theoderich und die Westgoten gegen Chlodwigs Aggressor und Heerführer Theuderich I. gekämpft und ihn aus Südgallien und „seiner Auvergne" vertrieben haben (vgl. Gregor von Tours), dann ergäbe sich eine von der Textforschung weitestgehend ausgelassene Deutungsperspektive für die „Fluchtsage" der *mittelhochdeutschen Dietrichepen*, zu deren räumlicher Klassifizierung (Herkunft, Abfassung) die Thidrekssaga jedoch auszuschließen ist. Siehe in diesem Band den Beitrag *Zur Historizität der Thidrekssaga*.

Kaum mehr als ein halbes Jahr später, im August 489, traf Theoderich an der Vipava-Mündung auf Odoakers Abwehrstellungen am Isonzo und schlug deren Verteidiger in die Flucht. Einen Monat später standen sich Theoderich und Odoaker in einer offenen Feldschlacht bei Verona gegenüber. Odoaker, der auf Roma Einnahme hatte längst verzichten müssen, konnte ihn nicht besiegen, sondern zog sich zurück nach Ravenna – Theoderich zunächst nach Mailand, wo er seinen Machtanspruch als Eroberer bekräftigte. Odoakers Ausbruchversuch aus der uneinnehmbar geltenden Lagunenstadt schlug fehl im September 489. Zwar hatten sich sein Heermeister Tufa und große Teile seiner Soldaten Theoderichs Armee inzwischen angeschlossen, jedoch als Zurückläufer Odoaker gestärkt und Theoderich, der sich nach Pavia zurückziehen musste, dagegen erheblich geschadet.

Im folgenden Jahr zog Theoderich mit wohl entscheidender Unterstützung von Westgoten in Verona ein. Mit den inzwischen übernommenen wichtigsten Städten Italiens kontrollierte er fortan ganz Italien, da Odoaker durch seine nicht mehr umkehrbare Isolation praktisch handlungsunfähig war.

Nur drei Jahre später, als Theoderich die Stadt Ravenna eingenommen und als Königssitz übernommen hatte, sollte Odoaker – worauf wir noch näher zurückkommen werden – ebenda durch Theoderichs Schwert dahingemordet werden.

— zu Odoaker

Hier längst an einem Punkt zum Vergleich mit Dietrichs Heldenepik angelangt bedarf es zunächst einer Einfügung zum scheinbaren Alleinstellungstypus von Theoderichs größtem Feind.

Denn offenbar gab es seinerzeit zwei „Odoaker", die nach den Quedlinburger Annalen (frühes 11. Jahrhundert), den Berichten des fränkischen Geschichtsschreibers Gregor von Tours, den Chroniken des sog. *Fredegar* und des *Liber historiae Francorum* unterschieden werden müssen. Unser Quellenbezug gilt in diesem Fall Gregor, weil er uns einen Sachsenanführer *Adovacrius* „und / oder" *Odovacrius* nennt, der „oder die" um 470 mit dem Frankenkönig Childerich I. für ein weiteres gallorömisch-sächsisches Aktionsbündnis – gegen oder für den Skiren Odoaker – paktiert haben soll(en).[8]

Zur Gleichsetzung mit Theoderichs Gegenspieler beanstandet jedoch der Geschichtswissenschaftler und Germanist Ulrich Nonn nicht hinreichende Quellenberichte für verlässliche Folgerungen auf den italienischen Odoaker.[9] Er bezieht sich dazu auf Gregor und den *Liber historiae Francorum*, die in ihren Berichten nirgends eindeutige Identifizierungsmerkmale für den italischen Odoaker andeuten.

---

[8] Damit scheint ausgeschlossen, dass sich der Frankenherrscher mit einem eher unbedeutenden „Beutemacher" abgegeben haben soll, wie die überwiegende Forschungsmeinung dazu folgern will. Zum Kontext insb. mit den Quedlinburger Annalen mehr an anderer Stelle in diesem Band.

[9] Nonn, *Die Franken* (2010) S. 103.

Wie Nonn weiter angibt, nennt ihn *Fredegar* viermal und durchgehend ohne handschriftliche Varianten als *Odoagrus*, dagegen den sächsischen Anführer als den räumlichen Zeitgenossen Childerichs ausschließlich als *Odovacrus*. Nonn führt außerdem Herwig Wolfram an, der die von Matthias Springer bevorzugte Übereinstimmung beider Gestalten als *„prosopografischen Beziehungswahn"* bezeichnet.[10] Wiemer hält *„überlieferungsgeschichtliche Trennungsmerkmale zwischen Adovacrius und dem von Theoderich beseitigten Odoaker für wahrscheinlicher".*[11] Noch entschiedener gegen die Gestaltengleichsetzung argumentieren Guy Halsall[12] und Penny MacGeorge[13].

Zu Odoakers Aneignung des weströmischen Reiches vermerkt der Geschichtsschreiber Prokop († um 562), dass ihn „Skiren, Alanen und einige andere gotische Völker" im Jahr 476 zum König ausriefen. Jedenfalls verwendet er nicht einen ethnisch näher eingrenzenden Terminus für „Sachsen", während andere Chronisten Heruler und Torkilinger[14] unter Odoakers Kriegerverbänden nennen.

— *nunc magis ad historia et legenda*

Lesen wir weiter Wiemer zur Ausstrahlungskraft und Rezeptionswirkung des Ostgotenkönigs auf die Dietrich-Heldenepik:

Parallel zur lateinischen Überlieferung im schriftkundigen Milieu entwickelte sich im germanischen Sprachraum eine mündliche Tradition, die von einem heimatlosen König namens Dietrich berichtete, die sogenannte Dietrichsage. Man erzählte von einem König, der in ferner Vergangenheit am Hof des Hunnenkönigs Etzel (Attila) Zuflucht gesucht hatte, nachdem er aus seinem Reich in Oberitalien vertrieben worden war. Das Zentrum dieses Reiches bildete die Stadt Bern, was nur eine lautliche Variante von Verona ist. Mit Etzels Hilfe versuchte dieser Dietrich von Bern, sein Reich zurückzugewinnen. Dabei schlug er eine Schlacht, die bei Raben (das heißt: Ravenna) lokalisiert wurde, die Rabenschlacht. Damit ist der Fundus an Gemeinsamkeiten, der alle diese Erzählungen verband, aber auch schon erschöpft. Nicht einmal der Gegner Dietrichs trägt stets denselben Namen: Heißt er auf einer frühen Stufe der Tradition noch Odovakar wie der König, den der historische Theoderich besiegte und tötete, so trägt er auf späteren Stufen den Namen Ermenrich oder Ermrich (Ermanarich) wie der gotische König, dessen Tod nach Jordanes in die Zeit um 375 fällt. Die Dietrichsage hat also Theoderich, den Eroberer Italiens, in einen König verwandelt, der aus seinem Reich in Italien

---

[10] Konträr zu Springer, *Die Sachsen* (2004, S. 52 f.) siehe Wolframs Artikel *Odowakar* in: *Reallexikon der Germanischen Altertumskunde*, Band 21, S. 574. Wolfram ferner mit seiner Veröffentlichung *Das Reich und die Germanen. Zwischen Antike und Mittelalter* (1998) S. 265.
[11] Wiemer S. 167; hier zitiert anhand der deutschen Wikipedia (24.03.2024).
[12] Halsall, *Barbarian Migrations and the Roman West* (2007) S. 270 f.
[13] MacGeorge, *Late Roman Warlords* (2002) S. 102 ff.
[14] Weite Teile der Textforschung unterstellen Prokop die Verwechslung mit Thüringern.

vertrieben wurde, und bringt diesen König mit historischen Gestalten zusammen, die längst tot waren, als Theoderich Odovakar besiegte.[15]

Soweit die wiederum anachronistische Feststellung zum forschungsmehrheitlich propagierten ostgotisch-italienischen Überlieferungsmilieu, dessen historische Zuverlässigkeit bereits von nennenswerten mittelalterlichen Chronisten in Form einer ziemlich harschen „Sagenkritik" zurückgewiesen wurde. Ob die Dietrichsage, vor allem in der Fassung der Thidrekssaga, es tatsächlich nötig gehabt haben soll, Theoderich in einen zu ihm geradezu konträren Dietrich zu wandeln, wird noch zu befinden sein, denn Wiemer bekräftigt nochmals:

Wie sich die Verwandlung des historischen Theoderich in den Dietrich der Sage vollzog, ist ein ungelöstes und wohl auch unlösbares Rätsel.

Joachim Heinzles „Auswege"

Für den vorausgesetzten italienischen Fluchtmythos ist die Diskrepanz zur ahistorisch behandelnden und interfigürlich gleichsetzenden Literaturforschung offensichtlich. Heinzle, der von der Determination einer südlichen und nicht niederdeutschen Sagenherkunft ausgeht, versuchte einen Spagat zwischen „ungelöstem Rätsel" und höchst zweifelhafter Deutungskonstruktion. So behauptet er zunächst einleitend unter *„ Theoderich der Große und Dietrich von Bern "*:

Der Kern der Dietrichsage: die Fluchtfabel lässt sich auf das zentrale Ereignis in der Laufbahn Theoderichs beziehen: ‹ durch › die Begründung des italienischen Reichs der Ostgoten.
Der Vorgang ist eingebettet in die Machtpolitik des römischen Kaisertums. Im Jahre 395 war es nach dem Tod Kaiser Theodosius' I. zur Teilung des Reichs gekommen: der ältere Kaisersohn Arcadius erhielt die Herrschaft im Osten (Byzanz/Konstantinopel), der jüngere Kaisersohn Honorius die Herrschaft im Westen (Rom).[16]

Nachdem sich beide Reichshälften politisch und sprachlich-kulturell verselbstständigt hatten, so Heinzle dazu weiter, soll für die Bildung von Dietrichs als Theoderichs Fluchtfabel relevant gewesen sein

die politische und militärische Auseinandersetzung mit den Germanen, denen im 5. Jahrhundert nach und nach das weströmische Reich erlag, und mit dem aus den asiatischen Steppen nach Europa vordringenden Reitervolk der Hunnen.

Hierzu blätterte er im Katalog historischer Ereignisse des 5. Jahrhunderts zunächst zurück auf 375 n.Chr., um die Übernahme vom Gotenreich des amalischen Ermanarich durch die Hunnen zu registrieren, von hier dann rund ¾ Jahrhunderte nach

---

[15] Wiemer Seiten 636–637. Die Streitmacht Theoderichs vor dem Isonzo schätzt H. Wolfram auf mindestens 20.000 Soldaten in einem Tross von insgesamt 100.000 Menschen.
[16] Heinzle, *Einführung in die mittelhochdeutsche Dietrichepik* (Berlin 1999) S. 2 f.

vorne, um Attilas amalische Bündnis- und Kampfgefährten Valamir, Thiudimir, Vidimir mit dem hunnischen Eroberungszug bis ins Frankenland zu kontextualisieren. Schließlich, so Heinzle, hätten diese mit dem oströmischen Kaiser ein Foederatenverhältnis eingegangen und *„zu dessen Sicherung Thiudimirs Sohn Theoderich für ein Jahrzehnt (von 459 bis 469/70) als Geisel nach Byzanz gegeben. "*[17]

Der scheinbar initiale Ansatz zur „Wandlung" des Sagen-Ermanarich, der aber nie von ‚Hunnen' vereinnahmt wurde, soll nach Heinzle aus dem historischen Counterpart – so der hunnischen Einverleibung des Gotenreichs – hervorgehen. Er bleibt uns auch damit eine einleuchtende Erklärung schuldig, wie man dem Erzählungskern der Dietrich-Überlieferungen dieses Konstrukt abverlangen soll.

Nachdem er die Wirkungshöhepunkte von Theoderich nach kreditierten Quellen rekapituliert hat, folgt nichtsdestoweniger seine geradezu radikale Neudisposition aufgrund von bislang offenbar nicht hilfreichen Deutungsansätzen:

Die anachronistische Verbindung von Theoderich / Dietrich mit Ermanarich / Ermenrich und Attila/Etzel hat im Rahmen der Sagenbildung nichts Befremdliches. Die Synchronisierung von Ereignissen, die zu verschiedenen Zeiten geschehen sind, und von Personen, die zu verschiedenen Zeiten gelebt haben, ist ein typischer Zug der Umformung von Historie in heroische Überlieferung. Sie zielt auf die Konstruktion einer geschlossenen Heldenwelt, in der alles mit allem zusammenhängt und jeder mit jedem zu tun hat.[18]

Hierzu nachvollziehbar sieht er Ermanarichs Rolle als Verwandtenfeind und Vertreiber (vgl. Thidrekssaga, Harlungen) und vermerkt dazu, dass „Dietrichs Flucht gerade zum Hunnenkönig man mit der Feindschaft zwischen Ermenrich und den Hunnen in Verbindung bringen konnte und schließlich damit, dass die Ostgoten mit den Hunnen unter Attila ‚verbunden' waren".

Nichtsdestoweniger resümiert er für einen offenbar nun doch zu fordernden, aber für ihn ungreifbaren Ansatz aus Geschichte und Sage für Theoderich *und* Dietrich mit der auch von Wiemer geteilten Erkenntnis:

Rätselhaft bleibt indes die Hauptsache: wie es zur Verwandlung der historischen Eroberung Italiens durch Theoderich in die Vertreibung Dietrichs aus Italien kommen konnte.[19]

Halten wir demnach fest, dass weder *Otacher* im *Älteren Hildebrandlied* noch der italienische Odoaker zur „Fluchtsage" *des ostgotischen Theoderich* überhaupt nicht relevant ist, weil

---

[17] Heinzle a.a.O. auf Seiten 2–3, unmittelbar folgend die Kurzfassung von Theoderichs Vita, vgl. auch in diesem Beitrag.

[18] a.a.O. Seite 5, dieser Auslegungsmodus konterkariert den forschungswissenschaftlich propagierten Rückschluss auf die historische Gestalt!

[19] a.a.O. Seite 6, wo er einem auf Anachronismen basierten Sagenkern – zur Hauptsache „Verwandlung" – wohl nicht mehr folgen möchte!

- sie mit Theoderichs Überstellung als ausgehandelte Friedensgeisel an den Kaiserhof nicht im Geringsten zu tun haben;

- *Dietrich* nach seiner Vertreibung seine Zeit weder in einem west- noch oströmischen Kaisersitz, sondern bei einem hun(n)ischen Herrscher verbringt – was für Theoderichs Leben jedoch auszuschließen ist;

- zu Odoakers Absetzung des letzten weströmischen Kaisers Romulus Augustulus ein Rachemotiv für Theoderich als nachfolgender Norditalien-Eroberer – nicht Rückeroberer (!) – somit nicht plausibel zu machen ist;

- die sich widersprechenden Todesberichte sowohl über Odoaker als auch Ermanarich († 376) nicht mit der Dietrich-Tradition in Einklang zu bringen sind.

Wie will man einer mit historischen Grundkenntnissen halbwegs vertrauten mittelalterlichen Leser- und Hörerschaft die Gleichsetzung Theoderichs mit Dietrich und Odoaker mit „Ermanarich" abverlangen? Bereits hochmittelalterliche Chronisten haben gegen diese Entsprechung nachdrücklich protestiert.

Diese Kontexte haben nichts mit Heldenepik um oder gar für Theoderich zu tun.

Ravenna ist nicht Verona, keines von beiden Dietrichs Bern

Sehen wir nach dieser Erstaufnahme weiter mit Theoderich vor und in Ravenna:

Im August 490 wurde Odoaker mit Hilfe von Westgoten, entsandt von Alarich II., in der Schlacht an der Adda entscheidend niedergerungen. Allerdings konnte sich der Italienherrscher, wie schon zuvor, noch einmal nach Ravenna zurückziehen

„und die Rabenschlacht nach der Heldensage beginnen"?[20]

Die Goten umschlossen die durch Lagunen und Sümpfe höchst bewehrte und daher wohl kaum einzunehmende Stadt – offenbar die stärkste Festung im damaligen Norditalien. Endlich, im Sommer 492, konnte Theoderich in Ariminum (Rimini) eine dort ankernde Flotte loseisen, mit deren Schiffen er Ravenna noch von der Seeseite abriegeln konnte. Am 25. Februar 493 moderierte schließlich der Ravennater Erzbischof Johannes eine Übereinkunft zwischen Theoderich und Odoaker für ein Zweikönigtum über Italien. Nur rund 10 Tage später, am 5. März, führte der Metropolit in feierlich überlieferter Zeremonie Theoderich in die Stadt.

Nur wenige Tage später ließ er seinen zweifellos größten Gegner *ad Lauretum* („zum Lorbeerhain") einladen, in dessen Palast er den ca. 60-jährigen Odoaker scheinbar „ad hoc", dennoch längst minutiös vorgeplant mit seinem Schwert durchbohrte.

---

[20] Zur vorausgegangenen Schlacht am Isonzo noch H. Wolframs Auffassung, die jedoch für eine historisch-heldenepisch ansatztaugliche Sagenbildung insb. zur Thidrekssaga nirgends plausibel gemacht wurde (a.a.O. Seite 281):
Keinen Monat später war Verona, die Stadt Bern der Sage, auf der Via Postumia erreicht, wo der italische König dem historischen Dietrich von Bern die zweite Schlacht lieferte.

Hierzu der byzantinische Chronist Johannes Antiochenus (6. oder 7. Jh.) im Tenor eines Augenzeugenberichts in der Übertragung von Wiemer:[21]

Als Odovakar den Palast betrat, traten zwei von Theoderichs Leuten in der Haltung von Bittflehenden an Odovakar heran und packten ihn an den Händen. Flucht oder Gegenwehr wurden dadurch unmöglich. Daraufhin stürmten mit Schwertern bewaffnete Männer aus den Seitenräumen herein, wagten es aber nicht, Odovakar zu töten. Aus diesem Grund, so fährt der Chronist fort, sei Theoderich selbst herbeigetreten und habe den König mit einem einzigen Schwerthieb getötet, der vom Schlüsselbein bis zur Hüfte gedrungen sei. Odovakar habe noch ausgerufen: »Wo ist Gott?«, worauf Theoderich erwidert habe: »Genau das hast auch du meinen Verwandten angetan!«. Als Odovakar tot zusammenbrach, habe Theoderich noch hinzugefügt: »Nicht ein Knochen war in diesem Schuft«!

Odoakers Tod durch Theoderichs Schwert
Bild von Hermann Knackfuss (1848–1915)

Dietrichs Erzfeind starb nach der Thidrekssaga an den Folgen eines gescheiterten operativen Eingriffs zur Fetthebung. Doch damit lässt sich längst nicht folgern, dass der niederdeutsche Vorlagengeber für die altnordische Überlieferung die Version des Johannes Antiochenus von (oder „für") Odoakers Tötung gekannt haben muss.

Die weitere sowie übergeordnet zu sehende *geokontextuelle* Frage lautet vielmehr:

Warum, wie, womit will man noch die räumliche Gleichsetzung von Verona und/oder Ravenna mit Theoderichs als Dietrichs heimatlichem, väterlichem oder doch wenigstens bevorzugtem Sitz zur angeblich heldenepischen „Transformation" nachvollziehbar begründen?

Denn nicht nur in Verona, dessen Palast von der Quellenforschung auf dem Colle

---

[21] Wiemer Seite 15 aus Johannes' *Fragmenta 214a* (Edition Müller).

di S. Pietro erkannt und später abgetragen wurde, sondern auch in Monza, Spoleto und Terracina ließ Theoderich derartige Prachtgebäude errichten. Des Weiteren auch in Pavia, wo er nicht nur eine Residenz für sich, sondern auch eine Thermenanlage, ein Amphitheater bauen und deren Stadtmauern erneuern ließ. Theoderich stand damit in einer zweifellos historisch-kulturellen Tradition von „erhabener Architektur und Städteplanung", deren Wurzeln sich bis ins frührömische Kaisertum zurückverfolgen lassen.

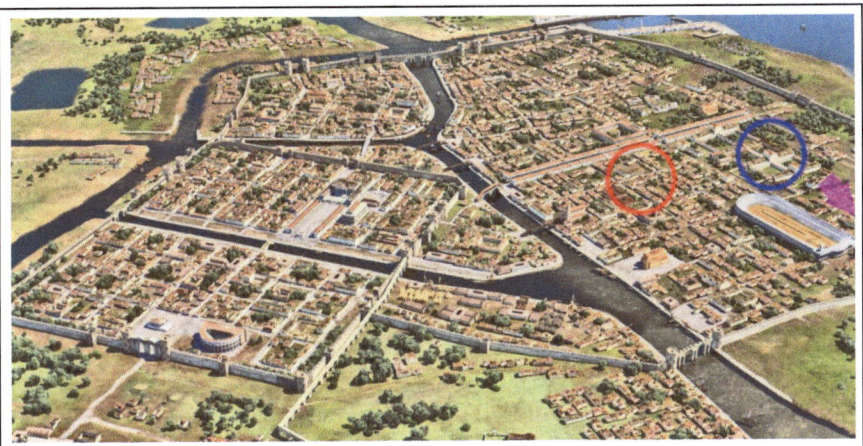

Altrömisches Ravenna als Rekonstruktion

Die vermutete Lage von Odoakers Residenz im Kreis links, der Palast *Theodericianum* im Kreis rechts. Pfeil: ungefähre Lage vom Palast *Lauretum*; vgl. Wiemer mit Karte Seite 267.

Archivbild: https://ravennantica.it

Aber auch Theoderichs Zeitgenosse Theuderich I., der bereits von der älteren Quellenforschung ins Spiel gebrachte fränkische Prototyp für Dietrich von Bern, handelte in gleicher Weise, als er in *Roma secunda* (Trier) einzog und die *renovatio* (Restauration) von dem traditionsreichen Kaisersitz an der Mosel veranlasste.

Theoderich betrat nach den verfügbaren Quellen nur ein einziges Mal – und zwar erst 7 Jahre nach Odoakers Tod – über die Hadrianische Brücke Rom, wo er nach dem

Südlich von Ravenna befand sich die antike Hafenstadt Classe, im Hintergrund des Rekonstruktionsmodells für das 6. Jahrhundert die Stadt Ravenna.

Archivbild: https://ravennantica.it

Tod von Papst Anastasius II. anstelle des Gegenpapstes Laurentius den von weitaus zahlreicheren, aber weniger einflussreichen Stimmen favorisierten Symmachus als neuen Papst anerkennen ließ. Hier hielt Theoderich feierliche Ansprachen, beförderte Senatoren und sorgte im Circus Maximus für *aurigationes* (Wagenrennen). Unbestritten ist seine Subventionierung Roms aus der Staatskasse auch für die ärmeren Volksschichten. Andererseits überliefert uns Cassiodor, dass Theoderich die kaiserliche Villa *domus Pinciana* als Steinbruch nutzen ließ, um mit deren Spolien seinen Sitz Ravenna weiter zu verschönern.[22]

Übrigens ließ Karl der Große aus der Ruine von Theoderichs Palast Steinmaterial sowie auch einige Säulen für den Bau seiner Aachener Pfalzkapelle herbeischaffen.

Aus historischen Quellen über Theoderich d. Gr. geht unzweifelhaft hervor, dass er und seine Nachwelt Ravenna und nicht Verona als Hauptsitz seiner Königsherrschaft betrachteten.

Dazu Wiemer:

> *Auch Bilder verkündeten diese Botschaft. Im Giebel des Hauptportals des Palastes sah man Theoderich im Panzer, mit Schild und Lanze, zwischen einer Personifikation Roms, mit Lanze und Helm, und einer Personifikation Ravennas, die den rechten Fuß auf das Meer, den linken auf die Erde gesetzt hatte und auf den König zueilte.*[23]

Mosaik-Darstellung von Theoderichs Palast, San Apollinare Nuovo in Ravenna

Bildquelle: Wikimedia Commons CC BY-SA 4.0

Der nach Grabungsfunden zwischen der Viale L. Carlo Farini und Via Giulio Alberoni eingeschätzte Palast wird für den Großkönig Theoderich in eher bescheidener Größe eingestuft.

---

[22] Wiemer Seite 435, dazu Anm. 62 mit Quellenhinweis auf weitere Beispiele.
[23] Wiemer Seite 265.

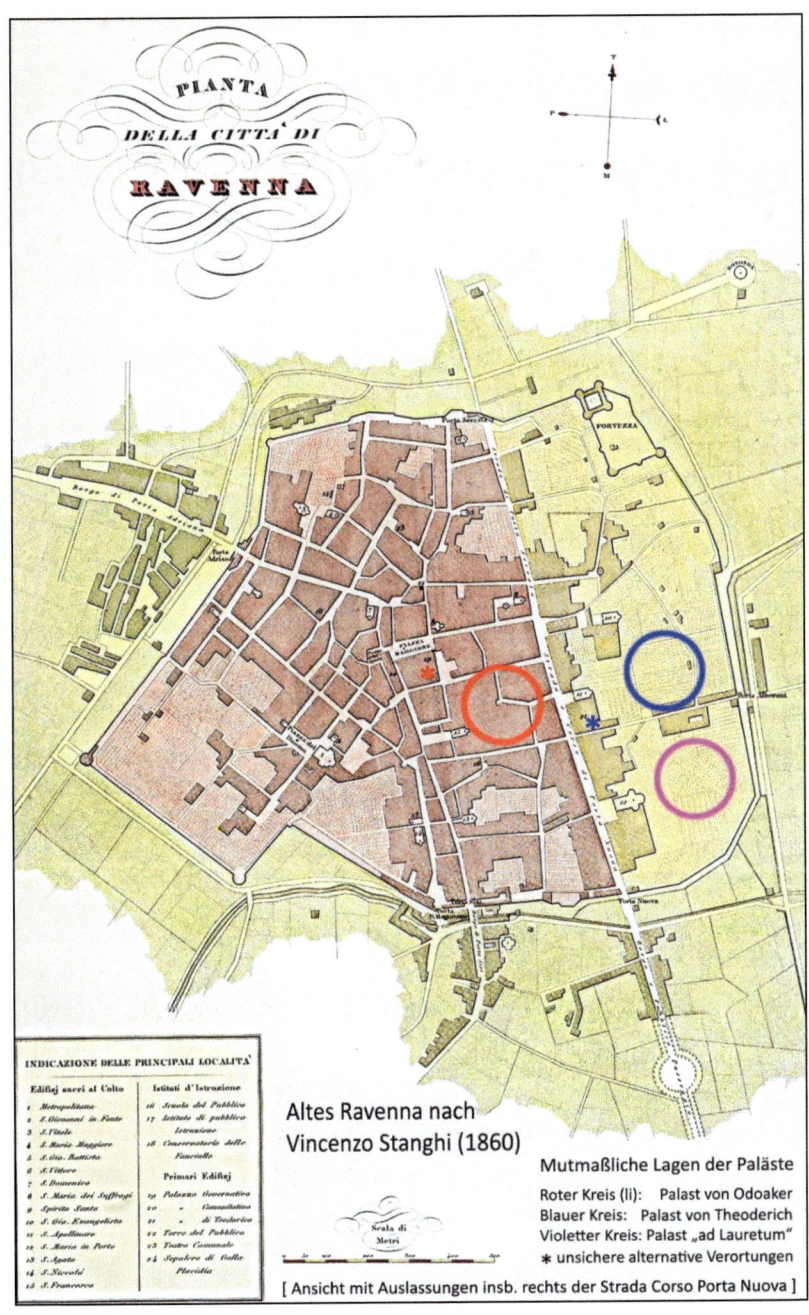

Altes Ravenna nach
Vincenzo Stanghi (1860)

Mutmaßliche Lagen der Paläste

Roter Kreis (li):   Palast von Odoaker
Blauer Kreis: Palast von Theoderich
Violetter Kreis: Palast „ad Lauretum"
* unsichere alternative Verortungen

[Ansicht mit Auslassungen insb. rechts der Strada Corso Porta Nuova]

Wohlgemerkt:

Diese einzige und relativ sichere Quelle über Theoderichs Bildnis bezieht sich hier nicht auf Verona, sondern Ravenna. Die assoziative Zuschreibung von „Lanze und Helm" einzig auf Rom, nun hier weder mit Odoaker noch „Ermanarich" zu assoziieren, überzeugt mich jedoch nicht.

Sehen wir hier einen heldenepischen Oberbegriff aus „Verona und Ravenna" für einen ebenda originären Dietrich? Die Thidrekssaga nennt uns eine Residenz Dietrichs mit einer Steinbrücke über einen Fluss, die sich für nahezu jeden an einem Wasserlauf gegründeten römischen Sitz auch nördlich der Alpen finden oder archäologisch unterstellen lässt. So beispielsweise in *Roma II* (Trier) und Bonn.

Bild links: Statue Dea Roma am Piazza del Popolo – die sphragistische Vorlage für Cassius auf dem Bonner Siegel?[i]

Bildausschnitt li.: Wikimedia Commons

Erkunden wir daneben das für eine Legendenbildung nicht auszuschließende heroische Rollenbild, das Ennodius von Theoderich und seiner Schlacht bei Verona geliefert hat. Er lobt ihn in seinem Panegyricus[24] *c. 45* mit dieser Darstellung:

Sogleich zeigte ein Haufen von Erschlagenen den Feinden dein Erscheinen an: Die ungeheure Größe des Gemetzels verkündete den Vollstrecker. Doch jenen fehlt es nicht am gewohnten Ausweg: Sie legten unverzüglich Flügel an, die ihnen die Angst verlieh, und wählten aus Todesfurcht in hastigem Lauf ihren Untergang.

Hierzu Wiemers Sicht auf die heroische Disposition eines womöglich „italienischen Dietrich":

Die literarische Stilisierung dieses Textes ist evident:

Theoderich erscheint im Bilde eines epischen Helden, dessen kriegerische Tüchtigkeit Schlachten entscheidet. Ganz ähnlich hatte schon Homer die Helden Hektor und Achilleus beschrieben. Bemerkenswert ist an der Darstellung des Ennodius vor allem eines: Der katholische Kleriker ging davon

---

[i] Sehen wir hier, trotz unterschiedlicher Schildheraldik, Cassius als Thidrek / Dietrich von Bern-Bonn als persiflierten Bezwinger des erniedrigten Symboltiers auch für *Roma II* ? Wie Cassius soll auch der Thebäerkommandant Mauritius einen Adler im Schild geführt haben, der, wie überliefert wurde, ihr Legionssymbol verkörpert haben soll.

[24] Huldigungsvortrag, zumeist als Gedicht bzw. „Reimlied".

aus, daß der König als Held gerühmt werden wollte. Er schilderte Theoderich also deswegen nach epischen Vorbildern, weil auch für diesen ein Ehrenkodex galt, in welchem der Tüchtigkeit als Krieger eine zentrale Bedeutung zukam. Dieser Ehrenkodex erforderte nicht unbedingt, daß man jeden Feind erbarmungslos tötete. Einem bulgarischen König, dessen Namen wir nicht kennen, soll Theoderich das Leben geschenkt haben, nachdem dieser sich, im Kampf besiegt, ergeben hatte. Entscheidend war die Fähigkeit, dem Gegner durch physische Gewalt seinen Willen aufzwingen und Angriffe auf den eigenen Körper abwehren zu können. Das war auch deswegen wichtig, weil die Ehre des Kriegers nicht zuletzt davon abhing, ob er in der Lage war, Gewalt, die anderen, seien es Verwandte oder Gefolgsleute, zugefügt worden war, durch Gegengewalt zu ahnden. Krieger, die außerstande waren, Rache zu üben, büßten rasch ihr Ansehen ein; für Anführer war Rache darum geradezu ein Gebot der Machtsicherung, ja der Selbsterhaltung.

Auch in diesem Punkt trifft Ennodius das Selbstverständnis des Königs, erklärt er doch, der Grund für den Krieg gegen Odovakar sei ein Mord an Verwandten Theoderichs gewesen.[25]

Ennodius bleibt uns für „Theoderichs italienischen Rachefeldzug" eine einleuchtende Erklärung schuldig. Johannes Antiochenus konnte ihn längst gelesen und, womit auch immer, weiter ausgestaltet haben.

Überlassen wir die Folgerung zu diesem angeblichen Kausalmotiv Herwig Wolfram:

Theoderichs Monogramm
an einem Säulenkapitell
der sog. Herkulesbasilika[ii]

Als Begründung der Untat wurden zwei Motive in Umlauf gesetzt:

„Odoaker sei erstens aus Blutrache für das rugische Königspaar erschlagen worden – bei dieser Version störte nicht, daß der Sohn Fewas und Gisos ‹ Fredericus › offen gegen Theoderich rebelliert hatte –,

und zweitens sei der Gotenkönig bloß einem Hinterhalt des Gegners zuvorgekommen."

Tatsächlich aber brach der Amaler vorsätzlich einen Vertrag und beging einen Mord. Gleichzeitig lebte das Foedus mit dem Kaiser wieder auf.[26]

---

[25] Wiemer Seite 20–21.

[ii] Abbildung aus: Franz Xaver Seppelt, Klemens Löffler, *Papstgeschichte von den Anfängen bis zur Gegenwart* (1933) S. 46. Für die gemanistische und nordistische Forschung die unverkennbare Initialzeichensymbolik mit assoziativer Anziehungskraft auf den deutsch-italienischen oder rheinfränkischen Sagenhelden?

[26] Wolfram Seite 283.

Zur Sagengenesis ist damit ein historisch noch halbwegs glaubhaftes Fluchtsage- und Rachemotiv für Theoderich perdu. Vor einer interpretativen Überbeanspruchung des Amalergeschlechts kann auch demnach nur gewarnt werden.

Wiemer zur offenbar weit ausstrahlenden Theoderich-Memoria des Ennodius:

Betrachtet man Theoderich vor diesem Hintergrund, versteht man besser, weshalb der König es gerne hörte, wenn man ihm nachrühmte, die große Zahl von Leichen habe dem Feind angezeigt, wo er sich nahte: Feinde mit eigener Hand zu töten galt ihm als Ausweis der Befähigung zu herrschen. Darin liegt ein markanter Unterschied gegenüber den römischen Kaisern seiner Zeit. Gewiß haben Kaiser wie Zenon (474-491), Anastasios (491-518) und Justinian (527-565) Menschen hinrichten, umbringen oder heimlich beseitigen lassen, wann immer sie das für geboten hielten. Sie aber überließen das Töten anderen, und zwar im Krieg wie im Frieden. Der oströmische Kaiser war zwar per definitionem siegreich und allmächtig, aber seine Akzeptanz war nicht davon abhängig, daß er selbst ein tüchtiger Soldat war. Er beauftragte Feldherren mit der Kriegführung gegen die Feinde des Reiches, und er achtete darauf, daß er sich nicht mit dem Blut von Getöteten besudelte. Für Theoderich dagegen war die Fähigkeit, einen Gegner physisch zu vernichten, Teil der Rolle, die er als Herrscher zu spielen hatte, wenn er erfolgreich sein wollte; sie stärkte sein Ansehen unter Freunden und Anhängern und verbreitete Furcht und Schrecken unter seinen Feinden.[27]

Der von Ennodius propagierte ‚Herrschertypus Theoderich' hat jedoch kaum einen Anspruch auf ein für Dietrich zu folgerndes Alleinstellungsmerkmal, sondern genügend Parallelen.

Dies räumt auch Wiemer ein, wenn er sogleich konzediert, dass

in dieser Hinsicht Theoderich anderen barbarischen Herrschern seiner Zeit gleicht, nicht zuletzt seinem Opfer Odovakar, der 477 einen gewissen Brachila in Ravenna eigenhändig umgebracht hatte, «um den Römern Schrecken einzuflößen», wie es in einer Quelle heißt. Der burgundische Königssohn Gundobad machte sich in jungen Jahren einen Namen, indem er 472 Kaiser Anthemius den Kopf abschlug. Nachdem er König der Burgunder geworden war, tötete er eigenhändig seine Brüder Chilperich und Godegisel mitsamt Familie. Besonders gewalttätig war der Frankenkönig Chlodwig. Er soll gnadenlos alle umgebracht haben, die ihm irgendwie hätten gefährlich werden können, auch seine nächsten Verwandten. Die fränkischen Könige Sigebert und Ragnachar streckte er selbst mit der Axt nieder; andere Rivalen ließ er durch seine Leute töten. Einem Krieger, der es gewagt hatte, ihn öffentlich zu kritisieren, spaltete

---

[27] Wiemer Seite 20–21.

Chlodwig vor dem versammelten Heer hinterrücks den Schädel.[28]

Die charakteristische Zuschreibung Dietrichs auf Theoderich ist demnach also nicht möglich, da es sich hier um das Herrschermerkmal „brutale Gewaltausübung zur spontanen Tötung des Gegners" nicht nur aus der Migrationszeit dreht.

Doch auch die Darstellungen über Theoderich und Dietrich in ihren frühen Lebensabschnitten sind erdrückend unterschiedlich:

Während Theoderich in seiner Jugend gegen einen eingefallenen Sarmatenanführer aus dem traditionellen Hunnengebiet kämpft und ihn tötet, wird der junge Dietrich – nach Turnieren mit *Viðga*/Wittich und *Sigurð*/Siegfried – nun in höchste Bedrängnis durch Ermenriks Landnahme geraten, von einem Hunenherrscher wohlwollend aufgenommen.[29]

Und schließlich sind auch die elementaren Divergenzen zwischen Faktengeschichte und Dietrichsage unüberbrückbar:

• Nach den chronistischen Überlieferungen ist weder das ethnisch-räumliche Vertreibungsmotiv für Theoderich,[30] noch zur Sage das von Ennodius behauptete Rachemotiv plausibel zu machen.

• Das unverkennbare Unterscheidungsgebot zwischen Dietrichs Bern als „Verona" und „Raben" als „Ravenna" implizieren nicht nur die Thidrekssaga (sie verortet eine Rückeroberungsschlacht *Gransport* an der Mosel), sondern auch die mittelhochdeutsche Dietrichepik.

Das *Hildebrandlied* sagt uns nicht, dass es neben seinem *Otacher* einen „Ermanarich" nicht gegeben haben darf. Die Quedlinburger Annalen, von der vorherrschenden Textkritik mit einem „pseudo- oder ahistorischen Einschub" zum 5. und 6. Jahrhundert noch relativ sanft abgestraft,[31] überliefern jedoch einen „Ermanarich" neben und nicht in Gestalt *ihres Odoacrus*. Der Wirkungsbereich *ihres* spitz- bzw. zweitnamentlich zu unterstellenden *Ermanricus* nördlich der Alpen ist – neben der Thidrekssaga – nach diesen Annalen also keineswegs auszuschließen.

---

[28] Nach dem Bericht des Gregor von Tours sorgte der Frankenkönig Chlodwig über Mittelsmänner für Sigeberts hinterhältige Ermordung bei dessen Jagdausritt auch zu seinem Schatzhort, befand sich zum Tatzeitpunkt jedoch nicht am Tatort.

[29] Die Erzählungen über Dietrichs Ausritt zum *Osning*, dazwischen sein Wettkampf mit *Viðga* und seine *Bertanga*-Fahrt, hat bereits Ritter-Schaumburg gedeutet: *Dietrich von Bern* (1982) S. 107 f. Vgl. dort S. 127: Kapitel „Jägerlatein".

[30] Die mit Ostrom ausgehandelte Überstellung des jungen Theoderich an den Kaiserhof bewirkte keineswegs die Machtenthebung seines Vaters als amalischer Gotenkönig.

[31] vgl. etwa Martina Giese, *Die Annales Quedlinburgenses = Monumenta Germaniae Historica, Scriptores rerum germanicarum in usum scholarum separatim editi.* Bd. 72, Hannover 2004 (Dissertation München 1999).

Resümee

Anhand von welchen scheinbar vergleichsgeschichtlich vorherrschenden Merkmalen propagieren Forschung und Lehre Dietrich von Bern als Theoderich des Großen „Abbild", „Vorbild", „Memoria" oder „Avatar"?

Die Textforschung reklamiert folgende „begrifflich entsprechende" Gleichsetzungsindikatoren für Dietrich:[32]

- Das Ostgotengeschlecht der Amaler.

Nach bereits aufgezeigten geografischen und hydronymischen Lokalisationen[33] können dagegen die in der Thidrekssaga genannten *„Amlunga – iAmlvnga landi "*[34] als ein im Eifelumfeld ansässiges und insoweit an Dietrichs Sitz Bern-Bonn nahe liegendes Volk verortet werden.

- Anstelle von Odoaker die jedoch ahistorische Inanspruchnahme eines ‚Ermanarich' (→ Thidrekssaga).[35]

- Zu Theoderichs Vater Thiudimir (griech. Θεόδεμιρ = Theodemir) die Entsprechungen *Þiettmar / Þetmar*, und so noch zu Theoderichs Bruder Thiudimund / Theodemund – die offenbar überzeugendsten genealogischen Übereinstimmungen zur Betrachtung der Thidrekssaga als „Theoderichs Ostgotensaga".

Jedoch lässt sich ein salfränkischer Théodomir anführen, den uns Gregor von Tours als Vorgänger des Frankenkönigs Chlodio vorstellt und dessen Namenwurzel sich nachfolgend in nicht weniger als drei etymologisch und genealogisch eng zusammenhängenden Herrschernamen des 5. bis 7. Jahrhunderts niedergeschlagen hat, darunter: (lat.) Theodoricus (Theuderich), nachfolgend (frz.) Théodebert, Théobald oder Thibaut.[36]

- Die Gleichsetzung des römischen Heeresmeisters Sabinianus als *Saben* oder *Sabene* für Ermanarichs Ratgeber *„Sibich"* (altnordisch *Sifka*). Diese Auffälligkeit wird nur von wenigen Vertretern der fachwissenschaftlichen Textforschung hervorgehoben (insb. Jan de Vries, Nils Lukmann).

Diese Identifizierung entbehrt eines aussichtsreichen rezeptionellen bzw. konzeptionellen Anknüpfungspunkts.

---

[32] Der sog. *Prolog*, ein in Isländisch verfasster Kommentar zur Thidrekssaga, bleibt ausgenommen.

[33] Erste Hinweise zum Wortstamm bereits von Johann Matthias Watterich, *Die Germanen des Rheins* (Leipzig 1872) auf S. 230 mit dem ostbelgischen Einzugsgebiet der Amel (frz. Amblève), die zwischen den Gemeinden Amel und Büllingen entspringt und nahe Lüttich in die Ourthe mündet. Ausführlicher: Otto Klaus Schmich, *Hünen* (1999) S. 240–241.

[34] Hierzu auch abweichende Namenformen in den Quelltexten, so in den isl. Handschriften z.B. *Aumlunga, Omlunga, Ömlunga, Örlungha*.

[35] Siehe hierzu den Beitrag *Zur Historizität der Thidrekssaga*, S. 329.

[36] Nicht auszuschließen ist eine altskandinavische Angleichung als „Interpolation" anhand von Theoderichs Stammbaum, die man mit dessen eigennamentlichen Zufügungen gegenüber einer nur unzureichend bekannten Frankengenealogie (soweit auch niederdeutsche Quellenlagen betreffend) vorgezogen haben könnte. Dazu später mehr im letzten Beitrag dieses Bands.

- Der Ostgotenkönig Witichis, auch Vitigis oder Wittiges, wie er zur Dietrich-sage als eine Art Parallelgestalt für Dietrichs zuletzt ungetreuen Gefolgsmann und Gegner in allerdings hochspekulativem Deutungskontext bedacht wird.[37] Jedoch folgte Witichis nicht einmal auf Theoderich, sondern regierte erst ab dem Jahr 536, vor ihm aber noch Theodahad und vor diesem Theoderichs Tochter Amalsuntha für seinen noch unerfahrenen jungen Enkel Athalarich.

- Verona an der Etsch für Dietrichs Bern sowie „Ravenna" als lokales Synonym für die mittelhochdeutsch rezipierte „Rabenschlacht".

  Dagegen finden wir jedoch für Dietrichs Wiedereroberungszug nach *Grans-port* sowohl in der Thidrekssaga als auch in den altschwedischen Überliefe-rungen eine gänzlich unterschiedliche Lokalisation an der Mosel.[38]

- Venetien oder Venedig für Hildebrands Herkunft.

  Das sauerländische Wenden, dessen frühgeschichtlicher Siedlungsraum durch Rennöfen-Fundstellen belegt ist, liegt näher an Dietrichs Sitz Bern = Bonn.

Zu der gegenüber Ritter-Schaumburg eher voreilig als sachlich begründeten „pseudochronikalischen Translozierung der Saga" aus einem scheinbar originären südlichen Theoderich-Milieu wurde jedoch bislang kein überzeugender Nachweis vorgelegt.[39]

Es ist demnach offensichtlich, dass Theoderich anhand des altnordischen Dietrich sich nicht als dessen überlieferungstypologische Identifikation heroisieren lässt.

Dazu mehr in den nachfolgenden Beiträgen.

---

[37] Heinzle Seite 6.

[38] vgl. Mb 336. Hierzu lässt sich Viðgas Flucht in einen *sjó* (altnorw. „See", isl. auch „Meer") nicht als originäre italienische Schauplatzüberlieferung belegen. Dazu auch nicht mit einer dem altnordischen Schreibkollegium gelegentlich untergeschobenen Rezeption des bei Ravenna in die Adria mündenden Reno als *Rin* = Rhein, zumal er an keiner Stelle in der *Gransport*-Erzäh-lung zu finden ist! Übrigens überliefert Mb 376 Ermenriks Sitz westlich des Rheins gelegen; vgl. Henrik Bertelsen, *Þiðriks saga af Bern* (1905–1911) Bd. II, 303 mit Fine Erichsens Über-setzung *Die Geschichte Thidreks von Bern* (1924, Neuausgabe 1967) S. 399.

[39] Heinrich Beck in der *Zeitschrift für deutsche Philologie 112* (S. 441 ff.) geht von Reimdich-tung, insb. dem Nibelungenlied, als Bewertungsgrundlage für die geschichtliche Glaubwürdig-keit der – auf den Punkt gebracht – „umlokalisierenden altnordischen und altschwedischen Handschriften" aus.
Hierzu stellt die deutsche Wikipedia unter *Thidrekssaga* fest (21.03.2024):
Becks Rezension über Ritter-Schaumburg entbehrt zwar jeglicher Perspektive, die Thidreks-saga der z. T. lückenhaften Geschichtsschreibung über das nordeuropäische 5. und 6. Jahr-hundert gegenüberzustellen, jedoch nicht einer sachthematisch unangebrachten Polemik ge-gen Ritter-Schaumburg, wenn er z. B. schreibt:
„Mag die Annahme, die Ths. bezeuge einen von Dietrich von Bern = Theoderich dem Gro-ßen unabhängigen niederdeutschen Dietrich (ca. 470–534/36) von den Sagenforschern nicht geteilt werden, in einem Punkt hat der literarisch gebildete Heinz Ritter ein sicheres Gespür: Die Ths. erweckt für den naiven Leser den Eindruck eines geschichtlichen Berichts über historische Ereignisse im niederdeutschen Raum (und angrenzenden Gebieten)."

Rolf Badenhausen

„*Die Politik des Dietrich von Bern*"

Ist der deutsche Sagenheld ein (re-) importierter Italiener?

Um es gleich vorweg zu sagen: Der Aufsatztitel stammt nicht von mir, sondern von Theodore M. Andersson, der bereits unter der gleichen Überschrift den Versuch startete, die literarische Vita des deutschen Sagenheros' zu politisieren.[1]

Mit einer beachtlichen Interpretationsweite zu einem einerseits „deutschen", andererseits „typischerweise italienischen Sagenhelden" richtet Andersson unter Einbezug der süddeutschen Nibelungendichtung seinen Fokus sowohl auf geschichtliche als auch literargeschichtliche Kontexte. Und nichtsdestoweniger fand auch Ritter-Schaumburg[2] eine gewisse Berücksichtigung in Anderssons referenzierten Forschungsquellen über *Dietrich von Bern*, den er uns als politisierte Sagengestalt insbesondere nach der Thidrekssaga begreiflich machen will.

Anderssons Argumentationen erscheinen streckenweise so stringent, dass bereits seine einführenden Darstellungen, hier in meiner deutschen Übersetzung zitiert, nicht näher kommentiert werden müssen. So widerspricht er zunächst Gustav Storm – einem beispielhaften Textkritiker „pro altnordisches Sammelwerk" – und stellt zum literarischen Gattungstypus der Thidrekssaga vielmehr klar, dass

> *die Norweger des dreizehnten Jahrhunderts keine Geschichten sammelten, sondern sie übersetzten anglonormannische und kontinentale Texte, wie wir aus der Flut von Übersetzungen, die mit Tristrams Saga 1226 begann, sehr gut wissen. Storms Idee der volkstümlichen Sammlung ist einer der greifbarsten literaturhistorischen Anachronismen, die mir einfallen. Sie hat nur deshalb überlebt, weil die skandinavischen Gelehrten sich eigentlich nie für die Þiðreks Saga interessiert und sie deshalb auch nie als besonderen Studiengegenstand aufgegriffen haben.*

Er fragt und argumentiert zu Recht gegen eine „altnordische Kompilation":

> *Wenn sich aber die skandinavischen Gelehrten nicht für die Saga und damit auch nicht für die Heldensage Dietrichs interessiert haben, warum haben die deutschen Gelehrten dieses Versäumnis nicht nachgeholt? Weil auch sie sich damit begnügten, anzunehmen, dass Storm Recht hatte und die Þiðreks Saga das Werk eines norwegischen Kompilators ist. Eine bemerkenswerte Ausnahme von dieser Regel bildete Heinrich Hempel (1952), der die Ansicht vertrat, dass*

---

[1] Andersson, *The Politics of Dietrich von Bern*, in *NOWELE: North-Western European Language Evolution, Vol. 31–32* (Jan. 1997), S. 13–27.
Alle Zitate/Textauszüge in meiner deutschen Übersetzung (rb).
Anmerkungen in eckigen Klammern.
[2] Ritter, *Die Nibelungen zogen nordwärts*, München 1981.

das Buch in Deutschland verfasst wurde, aber diese Ansicht wurde weitgehend mit Schweigen übergangen. Erst in der jüngsten Untersuchung wurde sie wieder aufgegriffen (Wolf 1995:315–16).[3]

Doch Hempels Ansicht war seinerzeit keineswegs unumstritten, denn nahezu zeitgleich erhob Andreas Heusler ein als „Ältere Not" propagiertes „Protoepos" zu einer jedoch nirgends aufzublätternden Vorlage für die *Niflunga saga* und das Nibelungenlied. Die dadurch provozierten Auffassungskontroversen über dieses Konstrukt führten allerdings zu keinem fruchtbaren Konsens. Um die „imaginierte Körperlichkeit" aus dieser „Not" wieder loszuwerden, bekannte sich dann Friedrich Panzer zu der über längere Zeit populären Anschauung, dass der/die Schreiber der Thidrekssaga in Norwegen das Nibelungenlied selbst verwendet hätten.[4] Andersson fragt jedoch umgekehrt:

Warum nicht einfach sagen, dass ein deutsches Buch ins Nordische übersetzt wurde, so wie Chrétiens Romanzen und einige Chansons de geste ins Nordische übersetzt wurden?

Und so stellt er – nicht expressiv, aber unverkennbar zwischen den Zeilen – bald die Pilatusfrage zur geografischen Schlüssigkeit des Nibelungenzugs samt Rheinüberquerung nach „Attilas *Susat*": Duna oder Donau? Denn:

[...] in dem Text ist von einem Zusammenfluss von Rhein und Donau die Rede (II.285) – ein geografischer Fehler, der einem deutschen Autor nicht unterlaufen würde. Wenn es sich um ein deutsches Buch handelt, müssen wir annehmen, dass dieser Fehler vom norwegischen Übersetzer eingefügt wurde.

Andersson ergänzt dazu seinen Hinweis auf die grundsätzliche Auslegung der Thidrekssaga von Ritter-Schaumburg, den er jedoch nicht als „ihren naiven Leser" polemisiert.[5]

Andererseits kann auch Andersson die von der fachwissenschaftlichen Textforschung nahezu geschlossen vertretene Auffassung einer Aneignung von nicht raumoriginären Traditionen nicht ausräumen:

Ich glaube eher, dass es im zwölften Jahrhundert eine Tendenz gab, sich aus Lokalstolz und Patriotismus Sagen für bestimmte Regionen anzueignen. Dies zeigt sich zu Beginn des Jahrhunderts im rheinischen Annolied, das die ursprüngliche

---

[3] Armin Wolf, *Heldensage und Epos. ScriptOralia 68* (1995).

[4] Die „Ältere Not" lediglich als ein Vorlagenbegriff hat Andersson mit Hinweis auf die jüngere Textforschung heruntergespielt; vgl. dagegen z.B. Helmut de Boors Untersuchungen zum Nibelungenlied. Alois Schröfl machte eine *Rüdiger*-Tradition Anfang des 12. Jh.s wahrscheinlich, Metellus von Tegernsee eine oder diese in dessen 2. Drittel; vgl. DER BERNER 92, S. 7–8.

[5] So jedoch, wie oben zitiert, Heinrich Beck in der *Zeitschrift für deutsche Philologie 112* – von Andersson nicht aufgeführt. (Die „Duna", wie oben, mündet bei Leverkusen in den Rhein.) Er schreibt weniger vorverurteilend (S. 18):
Ritter-Schaumburg erachtete, dass die Þiðreks Saga tatsächlich den ursprünglichen, historischen Bereich der Sage überliefert, und dass dieser Bereich eher westfälisch als donauländisch ist. Ich bin mir nicht sicher, ob es möglich ist, von einem ursprünglichen Bereich zu sprechen.

prähistorische fränkische Kolonie, die von trojanischen Flüchtlingen gegründet wurde, in der rheinischen Stadt Xanten verortet, weil der Schreiber davon ausgeht, dass Xanten dasselbe Wort ist wie der Fluss Xanthus in der trojanischen Ebene. Das zeigt sich auch in der bayerischen Voreingenommenheit der Kaiserchronik oder der antibayerischen Voreingenommenheit des Nibelungenliedes.

Welche als *compilatio* transferierte Lokalitäten lassen sich nun für die Thidrekssaga nachweisen?

Andersson geht weiter davon aus, dass der niederdeutsche Urheber der Saga *eindeutig von der süddeutschen Aneignung der Nibelungen wusste* ‹ ! › und vermutet daher, dass er auch darauf reagierte. Und zwar mit der implizierten *Gegenbehauptung*, dass die Nibelungensage nur eine Frage der westfälischen, jedoch nicht österreichischen Vorgeschichte ist. Andersson meint, dass man diesen Anspruch („Assertion") vom niederdeutschen Eposschreiber sowohl *,positiv als auch negativ'* sehen könne, zumal in der westfälischen Version dieser „Besitzstreit" impliziert sei.[6]

Zur Quellenlage von Thidrekssaga und mittelhochdeutscher Nibelungendichtung

folgert Andersson ein aus Niederdeutschland stammendes Dietrich-Epos als die in Altnorwegen im Wesentlichen kopierend übertragene Vorlage – deren Übersetzer, wie bereits vermerkt, wohl schon von einem Fluss namens Donau gewusst, aber mit eklatant geringerer Wahrscheinlichkeit über eine *Duna/Dune*-Dhünn gehört haben könnten.

Schon demnach ist also grundsätzlich zu beachten, dass im Fall eines in Altnorwegen vorgelegenen Großwerks nicht verlässlich auf ein ebenda aus weiterer Einzelquellen kompiliertes Werk gefolgert werden kann. So können wir nicht ausschließen, dass erkennbar unterschiedlich zitierte Substantiva – vgl. insb. Gestaltennamen und Toponyme – aus ursprünglich eigenständigen deutschen Erzählungen entweder originär übernommen werden sollten oder dahingehend vorgesehene Umbenennungen im möglicherweise hektischen Teamwork-Modus des Bergenser Skriptoriums versäumt wurden.[7]

Zu der von Roswitha Wisniewski befürworteten Umsetzung aus einer niederdeutschen „Chronik" oder „Historia" als Großvorlage plädiert ihr Rezensent William J. Paff für einen weiter zu untersuchenden altnordischen „Übertragungsplan" ‹ *scheme* › aus einem offenbar in Latein abgefassten Quellenmaterial:

---

[6] Andersson auf Seite 19 zum „Disput" zwischen Saga und Nibelungenlied über den originären Erzählungsanspruch ihrer Urheber:
It seems to be the most likely period for an attempt to place Soest on the prehistorical map by staking a claim to the prototypical German legend. It is not a Welf‹en› claim staked against a Hohenstaufen claim, but merely a Soest claim staked against an Austrian claim.
[7] Man siehe das Konvolut der Stockholmer Handschrift Perg. fol. nr 4 (=„Mb"), die mit ihren Streichungen und Zusätzen wohl kaum auf ein Präsentationswerk schließen lässt.

*The scheme presented in this book has a beautiful simplicity about it. I shall
limit myself to a few observations and queries. I should agree that a Latin
chronicle played a role in the transmission of much of the material in the
Thidreks saga. In support of this thesis one might add that some names from
sequences unrelated to the fall of the Nibelungs exhibit the peculiarities and
variation which were attributed to faulty use of Latin orthographic symbols:
for instance,* Ruzcia-land *and* Villcina-land, *although in the latter the variants
with c, t, z and k are further confused by the possibility that two Slavic words,
one with a t, one with a k phoneme, are involved. If these errors are traceable
to the same Latin chronicle, a compilation embracing more than the fall of the
Nibelungen was assembled in northern Germany in chronicle form.* [8]

Schließlich folgert er für erzählungsräumliche Irritationen in Altnorwegen, dass

> *surely many of the errors on geography and legendary history are more likely
> to have been made in Bergen than in Westphalia.*

Die Rahmenhandlung bzw. der Erzählungskern zumindest vom Niflungenuntergang in *Susat*-Soest, dem Exilort von Thidrek / Dietrich, soll nach Wisniewski der
chronistischen *„zweiten Quelle"* entsprechen. Eine von der „Älteren Not" repräsentierte Tradition will Wisniewski als heldenepisch ausmalende, jedoch vom niederdeutschen Überlieferer ausgelassene und daher in Altnorwegen ergänzend verwendete Zutatenquelle erkannt haben.[9]

Übrigens dürfte Pfaff – ein Befürworter von Dietrichs Bern an der Etsch und einem
italienischen *Roma* für „Ermanarich" – nicht entgangen sein, dass das höchst dra-
maturgische Element für die Erzählung von Siegfrieds Tod in keiner Handschrift
der Thidrekssaga zu finden ist und selbst die spätmittelalterliche *Sagan om Didrik
af Bern* anstelle des über Leben oder Tod entscheidenden Lindenblatts ein „unstim-
miges" altschwedisches *lønnaløff* überliefert.[10]

Dass man in Bergen nicht zwischen Ahorn- und Lindenblatt unterscheiden konnte
oder es andernfalls – konzeptionell unsinnigerweise – ausgelassen haben wollte
scheint (m.E.) weniger wahrscheinlich als eine in Wedinghausen verwendete
Quelle ohne dieses höchst erzählungswirksame Element. Sie konnte, Andersson somit nicht widersprechend, noch im 12. Jh. als „Vorstufe" auch im mittelhochdeutschen Raum Fuß gefasst haben.

---

[8] Pfaffs Rezension von Wisniewski Habilitation (s. Anm. 9) in: *The Journal of English and
Germanic Philology, 61*, 1962, S. 948–952. Er bezieht sich auf die älteste Handschrift „Mb"
und isl. Hss. A, B für sein Glossar *Geographical and Ethnic Names in the Þiðriks Saga* (1959).
[9] R. Wisniewski, *Die Darstellung des Niflungenunterganges in der Thidrekssaga* (1961), worin
sie S. 261–266 den Wedinghausener Bibelskriptor Ludovicus als Vorlagengeber lokalisiert.
Dazu R. Badenhausen, *Wadhincúsan, monasterium Ludewici*, DNB urn:nbn:de:0233-
2009033115 unter: https://www.badenhausen.net/harz/svava/MonasteriumLudewici.pdf
Wisniewskis Forschungsarbeit grundsätzlich befürwortend auch Hilkert Weddige, *Heldensage
und Stammessage* (1989), S. 112f.
[10] *lönn(e)löf* = Ahornblatt.

Ohne zustimmenden Widerhall blieb jedoch die oben vermerkte Schlussfolgerung von Wisniewski, dass ein mittelniederdeutscher Bibelskriptor auf die Verarbeitung einer prosaisch-epischen Vorlage – inhaltlich ähnlich der postulierten „Älteren Not" – verzichtet und so die Kompilation den Bergenser Sagaschreibern überlassen haben soll. Hierzu entspricht Pfaffs Standpunkt über deren Möglichkeiten zu selbständigen Hinzufügungen der Auffassung von Andersson. Pfaff schreibt:

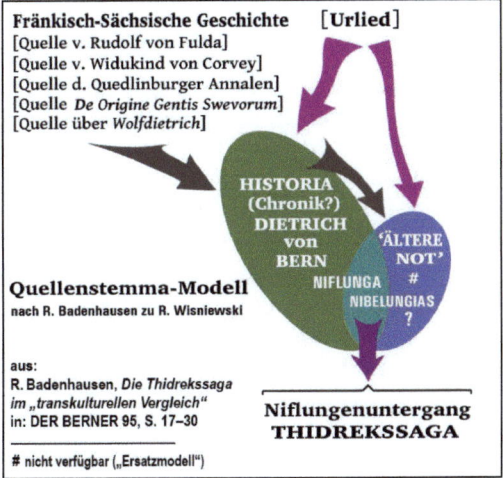

Fränkisch-Sächsische Geschichte [Urlied]
[Quelle v. Rudolf von Fulda]
[Quelle v. Widukind von Corvey]
[Quelle d. Quedlinburger Annalen]
[Quelle *De Origine Gentis Swevorum*]
[Quelle über *Wolfdietrich*]

HISTORIA (Chronik?) DIETRICH von BERN

'ÄLTERE NOT' #

NIFLUNGA NIBELUNGIAS ?

Quellenstemma-Modell
nach R. Badenhausen zu R. Wisniewski

aus:
R. Badenhausen, *Die Thidrekssaga im „transkulturellen Vergleich"* in: DER BERNER 95, S. 17–30

nicht verfügbar („Ersatzmodell")

Niflungenuntergang THIDREKSSAGA

– *but this ‹ Wisniewskis › assumption attributes little originality to the saga writer because almost every detail was in one of the sources and because the dominant conception of the fall, formerly attributed to the saga writer, existed in "the second source" and was so firmly established in the saga writer's mind that he hesitated to introduce more than a few personal names like Gunnar and Sigurðr from Old Norse sources.*[11]

Zur konzeptionellen Ausrichtung des Dietrich-Bilds für die Thidrekssaga

erwägt Andersson unter anderem eine offenbar niederdeutsche *Lokaltradition über einen Dietrich oder dessen Gastgeber Attila*, die mit dem italienischen Theoderich aufgrund *anzunehmender politischer Agenda* weiter aufgewertet werden sollte.[12] Möchte er damit einen zweiten ‚historischen Dietrich' zulassen, wie dieser bereits von älteren deutschen Textforschern befürwortet wird?[13] Nach der *communis opinio* plädiert er jedoch für seine italienische Provenienz, für die er dessen Genealogie und biografische Kennwerte in dieser Version angibt:

„*Samson erschlägt einen Roðgeirr von Salerni = Roger von Sizilien und übernimmt sein Reich. Mit dessen Tochter zeugt er den „Veroneser König Þéttmar" und dieser Dietrich. Er wird eventuell ‹ ! › exiliert, vertrieben aus seiner gebürtigen*

---

[11] a.a.O. Seite 949.
[12] ‚*...suggesting that there is also a political agenda*', so sein Verweis auf Beck in *Þiðreks Saga als Gegenwartsdichtung?* in: *Samtíðarsögur – The Contemporary Sagas* [Proceedings of the Ninth International Saga Conference in Akureyri 31.7.–6.8.1994]. Vol. 1, S. 77–81.
[13] Wohl eher nicht, vgl. S. 18: ‚*the northern epic [...] transferred the Nibelungs, Dietrich, Etzel out of Burgundy and the Danube Valley into northwestern Germany*' – bleibt jedoch unbelegt!

Heimat durch Ermanaric, König von ‚Rom'. Dietrich erhält nach langem auswärtigen Exil sein Reich wieder und wird nach Ermanarics Tod in ‚Rom' gekrönt. "[14]

Das Prinzipat Salerno des historischen Roger († 1119) wird forschungsgeschichtlich mit dem unfernen süditalienischen Apulien (*Púl* oder *Puli, Apulij* in Hs. B) gesehen und interpretiert. Hier, seinerzeit am oder im Königreich Sizilien, lässt sich dessen historisch exponierter Ort *Brundisium* finden, vgl. jenen *Brunstein* als *Roðgeirrs* Bruder.[15] Andersson kontextualisiert dies mit Mb 13, das die Zugrichtung *Verona^{Etsch} → Rom → Apulien* von Dietrichs Oheim ‚Ermanarich' angibt.

Barbarossa, den uns Andersson als Theoderichs = Dietrichs „anspielende Bezugsgröße" für die niederdeutsche Abfassung der Thidrekssaga vorstellen möchte, wollte sich in südlichem Expansionsdrang noch Sizilien einverleiben, was ihm jedoch nicht gelang.

Nach der Saga erobert „Ermanarich" – über das Griechische Meer hinaus – seinen aus italienischer Deutungsperspektive ostgotischen Raum. Tatsächlich wurde nach Odoakers Ermordung durch Theoderich sodann Sizilien, das der im Jahr 493 eliminierte Italienkönig von den Vandalen erhalten hatte, Teil des ostgotischen Reiches. Theoderich käme wohl damit eine anspielende Memoria zu.

Sehen wir hier Doppeldeutigkeiten mit Ritters Raumvorstellungen oder eine persiflierende *compilatio* (= „Aneignung") eines niederdeutschen Vorlagengebers? Oder ist die italienische Interpretation wegen einer zum Verwechseln ähnlichen Quellgeografie den altnorwegischen Redaktoren zuzuschreiben? Dietrichs Großvater Samson hatte der Saga nach zuerst „*Salerni/Salerna*"[16] erobert. Warum sollte zur italienischen Variante das an Salerno schier angrenzende Apulien erst über einen gewaltigen Nordmarsch nach Verona, dann von dessen Etsch via Rom eingenommen worden sein? Die altschwedischen Texte nennen Samsons ersten Sitz bereits *Appolij*, man beachte dazu ein *franken-**salisches* **Peel** gleich nördlich vom Haspengau – der quelltextlichen *Hispania*. In dem posthum von ‚Ermanarich' fortgesetzten Marsch auf *Roma* wird das von Ritter gedeutete *Puli* genannt – *Pulicha* (urkdl. 11. Jh.) für Polch/Mayen. Dies lässt uns wiederum folgern, dass für die Sondierung einer originären Traditionsebene vielmehr ostfränkische Expansionszüge des 5. Jahrhunderts vorrangig zu kontextualisieren sind.

Andersson scheint sich der Auslegungsproblematik durchaus bewusst. Er liefert sodann diesen Deutungsansatz mit einer beachtlichen raumweiten *compilatio*:[9]

Eine Möglichkeit, die Geschichte zu vereinfachen besteht darin zu sagen, dass es hier um einen italienischen König geht, der nach Deutschland verbannt, der zur größten Heldenfigur Deutschlands wird und triumphierend zurückkehrt, um

---

[14] Seite 19–20.

[15] Allerdings gab es das niederdeutsche Ministerialengeschlecht *von Brunstein*, das über Patronats- und Präsentationsrechte über Soest verfügte. Das übergeordnete Erzbistum Köln stellte als wirtschaftliches Machtzentrum – über und mit eisernem Erz – Erzkanzler für Stauferkaiser.

[16] Sauvenière a. 946 urkdl. als *Salvenerias*, das Ritter nach Armin Wolfs Vorschlag übernahm.

Italien zurückzuerobern. Aber wir alle wissen, dass Dietrich keine italienische, sondern eine deutsche Sagengestalt ist. Wir können also nicht sagen, dass die Geschichte von einem italienischen Helden handelt, der Italien erobert. Wenn nun Dietrich von Italien nach Deutschland verbannt wird ‹ also doch der Ostgote (?) ›, wird er faktisch zum Deutschen, und als Deutscher feiert er seine triumphale Rückkehr.

Andersson schließt also auf eine literaturpolitisch basierte Agenda aus der Feder des (nieder) deutschen Verfassers:

All dies ergibt einen historischen und politischen Sinn, wenn man davon ausgeht, dass das Dietrich-Epos in der staufischen Zeit unter Kaiser Friedrich Barbarossa entstanden ist. Es ist nicht nötig, die Geschichte von Friedrichs italienischen Ambitionen und Eroberungsversuchen zu wiederholen, aber dass Italien zu dieser Zeit als reif für eine deutsche Annexion angesehen wurde, ist völlig klar. In den Gesta Frederici von Otto von Freising (1986:346–47) findet sich eine bewundernswert anschauliche Anekdote, in der Otto beschreibt, wie Friedrich im Jahr 1155 vor den Römern spricht. Er unterbricht eine lange Rede eines römischen Abgesandten über den vergangenen Ruhm Roms, um die Geschichte aus deutscher Sicht mit den folgenden Worten zurechtzurücken:

„ Wir haben nun viel über die Weisheit und die Tapferkeit der Römer gehört, aber noch mehr über ihre Weisheit. Wir sind deswegen erstaunt, dass Eure Worte doch eher von geschmackloser Arroganz als von der Würze der Weisheit geprägt sind. Ihr verkündet den antiken Adel Eurer Stadt, Ihr preist den antiken Stand Eurer göttlichen Republik in den Himmel. Ja, ich gebe zu, um es mit den Worten Eures eigenen Schriftstellers (Cicero) zu sagen: ‚Es gab einmal, ja einmal, Adel in dieser Republik. Einst, sage ich. Wenn wir das jetzt nur aufrichtig und offen sagen könnten! Aber Euer Rom, oder vielmehr unser (mein) Rom, hat große Veränderungen erfahren. "

Dann fährt Friedrich fort, die Römer darüber zu belehren, wie die Mächtigen gefallen sind und sich den Franken ‹ ! › unterwerfen mussten.[17]

Andersson vergleicht weiter die politischen Verhältnisse unter Friedrich-Barbarossa auch mit analogen Anspielungen im Nibelungenlied, die sich u.a. noch auf territoriale Auseinandersetzungen zwischen den Staufern (→ Schwaben) und Welfen (› Bayern und Sachsen, noch verbündet mit Dänemark) beziehen. Im Jahr 1198, vgl. dazu die offenbar passende Datierung der „inhaltlich ältesten" Nibelungenlied-Handschrift B, lieferten sich Philipp von Schwaben und Otto IV. auch dort heftige Kämpfe, wo übrigens Ritter die *Gransport*-Schlacht lokalisiert hat.

Wenn nun die Heldendichtung des späten 12. Jahrhunderts *überraschende politische Untertöne* enthält und diese auf das Nibelungenlied zutreffen, so erwägt Andersson weiter, dann *gilt dies vielleicht auch für die Dietrichsage, wie sie in Soest formuliert wurde.*

---

[17] Gemeint ist der Eroberungszug von Karl dem Großen nach Italien.

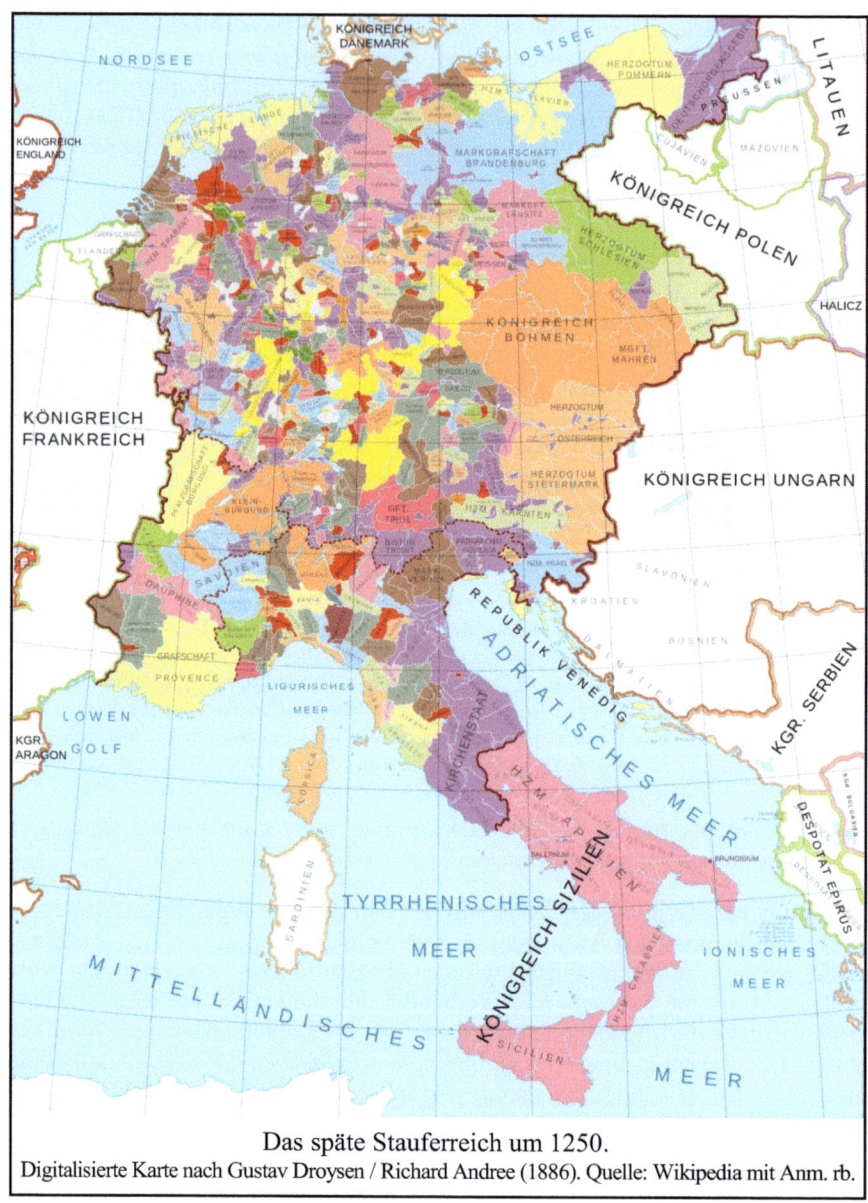

Das späte Stauferreich um 1250.

Digitalisierte Karte nach Gustav Droysen / Richard Andree (1886). Quelle: Wikipedia mit Anm. rb.

Andersson bezieht sich auf das *Sacrum Imperium Romanum*. Da es seit 1033 aus drei Teilen bestand, dem *regnum Teutonicum, regnum Italicum* und dem *Arelat*

(Königreich Burgund), folgte schließlich ab dem späten 15. Jahrhundert die Bezeichnung *Sacrum Imperium Romanum Nationis Germaniae.*

Karl Droeges Textvergleiche

Zu dem von Andersson angeregten „politisch-literarischen Wirkungspotenzial" insbesondere von Barbarossas Kaiserperiode lässt sich Karl Droege anführen, der anhand der *Gesta Friderici I imperatoris* von dessen Biografen Otto von Freising und seinem Nachfolger Rahewin kaum zu übergehende Entsprechungen aufzeigt. Droege zitiert den Schreiber und chronistischen Famulus von Freising und vergleicht Barbarossas Beschreibungen mit jenen von Sigurð (Siegfried) in der Thidrekssaga:[18]

Cappenberger Kopf
Spekulative, da nicht zu belegende Büste von Barbarossa.
Vergoldete Bronze um 1160.
Bildquelle: Wikimedia Commons
CC BY-SA 3.0

So entspricht die eingehende Schilderung Siegfrieds Th. ‹ Mb › 185 der nicht minder ausführlichen des Kaisers bei Rahewin Gesta IV 86. Siegfrieds Leib ist ganz ebenmäßig, bei Friedrich ist die forma corporis decenter exacter,[19a] Siegfried hat braunes schönes Haar, das in großen Locken herabfällt, Friedrich flava caesaries paululum a vertice frontis crispata,[19b] Siegfrieds Nase ist hoch, bei Friedrich nasus venustus,[19c] Siegfrieds Augen sind scharf, Friedrich hat acuti et perspicares orbes oculorum,[19d] der Bart Siegfrieds ist dick und braun, Friedrichs barba subrufa,[19e] die Schultern stark, bei Friedrich umeri paulisper prominentes[19f] (...) Wohl verstand Siegfried den Bogen zu spannen und Hengste zu reiten' und Friedrich: *ipsemet arcum tendit ... in equis nulli secundus.*[19g] Von Siegfried wird, für den starken Helden der Tat auffällig, erzählt: ‚*er war kühn im Reden und hielt gern Rat mit seinen Freunden, er war gewandt und ausführlich im Reden*'; von Friedrich heißt es: *consilio validissimus, in patria lingua admodum facundus,*[19h] wie wir ja bei ihm und anderen

---

[18] Karl Droege, *Zur Geschichte der Nibelungendichtung und der Thidrekssaga* in: *Zeitschrift für deutsches Altertum und deutsche Literatur (ZfdA) 58*. Bd. 1/2 (1921), S. 1–40, zitiert aus S. 19–39 in neuer Rechtschreibung. Ders. *Zur Thidrekssaga* in: *ZfdA 66* Heft 1 (1929) S. 33–46.

[19] **a**: „ziemlich genaue Körperform" – **b**: „das (rötlich-) gelbe Haupthaar lockte sich ein wenig von der Stirn herab" – **c**: etwa „eine reizende Nase" – **d**: „scharfe und scharfsinnige Augen" – **e**: „rötlicher/roter Bart, vgl. traditionell „Rotbart" – **f**: „ein wenig herausragende Schultern" – **g**: etwa: „er selbst spannte den Bogen ... ritt Pferde wie kein anderer" – **h**: etwa: „ausnehmend gesprächsstark, sehr fließend in seiner Muttersprache" – **i**: sinngemäß: „ an seine Verwandten spendete er Zuspruch / Trost und war nicht verächtlich, wenn er eingestehen musste" – **j**: „verteilte eigenhändig Almosen" – **k**: „Als sich der Kaiser von Konstantinopel wie seine Vorgänger Kaiser der Römer nannte, nannte er sich nicht Kaiser von *Rom*, sondern *Neo-Rom*."

Frankenkönig Dietrich von Bern?
Gemälde von Émile Signol (19. Jh.)
gewidmet Childerich II.

Staatsmännern die mirabilis eloquentia erwarten. ,Das war Siegfrieds Lust, seinen Freunden Hilfe und Beistand zu leisten', und von Friedrich wird gerühmt: erga familiares in proferendo alloquio non minax nec in admittendo consilio spernax.[19i] Siegfried war bereit ,Gut und Kleinode seinen Freunden zu schenken', Friedrich: elemosinas ... ipse manu sua distribuit[19j] usw. Auffallend ist wieder der Schluss, dass ,Siegfrieds Name in allen Zungen geht von Norden bis an Griechenlands Meer', das weist vielmehr auf einen Herrscher hin, der wie Friedrich mit Griechen zu kämpfen hatte, wie auch von Friedrich am Schluss berichtet wird: Imperatorem Constantinopolitanum cum sese sicut antecessores sui Romanorum appellaret imperatorem, inflexit, ut se non Romae, sed Neoromae vocet imperatorem.[19k]

Mit ihm parallelisiert die Thidrekssaga auch Dietrichs Erscheinungsbild. Der aber, wie expressiv vermerkt, nie einen Bart getragen haben soll – also doch die bewusst konträre Anspielung auf Barbarossa? Der Skriptor gibt an, dass auch Thidrek ungewöhnlich scharfe Augen hatte; sein fülliges Haar ebenfalls in langen Locken herabfiel, im Glanz von geschlagenem ‹ gehämmertem › Gold.[20] Seine Schulterbreite soll zwei Ellen gemessen haben, sein Körper trotz enormer Hüften und Beine wohlgeformt gewesen sein. Als redegewandter und geselliger König soll er im engen Kreis gerne und reichlich Kostbarkeiten verschenkt haben.

Folgen wir Droege weiter: Anhand Sigurðs Beschreibung von Dietrichs Zelt vor König Isungs Sitz (vgl. Mb 200) erkennt er ein Rezeptionsangebot der *Gesta III, 7*:

Auch auf das Prachtzelt, das die ‹ englischen › Gesandten ‹ von Heinrich II. im Jahr 1157 an Friedrich I. › als Geschenk bringen, kann man eine Beziehung in der Ths. finden. Von ihm sagt Rahewin: papilionem unum quantitate maximum, qualitate bonissimum perspeximus,[21a] und in der Ths. heißt es: ,Ich sah ein Zelt, ... und dieses Zelt ist auf andere Weise bereitet, als ich je zuvor gesehen' und nach der Beschreibung: ,Ich glaube, dass kein Mann ein prächtigeres Zelt wird gesehen haben', ähnlich den Worten bei Rahewin: nec materia nec opere putem superatum iri.[21b]

---

[20] Zur Haartracht also die Übereinstimmung mit der Angabe des Historikers Priskos, der um 450 einen fränkischen Königssohn mit wallendem blonden Haar als Aëtius' Adoptivsohn überliefert; vgl. Ulrich Nonn, *Die Franken* (2010), S. 86 bzw. hier zur Thidrekssaga Mb 14 nach Henrik Bertelsen, *þiðriks saga af Bern*, (1905–1911), Bd. I, S. 31–32.

[21] a: „Wir sahen ein Zelt größter Ausdehnung und bester Qualität." – b: „Ich glaube, dass weder dessen Materialien noch Arbeit übertroffen werden können."

Dann Droege zum Figurenreservoir der Thidrekssaga:

Wunderbar trifft es sich nun, dass wir in der Ths. selbst den Namen eines Soes-
ters, dem Kölner Erzbischof untergeordneten Ministerialen finden. Der Name
Brunstein, der schon von Jiriczek (Deutsche Heldensagen I, 155) als ‚deutscher
bzw. unnordischer Name' bezeichnet wurde, kommt in besonderer Stellung in
Soest vor. Dort erscheint ein ritterlicher Dienstmann mit dem auffallenden Na-
men seit 1166 neben anderen vornehmen Ministerialen fast immer im Gefolge
Reinalds, der über Soest wie seine Vorgänger und namentlich sein Nachfolger
Philipp v. Heinsberg die geistliche und weltliche Herrschaft ausübte; seit 1166
ist ein Brunstein Zeuge fast aller erzbischöflichen Urkunden. Die Brunsteine
wurden bald das hervorragendste Geschlecht, die Kapelle des heiligen Nicolaus
wurde nach der Familie ihres Patrons die Brunsteinkapelle genannt.

Auch der Name „Reinald", soweit namentlich parallelisiert als der Kölner Erzbischof und Erzkanzler unter Barbarossa von 1159–1167, begegnet verschiedentlich in der Thidrekssaga, so in Mb 90 als Dietrichs Dienstmann, als Ritter in den A/B-Fassungen von Mb 284, als Herzog in Mb 324 f. Ein späterer
„Rainald" (von Urslingen/Irslingen) war Statthalter unter Kaiser Friedrich II.,
man vergleiche aber auch jenen *Reinold* als Herzog von Mailand im Heldenbuch.
Sein Namensvetter lässt sich im Mayen-Land an der unteren Mosel (vgl. die
Thidrekssaga zur *Gransport*-Schlacht) verorten.

Eine weitere Parallele finden wir in Mb 122: Hier begegnet dem ortskundigen
Godzsvin (Hs. A) der Dänenkämpe *Þetleif* auf seinem Weg zu König Dietrich.
Ein Goswin II. war der Vater von Philipp v. Heinsberg, Nachfolger von Rainald
von Dassel, somit auch Erzbischof von Köln und Erzkanzler für Italien von 1167–
1191.

Droege vergleicht nur beispielhaft. Mit Rahewins *Gesta III,28* verweist er auch
auf die unter Barbarossa festgelegte Unterscheidung zwischen Streitross und Zelter, und dazu in den altnordischen Handschriften auf das *turnreid oc gængara* in
der Einführung des Heimir (Mb 18, Bertelsen [a.a.O.] I,39). Hartmann von Aue
erscheint als erster Epiker, der sich dieser Definition in seinem um 1180/90 verfassten *Erec*-Roman bediente, worin er auf das *Zelter der Enite* abhebt.[22]

Könnte auch daher die niederdeutsche Abfassung der Thidrekssaga vielmehr vor
der Jahrhundertwende *und* vor dem Nibelungenlied (Hs. B) begonnen worden
sein? Bereits für diesen Zeitbereich verweist Andersson (S. 14) auf eine längst
bestandene Transportroute zwischen Niederdeutschland und Skandinavien.
Schon im Jahr 1170 erwähnt schließlich Heinrich von Veldeke ein Handelsnetz,
das Rheinstädte mit Norwegen verbindet. *Servatius* (V. 971–978) und die *Sverris*
saga (c. 103) nennen zum Jahr 1186 Spannungen zwischen Bergener Bürgern und

---

[22] *Ferner deutet die bewusste Nennung der Steigbügel (Mb 19) auf eine Fassung der Dietrichsage*
ca. im 8. Jh. hin, da der Steigbügel im 12./13. Jh. Standard war und nicht mehr nennenswert gewe-
sen wäre. Aus: U. Steffens, Zahlensymbolik in der Thidrekssaga im BERNER 95, S. 15 Anm. 18.

deutschen Kaufleuten, bei denen der „preiswerte deutsche Rheinwein eine erhebliche Rolle spielte". Andersson beruft sich zur literarischen Kompetenz u.a. auch auf das literarische Potenzial des weitläufigen mittelrheinischen Raums, wo der Verfasser des zwischen 1077 und 1081 verfassten *Annolieds* zu suchen ist.

Seine Auffassung über die offenbar stauferzeitlich politisierte Kontextualisierung der *Dietrich* ist eine thematisierende Variante bzw. Ergänzung anhand der älteren deutschen Textkritik des 19. Jahrhunderts.[23]

Die Quedlinburger Annalen

Nur wenn man – unzulässig undifferenziert – *Rom* nur in Italien zulassen will, könnte man mit dem *Älteren Hildebrandlied* vorschnell auf Theoderichs Erzfeind Odoaker folgern, der aber auch nie im italienischen Rom residierte.[24]

Doch das für die *Dietrich*-Forschung früheste Heldenlied als Überlieferungszeugnis lässt sich nicht gegen die wenig später verfassten Quedlinburger Annalen anführen: Wenn uns deren Aufzeichnungen berichten, dass ein *Ermanricus und* ein Odoacrus für Dietrichs Flucht verantwortlich sein sollen, so kann damit nicht mit dem Heldenlied konstituiert werden, dass ein ungenannter *„Ermanarich"* im Bund mit »*Otacher*« nicht beteiligt gewesen sein konnte. Die Quedlinburger Annalen machen eindeutig kenntlich, dass ein *anderer nördlicherer Odoaker*, den ein *anderer nördlicherer Theoderich* expressis verbis *nicht getötet – ne occideretur* ‹!›, sondern ihn auf einen Landsitz zwischen Elbe und Saale abgeschoben hatte.[25] Dieser Theoderich kann nicht der Ostgote gewesen sein, sondern eher der bis in den Harzraum gezogene Frankenkönig Theuderich I.[26]

Einen diskutablen Erklärungsansatz dazu bietet Theuderichs Unterwerfung des Thüringerkönigs, den Hilkert Weddige so kontextualisiert:

Wenn für die Heldensage das Schicksal des Amelungen im Zeichen seines Exils bei Etzel steht, so läßt sich diese Situierung verstehen als Erinnerung an den unfreiwilligen Aufenthalt Theoderichs als Geisel am byzantinischen Kaiserhof, als Umdeutung seiner dreißigjährigen Friedensherrschaft oder als Ausdruck der Sehnsucht der geschlagenen Ostgoten nach einer Rückkehr des großen Königs. Der Untergang des Ostgotenreiches und die mit der Exilsituation verknüpfte Gestalt Theoderichs mögen mit dem Untergang des Thüringerreiches

---

[23] Siehe dazu in diesem Band u.a. den Beitrag *Zur „Originalität" des Dietrich von Bern:* → *Ist Theoderich der Große transformierbar auf Dietrich von Bern?*

[24] Mit Ausnahme der Thidrekssaga überliefern weder Heldenlieder noch Chroniken sein „Gesinnungsäquivalent Ermanarich" in dem nach Ritter geostrategisch einzig plausiblen Moselraum – demnach ein Ausschluss eines dortigen „Roma" nicht zementiert werden kann.

[25] Nach den Annalen zwischen 491 und 518 – dazu Gregors Datierung seines Erstbezugs auf Theuderich und Irminfried, den jedoch Teile der Textforschung als unhistorisch einschätzen.

[26] Ihn und seinen Sohn Theudebert haben nennenswerte Teile der älteren und jüngeren Textforschung als die zusammengefassten Titelhelden der *Wolfdietrich*-Epen identifiziert.

unter Irminfried ‹ „Herminafried" › verglichen worden sein und eine allmähli-che Annäherung der beiden Sagenkreise bewirkt haben. Als historischer An-knüpfungspunkt bot sich jedoch am ehesten die Verwandtschaft Amalabergas mit Theoderich an; denn wie bei den Goten an einen Nachhall der zeitweiligen Zugehörigkeit der Thüringer zum Reiche Attilas zu denken,[164] hieße den abrup-ten Einschnitt unterschätzen, den die Katastrophe von 531 für die Kontinuität der Stammesüberlieferung bedeutet haben muß. <u>Amalaberga, die im Unter-schied zu ihrem Mann ja wirklich ins Exil ging, war die Nichte Theoderichs, aus welcher die Chronisten dann die Schwester des fränkischen Theuderich machten. Dieser wurde alsbald mit dem gotischen Theoderich teils verwech-selt, teils genealogisch verknüpft:</u> der gleichfalls landflüchtige Wolfdietrich wurde zum Großvater Dietrichs von Bern erhoben. Und so hätte eigentlich Ir-minfried gleich zwei Schwägern in die Fremde folgen können, <u>doch der ältere und berühmtere Dietrich von Bern erhielt den Vorzug.</u> In der Origo Gentis Swevorum ist ‹ unter dem fränkischen Theuderich › der Schritt Irminfrieds ins Lager Attilas und Dietrichs von Bern [sic!] bereits vollzogen. Dagegen läßt sich an den Quedlinburger Annalen vielleicht die Sagenbildung in statu nascendi ablesen.[27]

Die Abhängigkeit sowohl der Annalen, der *Origo Gentis Swevorum* als auch der Thidrekssaga von einer fabelhaften Tradition anstatt eines historischen Kontexts um einen zweiten „Attila" in einem zweiten Raumgefüge ist jedoch nirgends belegt worden.

Weddige legt uns die in Quedlinburg erschienene Amalgamierung von zwei originären, jedoch sehr wohl zu unterscheidenden Raumereignissen nahe, denn das in den Annalen berichtete Vorgehen eines *fränkischen Dietrich* als Unter-werfer der Thüringer – eine historische Tatsache – lässt sich mit einem dorthin verbannten „Odoacrus" nicht als realgeschichtliche Unmöglichkeit zementieren. Nun ist dessen Namensform, wie auch für „Ermanricus" und „Attila", eben nicht das Alleinstellungsmerkmal für das von der fachwissenschaftlichen Textfor-schung plakatierte Interpretationsgleichnis

Ermanricus +/= *Odoaker* für den Erzfeind von *Dietrich* als ‚*Theoderich d. Gr.*'

Dagegen liefert uns der fränkische Geschichtsschreiber Gregor von Tours längst einen Sachsenanführer Adovacrius u./o. Odovacrius – diesen oder jenen geschickt taktierenden und agierenden Feldherrn, der kurz nach 470 mit Childerich I. ein Bündnis geschlossen haben soll und dessen Gleichsetzung mit dem gleichnami-gen Erzfeind von Theoderich d. Gr. forschungsmehrheitlich zurückgewiesen

---

[27] Weddige, *Heldensage und Stammessage* (1989), S. 99 – hier mit Unterstreichung (rb) zitiert.

[164] R. Wenskus (1976), S. 507, A. 234: → *Sächsischer Stammesadel und fränkischer Reichs-adel* (Göttingen 1976) in: *Abhandlungen der Akademie der Wissenschaften zu Göttingen. Philologisch-Historische Klasse*, 3. Folge, Nr. 93.

wird.[28]

Weddige weiter:

Um so merkwürdiger ist, daß in den Annalen unmittelbar auf den Abschnitt, in welchem nach Gregor von Tours von Irminfrieds Ermordung in Zulpiaco die Rede ist, nahtlos eine Notiz über Attilas Ermordung folgt: Attila rex Hunnorum et totius Europae terror, a puella quadam, quam a patre occiso virapuit, cultello perfossus, interiit (S. 32, Z. 19 f.). Hier erklärt sicherlich die Ermordung eines Herrschers als tertium comparationis dieses ansonsten völlig unvermittelte Nacheinander zweier Ereignisse. Doch neben dem naheliegenden Brückenschlag zu Theoderich/ Dietrich von Bern mögen auch solche scheinbar disparaten Partikel der Überlieferungsgeschichte zum Anschluß der Iring- an die Nibelungen- und Dietrichsage beigetragen haben.[29]

In der Quedlinburger Chronik kommt die datierte Aneinanderreihung eines „Attila" an die heimtückische Ermordung des Thüringerkönigs Irminfrid auf Initiative Theuderichs also nicht von ungefähr.[30] Raumzeitlich gelangen wir also wiederum – übrigens neben der von Ritter-Schaumburg grundsätzlich aufgezeigten Ereignischronologie – auf diesen Frankenkönig und insb. seinen Sohn Theudebert, deren Reflektorfigur Dietrich nach der Thidrekssaga das zu Sachsen bzw. Norddeutschland zu rechnende *Hunaland* nach „Attila" übernommen hat. Und wenn Dietrich nach der Saga in „Rom" einzieht, treffen wir wiederum auf Theuderich, der um 525 in die einstige Moselresidenz von Kaiser Konstantin – die Konstantinopel-Reflektion des *Wolfdietrich* – eingetroffen war.

Zusammenfassung und Folgerungen

Nach Andersson, der sich mit gegenwartspolitischen Einwirkungen auf die literarkulturelle Säule des *Heroic Age* beruft, soll der Germanenheros *Dietrich* als imperiale Stilfigur das *Sacrum Imperium Romanum* für das römisch-deutsch-staufische Kaisertum reflektieren.[31] Dazu wäre sein Thesenmodell auch anhand der Erzählungskerne der Thidrekssaga weiter abzugleichen, um Thidrek als originär intendierten Re-Import des Italieneroberers Barbarossa herauszuschälen.

Gegen Theoderichs historischen Erzfeind distanziert sich die Saga hauptsächlich insoweit, als sie „Odoaker" nicht kennen will. Sie will ihm weder einen Platz in „Verona" noch „Ravenna" zuweisen, sondern ein anderes Rom für einen folglich anderen Ermanarich = ‚Ermenrik' vermitteln, der, wie der angebliche Prototyp (†

---

[28] Dazu mehr an anderer Stelle in diesem Band.

[29] S. 100. Zülpich war ein Sitz von Theuderich, der nach Gregor für Irminfrieds Ermordung sorgte.

[30] Zur Deutung des Attila-Mordmotivs in den Annalen und in der Thidrekssaga:
Rolf Badenhausen, *Nibelungenzug und Thidrekssaga* im BERNER 92, S. 3–15, siehe S. 13.

[31] Das *Collins English Dictionary* bringt diese Definition des „Heroic Age":
The period in an ancient culture, when legendary heroes are said to have lived.
„Ancient culture" schließt demnach die Völkerwanderungszeit ein.

376), jedoch nie mit Theoderich *und* einem italienischen Rom zu tun haben konnte. Interpretatorisch gesehen ist ‚Ermenrik' für die „italienische Saga" sicherlich wesentlich schwieriger als Odoaker unterzubringen – es sei denn man setzt beide gleich, wie es von der überwiegenden Textforschung aus Erklärungsnotstand wegen gleichwohl unterschiedlicher Transmissionen praktiziert wird.

‚Fränkische Verschriftlichungsmemoria' von Italien über Aachen nach Soest?

Noch im ersten Jahr nach seiner Krönung eignete sich Karl der Große Theoderichs Ravennater Reiterstandbild als Dekostück für sein Aachener Thermenareal an. Hatte er mit dieser angeblich *fränkischen translatio imperii* es tatsächlich nötig, dem Jahrhunderte später verfassenden Soester Eposschreiber eine pseudohistorische Ostgotentradition in die Wiege zu legen?

Dieser von Wisniewski und anderen Analysten im Wedinghausener Stift postulierte Skriptor überliefert die migrationszeitliche Historia seines weitläufigen Heimatraums mit Adjunktionen aus der Stauferzeit, die sich durchaus als intendierte Datierungsstempel zu seinem Epos deuten lassen.[32]

Wir haben dagegen keinen Nachweis dafür, dass die *Gesta Friderici I imperatoris* dem Bergenser Skriptorium zu dem von Droege gefundenen Katalog von Entsprechungen in der Thidrekssaga vorgelegen haben soll. Auch nach Andersson dürfen wir somit von einem niederdeutschen Großwerk als Übersetzungs- oder Übertragungsvorlage der Dietrich-Historia ausgehen. Sie konnte längst in der ersten Hälfte des 13. Jahrhunderts von einem hier ansässigen Skriptor abgeschlossen worden sein, der mit bewusster und geradezu minutiöser Übertragung von Barbarossas Aussehen und Wesenszügen auf Dietrich die Identifizierung Theoderichs d. Gr. in seinem Werk nicht zulassen wollte.

In dem schließlich nach Skandinavien gelangten und dort übertragenen Großwerk wird die erfolgreich anlaufende wirtschaftliche Osterweiterung ins Baltikum unverkennbar hervorgehoben. Und für diesen mit eiserner Hand durchgeführten Expansionszug – unter Albert von Buxthoeven bereits um 1200 – rezipiert und kompiliert wohl eher der niederdeutsche als altnorwegische Schreiber Dietrich von Bern als anachronistischen Aktionsträger.[33]

---

[32] Der Verfasser von Heimes Klosterepisode belegt seine Kenntnis über signifikante Teile der Thidrekssaga mit einem Frage- und Antwortgespräch seiner Akteure (Mb 434). Darin liefert er jenen Dialog zwischen Heime und Thidrek, in dem der Berner König seine Vertreibung durch Ermenrik aus *Roma* beklagt. Er bringt unter anderem die Nacherzählung von Jarl Irons Tod und wiederholt die im frühen Kapitel Mb 14 zu findende Beschreibung von Thidreks Haartracht (s. o.), weil sie mit der von Heime identisch sein soll.
Für eine altnordische Eigenleistung bestünde kaum Grund zu solchen Wiederholungen, wohl aber für den Verfasser eines importierten Großwerks zur Hinterlegung seiner Urheberschaft.
[33] R. Badenhausen, *Wilzenland und Ruziland* im BERNER Nr. 93, S. 8–24, siehe S. 15–18.

Fazit

Anderssons staufische Dietrich-These hat ihren Reiz darin, dass zeitgenössische stauferfreundliche Geschichtsschreiber das Herrscherideal für den Italieneroberer Barbarossa in heroischer Prägung *auch* auf einen anderen Herrscher münzen konnten.[34] Denn durch seine letztlich siegreichen Kämpfe gegen bedeutende Städte südlich der Alpen wandelte sich sein Herrschertypus vom kaiserlichen Oberbefehlshaber zum ritterlichen Helden, dessen gegnerische Machtzentren von der zeitgenössischen Geschichtsschreibung als ‚*superbia*' („abgehoben, hochmütig") aufgefasst wurden. Ihre Unterwerfungen durch den „in göttlicher Weisung" kämpfenden deutschen Herrscher als „Vollzieher und Rächer" wurden daher als gerechtfertigt propagiert.[35]

Lässt sich mit der Saga tatsächlich eine überzeugende Parallele für „Thidrek = Theoderich vs. Odoaker" erhärten? Und welche Rolle spielt eine stauferperiodisch wie auch welfenzeitliche Deutungsrelevanz für die typologische Prägung der Aktionsfigur Dietrichs in der Saga? Besonders für ihn steht sein Rollenverständnis als Rächer an Ermenriks Machtpolitik wohl außer Frage, dagegen Odoaker nirgends für Theoderichs Überstellung als vereinbarte Friedensgeisel für den oströmischen Kaiserhof in Verbindung gebracht werden kann.

Wie sich hinreichend aufzeigen lässt, so auch in diesem Forschungsband, thematisieren die mit Dietrich kontextualisierten Erzählungskerne der Thidrekssaga das ostfränkisch-sächsische *Heroic Age* des 5./6. Jahrhunderts. Gleichwohl wird man Andersson sicher dahingehend folgen können, dass die Erzählungsrahmungen der Saga – besonders mit den von Droege aufgezeigten Analogismen – nicht zu übersehene zeitstilistische Annotationen enthalten, die unschwer als periphere Rezeptionen aus den Kaiserperioden des 12./13. Jahrhunderts zu erkennen sind.

Trotz historischer Faktenlagen, dazu Theoderich als Friedensleihgabe an Kaiser Leo I. – jedoch nicht als vertriebener König (!) – und seine für Thidrek pro-staufisch angeregte Motivgrundlage „*Barbarossas Italieneroberung*" legt uns Andersson einen weiteren und keineswegs zu unterschätzenden Erkenntniswert zur Herrscher-Aura unserer Sagengestalt nahe.

Einige hochmittelalterliche Chronisten haben der Identifizierung von Theoderich d. Gr. mit Dietrich widersprochen. Somit bleibt des Weiteren auch die Frage, ob nicht nur sie, sondern auch die neuzeitliche Textforschung die Rezeptionspotenziale zwischen Sagenüberlieferung und dem Italieneroberer Theoderich dezidiert wahrnehmen und gegeneinander abgrenzen konnten.

---

[34] Damit hat sich die berechtigte Frage und Sondierung nach einem historischen Dietrich der Spätantike bzw. Merowingerzeit längst nicht erledigt!

[35] vgl. insb. Heinz Krieg, *Die Staufer in historiographischen Quellen* in: (Hgg.) Bernd Schneidmüller, Stefan Weinfurter und Alfried Wieczorek, *Verwandlungen des Stauferreichs – Innovationsregionen im mittelalterlichen Europa* (Stuttgart 2010) S. 53–66.

Karl Weinand

Dietrich von Bern war nicht Theoderich der Große !¹

In einem jüngeren Werk über die Dietrichepik wird gesagt, dass der Gegenstand dieser Epik *„die Überlieferung um Dietrich von Bern, der Sagenentsprechung des Ostgotenkönigs Theoderich des Großen"* sei (Lienert, 2010, S. 1). Damit ist programmatisch und schlagwortartig zusammengefasst, was die Basis der Altgermanistik in der Frage der historischen Einschätzung der Dietrichsepik seit nun über 200 Jahre ist – zugleich ist der Quell eines der dauerhaftesten Irrtümer der jüngeren Geistesgeschichte benannt: Die *Gleichsetzung* von Dietrich von Bern mit Theoderich dem Großen.

Zunächst seien hier Geschichte und Sage um Theoderich dem Großen bzw. Dietrich von Bern plakativ gegenübergestellt:

Die Geschichte. Theoderich der Große wird ca. 453 n.Chr. geboren, zu der Zeit, als der Hunnenkönig Attila starb, die Hunnenherrschaft in Südosteuropa wird einige Jahre später beendet. Theoderich fällt 489 n.Chr. als König der Ostgoten in Italien ein, das von Odoaker, dem *„König von Italien"*, beherrscht wird. Theoderich schlägt Odoaker in mehreren Schlachten, u. a. bei Verona, und gewinnt Italien und vorliegende Länder. Odoaker zieht sich nach Ravenna zurück. Nach einem erfolglosen Ausbruchsversuch verständigen sich Theoderich und Odoaker auf einen Frieden; Theoderich ermordet Odoaker aber bald (493) heimtückisch in Ravenna und wird König von Italien mit dem Herrschersitz Ravenna.

Die Sage nach der Thidrekssaga (= Dietrichs-Sage). König Samson zieht mit seinen Söhnen Ermenrich und Thetmar nach Bern und erobert es. Thetmar, der spätere Vater Dietrichs von Bern, wird König in Bern; Samson und Ermenrich ziehen weiter nach Rom. Samson stirbt unterwegs, Ermenrich erobert Rom und wird dort König. Als Dietrich König von Bern wird, wird er von Ermenrich vertrieben und flieht zu Attala, dem König der Hunen, nach Susat. Ein Rückkehrversuch Dietrich mit einem Hunenheer scheitert bei der Schlacht bei Gränzport; erst als König Ermenrich gestorben war, kann Dietrich in seine Heimat zurückkehren und auch Rom erobern.

Bemerkenswert ist, dass in der Sage Ermenrich König von Rom ist, der historische Ermanarich, König der Ostgoten, gestorben 376 n.Chr. Er hat Rom und Italien nie gesehen, er nahm sich das Leben, als die Hunnen sein Volk überrannten; dieser Ermanarich hat offensichtlich mit Ermenrich der Sage nichts zu tun. Bemerkenswert auch, dass Dietrich von Bern von Ermenrich vertrieben wird (Ermanarich der Große war zu Theoderichs Zeiten schon lange tot), zu den Hunnen

---

¹ Veröffentlicht ohne Nachtrag in: DER BERNER Heft 58, 14. Jg. (Nov. 2014) S. 34-41.

flieht, aber nicht in die ungarische Tiefebene, sondern nach – Susat/Soest in Westfalen! Bemerkenswert auch, dass die Sage aus dem *„Siegertyp"* Theoderich einen *„Verlierertyp"* Dietrich gemacht haben soll – und das in einer Heldensage !

Geschichte und Sage stimmen in keinem einzigen Punkt der Handlungen überein. Das weiß natürlich auch die Germanistik. Das, was übereinstimmt, sind im Wesentlichen einige Personen und Ortsnamen – und darauf hat die Germanistik mit der These der Gleichsetzung ein ganzes Theoriegebäude errichtet. Allerdings werden solch *„wacklige"* Thesen aus verständlichen Gründen nicht ohne Widersprüche hingenommen.

Die Infragestellung der Identität der Figuren Theoderich und Dietrich begegnet schon in der Anfangszeit der Germanistik. Wilhelm Grimm (Deutsche Heldensagen, S. 392) fragt in diesem Zusammenhang, ob *„diese Ähnlichkeit zufällig vorhanden war"*; August Raszmann (II, S. IX) spricht bei König Ermenrich von Rom und König Thidrek von Bern vage von einer *„Verschmelzung mit gleichnamigen historischen Königen"*. Für A. W. Krahmer (*„Urheimat der Russen"*), der sich auf A. Raszmann stützt, ist Ermenrik ein *„König der Batten, der Gothen oder Franken"*, Thidrek ein König der *„Chattuarier von der Ruhr"*; für beide ist übrigens Bern gleich Bonn. Raszmann und Krahmer, der sich *„Dr. phil. Licent.* [Lehrerlaubnis] *Theol., ordentl. Mitglied mehrerer gelehrten Gesellschaften"* nennt, suchen die Heimat der Helden, wie Dietrich von Bern, dessen Oheim, der Aumlungenkönig Ermenrich, der Hunenkönig Attala und andere in Deutschland, nicht in Italien und Ungarn – ein gewiss nicht leichtes Unterfangen. Die hierzu notwendigen Forschungsansätze unterscheiden sich fundamental von denen der klassischen Germanistik, die davon bis heute nichts wissen will.

Die Anregungen, Bedenken und Zweifel W. Grimms, Raszmanns und Krahmers wurden nicht gehört. Aber weder wurden die Widersprüche der germanistischen Thesen geklärt – zwar erklärt, wenn auch falsch – noch überzeugend aus dem Weg geräumt, sondern durch akademische Autoritäten ,glattgezogen' und ,zementiert'. Die Position auf germanistischer Seite lautet ungefähr so: »*Die Sage hat historische Elemente, Figuren und Ereignisse aus verschiedenen Epochen aufgenommen, umgeformt und auf eine Zeitebene geschoben*«. So werden die auftretenden Widersprüche und Anachronismen von der „herrschenden Meinung" der heutigen Germanistik vernebelt – und ,ad acta' gelegt. – Dem stehen andere Lösungsmöglichkeiten gegenüber, die sowohl Umformung als auch Zeitangleichung bestreiten. Hier ist in erster Linie der Germanist, Frühgeschichtsforscher und Publizist Heinz Ritter-Schaumburg zu nennen, unter dessen Schriften und Bücher diesbezüglich besonders *„Dietrich von Bern – König zu Bonn"* (1982) hervorzuheben ist.

Jedoch findet man tatsächlich in dem ältesten überlieferten schriftlichen Zeugnis aus dem Sagenkreis Dietrichs von Bern, dem Fragment des althochdeutschen *„Äl-*

teren Hildebrandlieds" aus dem 9. Jahrhundert (ca. 830), die unhistorische Vertreibung von *„theotrihhe"* (Theoderich) durch *„otachres"* (Odoaker). Die entsprechenden Zeilen (14–19) in diesem Lied lauten:

hadubrant gimahalta hıltıbrantes sunu	Hadubrand sagte, Hildebrands Sohn:
dat sagetun mı usere lıutı	Das sagten mir unsere Leute
alte antı frote dea erhına warun	alte und weise, die früher schon da lebten,
dat hıltıbrant hættı mın fater ıh	dass Hildebrand mein Vater heiße, ich
heıttu hadubrant	heiße Hadubrand.
forn her oſtar gıhueıt floh her	Vormals ist er nach Osten geritten, er
otachres nıd	floh vor dem Zorn Odoakers,
hına mıtı theotrıhhe entı ſinero	dorthin mit Dietrich und vielen seiner
degano fılu	Kämpfer.

Theoderich und Odoaker waren zwar Zeitgenossen, aber Theoderich wurde nie vertrieben, auch nicht von Odoaker. Aber so steht es nun mal in dem ältesten Zeugnis der historischen Dietrichsepik. Haben die Germanisten also doch recht mit Umformung und Angleichung, und zwar schon in der ältesten Sage? Dietrich wäre und bliebe also Theoderich, wie auch immer? Hierbei muss ich einwenden, dass das Hildebrandlied von gelehrten Mönchen, vermutlich im Kloster Fulda, geschrieben wurde. Diese Mönche aus gehobenem gesellschaftlichem Stand kannten sowohl die Sagen, wie sie an den Adelshöfen vorgetragen wurden, als auch die Geschichte, wie sie aus der römisch-griechischen Antike literal (also über Bücher) überliefert ist.

Fragen wir uns nun, wer die Gleichsetzungen von Historie und Sage bewerkstelligt haben könnte? Waren es:

a) Sänger und germanische Skops an den Adelshöfen? Das setzte voraus, dass sie mit der entsprechenden Geschichtsschreibung vertraut gewesen wären; und wenn es so war, haben sie diese Sagen erst erschaffen, oder gab es bereits Vorstufen und welchen Inhalt hätten sie gehabt?

b) Oder waren es gelehrte Mönche und Kleriker? Nehmen wir nun an, dass zu ihrer Zeit Überlieferungen aus dem Kreise Dietrichs von Bern gab (so ließ etwa Karl der Große „barbarische", d. h. germanische, und sehr alte Heldenlieder, die von den Taten und Kriegen alter Könige sangen, aufschreiben, s. Einhard, *„Vita Karoli Magni"*, Kap 29). Nun hatten diese Mönche ein Problem: Sagen wurden nämlich im frühen und noch im hohen Mittelalter als wahre Geschichte, nicht als Unterhaltungsliteratur verstanden, letzteres wurden sie erst unter dem Einfluss der hochmittelalterlichen höfischen Kultur. Somit hatte der Sagen- und Geschichtskundige das Problem, von Theoderich (Dietrich), Ermanarich (Ermenrich), Attila (Attala) etc. zu wissen – aber mit zwei unterschiedlichen Geschichten.

Es waren m. E. daher eher die mittelalterlichen, klerikalen Historiographen, die versucht haben, diese Geschichten mit den Sagen anzugleichen, sie hatten die intellektuellen Kenntnisse und Fähigkeiten dazu, die in der Regel illiteralen (schrift-unkundigen) Skops jedoch nicht, obgleich man dies nicht kategorisch ausschließen kann. Welche Hinweise („*Beweise*" kann man sich hier sparen) gibt es dafür?

Betrachtet man die Thidrekssaga (andere Werke der Dietrichsepik bleiben hier außer Betracht, da sie teilweise unter dem Einfluss der Kreuzzugsliteratur stehen), so findet man diese historisierenden Angleichungen und Anachronismen nicht oder nur schwach, und diese sind leicht zu erkennen und ohne Schaden zu eliminieren. Dort findet sich zwar die Vertreibung Dietrichs, aber kein Odoaker, aber ein Attala und Hunen, zu denen Dietrich floh; aber die letzteren sind, wie sich nachweisen lässt, weder die Gottesgeisel Attila noch dessen Hunnen, der Schrecken der Völker.

Oder kurz gesagt: Die uns bekannte Dietrichsepik, die ja erst im 13. Jahrhundert schriftlich fixiert wurde, müsste, wenn sie die Elemente der Gleichsetzung schon vorher gehabt hätte, diese wieder entfernt haben. Dafür gibt es, wie gesagt, keine Hinweise.

Die fraglichen Gleichsetzungen finden sich aber in den Annalen und Chroniken etwa seit der ersten Jahrtausendwende, und diese wurden natürlich von gelehrten Mönchen in den Skriptorien der Klöster geschrieben. Ein sehr frühes überliefertes Zeugnis in einem historischen Werk bieten die Quedlinburger Annalen (ca. 1000 n.Chr.). Sie berichten von Ermanricus, Attila, (Kaiser) Zeno, Theoderich und Odoaker als Zeitgenossen; Odoaker spielt als Vetter Theoderichs (sic!) die Rolle des ungetreuen Ratgebers, wie Sibich in der Thidrekssaga; Theoderich wird von Ermanricus aus Verona vertrieben und flieht zu Attila; Ermanricus wird (von den Brüdern Hernido und Serila aus) Vaterrache verstümmelt; Theoderich erobert mit Attilas Hilfe sein Reich zurück, besiegt Odoaker in Ravenna und schickt diesen auf Intervention Attilas in Verbannung, und zwar in eine kleines Landgut zwischen Elbe und Saale. Diese Verwirrung ist enorm!

Das Chronicon Wirciburgensis (ca. 1055) baut auf den Quedlinburger Annalen auf und übernimmt die entsprechende Passage. Darauf baut wiederum das Chronicon Universale Frutolfs von Michelsberg (Kloster in Bamberg) und Ekkehards von Aura (um 1100). Frutolf, der den spätantiken Geschichtsschreiber Jordanes beizieht, sind die Gleichsetzungen ‚befremdlich'; diese, so Frutolf, seien „*nicht nur in verbreiteten Geschichten und rythmischem* [d. h. in Reimen] *Gesang üblich, sondern zeigen sich sogar in gewissen Chroniken*"; er verweist auf chronologische Widersprüche zwischen der Darstellung des Jordanes und der Sage; er zieht in Betracht, dass Jordanes sich irren könnte, oder dass es sich um unterschiedliche Personen, aber mit gleichen Namen handeln könnte.

Otto von Freising, der die Chronik Frutolfs kannte, schreibt in der *„Chronica"* (ca. 1145) zu der Behauptung, dass man sage, Theoderich sei Zeitgenosse Ermanarichs und Attilas: *„omnio stare non est"* (*„das alles kann nicht sein"*). Diese Kritik fließt schließlich in die *„Kaiserchronik"* ein (ca. 1150): *„swer nû welle bewaeren, daz Dietrîch Ezzelen saehe"* (V 14.176/7) und verwirft das Ganze: *„hie meget ir der luge wol ein ende haben"* (V 14.187).

Für Gottfried von Viterbo (* ca. 1125 in Viterbo, † 1191/2) jedoch gab es keine Zweifel, er setzte den *„Veroneser"* (Dietrich) gleich dem Theoderich und schrieb ca. 1187: *„Kaiser Leo mit den Ostgoten Frieden schließend nahm als Geisel den Theoderich, Sohn des Theodemar, nämlich des Veronesers, von dem die Teutonen* (Deutschen) *oft Wunderliches erzählen, wie ich gehört habe, als er acht Jahre alt war"*.

Es dürfte klar sein, dass die Gleichsetzungen nicht zum ursprünglichen Bestand der Sagen gehörten; Theoderich der Große der Geschichte wird in den Sagen nicht als Dietrich von Bern abgebildet. Es ist daher falsch zu behaupten, dass *„Theoderich der Große in den Sagen als Dietrich von Bern weiterlebt"*, oder *„Dietrich von Bern ist Theoderich der Große"* – im Grunde sinnleere Aussagen. Umgekehrt wird ein Schuh daraus! Theoderich der Große mutierte in den mittelalterlichen Chroniken – und so verwurzelt in den Köpfen der Germanisten – zu Dietrich von Bern, zumindest teilweise!

Die Dietrichs-Sagen sind schriftlich seit dem 13. Jahrhundert überliefert. Sie haben aber schon früher existiert, weit vor dem Jahr 1000, sowohl in mündlicher (oraler) als auch schriftlicher (literaler) Form; wenn auch Dietrich ohne den Beinamen *„von Bern"*, damals waren Ortsbeinamen noch nicht üblich.

Der schon genannte Einhard schrieb in Kap. 29: *„Auch die uralten heidnischen Lieder* (barbara et antiquissima carmina), *in denen die Taten der alten Könige besungen wurden, ließ er* [Karl der Große] *aufschreiben und übergab sie der Erinnerung"* [m. E. der geschriebenen Überlieferung]. Es wäre nun sehr verwunderlich, wenn die verbreiteten und beliebten Geschichten um Dietrich von Bern nicht dazu gehört hätten. Überliefert ist davon nichts, Karl Sohn Ludwig der Fromme, der diese Lieder nicht leiden konnte, soll sie verbrannt haben, wofür es jedoch keine Hinweise gibt.

Reginbert, Bibliothekar des Kloster Reichenau († 846/7), verzeichnet 821/822 im ältesten Katalog (*„Brevis librorum"*) der Reichenauer Bibliothek: *„De carmine Theodiscae volumen I"* [siehe im Literaturverzeichnis *„Reginbert von Reichenau"*]. Was diese *„carmina Theodiscae linguae"* enthielten, wissen wir nicht, die entsprechenden Schriften sind nicht erhalten, wie überhaupt Schriftzeugnisse in althochdeutscher und altsächsischer Sprache recht spärlich überliefert sind.

Flodoard (* 894, † 966), Geschichtsschreiber der Reimser Kirche (*„Historia Remensis ecclesiae"*, verfasst ab 948 bis ca. 954), überliefert ein Schreiben des Erzbischofs Fulco von Reims aus dem Jahre 893 an den Frankenkönig Arnulf vom

West-Frankenreich, der im Streite lag mit Karl dem Einfältigen vom Ost-Frankenreich, in dem er das warnende Beispiel eines *„Hermenrico"* (Ermenrich) aus den *„libri teutonici"* anführt, der seine gesamte Familie auf Rat eines treulosen Ratgebers dem Tode weihte. Das korrespondiert mit der bekannten Geschichte der Thidrekssaga, in der König Ermenrich seine Familie auf Intrigen seines *„Hofmeisters"* Sibich auslöscht.

Schlussbemerkung

Die Dietrichssagen, auch die Thidrekssaga, sind, trotz der Klarstellung hier, keineswegs glatt und eindeutig. An ihnen wurden fast acht Jahrhunderte *„gewebt"*, auch fabuliert und auch gedeutet, sie hat in diesen Jahrhunderten manches aufgenommen, auch *„Italienisches"*, aber dieses sind Zusätze und tangieren den *„Kern"* der Sage nur beiläufig; dies erkannt zu haben, besonders in der Thidrekssaga, ist das Verdienst Heinz Ritter-Schaumburgs und Gegenstand der Forschungen aus dem Kreis des *„Dietrich von Bern -Forums"*.

Zur zitierten und benutzten Literatur

Die von mir zu Anfang zitierte Elisabeth Lienert hat ihr Buch dem bekannten Germanist Joachim Heinzle (Prof. emer.) gewidmet, ihr Werk ist zweifellos *„heinzle-gerecht"*. Auf Heinzle beruft sich auch Reinhold Embacher in einer Seminararbeit, bei der er den Anachronismus von *„Hermanarico Attilaeque"* (*„Ermanarich und Attila")* kommentiert (hier zunächst Heinzle, S. 5): *„Die anachronistische Verbindung von Theoderich / Dietrich mit Ermanrich / Ermenrich und Attila / Etzel hat"* (Embacher S. 3 schließt wörtlich an:) *„im Rahmen der Sagenbildung nichts Befremdliches* [sic!]. *Die Synchronisierung von Ereignissen, die zu verschiedenen Zeiten geschehen sind, und von Personen, die zu verschiedenen Zeiten gelebt haben, ist ein typischer* (!!) *Zug der Umformung von Historie in heroische Überlieferung"*. Die Ein- bzw. Auslassung der oben zitierten Autoren hören sich eher an wie das sprichwörtliche *„Pfeifen im Walde"* als fundierte *„Wissenschaft"* – man kann von einem *„Fehlerfortpflanzungsgesetz"* der Germanistik sprechen. Nun will ich mich weder an den Personen Heinzle oder Lienert, erst recht nicht an dem Seminarist Embacher oder deren Werke reiben (diese können durchaus mit Gewinn gelesen werden) - sie haben nur das *„Glück"*, mir den Kritikpunkt *„mundgerecht"* zu servieren.

<u>Nachträge zu</u>

Haubrichs, Wolfgang: *„»Heroische Zeiten ?« Wanderungen von Heldennamen und Heldensagen zwischen den germanischen gentes des frühen Mittelalters"*, im Sammelband *„Namenwelten"* im *„Reallexikon der germanischen Altertumskunde"*, Ergänzungsband 44 (2004, Hrsg. Astrid van Nahl u. a.) S. 513 ff.

Haubrichs schlägt S. 513 mit der Behauptung auf: *„Deutsche Heldensagen gibt es eigentlich gar nicht. Deutsche Heldensage – das ist nicht völlig neues – ist*

vorwiegend ostgermanische Heldensage, ist gotische und burgundische Helden-
sage, ist Sage von den Gotenkönigen Ermanarich und Theoderich, vom Tod des
Hunnenkönigs Attila, vom Untergang der Burgunderkönige durch eben jenen At-
tila". Haubrichs wiederholt im Wesentlichen altbekannte Behauptungen der Germanistik zur Historizität der deutschen Heldensagen und verfährt in deren ausge-
fahrenen Geleisen. Eine wesentliche Aussage dieser Germanistik zur deutschen
Heldensage fasst Haubrichs S. 534 in den komprimierten Satz zusammen: *„Die*
kontinentale [festlandeuropäische] *Heldensage hatte ein »heroic age«* [abge-
schlossen um das Jahr 1.000] *geschaffen, in dem die Hauptpersonen vor allem der*
gotischen Heldensage zu Zeitgenossen geworden waren, was den Vorteil hatte,
das sie nun – als bekannte und identifikationsfähige Personen – wie auf einem
Schachbrett in literarische Aktionen miteinander verwickelt werden konnten".
Auch hier gilt: Falsche Voraussetzungen führen zu beliebigen Schlüssen, auch
falschen; meine Begründung hierfür siehe den vorstehenden Artikel.

Nachtrag, August 2017

Wenn auch etwas verspätet, stehen lassen möchte die Kritik Keinhorsts nicht. Er
hat auf meinen Artikel im BERNER 58 nämlich im BERNER 60 (Mai 2015, S.
56 f) geantwortet. Keinhorst kritisiert, dass ich

„Theoderich in der mittelalterlichen lateinischen Geschichtsschreibung mit Diet-
rich in der gleichzeitigen Heldensage [untersuche] *und* [Weinand] *kommt zu dem*
Ergebnis, dass sie [die Gleichsetzung] *unberechtigt sei"*. ... *„Lienert spricht aber*
von Sagen-Entsprechung der beiden Gestalten ...". ... *„Das ist etwas Anderes,*
denn hier werden nicht, gleichzeitige Erscheinungen verglichen, sondern eine ge-
schichtliche Gestalt des 5./6. Jahrhunderts mit einer Sagengestalt des Hochmit-
telalters ...".

Also, mein Kritikpunkt ist tatsächlich die Gleichsetzung von Theoderich dem
Großen mit Dietrich von Bern in Überlieferungen des Mittelalters.

Was aber meint Keinhorst mit dem bei Lienert angewandten Begriff *„Sagen-Ent-*
sprechung"? Meine Antwort auf die Frage ist, dass der eine (Dietrich, Sage) dem
anderen (Theoderich, Geschichte) entspricht also gleichgesetzt ist[2], und zwar unabhängig davon, wann diese Figuren gelebt haben (ob Dietrich von Bern eine reale Figur der Geschichte war, ist hier unerheblich), oder wann die Überlieferungen geschrieben wurden. Es geht nicht um die Lebensdaten (also wann sie gelebt
haben), oder um literaturhistorische Daten (wann wurde was niedergeschrieben),
sondern eben um die Gleichsetzung an sich.

---

[2] Maria Pümpel-Mader*: „Sprache der Gegenwart"*, 80: *„Deutsche Wortbildung, fünfter Haupt-*
teil, Adjektivkomposita und Partizipialbildungen" (1990) S. 55: *„Eine Entsprechung bzw.*
Gleichsetzung besteht dann, wenn der Extensionsbereich von A und B identisch sind"; Extensionsbereich sind hier die Figuren Dietrich (A) und Theoderich (B).

Darum verstehe ich auch den Einwand von Keinhorst zu meiner Kritik (i.e. Gleichsetzung) nicht: *„Hier ist der Zeitstrahl also gewissermaßen senkrecht statt waagerecht (diachron statt synchron)".*

Das heißt wohl: Weinand hat das Thema verfehlt!

Aber Lienert schreibt ganz richtig, S. 3: *„Die Identifikation des Sagenhelden mit dem Ostgotenkönig, Dietrich von Bern mit Theoderich dem Großen, steht in Zeugnissen nie in Frage, ...".* Was anderes als Gleichsetzung kann Lienert denn damit meinen ?

Also, genau darum geht es; *„diachron"* hin *„synchron"* her, die Kritik Keinhorsts geht an der Sache vorbei.

Literaturhinweise

- Embacher, Reinhold: *„Die historische Dietrichepik: Dietrichs Flucht"*, Seminararbeit, Internet (2000) S. 3

- Grimm, Wilhelm: *„Die Deutschen Heldensage"*, Band 1, Nachdruck der 3. Aufl. v. 1889 (Olms-Weidmann, 1999) S. 35 ff, 392

- Haubrichs, Wolfgang: *„Ein Held für viele Zwecke. Dietrich von Bern und sein Widerpart in den Heldensagenzeugnissen des frühen Mittelalters"*, in *„Theodisca. Beiträge zur althochdeutschen und altniederdeutschen Sprache und Literatur"* (2000) S. 330, 363, bezieht nicht klar Stellung (erkennt zwar die Sagenbeeinflussung der Quedlinburger Annalen, geht aber nicht auf die Frage von zwei geschichtlichen Personen, Dietrich von Bern u. Theoderich der Große, ein); dies wird vermutlich wegen *„Absurdität"* gar nicht erwogen, für Haubrichs sind Dietrich und Theoderich ein und dieselbe Person in verschiedener Ausprägung.

- Heinzle, Joachim: *„Einführung in die mittelhochdeutsche Dietrichepik"* (1999) S. 5

- Krahmer, A. W.: *„Die Urheimat der Russen in Europa. Und die wirkliche Localität und Bedeutung der Vorfälle in der Thidrekssaga"* (1862) S. 10

- Kragl, Florian: *„Mythisierung – Heroisierung – Literarisierung. Vier Kapitel zu Theoderich dem Großen und Dietrich von Bern"*, in *„Beiträge zur Geschichte der Deutschen Sprache"*, Band 129 (2007) S. 66–102: *„Der ›Fall‹ Theoderich der Große/Dietrich von Bern"*, S. 67; Kragl setzt die Identität apodiktisch voraus, er stellt sie nicht in Frage.

- Lienert, Elisabeth:

    - *„Die ›historische‹ Dietrichsepik. Untersuchungen zu ›Dietrichs Flucht‹, ›Rabenschlacht‹ und ›Alpharts Tod‹"*, in der Reihe *„Texte und Studien zur Mittelhochdeutschen Heldenepik"* Band 4 (2010) S. 1

- „*Dietrich-Testimonien des 6. bis 16. Jahrhunderts*", in der Reihe „*Texte und Studien zur mittelhochdeutschen Heldenepik*", Band 2 (2008) S. 3, bedarf einer gesonderten Besprechung.

- Millet, Victor: „*Das 12. Jahrhundert und die Heldensage*", in „*Wolframstudien XVI*": „*Aspekte des 12. Jahrhunderts*". Freisinger Kolloquium 1998 (Hrsg. Wolfgang Haubrichs, 2000) zu den Chroniken S. 256 ff.

- Müller, Stephan, in „*Theodisca. Beiträge zur althochdeutschen und altniederdeutschen Sprache und Literatur*" (2000): „*Helden in gelehrten Welten. Zur Konzeption und Rezension der Heldensagenpassagen in den Quedlinburger Annalen*", S. 373 fasst in einer Sequenz zusammen: „*Dietrich von Bern, der historische Theoderich der Große*".

- Rass, Wim: „*Dietrich von Bern und Karl der Grosse: Untersuchung über die Zeitstruktur der nordischen Dietrich-Sage und die karolingische Sagenmanipulation. Ein Beitrag zur Sagengenese*" (2000) S. 185 ff.

- Rass, Wim: „*Theoderich von Bern?!*", in „*Zum Werdegang der Thidrekssaga. Neue Untersuchungen zur mündlichen und schriftlichen Überlieferung*" in der Reihe „*Forschungen zur Thidrekssaga*", Band 6 (2010) S. 7 ff.

- Raszmann, August: „*Die deutsche Heldensage und ihre Heimat*", Band II ([2]1863) S. IX.

- Reginbert von Reichenau:

  - „*über theodisce (volksmäßige) Gesänge, ein Band*" in einem späteren Verzeichnis dieses Bibliothekars:

    - „*In XX primo libello continentur XII carmina Theodiscae linguae formata*" — „*im XXI. Buchverzeichnis sind enthalten XII Gesänge in theodiscer (volkmäßiger) Sprache abgefasst*"

    - „*In XX secundo libello habentur diversi paenitentiarum libri a diversis doctoribus editi, et carmina diversa ad docendum Thediscam linguam et de inventione corporis S. Benedicti et ceaetera*" — „*im XXII. Buchverzeichnis sind enthalten verschiedene Bußbücher herausgegeben von verschiedenen Gelehrten, und verschiedene Gesänge zum Unterricht in theodisker (volksmäßiger) Sprache, sowie über die Auffindung des Körpers des hl. Benedict usw*" zitiert nach T. Trudbert Neugart: „*Episcopatus Constantiensis Alemannicus sub Metropoli Moguntia cum Vindonissensi cui successit in Burgundia Transiurana provinciæ Vesontinæ olim fundato*". „*Chronologice et Diplomatice illustrates*" a P. Trudperto Neugart, Pars I, Tomus I (1803) „*appendix II ad saeculo IX. N. XLIX.*", p. 536 seq. 539, 547 & 550.

- Ritter-Schaumburg, Heinz: „*Dietrich von Bern – König zu Bonn*" (1982) S. 13 f, 25 f, 28–32.

- Aus den *„Monumenta Germaniae Historica"* (= **MGH**), Quellensammlung zur mittelalterlichen Geschichte:

- *„Annales Quedlinburgenses"*, in MGH *„Scriptores Rerum Germanicarum in usum scolarum"* Tom. LXXII (2004), p. 410 seq: *„Theodoricum similiter, patruelem suum, instimulante Odoacro patruele suo de Verona pulsum apud Attilam exulare coegi". „Theoderich ... aus Verona vertrieben ... ".*

- *„Chronicon Wirziburgense ad. A. 1057"*, in MGH *„Scriptores"* Tom VI (CDCCCXLIIII) p. 23 seq.

- *„Flodoardi Historia Remensis ecclesiae"*, in MGH *„Scriptores"*, Tom. XXXVI (MCMXCVIII) p. 383: *„subicit etiam ex libris Teutonicis de rege quodam Hermenrico nomine, qui omnem progeniem suam morti destinaverit".*

- Frutolf: *„Eccehardi chronicon universale ad a. 1106"*, in MGH *„Scriptores"* Tom. VI (CDCCCXLIIII) p. 130.

- Gottfried von Viterbo, in MGH *„Scriptores"*, Tom. XXII (MDCCCLXXII), Nr. 18 p. 188: *„Leo imperator cum Ostrogothis pacem componens, Teodericum, filium Teodemari, scilicet Veronensis, de quo Teotonici sepissime miram narrant audatiam, obsidem recepit, cum octo esset annorum".*

Rolf Badenhausen

Zur „Originalität" des Dietrich von Bern

Wolfdietrich, die Thidrekssaga und Quedlinburger Annalen als Kronzeugen?[1]

Aus den Stellungnahmen im hochmittelalterlichen Schrifttum über diesen Dietrich treten vor allem diese transliterarischen Auffälligkeiten hervor:[2]

Der Geschichtsschreiber und Bibliothekar Frutolf von Michelsberg († 1103) deutet in seiner *Chronicon Universale* bereits die Möglichkeit ‚mehrerer Dietriche' an. Er wird sich dazu auf das im 9. Jahrhundert verfasste *Hildebrandlied*, Widukind von Corvey (10. Jh.), die Quedlinburger Annalen (11. Jh. bzw. spätes Frühmittelalter) und möglicherweise auch auf die verschollene *Iringsage* bezogen haben können. Das frühmittelalterliche *Hildebrandlied* gilt zwar als die älteste verfügbare Überlieferung über den Berner König, jedoch mag er sich als historisch voraussetzbare Reflektorfigur auch in wesentlich älteren Geschichtswerken verbergen, so etwa in der merowingischen *Historia* des Gregor von Tours († 594).[3]

Das vorgenannte *Ältere Hildebrandlied* nennt uns einen *Otacher* (Verse 18, 25), den es für die Vertreibung eines *Theotrich* (Vers 19), *Detrich* (Vers 23), *Deotrich* (Vers 26) verantwortlich macht. Dieser *Dietrich*, so heißt es, hatte seine Frau und den noch unmündigen Sohn zurücklassen müssen, als er mit Hildebrand gen Osten zu einem ungenannten Hunenherrscher (*huneo truhtın*) zog. Auf Theoderich d. Gr. bezogen macht die expressive Würdigung dieser Zugrichtung aufgrund der politischen und militärischen Auseinandersetzungen zwischen ihm, dem kaiserlichen Konstantinopel und vor allem Odoaker jedoch kaum einen Sinn. Bereits damit hätte Frutolf die Übertragbarkeit von Jordanes' ostgotischer Geschichte auf die Fluchttradition über *Dietrich von Bern* bezweifeln können. Die in Frutolfs Zeit bereits greifbaren Quedlinburger Annalen konnten ihm wie auch seinem Nachbearbeiter Ekkehard von Aura noch einen wesentlich triftigeren Grund liefern, Figuren- und Raumkonstellationen anzuzweifeln, denn sie chronologisieren einen *Theodericus*, der zwischen den Jahren 491 und 518 über einen *Odoacrus* im Harzraum verfügt haben soll.[4] Wir werden auf diesen raumzeitlichen Kontext noch später näher eingehen müssen.

---

[1] Dieser Beitrag basiert auf seiner Veröffentlichung im BERNER 90, S. 33–49. Die hier erheblich erweiterte Fassung enthält wesentliche Ergänzungen u.a. mit weiteren Forschungsquellen.
[2] Spätmittelalterliche Quellen werden hier ausgenommen. Siehe z.B. zu Jakob Twinger (u.a.) U. Steffens, *Hugo Theodoricus und Thideric de Berne* im BERNER 67, S. 21, S. 29 f. u. 32 f.
[3] Für einen fränkischen *Dietrich* insb. in der Thidrekssaga plädieren u.a. Karl Simrock, Laurenz Lersch, Karl Müllenhoff, Hermann Lorenz, Ernst F. Jung, Helmut G. Vitt.
[4] *MGH SS 3* (Hrsg. G. H. Pertz, Hannover 1839) Seite 31. Vgl. die Beziehungen des Frankenkönigs Theuderich I. mit Thüringen. Gregor von Tours nennt in seinen *historiae II,18–19* als Zeitgenossen von Childerich I. einen Sachsenführer *Odovacr(i)us* (Hs. A1, B3), dessen Identität mit dem italienischen Herrscher geschichtswissenschaftlich umstritten ist. Nach Gregors *hist.*

Hingegen gilt die noch in gleichem Passus der Annalen zu lesende Gleichsetzung des ostgotischen Theoderich mit „*Thideric von Berne*, über den einst die Bauern sangen" als Hinzufügung einer anderen (und offenbar erheblich späteren) Nachbearbeitung.[5]

Nach Frutolf hält auch der Chronist Otto von Freising († 1158) die als historisch wie zeitgenössisch dargestellten Beziehungen zwischen dem Greutungenkönig Ermanarich, dem südosteuropäischen Attila und einem (amalischen) Theoderich für unwahre Erzählungen: *...hie meget ir der luge wol ein ende haben.*

Der Verfasser der 1140/1150 geschriebenen *Kaiserchronik* bezeichnet Oraltradition über *Dietrich* als Lüge und ruft nach einem Werk für die Behauptung, dass *Etzel* (Attila) ein Zeitgenosse von *Dietrich* gewesen sein soll: *Swer nû welle bewaeren, das Dieterîch Ezzelen saehe, der haize daz buoch vur tragen.* Nichtsdestoweniger wird mit dieser Dichtung über und für *Dietrich* ein (sagen-) historischer Kontext geschaffen: Sie generiert schließlich seinen Großvater als *alten Dieterîch* für die zeitgenössische Begegnung mit dem Hunnenkönig *Ezzelen*. Die daraus entwickelten Erzählungen, so auch für *Dieterîchs* Sohn *Dietmar*, sprechen jedoch eher gegen als für die Fluchtsage und *Dietrichs* Rückeroberungsversuch.[6]

Der Küster der Benediktinerabtei Deutz, (*aedituus*) Theodericus, führt Traditionen über seinen ostgotischen Namensvetter, ‚Attila' und *Ermenricus* in seiner um 1162 verfassten *Chronicon universale brevissimum* zwar unter historischen Begebenheiten, inseriert dazu jedoch nicht die Fluchtsage.

Der italienische Geschichtsschreiber und Dichter Gottfried von Viterbo zitiert in seinem *Pantheon* (um 1190) Theoderich d. Gr. im italienischen „Verona" (wo er sich tatsächlich zeitweilig aufgehalten hat) und assoziiert ihn als den Sagenhelden Dietrich von Bern.[7]

Das um 1200 verfasste Nibelungenlied erwähnt nirgends, dass Dietrich aus Pannonien oder Oberitalien vertrieben wurde.[8] Auch in der relativ verlässlich erscheinenden Prosa-Übertragung von Bierwisch-Johnson (nach Helmut de Boors

---

III,4 lässt sich Theuderichs Zug mit dem Thüringer Herminafred zunächst gegen dessen Bruder Baderich in den oben genannten Zeitraum, und zwar nach 515 bis vor ca. 520 datieren.

[5] So bereits Robert Holtzmann, *Die Quedlinburger Annalen* in: *Sachsen und Anhalt 1* (1925) S. 64–125, siehe 94 f. Vgl. auch Joachim Heinzle, *Einführung in die mittelhochdeutsche Dietrichepik* (1999) S. 19.

[6] vgl. dazu auch U. Steffens, *Die zeitliche Entwicklung der Dietrichsage, II,* im BERNER 88, S. 31 f.; siehe auch Teil I im BERNER 87, S. 60 f.

[7] Im Vergleich zur chronistischen Kompetenz Ottos von Freising schneidet er aus heutiger Sicht offensichtlich schlechter ab, wie auch Hans Werner Seiffert zusammenfassend feststellt: „*Zwar hatten beide ein endzeitliches Bewusstsein, aber Gottfried würde nie die strenge Wissenschaftlichkeit Ottos von Freising erreichen.*" Seiffert, *Otto von Freising und Gotfried von Viterbo* in: *Philologus Bd. 115* (1971) S. 292–301.

[8] So diese „Nachinterpretation" der strophischen Handlung in den 28.–30. Âventuiren zum Beispiel in Wikipedias *Nibelungenlied* (abgerufen 23.12.2021) unter https://de.wikipedia.org/wiki/Nibelungenlied#20.%E2%80%9323._%C3%82venturie

Textausgabe) ist jedoch weder diese raumspezifische Angabe noch für *Bern* ein alternatives *Verona* zu finden. Die früheste Version von *Wolfdietrich* soll noch vor der Thidrekssaga und nur wenig nach dem Reimepos verfasst worden sein.

Wieviel weiß der Lieddichter über Dietrichs Herkunft und Vorleben?

- In Str. 1981 stellt er ihn als „Vogt von Bern" und „König der Amelunge" vor.[9]
- Einmal nennt er ihn einen „ellenden recken" – d.h.: „einen Recken in einem auswärtigen Land" (Str. 2345).
- Nach Str. 1381 ist Dietrich liiert mit Herrat, einer Nichte von Helche (altnord. Erka), der verstorbenen Frau seines Gastgebers Etzel (altnord. ‚Attala' oder sonst ‚Attila'). Seine Verlobte bezeichnet der Dichter als Vertraute von Kriemhild (Str. 1389).
- Er nennt uns Dietrichs Verwandtschaft mit der Gemahlin des Rüdiger von Bechelaren (Str. 2314).

Kontextuelle Beziehungen: *Wolfdietrich* und Thidrekssaga

Der früheste verfügbare *Wolfdietrich* soll nach dessen A-Handschrift die um 1230 oder früher datierte Ortnitsage gekannt haben, die sich als Vorgeschichte geradezu anbietet. Roswitha Wisniewski will insoweit von einer um 1200 geschriebenen Urfassung ausgehen.[10] *Wolfdietrich*-A bietet für unseren Diskurs diesen Inhalt:

Wolfdietrich zählt zu den drei Söhnen des in „Konstantinopel" residierenden Königs Hugdietrich. In Abwesenheit seines Vaters wird er von dessen ungetreuem Ratgeber Sabene als Teufelsspross verleumdet, aber von Hugdietrichs loyalen Gefolgsmann Ber(c)htung, der ihn töten soll, im Wald ausgesetzt. Als er wahrnimmt, dass der von Wölfen umgebene Junge akzeptiert wird, nennt er ihn *Wolf her Dietrich*. Nachdem der königliche Stellvertreter Sabene wegen seiner Verleumdung des Königssohnes aus dem Reich verwiesen wurde, wird Wolfdietrich an den Hof gebracht und von Berhtung erzogen. Wolfdietrich soll jedoch kein Erbteil von seinem Vater erhalten, und nach dessen Tod vertreiben ihn seine Brüder wegen einer neuerlichen Verleumdung des zurückgekehrten Sabene. Sie belagern Wolfdietrichs und Berhtungs Zuflucht – dessen Burg „Lilienporte" – über vier Jahre. Doch dann bricht Wolfdietrich auf, um auf Berhtungs Rat König Ortnit von Lamparten um Hilfe zu bitten, trifft aber erst nach dessen Tod dort ein. Wolfdietrich erschlägt die Ortnit getöteten Drachen, ehelicht Ortnits Witwe, zieht als siegreicher Rächer wieder in „Konstantinopel" ein und sorgt für Sabenes Hinrichtung. Nach zwölfjähriger Ehe begibt sich Wolfdietrich in ein Kloster, wo ihn Teufel bis zu seinem Tod peinigen.

In *Wolfdietrich*-B ist Hugdietrich ein Sohn von König Antzius von Griechenland. Diese Fassung liefert – in auffälliger Parallele zur Samson-Erzählung der

---

[9] Strophenbezifferung nach Karl Bartsch.
[10] R. Wisniewski, *Mittelalterliche Dietrich-Dichtung* (1986) S. 149 f. Vgl. J. Heinzle S. 41 f.

Thidrekssaga – Hugdietrichs abenteuerliche Brautwerbung um Hiltburg, die Tochter eines Königs Walgunt von Salneke.[11] Dieser verweigert jedoch ihre Verbindung und schließt sie in einen Turm ein. Doch Hugdietrich plant hinterlistig: Er eignet sich Handarbeitskunst an und wird in überzeugender weiblicher Verkleidung als „Hildegunt" am Hof Walgunts aufgenommen – man vergleiche die Brautwerbung des Apollonius um König Samsons Tochter! Wolfdietrich, der zeitweilig auch in Troja residiert (!), besiegt den habgierigen Ortnit im Zweikampf, doch gemeinsam mit ihm befreit er seine Braut Sigeminne auf einer Burg *Altenfelse* ‹ in (D) › aus der Gewalt eines Riesen *Drasian* – hier also gleich zwei textübergreifende Synonyme aus *Þiðreks Osning*-Zug.[12]

Wolf-Dietrichs Drachenkampf. Spätmittelalterliches Motiv um 1420
Universitätsbibliothek Heidelberg, *Cod. Pal. germ. 365*, Straßburg

Auf den hervorgehobenen Rollenpart des getreuen und weisen Berhtung im (adäquaten) Vergleich zu Hildebrand muss ohnehin nicht weiter hingewiesen werden.

Wolfdietrichs Vertreibung nach A-B resultiert aus dem Streit mit seinen Brüdern um den Erbanteil vom väterlichen Reich, in A ist Sabene die treibende Kraft.

---

[11] Zur Deutung stünde hier nicht nur Thessaloniki – sofern man eine ursprüngliche heimatliche Anspielung auf *Salia* (Salfranken) nicht ausschließen will.
[12] Nach der Thidrekssaga besiegt *Dietrich* einen *Drusian / Drasian* und trifft auf seinem Zug auf eine Burg *Aldinflis* im heimatnahen Umfeld des Wedinghausener Klosterschreibers Ludowicus, vgl. R. Badenhausen, *Iron und Apollonius mit ›Salomon‹ in der Thidrekssaga* im BERNER 88, siehe S.12. Der Verfasser von *Wolfdietrich*-D dürfte übernommen haben.

Für Wolfdietrichs Verleumdung als „Kebsenkind" findet sich ebenfalls eine Parallele zu Theuderich I., denn für die Aufgabe seines legitimen Reichsanspruchs betreibt seine angebliche Schwester die gleiche üble Nachrede wie diese bereits Widukind von Corvey (10. Jh.) und die *Origine gentis Swevorum* (datiert zwischen 1100 und 1210) zu Theuderichs Thüringerkrieg überliefern. Gregor von Tours, der Chlodwig I. zum Vater von Theuderich macht, verbindet dessen Herkunft ebenfalls aus einem Konkubinenverhältnis, das er längst aus Theoderichs ostgotischer Biografie übernommen haben konnte.[13] Zum vorerwähnten Streit Wolfdietrichs mit seinen Brüdern um das Erbreich lässt sich übrigens der Ausschluss, zumindest jedoch die Absenz von Repräsentanten aus Theuderichs künftigem Territorialbesitz – übrigens im angeblichen Todesjahr Chlodwigs – mit dem ersten Reichskonzil im Fränkischen Reich (511 in Orléans) anführen.[14]

Anhand von *Wolfdietrich* und der Thidrekssaga verdeutlichen nicht nur Erzählmotive, sondern auch materielle Kenngrößen ihren außergewöhnlichen intertextuellen Stellenwert. Und dazu muss nicht vorausgeschickt werden, dass beide sowohl einen Löwen im Schild als auch Kämpfe gegen Drachen führen.

In *Wolfdietrich*-A erbt der Titelheld das Ross Valke von seinem Vater, während Thidrek den Hengst Falka von Heime übernimmt. Im Vergleich dazu nimmt Thidrek während seines *Osning*-Zugs das Schwert Eckisax samt der hochgelobten Rüstung von Ecke, die – wohl zuvor – Wolfdietrich dem Ortnit (Drachentod, vgl. somit Thidrekssaga) weggenommen hatte. Nach den ergänzenden jüngeren *Dietrich*-Epen soll Ecke Schwert und Rüstung von der Königin Seeburg von Jochgrimm erhalten haben, die sie im Kloster *Tischcâl* zu erwerben wusste.

Nach der Thidrekssaga, so Mb 157 über einen Kriegszug von Sigfrids Vater Sigmund, begehrt dessen Berater Hartwin („Artwin", „Artus") die Königin, die sich ihm jedoch verweigert. Analog dazu finden wir die Parallele in *Wolfdietrich*-A, denn vor seiner Geburt tritt auch der Königsvater eine Heerfahrt an und überlässt der Königin die Reichsverwaltung unter dem intriganten Herzog Saben. Auch er begehrt die Königin, was diese gleichfalls energisch ablehnt. Kann diese Motividentität zur Vorgeschichte, der Geburt beider namhafter Heldenfiguren, wirklich nur Zufall sein? Naheliegender ist wohl eher ein außergewöhnlich enges raumzeitliches Verhältnis zwischen Überlieferungshistorie und Verfasserschaft!

Auch nach den Datierungsverhältnissen zu den jüngeren *Dietrich*-Epen können diese erdrückenden Parallelen wohl kaum mit einer ostgotischen, sondern vielmehr fränkischen Provenienz von *Wolfdietrich* und Thidrekssaga erklärt werden.

---

[13] Dazu R. Badenhausen, *War Theuderich I. ein Sohn von Chlodwig?* im BERNER 85, S. 28–40. Siehe auch in diesem Band den Beitrag *Zur Historizität der Thidrekssaga – Zum fränkischen Theodericus*.
[14] Dazu mehr in einem nachfolgenden Beiträge.

Genealogische und ethnische Identifikationen: „Wölfe und *Hugo/Hugas*"

Widukind nennt in seiner Sachsengeschichte[15] den fränkischen *Theodericus* (Theuderich I.) einen Abkömmling von *Huga* und nicht Chlodwig. Er folgt somit einer offenbar anderen Traditionslinie als Gregor, mit dessen nirgends zu validierender Vaterschaftsbehauptung die fachwissenschaftliche *communis opinio* Widukinds Angabe als eine offenbar ethnisch basierte Apposition begreift.

Odin/Wodan mit seinen Wölfen Geri und Freki, den Raben Hugin und Munin.

Hugdietrich entdeckt Wolfdietrich (B)

Bild aus Otto von Leixner, *Illustrierte Geschichte der deutschen Literatur.*

Bild links: Wilhelm Wägner, *Nordisch-germanische Götter und Helden.*

Jan de Vries erkennt in *Dietrichs* vorangestelltem Epitheton das Geschlecht der *Wölfinge/Wülfinge* und sieht darin das ethnische Relikt alter „Initiationsbräuche", die noch in Beziehung mit dem Wodankult gebracht werden können.[16] Insoweit lässt sich auch mit der Heldenedda der geografische Bezug auf Sachsen bzw. *Hunaland* herstellen, dessen Volk – und zwar *Atlis* Untergebene – die *Atlakviða* als „Wölfe" bezeichnet.[17]

Zum anderen, den Titeln *Hugo* und *Hugas*, erklärt de Vries am Beispiel des sowohl in altfriesisch als auch im *Liber historiae Francorum* buchstabierten

---

[15] *Rerum gestarum Saxonicarum libri tres*, siehe Buch *I,9*. Über Widukinds chronistische Verlässlichkeit wird unterschiedlich geurteilt. Johannes Fried nennt dessen Sachsengeschichte ein „fehlergesättigtes Konstrukt". Frieds schärfster Textkritiker Gerd Althoff bewertet den Corveyer Mönch als „vertrauenswürdigen Kronzeugen", der sein somit unschwer zu differenzierendes Werk „phantasievoll angereichert" haben soll. Althoffs Forscherkollege R. Hagen Keller, ebenfalls Historiker und Mediävist, erkennt Widukinds „wohldurchdachte Gesamtkonzeption" (vgl. Quellenzitate Wikipedia unter „Widukind von Corvey").
[16] *Die Sage von Wolfdietrich* in: *Germanisch-Romanische Monatsschrift 39* (1958) S. 15.
[17] Darin lässt Atlis Gemahlin Gudrun ihren Brüdern einen mit Wolfshaar umwundenen Ring als Warnung vor Atlis Unberechenbarkeit zukommen.

„Chochilaicus"[18,19] die Lautverschiebung auf dessen Form *Hugleikr* durch Auslassung des C-Initials.

Er macht damit, offensichtlich anhand bemerkenswerter forschungswissenschaft-
licher Akzeptanz, die einst zwischen jütländischen und friesischen Bereichen sit-
zenden Chauken für die später latinisierten und weiter südlich ziehenden *Franci
Hugones* disponierbar. Hierzu lassen sich auch die von Tacitus angegebenen
Cugerni anführen.[20] Sie wurden an der unteren Lippe bis etwa in den Neusser
Raum (Legionslager *Novaesium*) verortet und stehen im engen räumlichen Zu-
sammenhang mit den einst in niederrheinischen Gebieten und an der Lippe sie-
delnden Sugambern.[21] Im angelsächsischen Epos *Beowulf* lassen sich nach den
Zeilen 2501 f. und 2912 f. die *Hugas* als Salfranken in einem weitgehend friesi-
schen Raum identifizieren. Übrigens nennt Jan de Vries in seinem altnordischen
Wörterbuch unter „Hugl" auch den Inselnamen *Þula* (= Skandinavien), was als
Memorial früherer Frankenwanderung gedeutet werden könnte.[22]

Für in „Westsachsen" bzw. im friesischen Raum ansässige Franken in *(Wolf)Diet-
richs* Stammbaum spricht die Angabe, dass *Huge Dietrich* mit einer Schwester des
Hunnen *Botelung* seine Nachkommen gezeugt haben soll, sich also für ihn –aus
*Botel → Botle → Butle – das altnordisch-eddische Äquivalent *Buðli* fordern lässt.
Überträgt man die Angaben von *Wolfdietrich*-A auf die Thidrekssaga, dann wären
Thidrek = Dietrich und „Attila" als eddischer *Atli* Vettern ersten Grades. *Wolfdiet-
rich* erscheint damit eher auf der Generationsebene Thidreks = Theuderichs,[23] somit
aber auch, wie wir später sehen werden, als interpretativ treffliche raumzeitliche
Anspielung auf die Teilung des Frankenreichs nach Chlodwigs Tod.

Die Quedlinburger Annalen, zur „Geschichtstreue" weniger gescholten als Widukind, überliefern Theuderich I. nach seiner und nunmehr mit einem Stammvater-
Präfix versehenen Herkunftsangabe:

> *Hugo Theodoricus iste dicitur, id est Francus, quia olim omnes Franci Hu-
> gones vocabuntur a suo quodam duce Hugone.*

> *Hugo Dietrich wird dieser genannt, der ist Franke, weil einst alle Franken
> Hugonen genannt wurden nach deren Anführer namens Hugo(n).*

---

[18] Alternativ „Chlochilaicus" sowie im *Beowulf* „Hygelac": ein nordischer Invasor, dessen nie-
derrheinischer Eroberungszug nach Chlodwigs Tod – und wohl vor 520 – von Theuderichs
Sohn Theudebert zurückgeschlagen wurde.

[19] Jan de Vries, *Altnordisches etymologisches Wörterbuch* (2000), S. 265 unter „Hugleikr".
Siehe (u.a.) Ulrich Nonn, *Die Franken* (2012) S. 30–31. Dazu auch U. Steffens, *Merowinger –
Franken und Hugonen* im BERNER 69, S. 33 f.

[20] Tacitus, *Historiae c. 5,16,18.* Plinius schreibt *Cuberni*.

[21] Nach Gregor (*hist. II,31*) soll Chlodwigs Täufer Remigius ihn *„Sugambrer"* (!) genannt haben.

[22] Dazu R. Badenhausen, *Origo gentis Francorum und die Thidrekssaga* im BERNER 89, S. 39 f.

[23] Die Quedlinburger Annalen chronologisieren den Tod eines „Attila" nach dem Ende von
Theuderichs Thüringenzug in den 530-er Jahren (→ MGH SS 3, S. 32), vgl. bereits Ritter-
Schaumburgs Zeittafel und Datierungen zum hunaländischen (Soester) „Attala".

Mit der von Gregor von Tours in die Nachwelt gesetzten und seiner u.a. vom *Liber historiae Francorum* kolportierten Rezeption, dass Theuderich von Chlodwig I. gezeugt worden sein soll, interveniert die Quedlinburger Chronistin – sofern das Stift über keinen männlichen Scriptor verfügte – in Widukinds Angabe anhand des ihr offensichtlich bekannten fränkischen *Liber*.

Mit dem *Wolfdietrich* assoziieren Gregor Sarrazin und Georg Baesecke das motivische Gedenken des Merowingers Gundovald,[24] eines Sohnes von Chlotar und somit Chlodwigs Enkel. Gundovald, den Chlotar nicht als Sohn akzeptierte, wuchs in Konstantinopel auf und wurde später (im Frankenreich) von Chlotar und seinen Söhnen vehement bekämpft. Gundovald wurde dann von eigenen Gefolgsleuten verraten und an seine Gegner ausgeliefert.

In den Kernerzählungen des *Wolfdietrich*, den nur die A-Version als jüngsten Königssohn angibt, erkennen u.a. Karl Voretzsch und Hermann Schneider den Frankenkönig Theuderich I. als Titelgestalt, die nicht nur Andreas Heusler als Verschmelzung mit dessen Sohn Theudebert deutet.[25] Letzteren sehen übrigens Karl Lachmann und Karl Müllenhoff als den Titelprotagonisten.[26] Andererseits bezeichnet der Dichter des Nibelungenlieds (Hs. B, Str. 1372) seinen *Dieterîch* ebenfalls als *Botelungs* Kind: *„an Dieterichen swaz Botelvnges chint"*.[27]

Die Figur des Berthung kann sowohl auf *Dietrich*s Gefolgsmann Hildebrand als aber auch auf den fränkischen Herrschertypus *Majordomus* anspielen.[28] Und hierzu stehen die raumzeitlichen Annahmen für die stoffliche Herkunft des *Ortnit*, wie sich dieser als Einzelwerk auf eine fränkische Alberichsage zurückführen lässt, nicht im Widerspruch.[29] Jedoch wird für den *Ortnit* als Vorgeschichte zum

---

[24] Siehe Baesecke (Rezension über Hermann Schneider, s. dort unter Anm. 22) in: *Anzeiger für deutsches Altertum und deutsche Litteratur 38*, S. 42–51; siehe Sarrazin, *Zur Wolfdietrichsage* in: *Zeitschrift für deutsche Philologie 29* (1897) S. 564.

[25] Siehe Voretzsch, *Epische Studien I* (1900) S. 280 f.; siehe Schneider, *Die Gedichte und die Sage von Wolfdietrich: Untersuchungen über ihre Entstehungsgeschichte* (1913) S. 351 f.

[26] Karl Lachmann, *Rezension zu Mone* in: *Jenaische Allgemeine Literatur-Zeitu*ng. Januar 1822. Nr. 13–16. [zit. nach Lachmann. *Kleinere Schriften* (Hrsg. Karl Müllenhoff) Bd. 1, (Berlin 1876) S. 278–311. Müllenhoff, *Die austrasische Dietrich*sage in: *Zeitschrift für deutsches Altertum* {= ZfdA} 6 (1848) S. 435–459 (Müllenhoff nennt auch Theudebert II.). Dagegen reklamiert insb. Nils Lukman *Wolfdietrich* nur im Ostgotenmilieu von Theoderich: *Der historische Wolfdietrich (Theoderich der Große)* in: *Classica et Mediaevalia 3/1940*, S. 253–284 und *4/1941*, S. 1–61; jedoch weist de Vries S. 13 (1958) „9/10 seines Beweismaterials" zurück.

[27] Es ist sicherlich auszuschließen, dass der eddische Überlieferer vom Nibelungenlied und dem *Wolfdietrich* übernommen haben konnte. Dessen A-Fassung nennt *Botelung*, im Nibelungenlied „Etzels" Vater, als Wolfdietrichs Großvater; vgl. altnordisch *Atli*/„Atala" als *Budlis* Sohn. Zitat aus Strophenübertragung nach H. Reichert; Strophenbezifferung auch hier nach Bartsch.

[28] Siehe Heiko Uecker, *Germanische Heldensage* (1972) S. 104.

[29] Siehe Voretzsch (a.a.O.); Franz Hummel: *Das Verhältnis des Ortnit zu Huon de Bordeaux* in: *Archiv 60* (1878) S. 295–342; Friedrich Lindner, *Über die Beziehungen des Ortnit zu Huon von Bordeaux* (Diss. Rostock 1872).

Wolfdietrich auch eine niederdeutsche Erzähltradition mit Aufnahmepotenzial von östlichen bzw. altrussischen Traditionen angenommen. Dies begründen Karl Müllenhoff und Hermann Schneider mit den *Hertniten* der Thidrekssaga.[30]

Der interliterarische Kontext erscheint keineswegs historisch unplausibel. So erwähnt der Geschichtsschreiber Prokop die von den Franken Theuderich u./o. seinen Sohn Theudebert angestrebte oder gebilligte Verbindung von dessen Schwester Theudechild mit dem im Baltikum zu lokalisierenden Warnenkönig Hermegis.[31]

Aktionsraum „im Licht von fränkischem Machtethos"

Nach forschungskritischer Auffassung, die für den merowingischen Ursprung des *Wolfdietrich* plädiert,[32] erscheinen einige seiner Schauplätze in ein ostgotisch-italienisches Milieu verlegt. Damit mag der auf karolingischen Einfluss hindeutende Schreiber – zeitlich noch vor den Epen *Rabenschlacht, Dietrichs Flucht* und *Alpharts Tod* – den fränkischen Expansionsdrang zu Territorien auch jenseits der Alpen vor allem unter Theuderichs Sohn Theudebert hervorheben.[33]

Noch bemerkenswerter erscheint eine literaturpolitische Ambition im und zum Kaisertum Karls des Großen. Nicht nur Berhtungs Rolle deutet auf eine von karolingischen Hausmeiern initiierte Urfassung, zumal deren evozierter Troja-Herkunftsmythos im *Wolfdietrich*-B auftaucht. Seine merowingische Sagenwurzel hat bereits Hermann Schneider herausgeschält und mit ihm macht auch das *RGA* das kaiserliche Konstantinopel – wohin auch Karl der Große pilgerte – als herrschertypologisch intendierte Personifizierung aus frankengeschichtlichem Machtanspruch wahrscheinlich:

In dem afrz.[34] *Epos ‚Floovant' (Chlodovinc, ‚Sohn des Chlodwig') heißt der Vater des Protagonisten Constantine (24, 130). Auch Gregor von Tours nennt Chlodwig bei der Beschreibung seiner Taufe einen neuen Konstantin (II, 31).*

---

[30] Müllenhoff, *Das Alter des Ortnit* in: *ZfdA 13*, S.185 f. Schneider wie Anm. 22. Sein Rezensent W. Golther, *Zeitschrift für französische Sprache und Literatur, 41*, S. 175 f. erkennt mit ihm eine fränkische *Wolfdietrich*-Traditionsgenese. Vries sieht *Ortnit* ostgermanischen Ursprungs.

[31] Siehe Prokops Gotenkriege VIII, 20 f, 34 f. Dazu mehr an anderer Stelle in diesem Band.

[32] vgl. Lydia Miklautsch, *Montierte Texte – hybride Helden* (2005) S. 83–85.

[33] Zu diesem Merowinger u.a. auch U. Steffens, *Theodebert, der Rex magnus Francorum* im BERNER 83, S. 53 f. Nicht konsensfähig erscheint Wolfdietrichs Figurenkonzeption als dominant heroisierter Theoderich d. Gr., wie etwa nach W. Grimm, Sophus Bugge, Nils Lukmann (1940/1941), Kurt Abels (1965), Roswitha Wisniewski (1986), m.E. Jan de Vries (1958), m.E. Reinhold Kaiser mit Sebastian Scholz, *Quellen zur Geschichte der Franken und Merowinger* (2012). De Vries und Lukman wollen in der Ortnit-Figur Odoakers Parallelfigur sehen, um Theoderichs Reichsanspruch gegenüber Chlodwig (nach de Vries „HugDietrich", vgl. dazu S. 17 a.a.O.) und Wolfdietrichs Erzfeind Sabene als Theoderichs Gegner Sabianus zu verdeutlichen.

[34] *altfranzösisch*

Daß dessen Residenz sodann in der Dichtung Konstantinopel genannt wird, ist verständlich, hat aber nichts mit der Stadt am Bosporus zu tun.[35]

Unter dieser von Wolfdietrichs eroberten Stadt ist vielmehr der von Konstantin d. Gr. gegründete Kaisersitz Trier zu verstehen, das unter seiner Herrschaft zur zweitwichtigsten Stadt des römischen Weltreichs aufstieg und von (Wolf-) Dietrich bzw. Theuderich I. um 525 belegt und rekonstituiert wurde. Zum Verhältnis zwischen dem historischen Theuderich und heldenepischen *Wolfdietrich* – und folglich hier auch *Dietrich* – lässt sich somit wiederum Gregor zitieren, der im Verlauf von Theuderichs Kriegszug gegen die Auvergne über dessen Einzug und kulturelle Reorganisation von Trier berichtet, über das er nachfolgend herrschte.[36] Anlässlich der Taufe von Chlodwig I. bezeichnet ihn Gregor als *„neuen Konstantin"* und erspart sich den Namen des dazu angemessenen Ortes, wo ihn der aus Reims berufene Bischof Remigius schließlich segnete, vgl. (!) *hist. II,31.*

Wie sich bereits mit dem *RGA*-Zitat unschwer kombinieren lässt, lässt sich vielmehr der fränkische als kaiserlich-griechische Herrschersitz von Wolfdietrich und seinem Vater als Anspielung auf Kaiser Konstantins *und* Theuderichs Sitz *Augusta Treverorum* = Trier auffassen. Für die weiteren erzählerischen Details in den inhaltlich durchaus divergierenden *Wolfdietrich*-Epen ist letztlich unerheblich, ob deren Protagonist als ein älterer oder jüngerer Königssohn geboren wurde – wir wissen nicht, welche von all seinen potenziellen Brüdern bei der Teilung des väterlichen Reiches noch am Leben gewesen sein konnten. Aus der fränkischen Geschichtsschreibung wissen wir aber, dass auf dem ersten Konzil von Orléans – im weitläufig angenommenen Todesjahr von Chlodwig I. – nicht ein Vertreter der späteren Reichsteile von Theuderich gemeldet bzw. anwesend war.[37]

Hildebrand

Auch nach seinen früh- bis hochmittelalterlichen Überlieferungen kann dessen Sagengenese nicht einem originären ostgotischen bzw. italienischen Milieu zugeschrieben werden. Bereits Saxo Grammaticus transferierte ihn vor 1216 als „Hildigerus" aus dem Vorlagenmaterial der *Ásmundar saga kappabana*, dessen darin enthaltende Überlieferung man zu Hildebrands frühem Traditionskreis zählt. Diese Saga überliefert Hildigers hunaländisches Reich und Aktionsraum zwischen Dänemark, Sachsen und dem Rhein, an dem er schließlich erschlagen worden sein soll (vgl. Kap. 9). Nach geoethnischen Zeitmaßstäben bedarf es hierzu keiner weiteren Erläuterung, dass – zumindest mit wesentlicher Ausnahme der

---

[35] *Reallexikon der germanischen Altertumskunde (RGA)*, Bd. 9 (1995) S. 384 („Franken" → „Wolfdietrich").

[36] Gregors *Liber vitae Patrum VI,2* sowie seine *historiae III,15.*

[37] Die Aufteilung bezog sich auf Chlodwigs Söhne Chlothar, Childebert, Chlodomer. Vgl. Matthias Becher, *Chlodwig I. Der Aufstieg der Merowinger und das Ende der antiken Welt* (2011) S. 250.

Thidrekssaga als hochmittelalterliche Vita über *Dietrich von Bern* – der hunaländische Begriff für den großsächsischen Raum bereits in Traditionen der späten Migrationszeit – wenn nicht gar früher – geläufig war.[38]

Ermanarich *mit* Odoaker aus Chronistik und Historiografie

Die Quedlinburger Annalen datieren in die Regierungszeiten des oströmischen Kaisers Marcianus (450–457)[39] und des weströmischen Valentinian III. († 455):

- *Eo tempore Ermanricus super omnes Gothos regnavit, astutior in dolo, largior in dono; qui post mortem Friderici unici filii sui, sua perpetrata voluntate, patrueles suos Embricam et Fritlam ‹ = ‚Herlungos' ? › patibulo suspendit. Theodericum similiter, patruelum suum, instimulante Odoacro patruele suo, de Verona pulsum apud Attilam exulare coegit.*

- *Theodoricum similiter, patruelem suum, instimulante Odoacro patruele suo, de Verona pulsum apud Attilam exulare coegit. —*

  - *Zu dieser Zeit herrschte Ermanricus über alle Goten, mit List beschlagen und reichlich gönnend, der seinen einzigen Sohn Fridericus töten und danach seine Blutsverwandten Embrica und Fritla am Galgen aufhängen ließ.*

  - *Ebenso vertrieb er seinen Blutsverwandten („Vetter") Theoderic auf Anstiften seines Blutsverwandten („Vetters") Odoacrus aus Bern und zwang ihn, ins Exil zu ‚Attila' zu gehen.*

Hier darf *Theoderich* mit jener nordischen Tradition über ‚*Attila*' ↔ *Dietrich* vermischt worden sein. Unter Anastasius (491–518) entnehmen wir den Annalen:

- *Theodoricus Attilae regis auxilio in regnum Gothorum reductus, suum patruelem Odoacrum in Ravenna civitate expugnatum, interveniente Attila, ne occideretur, exilio deputatum, paucis villis iuxta confluentiam Albiae et Salae fluminum donavit.*

---

[38] Zur Verdeutlichung muss nicht einmal die „Pro-Ritter-Laienforschung" herangezogen werden, vgl. z.B. Reinhard Wenskus: *Der 'hunnische' Siegfried. Fragen eines Historikers an den Germanisten* in: Heiko Uecker (Hg.), *Studien zum Altgermanischen...*, *RGA Ergänzungsband 11* (1994) S. 686–721. Siehe auch William J. Pfaff, *The Geographical and Ethnic Names in the Þiðriks Saga* (1959) S. 91. Zum klerikalen Schrifttum unter den Karolingern vermerkt auch die deutsche Wikipedia unter „Hunaland":
Der heilige Altfried, Bischof von Münster und Abt der Klöster Werden und Helmstedt, vermerkt (wiederum sukzessiv wie Beda) ein Hunesga/Hunusga *in der Biografie Vita Liudgeri über seinen Onkel Liudger, dass dieser unter Karl dem Großen ernannt wurde zum* ›doctorem in gente Fresonum ab orientali parte fluminis Labeki super pagos quinque, quorum haec sunt vocabula Hugmerthi, Hunusga, Fivilga, Emisga, Fediritga et unam insulam, quae dicitur Bant‹. (Abgerufen 23.12.2021.)
Siehe zur *Ásmundar saga kappabana* und Saxo Grammaticus insb. Jan de Vries, *Altnordische Literaturgeschichte* (1999) S. 171 f, 481 f.

[39] *MGH SS 3* (Hrsg. G. H. Pertz, Hannover 1839) S. 31; Marcianus verschrieben in ‚Martianus'.

- *Theodoricus wurde durch ‚Attilas' Unterstützung in das Reich der Goten zurückgeführt, stürzte seinen Blutsverwandten („Vetter") Odoaker in Ravenna und schickte ihn – nachdem er ihn nach ‚Attilas' Eingreifen am Leben gelassen hatte – in ein Exil auf einige (wenige) Güter am Zusammenfluss von Elbe und Saale, die er ihm schenkte.*

Hier beziehen sich die Annalen auf die nordische Tradition, die mit ostgotischen Faktenlagen nichts mehr zu tun hat, sondern vielmehr auf das Vorgehen zweier zeitgenössischer Herrscher *Ermanricus* und *Odoacrus* gegen einen *Theodoricus*.

Bekanntlich hält jedoch die vorherrschende Lehre diesen Passus, insbesondere die Verschonung von Odoakers Leben und den ins 6. Jahrhundert datierten Tod von ‚Attila' für einen „ahistorischen Einschub", der (z.B.)

die notwendige Voraussetzung für den nun folgenden Wechsel des geographischen Bezugspunktes von Italien nach Sachsen sein soll...

— und des Weiteren

Odoaker als eine aus der Heldensage bekannte Figur gemäß lokalsächsischer Tradition neu verortet, gleichzeitig der Bogen von der heldischen Frühzeit in die Gegenwart der Annalistin gespannt werde.[40]

Dieser Kombination ist jedoch entschieden entgegen zu halten, dass sich die Annalen auf einen anderen nördlicheren Odoaker beziehen dürfen, weil sie sich in Kenntnis der Tötung des italienischen Odoaker – faktisch durch Theoderich den Großen – mit der folgerichtigen Angabe »*ne occideretur*« längst bewusst von dortiger Geschichtsüberlieferung losgesagt hatten. Dieser *Theodoricus* muss/kann nicht mehr zwingend der Ostgotenherrscher sein, der übrigens nie von Odoaker vertrieben wurde!

Hierzu kann nicht das um etwa ein Jahrhundert früher verfasste *Hildebrandlied* als Gegenbeweis angeführt werden. Auch wenn es einen „Ermanarich" nirgends erwähnt, kann damit nicht der Widerspruch konstituiert werden, dass es ihn als den weiteren hinter „Odoaker" stehenden Erzfeind von Dietrich nicht geben konnte.

Nach Angaben des sächsischen Geschichtsschreibers Rudolf von Fulda hatte Theuderich I. im Thüringerkrieg ein Bündnis mit dem angelsächsischen Heeresführer *Hadogoto/Hadugato* geschlossen,[41] den Widukind als *Hathagat* bezeichnet. Gregor von Tours nennt den zuletzt mit Childerich I. paktierten Sachsenführer *Adovacrius, Adovagrius* (*hist. II,18*), *Odovacr(i)us* (*hist. II,19*), den auch der

---

[40] vgl. Martina Giese, *Die Annales Quedlinburgenses* in: *MGH Scriptores Rerum Germanicarum LXXII* (2004) S. 108 f. Anders Holtzmann, der S. 95 eine „vermutlich mit *Oticherslef/Bode* angeknüpfte sächsische Lokalsage" jedoch nicht mit italienischer Rezeption kontextualisiert.
[41] *Translatio Sancti Alexandri, auctoribus Ruodolfo et Meginharto*. Dieser schloss als Schüler Rudolfs dessen *Translatio* in der zweiten Hälfte des 9. Jahrhunderts ab. Der Chronist Adam von Bremen (11. Jh.) berichtet analog.

Liber historiae Francorum ebenfalls als *Adovagrius*[42] angibt. Übrigens hat Gregor als erster fränkischer Schreiber auf Theuderichs Wortbrüchigkeit hingewiesen, der im Thüringerkrieg selbst seinem Bündnispartner und angeblichem Halbbruder Chlotar hinterrücks nach dem Leben getrachtet haben soll (*hist. III,7*).

Nach dem *Älteren Hildebrandlied* soll, wie gesagt, *Dietrich* von Odoaker vertrieben worden sein, den uns die Annalen als Parallelfigur für *Ermenriks* Berater (*Sifka*, altschw. *Seveke/Siveke*, mhd. *Sibich*) anbieten. Jedoch darf keineswegs ausgeschlossen, sondern nunmehr postuliert werden, dass in Quedlinburg *Dietrichs* und nicht „Theoderichs Flucht" unkritisch in Marcianus' Periode datiert wurde. Gegenüber seiner ausgehandelten Entsendung als Friedensgeisel an den oströmischen Kaiserhof[43] bietet der für diesen Annaleneintrag unterstellte *Liber H. F.* (vgl. Giese) kein verlässliches Zeitmaß für Bezüge auf den fränkischen Theuderich.[44]

„Gottfried von Viterbo"

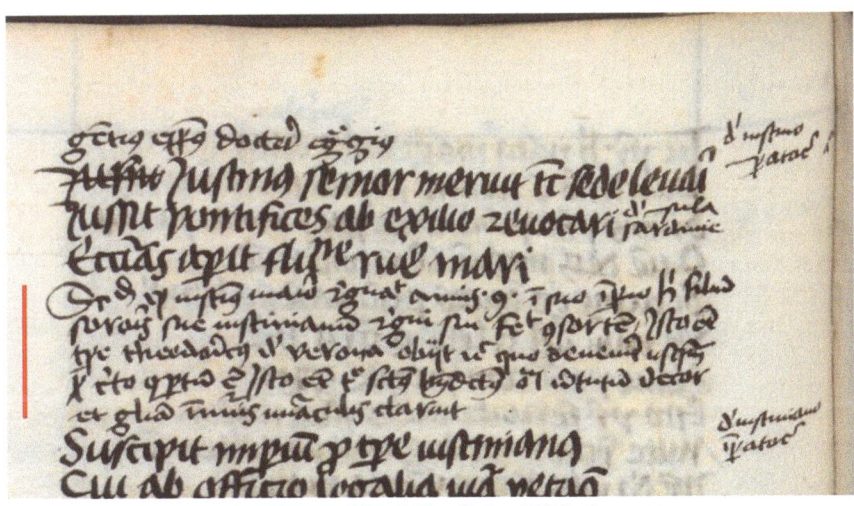

Speculum Regum: Blatt 96 im Codex 298 Steitenstetten

Einen weiteren Hinweis auf einen von Theoderich d. Gr. zu unterscheidenden ‚Theoderich' finden wir in einer Abschrift von Gottfried von Viterbos Königsspiegel *Speculum regum, c. 51*, worin sich zu der Regierungszeit von Kaiser Justinus I. (518–527) dieser Vermerk finden lässt:

---

[42] vgl. *MGH SS rer. Merov. 2* (Hrsg. Bruno Krusch 1888) S. 238[28]. Zur Übertragbarkeit dieser Namenformen R. Badenhausen, *Zum sächsisch-gallischen Odoaker* im BERNER 83, S. 32–33.
[43] Von der vorherrschenden Textforschung jedoch irrig als „Fluchtmotiv"umgedeutet.
[44] Als zugkräftiges Indiz sein in Thüringen oder aus anderer Quelle wahrgenommener rechtsrheinischer *Erstauftritt* als *Königsantritt* im Jahr 532. Giese (S. 140, Anm. 366) will keine Belegstellen für die Verwendung von Gregor von Tours oder dem chronistischen *Fredegar* erkannt haben.

Isto etiam tempore Theodericus de Verona obiit, nec quo devenerit usquam pro certo compertum est.[45]

Zu dieser Zeit starb auch Theoderich von Verona, und es ist nicht gewiss, wohin er überführt wurde.

Wir dürfen zweifellos voraussetzen, dass Gottfried bzw. hier sein Kopist wusste, wo sich Theoderichs letzte Ruhestätte befindet.

Dieser Eintrag stammt zwar nicht von ihm, der sein Werk um 1185 begonnen hatte, sondern, wie vom MGH-Herausgeber Waitz angemerkt, aus der Feder eines spätmittelalterlichen Klosterschreibers in Niederösterreich.[46] Doch längst zu dieser Zeit, im 14. oder frühen 15. Jahrhundert, sollte Theoderichs Ravennater Mausoleum dem Benediktinerstift Seitenstetten, wo diese Eintragung zu dessen Codex 298 vorgenommen wurde, bekannt gewesen sein. Der fränkische Theoderich bzw. Theuderich I. starb unter Justinus' Nachfolger Justinian, wodurch eine Verwechslung nicht unmöglich erscheinen dürfte, zumal auf ihn wiederum Justinus II. folgte. Der Begräbnisort von Theuderich wurde von den Frankenchronisten nicht überliefert.

Gregor von Tours hat uns mit genügenden Beispielen über die Merowinger deren exponiertes Motiv von gewaltsamem Expansionsdrang geliefert: ihre unstillbare Machtgier nach den Besitztümern ihrer eigenen und für Chlodwig auch vetterlich nahen Blutsverwandtschaft, wie dies die Annalen nicht nur für ihren *Ermanricus*, sondern auch – nun gegen den fränkischen Theoderich gerichtet – hinterlegt haben. Hier wird sippenbezogen nicht mit Theoderichs Amalern, sondern vielmehr frankencharakteristisch typisiert. In diesem Fall ist mit Gregor *und* der Thidrekssaga die zur anerkannten Geschichtsschreibung längst nicht konträre Option gegeben, dass ein erfahrener gallosächsischer Heeresführer *Odovacrius* den fränkischen *Theodoricus* = *Dietrich* in Absprache mit Childerichs machtgierigem Sohn Chlodwig – sowie interliterarisch auch kongenial mit dessen politischem Berater – beseitigt haben könnte.[47] Übrigens ist damit auch jene bislang unstimmig rezensierte Angabe der Quedlinburger Chronik plausibel zu machen, wonach nicht nur deren ‚Attila' und *Ermanricus* zeitgenössische Gestalten des 5. bis 6. Jahrhunderts repräsentieren dürfen,[48] sondern – ganz im Tenor der Annalen – der fränkische

---

[45] MGH SS 22 (Hrsg. Georg Waitz 1872), S. 88.

[46] Nach Quellenrecherchen von Peter H. Andersen (Universität Straßburg) an den Verf.

[47] vgl. R. Badenhausen, *Zur interliterarischen Identität von „Ermanarich".* Trilogie *Zur Historizität der Thidrekssaga.* DER BERNER 83, S. 34 f. | Nr. 85, S. 41 f. | Nr. 86, S. 36 f. Bis auf Weiteres muss offenbleiben, ob Chlodwig den „historischen Ermenrik" der Thidrekssaga repräsentieren darf. Dazu weiter im Beitrag *Zum rheinfränkischen Dietrich und Theuderich I.*

[48] vgl. bereits Ritter, *Dietrich von Bern. König zu Bonn* (1982) S. 304 Anm. 122:
In diesen Annalen wird zugleich nochmals die Verwandtschaft Sevekins-Odoacers mit Ermenrik behauptet, die wir aus der Ths nur erschließen konnten, und es wird von Frideric als Ermenriks einzigem Sohn berichtet. Zu all diesem s. Zimmermann (Anm. 2) S. 91 f. und S. 200.

Theodoricus mit ‚Attilas' Unterstützung in sein » gotisches « Reich zurückge-
führt wurde, seinen Blutsverwandten Odoaker in » Ravenna « unterwarf und
ihn – nachdem er dessen Leben nach ‚Attilas' Eingreifen verschont hatte – in
ein Exil im Mündungsbereich von Elbe und Saale schickte.[49]

Zu diesem unter Anastasius (491–518) datierten Bericht mag für diesen Odoaker
offenbleiben, ob Gregors *Odovacrius* den angelsächsischen *Hadugoto* widerspie-
geln darf. Jedoch lässt sich das obige »*Ravenna*« dann nicht mehr als *Thidreks*
italienischen Königssitz deklarieren, sondern ein anderes residenzielles Synonym
zum prägenden Wirkungsort des altnordisch überlieferten Dietrich. Ritter-
Schaumburg hat „trotz gewonnener Schlacht bei *Gransport*" Dietrichs Schmerz
über den Verlust einiger loyaler Kampfgenossen *um 515* datiert.[50]

Ist Theoderich der Große transformierbar auf *Dietrich von Bern*?

Das fachwissenschaftlich geschürte Übertragungsproblem des Ostgoten auf den
Heldensagen-*Dietrich* verdeutlichte bereits Ritter am Beispiel einer transliterarischen Untersuchung von Heinrich Joachim Zimmermann, der in seiner Arbeit die
geschichtlichen und sagenhaften Quellen des Mittelalters eingehend exploriert
und katalogisiert.[51] Ritter rezensiert ihn dahingehend, dass

die ungewöhnlich großen Unterschiede in den Lebensläufen und Charakteren
Dietrichs und Theoderichs in Zimmermanns Buch deutlich erkannt werden,
aber es wird keine Folgerung daraus gezogen. Zimmermann schreibt (S. 178):

»Dagegen entfernt sich die Überlieferung in Heldensage und Heldendich-
tung so weit von der historischen Wirklichkeit, daß nur noch Umrisse zu er-
kennen sind... Für alle Überlieferungsstränge ist gemeinsam, daß sie ein
Theoderich-Bild ergeben, das der historischen Wirklichkeit nicht ent-
spricht.«

Der erste Satz sagt, daß in der Heldensage und -dichtung nur noch Umrisse
der historischen Wirklichkeit zu erkennen seien; im zweiten Satz wird auch auf
die erkennbaren Umrisse Verzicht getan und festgestellt: Das Bild Dietrichs
von Bern der Heldensage und -dichtung entspricht der historischen Wirklich-
keit Theoderichs des Großen **nicht**.

Trotz dieser klaren Aussage wird die Möglichkeit nicht erwogen, daß in Ge-
schichte und Sage von zwei verschiedenen Persönlichkeiten die Rede sei. Wie

---

[49] Zur Dimension des migrationsbasierten Gotenbegriffs, der sich letztlich bis Spanien als west-
gotische Domäne erstreckte, nennt auch die *Atlakviða Gunnar* einen *gotna þjóðann* (Str. 20)!
[50] Ritter, *Dietrich von Bern* (1982) S. 239, vgl. auch S. 304 Anm. 122:
Dies kann nur die Rabenschlacht bei Gränsport meinen, und zwar die Didriks, nicht die
Theoderichs des Großen. Vgl. Ritters Datierung in *Der Schmied Weland* (1999) S. 163.
[51] Zimmermann, *Theoderich der Große – Dietrich von Bern. Die geschichtlichen und sagen-*
haften Quellen des Mittelalters. Dissertation Bonn 1972.

stark mußte das allgemeine Vorurteil sein, welches in einer so vorzüglichen Untersuchung die entscheidende Fragestellung verhinderte![52]

Nur so weit zu Ritter.

Die Literaturwissenschaftlerin Elisabeth Lienert zitiert Quellenangaben aus Zimmermanns Arbeit. Sie schreibt nicht widersprüchlich zu ihm:

Heldenlieder, wie sie in oralen oder semioralen Gesellschaften der Bewahrung der Memoria großer Könige und Krieger dienen, sind prinzipiell durch Jordanes' ⟨Getica⟩ (wohl 550/1) auch für die Goten bezeugt, aber nicht für Theoderich.[53]

Diese Beobachtung scheint unwiderlegbar. Sie behauptet aber dennoch, dass mit den einzuräumenden Inkonsistenzen zwischen den mittelhochdeutschen *Dietrich*-Epen und „Theoderich" die Wiedererkennung beider Gestalten per „Transformation" möglich sei, die aufgrund von „kognitiven Merkmalen" aus einem „kollektiven Gedächtnis" zu folgern sein soll. Der Einwand, dass dieser Übertragungsmodus auf das asynchrone Modulieren mit widersprüchlichen Kennwerten aus historischer Theoderich-Vita und dazu anachronistischen Attila-Ermanarich-Odoaker-Verknüpfungen basiert, ist demnach offenbar irrelevant. Und de facto liefert sie dazu – scheinbar „pro Ritter" – an späterer Stelle (S. 243) ihre Erkenntnis, dass

insgesamt trotz kategorialer Unterschiede zwischen heroisch-kollektiver Memoria und klerikal-lateinischer Historiographie auffällig ist, wie wenig die Fluchtepen (insb. die Vorgeschichte von ⟨Dietrichs Flucht⟩) und ⟨Alpharts Tod⟩ die «geschichtliche Rückendeckung» der Theoderich-Historie suchen.

Hierzu begreift sie deren und dessen „Transformation", die des siegreichen Eroberers und Machthabers in den glücklosen Exilanten jedoch nicht mehr als Problem der mittelhochdeutschen Überlieferungen *und* Faktengeschichte (S. 231):

Die diametrale Umkehrung der historischen Tatsachen freilich, die Transformation des erfolgreichen Eroberers und Herrschers Theoderich in den glücklosen Exilanten (vgl. S. 29 f.), ist auch in diesem Kontext ein Extremfall. Die mittelhochdeutschen Texte allerdings betrifft dieses Problem nicht mehr: Dietrich ist in seiner festen Rolle etabliert; den Bezug zum Gotenkönig Theoderich belegen die Chroniken; für die Dichtungen spielt er keine Rolle. Dem kollektiven Gedächtnis geht es nicht um exakte politische Konstellationen, sondern um eine Vergangenheit, die nicht Faktengeschichte, sondern Vorgeschichte der eigenen Gegenwart und Lebensform ist.

---

[52] Ritter wie oben Seite 14.
[53] Lienert, *Die ⟨historische⟩ Dietrichepik* (2010) S. 27.

Gleichwohl schränkt sie im unmittelbar folgenden Satz ein:

Auf diesen etwas allgemeinen Nenner wird man wohl die Verbindlichkeit der Dietrichüberlieferung weitgehend reduzieren müssen. Eine «formative» oder «normative» Funktion «identitätssichernden» kollektiven Wissens ist in diesem Fall nicht konkret festzumachen.

Sie ist in der Tat, nach den Taten Theoderichs und Dietrichs nicht nur in der mittelhochdeutschen Heldenepik, nicht greifbar.

Lienerts Transformationsansatz entspricht nicht den Voraussetzungen, wie sie aus den historischen, historiografisch-legendären, dichterischen Überlieferungen für Theoderichs und *Dietrichs* Vitae schlüssig zu kontextualisieren sind.[54]

Hinreichende Wiedererkennungsmerkmale aus „Theoderichs Fortleben" in der Dietrich-Dichtung hat sie nicht darstellen können. Und wie sie bereits zu Wahrheitsanspruch und „Verbürgtheit" heroischer Überlieferung hingewiesen hat, ist „geglaubte Historizität" kein Zuordnungskriterium für Vergangenheitsfaktizität – sofern dazu die von ihr induzierend unterstellte „kollektive Memoria" einem mittelhochdeutschen Autoren- und Rezipienten-Milieu überhaupt abverlangt werden kann.

Schon die lateinische Chronistik hat, wie bereits an anderer Stelle darauf hingewiesen wurde, gegen die eklatanten Unstimmigkeiten zwischen den Vitae von Theoderich und Dietrich textkritische bzw. „geschichtslogische" Einwände auch gegen eine Sagentradition vorgebracht. Zudem bleibt weiter festzuhalten, dass zur postulierten Wiedererkennung beider Gestalten mittelhochdeutsche Gelehrte „Gegenwartsbedürfnisse einer kollektiven Memoria pro Theoderich" nirgends definitiv bestätigt, ihn vielmehr als heroisierte Entsprechung abgelehnt haben. Ihre Unterstellung von „geglaubter Historizität", soweit sie – ohne stringente Nachweise von ihr rückhaltlos postuliert – für ihre Gestaltentransformation aus der mediävalen Bibliografie hervorgehen und gerechtfertigt sein soll, bleibt derweil unbelegt.

Fassen wir zunächst zusammen:

Dass der amalische Ostgotenkönig als diametral projizierter *und* sagenplausibel

---

[54] Man siehe auch die kontextuellen Fehldispositionen von Werner Keinhorst im BERNER 60 (Seite 56 „pro Lienert"), der – gar mittels „Zeitstrahlumlenkung" – den Begriff *Sagen-Entsprechung* gegen eine folgerungsbasierte, aber vergleichsmethodisch angeblich „untreffliche" *Gleichsetzung* vom ostgotischen Theoderich mit dem „Sagen-Dietrich" anführt und dazu die Widersprüche zu den vitentypischen Kernmerkmalen in Sage und chronistischen Überlieferungen ignoriert; siehe auch oben Seite 301. Einen Nachweis für eine erzählungsgeschichtliche „Umkehr-Entsprechung" aus mediävaler Dietrich-Heldenbibliografie oder hierzu tradierten „kollektiven Wissen" hat Keinhorst nicht zu seiner Behauptung vorlegen können, *„dass die Sage keine Propagandadichtung ist, die Erfolge rühmt, sondern das heldenhafte Verhalten in Bedrängnis..."*. Dann welches aus Theoderichs Vita? Etwa sein einstweiliger Rückzug von Veronas Toren nach Pavia vor der später gewonnenen Schlacht von Ravenna? Wohl kaum!

vertretbarer Dietrich als Inspirations- oder Wiedererkennungsfigur geradezu beispielhaft herhalten muss, wird Lienerts pseudologischer „Identifikation per Transformation" wohl kaum gerecht.

Das von ihr dazu vorausgeschickte Ansatzpotenzial findet keinen Rückhalt für Theoderich d. Gr. Vielmehr sind, wie Theodore M. Andersson aufgezeigt hat, wesenstypische Wiedererkennungsmerkmale mit der Wirkungsrichtung von Barbarossa auf Thidrek darstellbar.

Der heldenepisch verewigte Dietrich ist jedoch keine stauferzeitliche Erstschöpfung, da dessen Überlieferung bis zum *Hildebrandlied* des 9. Jahrhunderts zurückverfolgt und demnach eine faktische Grundlage für Dietrichs Flucht, Exil und Rückkehr in sein Reich eben nicht ausgeschlossen werden kann. Für die Sondierung und Identifikation seiner originären Herrschergestalt aus Sage und Geschichtsschreibung spielt jedoch keine Rolle, mit welcher anderen historischen Figur die Autoren später entstandener Überlieferungen sich der Ausgestaltung eines Dietrich-Bildnisses bedienen. Anhand Anderssons und Droeges Beispiel „Barbarossa" ist ein solches, abgesehen von kontemporärem nationalen Heroismus, lediglich zur Antlitz- und Charaktereigenschaft wiedererkennbar, für ein typisierendes geschichtliches Beispiel „Theoderich d. Gr." jedoch nicht.

Ähnlich zu Lienert, aber in unterscheidbarem Ansatz argumentiert auch Joachim Heinzle, der für die raumzeitlich widersprüchlichen Konstellationen von Theoderich / *Dietrich* mit Ermanarich / *Ermenrich* und Attila / *Etzel* den Modus Operandi „aus asynchron mach synchron" bemüht.[55]
Wie er dazu ausführt, sei

> *die Synchronisierung von Ereignissen, die zu verschiedenen Zeiten geschehen sind, und von Personen, die zu verschiedenen Zeiten gelebt haben, ein typischer Zug der Umformung von Historie in heroische Überlieferung.*[56]

Zu dieser „Heldenzeitverschiebung" konzediert er zwar nachfolgend (S. 6), dass

> *letztlich aber alle Erklärungsversuche unverbindlich bleiben,*

beschneidet jedoch diese Erkenntnis behände mit der Folgerung, dass

> *man nur grundsätzlich feststellen kann, dass sich die Umformulierung des historischen Geschehens zur Fluchtsage an einem ‚Situationsschema' orientierte, das – mit einem mehr oder weniger festen Motivinventar ausgestattet – aus älterer Erzähltradition geläufig gewesen ist.*

Dieses schon recht definitive Postulat entbehrt bislang überzeugender Belegkraft – wo und wie soll sich der Nachweis aus „älterer Erzähltradition" befinden bzw. zumindest darstellen lassen? Heinzle hat für Theoderichs gegenüber Dietrichs

---

[55] Zu Heinzle bereits in diesem Band der Beitrag *Thidreks Bern lag nicht in Theoderichs Italien.*
[56] Heinzle, *Einführung in die mittelhochdeutsche Dietrichepik* (1999), siehe S. 6.

Wirken nirgends plausibilisieren können, dass dessen Sagenbildung auf asynchron kompilierten Erzählungstopoi „pro Theoderich" basieren darf.

Doch anders die Deutungsmodelle der fachwissenschaftlichen Textkritik des 19. Jahrhunderts. So will Laurenz Lersch zwischen einem originären deutschen und einem italienischen *Dietrich* unterscheiden, die von mittehochdeutschen Dichtern miteinander verwoben worden sein könnten:

> *Es scheint zwei Sagen gegeben zu haben, eine vom rex Theodoricus in Italien, die andere vom deutschen Dietrich von Bern, die im Laufe der Jahrhunderte, namentlich zu der Zeit als die Blicke der deutschen Kaiser nach Italien gerichtet waren, zu einer einzigen zusammenwuchsen und so in ewigem Doppelschalten das Auge des Forschers necken.*[57]

K. Müllenhoff stimmt im Wesentlichen mit Lersch überein und räumt sowohl dem fränkischen Protagonistenduo Theuderich und Theudebert (vgl. *Wolfdietrich*-A) als auch dem *Eckenlied* die raumzeitlich vorrangige und insofern rheinfränkisch-merowingische Herkunft ein:

> *Denn wer wird wohl den Kampf des ostgotischen Dietrich von Bern, der durch das Verona-Bonn an den Unterrhein gelangte, mit Ecke und Fasolt historisch deuten wollen? Auch für die Vermutung, dass er hier an die Stelle des austrasischen Dietrich getreten sei wird kein rechter Grund aufzubringen sein. Jedoch bei einem solchen Zusammentreffen zweier gleichnamiger Helden auf einem und demselben Local wird man allerdings berechtigt sein, der Sage des einen später wenigstens Berühmteren manches abzuziehen und dem anderen wieder zuzuwenden. Gleich in Eckes Ausfahrt sind mehrere Helden mit Dietrich von Bern in Verbindung gesetzt, die nicht nur der rheinfränkischen Sage, sondern auch zum Teil selbst der alten merowingischen beizuzählen sind.*[58]

Ausgehend von den Quedlinburger Annalen und dazu weiteren chronistischen und heldenepischen Überlieferungen resümiert H. Lorenz:

> *Wir müssen aus den zuverlässigsten Zeugnissen schließen, daß bereits im neunten Jahrhundert sowohl Theoderich d. Gr. als auch der Frankenkönig Theoderich in den Liedern des Volkes verherrlicht wurden. Den Franken finden wir in der späteren Heldensage des dreizehnten Jahrhunderts wieder, ganz und gar hineingezogen in den Kreis der gotischen Dietrichsage, darin nur noch schwache Anklänge, die ihn hier als den historischen Frankenkönig kennzeichnen. Die Sage selbst wird schon früh der Verwechselung des gotischen mit dem austrasischen Dietrich vorgebeugt haben, indem sie den letzteren durch den*

---

[57] Lersch, *Chorografie und Geschichte – Verona. (I)* in: *Jahrbücher des Vereins von Alterthumsfreunden im Rheinlande* (1842) I, S. 34; siehe Verfasserzitat im BERNER 83, S. 35.
[58] Müllenhoff, *Die austrasische Dietrichsage* in: *ZfdA 6* (1848), S. 459.

Beinamen Hugo als Franken kennzeichnete.[59]

In diesem Kontext rezensiert der Historiker Josef Niessen die von Simrock stammende Auffassung, der insbesondere konform mit Müllenhoff annimmt,

daß das Lied von Eckes Ausfahrt, das mit der Dietrichsage verflochten ist, am Rhein „im Grippigenland" beheimatet sei und ursprünglich zum fränkischen Sagenkreis gehört habe. Wenn auch heute die Wissenschaft wieder dazu neigt, die Heimat des Eckenliedes in Tirol zu suchen, so ist es doch auch in Niederdeutschland bekannt gewesen und hier lokalisiert worden. In der Vorrede eines alten deutschen Heldenbuches heißt es nämlich: „Das lant zu Köln und Aache hieß etwen Grippigen lant, in dem wonten vil helden... auch Ortwein von Bunn und ander kiene held." An andrer Stelle wird ein Ritter „Helfferich von Bunn" erwähnt, in dem man unschwer den König Chilperich oder einen Namensvetter erkennt.

In einer nordischen Prosabearbeitung deutscher Heldenlieder, der Wiltingasage oder Thidrekssaga, finden sich ebenfalls rheinische Ortsangaben, der Drachenfels und der Wald Osning, der alte Name für die Eifel. Hier wird nun erzählt, daß Frau Segburg, nachdem sie Herrn Eck gegen Dietrich von Bern mit Harnisch, Schwert und Schild bewehrt hat, diesem auch ein Roß anbietet, das er aber ausschlägt, weil es ihn wegen seines riesenhaften Leibes nicht zu tragen vermöge. Er tritt also die Fahrt zu Fuß an und gelangt schon am folgenden Tage nach Bern. Hiermit kann nach Simrocks Meinung nur das rheinische Bern gemeint sein; denn Dietrich reitet vom Etschflusse ab und gelangt erst nach sieben Tagen zum Osning. Hier trifft Eck auf einen von Dietrich verwundeten Ritter namens Helferich, der selbst bekennt, daß er vom Rheine stamme.

Die Annahme eines rheinischen Schauplatzes der Dietrichsage wird entscheidend gestützt durch das Auftreten eines „fränkischen Dietrich, der einst in der Sage unseres Landes hochberühmt war und von dem auch noch anderes in den Kreis des ostgotischen Dietrich hinübergezogen worden ist". Diese Sagengestalt geht zurück auf Theoderich, den Sohn Chlodowechs, der bei den Angelsachsen als der berühmteste König der Franken galt. Im angelsächsischen Gedicht Vidsith „waltete Theodrik der Franken" („Theodric veold Francom"), während als Gotenkönig Ermanrich bekannt war. Aus der naheliegenden Verwechslung der beiden Dietriche, des gotischen und des fränkischen, die schon bei dem Geschichtsschreiber des Sachsenstammes Widukind vorkommt, ist es zu erklären, daß, in den Heldenepen von Hugdietrich und König Rother der Dietrich, den der Quedlinburger Annalist noch ausdrücklich einen Franken nennt, mit seinem Sagenkreis dem ostgotischen verschmolzen wurde.[60]

Soweit die keinesfalls zu ignorierenden, jedoch von der vorherrschenden Lehre wahrscheinlich bewusst übergangenen Auffassungen der älteren Textforschung.

---

[59] Lorenz, *Das Zeugniss für die deutsche Heldensage in den Annalen von Quedlinburg* in: GERMANIA 31 (19) 1886, S. 139. Ders.: *Die Annalen von Hersfeld*, Diss. Universität Leipzig 1885.
[60] Niessen, *Geschichte der Stadt Bonn (I)*, Ferd. Dümmlers Verlag (1956), S. 73–74 insb. zu Simrock, *Bonna Verona*. Festschrift Bonn 1868, III, S. 1–20. Hier mit Hervorhebung zitiert.

Lässt sich dennoch, zwecks überzeugender Kohärenz aus der *Dietrich*-Philologie des 13. Jahrhunderts – im Aufblühen seiner *„Historischen Dietrichepen"* – eine anscheinend literarphilosophisch und forschungspopulistisch vertretene „kollektive Theoderich-Memoria" für den Berner Königshelden *Þiðrek* rechtfertigen?

Wolfdietrich-A, der nach Wisniewski aus einem mutmaßlich um 1200 zu datierenden »*Urwolfdietrich*« hervorgegangen sein soll, wurde um 1230, also wohl noch deutlich vor den eminenten Epen *Rabenschlacht, Dietrichs Flucht* und *Alpharts Tod* verfasst. Das auf den Burgunderuntergang durch Attilas Hunnen gedichtete Nibelungenlied ist zwar älter, jedoch wegen seiner geringen Kenntnis über *Dietrich*s Vita von kaum ausschlaggebender Relevanz – an keiner Stelle findet sich darin eine Angabe etwa darüber, wer für *Dietrich*s Aufenthalt an Etzels Hof verantwortlich gemacht werden kann.

Allerdings lässt sich nach den Handschriftendatierungen schwerlich plausibel machen, dass der oder die Schreiber des *Wolfdietrich* aus dem Inhalt etwa von *Rabenschlacht* u./o. *Dietrichs Flucht* entnommen haben konnten. Andererseits besteht aber sehr wohl die zumindest chronologische Perspektive, dass die Verfasser gerade dieser Epen aus dem *Wolfdietrich* und der *Kaiserchronik* schöpfen konnten, etwa für *Dietrichs Flucht* jenen <u>Huge</u>*Dietrîch* als fränkisches Residuum, worin dieser – somit als kopistisch erkennbare Konstruktionsfigur – die auch im *Wolfdietrich* auftretende Sigeminne von Francrîche heiratet und mit ihr gar einen „Amelunc" als *Dietrich*s Großvater zeugt.

Hermann Schneider, das *RGA* sowie Joachim Heinzle sprechen sich entschieden gegen eine italienische Theoderich-Provenienz des *Wolfdietrich* aus und weisen daher die insgesamt nicht überzeugenden Pro-Argumente von Roswitha Wisniewski et al. zurück.[61] Wie sie jedoch andererseits und bislang unwiderlegt hervorhebt, sollen die markanten Parallelen zwischen *Dietrich* (Thidrek!) und *Wolfdietrich* auf einen eher gemeinsamen, jedoch später erheblich (!) modifizierten Prototyp deuten:

> *Es hat den Anschein, daß in der Wolfdietrichsage eine sehr alte Version der Diet-*
> *richsage vorliegt,* <u>*die den jüngeren Sagenversionen der mittelhochdeutschen Epen*</u>
> <u>*weichen mußte,*</u> *und daß zu ihrer Bewahrung die Transponierung der Sage auf*
> *einen anderen Helden erfolgte, vielleicht zugleich mit neuer Benennung als* Wolf
> her Dietrich *und einer neuen Genealogie, nach der Wolfdietrich ein Vorfahre*
> *Dietrichs ist.*[62]

Nach dem bibliografischen Reformkurs unter Karl dem Großen dürfen wir davon ausgehen, dass unter den

---

[61] Doch schreibt sie immerhin zur konzeptionellen Ausrichtung des Epos (a.a.O. Seite 160): *Nicht an die ostgotische, sondern an die fränkisch-merowingische Geschichte wird die Wolfdietrichsage vielfach angeknüpft, weil in der dortigen Königsfamilie Namensbildungen mit* Hug- *nicht unüblich waren.*

[62] Wisniewski S. 162 mit Hervorhebung zitiert.

zum Gedenken aufzuschreibenden volkssprachigen und altertümlichen Lie-
dern, welche die Taten und Kriege der alten Könige besingen,[63]

nicht nur auf Pergament festzuhaltende *Dietrich*-Traditionen zählten. Vielmehr
gehörte zu seinem „kulturellen Gedächtnis" wohl nicht nur das von ihm vereinnahmte Herrschersymbol Theoderichs, dessen Reiterstandbild er aus Ravenna
transferieren und vor seiner Aachener Pfalz aufstellen ließ. Wollte Karl, wie es
uns die Textforschung unisono suggeriert, wirklich nur des Amalers gedenken?

Der deutsch-italienische Kaiser konnte – daneben – längst auf die beiden so na-
mensähnlichen wie tatkräftigsten Franken mit einigem Stolz zurückblicken, also
Theuderich und dessen Sohn Theudebert gedenken. Letzterer beanspruchte auf
dem Höhepunkt seiner Expansionserfolge (südostwärts bis Venetien) unter anderem den für Münzprägungen zu hinterlegenden kaiserlichen Titel *dominus noster*
auch für sich.

Folgerungen

Die transliterarischen Beziehungen zwischen dem *Wolfdietrich* und *Ortnit*, den
übrigens nicht nur H. Schneider und K. Müllenhoff inhaltlich mit niederdeutscher
Affinität begründen, erscheinen sowohl in auffällig engem stofflichen als auch
entstehungszeitlichen Kontext mit der in Niederdeutschland (Wedinghausen) vor-
verfassten Thidrekssaga, deren Schreiber längst den *Ortnit* und zumindest wohl
eine frühe *Wolfdietrich*-Fassung gekannt haben muss.[64]

Den mit größerer Wahrscheinlichkeit auf den (ost-) fränkischen als süddeutschen
Raum zurückzuführenden *Wolfdietrich,* soweit bereits dessen genealogische Angaben, deutet Wisniewski zu Recht als Wendemarke zu den mit „italienischer
Dietrich-Provenienz" verfassten *jüngeren Sagenversionen der mittelhochdeutschen Epen*, die mit unübersehbaren Anachronismen einige kontemporäre Fürsten

---

[63] Dazu Karls Biograf Einhard (siehe auch Zitat bei Heinzle): „*barbara et antiquissima carmina, quibus veterum regum actus et bella canebantur, scripsit memoriaeque mandavit.*"
[64] Miklautsch S. 88:
> *Für eine Überblendung der beiden Figuren Wolfdietrich und Thidrek spricht auch, dass
> Thidrek vor dem Drachenkampf ein Gebet spricht und Gott um Beistand bittet – dieses Motiv
> findet sich auch in den Wolfdietrichdichtungen. Da es sich um Thidreks einziges Gebet in
> der ,Thidrekssaga' handelt, liegt die Vermutung nahe, dass die immer wieder betonte Fröm-
> migkeit Wolfdietrichs auf die Figur Thidreks übertragen wurde.*

Sie stellt zu Charakterisierung und Konzeption beider Gestalten S.194 fest:
> *In Dietrich vergegenwärtigen und spiegeln sich die Fähigkeiten und Charaktereigenschaften
> seines Ahnen Wolfdietrichs und umgekehrt. Und wie bei der Jugendgeschichte Wolfdietrichs
> haben wir auch bei der Schilderung der Umstände seines Todes eine christliche Umformung
> des Motivs von Dietrichs Höllenfahrt, wiederum projiziert auf Wolfdietrich, Dietrichs Groß-
> vater. In der ,Thidrekssaga' ist eine ins Gute gewendete Version von Dietrichs Höllenritt
> direkt auf die Figur des Protagonisten übertragen. Demnach hat Thidrek während seines
> letzten Ritts auf dem Teufelsross den Beistand Gottes und der Jungfrau Maria gefunden.*

aus süddeutschen Dynastien gedenken.[65] Zwar rekrutiert die Thidrekssaga ebenfalls ein bestimmtes Figuren- und Motivkontingent aus zeitgenössischen Fürstenhäusern und klerikal exponierten Adelsgeschlechtern, so aus Rahewins *Gesta Friderici Imperatoris*, dem Kölner Erzbistum und dem in Soest auftretenden Ministerialengeschlecht *von Brunstein*,[66] jedoch haben deren Rollenfunktionen mit Ausnahme z.B. des vorgenannten *Samson*-Gegners nur wenig Einfluss auf die Kernerzählung(en) über den Titelprotagonisten der altwestnordischen und altschwedischen *Dietrich*-Biografie.

Vor allem nach den rezeptionellen Kontexten sind *Wolfdietrich*-A-B von den übrigen «historischen *Dietrich*-Epen» des 13. Jh.s zwar klar zu unterscheiden,[67] jedoch bieten all diese Werke unplausible Kennwerte gegenüber Theoderich d. Gr. Dagegen können zeit- und literargeschichtliche Vorgänge zum heroisierten *Dietrich* als *Þiðrek* im ostfränkischen und altsächsischen Geschichtsmilieu nicht ausgeschlossen werden.

Mit den von J. Heinzle und L. Miklautsch aufgezeigten narrativen Kontextmerkmalen sind vor allem die Parallelen in *Wolfdietrich*-A-B zur Thidrekssaga überwältigend. Nach den z.T. schöpferisch frei heroisierten Vitae ihrer Protagonisten müssen konzeptionelle Divergenzen zwar eingeräumt werden – zum *Wolfdietrich* auch dessen ostgotisch-italienische Geografie, die sich aber nicht als Reflexion (einzig) des Amalerkönigs erhärten lässt. Vielmehr deuten beide entstehungszeitlich eng zusammenhängende Traditionskreise – nicht zuletzt in quellenkritischer Nachlese der Quedlinburger Annalen – mit vorzuziehenden Indizien auf die fränkischen Reflektorgestalten Theuderich I. und (z.T.) seinen Sohn Theudebert.[68] Diese Deduktion erscheint umso plausibler, als durch ein anderes forschungsmethodisches Vorgehen, den Abgleich der Thidrekssaga mit hauptsächlich gallorömischen Quellen, ihr Titelheld wiederum als vorrangig zu favorisierender Franke hervorgeht. Auch mit Einbeziehung der mittelhochdeutschen Dietrichepik aus der zweiten Hälfte des 13. Jahrhunderts erscheint die von Joachim Heinzle vertretene „Heldenzeitverschiebung" – neben oder mit einem nicht weiter verfolgbaren, jedoch angeblich „geläufigen Situationsschema" aus einer wiederum nicht weiter konkretisierten „älteren Tradition" – als nicht überzeugender Erklärungsansatz für einen *Theodoricus* als ostgotisch begreifbaren *Dietrich von Bern*.

---

[65] Dazu Ulrich Steffens, *Die zeitliche Entwicklung der Dietrichsage, II,* im BERNER 88, S. 35f.
[66] Unter anderem auch dazu: R. Badenhausen, *Wadhincúsan, monasterium Ludewici,* DNB urn:nbn:de:0233-2009033115, S. 13 f; bzw. unter
https://www.badenhausen.net/harz/svava/MonasteriumLudewici.pdf
[67] Wisniewski listet ihn zu Recht unter „mittelalterlicher Dietrich-Dichtung". Heinzle, der offenbar einen mittelhochdeutschen Autor voraussetzt, führt *Wolfdietrich* und *Ortnit* unter „mittelhochdeutscher Dietrichepik", während er z.B. die Thidrekssaga dazu erkennbar differenziert.
[68] vgl. die Zurückweisung von (einzig) Theoderich d. Gr. auf dem Runenstein von Rök von Kemp Malone, *Studies in Heroic Legend and in Current Speech* (1959) S. 116 f. (In diesem Band nachfolgend angeführt.)

Fränkischer Spangenhelm eines „Arpvar" um 525 n.Chr.

Fundort Gellep-Stratum

Bildquelle:
https://kultur-in-krefeld.de/kultur-index/museum-burg-linn/

Foto: Ralf Janowski

Rolf Badenhausen

Zur Historizität der Thidrekssaga

Zum fränkischen Theodericus[1]

In der Überlieferungsbibliografie über den deutschen Sagenhelden Dietrich von Bern lässt sich eine an seiner altnordisch und altschwedisch überlieferten Vita ausgerichtete Prosaerzählung sonst nirgends finden. Ihr Erzählungsraum, ihr Erzählungsgenre und nicht wenige Details auch ihrer Erzählungstopoi unterscheiden sich so erheblich von der mittelhochdeutschen Dietrichepik und neben ihr auch dem Nibelungenlied, dass die biografischen Projektionen ihrer Dietriche, soweit sie aus dem uns vorliegenden südlichen Sagenstoff schon genealogisch widersprüchlich hervorgehen, nicht den in Skandinavien aufgezeichneten Þiðrek/Didrik meinen können.[2]

Aus insoweit längst hinreichenden Gründen befasst sich dieser Beitrag mit der Identifikation und Synchronisation der im skandinavischen Raum verschriftlichten Heldenfigur Dietrich mit seinem merowingischen Namensvetter, dem ersten *fränkischen Theoderich* aus dem 5./6. Jahrhundert.

Hierzu vorweg eine Gliederung zur inhaltlichen Übersicht:

Zur grundsätzlichen raumzeitlichen Intertextualität

Theuderichs und Dietrichs nordländische/altenglische Popularität
   Der Runenstein von Rök
   Deors' Máeringa
   Widsith – und Gregors fränkische Flucht-Exil-Rückkehrgeschichte

Theuderichs und Thidreks Königtum
   Geschichtliche Eroberungszüge
   Theuderichs Lakune in frankoromanischer Geschichtsschreibung
   Gransport
   Fluchtmythos

Folgerungen

Anhang: I. „Zeittafel Thidrekssaga"
     II. Zum Ostreich des Theodericus „primus rex Francorum"

---

[1] Dieser Beitrag erschien im BERNER 81, S. 3–29 mit dem Untertitel *Theuderich I. — der historische Thidrek!* und findet sich hier mit weiteren Ergänzungen überarbeitet.
Angefügt wurde eine Zeittafel zur fränkischen Geschichtsschreibung über das 5. und 6. Jahrhundert, erschienen im BERNER 91, S. 40–43.
[2] vgl. die Thematisierungen im BERNER (u.a.) von Ulrich Steffens, Ausgaben Nr. 68, S. 31–43; Nr. 69, S. 33–42; Nr. 70, S. 20–30; Nr. 79, S. 51 f.

Zur grundsätzlichen raumzeitlichen Intertextualität

Die Thidrekssaga und die altschwedischen Texte machen keine explizite Angabe über die tatsächliche geografische Lage und den Namen von Dietrichs Sitz. Dass sie diese Angabe auslassen konnten und nur ein ostfränkisches bzw. rheinisches Gebiet für den Sitz *Bern* von Dietrich in Frage kommt, verdeutlicht auch der Passus über die *Bertanga*-Heimfahrt seiner Edelleute:

Nachdem bereits erwähnt wurde, dass Heimes familiärer Sitz im (nördlichen) Sueben liegt, sich Fasolds Heimat im *Osning* (Bereich des Teutoburger Walds) befindet, Wildiver aus dem Amelgebiet (Ahr- und Eifelregion) stammt, Vidga aus Seeland und Detleif aus dem südskandinavischen Schonen angereist waren, Hornboge und sein Sohn Amlung wieder nach Wendland ziehen sowie auch der Bannerführer Herbrand (vgl. im *Widsith*: Widfarne) heimwärts zieht und sich Sintram zurück nach Wenden begibt, heißt es nun anschließend in Mb 225–226:

Danach ritt König Dietrich, und mit ihm alle seine Helden, die noch bei ihm waren ‹ Hildebrand, Sigurð/Siegfried {und Hǫgni/Hagen} ›, *mit König Gunter heim nach Niflungenland* ‹ dessen Sitz „*Vernica*", heute Groß-Vernich u./o. Virnich bei Zülpich ist, dem römischen Tolbiacum/Tulbiacum ›.[3]

Hildebrand ist auch hier Dietrichs ständiger Begleiter, während Siegfried der Niflungenprinzessin Grimhild in einer Vernicher Vorburg[4] zur Vermählung vorgestellt werden soll.

Nun gibt der fränkische Geschichtsschreiber Gregor von Tours die Zülpicher Region in seinen *Historiae* als *eine* heimatliche Residenz in Theuderichs Reich an,[5] wo es um die hinterhältige Beseitigung des dorthin zu einer Unterredung bestellten Thüringerkönigs Herminafrid geht:

Idem vero regressus ad propria, Hermenefredum ad se data fidem securum praecipit venire, quem et honorificis ditavit muneribus. Factum est autem, dum quadam die per murum civitatis Tulbiacensis confabularentur […]

Zülpich, von Tacitus *in finibus Agrippinensium* erwähnt (*hist. IV,79*), besaß eine römerzeitlich gemauerte Festungsanlage mit einem Thermenkomplex und erfüllt

---

[3] Mb 226 in der Übersetzung von F. H. von der Hagen. Der Niflunge „Hagen" = Hǫgni wird in diesem Passus (auch in den altschwedischen Texten) nicht erwähnt. Übereinstimmend mit dieser Lokalisierung ist Dietrichs Ausritt von *Bern* zum *Osning* in sieben Tagen nach Mb 96.

[4] vgl. das Glossar der Thidrekssaga nach William J. Pfaff und H. Ritter-Schaumburg unter https://www.badenhausen.net/harz/svava/ThsGlossary.pdf

[5] *hist. III,8*. Gregor erwähnt ihn anderenorts auch in den Herrschersitzen Köln und Trier, was auf ein Reisekönigtum hindeutet. Die Quedlinburger Annalen bestätigen Gregors raumzeitliche Verortung der Beseitigung Herminafrids und schreiben *Zulpiacum* („Zulpiaco").

demnach wie Trier = *Roma II* sowie auch Bonn als *Verona* die quelltextliche Voraussetzung für *Dietrichs Bad* (Mb 414, 438).[6] Nur die jüngere isländische B-Handschrift, jedoch weder Mb noch die A-Fassung und die altschwedische Version, vermerkt *Bern* mit einer Steinbrücke über einen Fluss.[7]

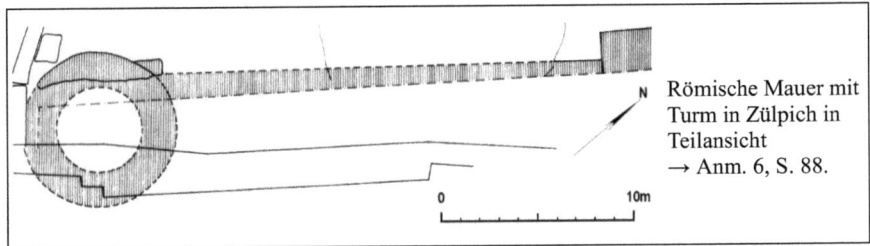

Römische Mauer mit Turm in Zülpich in Teilansicht
→ Anm. 6, S. 88.

Zülpich geht als herausragender Knotenpunkt bereits römerzeitlicher Fernverbindungen hervor. Hier kreuzen sich die Marschrouten

- Bonn, *Castra Bonnensia*, via Euskirchen-Billig (*Belgica vicus*)
- Köln, *Oppidum Ubiorum, Colonia Agrippina* (*CCAA*)
- Jülich, *Iuliacum vicus*
- Xanten, *Colonia Ulpia Traiana*, via Neuss, *Novaesium*
- Reims, *Durocortorum Remorum*
- Trier, *Augusta Treverorum* = *Roma secunda*

Eugen Ewig hat den geostrategischen Wert Zülpichs bis in die merowingische Zeit herausgestellt.[8] Auch ohne Gregors Präsentation von Theuderich und Herminafrid auf einer Mauer der Zülpicher Festung bemühen zu müssen: Die etymologische Korrespondenz *Vernica–Bernica*, als vorörtlich „kleineres Bern" ohnehin nur wenige Reitstunden von Bonn-*Verona-Bern* entfernt, liegt hier unmittelbar auf der Hand.

In der 1271 abgeschlossenen Kölner Reimchronik des hiesigen Stadtschreibers und Urkundenspezialisten Gottfried Hagen erscheint *Dederich van Berne* ortsnah:

Bunna, dat heis man dô Berne.[9]

---

[6] Ursula Heimberg, Michael Gechter, Peter Pahlen, *Grabungen in Zülpich. Das Rheinische Landesmuseum* in: *Rheinische Ausgrabungen'78*, Köln/Bonn (1979) S. 85 f.

[7] Hs. A bezieht sich auf *Rom (II)* und einen *ungenannten nördlicheren Sitz*.

[8] In: *Rheinische Geschichte*, Band 1.2, Seite 15. In merowingischer Zeit besaß Zülpich den Status einer Königspfalz. Laurenz Lersch, *Verona* in: *Jahrbücher des Vereins von Alterthumsfreunden im Rheinlande* (Bonn 1842, Bd. I) betont Seite 6 anhand der Urkunde Nr. 179 in *Lacomblets Urkundenbuch für die Geschichte des Niederrheins*, (Düsseldorf 1840, Bd. I) den räumlichen Stellenwert Zülpichs mit *Verona* und dem Aachener Bardenberg = Bardinbach (vgl. Ths. *Brandenberg*): *atque thelonio civitatis verone libram. I. et de Zulpigo iterum de thelonio iterum libram. I. et ecclesiam unam Bardinbach dictam non censualem libram dimidiam ad sustentandam fratrum inopiam.*

[9] Ritter-Schaumburg, *Dietrich von Bern* (1982). Dazu Ritters Endnote 24 mit Hinweis auf Josef Niessen, *Geschichte der Stadt Bonn I* (1956) S. 69 f.

Nach Josef Niessens geschichtlichen Untersuchungen über die Namengebung *Verona = Bern* für Bonn (10./11. Jh.) besaß dieser von Thebäischer Legende bedachte Ort auch eine numismatische Aussagekraft vom 11. bis 14. Jahrhundert.[10] Die in ebenfalls in Köln verfasste *Chronica regia Coloniensis* datiert um 1197 jedoch kaum ein Trugbild vom *ostgotischen* THEODERICUM BERNENSEM an der Mosel, sondern – anspielend auf die verfeindeten machtpolitischen Beziehungen zwischen Chlodwig I. und Theuderich einerseits und Theoderich d. Gr. andererseits – einen eher fränkischen Dietrich als Verkünder von Unglück und Elend über das römische Reich.[11]

Weitere interliterarische Parallelen, vor allem die synchrongeschichtlichen Details in Theuderichs und Thidreks Königtum, werden später aufgezeigt.

Theuderichs und Dietrichs nordländische/altenglische Popularität

Der Runenstein von Rök

Der Runenstein von Rök.
Bildquelle: Wikimedia Commons
CC BY 2.5

Nach Kemp Malones literarhistorischen Erschließungen hat sich vielmehr der fränkische als der ostgotische Theoderich im geschichtlichen Bewusstsein der Nordländer eingeprägt. Malone bezieht sich dazu auf das „monumentale Gedenken" des Röksteins, aus dessen Gravierungen die folgende Lesart abgeleitet wurde:

raiþ Þiaurikr hin þurmuþi, stiliR flutna, straׅntu HraiþmaraR; sitiR nu karuR ą kuta sinum, skialti ub fatlaþR, skati Marika.

Dietrich der Tapfere, Herrscher über das Meer, den Strand des Hraidmeers;
nun sitzt er gerüstet auf seinem Pferd,
den Schild fest gezurrt, Herr der Marika.

Malone erkennt hier die Bezugnahme auf die von Theuderichs Sohn Theudebert bewältigte Niederschlagung eines skandinavisch-götländischen und somit nicht

---

[10] Erzbischof Pil(i)grim (1021–1036) ließ Denare mit dem Randdruck »FERONA« stanzen. Erzbischof Siegfried von Westerburg veranlasste um 1290 Prägungen mit »BEATA VERONA VINCES« („Du, glückliches Verona wirst siegen"). Siehe in diesem Band den Beitrag von K. Weinand *Münzen und Siegel mit Verona → Verona-Bonn am Rhein.*
[11] vgl. mit Ritters Interpretation a.a.O. auf S. 277–278; dazu auch Endnote 122 (S. 304–305) über die Quedlinburger Annalen, worin er die Vermischung eines niederdeutschen Traditionsstrangs über Dietrich von Bern mit ostgotischem Sagenmilieu erkennt.

gotischen Seefeldzugs.[12] Diese nordische Invasion in einen Reichsteil Theuderichs wurde von einem Chlochilaicus angeführt, den Gregor von Tours als Dänenherrscher rezipiert. Der oben zitierten Strophe gehen diese Zeilen unmittelbar voraus:

þat sakum ąnart, huaR fur niu altum ąn
urþi fiaru miR Hraiþkutum auk tumi iR ąn ub
sakaR ...

Die erste Zeile „*Dass ich zweitens sage, wer vor neun Generationen...*" erkennt Malone als triftigen Beleg zur Rückdatierung und somit als historische Bezugnahme auf die Schlacht, wobei er den durchschnittlichen Generationszyklus auf 35 Jahre ansetzt.[13] Somit kommt Malone von der Datierung des Runensteins (um 835) auf die Goteninvasion in Theuderichs nördlichen Reichsteil auf den Zeitraum um 520. Trotz z.T. recht freier Übersetzungen dieser Strophe gibt es eine Übereinstimmung mit der Lesung von Otto Höfler, der diese Textstelle wie folgt übersetzt:[14]

Das sage ich zum zweiten, wer vor neun Menschenaltern ‹ Generationen › ⌋
bei den Hreidgoten /zur Welt kam /Mensch wurde ‹ anlegte › ...

Malone widerspricht Auffassungen, die anhand jener „Marika" (nicht einmal steht deren geografischer Terminus fest) mit „Meran" und Goten statt Götländer ein italienisches Milieu für den ostgotischen Theoderich zementieren wollen. Gemeint sind anscheinend jene *Mæringa*, die auch der altenglische *Deor* erwähnt und zu deren Burg Dietrich von Bern eine Beziehung haben soll. Zum fraglichen Begriff finden wir in Geir T. Zoëgas altisländisch-englischem Wörterbuch unter *mæringr (-s, -ar), m.* = *a noble man.*

Allerdings deutet Malone *Marika* als eine Übergangsform aus *Mearing*, wodurch sich mit **mæri* als Bezeichnung für einen *angrenzenden Bereich* [15] sich auch der interliterarisch signifikante Kontext zwischen Franken- und *Hunaland*, aber auch zwischen Franken und Westgoten assoziieren ließe – so vermutet Malone die hier später zum Fluchtmythos thematisierte Grenzvölkerschaft.

Man hat vorzugsweise versucht, den runenschriftlichen Passus im Prolog zu Notker Labeos Version des *Boethius* (10. Jh.) wiederzufinden und als rezeptive Quellengröße dem ostgotischen Theoderich-Milieu anhänglich zu machen. Die

---

[12] Kemp Malone, *Studies in Heroic Legend and in Current Speech* (1959), siehe S. 116 f.
[13] Diese Angabe dürfte sich auf Mittelwertberechnung von Herrscherzyklen beziehen, die zeitgenössische Gelehrte sicherlich durchführen konnten.
[14] Otto Höfler, *Zur Diskussion über den Rökstein* in: *Anzeiger der philosophisch-historischen Klasse.* Vlg. der Österreichischen Akademie der Wissenschaften Nr. 4 (1954) S. 62–99. Malones Angaben in eckiger Klammern.
[15] Siehe Jan de Vries' *Altnordisches etymologisches Wörterbuch.* Malone bezieht sich auf die konforme Bedeutung nach Robert E. Zachrissons *Studia Neophilologica VI,30.*

Textstelle im Prolog des Notker *Theodericum vero, regem* **Mergothorum** *et Ostrogothorum, Pannoniam et Macedoniam occupasse [...]* soll demnach bereits mit dem ethnisch-historischen Kenntnisstand des Runenmeisters in Beziehung zu bringen sein.

Herwig Wolfram meint zum fraglichen Terminus, dass der Runenmeister an „Mähringer" dachte [16] und interpretiert *Hraiþkutum* auf dem Rökstein (wie auch damit in Verbindung zu bringende übrige ethnische Termini) unter Ausschluss einer Relevanz nordischer Goten, und zwar ungeachtet einer etymologischen Angreifbarkeit, die für die Gleichsetzung der *Hreidhgothen* für das Volk des *Hrédcyning* „Ermanarich" besteht.

Wie auch einige andere Analysten glaubt offenbar Edith Marold, dass der Runenmeister bereits das im Norden Jugoslawiens liegende Meran kognostizieren oder vergleichbar abgeleitet übernehmen konnte.[17] Insoweit wird hierzu nun jene Regensburger Glosse des 12. oder 13. Jahrhunderts bemüht, welche die z.T. sagenhaften Stämme der Migrationszeit mit gegenwärtigen Völkerschaften in Verbindung bringt und dabei die *Gothi* als *Meranare* bezeichnet. Diese Gleichsetzung führte Richard Heinzel zu der Mutmaßung, dass *Meranare* als slawisierte Form des Gotenbegriffs zu verstehen sei.[18] Somit, nach Marolds weiterem Auslegungsangebot, soll sich die Traditionsgenese schließlich auf dieses Gebiet als den sagenwahrhaftig dreißigjährigen Exilbereich eines hierher vertriebenen „Theoderich" beziehen.[19] Doch mit solcher Deutungskonstruktion scheitert auch ihr übriger Interpretationskomplex für einen sehr wandelbar bemühten „Dietrich von Bern" (bekanntlich forschungstypisch für die dynastische Geschichte und „sagenrelevanten Taten" des italienischen Theoderich) an realgeschichtlich unzureichenden Kausalkontexten zwischen ostgotischer Amalergeschichte und hierzu zeitgenössisch plausibel vertretbarer Dietrichdichtung. Die Frage, ob einer insoweit mittelhochdeutschen Autoren- *und* Leser- *wie* Hörerschaft der Erzählungsmodus einer wesentlich hintergründigen Sagenbildungssubtilität abverlangt wer-

---

[16] Herwig Wolfram, *Die Goten: von den Anfängen bis zur Mitte des 6. Jahrhunderts* (2001). Siehe S. 38, wo er auch anhand Josef Svennungs „*Goticismus*" (1967) und Heinz Gollwitzers „*Germanismus*" (1971) die „Amelungen" auf Theoderichs Südosteuropa beschränken will.

[17] Edith Marold, *Wandel und Konstanz in der Darstellung der Figur des Dietrich von Bern* in: *Heldensage und Heldendichtung im Germanischen*, S. 149–182, siehe S. 164.

[18] Richard Heinzel, *Über die ostgotische Heldensage.* Wien, *Sitzungsberichte der Akademie der Wissenschaften,* Wien 119,3 (1889) S. 19.
Die Vorbehalte anderer wie bereits hier zitierter Forscherkollegen ignorierend zählte Heinzel zu den ersten Verfechtern einer sakrosankten literarischen Gleichsetzung von Dietrich mit Theoderich d. Gr. Mit grundsätzlicher Anschauung einer „Ostgotensaga" folgten nach ihm insb. die Wegbereiter Andreas Heusler, Friedrich Panzer, Dietrich (von) Kralik.

[19] Marold bietet dazu als Erklärung an, dass der amalische Theoderich nach seinem Marsch von Novae in Trakien seine entkräfteten Soldaten hier ihr Winterquartier beziehen ließ bevor er schließlich im Sommer 489 vor Odoakers Ravenna erschien.

den darf, wird von Marold – wie auch generell von der ausschließlich im ostgotischen Deutungsmilieu wandelnden Textforschung – jedoch nirgends in den Raum gestellt.[20]

Man mag zu Recht bezweifeln, dass der Runenmeister des Röksteins dieses *Meranare* für die Vita des amalischen Theoderich parat haben konnte. Wesentlich glaubwürdiger erscheint die von Malone gebrachte Interpretation des fränkischen Theoderich auf dem steinernen Überlieferungsmonument. Es soll jenen nordischen „Meergoten" gedenken, zu denen *Þiaurikr* eine enge Beziehung – als Herrscher oder deren Bezwinger – unterstellt werden darf.

Deors' Máeringa

Die Burg *Đéodrícs*, auf der er angeblich 30 Jahre verbracht haben soll, wird in diesem altenglischen Klagelied nicht weiter umschrieben. Dieser mit dem Aufenthalt eines anzunehmenden *Mær(ow)ingers* verknüpfte Sitz macht mit der Aussage des Röksteins: „*Þiaurikr* → skati Marika = Herr(scher) der Marika" für den rheinfränkischen Dietrich (Theuderich I.) wohl zunächst eben diesen, offenbar aber nicht den einzigen Sinn.[21] Ein alternatives Deutungsgleis führt in Richtung *Hunaland* und Sachsen. Malone weist darauf hin, dass jene *Myrgingas*, übrigens die Stammesangehörigen des *Widsith*-Verfassers, im kontinentalen Sachsen, genauer zwischen Jütland und Schleswig-Holstein, nachweisbar sind. Trotz einer begrifflichen Varianz zu dieser etymologischen Form erinnert Malone außerdem an die unterscheidbare Umlautform des Geografen von Ravenna, der die *Maurungani* an der Elbe überliefert: *patria Albis Maurungani certissime antiquitius dicebatur.*

Malone ergänzt weiter, dass die *Vita Meinwerci episcopi Patherbrunnensis* zum Lebenswerk ihres verdienstvollen Paderborner Geistlichen aus dem 11. Jahrhundert zudem einen *Bernwardo Hildesheimensi [...]* gedenkt, welcher in dieser niederdeutschen Region gewirkt haben soll: *quandam regiam curtem*

---

[20] Als Historiker wird man eine Zumutbarkeitsgrenze für Sagenplausibilität und spekulative Deutungen an dem forschungswissenschaftlich genährten Ostgotenmythos für Theodcrich fordern dürfen, während die Germanistik eine derartige Limitierung entweder nicht oder sonst im offenbar unvereinbaren Verhältnis mit freizügigst erlaubten Sagenkonstruktionen sehen möchte. Dass nachvollziehbare Traditionsforschung sehr wohl Zumutbarkeitsverhältnisse zwischen Geschichte und Sage zu respektieren weis, zeigt nicht nur Hermann Schneider in seiner quellenkritischen Bewertung der Samsonerzählung in der Thidrekssaga.

[21] Auch die Thidrekssaga berichtet von der Übernahme von *Athils* = „Attilas" Reich durch den rheinfränkischen Dietrich, dessen mutmaßliche *merowingische Wurzeln* Heinz Ritter-Schaumburg allerdings nicht in seinen Historizitätsbetrachtungen hat einfließen lassen. Dietrichs Exilresidenz *Susat* fiel frühestens nach der Niflungenschlacht (Datierung bis ca. 525, vgl. Ritter) an ihn als geschichtswissenschaftlich unterstellten Ostfrankenkönig (vgl. dazu Mb 428!), nach unterstellbaren Rückeroberungszügen spätestens unter dessen Großneffen Dagobert I. an die *austrasischen Merowinger*.

Moranga dictam, in pago Morangano.[22]

Offenbar weniger angreifbar ist nach strengeren interpretatorischen Maßstäben die bereits erwähnte Stammwurzel **mæring* (vgl. Zoëga).

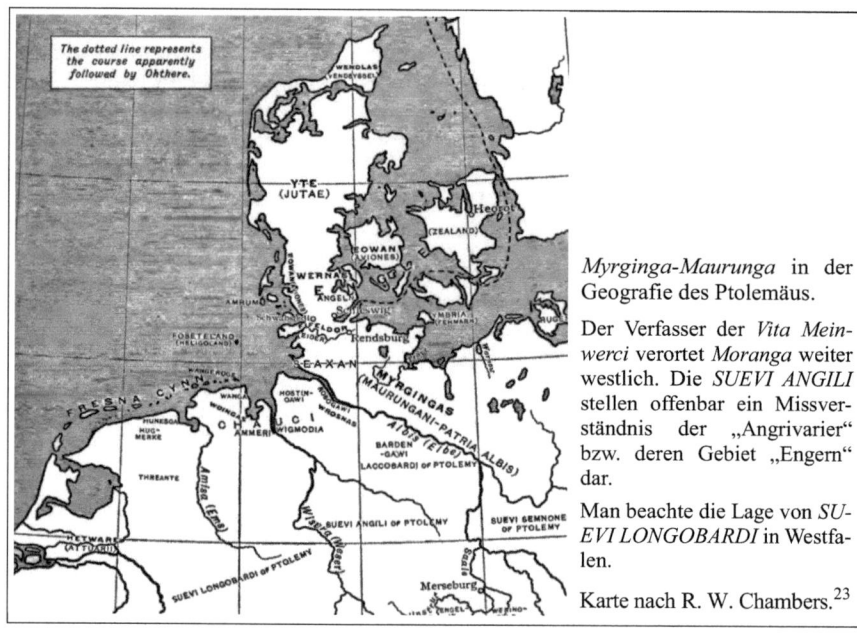

Myrginga-Maurunga in der Geografie des Ptolemäus.

Der Verfasser der *Vita Meinwerci* verortet *Moranga* weiter westlich. Die *SUEVI ANGILI* stellen offenbar ein Missverständnis der „Angrivarier" bzw. deren Gebiet „Engern" dar.

Man beachte die Lage von *SUEVI LONGOBARDI* in Westfalen.

Karte nach R. W. Chambers.[23]

Nach Gregor von Tours' ethnischen Lokalisationen von Barbarenstämmen, so ließe sich hier einschieben, erscheinen die Franken unter ihrem „*Mær(ow)ingr Đeodríc*" gegenüber einer angrenzenden Völkerschaft (**mæri*)[24] von Sachsen und Nordländern als das weitaus vornehmere Volk.

Eine etymologisch Sinn machende *weitere* Übereinstimmung mit Anliegern an einem Meer (*mere*) scheint anhand von Malones Deutung des Röksteins *und* des altenglischen *Béowulf* (Z. 2920/2921) nachvollziehbar:

> *ús wæs á syððan, ⅃ merewí(c/o)inga(s/n), milts ungyfeðe —*
>
> *und seitdem uns das Wohlwollen der „Merewínga" vorenthalten wird.*

Die Béowulf-Textkritiker Levin Ludwig Schücking, Martin Lehnert, Gisbert Haefs deuten mere-wícingas (wícingas = Wikinger) als Meeresfahrer oder Seeräuber, andere Forscher als Sammelbegriff für die fränkischen Merowinger.

---

[22] Kemp Malone, *Widsith* (1962) S. 183–186 mit Quellenbezug auf Karl Müllenhoff.

[23] R. W. Chambers, *Widsith, a study in Old English heroic legend* (1912) S. 259.

[24] vgl. a.a.O. Jan de Vries und Robert E. Zachrisson.

Widsith – und Gregors fränkische Flucht-Exil-Rückkehrgeschichte

Ein ostfränkischer und insoweit auch rheinfränkischer Dietrich, wie er aus der katalogartigen Überlieferung im Exeter Book hervorgehen soll, wird dem literarhistorischen Stellenwert des Titelhelden der Thidrekssaga durchaus gerecht. Karl Simrock, Karl Müllenhoff und Kemp Malone zählen zu den prominentesten Textkritikern, die diesem altenglischen Verswerk des Weitgefahrenen, als „Dichtung" zwischen drei und sechs Jahrhunderten vor der Thidrekssaga datiert, nur einen fränkischen Þeodric, nicht aber dessen italienischen Namensvetter entnehmen.[25] Jener Þeodric wird in dem Herrscherverzeichnis des offenbar migrationszeitlich spät und weiträumig tingelnden „Hofsängers" erstmals in Zeile 24 vorgestellt: Þeodric weold Froncum.[26]

In den Zeilen 115/116 findet sich wiederum ein gleichnamiger „Theoderich"

Seccan sohte ic ond Beccan, Seafolan ond Þeodric,

Heaþoric ond Sifecan, Hliþe ond Incgenþeow.

Wäre an dieser Stelle nun ein anderer Theoderich – der ostgotische Amaler – gemeint, dann würde man hier (wie in Zeile 24 angegeben ist) eine abweichende Angabe zur Nationalität erwarten. Nach Malones Analysen muss der Autor eine derartige Apposition aber nicht anbringen, weil nach den Herrschernennungen in der Doppelzeile dieser *Þeodric* dem italienischen Milieu nicht definitiv zugeordnet werden kann. Und noch aus dieser Zeilenkombination bringt Reinhard Wenskus *Hliþe* als *Hloðr* in Verbindung mit der einen nordgallisch-sächsischen und nicht ostgotischen Erzählungsraum abbildenden *Hervarar saga / Hlǫðskviða*.[27]

Karl Müllenhoff schränkt für *Seafola* = „Sabene" eine Beziehung nur zum *Wolfdietrich* ein, der jedoch eher aus fränkischer Herkunft vom merowingischen Königsduo Theuderich I. und dessen Sohn Theudebert geprägt sein soll.[28] Auch Ferdinand Holthausen und Raymond W. Chambers sehen diesen *Þeodric* in Zeile 115 nur in Beziehung mit diesem Heldenepos, dessen Sabene Otto Jiriczek als anglifizierten *Seafola* erkannt haben will.[29]

Doch Malone bringt mit seiner Interpretation des *Seccan* (aus „Segga–Siggi") noch eine raumzeitlich-figürliche Ergänzung aus Theuderichs historischem

---

[25] vgl. Ulrich Steffens im BERNER 63, Seite 37: *Widsith und die Thidrekssaga* (Teil 2).

[26] Alle Zitate nach der Zeilenpartition von Kemp Malone, *Widsith* (1962) S. 23 f.

[27] Reinhard Wenskus, *Der 'hunnische' Siegfried* in: Heiko Uecker (Hg.), *Studien zum Altgermanischen. Festschrift für Heinrich Beck* (1994). Ergänzungsband zum *Reallexikon der Germanischen Altertumskunde* (RGA) 11, S. 686–721.

[28] Diese grundsätzliche Einschätzung zur Sagengenese und Gestaltenbeziehung wird immerhin von Joachim Heinzle vertreten.

[29] Otto Luitpold Jiriczek, *Englische Studien* (1920); dazu insbesonder Malone a.a.O. auf Seiten 205–206.

Umfeld, siehe Gregors *historiae III,13,16,23–25*. Demnach tötete dieser nicht nur seinen angeblich korrupten Vetter Sigivald, den er als Statthalter über die Auvergne bzw. in deren Hauptsitz Clermont eingesetzt hatte, sondern verfügte auch die Eliminierung von dessen Sohn Sivald[30] in merowingischer Sippenrache, die nun Theudebert auf väterliche Anordnung auszuführen hatte. Doch Theudebert, der einst die Taufpatenschaft für Sivald übernommen hatte, folgte seinem Vater nicht, sondern riet Sivald zu Flucht. Diese endete für ihn schließlich im italienischen Exil, jedoch war ihm die Wiederaufnahme von Theudebert versichert worden, sobald er das Land nach seinem Vater regierte. Bald nach Theuderichs Tod, so berichtet Gregor in ausnehmend preisenden Worten, soll Sivald von Theudebert dieselbe hohe Herrscherposition erhalten haben, die zuvor dessen Vater besessen hatte.

Diese fränkische Erzählung aus der mehr oder weniger authentisch geführten Feder Gregors, welche einen Widerhall im *Wolfdietrich* erzeugt haben konnte, deutet Malone als

> *eine Geschichte, die zum Exil-und-Rückkehr-Typus gehört und die für den jungen Helden Sigivald, kurz Secca genannt, steht. Er wird zuerst so benannt, wie es sich für den Helden gehört. Als nächstes kommt sein treuer Freund und Helfer Theudebert hinzu, bekannt als Becca, und antwortet dem treuen Ratgeber Berchtung vom Wolfdietrich A. Diesem Paar (im Verseinklang [des Widsith]) steht das problematische Paar vom Versausklang gegenüber. Seafola wurde vor langer Zeit mit Sabene, dem Schurken der Wolfdietrich-Geschichte, identifiziert, aber Gregor erwähnt ihn oder jemanden, mit dem er identifiziert werden kann, nicht. Insofern weicht die dem Thulamann bekannte Erzählung von den historischen Tatsachen ab. —*

>> *...a tale that belongs to the exile-and-return type and has for hero young Sigiwald, called Secca for short. He is named first, as befits the hero. Next comes his faithful friend and helper Theodberht, known familiarly as Becca and answering to the faithful counselor Berchtung of Wolfdietrich A. Opposed to this pair (in the on-verse) is the trouble-making pair of the off-verse. Seafola was long ago identified with Sabene, the villain of the Wolfdietrich story, but Gregory does not mention him or anyone with whom he could be identified. To this extent, then, the tale as it was known to the thulaman departed from the historical facts.*

Auch wenn Malone zu seiner kaum Beachtung gefundenen Deutungshypothese diese Abweichung zwischen Sage und Geschichte zugibt, so würde man in der zur Debatte stehenden *Þeodric*-Zeile anstelle von Seafolan – sofern man ihn mit

---

[30] *hist. III,23*. Zur Vermeidung einer Verwechselung des offenbar gleichen väterlichen Namens dürfte Gregor diese Kurzform gewählt haben. Gleiche Namen von Vater und Sohn sind allerdings in fränkischen Herrscherdynastien unüblich.

Sabene = Sabinianus als einen faktisch eher unerheblichen historischen Gegner des ostgotischen Theoderich identifizierte – vielmehr dessen Erzfeind Odoaker erwarten wollen.

Doch nicht nur demnach ist dieser Sabinianus als römischer Heerführer *magister militum* anfechtbar: Saxo Grammaticus bietet für die fragliche Positionierung im *Widsith* eine nördlich ausgerichtete Alternative mit einem dänischen *Sivaldus* (= *Sivan* oder *Siban*), dessen über wohl mehrere Generationen herrschendes Königsgeschlecht er für seine *Gesta Danorum* aufgriffen hat.

Abgesehen von einem schwierig abzuschätzenden Niederschlagswert der Sigivald-Sivald-Konstellation für den Widsith kann Gregors Fluchtgeschichte mangels einer von ihm unabhängigen historischen Quelle schwerlich verifiziert werden. Wohl daher wurde diese Erzählung aus der Auvergne von der Textforschung bislang nicht in Zweifel gezogen.

Die Exil-und-Rückkehrgeschichte aus Gregors Feder mag nichtsdestoweniger an den wohl vergleichbar jungen italienischen Theoderich erinnern, den – wie auch Sivald zum Zeitpunkt seiner unfreiwilligen Auswanderung – beide Überlieferungen als ein politisch unbeschriebenes Blatt darstellen.

Theuderichs und Thidreks Königtum

Nach Ritter-Schaumburgs raumzeitlicher Lokalisation des Thidrek–Dietrich liegt eine unübersehbare Kongruenz mit Theuderich I. vor. Die Quedlinburger Annalen und Gregor erwähnen ihn um 531/532 in Zülpich, Gregor davor um 525 im Kölner Raum[31] und zu dieser Zeit auch im moselländischen Roma (nach Ritter Trier[32]).

Nur wenige Monate nach dem Tod dieses ostfränkischen Königs erhielt der amtierende Kaiser Justinian I. eine formelle Mitteilung über Theuderichs Erbreich. Darin übermittelt sein Sohn und Nachfolger Theudebert mit offenbar „reichszugehörigen Sachsen und Jütländern" eine beeindruckende Größenordnung dieses vermutlich in einem Bündnisabkommen befindlichen nordwestlichen Raums.[33]

---

[31] Nach dem *Liber vitae Patrum VI,2* in dessen *AULA REGIA*.

[32] vgl. außerdem Gregors *hist. III,15*, wonach die von Childebert an Theuderich zur Friedensversicherung gesandte Geisel Attalus zwischen 531 und 533 aus dortiger *civitas* fliehen konnte; vgl. auch die Erziehung von Theuderichs Sohn Theudebert durch Nicetius (Episkopat in Trier unter Theuderich seit ca. 525), siehe zur Chronologisierung Ian Wood und Edward James anhand Gregors *Liber vitae Patrum XVII,2* und weiterer Überlieferungen. Theuderichs Auftritte und Sitze im Rheinland (hier auch Zülpich) sowie in Trier und in der Auvergne (Clermont) gelten als forschungswissenschaftliches Faktum.

[33] *Epistolae Austrasiacae 20*. Dazu Franz Beyerle, *Süddeutschland in der politischen Konzeption Theoderichs d. Gr.* in: *Grundfragen der alemannischen Geschichte, Vorträge und Forschungen, 1* (1955) Seite 77 f. Demnach scheint durchaus plausibel, dass für rheinferne Gebiete von offenbar konföderierten Verhältnissen ausgegangen werden darf.

Wie uns aber auch der griechische Historiker Prokop mitteilt,[34] ging Theuderichs Tochter *Théodechilde* („Theudechild") eine Beziehung mit dem Warnenreich-Herrscher *Hermegis(clus)* ein. Sie wurde gleich nach dessen Tod die Auserwählte seines Sohnes Radigis. Mit einem an der Ostsee anzunehmenden Reichsteil, beispielsweise an der seines Sohnes *Radigis*. Da aus Prokops Erzählung unter anderem auch Seekriegsandrohungen hervorgehen, dürfte ihr Warnenreich über einen Zugang zum Meer verfügt haben.

Mit einem an der Ostsee anzunehmenden Reichsteil, beispielsweise an der Warnow,[35] scheint Theuderichs Königssippe noch eine Expansion bis in das Baltikum versucht zu haben. Den ethnischen, politischen und/oder wirtschaftlichen Stellenwert ihres Königreichs will Prokop noch mit dem Hinweis hervorheben, dass Anfang des 6. Jahrhunderts im Zuge einer Rückwanderungswelle von der britischen Insel auch in dieses Reich immigriert wurde. Nach Cassiodors *Variae III,3*, worin der ostgotische Theoderich die am Frankenreich anliegenden Könige auf eine Allianz gegen Chlodwig I. drängt, kann das Warnen-Territorium nicht am unteren Rhein, sondern nur in angrenzender Nachbarschaft zwischen Thüringen und dem Herulergebiet verortet werden.

Gut vorstellbar wäre demnach aber auch, dass Thidrek-Didrik in einem seiner Ostlandzüge für den *Hunalandkönig Athil* [36] eine in den Handschriften ungenannte Schwester mit einem kooperationswilligen baltischen Herrscher vermählt sehen wollte, der sich möglicherweise einen Vorteil durch dieses Bündnis gegenüber einer potenziellen Bedrohung durch andere Völkerschaften erhoffte.

Nach den sagengeschichtlichen Folgerungen der älteren deutschen Philologie, die Chlodwigs mächtigsten Nachfolger Theuderich I. als den legendisierten Prototyp des Dietrich von Bern gegenüber dem ostgotischen Theoderich vorgezogen hat,[37] geht es hier um die von Ritter aufgeworfene Kernfrage, ob zwei gleichnamige Könige zur gleichen Zeit den gleichen Raum regiert haben konnten. Franz Joseph

---

[34] Prokops Gotenkriege VIII, 20 f,34 f. – Malone (1959) bezieht sich auf IV, 20 f.

[35] Diese wahrscheinlichste raumzeitliche Möglichkeit eines Warnenstammes im 6. Jahrhundert nennen Chambers (a.a.O. Seite 241 f.) und Malone (1959), der auf Seite 208 schreibt:
Now there is good evidence, ably summarized by Chambers 244 f., that in the sixth and succeeding centuries a settlement of Varni existed between Elbe and Saale, and the political relations between these Varni and the Saxons may have been such that Procopius was not without justification for putting both tribes under the one name Varni. That the Varni were politically powerful in the early years of the sixth century seems evident from the letter which Theodoric the Great wrote to their king (and to the kings of the Eruli and Thuringi), urging upon him an alliance against Clovis.

[36] Dazu der Verfasser unter https://www.badenhausen.net/harz/svava/WhoisAtala.htm

[37] Karl Simrock, Laurenz Lersch, Karl Müllenhoff, Hermann Lorenz zählen zu den prominentesten Vertretern dieser Identifizierung, nach Lersch übrigens auch anhand der *Wolfdietrich*-Epen mit Einbeziehung von Theuderichs Sohn Theudebert. Müllenhoff geht von einer Einmischung ostgotischer Rezeptionen in eine ursprünglich heroische Tradition über beide Frankenkönige aus. Im folgt Lorenz, der sich ebenfalls u.a. auf die Quedlinburger Annalen bezieht.

Mone, der Dietrichs Bern als Bonn–*Verona* unweit eines Niflungensitzes am Nef-felbach verortet hat und auch somit Ritter bereits interpretativ erheblich entgegen kommt,[38] denkt jedoch keineswegs an einen sonst offenbar nirgends historisch tradierten „Bonner Kleinkönig".

Dass die Thidrekssaga ihre Titelgestalt jedoch nicht in einem solchen Herrscher-format überliefert sehen will, lässt sich nicht nur aus ihrem Prolog schließen, der in dieser Übertragung den altisländischen Handschriften beigefügt wurde:

Diese Geschichte ist eine der größten die in deutscher Sprache ‹ í þý(ð)verskri tungu › verfasst wurden, und sie erzählt über König Dietrich und seine Kämpen ‹ Þiðreki konungi ok hans kFøppum ›, Sigurd den Fafnirtöter ‹ Sigurði Fáfnisbana › und den Niflungen ‹ Niflunghum ›, über die Wilkinen/Russen ‹ Villtina mönnum / Hs. B: Russij mønnumm›, Hunen ‹ Hs. B: Húnumm › und, wie gesagt wird, viele andere Könige und Kämpen [...]

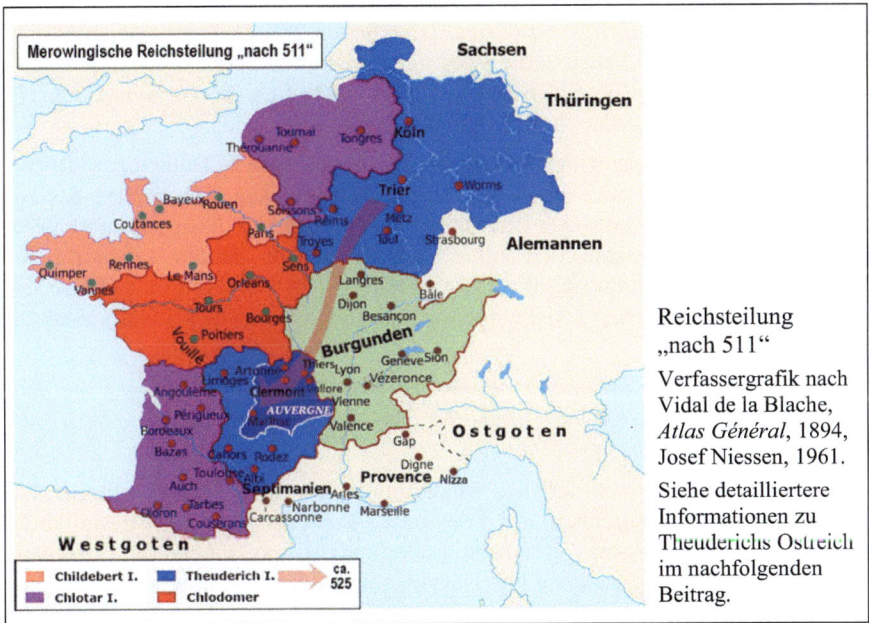

Reichsteilung „nach 511"

Verfassergrafik nach Vidal de la Blache, *Atlas Général*, 1894, Josef Niessen, 1961.

Siehe detailliertere Informationen zu Theuderichs Ostreich im nachfolgenden Beitrag.

Um 525 erscheint Theuderich in Trier und erobert die von Gregor von Tours ex-plizit genannten Orte Thiers und Vollore, das er in *hist. III,13* als *Lovolautrum* zuerst nennt, sowie Artonne, Clermont und Marlhac (→ Mauriac), das er im zi-

---

[38] Franz Joseph Mone, *Untersuchungen zur Geschichte der teutschen Heldensage* (Quedlin-burg/Leipzig 1836) S. 28 f. Ders. in: *Anzeiger für Kunde der teutschen Vorzeit* (1836) S. 418 f.

tierten Kap. zuletzt nennt. Dies deutet auf einen Zugverlauf in südwestliche Richtung. Gregor nennt Thiers im *Liber in gloria martyrum 51*; Artonne im *Liber vitae patrum V,2*.

Die Handschriften der Thidrekssaga und altschwedischen Textzeugnisse heben Dietrichs beträchtliche Reichsgröße unmissverständlich in einer ausschnittsweisen, zum geografischen Erzählungsbereich unverkennbaren Überschneidung mit Theuderichs Reich hervor. Zuletzt, nachdem Dietrich sein an Ermenrik verlorenes Reich wiedergewonnen hatte, noch mit diesem Passus über Dietrichs Einzug in Rom II (Trier):[39]

> *Herr Hillebrand und Alebrand setzten die Krone auf sein Haupt und gaben ihm (den) Königsnamen über das ganze Reich, das König Ermenrik vorher gehabt hatte [...] Herr Didrik war damals ein mächtiger König.*

So übersetzt und schreibt Ritter, dem noch an dieser Stelle ein Gedanke mehr über die Größenordnung von Didriks Königtum zu wünschen gewesen wäre. Stattdessen formuliert er in *Dietrich von Bern* auf den Seiten 288–289 eine unbegründete Absage an Simrocks Identifizierung des nicht weniger als vier ehemalige römische Provinzen kontrollierenden Merowingers – nämlich die *Germania I & II*, *Belgica I* und die Auvergne in der einstigen *Aquitania I*.

Demgegenüber überlässt Ritter-Schaumburg seinem König zu Bonn das zu Recht umstrittene Schattendasein neben dem ostmerowingischen Theuderich, dessen historische Wirkungskraft nach den Quedlinburger Annalen übrigens auch nicht vor Ritters „Svava" haltmachen sollte. Und wenn Ritter zu dem sagenoriginär aufzufassenden rheinfränkisch-niederdeutschen Milieu von Thidrek den auf *Verona–Bern*–Bonn fixierten Teil der älteren deutschen Philologie kritisch anmahnt, dass etwa

> *Simrock, der schon früh unter »Bern« das rheinische Bonn verstand, nie den Gedanken gefasst hatte, im »Rom« der Ths einen niederdeutschen Ort zu sehen,*[40]

dann mag dieses Argument letztlich wiederum für Simrocks biografische Kenntnis über Theuderich sprechen, der Trier bzw. *Roma secunda* nach gewaltherrschaftlichen Verhältnissen – gleichzeitig oder nach Ritters ungefährer Zeitschätzung zweifellos überschneidend mit Thidrek – umfassend konsolidierte.[41]

---

[39] vgl. Kapitel („Sv") 356 der altschwedischen Überlieferung mit Mb 414.

[40] vgl. Ritter, *Dietrich von Bern*, S. 61.

[41] Ritter a.a.O. auf Seite 282, der Dietrichs Einzug in Trier um 527 einschätzt. Nach den verlässlichen historischen Quellen über Theuderich und deren sorgfältiger Chronologisierung, maßgeblich Ian Wood, *The Ecclesiastical Politics of Merovingian Clermont* in: P. Wormald (Ed.), *Ideal and Reality in Frankish and Anglo-Saxon Society*, S. 38, hat dieser Frankenkönig im Zuge seiner militärischen Auvergne-Annexion (um 525) den vor allem klerikal ausgerichteten Wiederaufbau der Moselmetropole angeordnet. Nach Mb 415 lassen sich Dietrich und Hildebrand hier christianisieren!

Es lässt sich schwerlich darüber spekulieren, warum Ritter-Schaumburg diese höchstwahrscheinlich überlieferungsgenealogisch bedachte Positionierung gegenüber der altphilologischen Dietrich-Identifizierung, diese mit der heroisierten Sagengestalt Theuderichs, vorgezogen hat, zumal diese Rückkopplung ja längst von der älteren deutschen Forschungsbibliografie nachdrücklich hervorgehoben wurde. Möglicherweise, was sicherlich vorausgesetzt werden könnte, vermisste Ritter in Thidreks Herkunftserzählung einen Rückschlussbezug auf Theuderichs Vater – nach Gregors Meinung Chlodwig I. –, zu dem er den erzählungsparallelen Topos über Ermenriks Beseitigung potenzieller Kronprinzen jedoch ausdrücklich anmerkt.[42]

In jedem Fall konnte Ritter mit diesem Wertungsstandpunkt – einer insofern eigenständigen wie aber sonst nirgends greifbaren rheinfränkischen Herkunftshypothese – sich weitere Klärungsforschungen über die disparate wie anscheinend unangreifbar zementierte Linie „Childerich" – „Chlodwig" – Theuderich ersparen. Damit umging er allerdings nicht die mehrheitliche Textkritik, welche Thidreks Vater Thetmar vielmehr – nämlich der südlichen Amaler-Genealogie folgend – als scheinbar verlässliches Reflexionsindiz aus einem ostgotischen Theoderich-Erzählungsmilieu auftauchen sieht. Jedoch ist das Rollenbildnis von Thetmar als Thidreks Vater inhaltlich wie umfänglich auffällig farblos: Warum sollte er nicht von der altnordischen Erstübersetzung nachträglich in die mittelniederdeutsche Vorlage hineininterpoliert worden sein? Dafür spricht seine erzählerische Blässe nicht nur gegenüber seinem Bruder Ermenrik, sondern auch Ake, der mit seinen Harlungen-Söhnen einen nicht unbeachtlichen Erzählungsanteil in den Handschriften hält.

Abgesehen von Chlodomers Sohn Theodevald lassen die von Chlodwigs Linie bis hin zu Childebert II. ausnahmslos abgehenden Königszöglinge mit dem charakteristischen „Ch..."-Namenpräfix sich weder in Theuderichs noch Thidreks Abkömmlingsebenen finden, vgl. dagegen die ostfränkische Linie mit Theuderich → Theudechild → Theudebert → Theudebald. Diese augenscheinlich systematischen Namengebungen mögen vielmehr eine eigenständig betonte Dynastie Theuderichs als weniger ein Gedenken an Chlodwigs initialer „Ch"-Linie oder

---

[42] Ritter, *Dietrich von Bern* (1982) S. 286. Nach Gregors *hist. II,42* ließ Chlodwig nicht nur seinen rheinfränkischen „Blutsvetter" Sigibert töten, sondern *auch viele andere Könige, sogar seine nächsten Verwandten, von denen er fürchtete, dass sie ihm das Reich nähmen.* Die Thidrekssaga mit Ermenrik und seinem Ratgeber Sifka bezieht sich motivisch identisch auf Dietrichs Vorbestimmung, der jedoch nicht getötet wurde, sondern noch rechtzeitig fliehen konnte. Das Tötungsmotiv für Ermenriks Söhne und seine Neffen Ake und Egard wird hier durch Notzucht-Intrigen vermittelt, die Ermenriks Berater initiiert und seine Frau vorgebracht haben soll (vgl. Mb 281).

gar den Ostgotenkönig verdeutlichen, was angesichts der fränkisch-weströmischen Beziehungen nach 507 ohnehin unwahrscheinlich wäre.[43] Gregor von Tours, dessen frühmerowingische Herkunftsangaben vor beispielhaft unkritischen genealogischen Folgerungen nicht sicher sind, überliefert weder Chlodwigs noch Theuderichs Geburtsdatum. — Kann überhaupt die Möglichkeit ausgeschlossen werden, dass Theuderich als Sohn eines früh sterbenden (oder aus Machtgier getöteten) Kleinkönigs und einer „Konkubine" deswegen von einem besitzgierigen Chlodwig adoptiert wurde, weil er sich dadurch einen Anspruch auf dessen lukratives Erbreich, so etwa zwischen Maas und Rhein, rechtzeitig sichern konnte?

Nichtsdestoweniger liefern die altwestnordischen und altschwedischen Überlieferungen zwei genealogische Zuweisungen, die nach Ritters erzählungstypologischem Vergleich zwischen Ermenrik und Chlodwig wiederum mit Theuderichs und nicht Theoderichs historischer Vita harmonieren:

- Als einen Bruder von Thidreks Urgroßvater (also Samsons Vater) nennt die altisländische Hs. B einen königlich dargestellten Thetmar, den jedoch Hs. A in einem Passus als Samsons Vater bezeichnet. Andererseits geben die Chroniken des sog. *Fredegar* den historisch kreditierten Theodemer von Thérouanne († 421 oder 428) als Chlodios Vater an. Wegen Merowechs unsicherem Zeugungsvater könnte dieser Theodemer daher zu einem Verwandten Theuderichs auf einer urgroßväterlichen Ebene gehören.

- Als Gemahlin Theuderichs nennt der westfränkische Chronist Flodoard von Reims eine wahrscheinlich lateinisch (oder als Kompositum teillateinisch) bezeichnete *Suavegotta*, wie man sie jedoch ohne historische Gewissheit mit einer Tochter des Burgunderkönigs Sigismund gleichgesetzt hat. Die Übersetzung von *„suave, suaviter = gut, sanft, lind"* führt auf eine „Gotelinde", die Thidrek nach Mb 240 zu seiner Braut erwählt.[44]

Wie belastbar ist Gregor von Tours' Angabe über Theuderichs Vater?

In diesem Zusammenhang verdient eine Quelle Beachtung, die von Gregors Darstellung abweicht. In der Vita sancti Chlodovaldi *– der im 9. oder Jahrhundert entstandenen Lebensbeschreibung eines Chlodwig-Enkels – heißt es,*

---

[43] Im Jahr 493 ehelichte Childerichs Tochter Audofleda den Ostgoten Theoderich, der gleich nach seinem Sieg über Odoaker bei Chlodwig I. (so schreibt Jordanes) um ihre Hand angehalten haben soll; vgl. Gregors *hist. III,31*.

[44] *Gudelinda* bzw. *Gudilinda* in den altisländischen Handschriften, eine „gute Linde" wäre tautologisch unwahrscheinlich. Die altschwedischen Handschriften nennen eine *Godelinda* als Markgraf *Rodgerds* Gemahlin. Wim S.-W. Rass (2007) verweist trotz seiner insgesamt verfehlenden Thidrekssaga-Behandlungen auf die weniger plausible Deutung des Historikers Georg Scheibelreiter, der Flodoards Schreibweise in „Swavegotho" emendieren möchte. Gleichwohl muss hier von verschiedenen Genealogien ausgegangen werden, weil Dietrichs *Osning*-Erzählung, einschließlich deren Anspielung auf den römischen Feldherrn Drusus, historiografisch subtil abbildet; siehe Gudmund Schütte, *Gotthiod und Utgard* (1936), II, S. 198.

Chlodwig habe sein Reich seiner Gemahlin Chrodechilde mit den drei Söhnen Chlothar, Childebert und Chlodomer hinterlassen und unter diesen aufgeteilt. Eine Teilung durch den Vater ist indessen sonst nirgendwo bezeugt. Weshalb ist der Vitenschreiber, der sonst Gregor von Tours fast wörtlich folgte, ausgerechnet in diesem Punkt von ihm abgewichen? Die Frage muss unbeantwortet bleiben, doch auch wenn diese Quelle insgesamt als wertlos gilt, gibt ihr Bericht in der Einzelfrage, die für ihren Autor im Übrigen nicht weiter von Belang war – so dass er etwa um einer speziellen Argumentation willen hätte abweichen müssen – doch zu denken.[45]

Tatsächlich wird Theuderich in der *Vita sancti Chlodovaldi* nirgends erwähnt, und in der Tat gibt es doch zu denken, warum ihr hagiografisch gewandter Vitenverfasser aus dem 9. oder 10. Jahrhundert ihn offenbar systematisch übergangen hat. Der von ihm bedachte Chlodovald soll um 520 geboren worden sein und war somit noch ein später Zeitgenosse von Theuderich. *Fluduald*, wie jener als Heiliger auch in späteren Quellen genannt wird, erscheint als der dritte und jüngste Sohn des merowingischen Königs Chlodomer, der als zweitältester Sohn aus der Verbindung von Chlodwig mit Chrodechild gilt.

Bruno Krusch hat als Handschriftenübertrager und Herausgeber von Chlodovalds Vita[46] Randvermerke in seiner Textveröffentlichung hinterlassen, welche die historischen, hagiografischen und biblischen Kenntnisse des Vitenverfassers aufschlussreich belegen. Zur geschichtlichen bzw. historiografischen Quellenrelevanz mit Gregor von Tours' zehnbändigen *historiae* markiert Krusch – beginnend mit deren *liber II,43* (Chlodwigs Tod) – weitere sechs Kapitelhinweise auf dessen drittes Buch,[47] auch anhand von *Fredegar* an zwei Stellen aus dessen *liber III c. 29* und *c. 38* einmal per Fußnote.

Das Wissen des Vitenschreibers über Chlodwig I. und insbesondere seine Gemahlin Chrodechild mit deren Söhnen lässt die Folgerung zu, dass er Kenntnis zumindest von Gregors Geschichtswerk gehabt haben muss und demnach Theuderich I. bewusst ignoriert hat. Implizit kann aber insoweit nicht ausgeschlossen werden, dass Chlodwig das Königtum von Theuderich – dem hier postulierten Abkömmling einer anderen Frankendynastie – zu Lebzeiten selbst begehrt und, zumindest vorübergehend, übernommen haben konnte.

Wie nachfolgend aufgezeigt wird, sind literarhistorisch übereinstimmende Vergleichskontexte aus dem engeren persönlichen Umfeld zwischen Theuderich und Thidrek / Dietrich damit noch nicht erschöpft.

---

[45] Matthias Becher, *Chlodwig I. Der Aufstieg der Merowinger und das Ende der antiken Welt* (2011) S. 273.
[46] *MGH SS rer. Merov. 2* (Krusch/Wattenbach 1888) S. 349–357.
[47] vgl. *hist. III, 1, 6, 18* und *29* (von Krusch z.T. mehrmals angemerkt).

Geschichtliche Eroberungszüge

Nach der von Meginhard abgeschlossenen *Translatio S. Alexandri* des Rudolf von Fulda soll sich Theuderich (*Thiodricus*) nach bereits zwei verlustreichen Schlachten gegen die Thüringer an einen Sachsenherzog *Hadugoto* gewandt haben, der ihm unter Zugeständnis von Siedlungsland für sein Volk schließlich den Endsieg ermöglichte. Widukind von Corvey, der Rudolfs Darstellungen sicher kannte, überliefert ihn als *Hathagat*, dessen Sachsen Thiadricus *socii quoque Francorum et amici* genannt haben soll. Auch die Annalen des Quedlinburger Stifts, dessen Äbtissin Mathilde der Corveyer Mönch seine Aufzeichnungen widmete, nennen das Bündnis von Theuderich mit vermutlich jenen Sachsen, die aus einem angelsächsischen, vielleicht aber auch gallischen Bereich als Söldner über die See an der seit karolingischer Geschichtsschreibung bekannten Küstenstelle *Hadalaon* (dem elbischen Hadeln, bei Rudolf: *Haduloha*) angelegt haben sollen.[48] Die Annalen zitieren Theuderich *(Hugo Theodoricus)* aus fränkischem Quellenmaterial, jedoch nicht nach der Genealogie Theoderichs des Großen. Und sie betonen zu diesem Pakt gegen die Thüringer das Theuderichs Gelöbnis mit seinen *zwölf edelsten Gefolgsleuten* als „Eidesversicherer".

Die Thidrekssaga bestätigt hierzu vorab, unpolitisch wie heldenepisch-historiografisch, die zwölf Gefolgsleute Theuderichs mit Dietrichs *Bertanga*-Zug in ein sächsisches Gebiet gleich nördlich vom Harz (Mb 189–225). Sie muss insoweit – auch angesichts ihres räumlichen Erzählungsmilieus – nicht mehr die politischen Darstellungen Widukinds oder der Quedlinburger Annalen kopieren.[49] Die durch deren Verfasser(in) und andere niederdeutsche Geschichtsschreiber überlieferte,

---

[48] Ein Sachsenführer namens *Odovacrus* wurde von fränkischer Geschichtsschreibung an der Loire identifiziert. Prokop überliefert zu Theuderichs Zeit eine Rückwanderungswelle von der britischen Insel u.a. in das Warnenreich, dort übrigens ein *Engilin*-Gau („Angeln") im thüringischen Becken.

[49] Dazu auch Ulrich Steffens im BERNER 67, S. 31. Insoweit ist mit der Möglichkeit zu rechnen, dass die Reihenkämpfe mit König Ísung im Bardengau Theuderichs Thüringerzug persiflieren: Zunächst fallen auch die Vorkämpfe zu Gunsten der Einheimischen aus, doch schließlich wird deren höchster königlicher Stellvertreter Sigurð durch Thidreks Heimtücke besiegt; vgl. Mb 207–222. Auch die hinterlistige und wortbrüchige Profilierung von Widukinds Thiadricus zeigt Übereinstimmung mit Gregor von Tours' Umriss von Theuderichs Charakter! William J. Pfaff, *Geographical and Ethnic Names in the Þiðriks Saga* (1959) verweist S. 36 auf den Bardengau:
> [...] for Ísungr, a hero native to the lower Elbe [...], the form in Þiðriks saga *is probably influenced by both Old French* Bretaingne (Bertange) *and* Bardengau *(the name of an area along the lower Elbe). The problems presented by this name can be adequately discussed only in reference to the specific contexts in which it appears.* Ders. a.a.O. zur mhd. Heldenepik: *[...] the MHG* Biterol *and* Rosengarten *present similar tests between the heroes of different cycles of legend, specifically those of Bern and Worms, climaxed, as here, by the triumph of Dietrich over Sigfrid; see Schneider, I, 286 f.*
Vgl. Hermann Schneider, *Germanische Heldensage* I III (1928 1934). Seine Vorstellungen über Quellenprioritäten machen jedoch eher einen gemeinsamen Vorstufenkontext wahrscheinlich.

allerdings von einigen Historikern mit unbelegten Konjekturen angezweifelte Kooperation zwischen Theuderich und den Sachsen[50] replizieren jedoch die Berichte der Thidrekssaga mit ihren erzählungsweiten Darstellungen über die gemeinsamen Aktionen von Dietrich und dem *Hunaland*-Herrscher „Attila", zu dem nach der *De Origine Gentis Swevorum* (Kap. 9) der von Theuderich besiegte Thüringerkönig „Herminafrid" (vgl. Gregor) geflohen sein soll.

Über die Rolle jenes Sachsenführers *Adovacrius,* der nach fränkischen Quellen um 470 u.a. in Westgallien mit Theuderichs Großvater zu tun hatte, ist auf sächsischem Territorium nichts bekannt; jedoch hatte nach Angabe des Annalisten (wahrscheinlicher: der Annalistin) ein „Odoacrus" eine Beziehung zu Theuderich, der ihm schließlich einen Exilsitz im Mündungsbereich zwischen Elbe und Saale zugewiesen haben soll. Für den von Rudolf angegebenen sächsischen Heeresführer *Hadugot* mag offenbleiben, ob dessen Erstsilbe **adu* – das stimmlose bzw. frikativ-glottale „H" dient hier lediglich der Verstärkung des folgenden Vokals – einen Rückschluss auf **adovag* (mit hartem „g" für „c") zur oben zitierten lateinischen Form gestattet. Ebenso könnte man auch fragen, ob jener Landeplatz *Hadalaon* entgegen anderer Deutung in einer reminiszierenden Beziehung zu einem **ADALA* stehen darf.

Widukind von Corvey nennt in seiner *Res gestae Saxonicae* leider nicht den Namen von Theuderichs weisem Gefolgsmann, den er wie folgt zitiert:

Erat autem Thiadrico servus satis ingeniosus, cuis consilium expertus est saepius probum, eique propterea quadam familiaritate coniunctus. —

Zudem hatte Thiadrik einen recht klugen Diener, dessen erfahrene Ratschläge sich häufig bestätigt hatten, weswegen er ihm als persönlicher Vertrauter verbunden war.

Die Rede dieses „Dieners" scheint einen Anklang aus dem von Ostkämpfen mitgeprägten Exilmilieu von Dietrich und Hildebrand zu bieten. Noch in gleichem Kapitel der *gestae Saxonicae* (I,9) spricht Thiadriks Gefolgsmann während einer offenbar längeren Verweildauer östlich des Rheins zu seinem König:

Amplecterer et ipse patriam redire, familiarem necessitudinem videre, si hostem nostrum eo spatio scirem otio vacare. —

„Auch ich würde lieber in meine Heimat zurückkehren – sofern ich wüsste, dass unser Feind uns diesen Raum ‹ somit auch westrheinisch? › frei überlassen würde".

---

[50] vgl. Matthias Springer, *Die Sachsen* (2004) S. 95: *„Erst Rudolf von Fulda in der Mitte des 9. Jhs hat die sächsische Beteiligung an der Niederwerfung der Thüringer erfunden."* Gregor von Tours sowie andere fränkische oder romanische Geschichtsschreiber erwähnen in ihren Darstellungen von Theuderichs Thüringerkrieg keine sächsische Partizipation.

Allerdings nennt uns Gregor von Tours, der mit einem völlig anderen Kriegsgrund als der Corveyer Geistliche Theuderichs Einfall in Thüringen legitimiert, den Namen von dessen befähigtem Ratgeber in der rund fünf Jahre zuvor erfolgten südgallischen Eroberung der Auvergne. In seinem *Liber Vitae Patrum IV,2* stellt ihn Gregor vor als Edelmann *Dux Hilpingus* – in einer Handschrift auch als *Hildingus*?

Wie aus den Berichten der Thidrekssaga geschlossen werden darf, zog Dietrich für die Erweiterung des später ohnehin an ihn fallenden *Hunalands*, vgl. zu Mb 428 die ostrheinischen Züge und Erwerbungen Theuderichs bis in den Harz, quer durch Sachsen (*Hunaland*) bis in baltische Bereiche. Gleiches gilt auch für die Politik dieses merowingischen Theoderich, dessen Schwester (wie bereits zuvor erwähnt) nach Prokop eine Verbindung mit den Warnenherrschern einging. Auch diese raumzeitliche und mit einer historiografischen Quellengrundlage zweifellos vereinbare Koinzidenz spricht wiederum für zwei identische Dietriche.

Wie zuverlässig interpretierbar ist Gregor von Tours, der Theuderichs Tod im dreiundzwanzigsten Jahr seiner Herrschaft erkannt haben will?[51] Offensichtlich bezieht er sich auf dessen Regierungszeit nach Chlodwigs Tod, den man übrigens hauptsächlich wie lediglich nach dieser Angabe und Theuderichs Todesjahr (nach Cassiodor) vorrangig datiert und kreditiert haben will. Auf die keineswegs unangreifbare historische Festlegung Gregors von Chlodwigs Todeszeitpunkt, der übrigens weder andere zeitgenössische noch frühkarolingische Schreiber zur Datierung reizte (!), hat vor allem Wood hingewiesen.[52] Die von ihm herangezogenen Quellenangaben sprechen demnach für eine Datierungsspanne von 509 bis 523!

Theuderichs Lakune in frankoromanischer Geschichtsschreibung

Wie wenig Gregor und andere Skriptoren wirklich über Theuderich wussten beweisen unsere fränkischen und romanischen Geschichts- und Geschichtenschreiber mit jener ungewöhnlich weiten Erzählungslücke, die von der Thidrekssaga und anderer Heldenepik zu einer Summe von bis zu 16 Sommern und 16 Wintern aufgebläht und schließlich nur auf Winterzählung (oder von dieser auf Jahresangabe) „gekürzt" worden ist:[53]

---

[51] *hist. III,23*

[52] Ian N. Wood, *Gregory of Tours and Clovis* in: *Revue belge de philologie et d'histoire 63* (2) 1985, S. 254–255.
„*Die Chronologie der Regierungszeit Chlodwigs ist hoffnungslos unklar;*" so Patrick J. Geary, *Die Merowinger. Europa vor Karl dem Großen* (1988, 1996) S. 90 f.

[53] Zu dieser Zählung und deren Angabe siehe – beispielhaft – Mb 396 über Dietrichs und Hildebrands Exil, auf dessen Dauer sich auch das *Jüngere Hildebrandlied* bezieht. Seine ältere Ausgabe (10. Jh.) und *Deors* Klagelied nennen 30 Jahre, so auch die altisländische Hs. B in Mb 429 (Hs. A gibt *xx* = 20 Jahre an). Ritter (a.a.O.) erkennt auf Seite 267, dass die nur wenig nach Mb 396 folgende Angabe von Hildebrands Alter (in Mb 415) halbiert werden muss. Auch Hans-Jürgen Hube, *Thidreks Saga* (2009) folgt Seite 354 dieser Umrechnung.

Im Jahr 507 für seinen angeblich leiblichen Vater Chlodwig einen südgallischen Kriegszug gegen die Westgoten zunächst siegreich führend, jedoch durch konsequente gotische Rückeroberungen nach massiver Intervention des italienischen Theoderich aus südgallisch-westgotischem Bereich (Mittelmeerraum) um 508 offenbar vermisst oder vertrieben, tritt er historisch abgesichert erst wieder um 525 auf.[54] In einer breit angelegten Offensive, so dürfen wir aus Gregors Berichten schließen, erobert er die einst von Eurichs Westgoten und wohl nun von Westgoten oder Römern belegte Auvergne.[55]

Um 525, soweit nach den forschungsmehrheitlichen Erkenntnissen aus Gregors gesamter Bibliografie, traf er auch im moselländischen *Roma* ein. Hier beauftragte er dessen höchsten Würdenträger Nicetius, diese wodurch auch immer äußerlich und innerlich ruinierte Metropole zu neuem Glanz zu verhelfen. Den historischen Kontext reflektierend mag also die Thidrekssaga die dazu wesentliche wie partiell legendisiert dargestellte Vorgeschichte anbieten. Gregors lapidare Bemerkung, dass Theuderich als *der fähigste von Chlodwigs Söhnen* diese umgerechnet rund drei halbe Dekaden (!) umfassende Erzählungslücke bei seinem Vater abgesessen haben soll,[56] erscheint zur frankengeschichtlichen Dynamik des 6. Jahrhunderts kaum glaubhaft.

Wie bereits weiter oben angeführt, hatte der fränkische Theoderich einen offenbar als Söldner kämpfenden sächsischen Odoaker zwischen 491 und 518 in den Ostharz verbannt.[57] Auf Chronologie dieses scheinbar ahistorischen Zusammenhangs werden wir an anderer Stelle noch näher eingehen.

Dass die heldenepischen Angaben über Dietrichs und Hildebrands Exildauer nicht auf die Goldwaage gelegt werden dürfen, soweit daneben aber auch die Verlässlichkeit textinhaltlich extrapolierbarer Zeitspannen für Thidreks erstes Rückeroberungsunternehmen eine Rolle spielen dürfte, will Kemp Malone unter Hinweis auf heroische Überlieferungen verdeutlichen:[58]

There is no statement in the Wolfdietrich, it is true, that the hero possessed the burg of Meran for 30 years, but his stay there, as child and young man, seems

---

[54] Theuderichs Aktivitäten mit Sachsen und Thüringern unberücksichtigt!

[55] *hist. III,12–13; Liber Vitae Patrum IV,2*. Gregors Übersetzer Edward (F.) James, *Gregory of Tours: Life of the Fathers* (1986–1991) S. 23–24, Anm. 2, stimmt Ian Woods Datierung dieses nur einmalig von Theuderich geführten und vielmehr um 525 zu chronologisierenden Eroberungszugs zu. Die Auvergne war auf dem Konzil von Orléans noch unter Chlodwig zwar vertreten, jedoch datiert Gregor später (!), dass „die ‚Gothi' nach dessen Tod durch viele seiner Erwerbungen zogen"; *hist. III,21*. Prokop und maßgebliche Teile der Forschung legen ein zuletzt weströmisches bzw. ostgotisches Protektorat der Auvergne unter Theoderich d. Gr. († 526) nahe, der nach der Entmachtung von Gesalech seit 511 auch über dessen Westgoten herrschte.

[56] *hist. II,38 & 40*. Wohl nicht ohne Grund hatte Chlodwig seinen Sitz zwischen 507 und 509 nach Paris verlegt.

[57] Die Annalen datieren die Exilierung von diesem Odoaker in die Regierungszeit von Kaiser Anastasius.

[58] Malone, *Studies...* (1959) S. 119.

to have lasted some such time, and 30 is, of course, only a conventional or "typical" number, used in Deor to indicate a considerable stretch of time, in Wolfdietrich to indicate a considerable sum of money, in Beowulf to indicate unusual strength (379) or prowess (123, 2361). —

Tatsächlich gibt es keine Aussage im Wolfdietrich, dass der Held die Burg von Meran für 30 Jahre besaß, aber sein Aufenthalt dort als Kind und junger Mann scheint eine solche Zeit gedauert zu haben; und 30 ist natürlich nur eine konventionelle oder „typische" Zahl, die in Deor verwendet wird, um eine beträchtliche Zeitspanne aufzuzeigen, im Wolfdietrich, um eine beträchtliche Geldsumme aufzuzeigen, im Beowulf, um ungewöhnliche Stärke (379) oder Tapferkeit (123, 2361) aufzuzeigen.

Gransport

Innerhalb Theuderichs Erzählungslücke hat Ritter die von Thidrek gegen seinen Erzfeind „Ermenrik" geführte Rückeroberungsschlacht „Gransport" um das Jahr 515 geschätzt. Mangels darüber nicht berichtender fränkischer oder romanischer Geschichtsschreibung mag ihre biografische Synchronisation prima vista kaum verlässlich erscheinen. Jedoch lässt sich eine auch von östlichen und nordischen Völkern wahrgenommene Destabilisierung des Frankenreichs nach Chlodwigs Tod und den Erbreichteilungen zwischen seinen Söhnen, einschließlich deren mobilisierbarer gesamtmilitärischer Streitmacht, durchaus ungewagt unterstellen. Selbst Gregor, dem zu wenig Patriotismus wohl kaum nachgesagt werden kann, konzediert zum Abgang Chlodwigs, dass – im Gegensatz zu unkritischen Folgerungen der vorherrschenden Lehre – *die Goten nach dessen Tod durch viele seiner Territorialerwerbungen gezogen waren.*[59]

---

[59] *Gothi vero cum post Chlodovechi mortem multa de id quae ille adquesierat pervasissent...;* hist. III,21. Mit vereinigten militärischen Ressourcen wagten die Söhne Chlodwigs nach dessen Tod, Theuderich ausgenommen, erst 523 (!) einen Krieg gegen die wohl nicht minder geschwächten Burgunder, in dem schließlich durch die geschickte Intervention des ostgotischen Theoderich der fränkische Teilreichkönig Chlodomer in der Schlacht bei Vézeronce im Juni 524 getötet wurde. Wie Gregors Textkritiker Wood und James zu Recht angeben, wurde das nur 180 km östliche Clermont (Regierungssitz oder „*civitas*" der Auvergne) frühestens um 525 (!) von Theuderich eingenommen. Chlodwigs mutmaßliche Absicht, sich seit 507/508 einen Zugang auch zum Mittelmeer zu verschaffen, war demnach zum Scheitern verurteilt: Unter dem Oberkommando von Theoderichs Heerführer Ibba sollen nach römischen Quellen mehr als angeblich 30.000 Franken getötet sowie Narbonne und Arles von burgundischen Angreifern befreit worden sein. Ein ostgotisches Korps unter dem *dux* Mammo plünderte Burgund sowie Teile Südgalliens und kehrte 509 mit reicher Beute nach Italien zurück, vgl. die regionalen Chroniken von Marius u. Aventicum, Caesarius v. Arles (*vita* I,38), Avitus *epist.* 87. Nach Cassiodor konnte der ostgotische Theoderich Carcassonne, wo sich der Schatz des designierten Westgotenkönigs Amalarich (seines Enkels) befand, selbst aus den Händen fränkischer Belagerer befreien und an sich nehmen.

350

Für die von vielen Historikern unterschätzte Instabilität des Frankenreiches zu dieser Zeit spricht die strategisch gewagte Invasion des skandinavischen Wikingerführers Chlochilaicus in Theuderichs nordgallisches Territorium am Niederrhein, die aber nicht von ihm, sondern von seinem Sohn Theudebert zwischen ca. 515 und 523 zurückgeschlagen wurde![60] Offenbar, so die hierzu berechtigte Folgerung, war sein Vater wohl mit Wichtigerem belegt. Und warum durfte dieser nicht seinerzeit mit einer frankeninternen Auseinandersetzung um die Vorherrschaft über die Moselmetropole – seinen späteren Besitz (!) – befasst gewesen sein, zeitlich also in jener Dekade, in der Chlodwig starb oder noch sterben sollte?

Und warum sollte man dazu nicht auf Ian Woods quellenkritische Bewertungen zurückkommen, der u.a. mit einer Rezension von Gregors Version den Tod des gefährlichsten Frankenkönigs anhand anderer Überlieferungskontexte vielmehr um Jahre später als 511 aufzeigen kann! Jedenfalls dürfte dieser Umbruch im Erbreich seiner vier Nachfolger, wann oder womit auch immer zuverlässig datierbar, selbst bei einem dänischen Machthaber oder skandinavisch-gotischen Wikingern die Hoffnung auf eine Instabilität und Angreifbarkeit des Frankenreiches genährt haben.

Fluchtmythos

Das von der Thidrekssaga vermittelte Vertreibungsmotiv betrifft den charakteristischen Erzählungskern nahezu sämtlicher Dietrich-Epen. Nach der Thidrekssaga und der „Didrikskrönikan" stellen Dietrichs angebliche Expansionserfolge eine Bedrohung für Ermenriks Machtpotenzial dar. Nach den Worten seines Beraters Sifka (altschw. Seveke / Siveke, mhd. Sibich) soll er dessen Landgewinne daher unbedingt abstoppen und selbst übernehmen.

Hierzu lässt in gänzlich heldenepischem Expressionismus (Ths: Mb 284 f.) zunächst kein politischer Kontext zu der nach Gregors Berichten von Theuderich für Chlodwig geführten südgallischen Kriegsoperation von 507/508 erkennen.

---

[60] *hist. III,3*, ausführlicher *Liber historiae Francorum I,9*. Die Datierungsspanne folgt unterschiedlichen Quellenbewertungen. Chlochilaicus wird gerne mit dem Hygelac des Beowulf identifiziert, der zuvor (um 510) mit seinem Bruder Haethcyns an einer Schlacht gegen die Schweden am „Rabenholz" teilgenommen haben soll. In *hist. III,4*, wonach der Thüringerkönig Herminafrid sein Versprechen für Theuderichs militärische Hilfe gegen Herminafrids Bruder Baderich gebrochen haben soll, will Matthias Springer (*Theuderich* in *RGA* 30, S. 462) eine historisch fragwürdige Konstruktion Gregors erkannt haben.
Springer will Theuderichs Teilnahme am Burgunderfeldzug, die Chlodwigs Söhne gegen dessen Schwiegervater 523/524 führten, nicht bestätigen. Dazu datierungskonform Wood, der den ältesten fränkischen Teilreichkönig Theuderich – *ostentatiously avoiding the Burgundian campaign* – bereits in die Mobilmachung für die Auvergne-Offensive datiert, vgl. *The Merovingian Kingdoms 450–751* (1994) S. 53.

Wie sich durch eine gebündelte Militärmacht aus west- und ostgotischen Streitkräften jedoch bald zeigen sollte, war Chlodwig zum einen gut beraten, nicht lange vor der Höhle eines amalisch-gotischen Löwen zu stehen.[61] Doch zum anderen verfügte er nichtsdestoweniger über eine strategische Ersatzoption: Für den Fall eines Scheiterns seines Feldzugs und damit verbundener Schwächung Theuderichs konnte er seine machtexpansive Ambition auf den nach Sifkas Vortrag sich bereits durch Landgewinne verselbständigenden Erbreichteil des mächtigsten Frankenprinzen richten, der nach den geografischen Angaben der Thidrekssaga zumindest den Großraum Köln–Aachen kontrollierte.

Ian N. Wood hat die politische Auswirkung des von Chlodwig initiierten, von ihm selbst und Theuderich kommandierten, und schließlich vom ostgotischen Theoderich zunächst im Mittelmeer-

Chlodwigs Reichskanzler Aurelian auf einem Wertzeichen.

Bibliothèque nationale de France

raum, nachfolgend wohl auch weiter nördlich massiv revertierten fränkischen Expansionszugs von 507/508 in eine historische Beziehung zum Mittel- und Unterrhein (!) gebracht:

Blocked in the south after 508, Clovis may have turned his mind toward enhancing his prestige in the Rhineland and perhaps across the English Channel.[62]

Wood spielt hier unverkennbar auf die von Chlodwig initiierte Beseitigung des in Köln residierenden Sigibert an – seines nach Gregor offenbar fränkischen Blutsverwandten, der nach Gregor von Tours' Quellen um 508/509 von verwandtschaftlich angestifteten Mittelsmännern auf einem Jagdausflug, und zwar an der Stelle von seinem („Sigurðs") geheimen Schatzhort gemeuchelt wurde.[63] Wenngleich Gregor ein von der Thidrekssaga abweichendes Motiv gegenüber jenen

---

[61] Gemeint: Theoderich d. Gr. Nach Gregors *hist. II,37* gelangte Chlodwig nach dem Sieg über den Westgotenkönig Alarich II. bei Vouillé noch bis Bordeaux, ließ noch Alarichs Schatz aus Toulouse herbeischaffen, bewegte sich dann aber zurück über Angoulême nach Paris. Theuderich zog bis Albi (67 km nordöstlich von Toulouse) und Rodez; dann von dort, wie aus Gregors späteren Berichten unweigerlich zu folgern ist, hart nördlich in das Kerngebiet der alten Auvergne mit ihrer *civitas* Clermont.

[62] Ian N. Wood, *Gregory of Tours and Clovis...*, S. 264. Vgl. Mb 279, wo ein Sohn Ermenriks nach England fahren, dort aber nicht ankommen soll!

[63] So Gregors *hist. II,40*, der als Drahtzieher des Mordkomplotts den dafür von Chlodwig nicht minder heimtückisch getöteten Sohn von Sigibert glauben machen will. Zur Identifizierung und weiteren Interpretation im niflungischen Milieu der Verf. in *Die Nibelungen – Dichtung und Wahrheit* (2005) S. 126 f. Ders. in *Sage und Wirklichkeit* (2007) S. 173–175 sowie S. 343–348.

zwar unpolitischen, aber figürlich episierenden Kurzsichtigkeiten dichterisch abgesteckter Erzählungshorizonte bietet (vgl. z.B. Heldenedda, *Vǫlsungasaga*, Nibelungenlied), so stünde jedoch Sigiberts = Sigurðs Verwaltung von Theuderichs = Dietrichs Reich also keineswegs im Widerspruch zur fragmentarisch anerkennungsfähigen Geschichtsschreibung.

Um 508/509, nach Chlodwigs gescheitertem südgallischen Angriffskrieg, konnte sich Theuderich aus der Auvergne in sein vorausgesetztes nördliches und offenbar in Zweikönigsherrschaft mit ‚Sigibert' gehaltenes Erbreichteil[64] abgesetzt haben. Und hier konnte ihn Chlodwig – zeitlich überschneidend mit seiner perfiden Beseitigung des Kölner Königs – in seiner triebhaften Machtgier zwar nicht töten, wohl aber entmachten und von dort vertreiben.

Übrigens können wir damit noch leicht einen Schritt weitergehen und zur Synchronisierung anhand der Thidrekssaga einbringen, dass er ein westrheinisches Volk – „die Niflungen" – längst dazu ideologisiert haben konnte, zu gegebener Zeit das fränkische Reich bis zur ostrheinisch blühenden Metropole Soest auszudehnen.[65]

Den Ausgang der sich möglicherweise länger hinziehenden Schlacht zwischen Franken (= Niflungen) und Sachsen um Soest, Dietrichs Rückmarsch aus seiner Exilresidenz nach Bern und von dort bis zu seinem königlichen Auftritt in Trier hat Ritter im *ungefähren zeitlichen Überblick* auf ca. 526–527 geschätzt.[66] Man vergleiche dazu die in diesem Band angeführte und dazu kaum abweichende Datierung von Theuderichs Rekonstituierung der Moselmetropole nach Ian N. Wood und Edward James.

Analog zu Dietrichs Vertreibungsmotiv und dessen zeitgeschichtlicher Rezeption und Interpretation, allerdings kausal indirekter, hat Malone den erheblich zurückgeschlagenen fränkischen Angriffskrieg anhand eines anderen niederrheinischen Vorgangs – des ostfränkischen Verteidigungskriegs gegen Chlochilaicus' „Wikinger" – auf einen vielmehr „intervölkischen Erklärungswert" gebracht. Wie bereits hierzu ausgeführt wurde, sieht Malone den Sieg der Ostfranken über die Skandinavier auf dem Rökstein verewigt, dessen Runeninschrift der Seemacht Theuderichs und zugleich Dietrichs Exil gedenken soll:[67]

The conception of him as a sea-king reflects, of course, the legendary exile, tidings of which had evidently made their way to Scandinavia, and this motif would

---

[64] Hierzu der Kontext der Thidrekssaga, wonach ihn Dietrich in Köln durch Ehelichung der Niflungenprinzessin Gudrun installiert haben wollte; vgl. Verf. (2007) S. 343–344.

[65] So das machtpolitische Motiv der Niflungen, wie gesagt jedoch übertüncht von jener heldenepischen Rachestory aus Liebe und Eifersucht...

[66] a.a.O. Seite 282; ders.: *Der Schmied Weland*, S. 163 f. Offenbar war der Tod Theoderichs, der das Scheitern seines Bündnissystems *pax Gothica* nicht verhindern konnte, die entscheidende Zeitmarke.

[67] Malone, *Studies...* (1959). Vgl. zur merowingischen Seemacht Ian N. Wood, *The Merovingian North Sea* (Alingsås, 1983).

be equally applicable to Wolfdietrich and to Dietrich von Bern.[68] *The lordship of the Mærings, however, belongs properly to Wolfdietrich [...] Þiaurikr, therefore, is to be identified with Theodoric the Frank. His fame in Gautland rested solidly on his great victory over the Gauts, and it is this victory which the Gautish runemaster had in mind. He put the reference, however, in terms of the new conception of Theodoric as an exile, a conception imported from the south.* —

Seine Anschauung als Seekönig spiegelt natürlich das legendäre Exil wider, dessen Kunde mit Sicherheit nach Skandinavien gelangt war, und dieses Motiv ließe sich gleichermaßen auf Wolfdietrich wie Dietrich von Bern beziehen

---

[68] *Wolfdietrich und Dietrich von Bern haben vieles gemeinsam: beide führen einen Löwen im Schild, kämpfen gegen Drachen, besitzen das Pferd Valke und das Schwert Rose; beiden wird eine illegitime (dämonische) Herkunft nachgesagt; beide werden auf Anstiften eines bösen Ratgebers von nahen Verwandten aus ihrem Reich vertrieben und gewinnen es zurück; beiden steht ihr alter Erzieher zur Seite; und in der [hier noch] erwähnten Hertnit-Erzählung der ,Thidrekssaga', hinter der offensichtlich der ,Ortnit' steht, ist Dietrich sogar in die Rolle Wolfdietrichs eingetreten. Diese Gemeinsamkeiten können die seit Wilhelm Grimm immer wieder einmal diskutierte Hypothese unterstützen, in der Wolfdietrichsage liege eine Dublette der Dietrichsage vor, auch Wolfdietrich sei auf Theoderich den Großen zurückzuführen. Die historischen und philologischen Gründe, die gegen diese Hypothese sprechen, sind jedoch erdrückend. Die Überlieferung von Wolfdietrich muß als eigenständige Sage gelten, deren Ursprünge nicht in der gotischen, sondern in der fränkischen Geschichte zu suchen sind. Die Gemeinsamkeiten sind zunächst Gemeinsamkeiten im Typus, die sich im Lauf der Überlieferung in wechselseitigem Austausch, begünstigt vielleicht durch die (teilweise) Identität der Namen, verstärkt haben mögen. Aus solcher Annäherung könnte auch zu erklären sein, daß Wolfdietrich verschiedentlich als Vorfahr Dietrichs erscheint.*

Gegen diese Auffassung von Joachim Heinzle in seiner *Einführung in die mittelhochdeutsche Dietrichepik* (1999, Zitat von S. 42–43) betont die Textkritik jedoch auch Möglichkeit einer vielmehr mit ostgotischer Originalität verknüpften Stoffbildung. Diese letztlich jedoch kaum überzeugende Spekulation könnte jedoch zum einen durch die besondere Beziehung zwischen dem oströmischen Kaiser Anastasius und Chlodwig beeinflusst worden sein, der sich durch Anlegen eines Diadems und Purpurkleids über seinen in Konstantinopel ausgerufenen Titel *consule*, vermutlich gar *Patricius* erhaben fühlte, vgl. Gregors hist. *II,38.*

Zum anderen konstatiert das RGA zur Transmissionslage unter *Wolfdietrich*:

Die mögliche Umlokalisierung einer frk. Heldensage nach Konstantinopel wird wohl erklärt, indem man darauf hinweist, daß Chlodwig der erste bedeutende christl. Herrscher im w-röm. Reich seit der Absetzung des letzten Ks.s im J. 476 war und daß er deshalb als Äquivalent zu Ks. Konstantin d. Gr. betrachtet wurde. Plausibler ist, daß die verschiedenen Fassungen des ,Wolfdietrich' unter frz. Einfluß entstanden sind. In dem afrz. Epos ,Floovant' (Chlodovinc, ,Sohn des Chlodwig') heißt der Vater des Protagonisten Constantine (24, 130). Auch Gregor von Tours nennt Chlodwig bei der Beschreibung seiner Taufe einen neuen Konstantin (II, 31). Daß dessen Residenz sodann in der Dichtung Konstantinopel genannt wird, ist verständlich, hat aber nichts mit der Stadt am Bosporus zu tun. In den inhaltlich zusammenhängenden Epen ,Ortnit' und ,Wolfdietrich' hat man reine frk. Stammessage zu erkennen geglaubt (19, 24): Hugdietrich sei Theuderich I., Wolfdietrich dessen Sohn Theudebert I. († 548). Die uneheliche Geburt Theuderichs habe einen Ausgangspunkt für die Entstehung der Sage geboten, sei aber auf den Sohn übertragen worden. Auch afrz. Helden mit den Namen Hugon/Huon können aus der frk. Heldensage stammen.

[...] Þiaurikr ist daher mit dem fränkischen Theoderich zu identifizieren. Sein Ruhm in Götland beruhte fest auf seinem großen Sieg über die Göten, und es ist dieser Sieg, den der götische Runenmeister im Sinn hatte. Er bezog sich jedoch auf die neue Anschauung über Theoderich als Exilfigur, eine aus dem Süden eingeführte Anschauung.

Diese *aus dem Süden eingeführte Anschauung über* ‹ den fränkischen › *Theoderich als Exilfigur* – zumal nach 508 die fränkischen und romanischen Schreiber über ihn auffallend hartnäckig schweigen – hat Malone bereits als Postulat vorausgeschickt:

that when Theodoric became an exile-and-return hero, the scene of his exile was laid in Visigothic territory.[69]

Den meisten Historikern erschien diese Art einer nicht widerlegten Konjektur bislang wenig substanziell. Jedoch bezieht sich Malone dazu auf gleich drei historische Faktenlagen, die aufs engste miteinander verzahnt sind, nämlich

- zur ersten, dass man König Theuderich für den Bezwinger skandinavischer Goten halten konnte;

- zur zweiten, dass er jedoch selbst nicht die Schlacht gegen den Friesland und niederrheinische Bereiche verheerenden Chlochilaicus führen konnte, weil er wegen seines in Südgallien gegen die Westgoten geführten Feldzugs sich danach im „*Mæringer*-Exil" befunden, demnach – in einer wortbegrifflichen Auslegung – in einer umliegenden „Grenzvölkerschaft", in unserem Fall jedoch „sächsische Hunen", aufgehalten haben soll;

- und zur dritten, dass dieses Ereignis nach Gregor in „Theuderichs inaktive Periode" fällt, somit auch Malone diese Notiz Gregors (*hist. II,38*) über Theuderichs angeblichen Aufenthalt in Chlodwigs Pariser Residenz[70] zumindest implizit für „ausflüchtig" hält.

Folgerungen

Die historisch bzw. historiografisch vergleichbaren Darstellungen der Thidrekssaga mit Theuderichs Vita enden mit Dietrichs Einzug in *Roma*–Trier und dem in Mb 428 gegebenen Hinweis, dass er nach „Attilas / *Athils*" Tod „das ganze Hunaland" eingenommen hat. Die insoweit kaum an Beweiskraft mangelnde interliterarische Übereinstimmung mit den zweifellos biografischen Höhepunkten beider Herrscher verdeutlichen demnach auch Mb 414 und Sv 356 (bereits zuvor

---

[69] Malone a.a.O. Seite 122. Dazu mehr im nachfolgenden Beitrag.

[70] Was wissen wir von seinem Sitz und letzten Wirken am größten Ort an der Seine? Um 509 nennt Gregor sein Herkommen zur Übernahme von Sigiberts Reich – nun ohne Streitmacht (!) – über die Schelde.

zitiert) durch die raumzeitlich kohärente wie in diesem Fall erbrechtliche Übernahme und Neukonstituierung der *Belgica-prima*-Metropole.[71]

Die Wedinghausener Episode der Thidrekssaga in den nachfolgenden Abschnitten (Mb 429–437) dient nach Roswitha Wisniewski lediglich zur Verfassersignatur des im niederdeutschen Kloster Wedinghausen geschriebenen Überlieferungsteils der Thidrekssaga.[72] Dietrichs *Bergara*-Abenteuer (Mb 416–422) mag in Gedenken an den ebenfalls niederdeutschen Ursprungs vermuteten *Ortnit* und dem derzeit überwiegend fränkischen Ursprungs eingeschätzten *Wolfdietrich* hinzugefügt worden sein.[73] Didriks Tod aufgrund seiner Rache an Wideke, so die altschwedische Insertion, erscheint jedoch als späte heldenepische Zugabe für einen genre- wie figurtypologisch besseren Leserbeifall gegenüber dem eher sanften Dahinscheiden nach Mb 438. Und schließlich sollte auch Heimes „verdientes Ende" (Mb 436–437) seinem keineswegs nur an guten Taten zu messenden Charakterbild gerecht werden.

Der Schwerpunkt der hier zitierten forschungswissenschaftlichen Kronzeugen wurde nicht von ungefähr auf Ian N. Wood und Kemp Malone gelegt. Für Wood spricht vor allem dessen interpretative Weitsicht aus umfassenden Quellensichtungen (nicht nur) über die frühmerowingische Periode. Auch Kemp Malones quellenkritische Untersuchungen sind für die intertextuelle wie interdisziplinäre Forschung schon deshalb besonders wertvoll, weil sich daraus wichtige interpretative Anknüpfungspunkte für die Thidrekssaga ergeben, deren Existenz – im Gegensatz zur herangezogenen südlichen Heldendichtung – er allerdings weder bibliografisch noch philologisch anmerkt. Doch gerade dieser Umstand entspricht dem Vorteil einer unvoreingenommenen wie in diesem Fall verwendungsfähigen Stoffbetrachtung auf dem Navigationsfeld von Saga, Historiografie, Ethnografie und geschichtlicher Chronologie.

Die interliterarische Synchronisation der Thidrekssaga mit dem frühmerowingischen Geschichtsbild über die Franken, soweit sich hierzu Theuderichs Periode und Thidreks Vita näher explorieren lassen, wird keineswegs von unüberbrückbaren historischen Gegensätzen blockiert. Demnach darf die Thidrekssaga in der Bandbreite ihres sagenartigen bzw. historiografischen Vermittlungstypus' – wie bereits Ritter anhand der altschwedischen Handschriften mit einem längst nicht abgeschlossenen Vergleich zwischen „Ermenrik" und Chlodwig grundsätzlich postuliert – mit der merowingischen Frankengeschichte des 5./6. Jahrhunderts durchaus ohne eklatante Widersprüche verzahnbar sein.

---

[71] Zu Theuderich Gregor in seinen *Liber Vitae Patrum, Liber in gloria martyrum* und *De Passione et Virtutibus Sancti Iuliani Martyris*; vgl. Theuderichs Biografie unter
https://www.badenhausen.net/rolf-badenhausen/Theuderich_I.pdf
[72] Roswitha Wisniewski, *Die Darstellung des Niflungenunterganges in der Thidrekssaga. Eine quellenkritische Untersuchung* (1961) S. 261–266.
[73] *Bergara*: Anspielung auf die Verschriftlichung der niederdeutschen Vorlage in Bergen oder vielmehr eine rheinfränkische Lokalität?

Anhang

I. „Zeittafel Thidrekssaga"
In Gegenüberstellung mit chronistischen Angaben[74]

	Dietrich von Bern nach Heinz Ritter-Schaumburg (z.T. ergänzt mit Quedlinburger Annalen)	Theuderich I. nach Gregor von Tours, Quedlinburger Annalen, römischen Quellen
470	Dietrich wird geboren. Sein Großvater Samson stirbt auf dem Eroberungszug nach *Rom* = Trier, das von Ermenrik eingenommen und nachfolgend beherrscht wird. Hildebrand kommt nach Bern.	
480	Heim kommt nach Bern. Dietrich wird Herrscher (König) über das Berner Reich. Weitere Gefolgsleute schließen sich ihm an. Welands Sohn Wideke kommt nach Bern und kämpft gegen Dietrich. Dietrichs Abenteuer im *Osning* (vgl. *Eckenlied*-Sage). Heim wird verbannt. Detzlef der Däne zieht zu Dietrich {und trifft ihn am Harlungensitz *Fritila* von Ake d.Ä., dem Stiefbruder Ermenriks}.	
484	Dietrich und der *Hunaland*-König *Attila* nehmen am *Ersten Reichstag* von König Ermenrik in *Rom* teil. Dietrichs Vater † (?) Wildewer schließt sich Dietrich an. Dietrich hilft *Attila* gegen die Wilzen.	⇔ Chlodwig I. hat die Frankenherrschaft von Childerich I. († 481/2) übernommen.
487	{Dietrich unterstützt erfolgreich seinen Verwandten Ermenrik gegen einen *Jarl Rimstein* {auf offenbar alemannischem Grenzgebiet Germersheim [Mb 147]}. Heldenrunde „Berner Gastmahl" von Dietrich {mit seinen zwölf Gefolgsmännern, wobei ein „Kräftemessen" mit König *Isung* in *Bertangaland* beschlossen wird}.	{⇔ Ritter: Erster Alemanneneinfall in Chlodwigs und Theuderichs Zeit?} {⇔ vorweggenommene Parabel zu Theuderichs Zug nach Thüringen mit seinen zwölf edelsten Gefolgsmännern → Quedlinburger Annalen}[75]
490	Dietrich und *Attila* nehmen am *Zweiten Reichstag* in Ermenriks *Rom* teil.	

[74] Dazu Anmerkungen auf S. 360. Kommentare (rb) in geschweiften Klammern.
[75] vgl. U. Steffens, *Hugo Theodoricus und Thideric de Berne* im BERNER 67 (wie oben), S. 31.

	Iron †. {Auf Dietrichs Bestreben wurde Sigfrid von König Isung abgeworben und ist [nach Ritter] seit 488 Mitherrscher im Berner Reich zwischen Eifel und Rhein.}	
492	Akes Tod. Wideke verlässt Dietrich und wird Gefolgsmann von Ermenrik.	
493	Sevekins Rache {↓ 509}.[76]	
494	Tod der Örlungen {↓ 509/510}.[76]	
495	Dietrichs Vertreibung {↓ 509/510}.[76]	
496	Hildebrand ist 50 Jahre alt. Ostkämpfe.	
507		Theuderich erobert im südgallisch-westgotischen Eroberungszug von Chlodwig I. die Gebiete von Albigeois, Rouergue und Teile der Auvergne. Seit 508 werden Franken und verbündete Burgunder in Bereichen nicht nur des mediterranen Septimanien und der Provence unter Theoderich d. Gr. und seinem Feldherrn Ibba zurückgeschlagen.
509 [76]	Ermenrik schickt ein Heer nach Bern, um Dietrich zu unterwerfen. Er vertreibt Dietrich nach *Susat* = Soest zu *Attila*, der ihm Exil gewährt.	⇔ Chlodwigs östliche Machtausdehnung durch Übernahme von König Sigiberts rheinkölnischem Herrschaftsgebiet (→ im Bereich von Dietrichs Bern-Bonn).
510	{Dietrich und *Attila* führen Krieg gegen Wilzen und „Russen".}	{Keine chronistische Angabe über Theuderichs linksrheinischen Aufenthaltsort bis ca. 525.}
515	Mit *Attila*s Unterstützung zieht Dietrich gegen Ermenrik: Schlacht bei *Gransport* an der Mosel {mit hohen Verlusten, u.a. fallen zwei Söhne *Attila*s. Wideke entkommt Dietrich. Wildewer tötet Walter von Waskenstein, Bannerträger von Ermenrik.	[Zwischen ca. 515 und 523:] Theuderichs Sohn Theudebert wehrt einen Überfall des nordischen „dänischen" (?) Invasors Chlochilaich ab, der auf dem Rückzug von Theudebert getötet wird. Theuderich bricht mit Hermanfrid, der ihm nach der gelungenen Beseitigung

---

[76] Dietrichs und Hildebrands Exilbeginn wurde nach dessen Alterszählung in den Handschriften durch Ritters eigene Erkenntnis ‹!› alternativ datiert, s. *Dietrich von Bern* (1982) S. 205 f, 267. Somit sind Sevekins Rache und Dietrichs Fluchtbeginn um 509/510 datierbar. Hans Friese weist ebenfalls in seiner textkritischen Untersuchung von *Thidrekssaga und Dietrichepos* darauf hin, dass *Rechnen nach Halbjahren ein natürlicher nordischer Brauch ist* und führt (S. 33) dazu einige Kapitelbeispiele an. Dass diese Zeitrechnung, abgesehen von „Winterzählungen", zu Übertragungsirrtümern führen konnte, zeigt (beispielsweise) selbst Fine Erichsen in ihrer Thidrekssaga-Übersetzung (1924, Neuausgabe 1967): Wie sie aus Mb 10 (S. 80) überliefert, soll Samsons Brünne über *ein halbes Jahr nicht von seinem Arm gekommen* sein. Jedoch anders Henrik Bertelsen in seiner Handschriftenausgabe (1905–11) Bd. I, S. 25 [8], wonach mit *hun kom ei af minum arm halft misseri* die originäre Zeitspanne nur ¼ Jahr beträgt (*misseri* = Halbjahr).

520	Dietrichs Re-Inthronisierung mit *Attilas* Unterstützung zwischen 491 u. 518: → Quedlinburger Annalen.	seines Bruders Baderich die Hälfte von dessen Reich versprochen hatte.
525		Theuderich in der *Aula Regia* von Köln, in deren Einzugsbereich Gallus (nachfolgend Bischof der Auvergne) einen beliebten Heidentempel anzündet
	Kriegszug der Niflungen nach Soest und ihr Untergang {unter schweren Verlusten ihres „Gastgebers" *Attila*.} {Irings Tod. Alle Niflungen fallen.} {Erwähnung von Ermenriks Tod.} Dietrichs Heimkehr. Schlacht bei Graach {*Grachenborg*[77] unweit von Trier, wo Ermenriks Nachfolger Siveke fällt}.	→ Gregors *Liber vitae Patrum, VI,2.* Theuderich erobert die Auvergne in seinem südgallischen Feldzug. Sein Herzog (dux) *Hilpingus* wird als sein wichtiger Vertrauter genannt. Theuderich zieht auch in Trier ein und sorgt für dessen umfassenden infrastrukturellen u. kulturellen Wiederaufbau.
527	Dietrich König in *Rom (II)* = Trier. ⇔	Theuderich König auch über Trierer Gebiet: → Gregors *Historiae, liber III,15.*
530		Theuderich fällt in Herminafrieds Reich ein. Theuderich missglückt dort ein Anschlag auf Chlotar I. Schließlich lockt Theuderich Herminafried zu sich nach
	Hildebrands Tod im Alter von ca. 85. {Herminafried = Irminfrid flieht zu *Attila* → *De Origine Gentis Swevorum, 9.*} ⇔ {Falls Herminafrieds Gesandter Iring als jener *Irung* nach Soest floh, der dort von Hagen erschlagen worden sein soll:[78] → Ende der Niflungenschlacht ca. 531?} {*Attilas* Tod durch Kindeshand zwischen 527 und 565: → Quedlinburger Annalen}	Zülpich,[80] lässt ihn hier durch einen vorgeplanten Mauersturz töten. Er beseitigt Munderich, der gegen ihn Anspruch auf die Königsherrschaft erhoben hat. Er beauftragt seinen Sohn Theudebert mit der Rückeroberung von Gebieten, in die die Franken 507/508 eingedrungen waren. Theuderich tötet seinen Verwandten (*parens*) Sigivald. Gregor und der römische Geschichtsschreiber Cassiodor nennen Theuderichs Tod ohne Gewalteinwirkung. Nach Cassiodor sein Tod gegen Ende 533.
535	Zwischen 534 und 536 entschläft Dietrich in seiner Residenz mit Therme.[79] ⇔	

---

[77] Deren römisches Heiligtum auf einer mutmaßlichen Fläche von ca. 3000 m² dürfte auch nach dem Zerstörungsbefehl noch unter Kaiser Gratian (4. Jh.) überregional bekannt gewesen sein.
[78] Ritter erwägt ihn als König Irians ersten Sohn. Die Identität *Iring* = *Irung* nach der Thidrekssaga wird nicht ausgeschlossen von Hilkert Weddige, *Heldensage und Stammessage. Iring und der Untergang des Thüringerreiches in Historiographie u. heroischer Dichtung* (1989) S. 66.
[79] Der „Rachetod des Didrik", eine ‚Zutat' nach Sv 383–385, wird von den älteren Handschriften nicht überliefert, also weder von der sog. Stockholmer *Membrane* noch den altisländischen Manuskripten.
[80] Nach der *Origine Gentis Swevorum* könnte er mit Irung zuerst zu *Attila* (Soest) geflohen sein.

Anmerkungen zur Zeittafel von Heinz Ritter-Schaumburg[81]

Man beachte entgegen seiner Auffassung über einen historischen Dietrich aus einer bislang nicht weiter belegten bzw. umstrittenen Frankendynastie die raumzeitlich als gesicherten geltenden historischen Verhältnisse. Wie bereits jene forschungsmehrheitliche Ortsdatierung zitiert wurde, hat um das Jahr 525 Theuderich I. eine *aula regia* im Kölner Raum aufgesucht.[82] Nahezu um die gleiche Zeit chronologisieren ihn führende Geschichtswissenschaftler als renovierenden Herrscher über das moselländische Rom. Warum sollte ihm ein anderer Dietrich diese zweifellos exponierten Herrschaftsbereiche überlassen haben? Oder aus welchem Grund dann umgekehrt? Wohlgemerkt: innerhalb von Ritters Dietrich-Vita! Seine konträre Dietrich-Identifizierung findet nicht den geringsten Rückhalt in Geschichtsquellen außerhalb von Thidrekssaga und „Didrikskrönikan" und konnte daher nicht den von ihm erhofften Durchbruch in der Dietrich-von-Bern-Forschung bewirken.

Nichtsdestoweniger, wie schließlich im Untertitel des nachfolgenden Beitrags vermerkt, stellt jedoch Ritters Zeitordnung der Thidrekssaga eine keineswegs unberechtigte Forschungsgrundlage dar.

Reinhard Schmoeckel († Mai 2024) hatte in einem seiner letzten Forschungsbeiträge seine überarbeitete *Zeittafel der Völkerwanderungszeit* vorgestellt. In dieser chronologischen Zusammenschau vermerkt er grundsätzlich zu den Hauptereignissen in der Zeit des Dietrich von Bern[83]

- seine nicht vom Merowingerkönig Chlodwig I. gezeugte Herkunft,
- seine Heimat und Residenz im Herrschaftsbereich Bonn – Verona → Bern;
- die gegen 484 abgeschlossene Eroberung von Rom = Trier durch jenen Ermenrik, der ihn später zu einem König ‚Attala' nach *Susat* = Soest vertreibt,
- die friedliche wie auch „indirekte Übernahme" des vordem von ‚Attala' regierten *Hunalands* durch Theuderich I., hier insbesondere vertreten durch seinen Nachfolger und Sohn Theudebert I.

Aus dem Darstellungshorizont des niederdeutschen Vorlagengebers geht für beide Rheinfranken- und Moselraum-Herrscher der väterlicherseits vorliegende Terminus *Theodericus / Theodoricus* hervor.

Zur Herrscherchronologie aus der Frankengeschichte verbirgt sich für ihn hinter Dietrich der *Theodericus **primus rex Francorum***. Und dieser konnte, wie einige wenige und darunter genealogische Angaben der Thidrekssaga darauf hindeuten,

---

[81] Heinz Ritter-Schaumburg, *Dietrich von Bern – König zu Bonn*, S. 282; vgl. posthum: *Der Schmied Weland*, S. 163, 165, 169.

[82] Es muss wohl offenbleiben, ob Gregor von Tours und andere fränkische bzw. gallorömische Schreiber das spätantike Bonn zur Kölner *civitas* gezählt haben!

[83] im Frühjahr 2022 in: DER BERNER 89, S. 25–38, siehe S. 33–37.
Die Historizität der erzählungsfigürlichen *Gransport*-Details und Dietrichs / Theuderichs Teilnahme an sächsischen Operationen gegen Ostvölker ist hier nicht weiter zu thematisieren.

von den nordischen Übertragern als *Theodericus rex Gothorum* missverstanden worden sein.

II. Zum Ostreich des *Theodericus „primus rex Francorum"*

Noch um Todeszeitpunkt seines Vorgängers Chlodwig I. († 511 oder einige Jahre später) erscheint das Gebiet zwischen Fulda und Werra als Ostgrenze des Merowingergebiets. Ab deren Zusammenfluss soll die angenommene nördliche Grenze zu den Sachsen längs des Harz-Westrands verlaufen sein, dann längs der Oker als mutmaßlicher Grenzfluss bis zu ihrer Allermündung. Östlich davon wird das Thüringerreich angegeben, westlich wiederum die Sachsen. Die für die Thüringer noch weiter nördlich vermutete, jedoch noch weniger belastbare Ausdehnung ihres Gebiets wird vom Okermündungsbereich nördlich zur Elbe, an dieser bis etwa zur Sudemündung angenommen (Droysen / Andree). Relative Einigkeit in der geschätzten Kartierung besteht über die östliche Grenze des Thüringergebiets, die von den hart süd-nördlichen Verläufen von Elbe und Saale bestimmt worden sein soll und bis zur Donau gereicht haben mag, vgl. Kurt Tackenberg im Putzger.

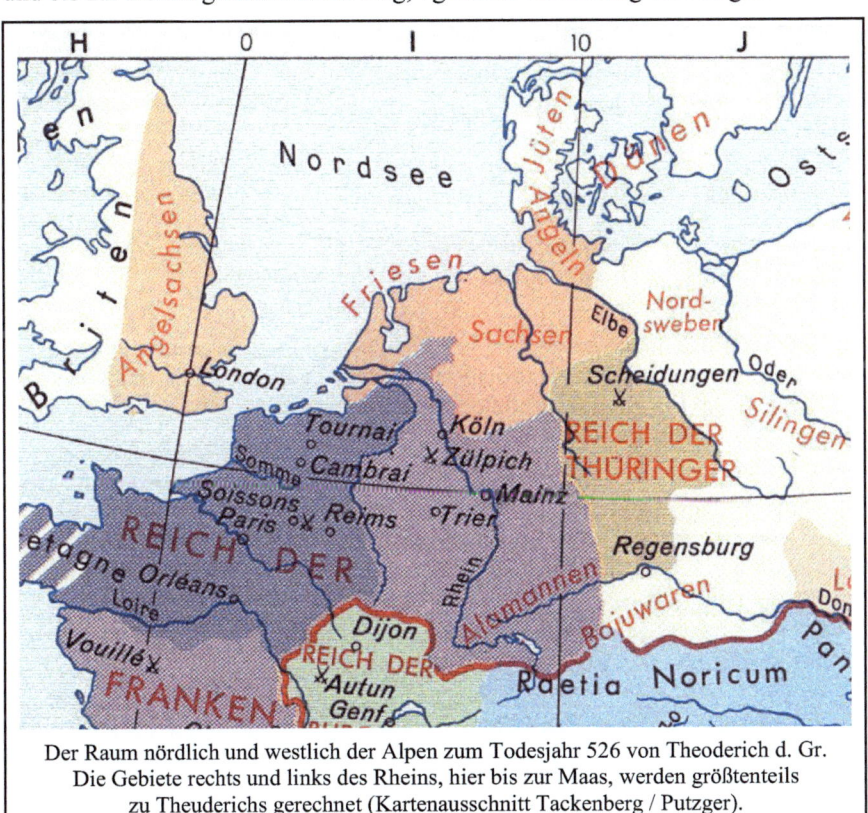

Der Raum nördlich und westlich der Alpen zum Todesjahr 526 von Theoderich d. Gr.
Die Gebiete rechts und links des Rheins, hier bis zur Maas, werden größtenteils
zu Theuderichs gerechnet (Kartenausschnitt Tackenberg / Putzger).

Der ostrheinische Zugewinn unter Chlodwig soll nach den Kartografen Droysen / Andree (ihre Angabe: „nach Chlodwigs Tod") und Vidal de la Blache („bei Chlodwigs Tod") bereits über einen Teil der heutigen Niederlande und des Raums südlich der Lippe ausgemacht haben. Jedoch kartiert Niessen dazu anders und legt das Stammesherzogtum Westfalen, von ihm datiert in die Zeit zwischen Widukind und der Annalenabfassung, als sächsisches Gebiet zugrunde, vor ihm auch Tackenberg. Zwischen 531 und 533 verbuchte der „fränkische Theoderich" durch die Unterwerfung von Thüringen einen Zugewinn, der sich von der Werra bis zur unteren Saale erstreckt haben soll. Anhand sächsischer Geschichtsquellen wäre von Theuderichs Unterstützung durch Sachsen auszugehen, die dafür das Thüringerreich nördlich von Helme und Unstrut, einschließlich den Harz, erhalten haben sollen.

Sein Sohn Theudebert gibt in seiner Erbschaftserklärung an den oströmischen Kaiser Justinian I. das übernommene Herrschaftsgebiet in Richtung Osten bis Jütland an, vgl. oben S. 339. Wie bereits gesagt mag dies auf eine Art Konföderation mit den sich bis dorthin erstreckenden Sachsenstämmen hinweisen. Über eine Vertreibung von Franken aus sächsisch angenommenen Gebieten – zumindest unter und nach Chlodwig I. – ist in verfügbaren Quellen vorerst nirgends die Rede.

Erst unter Dagobert I., noch unterstützt von seinem Vater Chlotar II. († 629), sind uns fränkische Kriegszüge gegen Sachsen – zunächst bis zur Weser – überliefert.

Seit wann konnte Theuderich I. über den Köln-Bonner-Raum verfügt haben? Oder anders gefragt: Seit wann war Dietrich rheinfränkischer König?

Die geschichtswissenschaftlich früheste Datierung für Theuderich bezieht sich auf ca. 525, wo er nach Gregor von Tours in der Kölner Residenz („*AULA REGIA*") erschienen sein soll.

Eine weitere Datierung bezieht sich auf sein Erscheinen im wenig westlich gelegenen Zülpich, wohin er den Thüringerkönig Herminafried bestellt und von einer Mauer hinterrücks in den Tod gestoßen haben soll. Unter vermutlich ausführender Beteiligung von Theuderichs Sohn Theudebert kann dies spätestens 532 oder 533 passiert sein.

Allerdings besteht dazu eine sehr weite Berichtlücke über Theuderich von 508 bis zu den vorgenannten späteren Datierungen. Keineswegs auszuschließen ist sein Erscheinen bereits um 509 im Kölner Raum, wohin sich Chlodwig nach ihrem gemeinsam geführten Südgallienzug begeben hatte. Wir wissen jedoch nicht, ob Theuderich bereits vor diesem Zeitpunkt ein rheinisches Erbe besessen haben konnte, wie es uns die nordischen Überlieferungen für dessen Reflektorgestalt Dietrich von Bern mit einer nicht auszuschließenden Vater-Sohn-Interpolation aus ostgotischem Verhältnis vermitteln könnten.

Rolf Badenhausen

Zum rheinfränkischen Dietrich und Theuderich I.

Weitere Untersuchungen zu Ritter-Schaumburgs Zeittafel

Zu meiner Zeittafel zur Vita des *Þiðrek af Bern*, der Ritters Datierungen als Postament zugrunde liegt, finden sich meine Erläuterungen auf lediglich sieben Anmerkungen beschränkt.[1] Darin unbehandelt blieben die für Dietrichs Vertreibung näher darzustellenden politischen Hintergründe, die ich nachfolgend und dazu im Wesentlichen anhand des vorausgegangenen Beitrags weiter erläutern werde.

Übersichtskarte Anfang 6. Jahrhundert

Westeuropäische Gebiete vor Chlodwigs und Theuderichs Südgallienzug in den Jahren 507/508.

Grafik: Rolf Badenhausen

---

[1] siehe Anhangteil im vorausgehenden Beitrag *Zur Historizität der Thidrekssaga*.

Die Ausführungen von (gallo-) römischen und fränkischen Geschichtsschreibern lassen kaum einen Zweifel daran, dass noch vor Chlodwigs Tod die Stabilität und Souveränität des Frankenreichs ernsthaft ins Wanken geraten war. Gregor von Tours, dem zu wenig fränkischen Patriotismus wohl kaum nachgesagt werden kann, konzediert zum Abgang Chlodwigs, dass

„nach seinem Tod die **Goten** *viele seiner Territorialerwerbungen durchzogen“*.[2]

Seine Angabe bezieht sich unzweifelhaft auf seinen südgallischen Feldzug gegen die Westgoten, in dem er im Jahr 507 unter Theuderichs maßgeblicher Beteiligung und Heeresführung zunächst große Gewinne mit der Einnahme von Bordeaux und Angoulême erzielen sowie noch Alarichs Schatz in Toulouse erbeuten konnte. Doch bald darauf war diesem Unternehmen durch die Intervention von Theoderich d. Gr. ein enttäuschender Ausgang beschieden: Chlodwigs Kalkül, sich einen Zugang zum Mittelmeer zu verschaffen, war zumindest gescheitert. Schließlich hielt Theoderich das Protektorat über Südgallien, mit dem er nicht nur die Westgoten, sondern später die zunächst Chlodwig unterstützenden Burgunder zu einer Vormachtstellung über die Franken erhob.[3]

Wie schon im vorausgehenden Beitrag angemerkt wurde, lässt sich die von Nordmeervölkern wahrgenommene Destabilisierung des Frankenreichs durch Ost- und Westgoten unter der Schirmherrschaft des Italienkönigs Theoderich voraussetzen – somit also noch der Zeitraum der Erbreichteilungen „post Chlodwig". Dafür spricht nicht nur der Invasionszug des nordischen Heerführers Chlochilaicus in Theuderichs rheinisches Gebiet. Der Überfall wurde jedoch nicht von ihm, sondern von seinem Sohn Theudebert irgendwann zwischen 515 und 522 zurückgeschlagen.[4] Nach Ritters Zeitordnung übrigens in der Exilperiode des Dietrich / Thidrek.

Mit vereinigten militärischen Kräften wagten nach Chlodwigs Tot erst im Jahr 523 dessen Söhne Chlodomer, Childebert und Chlothar einen Angriff gegen die Burgunder, mit dem sie zunächst zwar eine Schlacht gewinnen, aber ihren König Godomar II. nicht wirklich beseitigen konnten.[5] Theoderich d. Gr. mobilisierte spätestens im folgenden Jahr eine Streitmacht zur Unterstützung Godomars. Und tatsächlich ließ der nächste Frankenüberfall nicht lange auf sich warten: Im Juni 524 wurde

---

[2] Wie bereits vorausgehend zitiert aus seinen *decem libri historiarum* (*hist.*): *Gothi vero cum post Chlodovechi mortem multa de id quae ille adquesierat pervasissent...* (*III,21*).

[3] *„ There could be no doubt that the Burgundian ‹ Gundobad › was the leading ruler in Gaul between 511 and 516"*, aus: Ian Wood, *The Merovingian Kingdoms 450–751* (1994), S. 51.

[4] Gregors *hist. III,3*; ausführlicher der *Liber historiae Francorum I,9*. Die Datierungsspanne ist lückenhaftem Quellenmaterial geschuldet – noch bis 524?

[5] vgl. Gregor *hist. III,6*. Wie schon darauf hingewiesen wurde (siehe oben S. 351, Anm. 60), datiert Wood den hier unbeteiligten Theuderich – *ostentatiously avoiding the Burgundian campaign* – bereits in die Mobilmachung für die um 524/525 datierte Auvergne-Offensive. Forschungswissenschaftliche Übereinstimmung für die hier angegebenen Datierungen besteht ebenfalls für Theuderichs Einzug in Trier, für dessen Wiederaufbau er seinen dort amtierenden Bischof Nicetius beauftragte.

Chlodomer in der Schlacht bei Vézeronce von einer gotisch-burgundischen Übermacht geköpft, wodurch sich die Franken zurückzogen. Nachfolgend verzichteten seine Brüder Childebert und Chlothar bis zum Jahr 532 auf Angriffskriege.[6]

Die großpolitische Lage änderte sich jedoch markant in Theoderichs letzten Lebensjahren, die von seinen politisch-religiösen Auseinandersetzungen mit Konstantinopel und dem um 524/525 erfolgten Sturz des hochangesehenen römischen Gelehrten und einflussreichen Politikers Boethius – Theoderichs fundamentaler Gesinnungsgegner – geprägt werden sollten.

Theuderich konnte nun seinen Rückeroberungszug wagen, den uns Gregor mit der Unterwerfung der Auvergne überliefert. Er hatte sie vor 15 oder 16 Jahren aufgeben müssen,[7] doch nach diesen mindestens 32 Halbjahren riss er sie aus den Händen ihrer politisch-militärischen Führung.[8] Um 525 erscheint er auch im Kölner Raum sowie in der ehemals römischen Provinz *Belgica I*, wo er für den Wiederaufbau ihrer Moselmetropole sorgte.[9] Für die Möglichkeit, dass Theuderich die Auvergne mit einer Unterstützung von Chlodwigs westfränkischen Söhnen einnehmen konnte (von Wood entschieden zurückgewiesen), gibt es keinen Beleg. Erheblich plausibler sind seine militärischen Ressourcen und Rekrutierungen im ungeschwächten mittel- u/o. niederrheinischen Raum, den einige Jahre zuvor bereits sein Sohn verteidigt hatte. Diesem geografischen Kontext entspricht die Thidrekssaga für Dietrichs Zug aus dem *rheinischen Bern* gegen das Mosel-*Rom*.

Gregor von Tours hat Theuderichs Wirken im Kölner Raum (um oder wenig vor 525) mit dem für die Auvergne designierten geistlichen Oberhaupt Gallus mit einem Bericht verbunden, wonach dieser einen offenbar weiträumig beliebten Heidentempel zerstört haben soll.[10]

---

[6] Vgl. Gregor von Tours in *hist. III,6* – aber auch der sog. *Fredegar (III,36)* und der *Liber historiae Francorum (c. 21)* notieren profränkisch mit unzutreffend unterworfenen Burgundern bei Vézeronce. Dagegen der oströmische Chronist und Dichter Agathias (* um 531/532), der ihren Sieg über die Franken überliefert. Immerhin konzediert Gregor im Schlusssatz seines Berichts (*III,6*), dass Godomar sein Reich wiedererhielt: „*Godomarus iterum regnum recepit*".

[7] Nach Gregors *hist. II,37* zog er – als zuletzt genanntes Angriffsziel – um 507/508 in die Auvergne. Ihre genauen Herrschaftsstrukturen sind nicht überliefert, jedoch dürfte nach diesem Zeitpunkt auch hier eine pro-weströmische Verwaltung bestanden haben – dazu später mehr.

[8] Nach dem Forschungskonsens (siehe bereits den vorausgehenden Beitrag) wurde die Auvergne mit ihrer *civitas* Clermont um 525 von Theuderich eingenommen. Sein vorausgesetztes Exil dürfte um 509 begonnen haben, als Chlodwig nach Gregors Bericht, *hist. II,40*, den Rheinfrankenherrscher Sigibert („Siegfried") bei einem Waldausritt an seinem Schatzhort von Mittelsmännern („→ „Vertrauensmännern" → vgl. „Niflungen/Nibelungen") hinterhältig erschlagen ließ. Dies dürfte nicht ohne Auswirkung auf das bereits postulierte rheinische Reich Theuderichs gewesen sein. (Gregor von Tours nennt Sigibert „den Lahmen / Hinkenden".)

[9] nach Gregor mit dazu weiteren quellenkritischen Bewertungen, vgl. S. 339 mit Anm. 32.

[10] Kölner Bischöfe vor dieser Zeit: Maternus erwähnt 313/314, Euphrates genannt 343/346, und im Jahr 379 der von Gregor aufgegriffene Severin.

Diese Ortsdatierungen, innerhalb von höchstens zwei Jahren auch Theuderichs Eintreffen im moselländischen *Roma* (Ritter: Trier) entsprechen den forschungs-mehrheitlichen Erkenntnissen aus der Geschichtsforschung, darunter Ian N. Wood, Edward James, Matthias Springer, Reinhold Kaiser, Hans H. Anton sowie auch der Historiker und Ritters Rezensent Ernst Friedrich Jung.[11]

Mit an Sicherheit grenzender Wahrscheinlichkeit hat Theuderich die Auvergne mit einem Heereskontingent aus (s)einem weiter nordwestlich liegenden Gebiet erobert, und hierzu ist – entsprechend der Thidrekssaga – über die Zwischenstation *Roma II* längst nicht die Unterstützung eines (angel-) sächsischen Herrschers oder Feldherrn als Bündnispartner ausgeschlossen. Denn nahezu zeitgleich oder höchstens 6 Jahre nach seinem Auvergne-Feldzug überliefern Rudolf von Fulda (9. Jh.)[12], Adam von Bremen (11. Jh.)[13], Widukind von Corvey (10. Jh.)[14] und die Quedlinburger Annalen (11. Jh.)[15] sächsische Unterstützung für Theuderich gegen die Thüringer. Verstehen wir unter *Saxland* auch das *Hunaland* der Thidrekssaga, dann sehe ich keine aussichtsreiche Möglichkeit, einen Widerspruch gegen einen dort befindlichen Bündnispartner u./o. potenziellen Zufluchtsort für Þiðrek als den fränkischen Dietrich / Theuderich plausibel zu machen.

Ritter-Schaumburg schätzt die Soester Niflungenschlacht mit finaler Beteiligung von Dietrich im *ungefähren zeitlichen Überblick* auf 526–527. Im Deutungskontext mit Gregors Berichten erscheint zur Erschlagung des Kölner Sigibert um 509/510 das Eifeler Kriegsvolk von der Neffel als Handlanger von Chlodwig und Sigiberts Sohn.[16] Um 527, so Ritter, war Dietrich in *Roma II* einmarschiert. Nur fünf Jahre später datieren die Quedlinburger Annalen, längst vor der Thidrekssaga, Theuderich mit seinen *12 edelsten Gefolgsmännern* in der nordthüringischen „*Svava*", der ehemaligen „Elb-*Suebia*", zur Unterwerfung von Herminafrid. Gregor widmet diesem Kriegszug immerhin drei theatralisch gewürzte Kapitel (*hist. III,7– 9*). Die Annalen datieren – nicht widersprüchlich zu seinem Zeitrechnungs-modus – Theuderichs Auftritt im Thüringerreich auf 532.

Erste Folgerungen

Bereits namhafte Textforscher des 19. Jahrhunderts haben aus den Schwerpunkt-setzungen von Sage und Geschichtsschreibung für Dietrich eher für Theuderich als Theoderich d. Gr. votiert.

---

[11] Jung, *Der Nibelungen Zug durchs Bergische Land*, Bergisch Gladbach 1986, 1987.

[12] *Translatio Sancti Alexandri, auctoribus Ruodolfo et Meginharto in MGH SS II*, S. 674.

[13] *Gesta Hammaburgensis ecclesiae pontificum cap. IIII in MGH SS rer. Germ. 2*, S. 7.

[14] *Rerum gestarum Saxonicarum libri tres, I, X. in MGH SS rer. Germ. 60*, S. 17 f.

[15] in *MGH SS 3*, S. 31 f.

[16] Man vgl. die karikierten Anspielungen im Nibelungenlied um „Siegfrieds Schatz", den er von den auf Zwergengröße persiflierten Niflungen an sich genommen haben soll. Ritter-Schaumburg, dem man mangelhafte Historizitätsnachweise vorwarf, bezieht sich dazu nicht auf Chlodwigs Verwandten Sigibert.

Dagegen lassen sich weder Gregor von Tours noch die nach ihm überliefernden fränkischen Chronisten jedoch nicht als Hauptbelastungszeugen anführen – erst recht nicht eine „Ostgotensaga". Gregor konnte längst von der Konkubinen-Herkunft des italienischen Theoderich gewusst haben, jedoch viel weniger – wie er selbst konzediert – noch von Merowechs Genealogie, für die er sich auf Oraltradition beruft. Was lag näher als Theuderich analog zum großen Ostgotenkönig als Konkubinensohn des großen Chlodwig zu deklarieren?

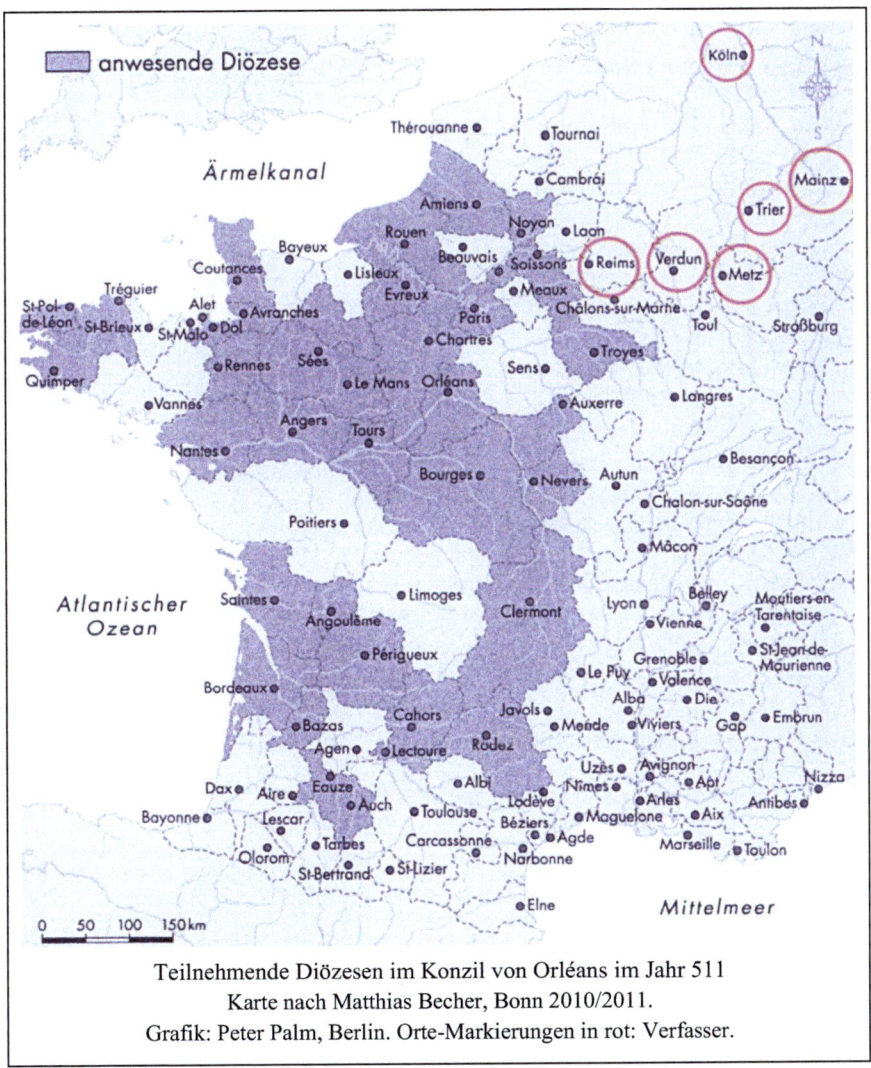

Teilnehmende Diözesen im Konzil von Orléans im Jahr 511
Karte nach Matthias Becher, Bonn 2010/2011.
Grafik: Peter Palm, Berlin. Orte-Markierungen in rot: Verfasser.

Hierzu konnte Gregor – als einer der ersten Franken-Historiografen – sehr wohl davon ausgehen, dass vor oder neben ihm keine Quelle existierte, mit der man seine von späteren Schreibern übernommene Herkunftsangabe für Theuderich hätte bezweifeln oder gar widerlegen können.[17]

Doch dies ist nicht einmal der entscheidende Kritikpunkt gegen die Saga. Als zugkräftiges Indiz für einen politisch isolierten Theuderich / Dietrich lässt sich vielmehr der Ausschluss, zumindest die Absenz der höchsten geistlichen Repräsentanten aus seinem späteren Territorialbesitz mit dem ersten,

Gallorömische Provinzen und salfränkische Gebiete, 4. und 5. Jahrhundert

Grafik: Verfasser nach Ulrich Nonn

von Theoderich d. Gr. zweifellos überwachten fränkischen Reichskonzil von Orléans in 511 reklamieren – dem forschungsmehrheitlich erwogenen Todesjahr Chlodwigs:

> Aus Theuderichs moselländischem *und* rheinischem Reich fehlten bis auf den Repräsentanten von Troyes[18] die Abgesandten aller übrigen dortigen Diözesen. Zufallsbedingte Gründe lassen sich dazu nicht plausibel machen, sondern der Theuderich betreffende politische Ausnahmezustand.[19] Die Auvergne dürfte um 511 Apollinaris unterstanden haben, dem Sohn des weströmisch orientierten Sidonius Apollinaris († nach 480).[20] Ihr gotischer Schutzmachtstatus ist vorauszusetzen.[21]

Gregor berichtet über die letzten Lebensjahre Chlodwigs nur von dessen mörderischen Plots in den einst römischen Provinzen *Germania II* und *Belgica II* – also über die Beseitigungen des rheinischen Sigibert, des (Sal-) Franken Chararich und seines Bruders, sodann der Cambraier Brüder Ragnachar, Richar und Rignomer.

Wieviel Unterstützung gegen die Goten hatte Chlodwig in 507/8 zuletzt tatsächlich?

---

[17] vgl. bereits oben S. 345. Zum Kontext mit Theoderich d. Gr. insb. Matthias Becher, *Chlodwig I. Der Aufstieg der Merowinger...* (2011), S. 168–169.

[18] Aus Quellenkontexten folgernd konnte es nach Chlodomers Tod an Theuderich gelangen!

[19] R. Badenhausen, *War Theuderich I. ein Sohn von Chlodwig?* im BERNER Nr. 85, S. 28 f; vgl. Becher a.a.O. Seite 169, 250.

[20] vgl. insb. Ian Wood, *The Ecclesiastical Politics of Merovingian Clermont in Ideal and Reality* in: *Frankish and Anglo-Saxon Society. Studies Presented to J. M. Wallace-Hadrill.* (Hgg.) P. Wormald, D. Bullough, R. Collins (1983) S. 38 f.

[21] Wood, *Clermont and Burgundy: 511–534* in: *Nottingham Medieval Studies 32* (1988) S.119 f.

Teilreich:
- ☐ Theuderich
- ☐ Chlodomer
- ■ Childebert I.
- ☐ Chlothar I.
- ☐ Zuordnung offen

Nordsee

Utrecht

Köln

Tournai

Mainz

Soissons

Trier

Rouen

Reims

Paris

Straßburg

Donau

Bretagne

Orléans

Sens

Loire

Tours

Dijon

Vouillé

Poitiers

Bourges

BURGUNDER-REICH

Atlantischer Ozean

Clermont

Lyon

Mailand

Bordeaux

Auvergne

Rhône

Turin

Po

OSTGOTENREICH

Aquitanien

Toulouse

Avignon

Arles

Provence

Narbonne

Marseille

Ebro

Korsika

WESTGOTEN-REICH

Barcelona

Mittelmeer

Sardinien

0   100   200   300 km

Reichsteilung: Konzil von Orléans – Theuderich I. übernimmt später!
Karte nach Matthias Becher, Bonn 2010/2011.
Grafik: Peter Palm, Berlin.

Nach seiner Angabe in *hist. III,21* können wir nicht einmal davon ausgehen, dass Theoderich den Franken das ehemalige Reich des Syagrius gänzlich ohne gotische Oberhoheit überließ.

Gregor hat die mindestens 15 Jahre zählende Berichtlücke von Theuderich mit der lapidaren Behauptung schließen wollen, dass *„der fähigste von Chlodwigs Söhnen"* diese Zeit wahrhaftig in der Pariser Residenz Chlodwigs abgesessen haben soll.[22] Der *Liber historiae Francorum* berichtet jedoch nirgends von einem Aufenthalt Theuderichs an Chlodwigs letztem Sitz. Gregors unnachvollziehbarer Konjektur

---

[22] Wie bereits im vorausgehenden Beitrag angemerkt in *hist. II,38 & 40*, also gleich zweimal. Theuderichs rechtsrheinisches Wirken mit Sachsen und Thüringern ausgenommen!

folgt *Fredegar* in *liber III,24*, dessen unzuverlässige Schilderungen über Chlodwigs und Theuderichs Taten darin erheblich von Gregors Angaben abweichen.[23]

Über Auswirkungen auf *Rom* der *Belgica I* konnten wir bis Chlodwigs Tod nichts erfahren – doch ebenda der von ihm gemiedene *Ermenrik* der Thidrekssaga? In der *Germania II* kassierte Chlodwig Sigiberts Reich, das in Herrschaftsteilung mit Theuderich, so mit den Sitzen Köln–Bonn–Zülpich, vordem regiert werden konnte, vgl. Thidrekssaga zu Dietrich und Sigurð! Noch mit Sigiberts Beseitigung könnte man auf das korrespondierende raumpolitische Vertreibungsmotiv aus Geschichte und Sage schließen:

Chlodwig → Sigibert ⇔ Ermenrik → Thidrek[24]

Wir wissen allerdings nicht, wer unmittelbar nach Chlodwigs Tod dieses Territorium befehligte, auf die Gestalt(ung) des Ermenrik werden wir später zurückkommen.

Für Theudeberts Niederschlagung von Chlochilaicus' Zug, der bis Hattuarien (westrheinisch bis zur Maas etwa vom Mündungsgebiet der Lippe) vordrang, muss eine Datierung bis 522 oder gar 523 toleriert werden. Wer hatte bis dahin die Befehlsgewalt über diesen Raum? Wir haben eine Parallele nach der Thidrekssaga mit Jarl Elsung d. J. und Hildebrands Sohn Alebrand als Platzhalter. Nach ihren Berichten beseitigte Dietrich den rheinischen Herrscher Elsung d. J. ohne erwähnte militärische Unterstützung, während Hildebrand auf erbitterten persönlichen Widerstand seines in/über Bern waltenden Sohnes treffen sollte (→ *Hildebrandlied*).

Weitere Folgerungen

Der machtpolitische Hintergrund zur fränkischen Reichsteilung nach dem Konzil von Orléans spricht für eine nach Chlodwigs Tod bestandene römische Vorherrschaft:

Die Teilung des Reiches unter seinen vier Söhnen scheint eher eine römische als eine fränkische Lösung gewesen zu sein. Chlodwigs Territorien wurden nach nahezu römischer Grenzziehung geteilt, jeder Bruder erhielt seinen eigenen Hof und – zweifellos römische – Berater in der jeweiligen Hauptstadt.[25]

Die von der ost- und westgotischen Siegermacht gesteuerte Teilung von Chlodwigs Territorialbesitz erfolgte zweifellos unter Theoderichs Aufsicht. Weiter mit Geary:

Wie diese Aufteilung zustande kam, ist unbekannt. Ausgearbeitet wurde sie sicher von Römern, die die Steuereinnahmen jeder Region kannten, gleichzeitig aber auch darauf achteten, daß ihre eigene Machtbasis erhalten blieb. Mit

---

[23] Siehe dazu: (Hgg.) H. Wolfram, H. Haupt, A. Kusternig, *Quellen zur Geschichte des 7. und 8. Jahrhunderts* (1994) S. 111–112 mit Anm 57 – 57, 60 60, 64 – 64 und 71.

[24] Es gibt sich in Soest den Niflungen gegenüber erst neutral, besiegt am Ende Høgni.

[25] Patrick J. Geary, *Die Merowinger. Europa vor Karl dem Großen* (1996) S. 101 f.

größter Wahrscheinlichkeit fällten selbst in dieser Schicksalsfrage des fränkischen Königreichs Franken und Römer die grundlegenden Entscheidungen in enger Zusammenarbeit.[26]

Geary spricht also über diese Reichsteilung nicht *von*, sondern *für* Chlodwigs Erben von ‚Schicksalsfrage' – soweit noch zum eingangs zitierten und insofern zweifellos berechtigten Statement von Gregor.[27]

Die Episkopate des 5. und 6. Jahrhunderts waren hier eng mit der gallorömischen Aristokratie als regionalpolitische Führungsschicht verbunden. Tatsächlich, so Geary über die Zeit vor und nach Chlodwig,

ist das Bischofsamt als Bollwerk der römischen Bevölkerung eingeschätzt worden, denn es allein konnte die römischen Traditionen und die römische Kultur vor den barbarischen Franken schützen.[28]

Hier haben wir implizit den politischen Kontext für die Isolation Theuderichs I. zumindest bis ca. 525, nach anderen Folgerungen, so anhand der Chroniken des sog. *Fredegar* noch bis 532/533. Gregor von Tours will Theuderichs „außer Lande sein" mit dem Übernahmebegehren der Auvergne von Chlodwigs Sohn Childebert – hierzu aufgefordert von gallorömischer Aristokratie (!) – verdeutlicht wissen.[29]

Dieses von Theuderich wiedererlangte Territorium[30], soweit er noch mit Gregors hagiografischen Schriften zwischen 525 und 534 aus Thüringen in Clermont eingetroffen sein soll, hätte der „Ostfranke" noch um 525 von einer noch gotisch-römischen Besatzungsmacht zurückerobern müssen.[31]

---

[26] Geary Seite 102.
[27] *hist. III,21.*
[28] Geary Seite 131.
[29] *hist. III,9.* Er nennt als Anstifter den Senator Arcadius, einen Enkel von Sidonius Apollinaris. *Fredegar* beginnt *III,36* mit der Schlacht von Vézeronce (524) gegen die Burgunder, dazu der Hinweis auf Chlotars Ehelichung von Chlodomers Kriegswitwe mit Aufzählung ihrer Söhne. Dann nennt er Childeberts Aneignung der Auvergne „*durch eine List gegen Theuderich, der sich aber weigerte, mit Chlotar und Childebert gegen die Burgunder zu ziehen*". Folgend vermerkt er ihre Besetzung von Godomars Reich und seine Flucht (anzunehmen bei Autun in 532), dann Theuderichs Verwüstung der Auvergne, danach die Beseitigung des „vortäuschenden Blutsverwandten Munderich" von Theuderichs Angehörigen.
Der *Liber historiae Francorum* lässt Theuderichs Eroberungszug gegen die Auvergne aus, vermerkt sie lediglich im Besitz von Childebert in *c. 23*, das sich jedoch nur auf Ereignisse der 530-er Jahre bezieht. Somit lassen beide Chroniken die Datierung von Theuderichs Eroberung um 532 zu.
[30] siehe hier Karten S. 367 und S. 369.
[31] *Fredegar* geht auf *einen* Thüringenzug von Theuderich nur kurz ein: *III,32* – das sich nach seiner Berichtfolge um 524 datieren lässt, zumal er noch nachfolgend in *c. 33–35* Ereignisse zwischen 501 und 524 überliefert. Theuderichs aufwändig zu folgernder Auvergnezug, von explizit forschenden Historikern über gallorömische Geschichtsschreibung überwiegend um 525 datiert, konnte wohl nicht nahezu gleichzeitig mit seinem groß angelegten Thüringenzug – sofern in 530/531 richtig datiert – ablaufen. Zu *Fredegars* Angabe über Theuderichs Auvergne-Eroberung in seinem *liber III,36* – wenn man sie nun um 532/533 datieren will – scheint jedoch fraglich, ob

Soweit zur fränkischen Geschichtsschreibung.

Zu der zweifellos großgotisch überwachten Teilung von Chlodwigs Reich ließe sich wesentlich später ein weiteres Motiv zur Gegenreaktion und Genugtuung für Karl den Großen verdeutlichen: sein Ravennater Beutezug mit den Einkassierungen von Theoderichs Reiterstatue und den sicherlich kostbarsten Verzierungen an den Prachtbauten seines italienischen Herrschersitzes.

Kommen wir zum heldenepisch verewigten Exil des Dietrich von Bern noch zurück auf Kemp Malone, der längst erkannt haben will, dass dessen Fluchtmotiv als *fränkischer Theodericus* vielmehr mit Chlodwigs Westgotenzug in Verbindung stehen darf und oberdeutsche Autoren für Dietrichs Exilbereich den Begriff der im Altenglischen genannten „Mæringer" als (sagen-) originäres „Meran" umdeuteten.[32]

Halten wir demnach zu den frühgeschichtlichen Erzählungstopoi fest:

---

er kurz vor seinem Tod (533) die für diese Invasion benötigten weiteren militärischen Ressourcen innerhalb dieser geradezu ephemeren Zeitspanne hat mobilisieren können. Da *Fredegar* die Unterwerfung der Thüringer bereits um 525 erkannt haben will, mag Martin Heinzelmann wohl deswegen von Theuderichs „Aufenthalt in Thüringen" zu dieser Zeit ausgehen und spricht von einem „*eventuell stattgefundenen zweiten* ‹!› *Eingriff Theuderichs in Clermont in* ›c531/2‹ ". In: *Francia 10* (1982/1983) S. 559 (→ Arcadius 2) und S. 703 (→ Theodericus 3).

[32] siehe oben S. 355. Mit Malone (1959) weiter zum fränkischen Theoderich = Dietrich:

I conceive, then, that when Theodoric became an exile-and-return hero, the scene of his exile was laid in Visigothic territory. When in due course the Oberdeutschen *learned the tale, they made it their own by connecting the name* Mæring *with the geographical term* Meran, *which occurs (1) as a place-name: the Meran of the Tyrol, and (2) as a regional name, in the sense 'Illyria', or, more narrowly, 'Istria'. In other words, the traditional name succumbed to a popular etymology. Since the Tyrolese Meran, in the early Middle Ages, was a place out-of-the-way and unimportant enough to serve admirably as a place of exile, it is not unreasonable to conjecture that here we have the spot to which Theodoric's burg was shifted from the equally humble situation which it had to start with.*

Ich gehe somit davon aus, dass der Schauplatz der Exilierung Theoderichs, als er zum Helden von Verbannung und Rückkehr wurde, in westgotischem Gebiet gelegen war. Als die Oberdeutschen *die Geschichte dann im Lauf der Zeit vernommen hatten, machten sie diese sich zu eigen, indem sie den Namen* Mæring *mit dem geografischen Begriff* Meran *verbanden, der (1) als Ortsname, das Meran von Tirol, und (2) als regionaler Name im Sinne von „Illyrien" oder, im engeren Sinne, „Istrien" auftritt. Mit anderen Worten: Der traditionelle Name erlag volkstümlicher Etymologie. Da das tirolische Meran im frühen Mittelalter ein abgelegener und unbedeutender Ort war, der sich hervorragend als Exilort eignete, ist die Vermutung nicht abwegig, dass es sich hier um den Ort handelt, wohin die Burg Theoderichs aus der ebenso bescheidenen Ausgangslage verschoben wurde.*

Malone hat zu Dietrichs Flucht und Exil nicht den Bogen bis ins nördliche Hunnenland gespannt. Nichtsdestoweniger dennoch seine Deutungsperspektive zur Zurückweisung von Dietrich als Sagengestalt für Theoderich d. Gr., obgleich lediglich der kausale Anlass der Vertreibung („Exilierung"), nicht aber der Exilort in Südgallien oder westgotischem Gebiet zu suchen wäre.

1. Das *Ältere Hildebrandlied* nennt uns nicht den Namen von Dietrichs Sitz, liefert uns immerhin seine Vertreibung und Rückkehr, jedoch die Verweildauer außerhalb seines Reiches geradezu auf 60 Halbjahre:

> *„Ih wallota sumaro enti wintro sehtic ur lante"*
> (Codex Casselanus, 2° Ms. theol. 54, Bl. 76v)

Verstand der Überlieferer tatsächlich *„sehtic"* oder etwa *„sehten / sehtin"* für „sechzehn"? Zur migrationszeitlichen Dynamik scheint der letztere Zahlenwert plausibler für einen ursprünglichen Zeitraum von 16 Jahren, also 16 Winter plus 16 Sommer.[33]

Wie uns nun hierzu Ute Schwab aus der Textforschung über das *Hildebrandlied* berichtet, wurde es von einem sprachlich weniger versierten bayerischen Schreiber aus einer uns nicht vorliegenden Fassung übertragen:

> *Diese verniederdeutschte Fassung des 'Hildebrandliedes' war von einem Baiern durchgeführt worden, der nur die Faustregeln des Altsächsischen beherrschte, also z.B. die hochdeutschen frikativen 3 < germ. t wieder mechanisch zurückverschob, auch dann, wo kein Grund dafür vorhanden war (suasat etc.).*[34]

Und sie stellt noch weiter fest (S. 581):

> *Die historisierenden Details der Sohnesrede bleiben (gewollt) vage – auf die Rückkehr des Dietrichheeres, zu dem Hildebrand hier nach Auffassung der modernen Philologen gehören soll, deutet nichts hin – außer den 30 Jahren in der späteren Klagerede des Alten ‹ Hildebrand ›: so lange ist er 'außer Landes' gewesen (v. 50). Also ist er jetzt wieder in Italien. Diese Zeit stimmt mit dem Sagenexil Theoderichs jedoch gar nicht so selbstverständlich überein, wie immer behauptet wird: nur der altenglische 'Deor' (9./10.Jh.) kennt die 30 Exil-Jahre:*
>
> *18* Ðeodric ahte pritig wintra / Mæringa burg; þæt wæs monegum cuþ.
>
> *Doch ist die Identität dieses Ðeodric und auch der Ort, wo er dreißig Winter lang herrschte, nicht unbedingt mit der ostgotischen Geschichte zu verbinden: Kemp Malone identifiziert diesen Ðeodric mit dem fränkischen Þeodric des 'Widsith' (v. 24 Hugdietrich, König der Franken; v. 115 Wolfdietrich [?]). Dreißig Jahre – 'sechzig Sommer und Winter' – sind überdies eine Zeitspanne, die auch anderswo lediglich "lange Jahre" bedeutet [sic!].*

2. Die Thidrekssaga verlagert das von ihr nicht aufgegriffene Verbannungsmotiv „Erbstreit unter *Hug*-Dietrichs *fränkischen* Söhnen", so *Wolfdietrich*-AB,[35] auf die Vertreibung und Landnahme durch ‚Ermanarich'.

---

[33] Man vergleiche etwa die Dopplungen von Hildebrands Altersangaben in der Thidrekssaga.

[34] Ute Schwab, *Waffensport, Rauba und Dietrichs Schatten. chud chonnem mannum* in: *Neophilologus 84* (2000) S. 575–607, hier Seite 576. Bereits Georg Baesecke und Rosemarie Lühr beanstandeten im vorliegenden Fragment „Wiederholungen durch Abirren des Auges, Verwechslung der Zusammengehörigkeit von vertikalen Schäften" (siehe Schwab Seite 575).

[35] siehe vorausgehend S. 311–314. Das aus dem nordischen Traditionsraum stammende ‚*Hug-'* ist keine ostgotische Dietrich-Typisierung, sondern statuiert das Ethnonym der *Franci Hugones*.

Dietrichs gegenüber Theuderichs Abstammung ist, wie wir weiter sehen werden, aufgrund einer noch zu erklärenden Interferenz nicht mehr von primärem Relationswert. Gregors Version zu Theuderich, die zumindest über das *Liber historiae Francorum* nach Quedlinburg gelangen konnte, muss bis auf Weiteres offenbleiben.[36]

3. Nur Dietrich und der fränkische Theuderich werden sowohl räumlich als auch zeitgleich als Frankenkönige mit übereinstimmenden Reichsansprüchen und Wirkungshöhepunkten im Erzählungsraum der Thidrekssaga überliefert. Das zur Amplifikation in Oraltradition und Dichtung mögliche „Vertreibungsmotiv" zum Sagenkern eines Dietrich erhebt sich keineswegs aus ostgotisch-italienischer, sondern nach den hier umrissenen geschichtlichen Kontexten aus der zweifellos martialischen fränkisch-römischen Geschichte von Chlodwigs gescheitertem Südgallienzug in 507/508.

Doch gerade zu den beiden letztgenannten Punkten – hinsichtlich der Quellenverarbeitung für die Thidrekssaga und „Didrikskrönikan" – dürfen ostgotisch-römische Konstellationen als „Kontaminationen"[37] nicht außer Acht gelassen werden.

Schon nach den Sippenbeziehungen zwischen zwei gleichzeitig herrschenden amalischen Theoderichen wird man sich wohl fragen dürfen, ob für die Sagenbildung ihr zeitgenössischer und zudem hochrangiger amalischer Ermanarich[38] gemeinsam mit West- und Ostgoten gegen Chlodwigs und Theuderichs Franken vorgegangen sein könnte. Denn chronistisch überliefert wurde eine Onkel-Neffen-Beziehung zwischen Theoderich (aber „der andere" – genannt ‚Strabo') und diesem Ermanarich, während die Thidrekssaga eine solche verwandtschaftliche Beziehung

---

[36] Nach den Herkunftsangaben in *Wolfdietrich*-A und eddischen Liedern hätte „Chlodwig" als *Hug Dietrich* Theuderich mit einer Schwester von *Atlis* Vater *Buðli* gezeugt, siehe oben S. 311. Die Annalen setzen „Hugo" appositionell vor Theuderich = *Theodoricus* – eine offensichtlich missverständliche Übernahme in Quedlinburg aus der älteren Überlieferung Widukinds von Corvey, der (siehe weiter oben) Theuderich als *Thiadricus*, Sohn eines *Huga rex Francorum* angibt. In *Wolfdietrich* und der Thidrekssaga, aber auch nach der Herkunft Theoderichs d. Gr. findet sich zumindest die väterliche Namenwurzel auf den Sohn übertragen. Ein offenbar fränkischer *Hlǫðvér* für Chlodwig tritt ohne männliche Nachkommenangabe in eddischen Überlieferungen auf, vgl. *Wǫlundarkviða* (Wielandlied) und *Guðrúnarkviða ǫnnur* („Zweites Gudrunlied"). Gregor sagt uns weder den Namen noch die Herkunft von Theuderichs Mutter. Ob er nun irgendeine Adelige aus dem Köln-Bonner Großraum oder die Schwester eines ostrheinischen Friesen- oder Sachsenfürsten als Konkubine eines immerhin raumnahen sugambrischen Chlodwig erkannt haben wollte, ist demnach nicht mehr feststellbar.

[37] Die Literaturforschung bevorzugt für kontextuell wenig oder nicht verträgliche Einfügungen u.a. den Begriff ‚Interferenzen' (wie oben).

[38] Sohn des höchsten oströmischen Heerführers und *patricius* Aspar, siehe oben S. 262 Anm. 7. Dieser Krieg gegen Chlodwigs und Theuderichs Franken dürfte nicht nur sämtliche militärische Ressourcen der Westgoten, sondern erheblich auch die von Theoderich erfordert haben, der sich dazu längst in einen Konflikt mit dem oströmischen und hier profränkischen Kaiser begeben hatte.

zwischen ihren Protagonisten umgekehrt angibt. Ihr niederdeutscher Erstüberlieferer oder die nordischen Skriptoren könnten hierüber missverständlich vernommen haben, damit verwechselnderweise auf den fränkischen Theodericus übertragen und so für jene weitreichenden Interpretationsirrungen gesorgt haben.[39]

Wie bereits aus den vorausgehenden Beiträgen hervorgeht, widerspricht der kontinentale Vorlagenlieferant der Thidrekssaga / „Didrikskrönikan" mit „Erminrikr/ Ermentrik" der historischen Identifizierung von Dietrich mit Theoderich d. Gr. Der Namentypus *Ermanarich muss aber längst nicht ostgotischer Provenienz sein, denn so lautende Herrschernamen wurden auch in gallofränkischen und iberischen Bereichen verzeichnet. So der Suebenführer *Hermanaricus* († 441), so nach ihm ein *Hermenericus*, den der Kirchenhistoriker Antonio de Yepes um 485 in Galizien verortet haben will. So ein *Ermenricus*, über den *Fredegar* als Haushofmeister und Feldherr für Chlodwig II. zum Jahr 642 berichtet.[40]

Wir haben auch gesehen, dass nach den Quedlinburger Annalen ihr „Ermanricus" von einem „Odoacrus" unterschieden werden muss, der – wie in dieser Chronik ausdrücklich darauf hingewiesen wird – nicht vom italienischen Theoderich getötet worden sein soll.

Fragen wir weiter anhand der Annalen, aus welchem Grund dann wohl kaum Theoderich d. Gr., sondern der Franke Theuderich einige Jahrzehnte später auf ostrheinischem Gebiet (vgl. Thidreks Exilraum) einen „Odoacrus"[41] an die Saalemündung verbannt haben konnte. Gregor von Tours nennt uns einen Sachsenanführer *Adovacrius* / „Odovacrius", der um 465 mit Childerich I., Westgoten und Römern in Gallien (bei Angers) zu tun hatte.

Warum darf er nicht an der Seite des vorgenannten ostgotisch-römischen Ermanarich dann später gegen die Franken gekämpft haben?

Gregor konnte sein ostrheinisches Wissen über Theuderichs Aktionen wohl nur aus Teilnehmerberichten über die fränkischen Thüringenzüge erlangt haben und auch nur eingeschränkt über den Rhein-Eifelraum berichten. Umgekehrt wird man berücksichtigen müssen, dass die sächsischen Geschichtsschreiber wohl keine spezifische Kenntnis über Theuderichs Kriegszug von 507/508 und die danach folgenden militärischen Operationen von Römern und Franken – insbesondere zwischen 523 und 525 – gehabt haben konnten.

Nichtsdestoweniger vermerkt jedoch der zweifellos niederdeutsche Vorlagengeber der Thidrekssaga, dass Dietrich / Thidrek, der auch das *Hunaland* (darin dessen westfälisches Zentrum) nach dem Tod des Soester Herrschers übernommen haben soll, bei seinem Einmarsch in das moselländische *Rom* zu einem Großkönig

---

[39] Weiter dazu: R. Badenhausen, *Zur interliterarischen Identität von „Ermanarich".* Trilogie *Zur Historizität der Thidrekssaga* in: DER BERNER 83, S. 34 f. | Nr. 85, S. 41 f. | Nr. 86, S. 36 f.

[40] R. Badenhausen, *Ein (weiterer) fränkischer Ermenrich* in: DER BERNER 97 S. 69 f.

[41] in der Amtszeit von Anastasius I. (491–518); zu „*Odovacrius"* siehe S. 263, 290 f, 315 f, 347.

avancierte.[42]

Die rund 30 oder 32 Halbjahre nach Theuderichs Entschwinden in der Auvergne[43] –
dazu Thidreks Aufbruch noch aus dem
westrheinischen Raum ins *Hunaland* nach
Susat – und schließlich später „deren beider" Übernahme des moselländischen
Roma erscheinen wesentlich plausibler als
der allenfalls rund 10 Jahre betragene Aufenthalt von Theoderich als ausgehandelte
Friedensgeisel am kaiserlichen Hof.

Malones konstruktive Anregung, wonach
das Flucht- und Wiedereroberungsmotiv
für den fränkischen Theoderich als Dietrich von Bern aus der Teilung des Frankenreichs zwischen 508 und 511 hervorgeht,
wurde trotz grundsätzlichen Vorbehalten
der älteren Textforschung gegen die bald
vorherrschende, jedoch in sich wider-
sprüchliche Auffassung einer ostgotisch-
italienischen Sagenprovenienz geflissent-
lich ignoriert.

Kriegshelm aus dem 5./6. Jahrhundert[44]
Fundort nahe Vézeronce-Curtin
Bildquelle: Wikimedia Commons
CC BY-SA 4.0

---

[42] Mb 428 nach Bertelsen II, 375:

> Epter davþa Attila kongs Þidrek af Bern allt Hunaland ad rade margra vina sinna er vered høfdu
> med Attala konge þa er Þidrek kongur var j Húnalande. Þidrek kongur ried sijnu rikie til elle...

Erichsens Übersetzung (S. 446):

> *Nach König Attilas Tod nahm König Thidrek von Bern ganz Hunenland in Besitz auf den Rat
> vieler seiner Freunde, die bei König Attila gewesen waren, während Thidrek sich im Hunen-
> land aufhielt. König Thidrek beherrschte sein Reich bis ins Alter...*

Die Angabe „auf den Rat seiner Freunde ,*høfdu*'" lässt sich für diesen Machtwechsel als *Thing*-
Übereinkunft mit sächsichen Stammesführern interpretieren. „Attila" stellt eine namentliche Ab-
leitung aus einem frühen friesischen Herrschergeschlecht dar mit Namenformen von *Adel, Adils,
Aðils, Athils*. Deren z.T. umstrittene Existenz muss hier offenbleiben, doch gilt z.B. ein *Adgillus*
bzw. *Aldgisl* als historisch belegter Herrscher.

Wie bereits weiter oben erwähnt hatte Theuderichs Sohn und Nachfolger Theudebert in seiner
Erbschaftserklärung an den oströmischen Kaiser Justinian I. das väterliche Herrschaftsgebiet in
Richtung Osten bis Jütland angegeben.

[43] Alternativ zum Datierungsspielraum nach dem *Liber historiae Francorum*, Gregor von Tours
und den Chroniken des sog. *Fredegar* hätte Theuderich die Auvergne gar nach ça. 25 Jahren
zurückerobert, jeweils gerechnet ab Chlodwigs Einverleibung von Sigiberts Reich.

[44] Man vergleiche den rheinfränkischen Helmfund bei Gellep-Stratum (s. Bild S. 328)! Quelle:
https://en.wikipedia.org/wiki/Battle_of_V%C3%A9zeronce (Datei abgerufen im Juli 2024).

Schlusswort

Dieser abschließende Beitrag richtete den Fokus auf die fränkische Großmachtpolitik zu Beginn des 6. Jahrhunderts unter dem Merowingerkönig Chlodwig I., der sich als Aggressor in folgenschwere Auseinandersetzungen sowohl mit Westgoten als schließlich auch dem ostgotischen Theoderich begeben hatte.

Spätestens nach seinem ungeklärten Tod – er soll sich aus Südgallien über Tours zurück nach Paris begeben haben und dort gestorben sein – liefert uns eine kritische Nachbetrachtung der Quellenforschung die Aufteilung seines Frankenreichs unter seinen Söhnen durch die gesamtgotische Siegermacht unter der Oberhoheit des Ravenna-Eroberers und Odoaker-Bezwingers Theoderich. Hierzu erscheint aus der Thidrekssaga ein Flucht- und Exilmotiv für Chlodwigs tatkräftigsten (Zieh-) Sohn und Feldmarschall, den nach chronistischen Quellen rheinfränkischen Theoderich.

Hic liber

**Franz Joseph Mone, Karl Simrock, Laurenz Lersch,
August Raszmann, Karl Müllenhoff, Hermann Lorenz, Kemp Malone,
Josef Niessen, Heinz Ritter-Schaumburg et Reinhard Schmoeckel**

dedicata est.[43]

---

[43] {den hier genannten Forschern gewidmet}

DIETRICH VON BERN

Eine Darstellung zu oder nach seiner Reinthronisierung in „Roma"

Kupferstich von Joseph Fuchs aus Bildband VORZEIT UND GEGENWART, Augsburg 1832

Manuskriptseiten von Originalhandschriften

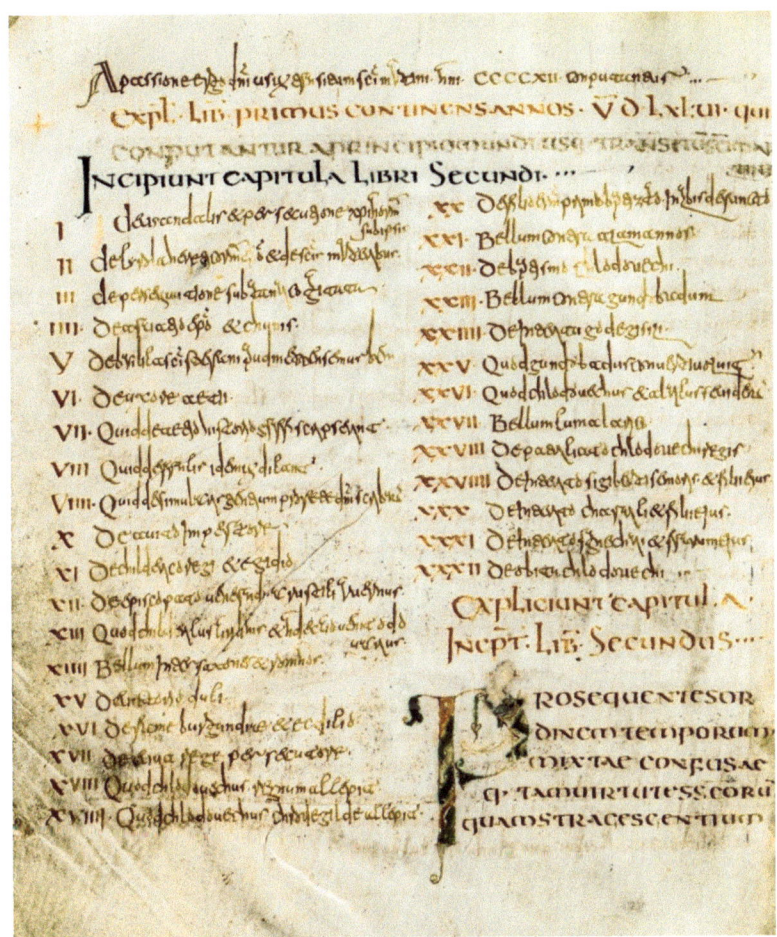

Spätes 7. Jahrhundert

Erste oder frühe Abschrift von Gregor von Tours
Decem libri historiarum „Zehn Bücher (fränkischer) Geschichte"
Codex Latin 17655, fol. 13v

Seite mit Kapitelüberschriften von Gregors Buch II
Bildquelle: https://essentiels.bnf.fr/

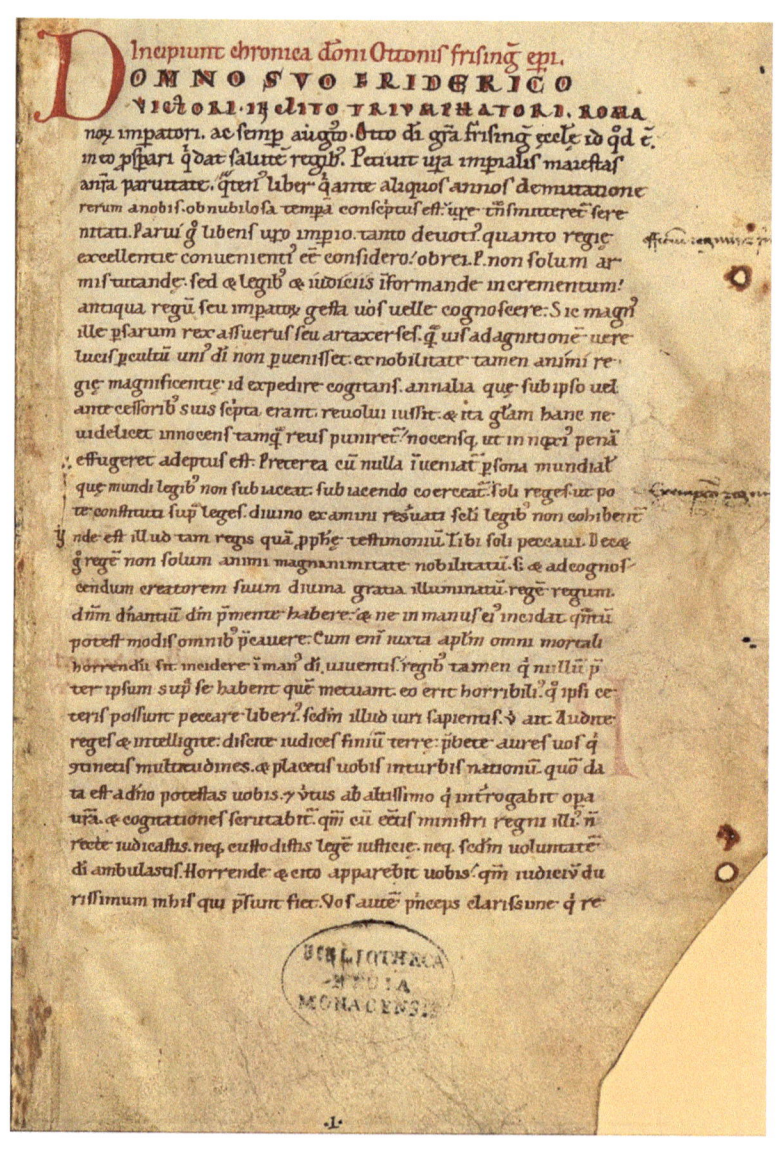

12. Jahrhundert

Otto von Freising: *Chronica sive Historia de duabus civitatibus*

Abschrift verfasst im Auftrag von Propst Heinricus von Schäftlarn (1164–1200)

Bildquelle: BSB Clm 1003 (Bayerische Staatsbibliothek)

Lizenz CC BY-NC-SA 4.0

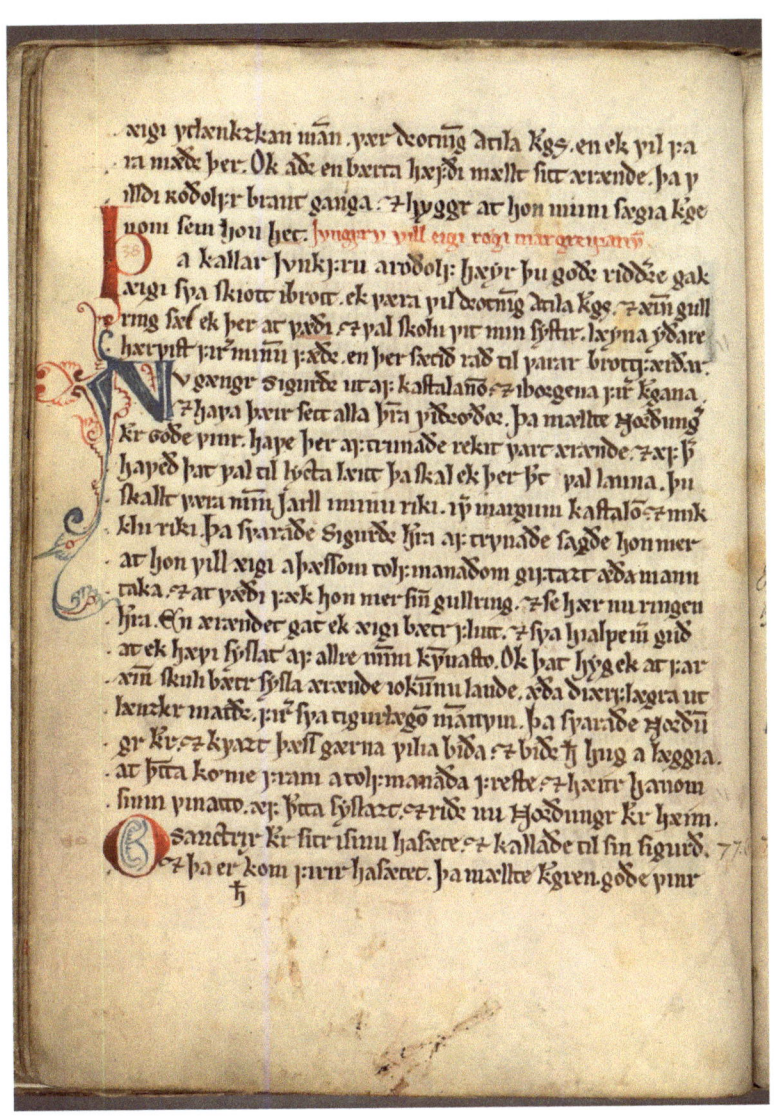

13. Jahrhundert

Thidrekssaga: Kodex perg. fol. nr 4 („Membrane")

Markgraf Rodingers Brautwerbung um Osantrix' Tochter Erka für „Attala":
Ende von Kapitel Mb 51, folgend Mb 52 und erste Zeilen von Mb 53.

Bildquelle: Wikimedia Commons
(Archivbild der Königlichen Bibliothek zu Stockholm)

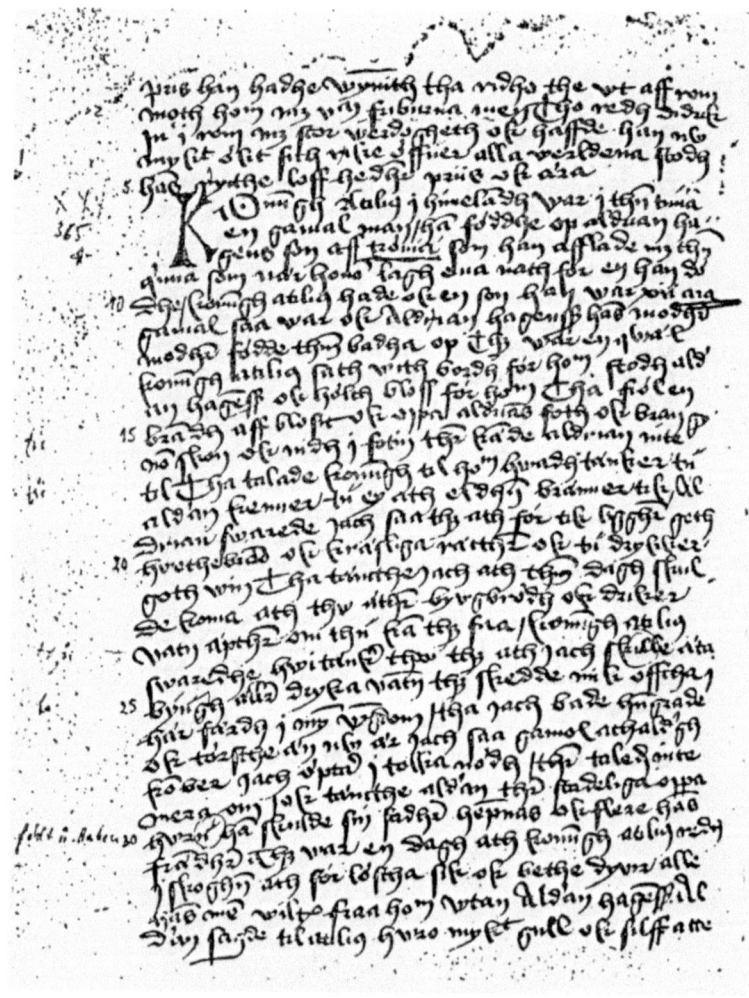

15./16. Jahrhundert (um 1500)

Sagan om Didrik af Bern – Didrikskrönikan

Altschwedische Handschrift, Kodex E 9013

Mikrofilmbild von *c. 365*: „Aktilius Tod" mit H. Ritters Anmerkungen,
vgl. *Die Didriks Chronik oder die Svava* (1989)

Übersetzungsbibliografie
Thidrekssaga und „Didrikskrönikan"

Ausgaben in Deutsch, Englisch, Französisch und Spanisch[1]

1815: von der Hagen, Friedrich H.: *Die Thidrekssaga oder Didrik von Bern und die Niflungen.* Neu herausgegeben in der Übersetzung von Friedrich Heinrich von der Hagen (2. Ausg. 1855) und mit Anmerkungen versehen von Heinz Ritter-Schaumburg, St. Goar 1989.

1858: Raszmann, August: *Die deutsche Heldensage und ihre Heimat.*
I. Band: *Die Sage von den Wölsungen in der Edda und die Wölsungensaga,*
II. Band: *König Thidrek von Bern in der Thidrekssaga,* Hannover 1858, 1863

1924: Erichsen, Fine: *Die Geschichte Thidreks von Bern,* Jena 1924, 1942, Düsseldorf – Köln 1967, 1996

1988: Haymes, Edward Randolf: *The Saga of Thidrek of Bern,* New York 1988

1989: Ritter-Schaumburg, Heinz: *Die Didriks-Chronik oder die Svava, Didrik von Bern und die Niflungen,*[2] St. Goar 1989

2001: Lecouteux, Claude: *Saga de Théoderic de Vérone. Légendes héroïques d'outre-Rhin,* Paris 2001

2009: Hube, Hans Jürgen: *Thidreks Saga. Die nordische Dietrich- und Nibelungensage,*[3] Wiesbaden 2009

2010: González Campo, Mariano: *Saga de Teodorico de Verona,* Madrid 2010

2017: Cumpstey, Ian: *The Saga of Didrik of Bern.*[4] *With The Dwarf King Laurin,* Cumbria 2017

---

[1] Abgesehen von Heinz Ritter-Schaumburg, der den Überlieferungen einen rheinfränkischen Dietrich entnimmt, sowie daneben Raszmann und Hube, die im Sagenstoff interpolative Interferenzen Theoderichs d. Gr. erkennen, legen alle übrigen Übersetzer einen originären Sagenkreis um den italienischen Ostgotenkönig zugrunde. Lecouteux' Übersetzung immerhin mit dem Untertitel „Légendes héroïques d'outre-Rhin".

[2] Übersetzt nach der Handschriftenausgabe von Gunnar Olof Hyltén-Cavallius: *Sagan om Didrik af Bern,* Stockholm 1850.
Von Ritter mit Anmerkungen und geografischen Erläuterungen versehen, die altschwedische Überlieferung von ihm als „Svava" betitelt.

[3] Sinngemäße Übertragung.

[4] Übersetzt nach der Handschriftenausgabe von Gunnar Olof Hyltén-Cavallius: *Sagan om Didrik af Bern,* Stockholm 1850.

Fränkischer Krieger vor einem getöteten römischen Soldaten, 5. Jahrhundert
nach Édouard François Zier (1856–1924)

Illustration aus *Costumes de Paris a travers les siecles*
von H. Gourdon de Genouillac, graviert v. ‚Stablo‘, 19. Jh.

Erschienen sind folgende Bände der Reihe

Forschungen zur Thidrekssaga

Untersuchungen zur Völkerwanderungszeit im nördlichen Mitteleuropa

- Band 1: Ein Niflungenreich in der Voreifel?
  Heinz Ritter u. zahlreiche neuere Forscher geben Antworten
- Band 2: Thidrekssaga und Nibelungenlied
  Vergleichende Studien
- Band 3: Die Wilkinensage.
  Schlüssel zur unbekannten Frühgeschichte der Niederlande und Belgiens?
- Band 4: Das Geheimnis von Mündt / Mundiacum
  Burgunder und Nibelungen in der Jülicher Börde?
- Band 5: König Chlodwig war kein Franke
  Frankreichs und Deutschlands sarmatische Wurzeln
- Band 6: Zum Werdegang der Thidrekssaga
  Neue Untersuchungen zur mündlichen und schriftlichen Überlieferung
- Band 7: Hunnen und Hunen, Burgunder und Nibelungen
  Im Spannungsfeld von Sage und Geschichte
- Band 8: Einblicke in die Frühzeit der Eisenverarbeitung
  Sagen als „Fundorte"
- Band 9: Deutschland vor 1500 Jahren
  Wanderungen und Wandlungen von Cäsar bis Karl dem Großen.
- Band 10: BONN-BERN-VERONA
  Theoderich der Große und Dietrich von Bern in Sage und Geschichte

DER BERNER

Das Periodikum des

Dietrich-von-Bern-Forum · Verein für Heldensage und Geschichte e. V.

erscheint vierteljährlich und berichtet mit Beiträgen zur
Sagen- und Geschichtsforschung

Weitere Informationen unter

www.dietrich-von-bern-forum.de

Römischer Würfelturm – eine sog. *Turricula*
2. Hälfte 4. Jh. n.Chr.
Fundort ca. 37 km westl. vom Bonner Zentrum
in Vettweiß-Froitzheim (Kreis Düren)

Material: Bronze, Blechdicke ca. 1 mm
Höhe ca. 22,5 cm, größte Seitenlänge ca. 9,5 cm

LVR-LandesMuseum Bonn

Bildquelle: Wikimedia Commons
(Hier ergänzt mit römischen Würfeln)